KB213428

# 심리상담센터의
# 운영과 성공전략

Kenneth S. Pope · Melba J. T. Vasquez 공저
황준철 · 김창대 · 조은향 · 서정은 공역

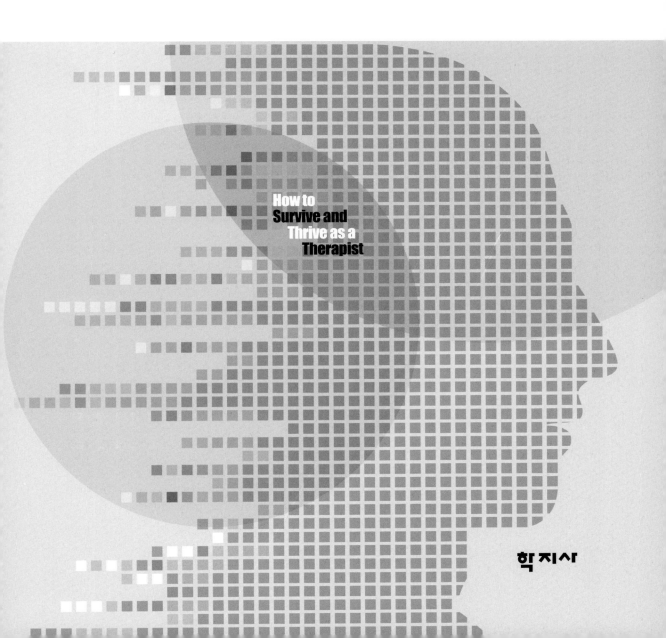

How to
Survive and
Thrive as a
Therapist

학지사

How to survive and thrive as a therapist
: Information, Ideas, and Resources for Psychologists in Practice
by Kenneth S. Pope, PhD, and Melba J. T. Vasquez, PhD, ABPP

Korean Translation Copyright © 2013 by Hakjisa Publisher, Inc.
The Korean translation rights Published by arrangement with
the American Psychological Association(APA).

This Work was originally published in English under the title of: How to survive and thrive as a therapist:
Information, Ideas, and Resources for Psychologists in Practice as a publication of the American
Psychological Association in the United States of America. Copyright © 2005 by the American
Psychological Association(APA). This translation cannot be republished or reproduced by any third party
in any form without express written permission of the APA. No part of this publication may be reproduced
or distributed in any form or by any means, or stored in any database or retrieval system without prior
permission of the APA.

All rights reserved.

본 저작물의 한국어판 저작권은
the American Psychological Association(APA)과의 독점계약으로
(주)학지사가 소유합니다.
저작권법에 의해 한국 내에서 보호를 받는 저작물이므로
무단 전재와 무단 복제를 금합니다.

내담자와의 정서적 분리 개념을 이해하지 못했던 초기 상담 실습으로 인해 우울했던 몇 주를 보낸 이후, 기쁘고 즐거웠던 많은 시간과 힘들고 어려웠던 상담심리전문가의 과정을 겪으면서 전문가의 길이 어떤 것인지를 이제야 조금씩 알아가는 듯하다.

전문가의 길을 걷는다는 것은 끊임없는 학문적 연구 과정과 함께 실무 영역에 있어 최고가 되기 위한 험난한 여행을 시작하는 것이라고 생각한다.

보람되고 의미 있는 여행을 위해 많은 정보를 수집하고 필요 영역들을 준비하는 것처럼, 전문가로의 험난한 여정 또한 철저한 준비가 필요하기에 우리는 다른 학문 영역보다 더 많은 에너지를 교육과 실무를 위해 사용하게 된다.

이 책의 번역 의미는 이런 험난한 과정을 준비하거나, 기나긴 여정을 함께 걷고 있는 상담심리전문가에게 좀 더 넓은 인식체계 형성에 도움이 되길 바라는 것에 있다.

학문적인 영역에 있어, 이 책이 집필된 배경에서 볼 수 있듯이 상담 및 심리는 이제 더 이상 독립적으로 존재하는 학문일 수 없다. 즉, 상담심리학과 경영학의 영역이 만나 서비스업이라는 사설상담소를 개설하기 위한 A to Z를 정리한 것처럼, 기존 상담 또는 심리학의 영역만으로는 우리가 놓치는 부분이 너무 많기에 이 책을 통해 상담이라는 학문의 새로운 융합 영역이 만들어지기를 소망한다.

실무적인 영역에 있어, 기관이나 학교를 떠나 사설상담소를 준비하거나 운영하고 있는 상담심리전문가를 위해 상담소를 준비하고 운영하는 데 필요한 점검 영역들을 자세히 정리함으로써 학교나 학회에서 배우지 못한 새로운 영역을 스스로 진단하고 사설상담소의 생존과 성공을 위한 전략 수립에 도움이 되길 바란다.

물론 책의 기반이 북미를 중심으로 하였기 때문에 한국의 실정과는 괴리가 있다. 그럼에도 불구하고 심리와 상담이 대중적인 인지도를 넓히고 있는 시점에서 이 책이 개업을 준비하는 상담심리전문가에게 학문적, 실무적인 영역에 큰 도움이 되었으면 한다.

　　더불어 부록의 상담심리 관련 윤리 및 행동 강령과 지침을 통해 사설상담소의 운영과 진행하게 될 상담 케이스에 대한 윤리, 행동의 강령 및 지침 기준과 기반을 제공할 수 있기를 바란다.

　　심리학이라는 영역 안에서 상담을 처음 접하게 되고, 학문적 탐구와 함께 National Certified Counselor라는 자격을 가져 실무를 함께 할 수 있다는 것이 역자의 삶에 얼마나 큰 행운이었는지 모른다. 이러한 삶을 위해 도움을 주셨던 지도 교수님이자, 전문가로서의 삶의 멘토이신 김창대 교수님께 마음 깊이 감사를 드리며, 전문 영역의 사고 체계 확장에 큰 영향을 주셨던 김계현 교수님, 전략적 에너지의 활용과 응용을 알려주신 김동일 교수님, 그리고 번역을 위해 함께 고생했던 서정은, 조은향 선생에게도 고마움을 전한다.

　　끝으로, 사랑하는 가족에게 전문가로서 최고의 지향점을 위해 함께 고생해 준 것에 대해 무한한 사랑과 감사의 말을 전한다.

역자 대표 황준철

이 책은 실질적인 조언뿐 아니라 접하기 어려운 자원과 가이드라인도 포함되어 있어 초보 및 경력 심리학자 모두에게 필수적인 교재다.

—Ronald F. Levant (교육학박사, 미국 심리학전문가협회 회원,

2005년 미국 심리학회 회장, Nova Southeastern University 학장)

이 책은 성공적인 실무를 수행하기 위한 실질적인 답을 구하는 치료자들에게 각광받을 수 있는 뛰어난 전문 실용서다.

—Derald Wing Sue

(철학박사, Teachers College, Columbia University 상담 및 임상심리 전공)

주옥같은 책이다. 실무현장에서 필요한 자원들을 어떻게 다룰 것인가에 대해 광범위한 미국 심리학회의 가이드라인과 함께 효과적으로 제시하고 있다.

—Ronald E. Fox (철학박사, 미국 심리학회 역대회장, 미국 국가인권위원회 자문위원)

실질적이고 이해하기 쉬우며 광범위하다! 학생과 전문가 모두에게 유용한 필수서다.

—Beverly Greene (철학박사, 미국 심리학전문가협회 회원, St. John's University 심리학 교수)

아주 훌륭하다. 저자는 오늘날 심리학 관련 분야에서 실무를 위해 필요한 모든 주제에 대해 다년간의 경험들을 바탕으로 한 풍부한 정보를 제공하고 있다. 초보와 경력자 모두에게 필요한 책이다.

—P. Paul Heppner (철학박사, 미국 심리학회 17분과—상담심리학회 회장,

University of Missouri 교육, 학교 및 상담심리 교수)

Pope와 Vasquez는 관련 대학원에서 제공해야 함에도 제공하지 않고 있는 필수적인 실무 및 경영 지식을 이 책에서 제공하고 있다.

-Dorothy W. Cantor (심리학박사, 미국 심리학회 역대회장, 개업 심리학자)

Pope와 Vasquez는 심리학 분야에서의 성공적인 실무를 위한 중요한 질문들을 제기하고, 이에 대한 견고하고 실질적인 조언을 한다. 이 책은 여러분이 시간과 돈을 낭비하고 슬픔에 빠지는 것을 막아줄 것이다.

-Tommy T. Stigall (철학박사, 개업 심리학자)

Pope와 Vasquez가 다시 한 번 해냈다! 이 잘 짜여지고 이해하기 쉬우며 실용적인 책은 명확하고 매력적이며 읽기 쉬운 구성을 통해 완벽한 "How-to" 가이드라인을 제공한다. 이 책은 초보(혹은 다수의 경력자)들이 필요로 하는 모든 것이 망라되어 있으며, 대학원에서 배운 적 없는 본질적이고 실질적이며, 다양하고 현실적인 내용들이 포함되어 있다.

-Gerald P. Koocher (철학박사, 미국 심리학전문가협회 회원,
Simmons College 학교보건학 교수)

현장에서 독립적으로 실무를 행하는 모두에게 반드시 필요한 책이다. 이 책은 심리학 분야에서 경제적인 성공과 의미 있는 삶을 동시에 영위할 수 있는 방법을 가르쳐 준다.

-Jean Lau Chin (교육학박사, 미국 심리학전문가협회 회원,
Alliant International University California 학교심리학 학장)

Pope와 Vasquez는 실무에서의 성공에 필요한 실질적이고 기본적인 정보와 자원들을 제공하는 유익하고 읽기 쉬운 책을 출판했다. 모든 실무자와 실무자가 되기 위해 준비 중인 이들이 이 책을 읽어보기를 권한다.

-Jeffrey E. Barnett (심리학박사, 미국 심리학회 42분과-개업 심리학자들을 위한 협회 회장)

이 책은 개업에 관심이 있는 심리학자라면 반드시 읽어야 할 필독서다. 매우 유용한 정보와 자원들이 읽기 쉬운 구성으로 이루어져 있다. 내가 처음 실무를 시작했을 때 이 책을 접할 수 있었더라면 참 좋았을 텐데!

                                              —Lisa Grossman, JD (철학박사, 개업 심리학자)

Pope와 Vasquze는 기술과 깊이를 바탕으로 윤리학부터 물류학까지, 심리학 실무의 전반에 걸친 내용들을 소개한다. 이는 숙련된 전문가들뿐만 아니라 이제 막 커리어를 쌓기 시작한 초보자들 모두에게 귀중한 자원이다.

                  —Douglas C. Haldeman (철학박사, 미국 개업 심리학자 협회 회장)

소설처럼 읽히고 백과사전처럼 지식을 제공한다. 이 책은 성공적인 실무를 발전시키고 유지하기 위한 실질적인 교본과 같다. 대학원생부터 은퇴자까지 모든 실무의 단계에 있는 이들에게 유용할 것이다.

        —Josephine D. Johnson (철학박사, 미국 미시건 심리학회 역대회장, 개업 심리학자)

실무를 시작한다면? 이미 수행 중인 실무를 재정비하고 싶다면? 이 책은 당신을 위한 것이다. 당신에게 적합한 실무를 위한 모든 기본적인 내용이 들어 있다.

              —Katherine C. Nordal (철학박사, 미국 심리학회의 2005년 전문적인 실무의
                                         진보를 위한 위원회 위원장)

이 환상적인 책은 실용적인 것에서부터(미국 내에서 적용되는 심리학자와 관련된 윤리강령 등 여러 부록을 수록) 철학적인 부분까지 폭넓고 깊이 있는 정보들을 제공한다. 또한 광범위하게 적용 가능한 전략들을 제안하고 각각의 실무자들의 독특한 상황에 주의를 기울이게 하는 질문들을 제기한다.

             —Kate F. Hays (철학박사, 임상심리학자, The Performing Edge 설립자)

실무자들을 위한 책 중에서도 최고의 책이다. 저자는 훌륭한 각 장과 부록을 잘 조합하여 유익한 책을 만들어 냈다. 내가 처음 실무를 시작했을 때 이런 책이 있었다면!

　　　　－Jack G. Wiggins (철학박사, 미국 심리학회 역대회장, 미국 Missouri 정신보건연구소)

나는 초보와 경력자 모두에게 풍부한 정보와 자원을 제공하는 읽기 쉬운 이 책을 강력하게 추천한다. 이 책은 여러분이 성공적인 실무를 하기 위해 필요한 방법과 전략을 제공할 것이다.

　　　　　　　　　　　　－Lisa Porche-Burke (철학박사, Phillips Graduate Institute 회장)

Ken Pope와 Melba Vasquez는 개인적, 전문적 관점을 훌륭하게 접목시켜 실질적이고 유용한 책을 만들어 냈다. 이는 초보자와 경력자 모두에게 도움이 될 것이다.

　　　　－Jean Carter (미국 심리학회 42분과-개업 심리학자들을 위한 협회 역대회장)

Pope와 Vasquez는 대학원이 가르쳐 주지 않는 것을 가르쳐 준다. 그들은 저서를 통해 대학원 교육과 심리학자로서의 실무 간의 간격을 연결해 주는 역할을 하고 있다. 이 책은 모든 학생과 실무를 시작하는 심리학자들에게 심리학 분야에서의 실무의 복잡성을 이해하고, 어떻게 기회를 만들어 나가며 다양한 내담자들의 요구를 충족시킬 것인가에 대한 필수적인 정보를 제공한다. 정말 훌륭한 교재다!

　　　　－Miguel E. Gallardo (심리학박사, 미국 심리학회 42분과-개업 심리학자들을 위한 협회 이사, 캘리포니아주 라틴아메리카계 심리학회 회장, University of California 상담센터 소속)

어떻게 내가 이 책 없이 46년 동안 심리학자로 살아남을 수 있었을까? 이 책은 앞으로 다가올 46년 동안 내가 심리학자로서 살아남을 수 있게 도와줄 유용한 정보와 조언들로 가득 차 있다.

　　　　－Thomas Greening (철학박사, 미국 심리학전문가협회 회원, 개업 심리학자, *Journal of Humanistic Psychology* 편집장)

끊임없이 변화하는 오늘날에 매우 귀중하고 든든한 지침서이자 사려 깊은 지혜, 실용적인 지식, 다양한 자원이 잘 조합된 이 책은 이제 막 실무를 시작하는 초보자부터 다년의 경력을 가진 심리학자 모두에게 환영 받을 만하다.

—Pat DeLeon (미국 심리학회 역대회장)

이 책은 이제 막 실무를 시작한 초보 심리학자들과 전문가로서의 성장과 발전을 원하는 경력자들의 성공적인 실무활동을 위한 실질적 조언들을 담은 보석 같은 책이다. 저자들은 경제적인 이슈부터 윤리적인 문제, 자기돌봄, 마케팅 등 실무에 필요한 광범위한 영역들에 대해 가감 없이 솔직하게 다루고 있다. 이들이 전하는 지혜와 값진 경험들은 어디에서도 찾아볼 수 없는 값진 것들이다.

—Carol D. Goodheart (교육학박사, 미국 심리학회 회계담당자, 개업 심리학자)

우리는 심리학 분야에서의 실무를 시작하고 성장하며 발전시키기 위한 자원으로서 이 책이 활용되기를 바란다. 이 책은 실무를 어떻게 시작해야 할지 고민하는 초보자부터 현재의 실무를 확장하고 강화하며 재설정하고 발전시키고자 하는 경력자까지 포함한 모든 심리학자를 위한 것이다(혹은 정신보건 분야에 종사하는 다른 전문가들에게도 유용할 수 있다).

대학원 교육과 인턴십은 심리적인 문제를 가지고 우리를 찾는 이들을 치료하기 위한 풍부한 전략들을 제공한다. 우리는 이러한 과정을 통해 이론, 연구, 적절한 개입을 위한 방법들을 배우며 심리평가와 치료기법에 대해서도 학습한다. 하지만 경영원리나 실무에서의 실용적인 지식들에 대해서는 상대적으로 덜 광범위하게 배우는 경향이 있다.

그래서 우리는 마침내 심리적인 고통, 갈등, 위기 상황에 있는 이들을 돕기 위한 더 많은 지식과 기술을 가지게 되지만 성공적인 경영 계획과 효과적인 마케팅 전략, 실무에 적합한 사무실을 찾는 법, 적절한 제도와 절차, 법률적 요구사항, 의지할 수 있는 법적 대리인과 전문적인 배상책임보험, 자기돌봄 방법, 실무에서의 안전한 컴퓨터 사용, 실무를 위한 기본지식 등을 익히는 것은 소홀히 하곤 한다.

그러므로 이 책은 실무에 필요한 실용적인 지식, 아이디어, 자원들을 간결한 방식으로 제시하고자 노력하였다. 이를 위해 대부분의 장은 나열된 목록으로 이루어져 있다. 이 책은 심리평가나 치료이론, 기술에 대한 것이 아니며 평가 도구나 이론적 연구에 대한 리뷰가 아님을 기억하기 바란다.

간략하게 말해 각 장은 상담이라는 실무를 시작하기 전에 우리가 꼭 확인해야 할 것들을 미리 점검할 수 있도록 구성되어 있다. 예를 들어, "자기돌봄을 위한 전략 세우기" 장은 "사무실 찾기" 앞 장에 위치하고, "변호사 구하기" 장은 "내담자와 의뢰처 탐색하기" 앞 장에 위치한다. 어떤 상담자들은 실무에서 좌절하고 에너지가 고갈되고 우울해질 때 비로소 '자기돌봄'에 대해 생각하게 될지도 모르고, 또 다른 상담자들은 의무보고서 작성, 전문가 위원회의 조사, 윤리적 갈등 상황 등과 같은 위기 상황이나 소환장에 답해야 할 기한이 얼마 남지 않았을 때 마침내 유능하고 믿을 만한 변호사를 찾게 될 수 있기 때문이다.

이 책은 14개의 장과 함께 다음과 같은 심리학자들에게 유용한 15개의 부록도 제시하였다.

- 캐나다와 미국 내의 심리학 면허인증 위원회 연락처
- APA(미국 심리학회) 심리학자의 윤리 원칙과 행동 강령
- 캐나다의 심리학자 윤리 강령
- APA 문서보관 지침
- 이혼 소송 절차 시 자녀 양육권 평가를 위한 APA 지침
- 아동보호 문제의 심리학적 평가를 위한 APA 지침
- 노인을 대상으로 하는 심리학자를 위한 APA 지침
- 치매 및 노화성 인지기능 감퇴 평가를 위한 APA 지침
- 다양한 민족, 언어, 문화권의 인구에게 심리 서비스를 제공하는 자를 위한 APA 지침
- 심리학자들의 다문화 교육, 훈련, 연구, 실무, 조직적 변화에 대한 APA 지침
- 레즈비언, 게이, 바이섹슈얼 심리치료를 위한 APA 윤리 지침
- APA 수검자의 권리와 책임: 지침과 기대
- 전화상담, 원격회의, 인터넷으로 제공되는 서비스에 대한 APA의 지침
- 법정 심리학자를 위한 전문성 지침
- 내담자 기록 및 검사 정보에 관한 소환장이나 강제 증언에 대처하는 개업 상담자들을 위한 APA 지침

우리의 경험으로 볼 때, 대다수의 실무에 있는 심리학자들은 이러한 부록 내용들을 손쉽게 접하기 어려웠다. 우리는 이들을 한 책에 모음으로써 실무자들이 책장이나 책상에 두고 언제든 쉽게 참고할 수 있기를 바랐다.

심리분야의 전문가로서 일하는 것을 더욱 매력적이고 도전적이며 충만하게 만드는

것은 이 분야에서는 기계적이거나 수치적인 방법은 통하지 않으며 어떤 상황에서도 받아들여지는 보편적인 답도 존재하지 않는다는 것이다. 즉, 언제 어디서나, 모든 심리학자에게 적용될 수 있는 최고의 혹은 보장된 방법이나 단 하나의 접근이 있는 것은 아니다. 보다 중요한 것은 자기 자신과 자신이 속한 커뮤니티에 적합한 실무를 만들어 나가는 것이다. 이는 각각의 내담자의 요구에 맞는 효과적인 방법을 찾고, 잠재적인 내담자들에게 여기 그들을 위해 내가 존재함을 알리고, 일을 통해 내가 원하는 만큼의 경제적인 성공을 거두는 것 등을 의미한다. 하지만 무엇보다도 기억해야 할 것은, 내가 향하는 실무가 나라는 사람에 대한 정체성 및 내가 중요하게 생각하는 가치관과 일치되는 방향으로 이루어져야 하며 그것이 나의 삶을 더욱 의미 있고 풍요롭게 만드는 것이어야 한다는 점이다. 이 책의 첫 장은 바로 그 주제에서부터 출발한다.

차 례

# 당신은 누구인가?
# 당신에게 중요한 것은 무엇인가?

# 당신은 누구인가?
# 당신에게 중요한 것은 무엇인가?

이 질문에 대한 답이야말로, 의미 있는 개업 심리상담 실무를 실천하기 위한 열쇠다. 또한 이 책에 실린 자원들을 얻는 비결이기도 하다.

우리는 대부분 대학원에서 제대로 된 훈련을 받았어도 사설 심리상담소를 어떻게 개업하고 발전시키고 이끌어야 하는지 알지 못하는 상태로 졸업한다. 당신이 해야 하는 것과 하지 말아야 하는 것이 무엇인지 알기란 참으로 어려운 일이다. 왜냐하면 어떤 사회에 속해 있고 어떤 상황에 처해 있든 누구에게나 다 통하는 최상의 방법(best way)은 존재하지 않기 때문이다.

이 책에서 우리는 당신과 당신이 속한 사회에 적합한 심리상담소를 개업하는 데에 도움을 주고자 몇 가지 기본적인 영역으로부터 정보와 아이디어, 자원들을 한데 모았다. 적합한 심리상담소 개업이란 한편으로, 탄탄한 사업이자 재정적 성공(당신이 이 단어를 어떻게 정의하든 간에)을 거두는 것을 의미한다. 그러나 사설 심리상담은 또한 당신의 가장 깊은 가치관과 정체성에 꼭 일치해야만 하며, 의미 있는 삶의 한 부분이 되어야 하고, 당신에게 즐거움(가끔이라도)과 성취감을 주어야 한다는 점 역시 똑같이 중요하다.

우리는 특히 사설 심리상담소 개업과 같은 모험을 어떻게 시작할지 불안하고 불확실할 때일수록, 정보에 근거한 판단보다는 우리 자신의 두려움이나 조급함, 지금 당장 무엇인가 해야 한다는 충동에 따라 선택을 해버리기 쉽다. 부동산 시장에 거래물이 별로 없다면, 첫 번째로 보았던 그럭저럭 괜찮아 보이는 사무실을 택하고 싶은 유혹에 빠질지도 모른다. 사무실을 찾느라 며칠을 고생하다가 마음에 드는 한 곳을 찾으면, 앞으로 수년간 영향을 끼칠 계약서의 세부사항을 의심해 보지도 않고 바로 임차 계약에 서명하겠다고 달려들지도 모른다. 만약 운 좋게 의뢰처를 잘 잡아서 특정 호소 문제를 가진 내담자들을 끝도 없이 의뢰받을 수 있다면 그런 내담자들 덕분에 꽤 안정적인 수입이 보장된 사설 심리상담소를 쉽게 만든 것에 안도의 숨을 쉴 수 있다. 그러나 곧 이러한 형태의 사설 심리상담이 정말 흥미롭고 도전의식과 성취감을 주는 분야가 아니라는 점을 깨닫게 될 것이다.

불안에 몰려 내린 선택, 특히 적절한 정보가 부재한 상태에서 이루어진 선택은 정말 전도유망했던 사설 심리상담을 잘못된 방향으로 몰고 갈 수 있다. 애초에 왜 심리학을 직업으로 삼게 되었든지 간에 첫 마음다짐을 지키기는커녕 매일의 출근이 소모로 느껴지고, 오늘 하루가 끝나려면 몇 시간 남았는지, 이번 한 주가 끝나려면 며칠 남았는지, 이번 달이 끝나려면 몇 주나 남았는지를 확인하게 될 것이다. 처음에 느꼈던 흥분은 계속 시들다가 이처럼 일이 의무로 여겨질 때쯤이면 마침내 인생에 끝을 발견할 것이다.

우리는 이 책의 정보와 아이디어, 자원들이 개업 심리학자들을 격려하고 지지하며, 좀더 정보에 입각하여 선택할 수 있게 하고 더 좋은 개업을 해내는 데에 도움이 되기를 희망한다. 불행하게도 적지 않은 수의 개업 심리학자들이 불안이나 금전적 지원 부족, 기타 요인들 탓에 자기들이 스스로 이 지역사회에서 어떤 기회를 창출할 수 있을지 생각하기보다는, 이 지역사회가 그들에게 제공해줄 수 있는 기회를 너무 쉽게 빨리 받아들이는 것 같다. 어떤 사람들은 그 상담 실무가 지역사회에는 물론 개업 심리학자 자신에게 적합한지 자문하지도 않은 채 사설 심리상담소를 열심히 운영한다. 너무나 많은 사람이 그 일에 의해 활기를 얻기는커녕 부담만 무겁게 진 채 정리하기도 하고, 다시 진로를 선택한다면 절대 이 일을 고르지 않으리라 생각하게 되는 것 같다. 심지어는 금전적 보상이 크다고 하더라도 사설 상담소 운영은 우리 삶에서 줄 수 있는 것보다 더 많은 것을 희생하게 하며, 개업 심리학자들은 자신들이 절대적으로 중요하다고 믿지 않는 일에 시간과 에너지를 낭비한다. 그들은 사설 상담소를 운영하려고 시작했으나 그 대신 자기 삶을 낭비할 감옥을 짓는 것 같다.

앞으로의 장에서 당신에게 적합하고 당신의 사설 심리상담소 개업에 도움이 될 만한 절차와 자원과 추천사항들을 고르면서, 평가적 과정을 당신의 일에 주기적으로 통합시키도록 하라. 상담소 개업이 당신에게 현명한 선택이었고, 여전히 그러한가? 당신의 사설 상담의 각 부분들이 재정적으로 탄탄하고 성공적인 사업일 뿐 아니라 성취감을 주는 직업으로 함께 작용하는가? 이것이 당신이 시간을 쓰고 싶었던 방식이 맞는가? 당신은 아직도 지금 하고 있는 일을 좋아하는가? 수입은 당신이 원했던 만큼 들어오는가? 당신은 수입의 변동이나 재정적인 불확실성을 감당할 수 있는가? 당신은 당신에게 의미 있고 보상을 가져다주는 집단이나 호소 문제들을 다루고 있는가? 당신의 상담소 운영은 자율성, 통제성, 타인과의 연결성 등의 영역에서 바람직한 균형을 잡게 해주는가? 당신에게 여가시간이 있는 편인가? 없다면 어떻게 상담 실무를 바꿀 수 있을까? 어떻게 달리할 수 있나? 다른 방향으로 나아가기 위해 어떤 추가적인 지원을 받아야 하나? 당신의 사설 상담소 운영에 당신이 누구이고, 당신에게 중요한 것이 무엇인지를 더 직접적으로 반영시키려면 어떤 기회들을 찾아내거나 만들어낼 수 있는가?

# 수입, 지출, 사업 계획

# 2

# 수입, 지출, 사업 계획

어쩌면 당신은 원래 돈이 많거나 금전적으로 지원해 줄 친구나 가족이 곁에 있을 수 있다. 혹은 개업하고 몇 주 안에 복권에 당첨될 확률도 없지 않다.

위의 경우에 해당하지 않는 이상, 파산하지 않으려면 개업 잔고가 개업 지출을 감당할 수 있어야 한다.

그리고 당신이 이 일을 해서 자기 자신과 (가족을) 먹여 살리길 원한다면 투자보다 훨씬 더 많이 벌어야 한다. 당신의 소득은 자신과 부양가족의 일상적인 생활비를 감당할 수 있어야 한다.

아예 쉬지 않고 계속 일을 해나갈 생각이 아닌 이상, 매년 휴가를 낼 며칠, 몇 주, 몇 달 동안의 일상 지출과 휴가비를 감당할 만큼 충분한 소득이 있어야 한다. 자영업을 한다는 것은 즉, 당신의 병가와 휴가, 육아 휴직 동안 아무도 돈을 대주지 않을 것을 의미한다.

만약 부분적인 휴직이나 완전 퇴직에 돌입하면서 커리어의 일정 지점에서 일을 중단하려면, 퇴직 생활 동안 생활비를 대고 일을 중단해도 일정 수입이 들어올 수 있도록 충분히 투자할 수 있는 자금이 필요하다.

당신이 원하는 방식대로 살 수 있도록 돈을 벌 수 있을지, 그리고 당신의 사설 상담소가 살아남을 수 있는지의 여부는 이 모든 계산에 달려 있기 때문에, 이는 많은 심리학자의 불안의 근원이 되어 왔으며 상담소 운영을 시작하는 사람들의 대부분을 억압시켜 왔다.

3년이나 5년(혹은 그 이상)의 사업 계획을 구상하는 것이 현명하다. 이렇게 접근하려면 당신은 재정적인 목표와 목표에 도달하는 방법(즉, 구체적인 행동 절차)을 재정적으로 현실성 있게 기록해야 한다. 당신의 사설 상담소가 매년 어느 정도의 성장률로 발전하기를 기대하는가? 당신의 매해 지출은 비교적 일정할 것인가(물가상승률까지 감안하여)? 당신이 일을 할수록 지출이 증가할 것인가? 혹은 실무의 효율성이 높아짐에 따라 지출이 감소할 것인가? 한 주 몇 시간을 일하고 싶은가 혹은 일할 수 있는가? 당신의 투자 목표는 무엇인가? 당신은 상담 실무 자체와 퇴직금, 혹은 다른 사업에 얼마나 돈을 투자할 것인가?

계획은 물론 융통성이 있어야 한다. 이러한 계획은 예측 가능하거나 불가능한 국가 경제의 모든 변동 사항, 당신 수입의 흉년과 풍년, 지출 총액, 혹은 당신에게 중대한 영향을 미칠 수 있는 다른 요소들에 적용이 가능해야 한다.

당신이 막 시작했다면 아래의 30가지 가능한 지출 목록을 살펴보는 것이 도움이 될 것이다. 당신의 사설 상담 실무와 관련 있는 것들을 골라 그 영역에서 (그리고 목록에는 포함이 안 되었지만 당신이 예상할 수 있는 다른 지출 품목들에서) 지출액을 추정할 수 있도록 조사해 보기를 권한다.

- 전문가 자격증
- 전문 협회 멤버십
- 연방세와 주립세
- 각 시 사업 증명서 및 사업세
- 전문 손해보험
- 건물 및 토지 손해보험
- 화재 시나 홍수, 도난 등 재해의 경우를 대비한 사무 설비 보험

- 의료보험과 의료보험이 보장하지 않는 질병에 대한 비용
- 장애보험(당신이 일할 수 없을 때를 대비한 수입 보호뿐 아니라 사무실 임차와 각종 제반 비용을 포함할 것)
- 과세 지출
- 광고, 마케팅, 개업 도구(명함, 브로슈어, 전화번호부 목록 가입 등)
- 사무실 계약금과 임차비
- 상담실, 대기실 등을 위한 사무실 가구
- 사무실의 전기, 난방, 냉방 시설
- 사무실 청소 서비스
- 인쇄물과 장식품, 화분, 꽃, 기타 사무실 분위기 조성을 위한 지출
- 사무실의 커피, 차, 물 서비스 등(심리학자에 따라 본인이 사용하거나 내담자에게 제공한다.)
- 전화요금. 사무실 전화 시스템이나 개인 전화, 장거리 전화 서비스, 휴대전화 등
- 우편
- 변호사 고용 및 다른 법적 비용
- 회계
- 전문 워크숍, 교육 과정 수강, 회의, 등록 비용, 물품 등을 포함—만약 행사가 시외에서 열릴 경우 교통, 숙박, 그리고 여행 관련 다른 지출
- 전문 서적과 저널
- 컴퓨터(하드웨어, 소프트웨어, 인터넷 설치, 기술적 지원 등), 팩스, 다른 전자제품 및 사무 기계
- 카운터 직원, 비서, 기타 행정 보조 인력
- 자동 응답 서비스
- 계산서 서비스(심리학자 본인이 직접 계산서를 발행 시에 계산서 형식 비용, HCFA 형식 등)
- 교통 (본인 사무실과 다른 일하는 장소 사이를 오갈 때 드는 비용)
- 계산서대로 지불받지 못했을 때 생기는 차액(서비스를 제공하기 전에 상담료를 모두 받지 않은 이상, 계산서를 청구받은 사람들 중 몇 명은 끝까지 지불을 하지 않을 것이므로

상담료 미납으로 인한 지출이 발생할 것이다. 개업 심리학자들은 악성 부채에 관하여 다양한 경험을 한다.)

- 비자발적 대출이나 현금흐름 장애(cash-flow difficulties)로 인한 지출 – 몇몇 내담자, 보험회사, 의료 관리 조직, 로펌 등은 당신의 치료 및 상담, 그리고 다른 심리적 서비스에 대한 비용 지급을 몇 주나 몇 달 동안 미룰 수도 있다. 만약 당신이 기한을 어겨 더 이자를 붙이지 않는다면 당신은 이자 없이 대출해주고 있는 것과 같다. 상담료 납부 전에 생기는 차액을 보충하기 위해 대출을 받을 필요가 없다고 해도, 그 차액을 사무실을 키우고 유지하는 데에 투자할 수 없으므로 손해를 보는 것이다.

스프레드시트나 기타 유사한 형식에 각 영역당 매달 예상되는 지출을 적어도 3년의 기간을 두고 기록하는 것이 유용하다. 필요한 지출을 최대한 잘 예상해서 기입하고 나면, 상담소를 계속 운영하는 데에만 최소한 얼마나 드는지 감을 잡을 수 있을 것이다. (지출 추정액을 더 구체적으로 포착하려면, 주 단위 평균이나 일 단위 평균을 계산하는 것이 좋다.) 이는 또한 지출 패턴을 보여준다. 기본적인 지출 중 일정 부분은 개업 물품을 사는데 든다(예: 의자와 다른 사무실 가구). 당신의 수입이 지출을 따라잡을 수 없는 상황인데 "시작" 단계를 감당할 충분한 저축액이 없고, 대출을 하는 것이 좋은 방법이 아니거나 불가능하다면 (즉, 은행이 당신에게 돈을 빌려주지 않는다면) 상담소가 서서히 성장하는 동안 병원이나 개인 클리닉, 혹은 다른 고용주와 함께 부업을 하는 방법을 고려할 수 있다. 당신은 쉬는 날이나 저녁, 혹은 이른 아침 등 근무 시간 외에 환자를 볼 수 있고, 그 시간에 자기 사무실을 사용하지 않는 동료에게 "시간당" 혹은 "일당"으로 공간을 대여할 수도 있다. 부업을 계약할 때는 "경쟁 불가" 조항이 있는지 확인하는 것이 좋다 (일부 고용 계약은 고용인이 직장을 떠난 후 특정 시간 및 장소 내에서 유사한 업종에 종사하는 것을 금지하는 조항이 있다. 경쟁 불가 조항이 당신의 개업을 금지하는 경우, 그 조항이 의무사항인지 아닌지 고용 변호사와 상의하는 것이 바람직하다).

개업 비용을 어떻게 충당할지 알아냈다면 그 지출을 감당하기 위해서 뿐 아니라 재정적인 목표를 달성하기 위하여 어느 정도의 소득을 벌지 살펴볼 수 있다. 이와 같은 월 단위 계획은 당신의 지출이 급증하는 특정한 달(예를 들면, 분기별로 부과되는 연방 세금이나 혹은 주정부 세금을 납부하는 일 년에 네 달, 혹은 당신의 전문가배상보험 우대 계약이 만료되는 일 년에 한 달)에 갑자기 자금이 부족해지는 일이 없도록 자금의 흐름을 감시하고 관리할 수 있게 도와줄 것이다. 사무실에서 버는 상담료가 수익 원천의 전부라면, 당신은 지출을 충당하고 적절한 소득을 얻기 위하여 한 달에 몇 명의 내담자를 받아야 할 지 계산할 수 있을 것이다. 당신이 상담 직후에 지불받는 방식이 아닌 경우(즉, 당신이 청구서를 내담자나 보험회사, 혹은 관리 의료 회사에 청구서를 발송한다면), 서비스를 제공한 시점에서 1개월 내에 수익을 얻을 것이라고 기대할 수 없다.

개업 시작 후 초기 몇 년 간을 최대한 정확하게 예상해보면서 계획에 따라 일이 진행되지 않을 경우에 어떤 일이 발생할지 자문해보는 것도 중요하다. 당신의 실제 지출은 예상보다 더 높을 가능성이 크고, 당신이 기대하는 내담자들은 스케줄대로 나타나주지 않을 수도 있다. 예상치 못한 지출과 수익 감소, 혹은 다른 어려움들에 대처할 수 있는 "플랜 B"(아울러 플랜 C, D, E 까지……)를 마련하는 것이 현명하다.

사설 심리상담소를 개업할 때 종이서류, 컴퓨터 소프트웨어, 경리나 회계사의 도움을 받아 당신의 개업에 관련된 모든 재정적 기록을 잘 보존하는 것이 좋다. 이러한 기록들은 납세 신고서를 준비할 때 도움이 될 뿐 아니라 미래의 수입, 지출을 예상하고 현재의 사업 계획을 수정하는 데에 경험적 근거가 되어준다.

심리학자들은 데이터 분석법을 배우는 바, 당신의 재정 기록은 당신이 사설 상담 실무를 연구하기 위해 분석할 데이터의 금광이다. 연구 프로젝트를 실제로 수행하듯이, 당신이 유용하다고 생각하거나 관심사에 따라 데이터를 여러 방식으로 살펴보라. 여기에 당신이 고려할 수 있는 몇몇 분석법이 있다.

매달 순익이 얼마이고(수익에서 지출을 뺀 값), 시간이 지나면서 어떤 패턴을 나타내는가? 예를 들어, 순익이 줄어들거나 적자를 기록하기 때문에 당신이 새로 계획해야 하는 달이 매해 있는가? (예를 들어, 휴가를 가는 여름철에는 당신의 수익은 0이 될 것이고 지출은 증가할 것이다.) 순익이 전반적으로 상승세를 타는가?

매달 지출 항목이 무엇이며, 각 항목에서의 전체 지출 퍼센트가 얼마나 되는가? 그 패턴을 보면 보다 효율적으로 돈을 쓸 수 있는 방식을 알아낼 수 있는가? 지출을 줄이는 것이 늘 효과적인 지출을 의미하지는 않는다. 지출 항목이 당신의 수익과 정적/부적 상관을 보이는가? 예를 들어, 홍보 관련 지출의 증가가 내담자 수의 증가와 상관이 있어서 더 많은 수익을 발생시키는가? 이러한 분석은 1개월 동안의 광고가 효과를 산출

해내려면 몇 개월 이상 소요될 수 있다는 것을 의미한다.

매달 수익 항목이 무엇이며, 각 항목에서의 전체 수익 퍼센트가 얼마나 되는가? 시간이 흐르면서 어떤 패턴이 나타나고, 당신의 상담소 운영에 있어 어떤 변화를 제시하는가? 당신에게 상담료를 직접 지불하는 내담자와 보험회사 내담자, 관리 의료 회사 내담자가 혼합되어 있는 상황을 상상해 보자. 당신은 1년에 걸쳐 매주 목요일에 수입이 차츰 감소한다는 것을 알아차렸다. 기록을 좀더 자세히 살펴보니 목요일에 만났던 내담자들 중 즉시 지불하는 고령의 내담자 사례가 종결되었고, 대신 관리 의료 회사가 지원하는 내담자들을 더 많이 접수했기 때문에 요즘은 목요일에 보는 내담자 여덟 명 모두가 관리 의료 회사 내담자라는 사실을 알게 되었다. 관리 의료 회사는 당신의 상담 비용의 반을 지불한다. 이 내담자들의 사례를 종결한 후, 상담료를 전액 직접 지불하는 내담자들로 대체할 수 있는 가능성을 탐색하는 것이 중요하다. 혹은 매주 목요일 오전마다 자기돌봄을 위하여 일을 쉬든가, 여덟 사례 전부 상담료를 직접 지불하는 내담자들로 채우는 것을 고려해 봄이 좋다.

빚이 있는 경우, 총 부채와 그 부채의 항목, 부채에서 발생되는 비용(예를 들면, 대출금리), 그리고 장기간 동안 부채가 보이는 패턴은 무엇인가? 많은 심리학자는 전형적인 사업자 대출과 아직 상환하지 못한 학자금 대출 외에도 많은 신용카드 때문에 부채를 지게 된다. 다른 사용 가능한 카드나(주택담보 대출과 같은) 돈을 빌릴 수 있는 다른 방법 중 이자율이 낮은 것이 없는가? 생계를 유지하기 위해서 대출한 경우, 소득 중 매달 부채의 비율이 얼마인가? (만약 당신이 6,300달러를 벌고 매달 700달러를 추가로 대출한다면, 당신의 대출은 받아들이는 돈의 10%를 차지한다.) 매달 지출 중 몇 퍼센트가 원금과 이자 상환에 쓰이는가?

서비스 직후에 비용을 받지 않고 나중에 청구하는 경우, 매달 수금하지 못한 돈의 총액은 얼마인가? 서비스를 제공하고 나서 상담료가 수중에 들어올 때까지 걸리는 평균 기한이 며칠인가? (혹은 몇 주, 몇 달, 몇 년, 혹은 평생인가?) (심지어 당신이 수표를 받았다고 하더라도 그 수표가 당신 계좌에 들어와서 결제될 때까지 시간 차이가 발생한다) 서비스를 제공하고 나서 상담료를 수중에 받을 때까지 걸리는 시간을 줄이기 위해서 당신이 찾아내거나 만들 수 있는 기회에는 어떤 것이 있는가?

당신은 매달 수익으로 무엇을 하는가? 당신의 사설 상담소 운영에 할당되는 지출은 몇 퍼센트인가? 사업 확장에는 몇 퍼센트 할당되는가? 개인적으로 필요해서 쓰는 돈은 몇 퍼센트인가? 다른 기타 목적으로 나가는 돈은 몇 퍼센트인가? 이러한 비율들은 시간이 흐르면서 체계적인 패턴으로 변하는가? 매달 소득 지출에 있어 개선점은 무엇인가?

모든 저축금, 투자비용, 정부의 퇴직연금, 퇴직자금용으로 모아놓은 돈을 통틀어, 퇴직을 위해서 따로 마련해놓은 돈의 총액은 얼마인가? 총액이 매달마다, 적어도 매해마다 유의미하게 증가하는가? 만약 이런 증가율이 계속된다면, 어떤 종류의 퇴직생활이 가능해질 것인가?

"아, 이런(uh-oh)!" 같이 당황스러운 상황이나 긴급 상황에 쓸 수 있는 돈은 얼마나 되는가? "아, 이런!" 상황은 상담소 운영 중에 갑자기 일어나는 불쾌한 상황이다. 갑자기 통근에 필요한 자동차가 고장나서 다시 달리려면 수리비로 수천 달러가 필요하다고 치자. 혹은 누군가 사무실에 침입해서 당신의 값비싼 검사 도구나 10,000달러 정도 나가는 값비싼 심리적, 신경심리학적 검사지가 도난당했다고 가정해보자. 그러면 당신은 도난 보험이 피해액의 극히 일부만 보장해준다는 것을 알게 될 것이다. 이 재정적 어려움을 메워나가기 위하여 당장 쓸 수 있거나 매달 쓸 수 있는 현금이 얼마나 되는가? 긴급 상황이란, 예를 들어 당신이 사랑하는 사람 중 한 명이 갑자기 위독하게 아파서 수만 달러, 혹은 수십만 달러나 되는 치료비가 필요한데, 당신의 건강보험이 보장하는 액수는 엄청나게 부족하다는 사실을 발견하는 때다. 당장 수중에 확실히 가진 현금은 총 얼마이고, 매각할 수 있는 재산, 그리고 가능한 많이 빌릴 수 있는 돈은 총 얼마인가?

다시 한 번 말하건대, 이는 당신의 재무자료를 보는 가능한 방법 중 몇 가지일 뿐이다. 당신은 자신의 개업 상담 실무와 필요성, 관심사에 부합하는 몇 가지를 채택해도 되고 아예 더 좋은 방법을 고안해내도 좋다.

이 장에 앞서 우리는 당신이 사업을 어떻게 성장시키기 원하는지, 다음 3년에서 5년 사이 구체적인 목표가 무엇인지, 그리고 지금 여기서 어떻게 목표를 달성할 것인지 등의 청사진을 그리는 사업 계획을 준비하는 것이 "이치에 맞다"고 했다. 수익과 지출의 현실적인 예측치에 근거한 훌륭한 사업 계획은 계산하기 힘들 만큼 큰 가치를 가지고 있으며, 이런 계획 없이 개업을 운영하는 것은 바보스러울 뿐 아니라 위험하다. 우리는 모든 사람이 사업 계획을 짜는 데 시간을 들일 것을 강력하게 권유한다. 이제 막 상담소를 개업한 사람의 경우, 사업 계획을 세우면 전문가손해배상보험의 실제 비용, 업주 책임보험, 전문가위원회 회비 등의 실제 비용 정보를 알게 됨으로써 자신의 기대와 의사 결정을 훨씬 더 현실적으로 조정할 수 있게 된다. 이미 개업하여 상담소를 운영하고 있는 경우, 사업 계획은 지출 항목 중에 절약하거나 재배정할 수 있는데도 간과하고 있고 과도하게 소요하는 부분이 있는지 깨닫게 해줄 수 있기 때문에 중요하다.

사업 계획을 강하게 제안하면서 계획을 세우지 않고 일할 때의 잠재적인 위험과 낭비를 강조하고 있지만, 우리의 경험상 일부 심리학자들은 형식적인 사업 계획서를 만들지 않고도 성공적이고, 번창하고, 성취감 있는 사설 상담소를 개업하고 유지하는 것으로 보인다는 점을 중요하게 밝힌다(심리학은 경험적인 학문일 뿐 아니라 합리적인 학문이다). 그들은 별 계획 없이 그때그때 직관적으로 나타나는 기회들을 활용한다. 이 점은 진지하게 생각해볼 만한 가치가 있다. 모든 심리학자는 어떤 점에서 독특하며, 어떤 점에서 고유한 지역사회와 환경에서 일한다. 한 명에게 효과가 있는 것은 다른 사람에게는 재앙일 수 있다. 이 책의 목적은 우리가 유용하다고 믿는 정보, 아이디어, 접근법, 자원들을 제공하는 것이다. 그러나 각각의 항목을 읽으면서 그것이 당신과 당신의 가치, 당신의 강점과 약점, 그리고 당신이 되고 싶은 심리학자 상과 잘 맞는지 신중하게 생각해 보는 것이 좋다.

# 자기돌봄 전략 수립

# *3*

# 자기돌봄 전략 수립

상담소를 개업하기 전에 자기돌봄(self-care) 전략을 수립하여 직업 계획의 기본으로 삼고 직업적 삶의 근본적 일부로 만들기를 강하게 권장한다. 개업 상담 실무를 시작할 때부터 자기돌봄에 소홀하면 직업적인 열정과 즐거움, 회복탄력성(resilience), 보살핌 능력, 직업적 의미 자체가 고갈되며, 때로는 심리학자의 유능함마저 쇠퇴하기도 한다. 자기를 방치하면(self-neglect) 고갈되고 낙담하며 소진에 이를 수도 있다.

## 자기돌봄에 소홀할 때 무슨 일이 일어나는가? 일곱 가지 주제

자기돌봄을 소홀히 하면 심리학자와 그의 업무에 때로 심각한 결과가 초래된다. 모든 심리학자는 각자 자기만의 개성이 있고 자기만의 방식으로 일하며, 자기돌봄을 소홀히 한 결과를 각각 다르게 경험한다. 그러나 몇 가지 주제들은 꽤 자주 겹치는 것 같다. 앞으로 소개할 몇 가지 사항들은 자기돌봄을 소홀히 한 결과일 수도 있고, 아니면 소홀히 함으로써 강화되었거나 소홀히 했음을 반영하는 현상일 수도 있다. 물론 다른 원인도 있을 수 있다.

## 내담자 경시

자기 일에 압도된 심리학자들은 다른 사람에게 자기 내담자에 대해 근본적인 존중 없이 깎아내리는 방식으로 말하면서 얕보기 시작한다. 그들은 얼마나 자기 내담자들이 동기가 결여되어 있고 감사할 줄 모르고 이기적이고 둔감하고 부정직하고 게으르고 전반적으로 바람직하지 못한지 불평하는 데에 시간을 보내기 시작한다. 자기 내담자들에게 판단적이며 비판적으로 되어 공감과 친절을 잃을 지도 모른다. 자기 내담자를 ("그 정신분열병", "그 경계선") 병명으로만 부르면서 비인간화시킬지도 모른다. 내담자가 지불하는 돈을 가지고 농담을 하거나 다른 방식으로 내담자를 희화화하게 될 수도 있다.

## 직업 경시

자기돌봄을 안 하는 바람에 고갈되고 기가 꺾인 심리학자들은 자기가 하는 일을 사소한 것으로 취급하거나 비웃거나 지나치게 자기비판적이 될 수 있다. 상담에 대해 뻔한 속임수나 사기, 농담이라고 말하기 시작할 것이다. 자기의 직업을 알맹이는 비어 있고 아무 효과도 의미도 없는 일이라고 보게 될지도 모른다. 그러한 심리학자들은 회기에 지각하거나 예정된 회기들을 아예 빠지거나 혹은 내담자에게 온 전화에 답하기를 빠뜨릴 것이다.

## 실수를 범하는 빈도의 증가

인간인 이상 모든 심리학자는 실수를 저지른다. 심리학자로서 우리는 기본적으로 실수가 일어나는지 감시하고 인정하며 책임감을 받아들이고 실수의 결과에 대해 터놓고 말할 책임을 기본적으로 가지고 있다. 그런데 자기를 방치하면 직업적인 능력이 손상될 가능성이 있다. 점점 더 많은 실수를 저지르게 되는 것이다. 같은 시간에 내담자 두

명과 약속을 잡거나 상담이 있는 것을 잊어버리거나 내담자의 이름을 잘못 부르거나 내담자의 차트를 잘못 두거나 사무실 문을 안에서 잠그는 우리 자신을 발견하게 될 수도 있다.

## 에너지 부족

자기 자신을 돌보지 않는 심리학자는 에너지가 다 소모되어 휴식이나 재충전을 위한 제대로 된 자원이 아무것도 남지 않았음을 발견하게 될 것이다. 그들은 피곤한 상태로 아침에 일어났는데, 스스로 침대에서 벗어나 출근할 의지가 없다는 것을 깨닫는다. 회기 동안 맑은 정신을 유지하며 깨어 있으려고 분투하며 남은 근무 시간을 어떻게 버텨 나갈지 막막해한다. 마침내 퇴근 후에는 다른 사람과 어울리거나 재미있는 여가를 즐기기에는 너무나 지쳐서, 내일 그 치떨리는 일과를 반복하기 위하여 침대에 자러 가는 미래와 맞닥뜨릴 수도 있다.

## 불안과 두려움 증가

우리가 스스로를 잘 보살피지 못하면 더 이상 불확실성, 도전, 요구, 상담의 스트레스에 대처할 수 없겠다는 느낌을 받을 수 있다. 만약 의뢰가 들어오는 연줄이 모두 말라버리고 진행 중인 내담자가 모두 종결해버리면 어떻게 하지? 지난번 평가를 망쳐 버린 것이 아닌가? 잘못된 진단으로 끝장낸 것 아닌가? 내담자가 겪고 있는 일 중 핵심적인 측면을 놓친 것은 아닐까? 자살 위기에 처한 내담자에게 말을 잘못한 것이 아닌가? 다음 회기 전에 그 내담자가 죽어버리면 어쩌지? 그 흥분한 내담자가 회기 중에 폭력적으로 변해버리면 어떻게 하지? 누군가가 상담을 잘못했다고 소송을 걸거나 내 자격에 대해 고소를 걸면 어쩌지? 등의 생각들이 떠오를 것이다.

## 업무를 이용하여 불행한 느낌, 고통, 불만을 차단하기

자기를 제대로 보살피지 않고 직업에서 어떤 의미나 만족도 찾지 못하는 경우에 나타날 수 있는 자기 패배적 반응은, 자기 자신과 자신의 불편한 감정을 과중한 업무 속에 던져버리는 것이다. 내담자를 더 많이 받고 프로젝트를 더 많이 떠맡고 더 무거운 책임들을 짊어지는 방법으로 여가 시간을 줄임으로써, 퇴근 후 온전한 자기만의 시간을 보내며 삶을 성찰하고 자기가 얼마나 공허하고 황폐하며 비참한지 깨달을 만한 기회를 없애는 것이다. 물론 긴 시간을 일하면서 그 안에서 기쁨을 느끼며 엄청난 즐거움과 성취감을 맛보는 심리학자들도 있다. 그러나 그들의 패턴은 다르다. 시간을 노동으로만 채우면 보람 없는 삶에서 주의를 돌릴 수 있다는 점을 빼고 좋은 것이 없다. 일은 음식이나 알코올, 약 등 사람들이 자기돌봄을 소홀히 한 대가를 방지하는 데에 쓰는 자원 중 하나에 불과하다.

## 흥미 상실

자기돌봄을 소홀히 하면 직업적 삶은 더 이상 어떤 흥분도, 즐거움도, 성장도, 의미도, 성취의 근원도 없이 공허해져서 그 결과 흥미를 잃어버릴 수 있다. 그렇게 되면 더 이상 일에 몰입하거나 내담자와 연결되었다는 느낌을 느끼지 못할 것이다. 무감각해진 채 자동 조종장치처럼 기능하고자 애쓰게 될 것이다. 할 수 있는 한, 일을 잘 하려고 스스로 밀어붙이면서 일하는 시늉은 계속하겠지만 더 이상 마음은 내담자와 함께 하지 않고 있을 것이다. 자기를 제대로 보살피지 못하면 남을 보살필 수도 없다.

## 전략을 최적화하기

자신에게 잘 맞는 옷을 골라야 하듯, 자신에게 잘 맞는 자기돌봄 전략을 선택하는 것이 중요하다. 내 친구에게 맞는 옷을 고르거나, "평균적" 사람에게 잘 맞거나, 가장 잘 나가는 사이즈를 고르는 것이 자신에게 맞는 옷을 고르는 좋은 방법은 아닐 것이다. 똑같은 자기돌봄 전략이 나의 동료를 구원해주는 반면 나 자신은 더 비참하게 만들 수도 있다. 어떤 사람에게는 삶을 지탱하고 재충전을 해주고 의미를 부여해주는 방법이 대부분의 주류와는 거리가 있을 수도 있다. 침묵과 청빈의 서원을 하고 고독한 수도 생활에 들어가서 행복과 의미와 충족감을 추구하는 사람에게 "당신은 있잖아요, 정말로 밖에 나가서 사람도 더 사귀어야 하고, 노후에 굶어죽지 않을 만큼 저축하려면 돈도 벌어야 해요. 그러면 분명히 더 자신감도 생기고 삶이 나아질 걸요?"라고 조언할 사람은 정말 많지 않을 것이다.

스스로에게 귀를 기울이고 실험해보고 무엇이 효과가 있고 없는지 솔직해지는 것은 나에게 최적화된 자기돌봄 전략을 수립하는 방법 중 하나다. 모두에게 적합한 자기돌봄 계획은 존재하지 않는다. 다만 정말 스스로를 잘 보살피고 있는지 자가 진단할 수 있도록, 대개의 심리학자들이 제일 어려움을 겪는 영역들을 소개하고자 한다.

## 고독

혼자 개업 상담을 하는 것은 그 특성 자체로 소외되는 일일 수 있다. 우리는 많은 날을 사무실에서 보내면서 한 내담자가 끝나면 다음 내담자를 만난다. 특히 장시간 일하는 경우, 친구와 동료, 나아가 사무실 건물 밖의 외부 세상과의 접촉이 차단될 수도 있다. 심지어는 예약된 내담자가 없는 시간에도 회기보고서 작성, 청구서 준비, 업무 관련 통화 등 해야 하는 일이 많다. 어떤 심리학자들은 사무실에서 보내는 시간의 상한선을 엄격하게 정해놓고 고립된 상태에서 탈피할 수 있는 활동들을 공식적으로 계획한다. 다른 사람들과 연결 고리를 유지할 방법을 찾는 것은 많은 심리학자에게 가장 기초적이고 중요하고 도움이 되는 자기돌봄 전략 중 하나다.

## 지루함

우리가 내담자를 만나는 시간을 한 주 30시간에서 35시간 정도로 제한한다고 해도 그렇게 많은 시간을 내담자와 쓴다는 건 어떤 심리학자들에게는 지나치게 많게 느껴질 것이다. 강의, 컨설팅, 슈퍼비전 모임 주도, 지역사회, 주, 도, 국가 단위 전문가협회에서의 왕성한 활동 등 일상을 깨고 다양성을 가져올 다른 종류의 일을 탐색해보는 것도 가능하다.

## 피로

각 상담과 상담 사이에 쉬는 시간이 얼마나 많이 필요한가? 5분, 10분, 15분 정도면 충분한가? 1시간 이상의 충분한 휴식 없이 얼마나 많은 내담자를 연속적으로 만날 수 있는가? 하루에 내담자를 몇 명이나 보면, 상담의 질이 퇴근 무렵의 상태만큼 떨어진다고 느껴질 정도로 지치는가? 심리학자들은 이 부분에서 각자 매우 다르다. 어떤 심리학자들은 열정이나 역량을 유지하면서도 10분간 쉬면서 50분씩의 회기를 네 개 연속으로 진행하고, 한 시간은 점심 먹기 위해 쉬고, 나머지 네 개의 회기를 연속으로 진행할 수 있다. 하루에 내담자를 다섯 명 이상 받으면 적절한 서비스를 제공할 수 없다는 것을 아는 사람들도 있을 것이다. 당신에게 있어 전일제 상담이라는 것이 무슨 뜻인지 알아야 한다. 예를 들어, 어떤 이는 상담소를 운영하는 데에 필요한 부차적 시간까지 감안하여(회기기록 유지, 장부관리, 전화 응대 등) 주 25시간에서 30시간 내담자를 보는 것이 전일제 상담이라고 생각할 것이기 때문이다.

이 영역에서 자기를 보살피는 방법은 스스로 감당할 수 있는 작업의 부하를 현실적으로 알고, 능력에 맞는 스케줄을 짜는 것이다. 내가 해야 하는 업무량이나 혹은 예전에 할 수 있었던 업무량, 내 동료들이 할 수 있는 업무량이 아니라 내가 실제로 잘 할 수 있는 업무량에 초점을 맞추어야 한다. 가끔 내가 일을 잘 할 수 있는 시간의 양과, 계산서를 지불하고 사업을 확장하기 위해서 이 정도 상담은 해야 한다고 생각하는 시간의 양 사이에 갈등이 일어나기도 한다. 효과적으로 자기를 보살피는 전략은 회기 사이의 쉬는 시간이나 휴가와 같은 휴식 패턴에 영향을 줄 뿐 아니라 우리가 피로로부터 스스로를 회복하고 재충전시켜 새 출발을 하게 돕는 활동이나 태도, 접근 방식도 강조해준다.

## 정적 생활

심리평가와 치료는 대부분의 시간 동안 내담자는 앉아 있거나 누워 있고 심리학자는 앉아 있는 등 둘 다 별로 움직이지 않는 상태에서 이루어진다. 따라서 심리학자들의 자기돌봄에는 하루 동안 움직이고 스트레칭을 하고 운동할 시간을 확보하는 것도 들어가야 한다. 신체적 운동은 육체의 건강에 좋고, 원래 하는 일의 정적인 속성과 반대될 뿐 아니라 심리적으로 도움을 주기 때문에(임상 및 스포츠 심리학자 Kate Hays의 책인 '몸을 움직여라, 정서를 제대로 맞춰라 [New Harbinger, 2002]'를 참고하라) 유익하다.

## 영성 없는 삶

심리 상담 실무가 그 자체로는 많은 심리학자에게 몸을 충분히 움직이고 운동할 기회를 주지 않는다면, 삶의 활력 역시 적절하게 길러주지도 못할 것이다. 어떤 심리학자들은 명상, 기도, 그 밖의 영적, 종교적 활동을 위하여 적절한 시간과 기회를 안배하는 것은 일종의 중요한 자기돌봄 전략이 된다. 또 다른 심리학자의 경우 독서, 시 쓰기, 숲속 하이킹, 음악 연주나 감상, 강둑이나 언덕에 앉아 있기, 연극 공연이나 감상, 노을 바라보기 등은 영적 삶을 함양시켜줄 것이다.

## 외부의 지원이 없는 삶

### 지원 네트워크

대학원이나 인턴십 과정은 우리를 교수, 슈퍼바이저, 행정관, 동료 학생 등으로 구성된 네트워크 안에 배치해 준다. 그래서 어려운 일에 직면하면 선생님이나 동기들에게 이야기할 수 있다. 우리의 상담은 꼼꼼하게 감독을 받고, 긍정/부정적 피드백, 아이디어, 제안점, 교육내용을 얻게 된다. 그런데 우리가 독립해서 상담소를 열면 그러한 지원 네트워크를 구성하는 것은 우리의 책임이 된다. 지원 네트워크의 핵심 구성요소는 무엇인가? 이후 5장에서는 지원 네트워크의 일부로서, 사설 상담소를 개업하기 전에 변호사를 고용하여 당신의 서류들이나 정책들, 절차들을 검토시켜야 한다고 논의할 것이다.

### 슈퍼비전, 자문, 추가적인 훈련

당신이 하는 일에 대해 이야기하고 지식과 기술을 확장하고 심리학자로서 계속 성장하기 위해서 그 원천을 찾아내고 만들어낼 것을 권한다. 슈퍼비전이나 자문을 잘 해줄 만한 사람이 있는가? 정기적으로 열리는 동료 슈퍼비전 모임을 만들 의향이 있는가? 지식을 넓히고 기술을 향상시키기 위해서 어떤 추가적 교육 과정이나 워크숍, 그밖의 활동들이 도움이 될 것 같은가? 다른 데에서 지원을 받을 수 있을 만한 원천이 있는지 고려해 보자.

## 회계사

우리는 개업한 심리학자들이 각자 믿을 수 있는 회계사를 찾아 함께 일하면서 사업계획을 검토받고, 최근의 재원(財源)을 보여주고 세금에 관련해서 조언을 듣기를 충고한다. 회계사들은 법인 설립의 장단점이 무엇인지, 어떤 지출을 공제할 수 있을지, 세금 납부를 위해 장부와 영수증을 어떻게 관리할지 의견을 제시할 수 있고, 거주형 사무실과 비거주형 사무실의 재정적인 이득을 비교해줄 수도 있다.

## 요금 청구와 장부 기록

많은 개업 심리학자는 자기 손으로 요금을 청구하고 장부를 기록한다. 당신이 이 방법을 택한다면 업무를 도와줄 컴퓨터 소프트웨어를 찾아야 할 것이다(10장을 참고하라). 그런데 이와 같은 부가적인 행정 업무를 맡으려고 하지 않는 심리학자도 있다. 대신, 그들은 자기들의 장부 관리와 요금 청구를 대신 관리해줄 개인이나 회사를 고용한다. 어떤 업체는 심리학자나 더 전반적인 건강관리자들을 위한 서비스에 특화되어 있다. 당신은 동료들이 누구를 고용하고 누구를 추천하는지 확인해 보면 된다.

그 서비스들이 의료정보보호기본법(HIPAA)과 잘 맞는지 확인해야 한다. 미국 정부의 HIPAA는 전자 서류로 건강 정보를 전달하는(예를 들어, 상환 요청을 위하여 전자 청구서를 제출하는) 심리학자 및 다른 건강 전문가들에 대한 요건을 책정했다. 본문 및 부록을 통해 APA 임상협회, 미국 보건복지부, 노동부 등으로부터 HIPAA의 요건을 충족시키기 위한 세부적 안내사항을 찾을 수 있는 웹 사이트 주소를 실어놓았다.

## 정신과의사 & 정신약리학자

약물을 처방할 수 있는 자격이 없는 한, 당신과 당신의 환자들과 협력할 수 있는 숙련된 정신과의사 혹은 정신약리학자를 찾는 것이 좋다. 물론 정신 약물 처방이 필요 없는 환자들이 있고, 이미 다른 곳에서 처방을 받아 약물을 복용하고 있는 상태에서 찾아오는 환자들도 있을 것이다. 그렇지만 몇몇 환자들의 경우 약물 처방 자격이 있는 정신과 의사나 정신약리학자들에게 의뢰하여 약물이 도움이 될지 평가를 받을 필요가 생길 것이다.

### 응급 상황 및 입원 의뢰처

당신의 지역사회에서는 어떤 응급 서비스, 입원, 주간치료, 기타 정신건강 서비스를 이용할 수 있는가? 비용은 얼마나 들고, 허가 기준은 어떻게 되는가? 그 기관에 방문해서 직원과 관리자에게 스스로를 소개하길 바란다. 그곳의 정책과 절차가 어떠하며, 당신이 스태프로서의 자격 조건을 갖출 수 있는지 알아보는 것이 좋다. 내담자 중 한 명이 입원이나 다른 위기 서비스를 필요로 할 경우를 대비하여 당신은 가능한 선택안들과 필요한 절차에 대하여 숙지하고 있어야 할 것이다. 어떤 심리학자들은 자동 응답 서비스에 녹음해놓은 메시지를 통해 응급 서비스의 전화번호를 알려주거나 정보에 입각한 동의서에 전화번호를 포함시키기도 한다.

### 의무적 보고와 자율적 보고 기관

아동학대나 노인학대 등이 의심될 때 의무적으로 보고해야 하거나 자율적으로 보고할 기관의 연락처를 찾아라. 의무적으로 보고해야 하는지 확실하지 않은 순간도 있을 것이다. 그럴 때 당신이 보고를 올릴 그 기관에 물어볼 수 있다. 전화를 걸어서 실제 관련 인물에 대한 어떤 신상 정보도 제공하지 않고, 가설적인 정보를 주면서 이러한 상황에서 의무적으로 보고해야 하는지 문의할 수 있다(그런 다음, 보고할지 여부를 결정하기 위한 단계로서 문의 결과를 문서화해야 한다). 또한 변호사나 당신의 전문직책임배상보험회사에 전화하여 조언을 구할 수 있다.

## 건강 방치

학생 건강 서비스나 학생 건강보험이라도 제공해주는 대학원 환경에서 벗어나 갑자기 독립적인 개업 상담 환경으로 옮겨오면 자신의 건강이나 의료적 필요를 방치하기가 쉬워진다. 본인이 알아서 개인적인 필요와 경제적 사정에 맞는 건강보험과 믿을 수 있는 유능한 의사를 찾아야 한다. 의료보험은 전문가 단체, 자영업자협회(예: 자영업자들을 위한 국가협회), 지역상인회 등 다양한 경로를 통하여 얻을 수 있다. 동료들이나 지역 보험 중개인들이 좋은 정보들을 제공해 줄 것이다.

## 스트레스 받는 삶, 혹은 고통스러운 삶

심리학자들은 극단적인 불행감과 고통에 가득찬 시기를 경험할 수 있다. 심리치료 실무가들의 심리상담 내담자 경험에 대한 국내 연구[1]를 보면 84%가 심리치료를 받은 경험이 있다. 이 집단 안에서 61%는 병리적 우울증이라고 칭한 우울 삽화를 적어도 한 번 이상 경험한 적이 있었고, 29%는 자살 충동을 느껴봤다고 보고했으며, 4%는 자살 시도를 한 적이 있다고 보고했다.

상담 실무 자체도 스트레스를 준다. 다른 상담 실무가에 대한 통계[2]를 보면 91%는 내담자가 자살을 저지를지 모른다는 두려움을 가졌으며, 86%는 내담자에게 자신이 해 줄 수 없는 치료적 자원이 필요해질까 걱정했고, 89%는 내담자가 제3자를 공격할까 두려워했으며, 88%는 동료들이 자신의 상담 장면에 대해 비판적일까 걱정했고, 18%는 내담자에게 공격당한 적이 있다고 답했다. 반이 넘는 수가 내담자에 대해 너무 두려워하는 바람에 식욕이나 수면, 혹은 집중에도 방해가 될 정도라고 했다. 약 12%가 내담자에게 정식으로 고소(예: 치료 과오나 자격)를 당한 적이 있다고 하였다. 3% 이상이 내담자로부터 스스로를 지키려고 무기를 입수했다고 하였다.

분노는 그 연구의 또 다른 주요 주제였다. 예를 들어, 81%는 언어 학대가 심한 내담자에게 분노를 보고했으며, 83%는 상담료를 지불하지 않는 내담자에 대한 분노를 보고했고, 46%는 환자에게 너무 화가 나서 나중에 후회할 일을 그들에게 했다고 하였다.

1) Pope, K. S., & Tabachnick, B. G. (1993). Therapists as patients: A national survey of psychologists' experiences, problems, and beliefs. *Professional Psychology: Research and Practice, 25,* 247-258. 이 논문은 http://kspope.com에서 열람 가능하다.

2) Pope, K. S., & Tabachnick, B. G. (1993). Therapists' anger, hate, fear, and sexual feelings: National survey of therapist responses, client characteristics, critical events, formal complaints, and training. *Professional Psychology: Research and Practice, 24,* 142-152. 이 논문은 http://kspope.com에서 열람 가능하다.

효과적인 자기돌봄 전략은 심리적인 실무가 얼마나 스트레스를 줄 수 있는지와 우리가 얼마나 고통스러워질 수 있는지 둘 다의 가능성을 현실적으로 제고하기를 권한다. 우리의 일에서 오는 스트레스에 대처하기 위하여 어떤 자원들을 개발하고 활용할 수 있는가? 어떻게 우리 자신의 스트레스를 표현하고, 필요할 경우 전문적인 도움을 구하며, 업무를 효과적으로 수행하기에는 너무나 고통에 시달리고 손상된 지점에 도달했다는 것을 알아차릴 수 있겠는가?

## 변화의 필요성

우리를 지지하고 강화하고 더 성숙시키고 재충전시키며 활기를 주었던 자기돌봄 전략은 1년도 안 되어 별 감흥 없는 의무 사항이나 방해 요소, 혹은 시간 낭비로 전락해버릴지도 모른다. 심리학자들은 내담자의 삶에서 일어나는 미묘하고 광범위하고 심오한 변화에는 주목하면서 가끔 막상 자신들의 인생에서 일어나는 변화는 간과하고 이러한 변화가 어떻게 자신들의 자기돌봄 필요성이나 전략에 영향을 미치는지 모르고 넘어갈 수 있다. 스스로를 잘 보살피려면, 자기돌봄의 필요한 부분이 어떻게 시간에 따라 변화하며 새로운 전략을 요구하는지 잘 관찰해야 한다.

# 사무실 찾기

# 사무실 찾기

일하기에 안전하고 적합하고 편안한 장소를 찾는 것은 중요하다. 이상적인 장소를 찾는 일은 어렵고 지칠 것이다. 그렇게 찾고 찾고 또 찾는 데에 시간과 에너지를 쏟으면서 좌절하다 보면 그냥 포기해버리고 당장 가능한 장소를 찾아 결국 임차 기간 내내 자신의 사무실이 최악의 선택이었다는 것을 후회하며 버티게 될지도 모른다.

이 책에 있는 다른 많은 주제처럼 완전히 "정답"이거나 "완벽"한 사무실이란 존재하지 않는다. 한 사람을 위해서 이상적인 사무실일지라도 다른 이에게는 재난일 수도 있다. 아래의 질문들은 당신이 계약한 직후에야 발견할지도 모르는 잠재적인 문제들을 간과하지 않게 도와줄 뿐 아니라 당신의 필요와 바람에 부합하는 사무실이 무엇인지 알 수 있게 도와줄 것이다.

## 당신은 당신만의 사무실을 가질 준비가 되어 있는가

여유가 있을 경우 사무 공간 전체(대기실, 상담실, 집단활동실, 작업실, 창고 등을 포함한)를 임차하면 여러 가지로 좋다. 당신 마음대로 이 사무실을 꾸밀 수 있고, 언제든 원할 때 사용할 수 있으며, 적어도 임차 계약이 끝나기 전까지는 상담 장소를 옮길 걱정을 할 필요가 없다. 그러나 이제 막 시작한 전문가들은 기존의 상담실을 다른 동료가 사용하지 않는 동안 시간제로 임차하기가 형편상 더 쉬울 것이다. 한 주당, 혹은 개월당 임대료에 동의할 수도 있고, "사용한 만큼" 책정되는 시간당 대여료를 선택할 수도 있다. 당신은 장기 임차에 따른 조건과 그에 딸린 가구나 그 밖의 것들을 사는데 드는 비용을 줄일 수 있을 것이다. 그러나 다른 사람의 사무실을 시간제로 임대 계약할 때 예상되는 문제점은 다른 사람이 사무실을 사용하고 있을 때 갑자기 긴급 상담(예를 들어, 내담자가 위기에 처했을 때)이 생길 경우 어떻게 대처할 수 있느냐 하는 것이다.

### 당신과 당신의 개업 상담에 적합한 건물이며 장소인가

몇몇 개업 심리학자들은 고층 건물과 같은 거대한 현대식 건물의 최신식 사무실을 선호한다. 그들은 이런 사무실이 자신의 취향에 부합하며 법인 관련이나 법조계 관련 내담자에게는 비즈니스와 비슷한 이미지를 심어줄 것이라고 예상한다. 사무실이 몇 개 들어가지 못하는 통나무집이나 아담한 1층 건물을 선호하는 사람들도 있다. 그들은 이런 사무실이 보다 허물없고 따뜻하며 사람들을 맞아들이는 것 같은 공간이라고 믿는다.

### 당신에게 적당한 크기인가

소규모 사무실은 걸어가면서 보기에는 사람들을 끌어들일 수 있을 만큼 따뜻하고 아늑해 보이지만 가족 상담이나 집단 치료, 혹은 매주 열리는 동료 평가를 위해 동료들을 부르기에는 너무 작을 수 있다. 집단 상담을 할 때에는 여분의 의자를 갖다놓을 수 있을 만한 크기의 방이 있다고 한다면, 집단 상담을 하지 않을 때 그 여분의 의자를 쌓아놓을 수 있는 편리한 장소는 있는가도 고려해야 한다.

### 충분한 보관 장소가 있는가

두 명 이상의 내담자가 오면 여분의 의자나 다른 가구들을 상담실에 가져오는 경우가 있을 것이다. 엄청난 공간을 차지하는 진단 도구들을 가지고 있어서 쓰지 않을 때에는 다른 데에 치워놔야 할 수 있다. 놀이치료용 장난감이나 여타 어린이를 위한 도구가 있다면 어린이 내담자가 아닐 경우에는 다른 곳에 치워두는 게 가장 좋을 때도 있을 것이다. 지금 당장 뿐 아니라 앞으로 당신의 사설 상담소가 발전하면서 임차 계약이 만료될 때까지 당신이 필요한 다양한 도구들을 상상해 보자. 적당하고 안전하고 편리한 창고가 필요할지 필요하지 않을지 생각해 보자. (사무실에서 다섯 층은 내려가야 있는 지하의 창고 사물함 말고 말이다.) 사업이 성장하고 해가 지날수록 점점 늘어나는 지난 내담자의 차트들을 보관할 안전한 장소가 필요해질 것이다. 그 차트들을 보관할 적당하고 안전한 장소를 꼭 찾기를 바란다.

### 화장실이 어디에 있는가(그리고 어떻게 가는가)

어떤 심리학자는 본인만 사용하거나 내담자까지 사용하게 허락할 수 있는 사적인 화장실을 갖고 싶어 한다. 반면 사무실 건물에 있는 공용 화장실을 같이 사용하고 싶어 하는 심리학자도 있다. 사생활과 편익 중 무엇을 더 선호하는가에 의사 결정이 달려 있다.

심리학자와 내담자가 건물에 있는 기존의 화장실을 쓰는 경우, 이 화장실이 사무실에서 얼마나 편리하게 갈 수 있는지 생각해 보자. 일부 2, 3층짜리 건물들은 한 층에 화장실이 한 개밖에 없을 수도 있다. 화장실이 당신 사무실과 다른 층에 있거나 건물의 다른 쪽에 있다면 "화장실 빨리 다녀오기"는 결국 전혀 실행되지 못할 것이다. 화장실을 안쪽에서 잠그는 것이 가능한 건물의 심리학자는, 상담 사이 쉬는 시간에 급하게 볼 일을 보려 했다가 화장실에 이미 누가 있는 것을 확인하고 긴급 상황에 대비하여 비상계획을 세워놓지 않을 것을 후회할 수도 있다.

사무실 건물의 화장실은 얼마나 잘 유지되고 있는가? "먼지 하나 없음"부터 "내가 아무리 급해도 다른 곳에 가겠다."까지의 스펙트럼이 있다면 당신의 화장실은 어느 정도에 위치하는가?

### 건물 배치는 당신의 직무에 적합한가

일부 심리학자들은 사무실은 그저 상담실과 대기실만 있으면 된다고 생각한다. 내담자는 건물 복도를 거쳐 대기실에 들어왔다가 심리학자의 사무실로 들어온 다음 회기가 끝나면 다시 대기실을 거쳐 복도로 나가게 된다. 한편 다른 심리학자는 내담자가 다음 내담자를 대기실에서 마주치는 일이 없도록 상담실에서 빠져나가는 다른 통로를 만들고 싶어 하는 사람도 있을 것이다. 또는 아예 대기실과 별개로 다른 방을 출구 쪽에 만들어서 내담자가 상담실에서 바로 사람들이 많은 복도로 나가지 않고 사적인 공간에서 몇 분간 눈물을 닦는다든지 외모나 내면을 정돈할 수 있게 배려해줄 수 있다.

## 방음은 얼마나 잘되는가

가능한 한 현실적으로 사무실의 방음 시설을 점검하는 것이 좋다. 방음을 같이 점검할 동료 한 두 명을 더 데려가는 것이 좋다. 예를 들면, 다른 한두 명은 상담실로 들어가고 그 동안 한 명은 대기실에 앉아 기다린다. 안에 들어간 두 명은 (a) "보통" 수준이라고 생각되는 정도로 이야기하거나 (b) 몇몇 목소리 큰 사람들이 얘기하듯 좀 시끄럽게 말하거나 (c) 웃거나 (d) 울거나 (e) 화를 내며 소리를 질러 본다. 대기실의 사람이 이 중 하나라도 들을 수 있는가? 카세트 플레이어나 라디오를 가져가서 혼자 실험해 볼 수도 있지만 이 실험에 동참할 다른 사람들을 데려간 편이 더 정확하고 (더 쓸모있는) 결과를 가져올 수 있다.

사무실이 방음이 안 되어 있고 건물주가 될 사람이 변경을 동의하는 경우, 적절한 방음이란 분명히 당신의 임대계약에 의해 결정된다는 것을 명심하는 것이 좋다. 즉, 마감기한은 그 임대계약에 따라 만들어지는 것이고, 만약 당신이 건물을 임차하기로 예정한 시간까지 방음공사 마감을 끝내지 못할 시 발생할 일도 그 임대 계약이 결정한다.

배경음악이나 분수, 그리고 "백색 소음"은 방음을 위한 또 다른 안전책이 되어줄 수 있다.

## 사람들이 당신의 사무실에 오는 길이 얼마나 편리한가

당신의 주 고객층이 거주하거나 일할 지역을 생각해 볼 때, 사무실을 얼마나 쉽게 찾을 수 있을까? 대부분이 대중교통을 이용하는 경우, 사무실은 지하철, 버스, 기타 유사 대중교통을 활용해서 찾아오기 좋은가? 야근이나 주말 근무를 한다고 할 때, 내담자들의 대중교통 이용이 가능한가? (어떤 노선의 대중교통은 저녁이나 밤, 주말, 휴일에는 운행이 뜸해지거나 아예 운행을 안 할 수도 있다.) 내담자들 다수가 사무실에 운전해서 온다면 도로 사정상 쉽게 올 수 있을까? 이 지역의 대중교통 정체는 얼마나 자주 심하게 일어나는가? 사무실 근처 주차 공간은 어떠한가? 길가에 주차하는 것이 너무 힘들어서 몇 블록이나 떨어진 공원에 주차해야 할 정도인가? 만약 주차장이 가까이 있다면 그 주차

장은 얼마나 충분한 가용공간이 있으며 주차 요금은 얼마가 나오는가? 폭우가 내리거나 눈이 많이 올 때, 기온이 40도까지 올라갈 때, 그 밖의 악천후 상황에 버스 정류장이나 지하철역이나 주차장으로부터 당신의 사무실로 오는 것은 얼마나 쉬운가?

## 당신의 사무실은 장애인들이 접근 가능한가

휠체어를 탄 사람이 당신의 건물이나 사무실에 들어올 때 어떤 장벽을 만날 것인가? 건물에 계단이 있다면 램프나 엘리베이터가 있는가? 화장실은 휠체어를 탄 사람들이 쓸 수 있도록 정비되어 있는가? 만약 사무실에서 당신을 만나는 내담자나 동료가 시각 장애를 가지고 있다면 엘리베이터 버튼에 대한 점자 안내나 건물 안 위치를 찾는데 필요한 다른 정보들이 구비되어 있는가? 당신 건물의 현관문이 보통 잠겨 있고 방문자들이 들어오려면 벨을 눌러야 할 경우에 청각장애가 있는 사람들은 그 시스템을 사용할 수 있겠는가? 그렇지 않다면 합리적인 대안은 무엇인가?(이 주제에 관해 추가적인 정보나 자원을 위해서는 http://kpope.com의 Accessibility & Disability Information & Resources in Psychology Training & Practice를 참고하라)

## 그 지역이 얼마나 안전한가

주변 지역의 범죄율이 얼마나 되는가? 당신이나 다른 누군가가 주차장, 버스 정류장, 지하철역에서 사무실 건물로 올 때 강도나 강간, 폭행이나 다른 폭력으로부터 안전할 확률이 얼마나 되는가? 당신이나 다른 누군가가 사무실 건물 안에서─엘리베이터나 계단 혹은 다른 사이 공간에서─밤에 안전할 확률이 얼마나 되나?

## 당신이 사용하는 동안 사무실은 어떠한가

부동산 중개인이나 건물 관리인은 아마 당신에게 토요일 아침이나 일요일 아침에 사무실을 보여줄 것이다. 모든 측면을 꼼꼼하게 살펴보고 떠올릴 수 있는 모든 질문을 해본 결과, 합리적인 가격의 이상적인 사무실로 모든 게 완벽해 보였다. 그러나 주말 아침이 아니라 당신이 일해야 하는 평일만 되면, 그 이상적인 3층 사무실에 미용실의 화학 약품 냄새, 식당의 메스꺼운 음식 냄새, 그리고 교통 체증으로 인한 피로가 올라온다. 위층의 사람들 때문에 사무실 전체가 진동하는 것 같다. 도대체 저들은 무엇을 하고 있는 거지? 사격 연습이라도 하나? 아니면 금고를 들었다 던졌다 하면서 비밀 금고를 열려고 하는 건가? 아니면 쇠망치를 바닥에 있는 힘껏 내리치면서 내구성이라도 시험하고 있는 것인가?

## 건물이 얼마 동안 개방되는가

어떤 사무실 건물들은 밤이나 주말에는 문을 닫고 잠근다. 이러한 경우 사무실을 임차했으므로 열쇠를 받긴 하겠지만, 평일 근무 시간 외에 내담자를 보는 것은 어려워진다. 사무실 건물의 문이 언제 잠기고 열리는지, 엘리베이터가 언제 끊기고 다시 시작하는지, 복도의 전등이 언제 꺼지고 다시 켜지는지, 냉난방 시설이 언제 멈추고 다시 들어오는지 등을 확인하는 것이 좋다.

## 사무실은 언제 어떻게 청소되는가

어떤 사무실 건물들은 사무실 청소 및 유지 서비스를 제공한다. 이를 세입자들에게 그냥 맡기는 건물도 있다. 만약 이 서비스가 계약 조건 중 일부라면 어떤 서비스가 포함되는가? 그냥 쓰레기통을 비워주는 것인가? 아니면 바닥을 청소하고 가구의 먼지를 털어주는가? 이 서비스는 얼마나 자주 제공되나? 매일이나 매주 한 번이나 혹은 아무도 알 수 없는 간헐적인 횟수로 제공되는 것인가?

사무실을 언제 청소할 것인가? 어떤 사무실 건물은 근무 시간이 끝난 6시나 7시, 혹은 8시에 청소를 한다. 이 시간에 당신이 내담자를 볼 거라면 문제가 된다. 청소부가 당신과 당신의 내담자에게 발 밑 양탄자를 청소할 수 있도록 발을 잠깐 들어달라고 부탁한다면 효과적인 심리치료가 꽤나 어려워질 것이라고 말하지 않을 수 없다.

만약 당신이 당신의 사무실과 대기실을 스스로 청소해야 한다면 쓰레기통을 비우기 위해 얼마나 가야 하는지 알아둘 필요가 있다. 당신이 직접 이런 일을 하는 것이 과연 시간을 잘 쓰는 행동인지, 그리고 당신의 일과가 이런 시간을 허락하기는 하는지 잘 생각해 볼 필요가 있다.

## 당신의 건물과 사무실의 온도 조절 장치는 어떠한가

사무실의 냉난방은 건물 나머지(로비와 복도)와 분리된 개별 난방인가? 사무실의 냉난방 통제 장치는 어떤 종류인가? 사무실과 대기실이 하나로 통제되는가? 가끔 각 방마다의 개별 통제 장치가 없으면 심각한 문제가 생길 수 있다. 상담실에 알맞은 온도는 대기실을 사우나나 빙하처럼 만들지도 모른다.

### 사무실과 대기실의 환기 시설은 어떤가

건물 내의 어떤 방들(가령 대기실)은 창문이 없어서 환기 장치에 전적으로 의지할 수도 있다. 일부 고층 건물의 창문은 꽉 잠긴 채 열 수 없게 되어 있다. 창문을 열지 못해서 신선한 공기를 들여올 수도, 잔잔한 미풍을 즐길 수도, "흥미로운" 냄새가 나는 내부 공기를 통풍시킬 수도 없는 상황은 큰 단점이 될 수 있다. 환기 방법은 다음 주제인 흡연에 관해서도 중요한 문제가 된다.

### 건물 내의 흡연 정책은 무엇이며 어떻게 실시되는가

어떤 건물들은 금연 정책을 확립하고 강제적으로 시행한다. 어떤 건물은 건물 내의 각 세입자들 재량에 맡길 수도 있다. 또 다른 건물은 적어도 누군가 건물 화장실에서 담배를 피는 정도는 용인하기도 한다.

흡연 알레르기나 담배 연기에 노출되면 악화되는 건강 문제를 지닌 경우 등 금연 환경을 중시하는 사람들은 건물 화장실이나 다른 사무실, 심지어는 다른 층에 있는 사무실에서 새어나오는 담배 연기도 느낄 수 있다. 이러한 경우에 자신의 사무실에 있는 환기 시설을 활용하여 이 문제를 피할 수 있다.

### 다른 임차인들은 무엇이라고 말하는가

부동산 중개인이나 건물 관리인이 건물과 사무실을 보여준 다음에 그 당일이나 다음 날에 다시 들러서 다른 사무실 사람들에게 당신을 소개하고 그 건물과 서비스에 대해 물어보기를 권한다. 그들은 건물에 대해 무엇을 좋아하고 싫어하는가? 입주 후에 무엇을 알게 되었는가? 건물에 오래 있었던 사람들은 좋은 정보의 원천이 될 수 있다. 엘리베이터가 가끔 고장나는지, 청소 용역들이 도움보다는 피해를 주는지(예를 들면, 커피잔을 깬다거나 청소하면서 컴퓨터 화면을 긁는다거나 책상에 남겨진 종이를 버린다거나 사무실 문을 잠그지 않고 간다든지), 아직 말하지 않은 로비나 복도의 심각한 문제가 있는지, 건물 내 흡연 관련 정책에 상관없이 건물 안에서 담배를 피는 일이 있는지, 다른 임차인들은 건물 내 냉난방 시스템이 얼마나 효과적이고 믿을 만하다고 생각하는지, 주차가 얼마나 가능한지, 수리가 얼마나 빨리 완전히 되는지, 얼마나 안전한지 등을 잘 알려줄 수 있다.

### 임대 계약 안에 포함된 사항과 누락된 사항은 무엇인가

많은 토지주, 특히 그 토지주가 큰 법인일 경우에 그들이 보여주는 임대 계약들에는 소유주의 권리나 임차인의 책임에 관한 세부사항이 생략되어 있을 수 있다. 전형적인 임대 계약에서 가장 적은 공간을 차지하고 가장 강조되지 않는 점이 바로 소유주의 책임과 임차인의 권리다.

소유주는 관련 법률과 판결 사례, 일반 임대 활동 및 위험 등에 노련하며 소유주의 이익을 위해 일하기로 고용된 부동산 변호사의 도움으로 임대차 계약에 철저히 준비한 상태이거나 잘 숙지한 상태다. 당연히 문외한 입장에서 계약서를 이해하기는 어렵다. 임대차 계약 요소 중 법적으로 용인되는 의미가 부동산 변호사로 훈련을 받지 않은 다수의 임차인에게 밝혀졌을 때는 이미 늦었을지도 모른다. 그러므로 당신의 이익을 위한 관점에서 계약 내용과 용어를 검토해줄 숙련된 변호사를 고용한다면 결코 돈이 아깝지 않으리라고 추천한다. 전체 임차 비용에 비하면 변호사 고용 비용은 그리 비싼 것도 아닐 것이고, 혹시 있을지 모르는 재난을 방지한다는 측면에서 제값을 다 할 것이다.

구두 계약에 의존하지 말고 당신의 관심사가 임대차 계약에 모두 명시되어 있는지 확인해야 한다. 당신에게 중요한 모든 측면을 명백히 해두기 위해 계약서를 활용해야 한다. 왜 그 사항이 거기에 있는지, 그리고 함의하는 것이 무엇인지, 계약서에 있는 모든 것을 꼭 이해해야 한다.

임대차 계약 기간은 얼마 동안인가? 계약 연장 선택권이 제공되는가? 같은 건물 내의 다른 사무실이 빌 경우에 그 사무실로 이사하고 싶거나 사무실을 확장하고 싶다면 제1선매권을 쓸 수 있는가? 사무실을 안 쓸 경우에 제3자에게 당신의 사무실을 전대(轉貸)할 수 있는가?

생활비와 건물세, 기타 요금, 그리고 부과액의 증가분에 대해 계약 용어를 꼼꼼하게 살펴야 한다. 추가로 드는 비용이나 부과액이 있는가? 예를 들면, 로비의 수도관 파열로 인해 공사를 해야 한다거나 중앙난방 시스템이 고장났거나 주차장에 쌓인 눈을 치워야 할 때 이러한 지출 비용을 건물 임차인이 부담해야 하는가?

어떤 조건에서 계약이 종료되며 종료 시 어떤 주의나 절차가 따르는가?

당신의 건물세 납부 기한이 언제인가? 납부가 늦었을 때 어떤 불이익이 발생하며, 유예기간이 얼마나 주어지는가?

사무실을 빌리고 나서 어떤 조건에서 소유주가 사무실에 들어올 수 있는가? 그들이 당신의 허락을 사전에 받아야 하는가? 당신이 없는 동안 그들이 들어올 수 있는가?

## 위성 사무실이 필요한가

사용할 수 있는 위성 사무실을 2개나 그 이상 마련한다. 한 가지 방법은 역시 추가적인 장소를 원하는 다른 심리학자와 사무실을 바꾸는 것이다. 두 심리학자는 한 주의 대부분을 일하는 개인 사무실을 가지고 있으면서, 한 주에 하루나 이틀 정도는 서로의 사무실에서 일을 하는 것이다. 종종 위성 사무실을 운영하는 심리학자들은 그 사무실에서 얼마 동안 일한 다음, 지리적 위치를 달리하면 내담자들의 수를 늘릴 수 있다는 것을 발견한다.

## 임차할 것인가, 구입할 것인가

경제적 여유가 있으면 사무실을 구입하는 것이 좋은 투자다. 당신이 매달 지불하는 요금이 "집세"로 사라지는 대신 모기지(mortgage)로 들어가서 지분으로 쌓이고, 결국 그 건물을 온전히 소유하게 될 것이다. 사무실을 사용하지 않는 동안 다른 사람에게 세를 내 주어 거기서 들어오는 건물세를 모기지 갚는 데에 보탤 수도 있다.

사무실을 구입한다면 흥미롭게도 자신이 어떤 소유주인지 스스로 깨닫게 될 것이다. 책임감을 짊어지게 되는 것이다. 당신이 위기에 처한 자살 충동 내담자와 상담하는 중에 천장의 파이프가 터져버린다면, 또는 바깥 온도가 39도인데 에어컨이 고장난다면, 혹은 화장실의 문 잠금장치가 말썽을 부려서 내담자가 안에 갇히게 된다면 바로 당신이 그 문제를 해결해야 한다. 당신의 여유 시간에 신속히 말이다.

## 주거 사무실

이 장에서는 당신의 거주지와 분리된 사무실을 임차하거나 구매하는 경우를 중점적으로 다루고 있다. 그런데 주거 사무실을 시작하거나 하던 대로 계속하고 싶어 하는 심리학자도 있다. 주거 사무실을 쓰는 것은 커리어에서 쌓이는 경험이나 자신감이 부족한 초보 심리학자에게 아마 더 어려울 것이다.

주거 사무실과 분리된 사무실은 각자 잠재적인 장점과 단점을 가진다. 어떤 심리학자들은 사생활이나 개인적 선호, 이론적 지향, 또는 다른 요소들 때문에 주거 사무실을 꺼린다. 그들은 자기가 사는 곳을 내담자가 모르기를 바란다. 그 이유는 안전을 고려하기 위해서, 또한 내담자가 약속 시간을 착각하고 심리학자의 휴일 등 엉뚱한 날에 나타나는 상황을 피하기 위해서이다. 내담자들은 위기에 처했을 때 한밤중에 심리학자의 집에 찾아올 수도 있고 심리학자에게 호기심이 일어나거나 강박증에 사로잡혀서 집을 관찰할 수 있는 지점에 차를 세워두거나 이웃집에 "얼쩡거릴" 수도 있다. 어떤 심리학자들은 집과 일터의 경계를 확실히 하기 위해 주거 사무실을 안 쓰려고 한다. 이는 근무 시간을 자제하기 위한 방법일 수도 있고(위치적으로 집과 떨어진 사무실을 가지면 일과 가족, 사회적 관계, 여가 활동 간의 경계를 뚜렷이 하는 데 도움이 된다. 그렇지 않으면 당신의 집 안에 있는 사무실에서 계속 일하거나 다시 돌아오는 사태가 더 쉽게 발생할 것이다) 혹은 위치의 변화가 그들로 하여금 하루가 저물 때 일을 남기고 돌아서기 더 쉽게 해준다는 이유도 있다.

어떤 심리학자는 반면에 집 안에서 일하는 편의를 즐기기도 한다. 교통 비용도 들지 않고 출퇴근 시간도 쓸 필요 없으며, 교통 체증에 시달리는 일도 없고 주차 장소를 찾거나 주차 비용을 부담할 필요가 없다. 만약 차가 고장나면 그들은 출근하거나 퇴근할 대안적인 약속을 잡지 않아도 된다. 그들은 회기와 회기 사이, 점심시간, 그리고 예측 불허하게 찾아오는 자유 시간(내담자가 회기 직전에 회기를 취소했을 때)을 이용하여 "집에서" 편히 쉴 수 있다. 그리고 그들은 자기 회계담당자와의 논의에서 주거 사무실이 부채 청산이나 다른 측면에서 더 금전적으로 이득이라는 점을 알게 될 것이다.

주거 사무실이 당신과 당신의 일에 맞는지 결정할 때의 주제들을 생각해 보면 도움이 될 것이다.

• 당신의 이웃에는, 당신이 집에서 사업을 실행하는 것을 금지하거나 어떤 식으로든지 당신의 활동에 영향을 주는 구역 설정상 규제가 있는가?

- 당신의 집에는 내담자가 따로 이용할 수 있는 출입구가 있는가? 그렇지 않을 경우 문제가 될 것인가? 예를 들어, 당신의 내담자가 당신의 집에 사는 다른 사람을 만나면 이것이 위험이나 단점이 될 것인가?
- 상담실이나 대기실로 쓰기 적당한 방이 있는가?
- 내담자가 쓸 수 있는 화장실이 있는가?
- 휠체어를 쓰는 사람들을 비롯한 장애인들이 당신의 주거 사무실에 접근할 수 있는가?
- 당신의 잠재적 고객층이 쉽게 올 수 있는 곳에 위치하고 있는가? 그들이 차나 대중교통을 이용하여 주거 사무실에 편히 올 수 있는가?
- 당신의 내담자 중에는 주거 사무실에서는 불편하거나 불안해해서 따로 분리된 사무실에서 보아야 할 내담자가 있는가?
- 당신이 배우자, 자녀, 그 밖의 사람들과 함께 살고 있는 경우, 그들은 당신이 집에서 일하는 것에 대해 어떻게 느낄 것이며, 그것이 당신의 일에 어떤 영향을 줄 것인가? 예를 들어, 당신의 어린아이들이 회기를 방해하는 일은 없을 것인가?

## 사무실을 구할 때의 서식

예비 사무실을 방문할 때, 이 장의 주요 내용을 모두 다루는 아래의 구조화된 서식을 지참하면 유용할 것이다.

- 건물 종류와 크기: _____
- 사무실 크기: _____
- 창고의 용량, 위치, 보안: _____
- 화장실의 위치와 상태: _____
- 상담실, 대기실, 기타 공간의 배치: _____
- 방음: _____

- 고속도로, 일반도로, 대중교통, 교통 체증, 기타 측면에서의 접근성: _____
- 주차: _____
- 장애인 접근성: _____
- 안전: _____
- 근무 시간 중의 사무실 환경: _____
- 건물 개방 시간(주말 및 공휴일 포함): _____
- 사무실 청소 시간과 방법: _____
- 건물과 당신 사무실의 온도 조절 (개별 냉난방 여부): _____
- 사무실과 대기실의 환기: _____
- 건물의 금연 정책과 강제성: _____
- 다른 입주자들의 견해: _____
- 임대차 계약 조항: _____

# 변호사 구하기

# 변호사 구하기

심리학자들은 어려운 법적 문제에 봉착하면 "정말 유능한" 변호사를 찾으려고 물어 보고 다닐 것이다. 방법은 좋지만 시기는 좋지 않다.

다시 말해, 사설 상담소를 개업하고 문제에 봉착하기 전에 변호사를 구해서 상담해 보길 바란다. 모든 충격, 실수, 위기를 방지하기 위한 하나의 대책은 당신과 당신의 일 을 위하여 바람직한 변호사를 미리 찾는 것이다.

물론 당신이 개업하기 전에 변호사를 찾는다는 것은, 꼭 필요한 것 같지 않은데 변호 사와 면담해서 그 시간만큼의 돈을 지불한다는 의미이다. 그러나 잠재적인 이득은 지 출을 훨씬 넘어선다.

만약 당신이 개업하기 전에, 적어도 법적 문제에 부딪히기 전에 변호사를 찾기 시작 한다면, 당신은 서두를 필요가 없고 압박으로부터 자유로울 것이며 신중할 수 있을 것 이다. 자살 충동 내담자가 자동 응답기에 남긴 압도적인 메시지나 잠재적 폭력성이 있 는 내담자의 협박, 혹은 당신이 넘기면 안 된다고 믿는 자료를 요구하는 소환장에 어떻 게 응답해야 할지 고민하면서 시간에 쫓기며 절박하게 찾지 않아도 될 것이다(부록 O를 참고하라).

당신은 또한 동료들이 추천한 변호사의 강점과 약점이 무엇이고 수임 비용이 얼마인지 시간을 들여 알아볼 수도 있다. 초기 정보가 더 필요하다면 그들이 다루었던 판례들을 검토해 볼 수 있다. 변호사의 경험 범위를 살펴보는 것은 중요하다. 한 예로 어떤 변호사는 심리학자나 여타 정신건강 전문가를 대변하는 데에는 전문일지 몰라도 자격위원회 청문회 경험은 없을 수 있으며, 그 반대일 수도 있다.

당신의 동료들이 추천하는 사람이 누군지(그리고 피하라는 사람이 누군지) 확인해 보는 것뿐 아니라 주 혹은 지역 심리학회에서 그 학회 회원들에게 법적 자문 서비스를 제공하는지도 확인해 보아야 한다. 보통 그런 서비스를 제공하는 변호사들은 법적 문서를 검토하고 기본 심리치료 및 상담에 관한 관련 법률이나 판례에 대해 정보를 제공해주겠지만, 치료 과오와 같은 더 심각한 문제에서 대변해주지는 않을 것이다.

탐색 결과, 찾아낸 최고의 후보자와 첫 약속을 잡으면 된다. 예약하려고 처음으로 전화했는데 그 변호사는 재판 도중이거나 보통의 사건 때문에 당장 응할 수 없을 수도 있다. 당신이 임박한 위기에 봉착한 것이 아니므로 서로에게 가장 좋은 시간을 정하여 최초 면담 약속을 잡으면 된다.

최초 면담에서는 당신과 당신의 일에 가장 적합한 변호사인지 여부에 초점을 맞추는 것이 중요하다. 이는 당신이 법적 자문에 의지할 사람, 그리고 당신이 자격에 관한 이의를 제기받았거나 치료 과오 소송에 휘말렸을 때 도움을 줄 사람을 면접할 기회이다. 당신의 질문에 그 변호사가 대답하는 방식이 당신을 심각하게 망설이게 하는 면이 있는가? 당신이 그 변호사를 믿고 속내를 털어놓고 같이 일할 수 있는지 의문을 제기하게 만드는 면이 있는가? 만약 변호사가 대형 로펌에 소속되어 있다면, 그 회사와의 관계는 파트너, 제휴자, "자문", 그 밖의 어떤 역할인가? 당신에게 제공할 서비스에서의 의사결정(치료 과오로 소송당했을 때 다루는 방법) 등을 변호사 혼자 내릴 것인가, 회사의 다른 사람이 개입할 것인가?

인터뷰에서 다룰 중요한 주제이자 그 변호사와 일해 본 다른 심리학자와 얘기할 수 있는 주제는 변호사의 이용가능성(availability)이다. 어떤 변호사들은 심리학자를 대변할 때에는 탁월할지 몰라도 이용성을 제한할 수 있다. 그들은 오랜 기간 동안 전화를 받지 않지만 이처럼 상대적으로 반응 없는 경향은 일시적일 수 있다. 어떤 변호사들은 그들이 재판 중일 때 긴급하지 않은 전화에는 응답하지 않는다. 그들은 당면한 재판에 완전히 집중하고 임하기를 원할 수 있다. 심리학자들은 자기들이 피고가 되기 전까지는 이와 같은 접근을 별로 신경 쓰지 않을 것이다.

어떤 변호사들은 만성적인 업무 과중에 시달리느라 보다 일관적으로 제때 응답해주지 못할 수도 있다. 똑똑한 변호사일수록 더 멋진 명성을 쌓을 것이고 지나치게 많은 고객을 받아들일 수 있다. 불운하게도 이렇게 케이스가 많으면 중요한 세부사항이나 마감기한 혹은 사례 전체를 놓칠 수 있다.

어떤 변호사들은 소위 "고객 달래주기(client hand-holding)"에 관여하기 싫어서 많은 전화에 응답하기를 거절할 수 있다. 그들은 자기 에너지를 법적 업무에 쓰기를 원하며, 고객에게 정보 업데이트해주기, 확신주기, 위안해주기, 공감해주기, 달래주기, 고객 "다루기" 등에 쓰는 시간을 최소화하고 싶어 한다.

다른 많은 요소와 마찬가지로 변호사들이 자기의 이용가능성을 관리하는 "올바른" 방법은 (적어도 우리 의견으로는) 없다. 중요한 것은 변호사의 접근법이 당신의 필요와 바람에 잘 맞는지의 여부다.

또한, 그 변호사가 당신의 치료 과오 보험회사와 협력하는지 질문하는 것이 좋다. 각 보험회사는 각 지역에서 일하는 특정 변호사들과 협력하는 경향이 있다. 만약 당신의 변호사가 그 보험회사에서 주로 당신 지역의 심리학자들을 대변하는 일을 맡는 사람이라면, 치료 과오로 소송당했을 때에 일이 더 간단해진다. 그 변호사가 대체적으로 그 회사의 사례들을 맡지 않는다고 하더라도, 회사에서는 그 변호사가 당신을 변호하도록 허락해줄 수 있다. 어떤 심리학자들과 변호사들은 소송을 당했을 때에 "원래의" 변호사가 자기를 변호해줄 최적의 위치에 있다고 보험회사에게 주장하기도 한다. 그러나 보험회사는 그 주장을 받아들일 수도 있고 받아들이지 않을 수도 있다. 우리의 개인적인 생각으로는, 당신의 변호사가 치료 과오 보험회사와 원래는 협력하지 않는 사람이고, 그래서 다른 변호사가 당신 소송을 맡을 수 있다고 해도, 사실은 당신의 필요와 업무의 특성에 가장 잘 맞는 변호사를 선택하는 것이 더 맞다고 생각한다.

당신이 이제 막 개업을 준비하는 시점에서 변호사는 어떤 일을 해주어야 할 것인가? 숙련되고 경험 많은 변호사는 상담료를 책정하고 수납하는 방식, "무단 결석"과 조기 종결을 처리하는 방식, 긴급상황에 대처하는 방식, 그 밖의 여러 실무 측면들에 관련된 각 상담자의 정책과 절차들에 관련하여, 잠재적으로 있을 수 있는 문제점들을 포착할 수 있다. 7장은 정책과 절차들을 검토하는 주제를 다룬다.

변호사들은 또한 당신의 서류 양식과 문서 상에서 발생하는 문제점들을 밝혀낼 수 있다. 우리는 모든 서류들의 복사본을 컴퓨터에 저장해두고 필요할 때만 특정 서류를 인쇄하는 방법을 추천한다. 접수면접 양식이나, 평가, 치료, 자문, 녹음, 녹화 회기에 대한 고지된 동의 양식, 정보 공개 등의 문서들이 거기에 해당된다. 이러한 방식에는 세 가지 장점이 있다. 첫째, 관련 법규나 판례, 전문가 기준이나 당신의 업무에서 변경 사항이 생길 때 서류들을 업데이트하기가 더 쉬워진다. 둘째, 그 형식을 인쇄해서 서명하기 전에 빈칸(예를 들면, 내담자 이름, 날짜, 기타 세부사항 등)을 채워넣을 수 있게 된다. 셋째, 각각의 특정한 상황과 쓰임새에 맞추어 양식을 수정할 수 있게 된다.

다른 사람이 벌써 만들어놓은 양식을 사용하는 편이 더 쉬워보일 수도 있다. 그러한 양식을 이미 가지고 시작하는 것은 엄청난 시간과 노력을 절약할 수는 있지만, 두 가지 중대한 함정에 빠질 가능성도 내포한다. 첫째, 그 양식을 만든 사람은 자신의 상담 실무에 맞게 개발했기 때문에, 당신만의 고유한 상담 실무에 그 양식이 적합할 가능성은 높지 않다. 다른 곳에서 어떤 양식을 빌려올 때에는 꼭 당신의 고유한 상담 실무에 맞게 그 양식을 어떻게 수정할 것인지 꼼꼼하게 따져보아야 할 것이다. 이 양식을 어떻게 하면 당신의 내담자에게 가장 효과적으로 설명할 수 있겠는가? 심리평가나 심리치료에 관한 고지된 동의 서류의 경우에, 당신의 접근법과 그 심리평가 및 심리치료에 수반되는 사항들을 어떻게 하면 가장 명확하게 전달할 수 있겠는가? 당신의 내담자가 적절한 정보를 듣고 동의를 하거나 거절을 하기 위해 꼭 알아야 할 심리평가 및 심리치료에 대한 특성, 목적, 비용, 함의 등을 정확하게 설명하고 있는가?

둘째, 그 서류가 당신이 일하는 주(州)의 실정에 맞게 개발된 것이 아니라면, 주 관련 법규 및 판례에 적용될 수 있도록 검토할 필요가 있다. 이는 당신의 서류 검토에 있어 변호사가 해줄 수 있는 중요한 작업이다. 예를 들면, 어떤 주는 고지된 동의 서류의 활자를 (가독성을 보장하고, "작은 글씨 크기" 때문에 중요한 정보를 놓치는 일이 없도록) 특정 크기 이상으로 인쇄하고, 정보 공개의 특정 목적과 정보 공개 대상자들, 그리고 정보 공개에 대한 동의가 만료되는 날짜 (특정 기한을 넘기는 것은 금지된다) 등을 명시하도록 규정하고 있다.

이제 막 개업을 시작하는 심리학자들이 자신의 상담 실무뿐 아니라 주 법규와 판례에도 적합한 서류 양식을 어디에서 얻을 수 있을까? 그중 좋은 자료 원천은 당신의 지역사회에 있는 동료와 클리닉, 병원이다. 다시 말하지만, 다른 곳에서 빌려온 서류 양식은 반드시 당신의 상담 실무와 적합한지 살펴보고 당신의 변호사와 검토해야 한다. 미국심리학회 보험신탁(The American Psychological Association Insurance Trust)은 심리치료를 위한 고지된 동의 형식을 http://www.apait.org/resources/riskmanagement/inf.htm에, 법정 서비스를 위한 고지된 동의 양식을 http://www.apait.org/resources/riskmanagement/finf.asp에 게시해 놓았다. 기타 샘플 양식은 http://kspope.com의 Articles, Research, & Resources in Psychology 메뉴와, 저서 Ethics in Psychotherapy and Counseling: A Practical Guide, Second Edition by Kenneth S. Pope and Melba Vasquez(Jossey-Bass, 1998), 저서 MMPI, MMPI-2, & MMPI-A in Court: A Practical Guide for Expert Witnesses and Attorneys, Second Edition, by Kenneth S. Pope, James N. Butcher, and Joyce Seelen(American Psychological Association, 2001), 저서 Promoting Practice Health: Documentation For a Risk Managed Clinical Practice by Ed Nottingham and Gordon Herz(출간 준비중); 저서 The Paper Office, Third Edition by Edward L. Zuckerman(Guilford, 2003)에서 참고할 수 있다.

미국 정부의 건강보험 이전가능성 및 책임에 관한 특별법 Health Insurance Portability Accountability Act(HIPAA)은, 상환 요청서를 신청하는 등 전자 문서로 건강 관련 정보를 전달하는 심리학자들과 그 외의 건강 전문가들로 하여금 특정 기준을 준수한 양식과 절차를 사용하도록 규정한다. 더 자세한 정보는 http://www.cms.hhs.gov/hipaa의 Department of Health and Human Services 메뉴와 Http://www.hhs.gov/ocr/hipaa의 the Office of Civil Rights 메뉴에서 열람할 수 있다.

미국심리학회의 상담실무협회와 미국심리학회의 보험신탁은 각 주의 HIPAA 규정에 따른 양식(즉, 각 주의 관련 법류와 판례를 준수하도록 만들어진 각 주별 양식)을 준수하고 정리할 수 있는 단계별 전략들을 안내하는 HIPAA 강의를 개발하였다. 해당 강의에 대한 추가적 정보와 HIPAA 관련 자료는 http://www.apapractice.org에서 열람 가능하다.

마지막으로 당신과 변호사는 "어떤 일이 생겼을 때 변호사를 소환할지" 목록을 함께 만들 수 있다. 신참 임상가가 자주 저지르는 실수 중 하나는, 처음 몇 번 소환장을 받았을 때 변호사에게 연락하지 않는 것이다(부록 O를 참고하라). 이러한 법적 문서를 받는 다는 것은 그 자체로 꽤 위협적일 것이고, 어떤 임상가들은 그 서류가 말하는 대로 따르기만 하면(서류에서 요구하는 대로 내담자의 정보를 넘겨주는 것) 잘못될 일이 없을 것이라고 가정하기도 한다. 그런데 이 책에서 내내 강조하듯이 소환장에 대응하는 것에 관한 법규와 판례는 각 주마다 다르다. 그러나 많은 경우에 내담자 정보를 요구하는 타당한 소환장을 받았더라도, 내담자의 특권을 변호하고 그 이후 절차가 있을 때까지(예를 들어, 내담자가 특권을 공식적으로 포기하거나, 상담자가 그 기록을 제출하도록 법원으로부터 명령을 받는 절차) 기록 제출을 거절하고 보류하는 것 역시 상담자의 법적 의무일 수 있다. 소환장, 임대 계약, 단체 실무 계약, 윤리 관련 고소, 아동학대 신고 의무 등 언제 변호사에게 연락해야 할지 아는 것이야말로, 당신이 개업 상담을 시작해서 살아남고 번창하기 위한 필수적인 요소라고 할 수 있다.

# 전문직 배상책임보험 찾기

# *6*

# 전문직 배상책임보험 찾기

"최고의 사무실"이나 "최고의 변호사"가 없듯이 제일 좋은 단 하나의 책임보험이나 책임보험회사도 당연히 존재하지 않는다. 문제는 당신과 당신의 업무에 가장 잘 맞는 보험을 찾는 일이다.

다양한 업체들의 보험 정책을 조사할 때 유용한 질문이나 주제들을 여기에 소개한다.

## 서류상의 정책을 이해할 수 있는가

각 회사로부터 샘플이나 견본 정책을 얻어 주의깊게 읽는 것이 중요하다. 그 글이 이해가 되는가? 어떤 조건하에서 어떤 방식으로 누가 보험혜택을 받는지 명시되어 있는가? 당신이 고소당했을 때 보험혜택을 받을 수 있을지에 관해 조금이라도 회의적이거나 논란의 여지가 있다면, 그 결정은 약관상의 용어를 엄밀히 따를 것이다. 추상적이거나 모호하고 애매한 부분이나 별로 적합하지 않은 용어는 당신의 소송에 도움이 안 될 것이다. 의도했든 의도치 않았든 간에 보험조항에 약관이 많다면 회사에게 더 명확하게 명시해줄 것을 요구하든지 다른 회사를 찾아보라.

## 보험조항이 당신이 실제로 하는 일을 보호해주는가

보험조항은 구체적인 예외 상황(보험처리 안 되는 행동)의 리스트와 함께 보험처리되는 범위를 규정해준다. 심리학자들을 위한 조항은 아마도 전통적인 형태의 심리진단 및 상담이라면 분명히 보호해줄 것이다. 그런데 그 밖에 어떤 것이 당신의 업무에 포함되는가? 예를 들어, 아래의 시나리오에서 무슨 일이 벌어질까?

- 당신과 동료 몇몇이 "또래 슈퍼비전" 모임을 만들어서 당신의 상담에 대해 논의하고 피드백이나 제안을 준다. 그들 중 한 심리학자의 내담자가 자살을 했고, 당신은 추후의 치료 과오 소송에서 그 심리학자에게 슈퍼비전을 제공했다는 점 때문에 피고인 중 한 명으로 지명되었다. 이 상황이 보험혜택을 받을 수 있는가?
- 당신은 지역신문사에 정신 건강 추세에 관하여 기고하다가 표절 및 저작권 위반으로 고소당했다. 아무리 허위 고소라고 해도 당신은 여기에 대응해야 한다. 보험업체가 이 소송에서 변호 비용을 대줄 것인가?
- 당신의 내담자 중 한 명이 대기실 바닥의 물기 있는 곳에서 미끄러져서 ("누군가가 커피 등을 쏟았을 것이다.") 척추를 다쳤고 치료비가 많이 나왔다. 보험조항이 장소 관리자의 책임 배상도 포함하는가?
- 극장에 갔는데 관람객 중 한 명이 정신병 발작을 일으켜 사람들을 위협한다. 당신이 그 사람을 진정시키려고 이야기하는데 갑자기 공격을 해서 사람을 죽였다. 이런 불운의 사망 소송에서 당신은 피고인으로 지명되었다. 보험혜택을 받을 수 있는가?
- 내담자 중 한 명이 당신의 자격증이 인정되지 않는 다른 주(州)로 여행을 갔다가 위기에 처하여 당신에게 전화해 짧은 전화상담 회기를 가졌다. 나중에 그 내담자가 당신을 치료 과오로 고발하면서 다른 주에서 소송을 시작했다. 당신의 자격증이 인정되지 않는 주에서 내담자가 짧게 상담을 받고 소송을 제기한다는 사실이 보험에 영향을 주는가?
- 당신은 해외여행을 하다가 위기에 처한 내담자에게 전화를 받았다. 내담자는 나중에 이 전화상담을 근거로 치료 과오 소송을 걸었다. 자격증이 없는 다른 나라에서 제공한 상담도 보험처리가 되는가?

- 지역 도서관에서 자조(自助)에 대해 강의했다. 청중 중의 누군가가 도서관 강의를 듣고 당신의 조언을 따랐다가 정신적 피해를 입었다고 나중에 소송을 걸었다. 청중 중 한 명이 당신을 고발했을 때 보험회사에서 변호사를 제공하고 수임 비용을 대주는가?
- 당신이 상담 파일을 저장해둔 컴퓨터를 도난당했다. 도둑이 익명으로 당신의 기록을 퍼뜨렸고 몇몇 환자들이 당신도 피고인으로 고소했다. 보험혜택이 가능한가?
- 당신은 모든 문서작업, 스케줄 정리 등을 도와줄 비서를 고용하기로 했다. 비서직에 지원했다가 떨어진 한 사람이 당신을 차별 죄로 고소했다. 당신의 보험회사 약관에 이러한 경우도 포함되는가?

보험조항들은 미래에 일어날 수 있는 모든 전문 업무나 상황이나 사건을 길게 나열하지 않는 경향이 있다. 그러나 만약 약관상 조항에 당신이 심리학자로서 하는 일 중 어떤 것이 보험처리가 되는지 모호한 부분이 남아 있다면 사건이 생기기 전에 문서로 명시할 것을 요구하는 것이 좋다.

## 그 회사가 적당한 실적이 있는가

보험회사가 수년간 심리학자들에게 전문직배상책임보험을 제공해왔다면 이는 회사가 장기간 전문직배상책임보험 측면에서 질 좋은 서비스를 해왔을 뿐 아니라 불리하고 궁핍하고 그야말로 잔인한 세월을 버텨왔다는 점도 반영한다. 최소한 이 회사는 수익 면에서 이 업계에서 버티기에는 충분할 정도의 고객들을 유지해왔다는 것이다. 실적을 살펴보라. 보험료가 비교적 일정했는가, 갑자기 올랐는가, 또는 몇 년 사이에 치솟았는가? 당신의 동료들 사이에서 그 회사의 평판이 어떠한가? 그 회사 보험에 가입한 심리학자가 회사에 감사하는 열렬한 팬이 되어 소송을 끝맺었는가?

## 회사가 재정적으로 탄탄한가

인증된 회사에서 발행한 약관인지 알아보기를 바란다. 인증된 회사는 주(州)의 보증 기금에 가입되어 있다. 인증된 회사가 파산하면 보험 가입자들은 보증 기금에서 보호받을 수 있다. 비인증 회사(비허가 surplus line)의 보험 가입자들은 보증 기금에서 보호

받을 수 없다.

A. M. Best가 보고한 각 회사의 재정 평가를 참고하라. 이 평가는 http://www.ambest. com에서 온라인으로 볼 수 있다. 회사는 A+이나 A++을 받을 수 있다. 회사가 높은 점수를 받지 못한다면 (A나 A− 아래로 떨어지거나 아예 점수가 없다면) 다른 곳을 찾아보라. 소송에서 당신을 받쳐줄 재정 능력도 없는 회사에 당신의 평판과 직업의 변호를 절대로 맡기지 마라.


### 보험조항이 배상청구기준인가, 손해사고배상기준인가

당신이 한 보험회사와 1년 간 계약을 맺었고, 그 후에 두 번 더 재계약을 맺어 총 3년 간 그 상품을 구매했다고 해보자. 만약 손해사고배상기준인데 당신이 그 3년 간 일어났던 어떤 일 때문에 소송을 당했다면 그 3년 안에 소송을 당했든 계약 만료 후에 소송을 당했든 그 보험조항은 지켜져야 한다. 관련 사건이 정책이 보장하는 3년 동안에 발생한 이상, 그 약관은 유효하다.

그러나 만약 배상청구기준이라면, 사건이 그 3년 안에 발생했을 뿐만 아니라 사건에 관한 소송 자체도(배상청구) 3년 안에 발생해야만 조항이 지켜진다. 만약 당신이 3년 동안 발생한 사건에 대한 미래의 소송에서 이 보험조항으로 보장받으려면 당신은 추가적인 보증(tail)을 구매해야 한다.

요컨대, 손해사고배상기준 정책은 약관에서 지정한 기간 동안 일어난 사건에 적용된다(위의 예에서 이것은 3년 기한이었다). 배상청구기준 정책은 그 배상청구 소송(치료 과오 소송)이 같은 기간 동안 이루어졌을 때에만, 약정된 기간 동안 일어난 사건에 적용된다.

당연히 1년 손해사고배상기준 보험이 1년 배상청구기준 보험보다 비싸다. 두 가지의 보험을 제대로 비교하려면, 당신의 인생에서 축적된 비용을 살펴보아야 한다. 당신이 25년 경력을 가지고 있으며 그 25년에 관한 손해사고배상기준 보험을 구매한다면 (같은 회사에서 구매하든, 때에 따라 회사를 바꾸든) 당신은 당신이 일했던 4분의 1 세기와 뒤따르는 퇴직 후의 세월까지 보장받는 것이다. 그러나 당신이 배상청구기준 보험에 가입하고 나서, 한 10년 후에 회사를 바꿨는데 5년 후에, 그 전 10년 동안 당신이 범했을지도 모르는 일을 가지고 누군가 소송을 건다면 어떻게 되겠는가? 나중에 제기된 배상청구를 배상청구기준 보험으로 보장받기 위해서는 그 회사로부터 "연장 보증(tail)"

을 사거나 새로운 회사로부터 "이전 보증(nose)"을 사야 한다. 연장 보증(tail)은 당신의 이전 보험회사가 계약 기간 동안 발생한 사건에 대한 소송을 처리해줄 기한을 연장해 준다. 이전 보증(nose)는 이전 보험회사와 계약했던 기간 동안 발생한 사건 소송의 책임을 새로운 보험회사로 옮겨 준다.

　배상청구기준 보험에서 보험료는 이 모든 것이 전혀 복잡하지 않다는 듯이 순차적으로 높아진다. 당신이 그 배상청구기준 보험과 계약을 맺은 첫 해에 소송에 걸리게 되는 사건을 저질렀다고 가정해 보자. 사실 그 소송은 사건 발생 바로 당해에 제기될 확률보다는 추후에 제기될 확률이 더 높다. 결과적으로 배상청구기준 전문직배상책임 보험의 보험료는 체계적으로 더 높아질 수밖에 없다.

　배상청구기준 보험에 대해 잘 알고 선택하며, 손해사고배상기준 보험과 경제적으로 어떻게 다른지 비교하려면 정확한 정보를 얻어야 한다. 우리는 당신이 그 회사로부터 보험료의 순차적 증가 패턴, 연장의 기한과 가격, 이전 보증(nose)의 가격, 연장 도중 가격이 할인되거나 보류되는 조건(그 예로 심리학자가 장애를 가지게 되거나 일할 수 없게 될 때) 등의 세부사항을 그 회사로부터 잘 탐색하기를 추천한다.

　다양한 배상청구기준 보험의 비용을 현명하게 비교하거나 그것을 손해사고배상기준 보험과 잘 비교하는 것을 더 어렵게 만드는 또 다른 요인은 각 회사가 확정되지 않은 할인을 제공할 수 있다는 것이다. 할인율은 이수한 교육 과정의 수, 진행 중인 교육 과정의 종류, 심리치료에 투자되는 시간(한 주당 10시간 이하로 일하는 사람에게 높은 할인율이 적용될 것이다), 미국 전문 심리학협회 인증서와 같은 특정한 종류의 자격증 등 여러 가지에 따라 달라진다.


## 그 회사는 당신의 질문에 쉽게 부합되고 잘 충족시키는 약관을 제공하는가

　당신이 검토하는 각각의 약관에 대해 수많은 질문이 생길 것이다. 이것이 당신의 일에 얼마나 적합한지, 당신에게 재정적으로 가능한지, 당신이 공식 소송에 맞서 이 회사에 자신의 변호를 맡길 때 당신의 신용에 타당하게 보답할지 등을 알고 싶을 것이다. 얼마나 당신이 명확하고 정확한 답을 찾을 수 있도록 되어 있는가? 그 회사에 전화를 하면 자동 응답 시스템이 당신과 살아 있는 인간 사이에 장벽이 서 있는가? 전화 연결을 시켜주기 전에 당신을 기다리게 만드는가? 전화 교환원과 접촉하고 나면 당신은 실력 있으면서도 당신의 질문에 답할 수 있는 상담원과 신속하게 연결이 되는가? 당신의 질문에 답하기 위해 그들이 조사를 좀 해야 할 때 비교적 빨리 다시 전화를 주는가, 아니면 이미 결정을 내리고 난 몇 주 후에야 전화를 주는가? 아니면 아예 전화를 안 주는가? 약관 견본을 이메일이나 팩스나 우편으로 요구하면 빨리 받을 수 있는가? 다른 말로 하면, 당신이 전화를 걸면 그들이 유능하고 고객에게 친절하며 고객의 요구에 민감하게 전화를 받는가? 아니면 세계 최강의 기술 지원을 가진 "신경 안 써" 컴퓨터 회사처럼 전화를 받는가?

### 당신이 소송을 당했을 때 회사는 합의하길 원하는데 당신은 거기에 반대할 때 어떻게 되는가

보험회사가 사건 합의에서 내린 결정은 당신에게 엄청난 영향력을 미친다. 이는 당신의 명성과 직업에 영향을 준다. 당신의 동료나 내담자 몇몇은 당신이 뭔가 잘못을 저질렀을 것이라고 생각할 것이다. 그들은 이것을 형사 재판에서의 벼룩시장과 비슷하게 볼 지도 모른다. 만약 당신이 전문가 참고인으로 심문을 받는다면 당신은 치료 과오로 소송을 당했고 변호 능력을 갖추지 못했으며, 소송에서 요구한 돈 중 적어도 일부를 원고에게 줬다고 반대심문을 당할 것이다. 선서증언을 하거나 반대심문을 하는 법조인은 당신이나 당신의 보험회사가 이 사건을 다른 사람들에게 묻기 위해서 입막음으로 원고인에게 돈을 주었는지 물어볼 것이다(어떤 합의는 한 쪽이나 양쪽 모두가 그 사건에 대해 언급하지 않아야 한다는 조건을 달기도 한다).

각 보험회사가 원하는 식의 합의에 당신이 반대할 경우에 어떻게 되는지 잘 살펴보아야 한다. 어떤 경우에는 보험회사가 당신의 변호를 거절해서 공판 전 사전 심리 및 준비 절차나 소송 자체에서 드는 변호사 선임 비용을 당신이 직접 대야 할 때도 있다. 그 후 소송에서 패하고 원고가 종래의 합의금보다 훨씬 더 많은 배상금을 받게 되었을 경우 당신은 차액을 더 부담해야 할 수도 있다.

### 만약 당신의 변호사나 그 변호가 마음에 들지 않을 때 당신은 어떤 권리를 보장받는가

당신이 만난 변호사가 당신의 특정 사건을 전담할 충분한 능력이 없거나 준비가 덜 되었다고 판단될 수 있다. 그 변호사가 이와 같은 치료 과오 소송 분야의 사건을 맡아본 적이 없어서 개념조차 잘 잡지 못할 수도 있다. 그 변호사는 당신의 전화를 받지 않고 소송 개시에 필수적인 기록을 소환하지 않으며 당신에게 심문에 응할 준비를 시켜주지 않거나 스스로도 변호할 준비가 안 되어 있을 수 있다. 회사에서 배정한 변호사에 대하여 항의를 접수했을 때 그 보험회사는 어떤 절차로 그 항의를 평가하는가? 당신이 바람직한 변호를 받지 않는다고 믿는 충분한 근거가 있을 때 당신은 상환 청구권을 가질 수 있는가?

## 각 회사가 제공하는 비용의 한계는 얼마인가

보험금 한계는 배상청구당 최대 보험금과 약관상의 최대 보험금으로 표현된다. 당신은 배상청구 한 건당 250,000달러, 그리고 약관상 500,000달러의 한계를 가진 상품을 고를 수 있다. 당신이 소송을 당했을 경우 회사가 지불할 수 있는 최대 금액은 250,000달러이지만 이는 500,000달러의 한계에 도달할 때까지 배상청구 안건(각 건당 최대 250,000달러)을 횟수에 상관없이 모두 보장해준다. 여타의 보험과 마찬가지로 한계 금액이 높을수록 보험료도 높다. 어떤 사보험(managed care)회사는 배상청구 한 건당 1,000,000달러의 한계를 정하고, 해당 약관상의 한계를 3,000,000달러로 지정해놓을 수 있다. 그들은 또한 약관이 이행되어야 한다는 연례 재확인(annual confirmation)을 요구할 수도 있다.

## 보험금 한계가 변호사 수임료 및 관련 지출을 포함하는가

어떤 재판에서든 변호사 수임료와 지출은 예측할 수 없다. 변호사가 그 사건에 많은 시간을 공들이고 관련 기록을 보존하고 검토하며, 증인들을 면담하고 전문 증인을 고용하고 조서를 작성하고, 브리핑을 제출하고 공판 전에 이의신청 과정을 거치며, 재판 준비를 하며 여러 중요한 일을 하다 보면 지출은 빠르게 증가한다. 게다가 이것은 재판 전에 드는 돈이다. 약관에서 어떤 지출이 보험금 한계에 포함되지 않는지 잘 검토해야 한다.

### 당신이 소송을 상대하는 동안 잃는 수입을 보장하는가

당신은 재판 중에 심문을 당하고 증언하면서 사무실을 오래 떠나 있을 수밖에 없다. 그 시간은 원래대로라면 내담자들을 만나면서 의식주를 해결할 생활비를 벌 수 있었을 시간이다. 보험 약관이 이렇게 잃어버린 시간 동안의 수입을 어느 정도까지 보상해주는지 검토해야 한다.

### 자격위원회의 고소를 약관이 보장해주는가

자격위원회는 치료 과오 소송만큼 재정적 손해를 가하지는 않지만, 그들의 조치는 당신의 명성과 직업에 큰 영향을 미칠 수 있다. 그들은 당신의 자격증을 취소할 수 있는 권한이 있다. 자격위원회의 공식적인 고소에 변호하는 것은 돈이 많이 들기 때문에 당신이 자격위원회의 고소에 소요되는 법적 비용도 보장해줄 수 있는 보험 약관을 고르기를 바란다.

# 당신의 정책과 절차를
# 신중히 고려하라

# 7

# 당신의 정책과 절차를 신중히 고려하라

독립적으로 개업했을 때 중요한 측면 중 하나는 어떤 CEO, 슈퍼바이저나 상사한테도 무언가를 보고할 필요가 없다는 것이다. 당신은 그 조직의 정책과 절차에 관한 소책자를 받지 않는다. 연차대회에 참석한다거나 여름 휴가를 8월에서 7월로 옮기는 등 당신이 하고 싶은 것이 있을 때 관리자 위원회에서 승인을 받을 필요가 없다.

다시 말하면, 모든 것은 당신이 혼자 결정해야 한다.

이것은 대단한 자유지만, 또한 수많은 복잡한 책임감을 선사한다. 당신은 자신의 정책 및 절차를 창조해야 하고 시작해야 하고 평가해야 하고 수정해야 한다.

이 책의 다른 많은 주제와 마찬가지로 당신의 정책과 절차는 당신이 누구이고 당신에게 무엇이 중요한지와 잘 맞아떨어져야 한다. 우리는 당신이 다른 사람들이 사용하고 있고, 많이 추천했으며, 혹은 당신의 지역에서의 대부분의 심리학자들이 쓰고 있다는 단순한 이유로 정책이나 절차를 채택하지 않기를 바란다. 동료의 의견, 책, 인터넷 등 되도록 다양한 출처에서 많은 방식을 찾아야 한다. 그러나 이 예들로 당신 자신의 생각을 대체하지 말고 참고만 해야 한다. 각각의 정책과 절차가 당신의 가치관, 접근

방법, 목표에 잘 맞도록 창조하려고 노력해야 한다.

우리는 또한 당신이 개업하기 전에, 각 정책과 절차들을 개발해서 적어놓도록 추천한다. 그것들을 적어놓으면 더 명확해진다. 당신은 이들을 문서화해서 내담자에게 사전 동의하는 절차로서 보여주길 원할 수도 있다. 유인물은 치료비나 면담 취소와 같은 안건에 관한 그들의 의무를 내담자에게 확실히 이해시켜 준다. 당신이 내담자에게 기대하는 것과 내담자가 당신에게 기대하는 것에 관한 오해를 방지하는 데 도움이 될 것이다. APA의 윤리적 가이드라인과 행동 수칙(부록 B를 보라)의 3.10d 조항은 이렇게 말한다. "심리학자들은 글이나 말로 표현된 동의, 허가, 승인을 적절하게 문서화해야 한다."

이 장에서는 가장 중요한 것에 잘 부합하는 정책이나 절차를 개발할 때 답할 필요가 있는 가장 기본적인 질문들을 열거할 것이다.

당신은 상담을 받기 원하는 사람과의 첫 회기를 어떻게 다루는가? 어떤 심리학자들은 이것이 상담의 첫 번째 회기일 것이라고 가정한다. 심리학자나 내담자 혹은 양쪽 모두가 서로 잘 맞지 않고 이 내담자는 다른 심리학자를 만나는 것이 좋을 것 같다고 느낄 수도 있지만, 아무튼 이렇게 진행되는 첫 회기는 치료의 시작이라고 잠정적으로 가정하는 것이다. 다른 심리학자들은 최초 면담 후까지 치료의 시작을 공식적으로 보류한다. 어떤 이들에게 첫 회기는 심리학자와 내담자 모두에게 서로에 대해 알아보고 서로가 함께 잘 맞아서 잘 작업할 수 있을지 평가하는 자문의 시간이다. 양쪽 모두가 함께 잘 해나갈 수 있겠다고 동의하고 나서야 치료가 시작된다. 아니면 심리학자는 다른 심리학자나 중재를 권할 수도 있다. 어떤 심리학자는 이러한 1회기에 원래 비용을 다 청구하지 않는다. 어떤 심리학자는 1회기에 평가가 포함되었기 때문에 평소보다 더 높은 비용을 청구한다.

당신의 개인 상담은 "보통" 몇 분 동안 진행되는가? (커플이든 집단이든 가족이든 당신이 전문화된 어떤 상담의 형태이든) 한 시간인가 45분이나 40분인가? 회기 사이에 휴식시간은 몇 분이나 되는가? 당신은 어떤 이유에서든 평소보다 두 배 더 길게 하는 "더블" 회기를 제공하거나 평소와 시간이 다른 회기를 제공하는가? 회기 후반에는 얼마나 시간을 단호하게 혹은 유연하게 지키는가? 당신은 언제나 분 단위까지 맞춰 제시간에 회기를 끝내는가, 아니면 정해진 시간 내 몇 분 사이로 어기기도 하는가? 당신이 회기를 연장하는 조건들이 있는가? (내담자가 위기 상황에서 압도되었을 경우) 당신은 응급 회기에서 한 주에 두세 번 더 내담자를 볼 의향도 있는가?

당신은 개인 상담이나 전문지식을 갖춘 어떤 형태의 상담에서든 비용을 얼마나 청구하는가? 상담 비용을 다 지불해오던 내담자에게 어떤 이유에서든 할인해준 적이 있는가? 처음 내담자를 만났을 때 당신은 치료비가 오를 수도 있다는 가능성에 대해 어떻게 말하는가? 당신은 정해진 일정에 따라 비용을 인상하는가? 그렇지 않다면 당신은 언제, 얼마나, 누구에게(모든 내담자에게, 아니면 그들 중 일부에게만) 비용을 인상하는가? 당신은 비용을 모두 지불할 능력이 없는 내담자를 받아준 적이 있는가? 그렇다면 당신은 그들에게 무엇을 청구하기로 결정했는가? 당신은 정해진 할인 기준이 마련되어 있는가? 만약 그렇다면 어떤 요인들로 그 내담자가 할인받는 기준이 정해지는가? 당신은 무료 상담을 해 준 적이 있는가? 어떤 심리학자들은 자기들의 개인적 경험 등 여러 가지 이유 때문에 무료 치료를 강력히 반대한다. 다른 심리학자들은 재정적 곤란에 처해 있고 예후가 좋은 사람들에게 일상적으로 무료 치료를 제공한다. 이 두 편 간의 논쟁이 붙어서 한 쪽이 마음을 바꿀 확률은 정신분석가와 행동주의자 간의 논쟁보다 더 어렵다.

당신은 언제 돈을 받는가? 당신은 상담 시작 전이나 회기 시작 때 돈을 청구하는가? 회기가 끝난 직후와 같이 회기 끝에 받는가? 아니면 주별로, 혹은 월별로 받는가? 당신은 청구서를 발행하는가?

당신은 어떤 형태의 지불을 받아들이는가? 현금으로만 받는지, 아니면 개인 수표나 제3자 수표, 신용카드로도 결제가 가능한지 결정해야 한다. 부도 수표에 관한 당신의 정책은 무엇인가?

당신이 받아들이는 지불 주체는 무엇인가? 내담자가 직접 내는 돈만 받는가? 보험회사 부담이나 관리 의료 회사 부담의 상담료도 받아들이는가? 당신이 보험회사의 지불을 받아들인다면, 당신이 어떤 요소를 포함시켜 어떤 사항들을 기록해야 하는지와 회기 평가에 관한 보험회사의 요구에 대해 연락하여 알아보아야 한다. 어떤 회사의 경우 해당 회기는 사전에 허가되고 승인되어야 하는데, 이 절차는 사전노동허가제(precertification)라고 불린다. 어떤 회사들은 당신이 주기적으로 보고(예를 들어, 매 6회기마다)하면서 그들이 제공한 형식에 맞춰 평가 목록을 작성할 것을 요구한다. 당신은 사전에 이러한 정보 공개에 대해 내담자의 동의를 받아야 할 것이다. 당신이 보험회사에 청구할 때 당신은 일단 내담자가 상담료를 내게 하고 보험회사가 보험금을 내담자에게 직접 주도록 할 것인가? 아니면 내담자가 치료비 일부를 부담하고 나머지는 나중에 보험회사가 지불할 때까지 기다릴 것인가?

당신이 관리 의료 환자에게 서비스를 제공하기로 했다면 당신은 서류를 작성하고 각 관리 의료 회사에서 공인된 서비스 제공자로 등록될 때까지 기다려야 한다. 당신 분야의 동료들과 상의해 보면 이 주제에 관한 가장 좋은 정보를 얻을 수 있을 것이다. 동료들은 자기들이 협력해 본 회사와의 경험이 어땠는지 이야기해줄 수 있고, 그 회사가 얼마나 믿을만하며 책임감이 있는지, 얼마나 신속히 상담료가 지불되는지, 다양한 서비스에서 인증을 얻는 것이 얼마나 까다로운지, 서류작업이 주기적으로 헛수고가 되지는 않는지, 특정 환자나 청구에 대하여 검토할 때 얼마나 많은 시간을 "보류" 상태로 허비해야 하는지 등을 알려줄 것이다. 어떤 심리학자들은 어떤 제3자로부터 지불받는 것을 거절한다. 그러나 그들은 내담자가 보험회사에 제출할 소견서를 써주기는 한다.

치료비가 제때 지불되지 않았을 때의 당신의 정책은 어떠한가? 회기 시작과 같이 상담할 때 상담료를 청구하는 경우, 그 회기에 내담자가 현금이나 수표를 가져오지 않았을 때 어떻게 할 것인가? 만약 부도 수표이면 어떻게 할 것인가? 당신이 서비스에 대한 청구서를 발행했을 때 어느 기간 안에 내담자가 지불해야 하는가? 지불이 늦었을 경우 특정한 벌금이 있는가? 만약 내담자의 빚이 있다면 어느 정도의 빚까지 허용하는가? 만일의 경우 내담자가 얼마나 돈을 내지 않았을 때 치료를 그만둘 것인가? 미지급잔액이 엄청난 현 내담자나 전 내담자가 당신에게 자신의 기록을 복사해 달라거나 다른 곳에 기록을 보고해 달라고 요구하면 어떻게 응할 것인가?

내담자들이 회기 사이에 스케줄 재조정 등을 위하여 당신에게 연락하고 싶어 할 때 어떤 방법을 허락할 것인가? 당신의 사무실 전화는 자동 응답기나 응답 서비스를 갖추고 있는가? 만약 자동 응답기가 있다면 당신 말고 누군가가 그 메시지를 돌려 들을 수 있는 암호를 알고 있거나 당신이 듣는 것을 엿들을 수 있는가? 내담자가 위기 상황이나 약속 변경 등 메시지를 남겼을 때 당일이나 24시간 내에 얼마나 빨리 응답하는가? 삐삐를 가지고 있는가? 당신은 이메일로 내담자와 연락하는가?

사무실에서 회기 이외 시간에 내담자와 대화하는 것에 대한 정책은 무엇인가? 다음 만남을 정할 때나 그와 비슷한 짧은 대화 말고도 당신은 전화로 내담자와 이야기해도 된다고 생각하는가? 당신은 평일 업무 시간에만 연락을 받는가? 저녁 시간이나 주말이나 공휴일은 어떠한가? 당신이 대화하는 시간에 제약을 두는가? 이 시간에 대한 상담료를 청구하는가? 내담자가 정해진 시간에 오지 못했다면 그 시간에 전화로 상담하는 것이 가능한가?

회기 취소나 무단 결석에 대한 방침은 어떠한가? 당신은 무단 결석한 회기나 24시간 안에 변경되지 않은 회기에는 모두 비용을 청구하는가? 그렇지 않다면 당신은 정확하게 예외를 설정하고 있는가?

당신은 정보에 입각한 동의를 어떻게 다루는가? 이전 저서[3]에서 자세히 다루었듯이 정보에 입각한 동의는 약술된 서류나 특정 순간(static moment)으로 한정될 수 없다. 이것은 심리학자가 얼마나 한 고유한 인간과 잘 소통해서 그들이 정보를 잘 습득한 유리한 위치에서 자신이 특정한 심리 서비스를 받을지 말지를 결정할 수 있도록 판단하게 만드는 능력과 연관된 것이다. 제공되는 정보와 그 방식은 평가나 상담 중 어떤 서비스가 고려되는지에 달려 있지만 동의를 받는 절차의 적절성은 이것이 얼마나 이전 저서에서 인용한 아래의 질문에 잘 답하는지에 달려 있다.

- 내담자는 누가 서비스를 제공해줄 것이며, 자격증 상태 등 그 심리학자의 능력이 어떠한지 잘 이해하고 있는가? 서비스가 슈퍼비전이나 자문, 혹은 그 외 다른 사람들이 개입된 방식으로 제공될 경우 내담자는 그 모임이나 함의에 대하여 사적 정보 보호, 비밀 보장, 특권, 기록 유지 등의 사항에 대하여 숙지하고 있는가?
- 내담자는 심리학자를 만나는 이유를 잘 알고 있는가? 개업 심리학자를 찾아오는 대부분의 사람들은 자기가 원해서 약속을 잡으러 오지만 몇몇은 의사나 변호사 또는 법정이 지시하여 내방했기 때문에 상담을 받는 이유를 모르는 경우가 있다.
- 내담자는 심리학자가 제공할 서비스가 무엇이며 그 서비스의 영향이 어떠할지 숙지하고 있는가?
- 내담자는 서비스를 제한하거나 중요하게 영향을 줄 수 있는 요소에 대하여 알고 있는가? (예를 들어, 관리 의료 회사는 인증받은 5회기 상담만 보장해준다.)

---

3) Pope, K. S., & Vasquez, M. J. T. (1998). *Ethics in Psychotherapy and Counseling: A Practical Guide* (2nd ed.). San Francisco, CA: Jossey-Bass.

- 내담자는 치료비가 지불되지 않았거나 약속에 무단 결석했거나 취소했을 때 관련된 지불 정책에 대해 숙지하고 있는가?
- 내담자는 사생활 보호, 비밀 보장, 혹은 심리학자가 정보를 제3자에게 공개할 수 있거나 공개해야만 하는 조건과 같은 예외 상황에 대하여 이해하는가?
- 내담자는 의료정보보호기본법(HIPAA)으로 권리를 보호받을 수 있음을 이해하는가?
- 내담자는 심리학자가 회기 이외의 시간에 어느 정도까지 전화를 받거나 받지 않는지 이해하는가?

당신은 의뢰를 받았을 때 감사함을 인정하고 표현하는가? 예를 들면, 내담자를 당신에게 의뢰해준 동료에게 감사 표현을 하는 것과 같은 것이다. 그렇다면 그 의뢰해준 사람과의 대화가 어떻게 내담자의 사생활 보호, 비밀 보장, 정보 공개에 관한 정보에 입각한 동의의 요건을 충족시키게 하는가?

당신은 내담자의 차트에 상담 회기 정보를 기록하는 것에 대하여 어떤 정책을 가지고 있는가? 어떤 심리학자들은 APA 기록보존 지침(부록 D를 보라), 관련 주 법이나 규정, 혹은 제3자의 지불 주체(예 : 관리 의료 회사, 보험회사, 혹은 근로자지원프로그램) 등이 요구하는 구조화된 틀 안에서 최소한의 기록만을 남긴다. 우리는 각 회기의 기록은 명확해야 하며 최소한도여야 한다고 제안한다. (a) 날짜, 시간, 회기 진행시간 (b) 회기 내 일어난 일의 뼈대 (c) 계속되는 평가(내담자가 위기에 있는가, 혹은 타인에게 심각한 위해를 가하거나 심각한 위해를 입을 위험에 처해 있는가) (d) 현재의 중재(모든 부수적인 치료, 약물처방, 그리고 다음 회기 전에 심리학자나 내담자에 의해 취해질 조치 등) (e) 향상된 정도나 퇴보된 정도 (f) 치료 계획에서의 변화 (g) 다음 회기 일정

우리의 견해에서는 좋은 기록이란 오해의 소지가 있거나 지나치거나 문제를 일으킬 수 있는 자료와 중요하고 도움이 되는 자료를 구분하는 것이다. 다음의 회기 기록을 보라.

9시부터 9시 45분까지 릴리와 4회기 진행하며. (오늘 날짜) 그녀의 자살 충동에 초점. 2달 전 강간 사건의 "여파"라고 부르는 것을 계속 경험하고 있으며 "못 견디겠음" 회기 동안 많이 울었음. 그녀의 직장 동료들 간의 긴장과 혼란이 더 힘들게 한다고 함. 그녀한테 도움이 되기 시작한다고 하는 명상과 자기 대화를 계속하는 중. 지난 주에

얘기했던 성폭력 생존자 지지 모임에 참여할 준비가 된 것 같음. 전에 기록했듯이 그녀는 PTSD의 진단 기준에 부합하며, 이는 가장 정확한 진단인 듯. 아직 자살 계획까지 발전시키지 않았으며, 그녀와 나 모두 지금의 삶을 내던질 위기에 처한 것은 아니라는 데에 동의. 다음 회기는 다음 주 같은 시간. 만약 그녀가 목숨을 내던질 위기를 느끼면 전화하기로 함. 만약 나와 통화가 안 되는데 위기를 느낄 시에 그녀가 처할 수 있는 조치를 검토함.

이제 같은 회기를 서술한 다른 기록을 보라.

릴리는 자신이 전형적인 "어려운 내담자"임을 증명하고 있다. 내 주의를 끌기 위해 스스로 자살에 대한 이야기로 극적 상황을 만들고 있다. 오늘도 매우 유혹적인 의상을 입고 왔으며, 분명 나를 흥분시키려고 하는 것이다. 이게 아마 성폭행 경험과 관련되어 생기는 그녀의 주요 역동인지 궁금하다. 직장에서 상사(성과 이름)가 오늘 어땠는지, 어떻게 그의 비서(성과 이름)와 바람피고 있는지 얘기했다. (릴리는 몰래 질투하고 있는 걸까?) 또한 감사관(성과 이름)이 기금을 횡령하고 있다고 생각한다. 나를 흥미롭게 만들기 위해서 이런 것들을 거짓말하는 게 가능할까? 다음 회기에는 그녀를 더 날카롭고 엄밀하게 알기 위해 더 압박할 계획이다.

두 번째 기록에서는 내담자가 왜 도움을 얻으려 하는지, 그리고 심리학자가 돕기 위해 어떤 특정 수단을 활용하는지 거의 드러나지 않는다. 내담자가 가졌으리라 짐작된다고 심리학자가 기술한 소위 "주요 역동"은 내담자가 실제 무엇을 간직하고 있는지는 전혀 알려주지 않고 거기에 대한 심리학자의 강한 반응만을 반영한다. 제3자의 이름이 쓸데없이 공개되어 있어서 만약 법적 분쟁에 기록이 쓰인다면 그들에게 불리할 것이다.

당신은 다른 심리학자에게 부가적인 치료(공포 둔감화나 금연을 위한 최면요법)를 받고 있는 내담자를 만날 것인가?

사무실 밖에서 내담자를 만나는 것에 대한 당신의 정책은 무엇인가? 당신은 사무실 밖의 공공장소에서 회기를 약속한 적이나 수술한 내담자의 병원에 방문했거나 장애 혹은 치명적 질병 때문에 집 밖으로 나갈 수 없는 내담자들을 보러 집에 방문한 적이 있는가? 내담자의 파티 초대에 응하거나 내담자의 졸업식, 결혼식에 참석할 것인가? 극장에서 당신과 당신의 반려자 옆에 내담자가 앉아 있다는 것을 발견했다거나 당신이 이제 막 가입한 위원회에 내담자가 회원이었다거나 당신이 가르치는 세미나에 내담자가 수강신청을 했다거나 당신이 집을 팔려고 내놓았는데 집을 보러 방문한 유일한 사람이 내담자이거나 장시간의 비행에서 내담자가 당신과 당신의 가족 옆에 앉았다거나 당신이 아마추어로 활동하는 지역사회 어린이집의 새로운 감독이 내담자였다는 우연한 만남에서 어떻게 대처할 것인가? 어떤 조건에서 당신은 당신의 건물주인, 주치의, 베이비시터, 주식 중개인에게 치료적 진단이나 법률적 진단 혹은 심리상담을 제공할 것인가? 당신의 변호사나 친한 친구, 비서, 친척, 테니스 파트너, 은행에서의 대출 담당 직원, 당신 자녀의 교사가 당신의 동료 슈퍼비전 그룹의 일원이라면 어떻겠는가?

　우리의 이론적 지향, 우리가 사는 지역의 크기 및 특성, 그리고 우리의 개인적 가치와 같은 다양한 요인들이 이 질문에 관한 답에 영향을 준다. 전문가 윤리 조항, 심리치료 가이드라인, 법규, 그리고 판례가 지침이 될 수는 있지만, 다른 곳에 쓴 것처럼 이러한 문서들은

　　　우리를 위한 질문, 생각, 느낌, 반응들을 대신할 수는 없다. 그러한 규약들은 절대로 각 심리학자나 상담자가 타인을 도울 때의 질문들, 책임감, 맥락들, 서로 상충되는 요구들이 빚어내는 가끔 당황스럽고 늘 고유한 조합들을 다루려고 애쓰는 적극적 과정을 절대로 대체할 수 없다. ……윤리는 실제적이어야만 한다. 임상가들은 거의 상상할 수 없을 만큼 다양한 상황들을 만나며, 각 상황은 변화하는 질문들과 요구들과 책임감을 수반한다. 모든 임상가는 중요한 면에서 독특하다. 모든 내담자는 중요한 면에서 독특하다. 임상 작업의 실태나 다양성, 치료적 사업의 급변하는 속성으로부터 동떨어진 윤리는 쓸모 없다(Pope & Vasquez, *Ethics in Psychotherapy and Counseling*, 2nd ed.).

　이 분야에서 더 자료를 찾고 싶은 사람들을 위해 http://kspope.com/dual/dual.php("이중관계와 경계 딜레마: 추세들, 통계, 가이드, 자료")의 웹 페이지는 가장 널리 쓰이는 의사 결정 가이드를 보여준다. 이는 Mike Gottlieb의 "착취적인 이중관계 피하기: 의사

결정 모델", Jeff Youngren의 8단계 모델, "윤리적인 의사 결정과 이중관계" 연구 자료들(예: 전국 4,800명의 심리학자, 상담심리학자, 사회복지사 대상 설문조사), 시나리오와 질문 모음들, 이 책의 저자가 심리학자로서 일할 때 저질렀던 경계 위반 등을 포함한다.

만약 내담자가 정해진 약속 시간에 나타나지도 않고 전화도 하지 않는다면 어떤 조치를 취할 것인가? 예를 들어, 그 내담자가 심각하게 우울해하며 급격한 자살 충동을 지녔다고 상상해 보자.

내담자가 늦게 도착하면 그 내담자의 회기 시간을 연장할 수 있는 조건이 있는가?

내담자가 종결한 것도 아닌데 그냥 상담에 오지 않고, 당신과 어떤 방법으로도 접촉하지 않는다면 어떤 조치를 취할 것인가? 어떤 심리학자들은 그 상황과 자신이 내담자에게 전화나 다른 수단으로 연락을 취하려 했던 시도들을 적은 편지를 준비한다. 그 편지는 내담자가 알리지 않고 치료에서 철수했음을 밝히며, 혹시 치료를 재개할 가능성을 탐색하고 싶다면 언제든지 다시 오도록 내담자를 초대하고, 미지급된 비용에 대하여 이야기하며, 마지막으로 내담자가 잘 지내기를 바란다고 적는다. 등기우편으로 편지를 발송하며, 오직 내담자만 확실히 볼 수 있도록 등기 증명서를 꼭 받는다. 내담자가 사전 고지 없이 갑자기 치료를 중단했을 때 심리학자가 취한 조치들을 명확하게 문서화해두는 것이 중요하다.

노인이나 아동학대 등에 관련한 강제적 신고나 자율적 신고에 대한 정책은 무엇인가? 각 주와 지방 정부는 노인이나 아동학대 신고에 관하여 제각기 다른 규정이나 판례를 가지고 있다. 각 지역사회는 저마다 이 신고를 받기 위한 조직을 갖추고 있다. 이와 비슷하게, 제3자를 보호할 의무를 강제하는 법률과 판례도 주마다 다르다. 정책과 절차들은 이러한 책임4)들을 숙지하고 완수하기 위한 명확한 지침을 제공해야 한다.

---

4) 일부 주나 지방 정부는 학대와 같은 문제에 관련된 규정을 웹 사이트에 명시하고 있다. 이러한 온라인 자료의 링크는 Articles, Research, & Resources in Psychology의 "Psychology Laws & Licensing Boards in Canada & the United States" 섹션에서 찾아볼 수 있으며 주소는 http://kspope.com/licensing/index.php이다. 아동학대 상황에서의 신고 규정에 대한 다른 온라인 자료가 두 가지 더 있는데 하나는 인터넷 주소 http://nccanch.acf. hhs.gov/general/statespecific/index.cfm의 U.S. National Clearinghouse on Child Abuse and Neglect이고, 또 하나는 인터넷 주소 http://www.smith-lawfirm.com/mandatory_reporting.htm의 "Mandatory Reporting of Child Abuse and Neglect" (아동학대 및 방치에 대한 신고를 강제하는 규정의 주요 특성 요약본. 모든 50개 주의 규정, 논문, 자원을 소개하고 있음)로 법률가인 Susan K. Smith가 수집한 자료다. 일부 상황에서는 부록 E

내담자가 술이나 약에 취해서 온 상황에 대비한 정책이 있는가? 어떤 심리학자들은 그런 상황의 내담자를 상대하기를 거절한다. 다른 심리학자들은 이러한 내담자와 적어도 제한된 회기라도 가지는 것이 중요한 목적을 달성할 수 있을 것이라고 생각한다. 만약 내담자가 회기 중에 당신에게 언어적 학대를 가하거나 폭력적으로 변할 수 있을 것처럼 보일 때 당신의 정책은 어떠한가?

휴가나 휴일에 대한 정책은 어떠한가? 정신분석의 비교적 초기 시대에는 많은 심리학자가 8월을 휴가로 잡고는 했다. 당신이 한 번에 얼마나 많은 날짜를 쉴 것인지의 결정은 자신의 필요나 바람뿐 아니라 업무의 성격으로부터 영향을 받을 것이다. 보다 위태로운 내담자들과 일하는 심리학자들은 한 번에 10일이나 2주 이상 쉬는 것을 피하는 편이다. 매년 당신의 휴가 일수는, 당연히 그 시간 동안 수입을 안 벌고도 얼마나 잘 살 수 있는지에 따라 달라진다. 심리학자들은 그들의 휴가 기간을 언제 내담자에게 얼마만큼 알려줄 것인지에 대하여 다른 정책들을 가지고 있다.

우리는 내담자에게 앞으로의 휴식(휴가, 회의 참석을 위한 부재, 치료를 위한 병원 입원) 등을 당신이 알자마자 알려주기를 추천한다. 이는 내담자들로 하여금 자신들의 스케줄을 계획하고 조정하는 데에 도움을 주며, 휴식에 관한 어떤 염려든 이야기할 수 있게 해준다. 이는 또한 황금률과도 일치한다. 내담자들이 휴가를 떠나거나 다른 이유로 회기를 취소한다는 것을 빨리 알수록, 우리 자신의 일정을 더 잘 조정할 수 있다(그리고 내담자의 치료비를 받지 못해서 잃는 수입에 관한 계획도 세울 수 있다). 어떤 심리학자들은 "나는 사무실로부터 좀 떨어져 있을 거예요." 나 "아마 한 동안 일을 하지 않을 거예요."라는 식으로 이야기하고 쉬는 원인에 대해 내담자의 질문에 답을 해주지 않지만, 어떤 심리학자들은 치료적으로 건강한 방식으로 자기 개방을 활용하면서 내담자의 어떤 질문에 대한 것이든 사실을 대답해준다.

---

이혼 소송 절차 시 자녀 양육권 평가를 위한 APA 지침과 아동보호 문제의 심리학적 평가를 위한 APA 지침을 따르는 것도 도움이 될 것이다.

# 직업 관련 유언 준비하기

# 직업 관련 유언 준비하기

심리학자가 천하무적이거나 영원불멸하지 않는 한, 직업 관련 유언을 준비하는 것이 좋다. 생각하는 것 자체가 유쾌한 건 아니지만, 우리 모두는 예측치 못한 사건에 취약하며 언제든 우리의 삶은 갑자기 술취한 운전자나 발작이나 노상강도나 심장 마비나 화재나 비행기 사고나 다른 셀 수 없는 불운에 의해 끝나버릴 수 있다.

직업 관련 유언은 심리학자가 갑자기 죽거나 혼수 상태에 빠지는 등 예고 없이 아무 일도 못 하게 되었을 때 실행될 계획이다. 이는 당신이 내담자들의 요구나 일의 "미해결 과제"에 신속하고 효과적으로 대처할 수 있도록 고안하는 것을 돕는다. 이는 또한 다른 사람들에게 그들이 충격을 받고 신음하는 동안 떠올리기 힘든 기본 정보나 방침들을 전해주기도 한다.

직업 관련 유언을 준비하는 것은 우리가 당신이 개업하기 전에 미리 밟으라고 추천하는 중요한 조치 중 하나다. 우리는 우리에게 개인적으로 닥칠 불행의 일정을 예약할 수도 없고, 사고가 나중에 일어나도록 미룰 수도 없다. 우리의 직업적 책임에는 언제든 경고 없이 발생해서 우리가 제대로 기능하지 못하게 만드는 불상사의 가능성을 준비하는 것도 포함된다. "모두에게 잘 맞는" 단 하나의 직업 관련 유언이 모든 심리학자, 모든 상담 실무, 모든 상황에서 작동하지 않겠지만, 이 장에서는 직업 관련 유언에서 언급하면 좋을 항목들과 주제들을 살펴볼 것이다.

## 당신이 1차적 책임을 부과하기로 지정한 사람

당신이 갑자기 죽거나 무능력해졌을 때 누가 그 상황에 가장 효과적으로 반응하겠는가? 누가 그 극심한 스트레스의 기간에 필요한 질서를 세울 수 있겠는가? 사안을 민감하게 효과적으로 효율적으로 다루고 어떤 중요한 것도 간과하지 않게 하겠는가? 누가 많은 사람, 적어도 당신의 내담자에게 말하기에 가장 적당한 사람인가? 유능한 전문가는 자기의 유언을 집행할 유능할 사람을 미리 지정하고, 그 인물로 하여금 유언이 규정하는 과업들을 수행할 수 있도록 공식적으로 권한을 줄 것이다.

당신이 갑자기 죽거나 무능력해졌을 때 그 집행자가 어떻게 연락을 받을 것인지 적절한 정보를 제공하면 유용하다. 그 사람의 전화, 팩스, 호출 번호는 무엇인가? 그 사람의 사무실과 이메일 주소가 무엇인가? 만약 그 사람이 연락을 받지 않을 때 소재를 알려줄 다른 사람이 있는가?

## 대리인으로 일해줄 인물

삶은 의외의 일들로 가득하며, 우리의 계획대로 되지만은 않는다. 따라서 당신이 지명한 지명자는 정작 권한을 위임받아야 할 때 회의 참석이나 휴가차 해외에 가 있거나 집안의 위급한 일에 참석하는 중이거나 심각하게 아프거나 다른 방식으로 불가능할 수 있다. 필요하면 조치를 취할 수 있는 제2, 제3 대리인을 지정해두는 것이 좋다.

## 합의된 계획

합의된 계획은 전문적 유언을 훨씬 더 유용하게 보완해주며, 집행인이 이를 실행하기 쉽게 해준다. 당신은 제1차 집행인과 두 대리인을 함께 만나서 당신이 되도록 원하는 일, 필요한 일, 그들이 필요로 하는 정보 등을 함께 짤 수 있다. 다른 이들이 간과한 무언가를 한 명이 생각해낼 수도 있고, 심리학자가 "당신들 모두 내가 예약 수첩을 보관하는 책장이 어디 있는지 알지? 그렇지?" 등 말을 안 해도 알 것이라고 생각하는 유언은 지명자들에게 더 설명해주어야 할 것이다.

지명자들이 필요한 것이 어디 있는지 말만 듣고 알기 어려울 때는 직접 보여줄 수도 있다. 그들은 당신의 비서, 당신의 유언 집행자, 당신의 회계, 당신의 변호사, 당신의 사무실 소유주 등 함께 일해야 하는 사람들을 소개받을 수 있으며 연락처를 주고받을 수 있다. 지명자들이 위임받을 때가 오면 당신의 직업적 유언에 관한 세부 지시사항이나 정보를 숙지할 뿐 아니라, 계획 절차에 동참했으므로 각 조치를 취할 명분을 알고, 함께 일할 핵심 인물들을 알고 각 기록과 자료들이 어디에 있는지 알 수 있게 하는 것이 좋다.

## 당신의 사무실과 열쇠, 보안

사무실 주소를 알려주는 것 외에 사무실의 각 열쇠를 어디서 찾을 수 있는지 되도록 상세하게 알려주는 것이 도움이 된다. 예를 들어, "내 사무실 열쇠를 복사한 게 네 개입니다. 하나는 내가 늘 가지고 다니는 열쇠고리에 달려 있는데 파란 플라스틱이 붙어 있습니다. 내 반려자도 열쇠를 가지고 있으며 연락처는 ＿＿＿＿＿＿＿＿＿입니다. 위기 시 ＿＿＿＿＿＿＿＿＿로 연락 가능한 건물 관리인도 열쇠를 가지고 있습니다."

상담실, 창고, 서류보관함, 책상, 컴퓨터, 건물 현관문의 열쇠들이 각기 따로 있을 수 있다. 그러면 누군가가 당신의 직업적 유언을 완수하기 위해 필요한 열쇠를 빼먹기 쉽다.

어떤 사무실은 출입하려면 암호가 필요하다. 필요한 암호와 입력 방법, 그 시스템이 있는 곳을 꼭 알려라.

## 당신의 일정

어디에 당신 일정이 보관되는가? 당신이 휴대하는 다이어리나 사무실에 있는 예약 수첩이나 컴퓨터나 PDA에 있는가? 일정이 잡혀 기록되고 나면 그 기록에 접근하기 위한 추가적 정보가 필요한가? 예를 들어, 컴퓨터에 일정을 저장한다면 로그인해서 일정을 볼 수 있는 비밀번호가 무엇인가? 어떤 드라이브에 일정을 저장하며 관련된 파일 이름이 무엇인가? 건물 화재나 지진 혹은 도난 사고 등으로 컴퓨터 자체를 쓸 수 없게 되어 일정을 복사할 수가 없을 때 백업해놓은 곳이 있는가?

## 내담자와 동료에게 연락하는 방법

내담자나 동료들이 자동 응답기나 이메일, 혹은 다른 방법으로 당신에게 연락하는가? 각 연락 방법과 당신의 직업적 유언을 집행하는 사람이 그 메시지에 접근할 수 있는 방법을 명확하게 밝혀야 한다. 당신의 자동 응답기에서 메시지를 재생할 수 있는 비밀번호가 무엇인가? 관련 이메일 계정 이름, 사용자 이름과 비밀번호, 메일을 받고 보내기 위한 서버 주소(POP나 SMTP) 등은 무엇인가?

## 내담자 기록 및 연락처 정보

당신의 직업적 유언을 집행하는 사람은 당신이 선택한 공지 방법에 따라 당신의 내담자와 연락을 시도해야 할 것이다. 그들은 또한 회신 번호 없이 메시지를 남긴 사람들에게 다시 전화를 해주어야 한다. 전문적 유언에서는 어떻게 내담자 기록과 연락처 정보를 찾아 접근할 것인지 상세하게 밝혀야 한다. 내담자의 치료 기록을 신속히 찾는 능력은 특히 중요하다. 왜냐하면 심리학자의 갑작스러운 죽음은 몇몇 내담자들에게 위기를 촉발할 수 있기 때문이다. 직업적 유언은 또한 유언을 집행하는 사람이나 다른 누군가가 심리학자의 내담자 기록을 보관할지 말지를 밝혀야 한다. 이 정보를 지역 신문에 공지할 수도 있고, 각 주의 심리자격위원회와 주 심리학위원회에 제출할 수도 있다.

## 내담자에게 공지하기

심리학자는 내담자들에게 자신의 죽음을 알리기 위해 여러 수단을 쓸 수 있다. 집행인이 각 내담자에게 전화를 걸게 하거나 지역 신문에 공고를 싣거나 자동 응답기에서 방출하는 메시지를 변경하여 사망한 심리학자의 직업적 유언을 집행하는 다른 심리학자에게 전화하도록 안내하거나 편지로 알리게 하는 방법이 있다. 황금률과 함께 내담자들이 나타낼 반응에 입각하여 각 연락 수단이 가져올 잠재적 영향력을 시간을 들여 심사숙고할 가치가 있다. 만약 당신이라면 당신의 심리학자나 슈퍼바이저의 사망 소식을 신문에서 읽거나 자동 응답기에 녹음된 목소리를 듣고 알고 싶겠는가? 이러한 상황에서 우리의 내담자가 도움을 구할 수 있는 자원, 즉 예를 들면, 즉각적으로 닥친 상황에서 내담자를 돕고 그들이 원한다면 다른 심리학자를 소개시켜 줄 수 있게 지명해놓은 당신의 동료가 있는가? 당신은 내담자와의 관계에 근거하여 어떤 방법이 당신의 상담 실무에 가장 바람직한지 알 수 있을 것이다.

공지 방법은 내담자들의 사생활을 보호받을 권리를 꼭 존중하는 방식이어야 한다. 우편물이나 전화 메시지는 조심스럽게 처리하지 않으면 내담자가 심리상담을 받고 있었다는 사실을 의도치 않게 제3자에게 노출해버린다. 가족 구성원이나 타인들이 내담자들의 편지의 사적 권리를 언제나 지켜주는 것이 아니라서, "우연히" 개봉하고 자기들에게 온 것이 아닌 메시지를 읽어버릴지도 모른다. 누군가는 자기들에게 향한 것이 아닌 전화 메시지를 들을 수도 있다. 심한 경우, 이처럼 의도치 않은 노출은 내담자를 엄청난 위기에 몰아넣을 수도 있다. 예를 들어, 가정폭력 피해 때문에 몰래 치료를 받던 여성 내담자를 학대하는 남편이 중간에서 편지나 전화 메시지를 듣고 내담자가 도움을 구하고 있었다는 사실을 눈치채고 격노해서 폭력적으로, 어쩌면 치명적으로 반응할 수 있다.

## 동료들에게 공지하기

어떤 동료들이 가장 빨리 소식을 알아야 하는가? 당신은 집단 사설 상담소 개업의 일원이거나 누군가와 사무실을 공유하고 있었는가? 정기적으로 당신에게 자문이나 슈퍼비전을 제공하는 심리학자나 당신에게 그런 서비스를 받는 심리학자가 있었는가? 당신은 누군가와 함께 집단 상담이나 가족 상담을 진행하고 있었는가? 당신이 정기적으로 참석하는 회의나 워크숍이 있었는가? 몇 달 간의 일정 목록을 훑어보면서 직업적 유언을 즉각 공지할 인명 목록에 연락처와 함께 꼭 기재되어야 할 사람 중에 빠진 동료가 없는지 확인하라.

## 전문가 배상보험

심리학자가 죽거나 무능력해지자마자 즉각적으로 공지를 들어야 하는 전문가 손해배상보험 회사의 연락처, 약관 번호, 지시사항 등을 포함시키는 것이 좋다.

## 직업상 문제 전문 변호사

많은 심리학자가 직업상의 문제를 변호사와 자문해왔다. 변호사는 정보에 입각한 동의, 정보 공개 등 심리학자의 서류를 검토하고 그들이 주 법률이나 판례가 요구하는 바를 따르고 있는지 확인해준다. 변호사는 심리학자의 정책 및 절차, 기록 형식, 복잡한 법적 질문을 야기하는 어려운 케이스 등에 대해 논의해준다. 심리학자는 치료 과오 소송에서 소환장이나 법정 대리인에게 어떻게 대응해야 하는지 자문을 구할 수 있다. 또한 직업상 문제로 자문을 구해온 변호사의 연락처를 제공하는 것이 좋다.

## 수금 기록, 절차, 지시사항

당신의 직업적 유언 이행을 맡기로 지명된 사람은 수금 기록이 어디에 있고, 컴퓨터 소프트웨어에 저장된 경우라면 어떻게 접근하며 상담료 청구 서비스, 회계, 사무실 수납 직원 중 누가 청구서를 준비하여 처리하고, 미납 금액은 어떻게 처리할지 알아야 한다.

어떤 심리학자는 체납된 빚이 별로 없고, 부양가족을 위한 저축을 충분히 가지고 있어 재정적으로도 윤택하여, 보험회사에서 기한 만료되었거나 기한을 넘긴 치료비는 별개로 내담자가 직접 지불해야 하는데 미납된 청구서의 일부 혹은 전부를 용서할 마음까지 있을 수 있다. 사망 후에도 자기 재산을 들여서 유언 집행 심리학자가 남겨진 내담자들과 상황을 논의하고 현재의 필요성을 평가하며, 앞으로의 상담에 대한 대안을 탐색할 수 있는 회기를 진행하게 만드는 심리학자들도 있다. 전문적 유언은 각각의 원하는 바에 관한 뚜렷한 지시를 포함하고 있어야 한다.

## 지출

직업적 유언을 준비하는 심리학자와 유언 집행자로 지명된 사람은 집행을 어떻게 경제적으로 보상받을지 결정하는가? 아마도 가장 쉬운 방법은 그 집행인의 업무를 시간당으로 계산하는 것이겠지만 다른 방법도 가능하다. 예를 들어, 고정 수수료, 내입금 (token payment), 친구를 위해 수고하는 것이므로 어떤 경제적 보상도 거절하겠다는 결정, 집행인을 통해 자선 단체에 기부하는 방법 등이 있을 수 있다. 직업적 유언은 모든 사업 관련 비용이 어떻게 지출될지 명시해야 한다.

## 개인적인 유언

의도치 않은 문제나 갈등을 피하기 위해서 당신의 직업적 유언과 개인적 유언이 서로 일치하는지 꼼꼼히 비교해 보는 것이 좋다. 예를 들어, 개인적인 유언은 당신의 모든 재산이 특정 목적을 위해 모두 사용된다고 밝히면서 당신의 전문적 유언 집행인에게 지불될 돈에 대해서는 언급하지 않는다면 문제가 발생한다. 각각의 유언을 서로 참고해서 작성하는 것이 바람직하다.

## 법적 검토

정신건강법 분야에서 유능하고 숙련된 변호사에게 직업적 유언을 검토하게 하면 수많은 문제를 방지할 수 있다. 직업적 유언의 집행인은 그 심리학자의 사망 이후 며칠, 몇 주, 몇 달이 지나든 어떤 법적 문제라도 생기면 변호사와 상의할 수 있다. 변호사는 또한 주 법규와 판례에 입각하여, 그 유언을 인증하는 방법으로 본인과 상관없는 제3자의 서명이 좋은지, 공증인의 봉인이 좋은지, 아니면 다른 방법이 좋은지 조언해 줄 수 있다.

## 직업적 유언의 복사본

직업적 유언 복사본을 당신의 대리 집행인이나 변호사에게 주는 것이 좋다. 어떤 심리학자는 이메일이나 자동 응답기 메시지를 열람할 수 있는 비밀번호 등의 접근권을 그들의 사망 후에만 집행인에게 알려주도록 특별한 방법을 고안한다. 이는 유언을 여러 장 복사하여 타인에게 배포할 때 생길 수 있는 비밀 보장상의 문제점을 피하게 한다.

## 검토 및 업데이트

　사람, 상담 실무, 시대, 상황은 변화한다. 당시 상황에 완벽하게 부합하도록 고안했던 유언에서 1, 2년만 지나도 연락처가 바뀌거나 우리에게 잘 맞지 않는 측면이 생기게 된다. 정기적으로 1년에 한 번쯤 전문적 유언을 검토하고 언제든지 주변에 중요한 변화가 생기면 즉각 업데이트하는 것이 좋다.

# 내담자와 의뢰처 탐색하기

# 9

# 내담자와 의뢰처 탐색하기

이 장에서 소개할 12개의 전략들은 극소수의 심리학자들만 "직업상의 비밀"로서 간직했던 것으로, 당신에게 꾸준한 수의 내담자들을 보장해줄 것이다.

정확히 그렇다는 건 아니다. 그래, 사실은 절대 그렇지 않다. 심리상담 사업을 발전시키고 유지시키기 위한 "모두에게 맞는" 전략이 있다면 그야말로 참 좋겠지만, 특정 시간대에 특정한 장소에서 특정한 종류의 일을 하는 심리학자 한 명에게 맞는 기술은 다른 누군가에게는 완전히 시간 낭비, 노력 낭비, 돈 낭비일 수 있다. 어떤 방법도 모든 상담자, 모든 심리상담, 모든 장소에 통하는 것은 없다.

내담자를 확보하는 방법을 탐색하는 일은 내담자를 돕는 방법을 탐색하는 일과 일부 측면에서 비슷하다. 초기의 심리상담 연구들은 종종 "이 치료가 효과가 있는가?" 하는 질문에 집중했다. 1967년에 Gorden Paul은 더 어렵긴 하지만 더 의미 있고 유용한 질문, 즉 "어떤 사람이 하는 어떤 치료가, 이 특정한 문제와 조건들을 지닌 개인에게 가장 효과적일까?"를 제기하였다. 심리학자들은 내담자를 찾는 방법을 탐색하면서 다음과 같이 복잡하고 비슷한 질문에 봉착한다. "어떤 종류의 접근이 내가 사는 이 특정한 지역에서 어떤 목표의 서비스를 원하는 어떤 종류의 내담자들을 찾는데 도움을 줄까?"

내담자와 의뢰처를 찾기 위하여 가능한 방법들을 평가할 때에 그 방법들이 개인적으로 당신에게 얼마나 적합한지 생각해 보는 것이 좋다. 어떤 심리학자들은 수줍음을 좀 탄다. 그들은 임상 장면에서 유능하고 가족과 친구들과도 만족스러운 관계를 맺지만, 새로운 사람들을 만나러 나가는 것은 어려워할 수도 있다. 그들은 의뢰처에 "영업용 전화"를 건다는 생각만 해도 식은땀을 줄줄 흘릴 수 있지만, 지역 신문에 칼럼을 쓰는 것은 편안하게 잘 해낼 수 있다. 어떤 사람들은 무대 체질을 타고나서 어디에서 발표를 할 때에는 정보와 유머를 재미있게 섞어서 눈부시게 할 수 있으나 막상 기사나 브로슈어에 쓸 몇 개의 문장을 짜내는 것마저도 고문에 가깝게 느낄 수 있다. 그리고 나중에는 이때까지 써놓은 것이 자기들 마음에도 들지 않는다는 것을 깨닫곤 한다. 물론 개인의 성장과 새로운 기술 습득, 혹은 두려움 극복을 시도하기 위해서 "나한테는 맞지 않는" 이런 전략들 중 하나를 시도하는 것도 늘 가능하다. 그러나 당신이 정말 불편해하고 어색하며 정말 잘 하지 못하는 전략을 써서 새로운 내담자나 의뢰처를 만나려고 하는 것은 매우 효과적이지 않거나 가치가 없는 일일 수 있다. 심리학자들은 원래 관계 형성과 변화 촉진에 유능한 사람들이라는 것을 기억하길 바란다. 구체적 전략이 어떤 것이건 간에 관계 형성과 변화 촉진 그 자체가 마케팅의 가장 주요한 요소다.

내담자와 의뢰처를 찾기 위한 방법을 평가하는 것에는 정보를 알리고 홍보를 하는 우리의 노력이 잠재적 내담자와 관련 기관들이 얼마나 잘 부합할지 현실적으로 평가해 보는 것도 포함된다. 누구나 잠재적인 내담자와 의뢰처에 연락하는 방법을 고민할 때 가장 쉽고 돈이 덜 들고 해볼 만한지의 잣대로 판단하기 쉽다. 우리는 우리의 일을 홍보하기 위한 매월 정신건강 칼럼에 "무엇이 문제인가요? 그리고 우리가 어떻게 도와드리면 될까요?"를 손으로 소인을 찍을 만큼 부수가 적은 아이슬란드 우표 월간이라는 취미 잡지에 실으면서, 그 잡지의 구독자가 얼마나 적은지 깨닫지 못하는 실수를 할 수도 있다.

광고의 형태는 매우 중요하다. 시골의 외딴 구석에 떨어진 심리상담센터를 상업지 광고란에 효과적으로 광고하면 다른 주에 있는 인구 밀도가 높은 도시에서는 실패할 수 있다. 서비스를 잘 정의하고, 이것이 왜 필요하며, 어떻게 도움이 되는지 효과적으로 논조를 세운 뛰어난 광고는 그 서비스가 예전에 제공된 적 없으며, 그 분야의 전문가들이 관심을 끌지 못했던 지역에서 내담자들을 모집해 올 수 있다.

대부분의 심리학자들은 직업 광고란에 자신의 이름을 싣고 있다. 하지만 이를 등록하기에 앞서 지역 전화번호부에 커다랗게 보이는 광고를 실으면 돈을 들인 만큼 정말 전화가 많이 오는지, 같은 지역의 상담자들에게 연락하여 확인하는 것이 좋다. 당신의 자격 규정을 확인해서 광고에 심리학 자격 번호 등 특정한 정보가 포함되어야 하는지 확인하라.

"전화번호부에 이름을 올렸어요!"는 내담자를 찾기 위한 든든한 첫걸음이다. 심리학자를 찾기 위해 전화번호부를 살펴보는 사람들이 있고, 당신과 예약을 하려는 사람들도 당신의 전화번호를 거기서 찾을 수 있다. 사업을 확립하기 위해서 또 무슨 일을 할 수 있을까? 도움이 될 만한 방법들을 소개한다.

## 당신이 누구이고 무엇을 하는지 정확하고 신속하게 진술하기

적어도 대부분의 사람들에게 이것은 보기보다 쉬운 일이 아니다. 누군가 당신에게 무슨 일을 하며 사느냐고 물었다고 해보자. 두 개에서 네 개 정도의 문장으로 답을 생각해내야 한다. 당신이 이 실험을 해본 적이 없다면, 전혀 어려워 보이지 않을 것이다. 그러나 실제 대화 속에서 길게 생각할 시간 없이 즉석에서 만들고자 하면 당신은 모호한 개념들, 진부한 표현들, 직업적 전문용어, 혹은 "내가 의미한 바가 정확히 아닌" 표현들이 얼마나 그 대답에 쉽게 섞여들 수 있는지 깨달을 것이다.

당신이 누구이고 무엇을 하는지 매우 간명하고 핵심을 담은 문장을 만드는 데 공들이는 것이 중요하다. 내담자와 의뢰처의 관점에서 이 문장을 듣는다고 상상해 보자. 당신이 제공하는 서비스가 무엇이고 누구에게 도움이 될 수 있는지 명확하게 다가오는가?

일단 기본적인 문장을 만들고 나면 이것을 당신이 제각기 다른 상황에 어떻게 적용할 수 있는지 즉, 파티에서 만난 누군가의 질문에 대답하는 것이든, 지역 학부모 교사 연합회(PTA)에서 말을 시작하면서 자기를 소개하는 것이든, 혹은 좋은 의뢰처가 될 것 같은 당신의 주치의나 미용사에게 설명을 하든 생각해 보라.

당신이 가장 가능성 있고 가장 편안하며 듣는 이와 상황에 잘 적용할 수 있는 최고의 설명을 찾아냈다면, 당신이 신뢰하는 가족 구성원이나 동료에게 한번 해보라. 솔직한 피드백을 요구하라(당신은 끈질겨져야 할 지도 모른다. 만약 당신의 청자가 뭐가 잘못됐는지 말하기를 주저한다면 어떻게 하면 나아질지, 혹은 당신 자신과 당신의 일을 설명할 다른 좋은 방법이 있을지 물어보라). 당신이 누구이고 무엇을 하는지 얘기했을 때 직접적이고 자연스럽고 "정말 당신처럼" 들리는가? 당신은 눈맞춤을 하면서 자신이 누구이고 무슨 일을 하는지 잘 알고 있는 사람답게 자신감이 넘치는가? 만약 이것이 "판에 박혔고", 억지 같고, 뻔하고, 헷갈리고, 혹은 조급하게 들린다면 계속해서 손보아야 한다.

## 브로슈어 준비하기

이제 당신이 누구이고 무엇을 하는지 설명을 만들어냈다면 브로슈어의 형태로 바꾸어보자. 브로슈어는 어떤 형태나 크기도 가능하지만 우리는 가지고 다니기 쉽고 다른 사람의 주머니나 지갑에 잘 들어갈 크기로 만드는 경우가 많다. 예를 들어, 봉투에 넣으려면 편지 사이즈(8.5"×11")로 종이를 세 번 접는 것이다. 접은 종이를 바로 놓아서 양쪽으로 펼칠 수 있게 하면 이것은 각 세 면의 앞뒤쪽 6개의 섹션을 가진 브로슈어가 된다.

브로슈어 표지는 당신과 센터의 이름이 적힌 멋있는 그래픽을 포함하라(예: 호숫가 심리상담센터). 다른 페이지는 당신이 제공하는 구체적인 서비스와 당신의 전문분야인 호소 문제들과 내담자 유형, 당신의 치료적 접근과 철학 설명, 사무실 위치(찾기 어려우면 약도나 방향을 같이 실어야 한다), 연락처, 의료보험 관련 정보 등을 채울 수 있다. 당신은 어떤 면이 특히 어필하는지 동료들의 브로슈어를 참고할 수도 있다. 더 자세한 안내사항을 알고 싶다면 APA 상담실무협회(Practice Organization)에서 브로슈어를 만드는 방법을 전반적이고 체계적으로 소개하고 있으니 참고하면 좋다. http://www.apapractice. org/apo/insider/practice/marketing/brochure.html를 방문해 보기 바란다.

## 당신에게 적절한 업무용 명함 만들기, 활용하기

당신의 업무용 명함은 수많은 목적에 쓰인다. 파티에서 말로 하면 금방 잊혀질 수 있는 당신의 이름을 말해주고, 사무실이 어디에 있는지, 어떻게 연락할 수 있는지, 이것은 또한 당신의 직책과 자격을 설명해준다. 당신의 자격증 번호나 그와 유사한 정보들이 업무용 명함에 꼭 포함되어야 하는지, 당신이 개업한 주의 자격 요건을 확인해야 한다.

당신의 업무용 명함은 당신을 어떻게 정의하는가? 어떤 사람들은 "심리학자"만 넣지만 또 다른 이들은 형용사를 넣는다. "임상심리학자" "상담심리학자" 혹은 "법정심리학자", 특정 서비스 "개인, 커플, 집단 심리상담" "신경심리학적 진단과 갱생치료" 또는 "섭식장애 전문" 같은 문구를 추가한다. "최면" "여성주의상담" 혹은 "행동치료" 등의 치료적 접근을 넣기도 한다.

고전적인 업무용 명함은 하얀 종이에 검은색 Times Roman과 같은 고전적인 글씨체로 직사각형의 더 긴 방향과 단어 배열이 평행되는 가로방향 형식을 사용한다. 이 형식이 당신과 당신의 사업에 가장 잘 맞는가? 어떤 심리학자들은 로고, 다른 디자인이나 삽화, 글씨나 배경색 등을 추가하며 *script*와 같이 덜 고전적인 글씨체와 직사각형의 더 짧은 방향과 단어 배열이 평행하는 세로방향 형식과 질감이 있는 종이를 사용한다.

구태여 돈을 들여 업무용 명함을 만들기로 했다면, 그것을 반드시 활용해야 한다. 다른 사람들이 가져갈 수 있게 대기실에 비치하고 늘 가지고 다녀야 한다. 괜찮다면 업무용 서신에 업무용 명함을 같이 동봉하는 것도 좋다.

## 지역사회에 물어보기

필요와 욕구를 공식적, 비공식적으로 평가해야 한다. 심리학이 도움이 될 만한 면담, 서면, 혹은 전화 설문조사 등의 조사 기술들을 활용하자. 그래서 그 지역의 사람들이 어떤 심리학적 도움을 원하고 필요로 하는지 알아내야 한다. 그 지역에서 이제까지 없었거나 부족했던 서비스가 있는가? 있다면 그 서비스를 당신이 제공할 수 있는가?

## 그 지역사회에 만연한 문제를 찾아내어 어떤 심리학적 서비스가 도움이 될지 생각하기

어떤 종류의 다양한 문제들은 심리학자가 도와줄 수 있다는 사실을 그 지역 사람들이 확실히 알지 못해서 전통적인 필요 및 요구 조사에서 나타나지 않을 수 있다. 예를 들어, 십대 청소년들은 갑자기 부모가 되어버린 책임감에 압도되어 버리기도 하고, 그 지역 학교에서 왕따가 만연할 수 있으며, 부모들이 자녀들의 스포츠 행사를 원성을 높여 극심하게 탄압할 수도 있고, 가장들이 해고에 대한 위협이나 해고를 당한 현실 때문에 불안이나 우울을 겪을 수 있으며, 지역사회의 노인들이 가난에 시달릴 수 있다. 당신은 방금 언급한 문제들을 돕는 역할을 맡을 수 있는가? 그렇다면 당신은 그 지역사회에 가치 있는 무언가를 제공하는 역할을 넘어, 그 자체로 믿을 수 있고 도움을 주는 전문가가 될 수 있다.

## 지역사회의 삶에 적극적으로 참여하기

지역사회 구성원들이 당신의 존재 자체를 모른다면 당신에게 도움을 요청하거나 친구를 의뢰하는 것이 힘들어진다. 당신이 원래 기질적으로 외향적이라서 다른 사람들과 만날 계획을 세울 필요 없이 혼자서 잘 만나고 다닐 수 있다면 좋겠지만, 그렇지 않다면 당신을 지역사회의 일부로 만들어줄 수 있는 재미있고 의미 있고 보람찬 활동을 찾거나 기획하는 것이 좋다. 어떤 서비스 협회나 동아리가 멤버를 모집하고 있는가? 적극적으로 활동하는 상공회의소나 다른 직업, 시민 단체가 그 지역에 있는가? 공공의 이익을 위한 네트워크, 계층, 친목모임, 리그, 또는 다른 체계적인 모임들이 있는가?

## 동료 슈퍼비전, 동료 자문, 동료 회의에 참여하거나 기획하기

전문가들은 때로 자기들이 만났거나 알게 된 동료들에게 내담자를 의뢰할 때가 있다. 정기적으로 만나서 업무상 문제들을 논의하는 작은 동료 그룹을 만들거나 참여하는 것은 당신이 그들을 알고, 그들에게 당신을 알리는 좋은 방법, 즉 의뢰할 수 있는 좋은 기반이 된다. 이는 또한 앞선 장에서 이야기했듯이 자기 관리를 위한 중요한 역할을 한다.

어떤 그룹은 현재 진행되는 사례에 초점을 맞춰 각 구성원들이 동료로서 그 내담자에 대한 피드백, 정보, 지지, 다른 의견, 제안 등을 제공해준다. 이것은 동료들로부터 배우는 동시에 동료들의 학습에도 기여할 뿐 아니라, 당신이 저지를 수 있는 실수나 맹점 등을 지적할 수 있는 대비 그룹을 만들어서 당신이 제공하는 치료의 질을 높일 수 있는 훌륭한 방법이 된다.

어떤 그룹은 특정한 주제에 초점을 둔다. 그런 그룹은 모임 동안에 토론을 위한 특정 논문이나 책을 같이 읽기도 한다. 또는 각 멤버들이 서로 다른 자료들을 읽고 요점을 정리해온다. 또 다른 경우에는 각 집단이 책임지고 심리평가 및 상담 관련 연구나 윤리, 치료 과오, 전문가 기준, 약물 처치 등 서로 다른 분야에 대한 최근의 성과들을 토론한다.

## 의사나 여타 의뢰처에 당신을 소개하기

당신을 소개하는 하나의 접근은 당신 주변에서 개업하면서 당신에게 의뢰할 수 있는 의사들에게 간단한 소개서를 보내는 것이다. 각 편지마다 개별적이고 개인적으로 받는 이를 지칭해야 한다. 예를 들면, "친애하는 동료 선생님께"보다는 "친애하는 ＿＿＿ 선생님께"가 더 낫다.

한두 개의 단락에서 당신이 누구이고, 사무실이 어디 있으며, 그 의사나 의사의 환자에게 어떤 서비스를 제공할 수 있는지, 그리고 의뢰를 해주시면 감사하겠다는 메시지를 적으면 된다. 당신이 글을 쓰는 이유를 솔직하고 개방적으로 밝히는 것이 가장 좋다. 당신이 조만간 어떤 질문에든 답해드리고 어떤 종류의 의뢰를 맡을 수 있는지 알기 위해 전화를 걸 것이라고 말하고, 그 의사의 사무실에서 간단한 점심이라도 함께 하는 것이 가능할지 물어보면 된다. 편지에 브로슈어와 업무용 명함을 함께 동봉하라. 어떤 심리학자들은 연락처와 함께 롤로렉스 카드(회전식 명함첩에 보관할 수 있도록 만들어진 명함)를 동봉하기도 한다.

## 근로자지원프로그램(EAP)에 계약하기

큰 회사가 당신의 지역에 있다면 인사부에 연락해서 근로자지원프로그램(EAP) 관련 임상가 명단에 당신을 추가해 달라고 부탁하라. 때로 인사부는 소수의 회기(4~6회기)에만 근로자를 보낸다. 프로그램의 일환으로 당신에게 의뢰된 근로자들 중 일부는 정해진 EAP 회기가 종료된 이후에 자기의 돈으로 지불하면서 계속 당신과 만나고 싶어 할 것이다.

## 그룹에 말하기

각 지방 단체와 협회들을 위하여 재미있고 유익한 강연을 준비하라. 연사를 찾거나 작은 워크숍을 기획하는 곳들에는 지역 도서관, 시민 단체, 사회 단체, YMCA와 YWCA, 교회, 모스크, 유대인회당, 사찰, 동업 조합, 동창회 등이 있다. 지역의 계속 교육 시스템을 활용하여 수업이나 워크숍 발표를 제공하라.

관중 앞에서 즉석 강연을 하는 데 눈부신 재능이 없는 한, 강연을 철저히 준비하고 잘 다듬어서 당신에게 솔직하고 유익한 피드백을 줄 만한 지지적인 친구들이나 가족 구성원 앞에서 연습해 보아야 한다. 당신은 발표 대본에 너무 의지하지 않고 계속 관중들과 눈맞춤을 유지할 수 있겠는가? 당신의 목소리가 자연스럽고 자신감 넘치고 생동감 있게 전달되는가? 요점들이 확실하고 논리정연하게 드러나는가?

청중들이 누구인지 확인하여 그들에게 적합한 강연을 준비하라. 이 청중들과 관련된 것, 이 관중들이 관심을 가질 만한 것으로 무엇을 얘기할 것인가? 그들이 어떤 것을 이미 알고 있고 어떤 것을 모를 것으로 추측되는가? 강연 중에 질문을 받을지 아니면 끝나고 나서 질문을 한꺼번에 받을지 미리 결정하라. 말을 시작하기 전에 그 점을 분명히 밝혀두는 게 좋다.

좋은 성격과 창의성으로 모든 불운과 장애물과 재난을 반갑게 맞아들여라. 당신이 마법의 삶을 영위하지 않는 한, 다음과 같은 장소에서 강연을 해야 할 순간이 닥칠 것이다. 홀 전체에 목소리를 전달하기 위해서는 필수인 마이크가 작동하지 않는 곳, 청중들 속의 한두 명의 아기가 당신의 목소리에 매혹당하지 않겠다고 마음먹고 저항의 울부짖음을 길게 터뜨리는 곳, 옆방의 결혼축하연에 초대된 밴드가 당신의 목소리를 잡아먹는 곳, 당신이 강연하는 도중에 간식이 도착하는 곳, 청중들 중 많은 사람이 강연 도중에 강의실 뒤로 막 나가는 곳, 청중들의 호출기가 시도때도 없이 울려대는 곳, 다른 사람에게 강연에 집중하라고 말해놓고 공중전화를 찾으러 나가는 사람들, 저마다 다른 음이 울려 퍼지는 핸드폰, 그에 따라 전화기에 대답을 하고 짧은 대화를 이어나가느라 당신의 목소리와 경쟁하는 사람("어이, 진짜 반갑다. 응.. 응.. 야, 나 지금 너랑 전화 못해, 내가 나중에 다시 걸게. 내가 말했잖아. 나 지금 너랑 통화 못하니까 나중에 걸겠다고. 뭐라고? 진짜? 아, 알았어. 나중에 같이 얘기해 보자. 안돼, 나 이거 강연 듣고 회의 있단 말야. 오늘 저녁에, 음.. 7시쯤에 내가 전화하는 건 어때? 알았어. 그럼 내일은? 아니다, 잠깐만. 우리 내일 하루 종일 감사를 받기로 했어. 야, 너 지금 뭐 터널 통과하냐? 신호가 잘 안 잡혀. 나 지금 네 목소리가 잘 안 들린다고. 여보세요? 여보세요? 아, 너 사우스 스트리트에 가면 다시 전화해, 거기가 신호가 잘 잡혀."), 그리고 다른 수많은 예측 불허한 사건들.

언제나 대안을 마련하라. 지역 노인회로부터 어떤 심리학 주제든 마음대로 강연해 달라는 초대를 받고, 당신은 안심을 했다. 제일 좋아하는 주제인 "기억력에 관한 다섯 가지 놀라운 진실"에 대해 기억 연구에 관한 최신 경향을 요약하고 그것을 매사에 어떻게 실천할 것인지 준비해 가기로 결정을 했다. 그런데 당신은 도착하자마자 이렇게 소개된다. "심리학 분야에서 자유주제를 가지고 강연해주실 Ames 박사님을 여기에 모시게 되어 행운입니다. 저는 우리가 지난주 다른 심리학자이신 Brown 박사님의 최신 기억 연구의 놀라운 발견에 이어 더 새로운 것을 배우리라 생각하니 무척 흥분됩니다."

강연을 할 때마다 업무용 명함과 브로슈어를 챙기는 것을 잊지 말고, 강연 중에 당신의 사설 상담소의 특징에 관하여 설명하라. 관중 속의 누군가가 강연을 듣고 당신을 좋아하고 존경해서 나중에 언젠가 당신에게 상담 약속을 잡거나 친구, 가족, 혹은 동료를 의뢰할 수 있다.

## 신문, 잡지, 지역 출판물에 기고하기

글을 쓰는 일이 편하고, 그것이 당신의 강점이라면 심리학에 관한 연재 글 기고에 관심이 있는지 지역 신문사나 잡지사에 연락해서 알아보라. "심리학을 널리 선물하는" 접근은 지역사회에 도움을 줄 뿐 아니라 당신의 존재감을 드러내기도 한다.

정기적인 칼럼이 당신에게 맞지 않는다면 최근의 사건 사고나 논쟁을 과학과 심리학적 관점으로 조명하여 종종 논평 글을 싣거나 독자투고 글을 보내라. APA Division 42(http://www.apa.org/about/division/div42.html)는 회원들이 지역 신문에 실을 수 있는 심리학 관련 주제들에 관한 간략한 글들을 제시한다.

## 뉴스레터 배포하기

정기적으로 뉴스레터를 발행하여 흥미롭고 유익한 심리학 정보, 도움되는 자료들, 당신의 일에 관한 뉴스, 예를 들면, 새로운 치료 집단 모집 공고, 특수 서비스 모집 공고 등을 제시하라. 어떤 심리학자들은 전문 인쇄업자에게 뉴스레터 발행을 준비시킨다. 다른 이들은 쉽게 사용할 수 있는 소프트웨어 프로그램을 활용해서 자기의 컴퓨터로 작업하면서 비용을 절감한다. 뉴스레터 배송비가 부담스럽다면, 우리는 당신의 대기실이나 다른 편리한 장소에 그저 그것들을 배포하고 비치해두는 것을 추천한다. 어떤 지역 도서관이나 어떤 사업장들은 당신이 정기적으로 작은 뉴스레터 뭉치를 두는 것을 허락할 것이다.

## 웹 사이트 제작 전문가 고용하기

웹 사이트는 내담자나 의뢰 기관이 심리학자와 그들의 활동에 관하여 알 수 있는 추가적인 경로를 만들어준다. 가끔 그 사이트는 심리학자 브로슈어의 전자식 버전이 되기도 한다. 사실 웹 사이트에 다양한 섹션과 정보와 자료들을 담는 것은 좀더 공들이는 작업이다.

우리는 거의 모든 경우에 심리학자들이 프로 웹디자이너들을 고용해서 사이트를 만들고 유지시키고 업데이트하고 문제를 해결하도록 시키는 것을 추천한다. 어떤 심리학자들은 시각 디자인, HTML 코딩, 사이트 구성, 접근성 문제(즉, 장애인에게도 접근 가능하도록 만드는 것으로 http://kpope.com/seven/index.php의 "웹 접근성을 위한 일곱 단계"와 http://kpope.com/verify/index.php의 "웹 접근성 검정기"를 참고하라) 분야에서 충분한 지식과 기술과 경험이 있어서 직접 사이트를 만들 수 있을지도 모른다. 그러나 대부분은 프로 웹디자이너와 일하는 게 더 나은 결과를 얻을 수 있을 것이다.

좋은 웹디자이너를 찾는 한 가지 방법은 당신이 봤을 때 매력적이고, 잘 구성되었고, 소비자에게 편리하고, 접근하기 편한 사이트를 찾아 인터넷을 검색하는 것이다. 보통 웹디자이너의 연락처가 그 사이트 어딘가에 있을 것이다. 당신은 또한 그 사이트의 주인에게 연락하여 그 웹디자이너가 추천할 만한지, 같이 일하면서 어떤 문제를 겪은 건 없었는지 물어볼 수 있다.

사이트를 고안할 때 업무용 사이트인지 개인적 사이트인지 절충형인지 결정하는 것이 중요하다. 우리 중 한 명은 개인적인 특성으로부터 업무적인 특성까지 걸쳐 있는 네 개의 웹 사이트를 가지고 있는데, 각각은 다른 목적을 가진다. 기사, 연구물, 그리고 심리학 자료는 http://kspope.com에, 접근성, 장애 관련 정보, 심리 연수 자료, 실무는 http://kpope.com에, 반려동물 및 조력동물 관련 자료와 장애동물 관련 자료는 http://catanddoghelp.com에, 장애묘와 장애견의 가족은 http://kenpope.com에 있다.

## 지역 자선단체에서 봉사활동하기

일주일에 몇 시간을 다른 사람을 돕는다는 좋은 목적에 기부하라. 그러면 당신은 아낌없이 베푸는 지역사회의 사람들과 서로 잘 알게 될 것이다. 이는 가끔 놀라운 의뢰로 발전하기도 한다.

## 동료들에게 연락하여 상담료 할인을 알리기

당신이 개업 기념으로 차등제나 다른 할인된 상담료로 상담을 할 것이라면 동료들을 만나서 알려라. 그 중 몇 명은 전임으로 일을 하면서 내담자를 의뢰할 좋은 사람을 찾고 있을 수도 있다.

## 전문성 발전시키기

전문성을 잘 정의하는 것은 심리학자들의 상담 실무를 확립하는 데에 도움이 된다. 이를 통해 그들은 자기 지역사회에서 관련 문제가 발생할 때마다 찾는 전문가가 될 수 있다.

당신이 실무를 경험했거나 할 수 있는 분야 중에서 특히 흥미 있는 주제가 있는가? 광대한 심리학 분야에서 하나의 특정한 분야를 고르는 것이 막막한 사람들이나 특정 분야 치료를 발전시키기에 확신이 없는 사람들을 위해 다행히 미국 심리학협회의 Division of Independent Practice(http://www.apa.org/about/division/div42.html)은 정보를 제공하고 예를 보여줄 수 있는 40개 이상의 안내사항을 보여준다. 다음은 독립 상담 실무 가이드의 하위 분야다.

- 만성적인 대인 불안과 사회 불안 장애 치료, Lynne E. Henderson, PhD, and Philip G. Zimbardo, PhD

- 임종 전 내담자들의 의사 결정 돕기, James L. Werth Jr., PhD
- 게이, 레즈비언, 바이섹슈얼 상담, Hilda F. Besner, PhD, and Charlotte I. Spungin, EdS
- 학교폭력 예방을 위한 학교 상담, Adele Besner, PsyD, Hilda F. Besner, PhD, and Charlotte I. Spungin, EdS
- 심리학적 서비스의 슈퍼비전, Jeffrey Barnett, PsyD, and Dorothy Cantor, PsyD
- 임상 신경심리학, Rosemarie Scolaro Moser, PhD
- 건강심리학: 1차 의료, 행동 처방, 전반적 의료(generalist care), Esther Freeman, PhD, and Carol Goodheart, EdD
- 불임, Laurie Kolt, PhD
- 심리학자−치과의사 협업, Jeffrey Barnett and Elaine Rodino
- 편두통 및 신경성 두통의 심리학적 관리, Gay Lipchik and Kenneth Holroyd
- 정신종양학(Psycho-Oncology), Sandra Haber, PhD
- 가족법, Michael Gottlieb, PhD
- 법정심리학−임상적 책임 평가, David L. Shapiro, PhD
- 법정 부모 상담, Elizabeth Thayer, PhD, and Jeffrey Zimmerman, PhD
- 소비자만족조사, James Shulman, PhD
- 임원 코칭과 개발, Alan Graham, PhD
- 직장 내 행동에 관한 기업 컨설팅, Marion Gindes, PhD
- 스포츠심리학, Kate Hays, PhD
- 불륜 상담, Don-David Lusterman, PhD
- 부부상담, Patricia Pitta, PhD
- 가정폭력과 구금, Leslie Drozd, PhD
- 양부모, 자녀 상담, James H. Bray, PhD
- 금연, Gary DeNelsky, PhD
- 물질 남용 평가, Linda Sobell, PhD, and Mark Sobell, PhD
- 물질중독을 위한 재활치료, Mark Sobell, PhD, and Linda Sobell, PhD
- 약물 남용에 대한 이차적 중재, Robert Margolis, PhD

- 생애 주기에 걸친 ADHD, Robert J. Resnick, PhD
- ADHD 아동과 청소년, Steven Sussman, PhD
- 경험적으로 입증된 중재와 치료 계획 선택하기, Larry Beutler, PhD
- 성격장애치료, Jeffrey Magnavita, PhD
- 섭식장애: 신경성 식욕부진과 폭식증, Ora Gourarie, PhD
- 남성 문제(Men's issues), Gary Brooks, PhD
- 노인 상담, Norman Abeles, PhD
- 청소년 성 범죄자의 평가와 치료, Joseph Poirer, PhD
- 심리상담과 문화적 다양성, Rafael Art Javier, PhD
- 대학생 상담, Leighton Whitaker, PhD
- 학교 내 학생들을 위한 상담, Laura Barbanel. EdD
- 폭력적인 베트남인을 위한 상담, Lenore Walker, EdD
- 책의 저자 되기, Lawrence G. Ritt, PhD
- 틈새 상담 개발에서의 윤리적 고려사항, Donald Bersoff, PhD
- 소진 예방과 치료: 돕는 자를 돕는 법, Thomas M. Skovholt, PhD, and Len Jennings, PhD.
- 고용주와의 직접 계약하기, Chris Stout, PhD

## 일을 잘 하는 것

사업을 확장시키려는 노력은 그 사업의 질에 달려 있다. 당신의 상담소 이름이 지역 사회에서 아무리 흔히 오르내리는 말이 되었다고 해도, 당신에게 도움을 구하러 찾아온 사람들이 만족을 얻지 못했다면 당신에게 이득이 없다. 당신의 상담으로 도움을 얻은 사람들의 입소문이야말로 꼬리에 꼬리를 물고 내담자를 의뢰해주므로 가장 효과적인 홍보 수단이다. 당신 깊숙이 있는 신뢰를 달성하고, 당신 내담자들의 치유, 성장, 변화에서 중요한 역할을 담당함으로써 당신이 얻는 의미, 만족감, 그리고 가끔의 즐거움이야말로 일에서 얻을 수 있는 가장 귀중한 보상이다.

# 컴퓨터와 인터넷 활용하기

# *10*

# 컴퓨터와 인터넷 활용하기

심리학자들의 삶에 큰 영향을 미친 컴퓨터는 마법뿐 아니라 (종이와 연필만 써서 200개가 넘는 연구를 메타분석한다는 것을 상상해 보라) 위험요소도 함께 가져왔다. 새로 산 중고컴퓨터 하드디스크에서 자기의 상담 기록을 발견한 내담자나 컴퓨터가 망가지는 바람에 1년치의 상담 기록과 재정 기록을 다 날려 버린 심리학자에게 물어보면 알 수 있을 것이다. 여기에 위험요소를 최소화하면서 컴퓨터를 효과적으로 활용하기 위한 몇 가지 제안을 하고자 한다.

## 능력과 가격

사무실 출퇴근용으로 롤스로이스의 Silver Shadow나 페라리의 360 Spider, 람보르기니의 Diablo를 타고 다녀야 하는 사람은 우리 중 거의 없을 것이다. 심리상담 업무를 위해 매년 시장에서 가장 빠르고 가장 최고급 사양의 컴퓨터를 필요로 하는 사람도 우리 중 거의 없을 것이다. 가장 흔한 함정은 일의 요구에 잘 맞지 않는 컴퓨터 시스템에 돈을 낭비하려는 경향이다. 때로 더 빠르고 더 사양이 좋은 프로세서를 사는 데 들이는 돈이 아무 이득도 가져오지 않을 때가 있다. 판매원이 칭찬을 늘어놓을 정도로 인상적인 기록을 가진 그 프로세서는 컴퓨터의 다른 사양 낮은 요소들과 잘 연동하지 않아서 장애를 유발할 수도 있으며, 혹은 컴퓨터가 수행하는 작업들이 프로세서의 처리속도와 사양을 활용하지 않을 수도 있다. 워드 작업이나 이메일, 회계 장부 정리나 스프레드시트 작업을 하는 데에 컴퓨터를 쓰는 심리학자들에게는 중간 사양의 컴퓨터나 심지어는 저렴한 컴퓨터가 가장 현명한 선택일 것이다.

## 위치, 위치, 위치

민감한 정보를 담고 있는 컴퓨터를 어디에 둘지 신중하게 고민하라. 누가 또 그 컴퓨터에 접근할 것인가? 당신이 다음 약속을 잡거나 다른 작업을 할 때 다른 누군가가 모니터를 볼 수 있는가? 당신이 없을 때 누가 컴퓨터가 있는 방에 있을 수 있는가? 어떤 종류의 방어벽, 예를 들면, 잠겨진 문과 같은 것이 컴퓨터와 컴퓨터에 손댈 수 있는 사람 사이에 있는가? 누군가 그 장벽을 뚫기는 얼마나 어려운가? 야간 청소 직원이 사무실 문을 잠그지 않을 경우와 같이 누군가 사무실 안에 들어올 수 있다면 컴퓨터를 훔칠 때 그냥 집어들고 나가기 전에 방해물이 있는가? 예를 들어, 그 컴퓨터는 책상 안에 잠겨 들어가 있거나 어떻게든 책상 안에 보안되어 있는가?

## 암호

가능한 한 언제나 비밀번호는 민감한 정보가 잘못된 경로로 들어가는 것을 어렵게 만들기 위해 활용되어야 한다. 비밀번호는 시스템을 작동시키기 전 컴퓨터를 켤 때 요구된다. 컴퓨터 안에 저장된 파일들 또한 비밀번호로 보호될 수 있다. 당신이 가끔 컴퓨터를 그냥 놔두고 싶다면 입력이 없을 때 바로 나타나는 스크린 세이버나 컴퓨터 사용을 중단하자마자 나타나는 스크린 세이버를 활용할 수 있다. 그 스크린 세이버를 제거하기 위하여 비밀번호가 필요하다.

단어나 문구를 비밀번호로 쓰지 마라. 해커들은 가끔 암호로 보호된 컴퓨터에 침입하기 위해 사전 프로그램을 사용한다. 정교하게 고안된 암호 뚫기 프로그램에서 살아남을 확률이 큰 강한 비밀번호는 적어도 10자리에서 12자리의 글자 수가 있어야 하며, 그 중 몇 개는 소문자, 몇 개는 대문자, 그리고 몇 개는 숫자이거나 기호여야 한다.

가능하면 비밀번호를 적지 말고 외우도록 노력하라. 당신의 기억력을 못 믿어서 적어두어야만 한다면 컴퓨터와 같은 방에 메모를 절대 두지 마라. 그렇게 해도 많은 해커가 단순히 컴퓨터가 있는 책상 서랍 안이나 책상 패드 아래만 보고도 관련 비밀번호를 찾을 수 있다는 것은 참 낭패스러운 일이다. 컴퓨터 비밀번호를 모니터 옆에 스티커로 붙여놓는 일은 아무리 편리해도 비밀번호의 원래의 목적을 손상시키는 일이다. 신용카드와 같이 비밀번호도 항상 지니고 다니다가 남들이 볼 수 없을 때에만 꺼내어 보는 것이 어떻겠는가?

## 암호화

내담자 기록과 같이 민감한 정보를 가진 파일을 암호화하면 보호막을 한 겹 더 추가할 수 있으며, 건강보험 이전가능성 및 책임에 관한 특별법(HIPPA)에 따라 전산화되어 저장되고 전달되는 "전산화를 통해 보호되는 건강 정보(EPHI)"를 위한 안전장치를 제공할 수 있다. 주요 운영체제 제조자들(애플이나 마이크로소프트 등)이나 제3자 회사 (예: www.pgp.com의 PGP)는 민감한 파일을 암호화하는 소프트웨어를 제공한다.

## 방화벽

소프트웨어와 하드웨어 형태의 방화벽은 전산상의 침입을 막아준다. 해커들은 컴퓨터 안에 침입하여 통제하기 위해 치밀하고 놀라운 책략을 펼친다. 이러한 침입은 가끔은 그냥 재미나 모험을 위하여 이루어지기도 한다. 해커들은 컴퓨터 파일을 읽고 훔치고, 스팸 메일이나 바이러스를 보내기 위해 컴퓨터를 쓰고 또는 하드드라이브의 모든 것을 삭제하는 등 그냥 파괴시키기도 한다. 따라서, 내담자 목록에 관해서는 보호막이 여러 겹 있을수록 더 안전할 수 있다. 한 수준의 보안이 파괴되어도, 남은 보안장치가 작동할 것이기 때문이다.

추가적인 보안 수준은 또한 컴퓨터에 접근하기 위해 애쓰는 시간을 늘림으로써 해커와 다른 데이터 도둑들을 낙담시킬 것이다. 이웃집을 터는 빈집털이범이 문에 자물쇠가 많거나 다른 안전장치가 있는 집들은 그냥 지나치고 더 털기 쉬운 집만 선호하는 것처럼, 많은 데이터 도둑 역시 다중적인 보안으로 보호된 컴퓨터는 피하고 좀 더 취약한 기계들을 선호한다.

이러한 이유로 우리는 심리학자들이 민감한 정보를 보호하기 위해 소프트웨어와 하드웨어 방화벽 모두를 설치하기를 권한다. 많이 쓰는 소프트웨어 방화벽에는 ZoneAlarm (http://www.zonelabs.com), NetBarrier(http://www.intego.com), BlackICE(http://www.blackice.com), Personal FirewallPlus(http://us.mcafee.com), Personal Firewall(http://www.symantec.com), PerimeterScan Firewall(http://www.pandasecurity. com) 등이 있다. 라우터 형태도 포함하여 많이 쓰는 하드웨어 방화벽 중에는 Linksys (http://www.linksys.com), Netgear(http://www.netgear.com), D-Link(http://www.dlink.com), Hawking Technology(http://www.hawkingtech.com) 등이 있다.

## 바이러스, 트로이목마, 웜바이러스, 스파이웨어, 여타 악성코드들

바이러스, 웜바이러스, 스파이웨어, 트로이목마바이러스 형태의 악성코드들은 매우 강력해지고 만연해지고 정교해지고 파괴적으로 발전했으므로, 네트워크나 인터넷에 연결되었거나 자기 마우스와 키보드 외의 플로피 디스크, CD, DVD 등 다른 모든 경로로 정보를 받아들이는 모든 컴퓨터라면 그것들을 예방할 종합 프로그램을 가지고 있어야 한다. 그 프로그램은 컴퓨터에 있는 모든 파일과 입력되는 모든 파일, 즉 각각의 이메일 메시지, 첨부파일 등을 검사해야 한다.

우리는 심리학자들이 Intego(http://www.intego.com), McAfee(http://www.
mcafee.com), Panda(http://www.pandasoftware.com), Symantec(http://www.
symantc.com), Trend Micro(http://www.trendmicro.com) 등의 메이저 회사들이 제공하는
최신 백신 프로그램을 살펴보고 무엇이 자신의 필요에 가장 잘 부합하는지 살펴보기를
권한다. 또한 Lavasoft(http://www.lavasoftusa.com), Pest Patrol(http:// pestpatrol.com),
Spybot(http://safer-networking.org) 등의 주요 회사들이 제공하는 최신 안티스파이웨어
프로그램도 살펴볼 가치가 있다. PC Magazine(http://www.pcmag.com)과 MacWorld
(http://www.macworld.com) 등의 컴퓨터 잡지들은 이러한 프로그램들이 출시하는 새
버전들의 리뷰를 제공한다.

악성코드 보호 프로그램은 바이러스 "정의(definition)"가 최신 버전으로 업데이트되
지 않는 한 매우 효과가 떨어진다. 새로운 바이러스나 트로이목마바이러스가 밝혀질
때마다 각 회사들은 "정의"를 만들어서 그 프로그램이 새로운 악성코드를 인식하고 컴
퓨터를 보호할 수 있도록 한다. 최고의 프로그램은 인터넷에서 최신 버전 업데이트를
자동으로 다운로드하는 것이 가능한 프로그램이다. 새로운 바이러스 정의가 출시되자
마자 알아차릴 수가 없다면, 가능한 자주 "자동 업데이트" 기능을 실행하라. 새로운 정
의인지 자주 체크할수록, 새로운 형태의 악성코드에 당신의 컴퓨터가 무방비하게 노출
되는 기한도 줄어든다.

## 사회 공학(Social Engineering)

컴퓨터의 내부 작동은 우리 대부분에게 미스터리다. 당신의 컴퓨터 보안이 뚫려서
민감한 정보를 도난당했을 때 가장 유력한 범인은, 컴퓨터의 작동 원리에 대한 방대한
지식이나 엄청난 연산력의 소프트웨어(예: 암호를 맞힐 때까지 수백만 개의 숫자 조합을 입
력하는 소프트웨어)를 활용하는 해커일 것이라는 점을 쉽게 상상할 수 있다. 그러나 컴
퓨터와 그 내용은 훨씬 더 취약한 경향이 있다. 심리학자의 전문 분야여야 할 인간 공
학보다 말이다.

인간 공학자는 인간이 낯선 이에게 쉽게 노출하지 않을 만한 접근 통로, 행동, 정보

를 알아내기 위하여 기초 심리학을 활용한다. 우리는 이메일을 받거나 웹 사이트를 방문하거나 전화를 받으면서 우리도 모르게 낯선 이가 우리 컴퓨터에 들어와서 우리의 인식이나 동의 없이 파일을 빼갈 수 있을 만큼 충분한 정보를 우리도 모르게 노출할 수 있다. 누군가가 사무실에 들어와서 도움을 요청하거나 우리를 도와주고 나서, 혹은 사교적인 자리나 비즈니스 상황에서 누군가와 담소를 나누면서 사기를 당했을 때에는 절대 깨닫지 못하는 것이다.

사회 공학을 활용하여 정보 도난이나 정보 파괴를 예방하는 방법은 기초적이다. 낯선 사람이 당신의 컴퓨터 보안에 관한 정보를 묻는다면 (a) 당신이 개인적으로 그 사람의 신원을 파악했거나 (b) 당신이 믿거나 의지하는 사람 혹은 단체의 일원이거나 (c) 각각의 정보를 필요로 하는 납득할 만한 이유를 그 사람이 제공하지 않는 한, 절대로 대답하지 마라.

그 예로 누군가가 당신의 인터넷 서비스 제공자나 인터넷 서비스 제공 회사, 혹은 지역 경찰서에서 일한다고 말하면서 당신에게 전화했다고 쳐보자. 누군가가 사기를 쳐서 당신의 인터넷 명의로 물건을 구입했으며, 개인정보 도둑에게 명의가 넘어갔다는 말을 들었다. 질문에 어떤 답도 하기 전에 전화를 건 사람이 정말 당신의 인터넷 서비스 제공자나 경찰서에서 일하는 것이 맞는지 개인적으로 확인해 보아야 한다.

당신은 또한 인터넷 중개 하청 기관(IICU) 어쩌고 하는 소속의 검사관으로부터 전화를 받았다고 하자. 당신은 그 사람이 정말로 그 기관에서 일하는지 확인하기 시작해야 한다. 당신은 그 사람의 이름과 기관의 전화번호를 물어야 한다. 그리고 전화번호부에서 인터넷 중개 하청 기관이 정말로 있는지 찾아보고, 이것이 그 사람이 당신에게 알려준 전화번호와 같은지 확인한다. 마지막으로 당신은 그 기관에 전화를 걸어 그 기관의 성격과 목적을 정확히 알고 당신에게 먼저 전화를 건 사람과 연결해 달라고 요청한다.

그 사람의 전화 목소리가 얼마나 공식적으로 들리고 그 사람이 하는 이야기가 얼마나 믿을 만하든 간에, IICU가 가짜인지 아닌지 확인할 수 있도록, 정보를 주기 전에 먼저 조사부터 해보는 것이 좋은 아이디어가 아니겠는가? 사기를 치기 위해 그 사람들이 할 만한 것이라고는 전화번호부를 꺼내어 가짜 기관의 이름을 활용하는 것이 전부다. 개인정보를 훔치려고 최대한 많은 사람과 일주일 정도 전화한 뒤에 그들은 그들의 "사무실 이름"을 버린다. 결국, 당신에게 질문을 한 사람이 아무리 공신력 있는 기관을 합당하게 대표한다고 해도, 왜 각각의 정보를 필요로 하는지 일일이 묻기를 망설이지 마라.

사회 공학자들이 얼마나 노련하게 활동하는지 늘 인식하라. 그들은 우리가 갑자기 개인정보를 도둑맞았다는 말을 들었을 때 가지게 되는 돕고 싶은 욕망, 두려움과 심리적 취약성, 맞는지 확인하지도 않고 그들의 말을 당연히 믿어버리는 경향 등 기본 인간 심리를 활용한다. 그들은 또한 우리의 권위에 대한 존중, 컴퓨터에 대해 전문용어로 말하는 것을 들으면 위축되면서도 무지를 들키고 싶어 하지 않는 욕망, 무례하거나 "까다로운" 사람으로 보이지 않으려는 욕망, 그리고 현재 상황에 대하여 더 물어보고 또 다른 설명을 요청하느라 시간을 쓰기보다는, 원래 일정에 방해가 되지 않도록 최대한 시간을 아끼려는 경향 등을 이용한다. 마술사처럼 그들은 주의를 분산시키고 제안을 하고 엉뚱한 지시를 내린다.


## 실무 관리와 회계 소프트웨어


많은 심리학자는 요금 청구, 일정 작성, 도표 작성, 그 외에 다른 실무 관리의 영역에서 컴퓨터 프로그램을 의지한다. PC와 Mac 컴퓨터 둘 다에서 가능한 버전을 가진 가장 널리 쓰이는 프로그램을 아래에 열거해놓았다. 우리는 또한 각 회사 웹 사이트의 주소를 적어놓았는데, 그곳에 가면 각 프로그램이 어떻게 작동하고, 프로그램이 어떻게 자동 대금 청구를 수행하는지 (교환 기관을 통하든 통하지 않든) 등을 알 수 있다. 무료 시범 버전을 공개한 것도 있다.

우리는 새로운 요금 청구나 관리 프로그램을 생각하는 모든 사람에게, 그 프로그램이 본인이 원하는 종류의 자동 보험금 청구를 어느 정도까지 서비스하는지, 그리고 이것이 어떻게 요금 청구를 수행하는지 등 자동 보험금 청구에 대해 고려해 보기를 추천한다. 서로 다른 프로그램들은 매우 다른 방법으로 자동 보험금을 청구하며, 이러한 주제는 HIPAA(의료정보보호기본법) 하에서 더 뚜렷하다.

각 프로그램의 접근법과 기능이 당신의 특정한 선호와 필요에 얼마나 부합하는지 보는 것도 물론 중요하다. 각 실무 환경의 규모, 조직, 절차 간의 차이는 각 프로그램이 주어진 환경에서 어떻게 작동하는지 결정할 수 있기 때문에, 어떤 사람에게는 그 프로그램이 훌륭할지라도 다른 이에게는 재앙이 될 수도 있다.

여섯 개의 프로그램과 그들의 웹 사이트 주소다.

- Sum Time Practice Management and Billing Software for Therapists (http://www.sumtime.com)
- ShrinkRapt (http://www.sanersoftware.com/upgrade/index.html)
- ChartEvolve (http://thecimsgroup.com/Software.htm)
- TherapySoft (http://www.getphysicalsoftware.com/software/therapysoft/index.cfm)
- PracticeMagic (http://www.practicemagic.com/index.html)
- Med Assist (http://www.getphysicalsoftware.com/software/MedAssist/index.cfm)

## 인터넷 활용하기

인터넷은 비록 당신이 원하는 것을 구체적으로 찾기는 어렵지만, 심리학자들에게 풍부한 자원의 보고다. 그 중 매우 훌륭한 정보의 원천은 Pauline Wallin, PhD가 운영하는 Psychologist's Internet Guide로, 주소는 http://drwallin.com/internetguide.html이다. "온라인 문헌 탐색을 위한 제안"이라는 기사를 포함하여 다른 풍부한 정보들이 있는 사이트는 이 책의 저자 중 한 명이 관리하고 있는 사이트로서, http://kspope.com의 Articles, Research, & Resources in Psychology 메뉴에 들어가면 있다.

그러나 인터넷은 단순한 검색 도구를 넘어선다. 인터넷은 또한 심리학자들이 가상 공동체에서 모여 서로 공유하는 흥미로운 주제에 대하여 논의하고 정보를 교환하고 지지를 얻고 휴식이 될 만한 이야기(water-cooler)들을 같이 나누면서 긴장을 풀 수 있는 공간이기도 하다. 미국 심리학회는 학회 내 하위 부서들과 다른 모임들의 이름을 http://listserve.apa.org/cgi-bin/WA.EXE에서 제공한다. 가장 오래된 단체는 http://maelstrom.stjohns.edu/archives/psyusa.html에 있는 PsyUSA로서, 고인이 된 John Roraback이 처음 설립했고 현재는 Dennis Elias가 유지하면서 이끌어나가고 있는 곳이다. PsyUSA는 심리학과 그 실무를 다루는 총 list와 사적 대화의 장소인 PsyChat list, 컴퓨터와 인터넷을 주로 다루는 PsyTech list, 그리고 의견 및 관점을 다루는 PsyPOV list를 가지고 있다.

## 백업하기

우리가 바이러스나 다른 위험요소로부터 데이터를 보호하기 위해서 활용하는 하드웨어와 소프트웨어는, 데이터를 줄일 수는 있지만 절대로 완전히 삭제하지 않는다. 이런 공격 말고도 데이터를 파괴할 수 있는 방법이 매우 많다. 하드드라이브의 오작동, 소프트웨어 고장, 과전압 등은 컴퓨터 안에 있는 파일을 일부, 혹은 완전히 다 파괴할 수 있다.

그것들을 잃고 싶지 않다면 컴퓨터 내에 있는 모든 데이터를 백업하는 일이 최선이다. 하나의 전략은 외부 디스크나 이동식 디스크에 하드디스크 복사판이나 미러 하드디스크를 만들어서 당신의 사무실 건물 말고 다른 장소에 잠가두고 보관하는 것이다. 홍수나 화재가 발생했거나 건물이 붕괴되었거나 도둑이 침입하여 사무실 내 모든 것이 도난당했더라도 당신은 아직 백업 파일에 접근할 수 있다. 백업 파일을 두기에 가장 안전한 장소 중 하나는 미디어 금고이다. 미디어 금고는 습기와 추위나 더위, 자기장이나 전기장 등의 요소로부터 하드드라이브와 다른 컴퓨터 미디어를 막아 준다.

백업을 할 때 각각을 검사하라. 소프트웨어와 외부 디스크, 백업 과정 내에서 오작동이 일어나지 않는지 확인하라.

## 파일 삭제 및 디스크 폐기

우리는 파일을 한 번 지우면 영원히 사라졌다고 생각하기를 좋아하지만, 가끔 파일은 컴퓨터 디렉토리에서만 사라졌을 뿐이지 간단한 파일 복원 프로그램으로도 되살릴 수 있는 형태로 남아 있는 경우가 있다. 만약 파일이 민감한 정보를 갖고 있다면 파일

위에 다른 의미 없는 정보를 완전히 덮어쓰는 프로그램이나 파일을 파괴하는 또 다른 방식을 활용하길 바란다. 민감한 정보를 저장했던 컴퓨터의 내외부 하드드라이브나 저장 공간을 폐기할 때에는 장치의 전자기장을 완전히 제거했거나 물리적으로 완전히 파괴했는지 확인하라.

## 취약한 컴퓨터

인터넷에 접속되어 있는 한, 모든 컴퓨터는 취약한 컴퓨터다. 명백하게 밝혔듯이 가장 높은 수준의 보안 하드웨어나 소프트웨어도, 해킹이나 악성코드(가끔 맬웨어malware라고도 칭한다), 기타 형태의 침입에 대한 컴퓨터의 취약성을 줄여줄 뿐 완전히 제거하지는 못한다. 악성코드를 만드는 사람들은 안티바이러스 프로그램과 방어벽을 교묘하게 피해가고, 컴퓨터를 감염시킬 때 첨부파일을 열 필요가 없게 만들며, 파괴적인 코드를 보낼 때 HTML 형식의 파일을 이메일로 보내는 등 점점 더 효과적인 방법들을 찾고 있다. 그들은 또한 가장 핵심 정보가 담긴 파일을 찾는 방법을 고안하여(예: "기밀", "사적", "권한이 필요한", "비공개", "임상", "암호" 등의 단어들을 포함한 파일) 선택된 컴퓨터 메모리 경로나 악성코드에 포함된 경로, 혹은 익명의 웹 사이트로 전송한다.

한 가지 문제점은 수많은 새로운 바이러스, 웜바이러스, 트로이목마바이러스가 "자기 임무를" 바로 하지 않는다는 것이다. 그들은 하드드라이브에 거의 무제한의 많은 방법으로 "숨을" 수 있어서 일정 기간 동안 감지되지 않는다. 많은 악성코드가 모드를 훔치고 컴퓨터의 복잡한 기능에 함께 참여하여 안티바이러스 프로그램이나 다른 보안 소프트웨어에 감지되지 않는다(심지어는 바이러스, 웜바이러스, 트로이목마바이러스와 같은 널리 쓰이는 용어들도 시대에 뒤처지고 있어서 컴퓨터를 약화시키는 방식들의 빠른 진화에 더 이상 맞지 않는다).

비밀보장이 되어야 하는 임상 정보, 법적 정보, 그 외 민감한 정보가 억지로 컴퓨터의 주소록에 있는 이름으로 발송되거나 인터넷 사이트에 게시되거나 익명의 웹 사이트에 실리는 등의 위협에 대비하여, 민감한 정보는 하드드라이브 안에 저장하지 말고 이동식 디스크(예: 외부 하드드라이브, CD, DVD, 플로피 디스크, ZIP이나 Jaz 디스크)에 암호화된 형태로 보관하는 것이 좋다. 그러한 미디어들은 보안된 장소에 안전하게 보관되다가 심리학자가 사용할 때에만 컴퓨터에 연결될 것이다. 또 다른 방법들도 민감한 정보가 위험에 노출되는 것을 방지할 수 있다. 앞에서 언급했듯이 여기에는 바이러스 정의를 자주 업데이트하는 안티바이러스를 활용하거나 적합한 방어벽을 설치하는 것이나 외부 미디어에 민감한 정보를 보관하는 것이나 쓰지 않을 때에는 컴퓨터 연결을 해제하는 것이나 복잡하게 구성한 비밀번호 시스템과 암호화 시스템을 사용하는 것이 있다.

　우리는 심리학자들에게 예민한 자료를 보관할 용도로, 절대 인터넷에 연결하지 않는 별개의 컴퓨터를 사용할 것을 추천한다. 워드 작업이나 관련 프로그램은 비교적 적은 용량만 필요로 하기 때문에 매우 낡았거나 싼 중고 컴퓨터도 모든 자료를 백업시키고 사용 가능하다. 주요 기준은 이 컴퓨터가 네트워크, 전화선, 케이블이나 DSL 모뎀, 에어포트 등 어떤 것에도 연결되지 않고 따로 분리된 데스크톱이나 랩톱이나 노트북이어야 한다는 것이다. 임상 데이터 저장용으로만 사용되고 컴퓨터 밖에 있는 어떤 유선, 무선 네트워크에도 연결되지 않는다면, 이 컴퓨터는 기밀 정보를 퍼뜨릴 어떤 수단도 없게 된다. 인터넷에 연결하고 네트워킹 등의 작업을 하기 위해서는 다른 컴퓨터를 쓰면 된다.

**11**

# 자격증, 치료 과오, 윤리 고소에 대응하기

# 11

# 자격증, 치료 과오, 윤리 고소에 대응하기

이러한 일들은 언제든 일어날 수 있다. 내담자나 전 내담자나 또는 다른 누군가가 당신에게 정식 소송을 걸 수 있다. 만약 지금 발생했다면? 여기 당신에게 도움이 될 만한 생각거리를 소개한다.

## 너무 겁에 질리지 마라

좋다. 당신이 어쩔 수 없거나 지금이 겁에 질릴 만한 시기라고 생각되면 잠깐 동안은 공포에 빠져라. 그러나 그렇게 하고 나서 깊이 한 번 숨을 들이쉬고 마음을 가라앉혀서 명료하게 사고하기 위해 해야 하는 것이 무엇이든 하라. 당신이 하기로 결정한 것과 그 와중에 피하기로 한 결정은 매우 중요한 것들이다. 그리고 공포가 당신을 지배하거나 당신이 할 일을 결정하도록 놔두지 말아야 한다.

## 당신의 변호사와 먼저 상의하라

이 과정을 아예 잊어버리거나 회피하고 싶은 걷잡을 수 없는 충동을 느끼는 심리학자들이 그렇게나 많다는 것은 충격적이다. 봉투를 열고 그것이 자격위원회가 제기한 공식 소송장이라는 것을 발견한 심리학자들은, 정확한 일정 기록과 관련 서류, 명확한 해명을 빨리 보내기만 하면 이 불행한 오해가 즉시 풀릴 수 있을 것이라고 믿는지도 모르겠다. 치료 과오 소송이 제기되었다는 공지를 받으면, 심리학자들의 생각에는 모든 일이 "변호사 없이" 잘 풀리도록 내담자에게 무료로 한 회기를 해줄 테니 오라고 하는 쪽이 가장 바람직한 해결책이며 내담자에게 일단 소송은 있어서는 안 된다고 납득시키길 바라는 것 같다.

변호사와 상의하기 전에 공식 소송장에 대응하는 것은 불필요한 재앙으로 몰아가는 길이다. 변호사는 공식 소송의 지뢰밭 길을 잘 헤쳐나가도록 당신을 안내해줄 것이다. 이는 심리학자인 당신이 완전히 별개의 영역으로 들어가는 것이기 때문이기도 하다. 훌륭한 변호사는 치료 과오 사건을 지배하는 복잡한 법률과 판례, 그리고 법정의 관례 등을 잘 알고 있다. 자격 및 윤리 관련 심문에 숙달된 변호사들은 이제 그 심리학자에게 가해지는 수많은 규칙과 절차를 잘 해석할 수 있으며 주, 혹은 연방 자격위원회나 윤리위원회의 특정한 규범이나 관습과 친숙하다. 변호사는 그 소송의 피고자 본인이 아니기 때문에 어느 정도 당신과 다른 관점을 제시하면서 당신을 이끌어줄 수도 있다. 그런 관점은 중요할 것이다. 오랜 명언이 있지 않은가. "자기 자신을 변호하는 사람의 의뢰인은 바보다."

변호사는 그럴듯해 보이는 특정 행위가 가진 함정을 보여줄 수 있다. 변호사와 상의해 보지 않은 심리학자는 동료들에게 그 사건에 대해 이야기하거나 반대편 변호사에게 이야기하거나 그 사건에 대해 언급하면서 다양한 사람에게 편지를 쓰거나 많은 사람이 듣는 곳에서 분노를 터뜨릴 수도 있다. 시간이 지나고 나서야 그 사람은 이렇게 말이나 글로 꺼낸 진술이 비밀이 보장된 정보가 아니며 증언이나 관련 서류 제출을 통하여 반대 측의 증거로 활용될 수 있다는 것을 깨닫게 된다.

당신의 변호사는 아마도 '하라/하지 마라'로 표현된 당위적인 목록들을 주면서 강한 충고를 줄 수도 있겠지만, 변호사가 하는 일의 좋은 점은 선택안을 내놓고 각 선택권에 대해 어떤 것이 알려져 있고 어떤 것이 알려져 있지 않은지 당신에게 말해주는 것이다. 이를 통해 당신은 그 결과나 함의를 잘 알고 있는 상태에서 당신이 하고 싶거나 당신의 변호사에게 시키고 싶은 결정을 내릴 수 있게 된다. 예를 들어, 변호사는 당신이 어떤 조건에서 슈퍼바이저나 자문가, 동료, 친구, 가족 구성원 등과 이 사건에 대해 상의할 수 있고, 어떤 조건에서 그 논의를 비밀로 하거나 특정인에게만 공개할지 인식하라고 할 수 있다. 다른 예로, 변호사는 치료 과오 소송에서 원고 측이 제공한 합의에 응할 경우에 어떤 결과를 맞게 될지 설명해줄 수 있다.

## 당신이 아직도 전문적으로 믿을 만하다는 것을 공지하라

전문직배상책임보험 정책은 소송당했는지의 여부뿐 아니라, 소송당할 지도 모른다고 여길 만한 근거가 있는지 여부도 즉시 회사에 알려줄 것을 의무로 제시한다. 그러한 의무조항의 세부사항이 어떻든 간에 보험회사에게 당신이 소송당할 가능성이 있는지, 혹은 실제 소송당할 확률이 높은지 회사에 알리는 것이 바람직하다. 회사는 당신에게 구체적인 지침을 제공할 것이고, 조건에 따라 소송이 제기되기 전이라도 변호사를 제공해줄 수 있다(앞서 5장에서는 이전에 해당 보험회사와 일해본 적 없는 변호사라 할지라도 당신의 사건에서 통상적으로 같이 일할 변호사로 책정해 달라고 회사에 청원하는 것에 대해 논의했다).

## 누가 당신 변호사의 의뢰인인가

이 질문에 대한 답변은 분명해 보일 것이다. 당신이 당신 변호사의 의뢰인이다. 그러나 보험회사가 변호사에게 수임료를 지불한다면 보험회사의 이익이 얼마나 당신의 이익과 다른지 정도를 평가해 볼 필요가 있다. 예를 들어, 보험회사가 지출을 아끼려고 매우 제한된 증거개시만 허가한다면 어떻게 할 것인가? 아니면 당신은 변호사가 당신을 위해 전력을 다해 변호해주기를 바라는데, 보험회사는 재정적인 수지(물론 회사를 위한 재정적인 수지를 일컫는다)를 맞추기 위해 당신이 말도 안 된다고 생각하는 합의를 보자고 한다면 어떻게 할 것인가? 그러한 사건의 합의는 대중에게 알려질 수도 있으므로, 특히 당신이 혹시 전문가 증인으로 일할 가능성이 있을 때 당신의 직업적 전망을 깎아 내릴 수 있다.

드문 일이지만, 당신이나 당신의 변호사가 합의로 끝내지 말고 소송을 제기하자고 하거나 추가적인 증거를 개시하고, 당신이 응당 권리가 있는 전심전력의 변호를 제공해 달라고 회사를 설득했는데 회사가 그 설득을 받아들이지 않는다면, 그 보험회사를 고소하기 위하여 당신의 사비로 다른 변호사를 고용해 볼 생각을 할 필요가 있다.

## 그 고소가 타당한가

누군가 당신에게 공식적 소송을 제기한다면, 상처받고 공격당했다고 느끼는 것은 당연하다. 게다가 특히 치료 과오 소송은 두 당사자가 서로 적대하는 과정으로, 자연히 더 많은 분노와 감정적 상처를 낳을 수 있다. 그 과정이 너무 많이 진행되기 전에 당신이 고발당할 만한 짓을 실제로 했는지 여부를 시간을 들여 생각해 보라. 자기방어나 합리화, 반격, 혹은 그 고소가 너무 과장되었거나 세부적으로 틀렸을 것이라는 생각은 잠시 제쳐두고, 당신이 정말로 하지 말아야 할 일을 했거나 당신이 해야 할 일을 하지 못했다는 고발에 조금이라도 진실이 있는가?

이러한 상황에서 스스로에게 가차없이 솔직해진다는 것은 결코 쉽지 않다. 우리가 뭔가 잘못한 일을 했을지도 모른다고 인정하는 것은 우리의 평판이나 커리어를 구하기 위해 모든 생존 전략을 긁어모아야 할 이 시점에 자학적이고, 스스로를 곤란에 처하게 만드는 사람으로 비춰지게 할 수도 있다. 그러나 실제로 무엇이 일어났는지 그 현실에 최대한 굳건하게 집중해 보길 바란다. 우리에게 듣기 좋고 스스로를 합리화시키는 왜곡된 기억이, 있는 그대로의 과거 대신 만들어낼 수 있는 현실 대신 말이다. 이는 그 소송에 합리적으로 대응하게 해줄 뿐 아니라 자기파괴와 정반대인 방식으로 우리를 살아남게 해줄 수 있다.

## 당신은 그 공식적 고발이 일어나게 유발했는가

당신이 실제로 고발당한 일을 저질렀건 아니건 간에, 그 소송을 진짜처럼 만들 만한 일을 정말로 했는지 아니면 실패했는지 자문해 보는 것이 중요하다. 예를 들어, 당신은 불법적이거나 비윤리적인 일 말고 그저 평범하고, 일상적이고, 인간적인, 그냥 가벼운 실수라도 저지르기는 했는가? 내담자가 당신에게 따졌을 때 당신은 인정하기를 거부했는가? 아니면 사과를 표했는가? 당신이 잘못을 저질렀다고 내담자가 오해한 부분이 있었는데 당신이 명확히 밝히거나 해명하지 않은 적이 있는가? 다른 말로 하면, 지나고 나서 있었던 일들의 과정을 돌아보니 이 소송을 일어나게 할 만한 당신의 태도나 행동이 있었는가?

우리의 경험에 따르면 물론 전부는 아니지만 많은 소송이 심리학자의 법적이나 윤리적인 위반보다는 심리학자–내담자 간의 관계, 심리학자가 존중, 보살핌, 적절한 경청 능력을 얼마나 잘 보여주었는지와 관련되어 있다. 이러한 자질들을 내담자에게 잘 전달하는 심리학자는 아무리 실수를 하고 잘못 판단하고 기준을 어겨도 소송에 걸리는 일이 없지만, 이러한 자질들을 잘 전달하지 못한 심리학자는 아무리 높은 기준을 고수하려고 했는데도 소송에 걸리기 마련이다. 물론 그런 조건하에서라면 부주의하게 마음대로 실수를 저지르거나 판단을 잘못하거나 규범을 어겨도 괜찮다는 의미가 아니며, 우리가 "내담자와의 좋은 관계"라고 특징짓는 요소를 활용하여 우리가 저지른 잘못이나 우리 행동의 결과, 14장에서 서술한 과정 등을 정당화하거나 무시하거나 사소하게 만들거나 합리화시켜도 된다는 의미도 아니다. 또한 소송당한 심리학자들이 모두 내담자와 좋은 관계를 맺는 데 실패했다는 의미도 아니다. 그럼에도 불구하고 어떤 소송들은 반응이 둔한 심리학자의 관심을 끌거나 영향을 주기 위한 내담자의 마지막 시도를 상징하는 것 같다.

## 사과하고 책임을 인정할 것인가

소송이 정당할 경우에 당신이 봉착한 중요한 결정은 당신이 스스로 한 일(혹은 실패한 일)을 인정하고 책임감을 받아들여 사과할 것인지의 여부다. 우리가 누군가를 상처 입혔을 때 실수를 받아들이고 사과하는 일이 어렵게 느껴지는 것은 어쩌면 인간의 기본 특성인 것 같기도 하다. 우리가 잘못을 시인했다는 사실이 "기록에 남거나", 그 소송의 정당성을 유지하는 데에 효력을 주거나, 당신에게 격노했을 누군가에게 전달될 경우에는 특히 더 어려울 것이다. 당신의 친구나 동료들은 일이 어떻게 됐든 간에 당신에게 소송을 건 사람을 경멸하고 무조건 맞서 싸우라고 조언할 수도 있다.

우리는 심각하게 고려해 볼 만한 정당한 소송에 직면한 심리학자들에게 변호사와 상의하여 사과하고, 책임을 받아들이고, 가능하고 적절할 경우 일을 바로잡으려고 노력하기를 촉구한다. 이러한 접근을 따르는 측이나 반대하는 측 둘 다 강한 이유가 있을 것이고 이 길을 선택할 때와 선택하지 않을 때의 결과와 함의를 예측하기란 불가능하다. 심리학자 각자는 자신에게 개인적으로 올바른 결정을 내리고자 시도해야 한다.

## 무엇을 할 의지가 있는가

당신이 소송에 맞서고자 계획한다면 반론 절차가 많이 진행되기 전에, 변호하는 과정에서 무엇을 해도 되고, 무엇이 일어나면 안 되는 것인지 생각하라. 극단적인 예를 검토해 보자면, 굉장히 심리적으로 취약한 한부모 가정의 어머니가 당신을 치료 과오로 고소했다고 상상해 보자. 당신은 그녀가 기본적으로는 유능하고 좋은 사람이며, 올바른 신념을 가졌다는 착각으로 당신을 고소했다고 믿는다. 하지만 당신이 그녀를 어떻게 보든 간에 그녀가 제기한 소송은 당신의 명성과 커리어를 위협한다. 판결에서 당신이 진다면 새로운 환자들을 의뢰받을 수 있는 원천은 말라버릴 것이고 자격위원회는 조사를 시작할 것이며 '무능력자 판결(standard of care)' 재판에서 전문가 증인으로 활동할 수 있는 기회도 박탈당할 수 있을 것이다.

그러한 위험에 처했을 때 당신은 변호사에게 증언을 맡기고 그녀에게 반대심문을 하게 함으로써 그녀의 솔직함에 의문을 제기할 것인가? 당신은 변호사가 당신의 회기 기록을 활용하여 빈정거리면서 그녀가 적절한 엄마가 아니며, 심지어 아이를 방치했거나 학대했다고 나쁜 인상을 심어주는 것을 허용할 것인가?

아니면 당신은 당신의 회기 기록을 "밝힐" 것을 고려해 볼 것인가? 기록들은 급하게 작성되었을 수 있으며, 일어난 일을 모두 언급하지 않았을 수 있고, 그것이 쓰여진 방식 때문에 잘못 읽힐 수도 있다. 그 기록들을 다시 복사하면서 처음에는 안 적고 넘어갔던 것을 포함시키고, 정말로 원한다면 초고 기록도 포함시키는 것이 낫지 않겠는가? 당신의 상담 기록에 뒤죽박죽 적어놓은 별로 중요하지 않은 부분과 함께 의도치 않게 모호하게 남겨진 부분을 지워서 제출하는 것이 법정에도 좋은 일을 하는 것이 아니겠는가? 다른 말로 하면, 즉 모든 합리화를 제거하면, 당신은 실제 기록을 감추고 당신의 변호에 보다 유리한 가짜 기록을 제출할 용의가 있는가?

평판과 커리어를 보존하기 위한 노력은 당연히 강렬하다. 이 과정이 너무 뜨겁게 달아오르기 전에 제기해 볼 만한 질문은 이것이다. 나는 어떤 대가를 치러서라도 이기려고 하는 것인가? 그렇지 않다면 어디까지 선을 그어야 할까? 나에게는 "아무리 이기고 싶더라도" 실행할 의향이 없거나, 아니면 다른 사람이 나를 변호하려고 하는 일 중에서도 원치 않는 일이 있는가?

## 소송이 당신에게 얼마나 영향을 미칠지 인식하라

소송은 치명적인 경험일 수 있다. 의료 과실 소송이나 기타 소송들은 심리학자의 삶에 아래와 같은 상황이나 그 이상의 것을 경험할 수 있다.

- 평판과 커리어가 갑자기 위기에 처하는 아찔한 충격
- 우리가 도우려고 했던 사람이 우리를 적대할 때의 배신감
- 우리에게 닥칠 불확실한 미래에 대한 두려움과 공포(이 일이 끝나도 실무와 명성과 자격증을 유지하고 있을까?)

- 우리가 무엇인가 지독한 짓을 저질렀음이 틀림없으며, 만약 그게 아니라면 이렇게 봉착될 리 없을 것이라는 자기비난 반복
- 우리의 동료들이 이제 우리를 최악으로 여길 것이라고 상상할 때의 당황스러움
- 자기의심: 만약 우리가 이렇게 소송에 휘말릴 정도로 이 내담자에게 형편없이 대했다면, 다른 내담자들도 우리를 또 소송하지 않을까?
- 우울
- 다른 내담자들(그들도 우리를 고소하려는 것 아닌가?)과 동료들(내가 누구를 믿고 이런 이야기를 나눌 수 있을까?)에 대한 의심
- 아직 알 수 없는 모든 것, 증언대에 서서 반대심문을 받는 것, 재판 중 누가 법정(미디어)에 설 것인가 등 앞으로 일어날 일에 대한 불안
- 다른 어떤 것도 생각하지 못하게 만드는 강박적이고 침투적인 사고
- 이리저리 뒤척이면서 일어난 일과 일어날 수 있는 일에 대해 끊임없이 생각하느라 찾아오는 불면증
- 아직 일어나지 않은 가장 최악의 가능성만 보는 파국적인 생각
- 스트레스로 인한 식욕 감퇴나 과식, 과음, 다른 물질 남용

우리는 어떤 심리학자들에게는 소송에 대한 반응이 외상후스트레스장애(PTSD)와 비슷할 것이라고 본다. 만약 우리가 소송에 대처하는 대응에 대해 엄격히 솔직할 수만 있다면, 그러한 대응을 짜임새 있고 현실적으로 취하는 데에 좀더 나은 입장이 될 수 있을 것이다.


## 당신이 필요로 하는 도움과 지원을 요청하라

소송 진행에서 당신의 대처를 검토하면서 이러한 대처들을 취함에 있어서 당신이 필요로 하는 도움이 무엇이 있는지 현실적으로 평가하라. 이런 경우에 일부 심리학자들은 다시 상담을 받으러 가거나 혹은 처음으로 심리상담을 받기도 한다. 어떤 이들은 친구나 동료, 가족에게 도와달라고 손을 내민다. 당신이 남들에게 말하는 것이 의도치 않

게 당신을 맞서 겨누는 무기가 되지 않게 확실히 해두려면 변호사의 도움이 무엇보다 중요하다. 당신이 사는 주의 윤리 전문가가 당신과 당신의 변호사에게 보충이 되는 자문을 해줄 수 있을 것이다.

## 당신이 배울 수 있는 것

이 경험을 통해 배울 수 있는 것이 무엇인지 물어보는 것도 가치가 있다. 아마도 어느 누구도 절대로 소송당하기를 원치 않을 지도 모른다. 그러나 이처럼 반갑지 않은 과정도 때로는 우리에게 성장의 기회를 준다.

심리학자들은 자신들의 정책이나 절차, 그리고 심리치료의 접근방식에 있었던 허점이나 약점을 발견할 수 있을 것이다. 그들은 상담 실무 중에 내포된 위험 신호를 보다 잘 인식하고 주의를 기울이는 법을 배울 수 있을 것이다. 그들은 동료 중에 누가 믿을 만하고 누구를 피해야 하는지 배울 수 있을 것이다. 그들은 변론 과정에서 자신들이 해온 일과 자신에게 씌워진 혐의 고소가 어떻게 평가되는지 배울 수 있을 것이다. 그리고 그들의 대처와 결정에서 그들은 그들 자신에 대해 배울 수 있을 것이다.

# 심리평가에서의 함정 피하기

# 12. 심리평가에서의 함정 피하기

마지막 세 장은 우리가 쉽게 빠질 수 있는 일반적인 함정, 특히 일상적인 심리상담 실무에서 발생하는 복잡한 문제들과 압력들을 피하는 방법을 집중적으로 다룬다. 모든 심리학적 실무에는 어떤 형태로든 평가가 따른다. 이 장은 가장 흔하게 발생하면서도 다루기 쉽지 않은 평가에서의 일곱 가지 함정에 초점을 둔다(부록 L도 참고하라).

## 적합하지 않은 타당도

어떤 검사들은 다양한 상황에서 유용하지만, 모든 상황에 처한 모든 사람을 대상으로 한 모든 과제에서 다 잘 통하는 검사는 없다. 9장에서 언급했듯이 Gordon Paul은 1960년대, 효과적인 심리상담을 받기 위한 극히 단순화된 탐색에서 벗어나 더 어렵지만 의미 있는 질문으로 심리학계를 이끌었다. "누구에 의한 어떤 심리상담이, 특정한 조건들 아래에서 특정한 문제를 가진 이 개인에게 가장 효과적일까?"

검사도구를 선택하는 길 역시 "특정 조건들 아래에서 특정 과제의 수행, 즉 평가의 목적을 위하여 이 검사가 적합한 신뢰도와 타당도를 가졌는가? (민감도, 특이도, 그리고 여타 관련 특징)"라는 비슷하게 복잡한 질문들을 수반한다. 대상 인구와 수행과제, 조건이 변화함에 따라 타당도, 신뢰도, 민감도의 측정 역시 변하는 경향이 있다는 것을 알아두어야 한다.

검사가 과제, 개인, 당면한 조건들과 잘 맞는지 판단하기 위하여 심리학자들은 처음부터 기초적 질문을 던지는 것이 매우 중요하다. 내가 이 평가를 수행하려는 목적이 정확히 무엇인가?

## 확증 편향(confirmation bias)

가끔 우리는 우리의 태도, 신념, 기대와 일치하는 정보를 찾고 인식하고 중요하게 여기는 경향이 있다. 첫인상을 형성하고 나면 그 인상을 지지하는 발견들을 중시할 것이며, 거기에 맞지 않는 정보는 무가치한 것으로 치부하거나 무시하거나 오해할 것이다. 이처럼 첫인상에 성급하게 인지적으로 기대는 것은 이후의 발견한 것들을 조사할 때에도 강력한 인지적 틀을 만들 수 있으며, 이는 성급한 일반화가 가진 논리적 오류와 비슷한 것이다.

확증 편향(우리의 기대에 부합하는 정보를 선호하는 경향)으로부터 우리를 보호하기 위해서 우리의 기대와 어긋난 정보들을 적극적으로 탐색하고 가능한 데이터의 대안적 설명을 찾으려는 노력이 도움이 된다.

## 후향적 정확도(retrospective accuracy)와 예측 정확도의 혼동 (조건부 확률 뒤바꾸기)

예측 정확도는 그 개인의 검사 결과에 바탕을 두고, 특정 결과를 가진 개인이 X라는 조건 혹은 능력, 적성, 자질 등을 가질 가능성이 얼마나 되는지를 조건부 확률로써 묻는다. 후향적 정확도는 X라는 조건 혹은 능력, 적성, 자질을 바탕으로 하여 X를 가진 개인이 특정 검사 결과를 나타낼 가능성이 얼마나 되는지 조건부 확률로 묻는다. 추론의 "방향"을 혼동하면 수많은 평가상의 오류를 범하게 된다. 그러한 오류의 예는 어떤 가정적 예측 변인에서 양성의 점수를 기록한 개인을, 해당 예측 변인에서 양성을 기록할 가능성이 있는 사람들의 집단으로 분류하는 데에서 찾아볼 수 있다.

후향적 변인과 예측 변인을 혼동하는 오류는 다음과 같은 후건 긍정(affirming the consequent)의 논리적 오류와 닮았다.

> 조건 X를 가진 사람들은 이와 같은 특정 검사 결과를 나타낼 확률이 압도적으로 높다.
> 사람 Y는 그러한 특정 검사 결과를 보였다.
> 그러므로 사람 Y는 조건 X를 가졌을 확률이 압도적으로 높다.

## 표준화 검사를 비표준화 시키기

표준화 검사는 표준화를 통하여 공신력을 얻는다. 규준, 타당도, 신뢰도, 특이도, 민감도 그리고 다른 비슷한 측정들은 경험적인 기반에서 나온다. 즉, 동일한 조건에서 동일한 절차에 따라 반응하며, 질문에 대한 대답, 과제 수행 등을 통하여 데이터를 제공하는 사람들의 훌륭한 표집 말이다. 도구나 검사 문항, 혹은 문항이 채점되는 방식을 바꾸면 그 표준화에서 이탈되며 경험적 기반으로부터 추론하려는 시도는 믿을 만하지 않게 된다.

표준화는 물론 다른 방식으로도 깨질 수 있다. 활자를 읽기 위해 필요한 돋보기를 가지고 오지 않았거나 감기 진단을 받은 사람이 심리평가 회기에 나타나면 그들의 집중도에 영향을 미칠 수 있다. 수검자들은 긴급한 가족 문제에 봉착했거나 상실을 경험하여 집중할 수 없을 수 있으며, 사랑하는 사람과 밤을 꼴딱 새서 눈뜨고 있는 것조차 힘들 수 있다. 평가를 수행하는 전문가는 이러한 상황적 요소를 주의깊게 살피고 그것이 어떻게 검사의 타당도를 위협할 수 있으며, 이를 어떻게 가장 잘 처리할 수 있는지 생각해내야 한다.

검사를 수행하는 우리도 누구나 검사 당일날 이와 같은 상황적 요소의 피해를 입어 제대로 기능할 수 없을 수도 있다. 우리는 또한 능력이 부족해서 적절한 평가를 수행할 수 없을지도 모른다. 따라서 적절한 교육과 훈련, 슈퍼비전 경험을 축적한 검사만 수행하는 것이 중요하다. 우리는 상담심리, 임상심리, 스포츠심리, 조직심리, 학교심리, 법정심리 등 한 영역에서는 유능할 수 있지만 이러한 역량이 다른 분야로도 매우 쉽게 전이될 수 있을 것이라고 잘못 추측하기도 한다. 전문가는 자신의 역량의 한계를 인식하고, 관련 실무 영역과 관련 주제, 관련 도구에서 충분하게 쌓은 역량을 기반으로 평가를 할 책임이 있다.

또한 확인되지 않은 데이터나 대안적 설명을 탐색하는 것이 확증 편향을 피하게 도와주는 것과 마찬가지로, 평가의 타당도를 깎아먹을 지도 모르는 조건들, 사건들, 그리고 다른 요소를 탐색하여 그 요소들을 충분히 고려하고 평가보고서에 확실하게 언급하는 것이 도움이 된다.

## 낮은 기저율(low base rate) 무시하기

기저율을 무시하는 것은 많은 검사상의 문제를 일으킬 수 있지만, 매우 낮은 기저율은 특히 문제가 되는 것으로 보인다. 법관 임용에서 부정직한 법관을 밝혀낼 수 있는 평가 절차를 열심히 개발한다고 쳐보자. 500명 중 겨우 1명의 법관만 부정직하기 때문에 (가설상 이야기하면) 이것은 매우 힘든 작업이다.

당신이 찾을 수 있는 한 모든 경험적 데이터를 끌어내어 다양한 성격, 개인사, 검사 결과 등을 기반으로 한 부정직성 선별 검사를 개발할 수 있다는 사실을 발견했다고 가정하자. 당신의 도구는 90%의 정확도를 가진다. 만약 당신의 도구가 5,000명의 법관 후보자 선별에 쓰인다면, 부정직한 후보자는 실제로는 10명이 나와야 한다(왜냐하면 앞서 말한 바와 같이 가설상으로는 500명 중 1명이 부정직하기 때문이다). 하지만 90% 정확도의 선별 도구는 확률상으로, 이와 같은 10명의 부정직한 후보자들 중 9명을 부정직하다고 간주하고, 1명은 정직하다고 잘못 간주할 것이다.

여기까지는 좋다. 문제는 4,990명의 정직한 후보들이다. 이 도구는 10% 의 부정확성을 가지기 때문에 10%의 정직한 후보들을 부정직하다고 잘못 판단할 위험이 있다. 따라서 4,990명 중 499명의 정직한 후보들을 부정직하다고 판단하는 오류를 범하게 될 것이다.

　그러므로 결과적으로, 선별된 5,000명의 후보 중에 90% 정확도 검사는 508명을 부정직한 사람으로 걸러낸다(즉, 9명은 실제로도 부정직했지만 499명은 실제로는 정직했다). 즉, 508명 부정직한 사람을 지적했지만 9명만 맞았다. 이는 결국 499명의 솔직한 사람을 부정직한 사람으로 잘못 낙인찍은 것이다.

## 두 개의 높은 구성 비율 잘못 해석하기

　재난 대응팀의 일원으로 당신은 심각한 지진을 경험한 도시의 지역사회 정신건강보건센터에서 일하게 되었다. 센터가 수집한 기록들을 재빨리 보고 나서 당신은 지진 이래로 200명의 사람들이 센터를 방문했다는 것을 알았다. 집단 내에서 162명은 특정한 종교를 믿고 있었고, 그들은 지진에 관련된 외상후스트레스장애(PTSD)로 진단받았으며, 종교가 있는 18명은 지진과 관련 없이 서비스를 받으러 왔다. 그 종교를 믿지 않는 사람들 중 18명이 지진 관련 PTSD 진단을 받았고, 2명은 이와 관련 없이 센터에 내방했다.

　이는 표면적으로는 그 특정한 종교적 신념과 지진 관련 PTSD의 발생 간에 강한 상관관계가 있는 것처럼 보인다. 진찰을 받으러 온 사람들 중 81%가 종교적 신념을 가졌으며 PTSD를 겪었기 때문이다. 어쩌면 그들의 신앙이 정신건강 서비스의 도움을 필요로 할 정도로 사람들을 PTSD에 취약하게 만드는 것일지도 모른다.

　그러나 이처럼 상관관계를 추론하는 것은 잘못이다. 센터가 수집한 자료는 종교적 신념과 PTSD 발생이 독립적 요인이라는 것을 보여준다. 센터에 찾아오는 사람들의 90%가 마침 그 특정한 종교적 신념을 가진 사람이었고(즉, PTSD 때문에 온 사람들의 90%와 다른 이유로 온 사람들의 90%), 또한 지진 발생 후 센터에 온 사람 중 90%(즉, 특정 종교를 믿는 사람 90%와 아닌 사람들 90%)가 PTSD를 겪었다. 두 요소는 둘 다 높은 구성 비율을 지녔기 때문에 서로 상관있는 것처럼 보이지만, 통계적으로 관련이 없다.

## 분명치 않은 취사선택(gatekeeping)

평가를 실시하는 심리학자들은 내담자의 인생에 중대하고 지속적인 영향을 가질 수 있는 민감한 정보들을 취사선택하는 자들이다. 아래의 시나리오는 심리학자들이 결정 하도록 요청받을 수 있는 선별 과정을 묘사한다. 이 단락은 심리치료 및 상담에서의 윤 리[Ethics in Psychotherapy and Counseling (2nd ed.)][5]에서 빌려왔다.

17살의 소년이 당신의 사무실에 와서 종합심리평가를 요청했다. 그는 두통과 불안, 우울을 겪어왔다. 고등학교에서 퇴학을 당하고 나서 그는 1년 동안 결혼생활을 했고 1살짜리 아기가 있지만, 아내와 아이를 떠나 다시 부모와 산다. 그는 자동차 정비공으로 서 전일제로 일하며, 검사 절차를 보장해주는 보험에 든 상태다. 당신은 검사를 마쳤다.

이듬해 당신은 검사에 대한 정보 요청서를 받았다. 이를 요구한 사람들은 다음과 같다.

- 그 소년의 의사인 인턴
- 그의 우울증을 염려하는 소년의 부모
- 소년에게 피고용인 손해배상청구 소송을 당한 소년의 고용인
- 소년의 소송에 맞서는 변호사
- 이혼과 아이의 양육권에 대해 소송을 제기한 소년의 아내의 변호사
- 검사 결과가 마음에 들지 않아서 의료 과오로 당신을 고소하려는 소년의 변호사

각각의 주체들은 완전한 공식 보고서와 검사 원자료, 당신이 실시한 각각의 검사지 의 복사본(예를 들어, MMPI-2의 지시사항과 모든 문항)을 요구한다.

당신은 이 사람들 중 누구에게 윤리적으로나 법적으로, 요청받은 모든 자료나 부분 적 정보, 혹은 요약본을 주든지 아무 정보도 주지 말아야 하는가? 어떤 요청의 경우에,

---

5) Pope, K. S., & Vasquez, M. J. T. (1998). *Ethics in psychotherapy and counseling* (2nd ed.). San Francisco: Jossey-Bass.

정보를 주기 전에 소년의 문서화된 동의서를 필요로 하는가?

불행하게도 스케줄이 너무 바쁘게 치닫거나 주의를 기울일 만큼 여유가 없다면, 법적으로나 윤리적으로 권한이 없는 사람에게 데이터를 공개하기가 쉬워지는데, 이는 때로 재앙적인 결과를 초래한다. 평가를 계획할 때 이런 주제들을 명확히 하는 것은 중요하다. 왜냐하면 심리학자가 이들을 분명히 이해하지 못하면 정보에 입각한 동의 절차나 정보에 입각한 거절 절차의 일부로서 정보에 대해 서로 소통하는 것이 불가능하기 때문이다. 누가 평가 보고서에 접근할 수 있고 누가 접근할 수 없는지에 대한 정보는 개인이 평가 시에 정보에 입각한 동의를 할지 하지 않을지 결정할 때 핵심이다. 심리학자는 취사선택 결정을 알리는 데에 있어 관련된 법적, 윤리적, 실제적 구조를 잘 유념할 필요가 있다.

위와 같은 각 주체들의 정보 요청에 있어서 "심리학자가 이 요청에 어떻게 응답해야 하나요?"라는 질문에 대한 하나의 명확한 답이 있다면 더할 나위 없이 좋을 것이다. 그러나 이러한 취사선택의 책임은 연방[예: 의료정보보호기본법－Health Insurance Portability Accountability Act (HIPAA)], 주, 지방 법률과 판례법, 기타 관련 규제, 규정, 맥락 등 복잡한 구조 내에서 존재한다. 해당 관할권 안에서 특정 상황에는 어떤 의료보험 자료를 공개하지 말아야 한다는 의무는 다음 해에 새로운 법률 제정, 판례, 규정에 의해 자료를 공개해야 한다는 쪽으로 변경될지도 모른다.

# 심리학에서 논리적 오류 피하기

# 13.

# 심리학에서 논리적 오류 피하기

실제 심리학에서는 셀 수 없이 많은 결정을 해야 한다. 우리는 다양하며 복잡하고 변화하는 영역 안에서 선택사항, 맥락, 함의들을 고려한다. 우리는 우리가 할 수 있는 한, 분명하게 그 주제에 대해 생각하려고 한다. 그 주제들은 이 짧은 책이 다루는 범위에 포함되기도 하고 넘어서기도 한다.

이 장에서 우리는 이러한 고려 과정이 잘못될 수 있는 가장 기본적인 방식 몇 가지를 소개하려고 한다. 우리의 18가지 논리적 오류는 물론 모든 것을 포괄하지는 않는다. 우리는 발생하기 쉽고 실제 심리학에서 수많은 말썽을 일으키며, 심리학 분야나 논의에서 "멸종 위기" 목록에 절대 실리지 않을 것 같은 오류들을 고르려고 애썼다.

그 오류들은 다음과 같다. 전건 부정의 오류; 합성의 오류; 후건 긍정의 오류; 분할의 오류; 중도의 오류, 무지에 기댄 호소(무지에의 논증); 선언 명제 오류; 흑백사고의 오류; 진실에 대한 잘못된 연역 추리; 선후 인과의 오류, 즉 이 이후에(post hoc), 그러므로 이 때문에(ergo propter hoc); 헷갈리게 하는 정보(red herring); 인신공격; 허수아비 오류; 너도 마찬가지(tu quoque); 자연주의적 오류; 유추의 오류; 선결 문제 요구의 오류(begging the question) 논리에 대한 논쟁이다. 각 오류의 명칭과 함께 간략한 설명을 제시할 것이며, 때로 심리학 분야에서 과장된 형태의 예시를 곁들일 것이다.

## 전건(antecedent) 부정의 오류

이 오류는 다음과 같은 형태를 띤다.

X면 Y다.
X가 아니다.
그러므로 Y가 아니다.

예: "만약 휠체어를 타는 내담자나 동료가 내 사무실에 방문하면, 그들이 접근할 수 있게 사무실 환경을 만들 필요가 있다. 그렇지만 아무도 휠체어를 타고 내 사무실에 오지 않는다. 그러므로 휠체어가 접근 가능하게 만들 필요가 없다."

## 합성의 오류

이 오류는 집단은 그 집단원 개인들의 특성을 소유한다고 가정하는 형태를 띤다.

예: "몇 년 전에 10명의 심리학자들의 집단이 집단 개업을 시작했다. 각 심리학자들은 유능하고 효과적이고 명성이 높다. 그들의 집단 개업은 유능하고 효과적이고 명성이 높을 것이 틀림없다.

## 후건(consequent) 긍정의 오류

이 오류는 다음과 같은 형태를 띤다.

X면 Y다.
Y다.
그러므로 X다.

예: "훌륭한 정신건강 변호사는 고객이 많다. 내 변호사는 고객이 많다. 그러니까 그녀는 분명 훌륭할 것이다."

또 다른 예: "만약 이 내담자가 재판에서 유능하다면, 그는 분명히 적어도 이 표준화 검사 문항의 80%는 맞힐 것이다. 그는 이 검사 문항의 87%를 안다. 그러므로 그는 재판에서 유능할 것이다."

## 분할의 오류

분할의 오류 혹은 분해의 오류는 집단의 집단원들은 그 집단의 특성을 소유하리라고 추측하는 형태를 띤다.

예: 이 클리닉은 확실히 돈을 많이 번다. 여기서 일하는 심리학자들은 각각 분명히 높은 소득을 올릴 것이다.

## 중도의 오류

중도의 오류(타협의 오류)는 가장 타당한 결론이란 두 경쟁하는 주체들 사이에서 가장 나은 타협안을 받아들이는 것이라고 추측하는 형태를 띤다.

예: "내 상담실의 공동 소유자는 가장 좋은 사무실은 이 고층 건물에서 전망 좋은 꼭대기 층에 있어야 한다고 믿는다. 나는 가장 좋은 사무실은 우리 내담자들이 편리하게 올 수 있고 엘리베이터로 걸어가면서 많은 사람이 볼 수 있는 1층에 있어야 한다고 생각한다. 우리는 중간층에 사무실을 얻음으로써 타협할 수 있을 것이다."

## 무지에 기댄 호소

무지에 기댄 호소 오류는 다음의 형태를 띤다.

X가 틀렸다는 확립된 근거가 없다(혹은 불충분하다). 그러므로 X는 참이다.

예: "내가 인지적–인간중심적–역동적–행동적–해체주의적–초회귀적–의무론적 심리치료를 새롭게 창안하여 6년 동안 실천하면서, 한 번도 이 접근이 효과가 없다거나 내담자에게 해를 미친다는 연구가 출판된 적이 없다. 즉, 이야말로 이제까지 고안된 개입 중 가장 안전하고 효과적인 개입임이 틀림없다."

## 선언 명제 오류

이 오류는 아래의 형태를 띤다.

X 아니면 Y다.

X다.

그러므로 Y가 아니다.

예: "이 새로운 홍보물이 내담자를 많이 모집하지 못하는데, 내가 생각만큼 홍보물을 여러 장 배포하지 못했거나 아니면 홍보물이 훌륭하지 못한 탓이다. 내 기록을 살펴보면, 나는 생각만큼 많이 배포하지 못했다. 그러니까 이 홍보물은 훌륭하다."

## 흑백사고의 오류

"이것 아니면 저것"의 오류 혹은 잘못된 선택의 오류로도 알려 있는 이 오류는 연속선상에서나 혹은 다른 여러 가능성에서 두 가지 주로 극단적인 선택안만 인정하는 형태를 띤다.

예: "내가 개업을 시작하고 나서 두 달 동안 살 만큼 충분히 벌 수 있든지, 그렇지 않다면 나는 상담자로서 무능하다."

## 잘못된 연역 추리

이 오류는 삼단 논법에 따른 주장이기 때문에 옳다는 형태를 띤다. 이는 주장의 전제가 틀릴 수도 있다는 가능성을 무시한다.

예: "나는 저자가 개업 심리상담소를 홍보하는 가장 좋은 방법을 안다는 것을 증명하는 책을 읽었어. 그는 다른 모든 방법은 때때로 실패하지만, 그의 방법은 효과가 있다는 도표를 제시했어. 즉, 그의 방법이 최고야."

## 선후 인과의 오류, 즉 이 이후에(post hoc), 그러므로 이 때문에(ergo propter hoc)

선후 인과의 오류는 원인과 결과 간의 혼란스러운 상관관계, 즉 X 이후에 Y가 왔기 때문에 Y는 X의 원인임이 틀림없다는 형태를 띤다.

예: "다행히 나는 치료 과오 소송이 별로 발생하지 않는 마을에서 개업을 한다. 내 동료 중 한 명은 경계선성격장애로 진단받은 내담자에 의해 소송을 당했고, 다른 동료는 불안장애로 진단받은 내담자에게 소송을 당했다. 이는 내가 그런 진단명을 가진 내담자들을 피할 충분한 근거가 된다."

## 혼란을 유도하는 정보(red herring)

이 오류는 관련없는 정보에 집중함으로써 타당한 근거나 추론에 관심을 갖지 않는 형태를 띤다. 이는 사냥개의 주의를 딴 데 돌리기 위하여 송어나 다른 생선을 길 위에 던져 놓고 원래 쫓던 사냥감의 냄새를 떨쳐버리던 전략에서 유래된 이름이다.

예: "당신들 중 몇몇은 그 검사의 이해될 만한 타당도가 보고되지 않았고, 우리가 다양한 문화권에서 만나는 내담자의 규준을 마련하지 않았으며, 신체적 장애가 있는 내담자에게 활용 불가능하다는 점에서 내가 우리의 집단 실무에 쓰려고 구매한 새로운 검사 배터리에 반대하였습니다. 그러나 당신들이 고려하지 못한 점은 이 검사 배터리가, 우리가 기존에 써온 검사들에 비해 3분의 1 정도로 저렴하며, 훨씬 배우기 쉽고, 실시하고 채점하는 시간이 우리가 기존에 쓰던 검사의 반 밖에 안 걸린다는 것입니다."

## 인신공격

인신공격은 어떤 주장이나 입장을 지지하는 사람의 성격에 초점을 둠으로써, 그 주장이나 입장을 깎아내리려는 시도다.

예: "나는 우리 지역에 새로 개업을 한 내 선배와 이야기했어. 그녀는 내가 흥미 있는 내담자들에게 어떻게 내 개업을 홍보할지 많은 제안을 주었지. 그런데 내가 보기에 그녀는 전문가다운 복장을 입지 않았어. 그래서 나는 그녀의 제안을 따를 마음이 없어."

## 허수아비 오류

허수아비, 허수아비 남성, 허수아비 여성 오류는 누군가의 지위를 약하고, 잘못됐고 우스꽝스럽게 특징짓는 것이다.

예: "내가 퇴직 계획을 세워야 한다고 생각하는 걸 보니 너는 스스로 미래의 모든 것을 통제할 수 있다고 믿나 보지."

## 너도 마찬가지(tu quoque)

이 오류는 반대 측 주장이나 사람이나 입장도 똑같은 실수나 약점을 가졌다고 주장함으로써 어떤 사람의 실수나 약점으로부터 주의를 돌리는 오류이다.

예: "나는 내 동료의 홍보물을 내 이름과 센터 주소로 고치고 인쇄했다는 이유만으로 홍보물 도난 혐의로 고소되었습니다. 그렇지만 그녀도 그 전단지를 다른 누군가한테서 훔친 게 틀림없어요."

## 자연주의적 오류

자연주의적 오류는 오직 사실의 진술에만 바탕을 두고 논리적으로 무엇이 좋은지, 가장 훌륭한지, 옳은지, 윤리적인지, 도덕적인지 등의 가치들을 추론하는 형태를 띤다.

예: "가정폭력 생존자들을 위해서 이 개입보다 더 실험 연구상으로 경험적 지지를 받은 개입은 없다. 이는 이 문제를 다루는 데에 가장 맞는 방법이라는 것을 증명하며, 우리는 언제든 가정폭력의 생존자가 도움을 구할 때 이렇게 치료해야 한다."

## 유추의 오류

유추의 오류는 적어도 한 가지 측에서 잘못된 비교를 한 유추에 근거하여 주장하는 형태를 띤다.

예: "나는 적어도 이 건물 안의 다섯 명의 노련한 개업 상담자들이 홍보를 전혀 하지 않는데도 내담자 대기 명단을 가지고 있다는 걸 압니다. 그렇기 때문에 특히 이제 개업을 시작해서 예산이 매우 빠듯한 현 시점에서 홍보에 시간과 돈을 낭비한다는 것은 어리석은 짓 같습니다."

## 선결 문제 요구의 오류(begging the question)

이 오류는 순환 논리 오류 중 하나로, 관련 근거를 제공한다거나 논리를 펼치기보다는 그 자체의 진실을 단순하게 밝히거나 재반복하는 형태를 띤다.

예: 때때로 이 오류는 문자 그대로 "당신 아직도 그 끔찍한 홍보 전단지 쓰는 것을 관

두지 않았나요?"와 같은 질문의 형태를 띤다(이 질문은 '예'라고 대답하든 '아니요'라고 대답하든 당신의 홍보물이 끔찍하다는 것을 가정한다). 혹은 "왜 그렇게 말도 안 되는 상담료 책정 기준을 늘 지키는 건가요?"라는 질문도 있을 수 있다(이 질문은 그 개업 상담자가 상담료를 책정하는 방법이 말이 안 된다는 것을 가정한다). 가끔 이 오류는 "내 홍보 방법이 심리학적 서비스를 홍보하는 유일하게 효과적인 방법이라는 것을 부정할 수 없어요."라든가 "내가 사용하는 형식이 정보에 입각한 동의에 합법적으로 접근하는 유일한 방법이라는 것을 알아야 해요." 등의 진술문의 형태를 띠기도 한다. 가끔 이것은 "내 새로운 요금 청구 소프트웨어는 가장 효과적이에요. 왜냐하면 이것은 그러한 효율을 낼 수 있는 유일한 컴퓨터 요금 청구 프로그램이고, 이제껏 그렇게 높은 기능 수준에 도달한 유일한 프로그램이며, 작동을 잘 하는 유일한 프로그램이기 때문이죠."와 같은 논리적 주장으로 나타나기도 한다.

## 논리에 대한 논쟁(argument to logic)

논리에 대한 논쟁 오류는 그 제안을 뒷받침하는 논리가 틀렸기 때문에 그 제안도 틀렸다고 가정하는 형태를 띤다.

예: "나는 내 새로운 수영장과 탱고 레슨, 아루바에서의 휴가 비용을 사업 지출로 신고하는 것이 세법에 금지된다고 생각했지만, 나한테 그것들을 일러 준 동료 세 명이 모두 회계사도 아니었고, 최근 세금 규정을 읽어보지도 않았고, 내 상황을 정말 이해하지 못했기 때문에 그렇게 세금을 공제해도 분명 괜찮을 것이다."

# 윤리적인 합리화 피하기

# 14

# 윤리적인 합리화 피하기

복잡한 요구와 인건비, 지속되는 위험요소와 심리학자로서의 우리의 작업에서 자원의 한계에 당면했을 때 우리는 기본적인 윤리적 책임을 모르는 척함으로써 삶을 더 수월하게 만들고픈 지극히 인간적인 유혹을 경험하게 된다. 그러나 스스로를 비윤리적으로 보고 싶지 않거나 혹은 다른 사람들이 그렇게 보는 게 싫기 때문에 비윤리적인 행동을 정당화하고 시끄러운 양심을 잠재우기 위하여 보편적인 오류와 합리화를 사용한다. 이처럼 비윤리적인 행동을 가리려는 시도는, 전혀 윤리적이지 않음에도 불구하고, '윤리적인 규범 미달'이라고 불릴 수 있다. 이제껏 지켜온 우리의 직업 규범에 못 미치기 때문에 "규범 미달"이라고 부르는 것은 억제되고 완곡한 표현으로 보인다. 그러한 정당화는 심지어 가장 해롭고 비난을 받을 만한 행위조차도 윤리적이거나 적어도 유의미하지 않게 포장한다.

이러한 규범 미달 행위들은 너무나 많은 실제 심리상담에 해를 미치는데, 우리 모두는 적어도 한 번이나 그 이상 규범 미달 행위에 동참했을 수 있으며, 어쩌면 이 목록 이상으로 행동했을지도 모른다. 어떤 변명들이 터무니없거나 우스꽝스럽게 느껴진다면,

우리는 아직은 그 특정 합리화를 사용함으로써 위안을 받지 않았다는 뜻이 된다. 미래에 스트레스를 심하게 받는 어떤 순간이나, 너무 심한 유혹의 순간에, 그처럼 우스꽝스러웠던 짓들은 달콤한 확신을 주든지, 아니면 상당한 설득력을 얻을 것이다. 우리가 정당하지 못한 짓을 정당화시키기 위하여 보통 의지하는 규범 미달은 아래와 같다.

- 당신이 윤리에 대해 말하지 않는 한 이것은 비윤리적인 게 아니다. 일반 부정의 원칙(principle of general denial)이 여기서도 통한다. 즉, 당신이나 당신의 동료들이 심리 실제의 윤리적 측면을 언급하지 않는 한 어떤 행동도 비윤리적이라고 받아들여지지 않는다.
- 당신이 이것을 금지하는 법, 윤리 법칙, 전문가 규범을 모르는 한 이것은 비윤리적이지 않다. 이러한 규범 미달은 두 원칙을 아우른다. 구체적인 무지와 구체적인 글자 그대로의 해석. 구체적인 무지의 법칙은 비록 어떤 행위를 금지하는 법이 있더라도 당신이 그 법을 모르고 있으면 불법이 아니라는 것을 의미한다. 글자 그대로의 해석이란 당신이 어떤 특정 사건의 구체적인 언급을 어떤 법적, 윤리적, 혹은 직업 규범에서도 찾을 수 없는 한 이것은 윤리적인 것이다. 가끔 절박한 순간에 불행히도 직업 규범에 특정 사건이 언급되어 있고 당신이 그것을 안다고 해도, 그 규범이 당신의 이론적 지향을 언급하지 않는 한 당신의 행위는 여전히 윤리적이다. 그러므로 공식적인 규범이 내담자와의 성적 접촉이나 비밀보장원칙 위반이나 내담자를 실제로 만나보지 않고 내리는 진단을 금지한다고 하더라도, 행동주의적, 인간중심적, 혹은 정신역동적인 상담자는 그 규범이 뚜렷하게 행동주의적, 인간중심적, 정신역동적 치료를 언급하지 않는 한, 그러한 행위에 정당하게 가담해도 된다.
- 당신이 지금 여기서 당장 똑같은 짓을 한 상담자들을 적어도 다섯 명을 떠올릴 수 있다면 비윤리적인 것이 아니다(아마도 당신이 알지 못하거나, 혹은 시간만 있다면 이름을 생각해낼 수 있는 다른 사람들이 수도 없이 많을 것이다).
- 당신 내담자 중 아무도 그것에 대해 불평한 적이 없다면 비윤리적인 것이 아니다.
- 당신 내담자가 당신이 그렇게 하도록 원하는 한 비윤리적인 것이 아니다.
- 당신 내담자의 조건이 당신의 치료를 너무 어렵고, 문제투성이고, 위험하게 만들었다면, 당신이 무슨 짓을 했든 그것은 비윤리적이지 않다(물론, 실제로 무슨 짓을

했다고 절대로 인정하지 말라).

- 그날 당신이 정말로 상태가 안 좋았고, 그래서 당신의 원래 능력 수준대로 수행할 수 없을 정도였다면, 그것은 비윤리적인 것이 아니다. 공정한 사람들이라면 당신이 심각한 스트레스를 받고 있을 때 한 행동의 책임을 당신에게 묻지 않을 것이다. 다른 모든 강력한 요인과 함께 당신의 스트레스가 그 일의 책임을 져야 한다.

- 당신이 알고 있는 윤리위원회 중 한 명이 언젠가 한 번 그 비슷한 일에 대해서 문제 없다는 의견을 냈다는 것을 알았더라도 그것은 비윤리적이지 않다.

- 심리 실무의 열악한 현실성을 이해하지 못하는 사람들이 그러한 법적, 윤리적, 전문가 규범을 만들었다는 것을 당신이 확신한다면 비윤리적이지 않다.

- 당신이 그런 강제 규범에 관련된 사람들(예: 자격위원회나 행정법 판사들)이 부정직하고, 멍청하고, 극단적이라는 것을 안다면, 혹은 중요한 의미에서 당신과 다르다는 걸 안다면, 혹은 당신에 맞서 음모를 꾸민다는 걸 확신하는 한 당신은 비윤리적이지 않다.

- 그 행동이 더 높은 소득이나 이득을 가져왔다면 비윤리적이지 않다.

- 새로운 방법으로 문제를 해결하는 것이 더 간단하다고 해서 비윤리적이지 않다.

- 아무도 그 일을 알아내지 못했다면, 아니면 누군가 알았지만 별로 신경 쓰지 않는다면 비윤리적이지 않다.

- 당신이 다른 윤리 규범들을 거의 모두 지켰다면 그 일은 비윤리적이지 않다. 이는 즉, 다른 더 중요한 규범들이 지켜지는 한 누구나 한두 개의 윤리 규범쯤은 필연적으로 어길 수 있다는 것을 의미한다. 만약의 경우라면 굵직한 규범들을 준수하기만 한다면 괜찮다. 매우 긴급한 상황이라면, 당신 인생에서 언젠가 어떤 상황에서 윤리 법칙 중 하나라도 지켰거나, 혹은 지키려고 생각이라도 했다면 이는 충분히 괜찮다.

- 해를 가할 의도가 없었다면 비윤리적이지 않다.

- 전세계 보편적으로 받아들여지는 본체가 없고 당신이 한 행동이 내담자가 받은 피해의 유일한 원인이라는 점을 의심의 여지 없이 증명하는 과학적 연구가 없는 한 그 일은 비윤리적이지 않다. 이는 해충이 주는 심각한 위기로부터 텍사스 시민을 보호할 임무를 맡은 텍사스 해충 규제 위원회가 생생하고 간결하게 말하는 것이

다. 해충을 죽이는 용도의 약물인 Chlordane에 대한 논의에서 한 멤버가 말했다. "물론 이는 많은 사람을 죽일 겁니다. 그렇지만 그들은 또한 어디서든 어떤 이유로 든 죽을 수 있습니다." ("관점", 뉴스위크, 4월 23일, 1990, p. 17)

- 당신이 그 행동을 두 번 이상 저지를 의도가 없는 한 비윤리적이지 않다.

- 당신이 그 행동을 저질렀다고 누구도 증명할 수 있는 한 비윤리적이지 않다.

- 당신이 중요한 인간이 아닌 한 비윤리적이지 않다. 이 맥락에서의 중요성에 대한 기준은 부유하고, 널리 알려져 있고, 많은 저서를 출판했고, 종신 재직권을 얻었 고, 거대한 심리상담 사업을 운영하고, 생각이 비슷한 사람들의 추종을 얻고 있다 고 생각하고, 텔레비전 토크 쇼에 나올 정도로 광범위하게 유행하는 새로운 진단 명을 적어도 다섯 개 발견했거나 거기에 이름을 붙였는지 등의 여부이다. 사실 당 신이 그냥 중요하다고 생각한다면, 그 근거를 찾는 데에 문제가 없을 것이다.

- 당신이 바쁜 한 비윤리적이지 않다. 당신이 그렇게 업무부하량이 많고 책임감이 막중한데, 모든 내담자에게 정보에 입각한 동의를 얻고, 안전한 곳에 회기기록을 보관하고 심리평가를 면밀히 수행하고, 모든 사소한 법들을 지키리라고 어느 누가 기대할 수 있겠는가?

# 맺음말

많은 심리학자에게 전문 분야를 살린 개업을 위한 실질적인 정보와 조언을 얻는 것은 생소한 일이다. 심리학자들은 대학원과 인턴십 과정이라는 지지적이면서도 도전적인 시스템을 통해 많은 것을 배운다. 심리학의 이론과 기법을 익히고 스승과 슈퍼바이저, 멘토 등을 통해 성장하고 발전한다. 또한 훈련 과정 내내 심리학의 과학적, 학문적 지식과 상담 기법은 확장되고 깊어지며 해마다 자격시험을 포함한 갖가지 시험들은 우리가 심리학 이론과 연구들을 이해하고 있고, 심리평가를 수행할 때에나 상담을 제공할 때 무엇을 해야 하는지를 확인시켜주는 역할을 한다.

하지만 이와는 별개로, 사업 원칙, 홍보, 그 외 이 사업이 성공할지 실패할지 여부를 결정하는 실질적인 측면에 대한 공식적 교육 경험은 비교적 부족한 편이며 많은 심리학자가 준비되지 않은 채로 개업을 시작한다. 이들이 할 수 있는 것은 다만 실제로 부딪혀가며 시도와 실패의 반복을 통해 할 수 있는 한 최선을 다하는 것뿐이다. 이렇듯 심리학자들이 별다른 안전망 없이 개업에 뛰어드는 것은 안타까운 일이다.

그럼에도 여전히 많은 이에게 개업 심리상담은 주요, 또는 유일한 수입원이다. 우리는 임상 훈련과 지식, 기법에서의 수준과 개업 상담 실무의 실질적 측면에 대한 훈련과 지식, 기법에서의 수준이 차이가 나서 어려움을 겪는 현장의 심리학자들에게 정보와 아이디어, 자원을 집대성한 이 책이 도움이 되기를 바란다. 비록 이 책의 특정 제안들(예: 사업 계획 짜기, 문제 발생 전에 변호사 섭외하기, 지원망 구축하기 등)이 당신과 당신의 상담 실제에 적합하지 않더라도, 이 자료들이 당신에게 가장 적합한 과정을 고안하는 데에 도움이 되었으면 좋겠다.

우리는 사설 심리상담소 개업이 단순히 내담자를 상담하거나 자문하는 것 이상이라고 본다. 이 또한 사업이기 때문에, 아무리 숙련된 상담자가 개인 상담소를 세우고 확장시키고 유지하려고 해도, 사업 원칙이나 다른 실제적 측면에 대한 훈련이나 지식, 기법이 부족하면 일이 잘 되지 않거나 심지어 망할 수 있다.

또한 사설 심리상담소 개업은 대부분의 심리학자들에게 사업 이상의 의미를 가진다. 즉, 이는 우리가 우리의 시간과 인생을 그곳에 바치겠노라 선택한 것이며, 단순한 경제적 활동만을 뜻하지는 않는다. 따라서 이 일은 우리에게 즐거움, 의미, 성취감 등을 안겨줄 수 있을 것이다. 하지만 때로는 우리를 소진시킬 수도 있다. 심리상담 실제가 상담자의 삶에 돌려주는 것보다 삶에서 앗아가는 게 더 많아지게 될 수도 있다는 말이다. 우리는 이 책의 정보, 아이디어, 자원들이 그러한 처지에 봉착한 상담자들에게 변화를 가져다주기를 희망한다. 개업 심리상담을 시작, 확장, 강화, 재고하고, 방향을 재설정하고, 향상시키고 싶은 모든 상담자에게 이 책이 유익한 도구와 안내자, 지지자가 되어주기를 바란다.

# 캐나다와 미국 내의
# 심리학 면허인증 위원회 연락처

## 캐나다

Alberta

College of Alberta Psychologists

10123-99 Street, 2100 Sunlife Place

Edmonton, AB T5J 3H1

(780) 424-5070


British Columbia

College of Psychologists of British Columbia

1755 West Broadway, Suite 404

Vancouver, BC V6J 4S5

(604) 736-6164


Manitoba

Psychological Association of Manitoba

162-2025 Corydon Ave, #253

Winnipeg, MB R3P 0N5

(204) 487-0784


New Brunswick

College of Psychologists of New Brunswick

238 St. George Street, Suite 5

Moncton, NB E1C 1V9

(506) 382-1994


Newfoundland

Newfoundland Board of Examiners in Psychology

P.O. Box 5666, Station C

St. John's, NL A1C 5W8

(709) 579-6313


Nova Scotia Board of Examiners in Psychology

Halifax Professional Centre, Suite 455

5991 Spring Garden Road

Halifax, Nova Scotia B3H 1Y6

(902) 423-2238


Ontario

The College of Psychologists of Ontario

L'Ordre des Psychologues de L'Ontario

110 Eglinton Avenue West, Suite 500

Toronto, Ontario M4R 1A3

(416) 961-8817

Prince Edward Island Psychologists Registration Board

Registrar–Dr. Philip Smith,

Department of Psychology

University of Prince Edward Island

Charlottetown, PE C1A 4P3

(902) 566-0549


Quebec

Ordre des Psychologues du Quebec

1100, rue Beaumont #510

Mont–Royal, Quebec H3P 3H5

(514) 738-1881, ext. 225


Saskatchewan

Saskatchewan College of Psychologists

348 Albert Street

Regina, SK S4R 2N2

(306) 352-1699


# 미국


Alabama Board of Examiners in Psychology

660 Adams Avenue, Suite 360

Montgomery, AL 36104

(334) 242-4127


Alaska Board of Psychologist and Psychological Associate Examiners

333 Willoughby Avenue, 9th Floor, SOB

P. O. Box 110806

Juneau, AK 99811-0806

(907) 465-3811


Arizona Board of Psychologist Examiners

1400 West Washington, Room 235

Phoenix, AZ 85007

(602) 542-8162


Arkansas Board of Psychology

101 East Capitol, Suite 415

Little Rock, AR 72201

(501) 682-6168


California Board of Psychology

1422 Howe Avenue, Suite 22

Sacramento, CA 95825-3200

(916) 263-2696


Colorado Board of Psychologist Examiners

1560 Broadway, Suite 880

Denver, CO 80202

(303) 894-7768


Connecticut Board of Examiners of Psychologists

Department of Public Health

P.O. Box 340308

410 Capitol Avenue, MS# 12APP

Hartford, CT 06134

(860) 509-7603

Delaware Board of Examiners of Psychology

861 Silver Lake Boulevard, Cannon Building, Suite 203

Dover, DE 19904

(302) 739-4522, ext. 220

District of Columbia Board of Psychology

825 North Capitol Street NE. Suite 2224

Washington, DC 20002

(202) 442-4766

Florida Board of Psychology

4052 Bald Cypress Way, Bin #C05

Tallahassee, FL 32399-3255

(850) 245-4373

Georgia State Board of Examiners of Psychologists

237 Coliseum Drive

Macon, GA 31217-3858

(478) 207-1670

Hawaii Board of Psychology

Department of Commerce and Consumer Affairs

335 Merchant Street

Honolulu, HI 96813

(808) 586-2693

Idaho Board of Psychologist Examiners

Bureau of Occupational Licenses

1109 Main Street, Suite 220

Boise, ID 83702

(208) 334-3233

Illinois Clinical Psychologists Licensing & Disciplinary Committee

Division of Professional Regulation

320 West Washington Street, 3rd Floor

Springfield, IL 62786

(217) 782-0458

Indiana State Psychology Board

Health Profession Bureau

402 W. Washington Street., Suite W066

Indianapolis, IN 46204

(317) 234-2057

Iowa Board of Psychology Examiners

Department of Public Health

321 East 12th Street, Lucas State Office Building,-5th Floor

Des Moines, IA 50319-0075

(515) 281-4401

Kansas Behavioral Sciences Regulatory Board

712 S. Kansas Avenue

Topeka, KS 66603-3817

(785) 296-3240


Kentucky State Board of Examiners of Psychology

P.O. Box 1360

Frankfort, KY 40602-0456

(502) 564-3296, ext. 225


Louisiana State Board of Examiners of Psychologists

8280 YMCA Plaza Drive

One Oak Square, Building 8-B

Baton Rouge, LA 70810

(225) 763-3935


Maine Board of Examiners of Psychologists

35 State House Station

Augusta, ME 04333-0035

(207) 624-8600


Maryland Board of Examiners of Psychologists

4201 Patterson Avenue

Baltimore, MD 21215-2299

(410) 764-4787


Massachusetts Board of Registration of Psychologists

Division of Registration

239 Causeway Street

Boston, MA 02114

(617) 727-0592

Michigan Board of Psychology
P.O. Box 30670
Lansing, MI 48909
(517) 335-0918

Minnesota Board of Psychology
2829 University Avenue SE, Suite 320
St. Paul, MN 55414-3237
(612) 617-2230

Mississippi Board of Psychology
419 E. Broadway
Yazoo City, MS 13769
(662) 716-3934

Missouri State Committee of Psychologists
3605 Missouri Boulevard
Jefferson City, MO 65109
(573) 751-0099

Montana Board of Psychologists
301 South Park Avenue, Room 430
Helena, MT 59620-0513
(406) 841-2394

Nebraska Board of Psychologists

301 Centennial Mall South, 3rd Floor

P.O. Box 94986

Lincoln, NE 68509–4986

(402) 471–2117

State of Nevada Board of Psychological Examiners

P.O. Box 2286

Reno, NV 89505–2286

(775) 688–1268

New Hampshire Board of Mental Health Practice

49 Donovan Street

Concord, NH 03301

(603) 271–6762

New Jersey State Board of Psychological Examiners

P.O. Box 45017

Newark, NJ 07101

(973) 504–6470

New Mexico Board of Psychologist Examiners

2550 Cerrillos Road

Santa Fe, NM 87505

(505) 476–4607

New York State Board for Psychology

New York State Education Department

Office of the Professions

89 Washington Avenue, 2nd Floor, East Wing

Albany, NY 12234-1000

(518) 474-3817 ext. 150


North Carolina Psychology Board

895 State Farm Road, Suite 101

Boone, NC 28607

(828) 262-2258


North Dakota State Board of Psychologist Examiners

P.O. Box 7458

Bismark, ND 58507-7458

(701) 250-8691


Ohio State Board of Psychology

77 S. High Street, Suite 1830

Columbus, OH 43215-6108

(614) 466-8808


Oklahoma State Board of Examiners of Psychologists

201 NE 38th Terrace, Suite 3

Oklahoma City, OK 73105

(405) 524-9094


Oregon State Board of Psychologist Examiners

3218 Pringle Road. SE, Suite 130

Salem, OR 97302-6309

(503) 378-4154

Pennsylvania State Board of Psychology

2601 N. 3rd Street

Harrisburg, PA 17110

(717) 783-7155, ext. 3


Rhode Island Board of Psychology

Office of Health Professionals Regulations

Cannon Building

3 Capitol Hill, Room 104

Providence, RI 02908-5097

(401) 222-2827


South Carolina Board of Examiners in Psychology

P.O. Box 11329

Columbia, SC 29211-1329

(803) 896-4664


South Dakota Board of Examiners of Psychologists

135 East Illinois, Suite 214

Spearfish, SD 57783

(605) 642-1600


Tennessee Board of Examiners in Psychology

425 5th Avenue North

First Floor, Cordell Hull Building

Nashville, TN 37243

(615) 532-5127

Texas State Board of Examiners of Psychologists

333 Guadelupe, Tower 2, Room 450

Austin, TX 78701

(512) 305-7700


Utah Psychologist Licensing Board

Division of Occupational & Professional Licensing

160 E. 300 S, Box 146741

Salt Lake City, UT 84114-6741

(801) 530-6628


Vermont Board of Psychological Examiners

Office of Professional Regulation

26 Terrace Street

Montpelier, VT 05609-1106

(802) 828-2373


Virgin Islands

Executive Secretary to Medical Boards

Office of the Commissioner

Roy L. Schneider Hospital

St. Thomas, VI 00801

(340) 776-8311 ext. 5078


Virginia Board of Psychology

6603 West Broad Street, 5th Floor

Richmond, VA 23230-1717

(804) 662-9913

Washington State Examining Board of Psychology

Department of Health

P.O. Box 47869

Olympia, WA 98504–7869

(360) 236–4912


West Virginia Board of Examiners of Psychologists

P.O. Box 3955

Charleston, WV 25339–3955

(304) 558–3040


Wisconsin Psychology Examining Board

Department of Regulation & Licensing

Bureau of Health Service Professions

P.O. Box 8935

Madison, WI 53708–8935

(608) 266–2112


Wyoming State Board of Psychology

2020 Carey Avenue, Suite 201

Cheyenne, WV 82002

(307) 777–6529

부록 B

# APA(미국 심리학회) 심리학자의 윤리 원칙과 행동 강령

## 차례

1.01    심리학자들의 직무의 오용

1.02    윤리와 법, 규제, 기타 법적 권위 간의 갈등

1.03    단체의 요구와 윤리 간의 갈등

1.04    윤리적 침해의 비공식적(비격식적) 해결

1.05    윤리적 침해의 보고

1.06    윤리위원회와의 협력

1.07    부적절한 소송

1.08    원고와 피고에 대한 부당한 차별


2.      역량

2.01    역량의 범위

2.02    긴급 상황 시의 서비스 제공

2.03    역량의 유지

2.04    과학적, 전문적 판단의 근거

2.05    타인에게 업무의 위임

2.06    개인적 문제와 갈등


3.      인간관계

3.01    부당한 차별

3.02    성희롱

3.03    그 외 괴롭힘

3.04    피해 방지

3.05    다면적 관계

3.06    이해의 충돌

3.07    제3자의 서비스 요청

3.08    착취관계

3.09    다른 전문가와의 협력

3.10    정보에 입각한 동의

7.      교육 및 훈련

7.01    교육과 훈련 프로그램 고안

7.02    교육과 훈련 프로그램 세부사항

7.03    교육의 정확성

7.04    학생의 개인 정보 공개

7.05    필수 개인 또는 집단 상담

7.06    학생 및 슈퍼바이저의 실적 평가

7.07    학생 및 슈퍼바이저와의 성적 관계


8.      연구 및 출판

8.01    기관 승인

8.02    연구에 대한 동의

8.03    연구상의 녹음 및 녹화에 대한 동의

8.04    내담자/환자, 학생 및 종속된 연구 참여자

8.05    연구를 위한 사전 동의 생략

8.06    연구 참여자 유도를 위한 유인책 제공

8.07    연구상의 사기

8.08    디브리핑

8.09    연구상의 인도적인 동물 돌봄과 사용

8.10    연구결과의 보고

8.11    표절

8.12    출판 크레딧(참여한 사람들 명단)

8.13    자료의 이중출판

8.14    검증을 위한 연구 자료의 공유

8.15    검토자


9.      평가

9.01    평가의 근거

## 도입과 적용

미국 심리학회(APA)의 심리학자들을 위한 윤리 원칙과 행동 강령(여기부터 윤리 강령이라 한다)은 도입부와 서문, 다섯 개의 일반 원칙(A-E)과 구체적인 윤리 기준으로 이루어져 있다. 도입부에서는 윤리 강령의 의도, 구조, 절차상 고려사항, 적용방법에 대해 논한다. 서문 및 일반 원칙은 심리학자들에게 깊이 있는 심리학적 이상에 대해 안내하기 위하여 쓰여졌다. 서문과 일반 원칙은 당위적인 규칙은 아니지만 윤리적 행동을 취해야 하는 상황에서 심리학자들이 꼭 고려해야 하는 것들이다. 윤리적 기준은 심리학자로서의 행동을 위한 당위적 규칙을 제시한다. 또한 윤리 기준의 적용은 상황에 따라 달라질 수 있기는 하지만, 대부분의 윤리 기준은 다양한 위치에 있는 심리학자들에게 적용 가능하도록 개략적으로 쓰여 있다. 하지만 모든 윤리 기준은 완벽하게 정리되어 있는 것은 아니다. 따라서 어떤 행동이 윤리 기준에 의해 구체적으로 규정되어 있지 않다고 해서, 그것이 반드시 윤리적이거나 비윤리적이라고 말할 수는 없다.

이 윤리 강령은 심리학자로서의 과학적, 교육적, 직업적 활동에만 적용된다. 그것의 범위는 심리학 임상, 상담, 학교 실습, 연구, 교수, 실습생 지도, 공공 서비스, 정책 개발, 사회적 중재, 평가 도구의 개발, 수행평가, 교육 상담, 조직 상담, 법의학적 활동, 프로그램 기획과 평가, 행정 등을 포함한다. 또한 대면 상담이나 우편, 텔레비전, 인터넷, 기타 전자 매체 등의 다양한 상황에서 적용된다. 이러한 활동들은 윤리 강령의 범위에 포함되지 않는 심리학자들의 순전히 사적인 생활과 구분될 필요가 있다.

APA 멤버십은 그 멤버와 가입하는 학생들에게 APA 윤리 강령의 기준과 그 기준을 준수하기 위해 필요한 규칙과 절차를 따르도록 한다. 윤리 기준에 대한 인식부족이나 오해 자체가 비윤리적 행동에 따르는 책임에 대한 변명이 될 수 없다.

비윤리적 행동에 대한 신고, 조사, 해결 절차는 APA 윤리위원회의 현 규칙과 절차에 명시되어 있다. APA는 그 멤버에게 윤리 강령의 기준을 위반한 데에 대한 제재를 가할 수 있고, 그 제재에 대해 다른 기관이나 개인에게 통보할 수 있다. 윤리 강령의 기준을 위반한 행동은 그 위반한 사람이 APA 멤버인지 아닌지와 상관없이 심리학회, 그 외 전문가 그룹, 심리학회 이사회, 다른 주나 연방 기관 또는 의료서비스 지불인을 포함한 APA가 아닌 기관들에 의해 제재를 받을 수 있다. 또한, APA는 그 멤버가 중죄를 범한 후 그가 가입된 주 심리학회로부터 제명하거나 유예할 수 있고, 면허를 빼앗거나 정지시킬 수도 있다. APA에 의해 가해진 제재가 제명 이하의 제재일 경우 2001 규칙 및 절차는 직접 해명의 기회를 보장하지 않고, 일반적으로 제출된 기록에 근거하여 문제를 해결하도록 한다.

윤리 강령은 심리학자들에게 APA와 그 심리학자들을 채용하려는 그 외의 기관들에게 적용 가능한 전문적 행동의 기준과 안내를 제공하려는 것을 목표로 한다. 윤리 강령은 민사 책임의 기준으로 쓰이려고 만들어진 것은 아니다. 따라서 심리학자가 윤리 강령의 기준을 위반한 것 자체가 그가 법적 책임이 있는지, 계약이 유효한지, 다른 법적 결과가 발생할 수 있는지 등을 결정하는 것은 아니다.

몇몇의 윤리 강령의 기준에 쓰인 수식어(예: 합리적으로, 적절한, 잠재적으로)는 (1) 심리학자들의 전문가로서의 판단에 맡길 때 (2) 이러한 수식어 없이 발생할 수 있는 부당성 또는 불평등을 없애기 위해 (3) 심리학자가 행하는 광범위한 활동에 적용할 수 있도록 하기 위해 (4) 시대에 뒤처지기 쉬운 융통성 없는 규칙을 방지하기 위해 기준에 포함된다. 이 윤리 강령에 쓰였듯이, '합리적인'이라는 용어는 비슷한 상황에서 비슷한 활동에 종사하는 심리학자들이 통상적 지식을 가졌을 때 지배적으로 내릴 만한 전문적 판단을 의미한다.

심리학자들은 그들의 전문적 행동에 관련해 의사 결정을 하는 과정에서 적용 가능한 법과 심리학회 이사회의 규제들과 더불어 이 윤리 강령을 고려해야 한다. 이 윤리 강령을 업무상에서 적용할 때, 심리학자들은 과학적이고 전문적인 심리학 관련 단체에 의해 채택되거나 인정받은 다른 자료나 지침들을 고려할 수 있고, 본인의 양심에 따라 혹은 같은 분야에 있는 다른 전문가들과 상의할 수도 있다. 만약 이 윤리 강령이 법으로 요구되는 것보다 더 높은 차원의 행동 기준을 요구한다면, 심리학자는 더 높은 윤리적 기준을 충족시켜야 한다. 만약 심리학자의 윤리적 책임이 법, 규제나 다른 법적 권위와 충돌이 일어난다면, 심리학자는 자신이 이 윤리 강령을 준수함을 알리고, 합당한 방법으로 이 충돌을 해결할 방법을 찾아야 한다. 만약 그 충돌이 그런 방법으로 해결할 수 없다면, 심리학자는 인간권리의 기본 원칙에 따라 법, 규제, 또는 다른 법적 권위의 요구를 따를 수 있을 것이다.

## 서문

심리학자는 인간행동에 대한 과학적이고 전문적인 지식을 쌓고, 사람들이 자신과 타인을 더 잘 이해하도록 도우며, 개인, 집단 및 사회적 상황을 개선하도록 지식을 사용하는 데에 전념한다. 또한 연구, 교육, 출판에 임할 때 시민권과 인권, 연구 및 표현의 자유의 중요성을 존중하고 보호한다. 그들은 대중이 인간의 행동에 관련하여 잘 알고 판단하고 선택하도록 돕기 위해 노력한다. 그러기 위해서 그들은 연구자, 교육자, 분석가, 치료자, 슈퍼바이저, 상담자, 관리자, 사회 중재자, 전문가 증인 등의 많은 역할을 수행한다. 이 윤리 강령은 심리학자들이 전문적, 과학적 업무를 전개할 때 일반적인 원칙과 기준의 기반을 제공한다.

이 윤리 강령은 심리학자들이 당면할 수 있는 대부분의 상황을 다루는 구체적인 기준들을 제공하는 것을 목적으로 한다. 또한 이 윤리 강령의 목표는 심리학자들이 함께 일하게 될 개인 및 집단을 보호하고 복지를 향상시키며, 이 분야의 윤리적 기준에 관련하여 그 멤버와 학생과 대중들을 교육시키는 것이다.

이러한 심리학자의 전문적 행동에 대한 윤리적 기준들이 발전하기 위해서는 윤리적으로 행동하고, 학생이나 슈퍼바이저, 피고용인, 동료에게 윤리적 행동을 장려하며, 윤리적 문제와 관련해 다른 이들의 자문을 구하는 일에 대한 개인적인 헌신과 평생의 노력이 필요하다.

## 일반 원칙

이 부분은 일반 원칙들로 구성되어 있다. 일반 원칙은 윤리 기준과는 달리 사실상 매우 높은 이상을 가지고 있다. 그것의 의도는 심리학자들이 직업상의 높은 윤리적 이상을 추구하도록 지도하고 고무시키는 것이다. 윤리 기준과 달리 일반 원칙은 의무를 명시하지 않으며 제재를 가하는 근거를 마련해서도 안 된다. 의무나 처벌을 위하여 일반 원칙을 이용하게 된다면 그것은 일반 원칙의 의미와 목적을 왜곡시키는 것이다.

### 원칙 A: 자선과 무해성
심리학자들은 그들이 상담하게 되는 이들에게 유익을 주기 위해 노력하고 어떠한 해도 끼치지 않도록 돌본다. 직업적 행위에서 심리학자들은 그들이 전문적으로 교류하는 이들 및 다른 관계자들의 복지와 권리를 지키기 위해 노력하고, 연구에 사용되는 동물의 복지에도 신경을 쓴다. 만약 심리학자들의 의무나 책임 사이에서 충돌이 생긴다면,

그들은 피해를 피하거나 극소화시킬 수 있는 가장 책임감 있는 방법으로 그 충돌을 해결하도록 애쓴다. 심리학자들의 과학적이고 전문적인 판단과 행동은 다른 이들의 삶에 영향을 줄 수 있기 때문에 자신들의 영향력을 남용할 수 있는 개인적, 재정적, 사회적, 조직적, 정치적 요인을 경계한다. 또한 자신들의 신체적, 정신적 건강이 만나는 내담자/환자들을 돕기 위한 능력에 미칠 수 있는 영향에 대해 민감할 수 있도록 노력한다.

### 원칙 B: 신의와 책임

심리학자들은 내담자/환자들과 신뢰관계를 구축하며 자신들이 일하고 있는 특정 공동체나 사회에의 전문적, 과학적 책임에 대해 알고 있다. 심리학자들은 행동의 전문적 기준을 유지하고, 그들의 전문적 역할과 의무를 명확히 하며, 그들의 행동에 대한 적절한 책임을 받아들이고, 착취나 피해를 일으킬 수 있는 이해의 충돌을 조정한다. 심리학자들은 그들이 함께 작업하고 있는 내담자/환자들에게 최대한의 유익을 주기 위해 다른 전문가나 기관들과 상담하고 협력한다. 그들은 동료들의 과학적이고 전문적인 행동의 윤리적 준수에 대해 고려한다. 심리학자들은 적은 보수나 무보수로 또는 개인적 이익 없이 전문적으로 일하는 시간의 일부를 기여하도록 애쓴다.

### 원칙 C: 진실성

심리학자들은 심리학 분야의 학문, 교수, 실무에 있어서 정확성과 정직성, 신뢰성을 고취하도록 한다. 이러한 활동을 함에 있어 심리학자들은 훔치거나 속이지 말아야 하고 사기, 속임수, 의도적으로 사실을 왜곡하여 전달하는 일을 저지르거나 연루되어서는 안 된다. 심리학자들은 그들의 약속을 지키고, 불분명하고 현명치 못한 약속은 피한다. 유익을 최대화하고 피해를 최소화하기 위해서 속임수가 윤리적으로 타당할 때에도, 심리학자는 속임수의 필요성 및 예상되는 결과들을 고려하고, 그러한 기법을 사용함으로써 초래될 수 있는 불신과 기타 해로운 결과를 바로잡기 위한 자신들의 책임을 유념해야 한다.

### 원칙 D: 공정성

심리학자들은 공평성과 공정성이 모든 사람으로 하여금 심리학이 주는 혜택을 누리고 그 혜택에 참여할 수 있도록 해야 하며, 또한 심리학자들이 행하는 서비스의 과정과 절차상의 동등한 질을 보장해야 한다는 것을 인식한다. 심리학자는 합리적인 판단을 행하고, 그들의 잠재적인 편견과 역량의 범위, 전문지식의 한계가 불공정한 상담을 야기하지 않도록 예방 조치를 해야 한다.

### 원칙 E: 인권과 존엄성에 대한 존중

심리학자들은 모든 사람의 존엄성과 가치, 개인의 사생활과 비밀보장, 스스로 판단할 수 있는 권리를 존중한다. 심리학자들은 자주적인 의사 결정을 어렵게 하는 취약성을 지닌 개인이나 공동체의 경우, 그들의 권리와 복지를 보호하기 위한 특별한 안전장치가 필요하다는 것을 인지한다. 심리학자들은 연령, 성별, 성 정체성, 인종, 민족성, 문화, 국적, 종교, 성적 지향, 장애, 언어, 사회 경제학적 지위를 근거로 한 문화적, 개인적 차이와 역할의 차이를 인식하고 존중하며, 그러한 집단을 대상으로 일하게 될 때 이러한 요소들을 고려한다. 심리학자들은 그러한 요소들에 근거한 편견이 자신의 업무에 영향을 주지 않도록 노력하고, 편견에 근거한 행위에 고의적으로 참여하거나 그것을 용납하지 않는다.

## 윤리적 기준

### 1. 윤리적 쟁점의 해결

1.01 심리학자들의 직무의 오용. 심리학자들은 자신의 직무가 잘못 사용되거나 전달되었음을 알게 되었을 때, 그들은 오용과 와전을 극소화하기 위한 합리적인 조치를 취한다.

1.02 윤리와 법, 규제, 기타 법적 권위 간의 갈등. 만약 심리학자의 윤리적 책임이 법이나 규제나 다른 법적 권위와 갈등을 일으키게 된다면, 심리학자들은 윤리 강령을 이행해야 하는 책임에 대해 알리고, 갈등을 해소하기 위한 조치를 취한다. 만약 그러한 방법으로도 갈등이 해소되지 않을 때, 심리학자들은 법이나 규제나 다른 법적 권위들의 요구에 따르도록 한다.

1.03 단체의 요구와 윤리 간의 갈등. 만약 심리학자가 소속되거나 일하고 있는 단체의 요구와 윤리 강령이 갈등을 일으킬 때, 심리학자들은 그 갈등의 본질을 분명히 하고, 이 윤리 강령에 대한 이행의 책임을 알리고, 실현 가능한 범위 내에서 이 윤리 강령이 허용하는 방법으로 갈등을 해소한다.

1.04 윤리적 침해의 비공식적(비격식적) 해결. 다른 심리학자가 윤리적 위반을 했다고 믿을 때, 비공식적인 해결방법이 보다 적절해 보이고, 이러한 중재가 관계된 사생활 보호의 권리를 위반하지 않는다면, 심리학자는 그 당사자에게 그 점을 알려줌으로써 그 문제를 해결하려고 시도해야 한다(기준 1.02 윤리와 법, 규제, 기타 법적 권위 간의 갈등, 1.03 단체의 요구와 윤리 간의 갈등을 참조하라).

1.05 윤리적 침해의 보고. 만약 어떤 명백한 윤리적 위반이 개인이나 단체에게 상당한 피해를 입혔거나 상당한 피해를 입힐 것처럼 보일 때 기준 1.04, '윤리적 침해의 비공식적 해결' 하에서와 같은 비공식적 해결이 적합하지 않거나 그런 방식으로 적절하게 해결되지 않을 때, 심리학자들은 그 상황에 적절한 조치를 취해야 한다. 그러한 조치에는 전문가 윤리에 관련한 주나 국가 위원회, 주 면허 이사회나 합당한 기관 당국에 보고하는 것이 포함된다. 이 기준은 중재가 사생활 보호 권리를 침해하거나 심리학자가 문제가 제기된 다른 심리학자의 직업상의 행위를 검토하는 동안에는 적용되지 않는다(기준 1.02 윤리와 법, 규제, 기타 법적 권위 간의 갈등을 참조하라).

1.06 윤리위원회와의 협력. 심리학자는 APA나 그들이 속해 있는 모든 주 심리학위원회의 윤리 조사, 소송 절차, 결과 요구조건에 협조한다. 그러기 위해서 그들은 모든 기밀 유지 사안에 대해 다룬다. 비협조 자체가 윤리 위반이다. 하지만 소송의 결과가 나올 때까지 윤리 소송 판결의 연기를 신청하는 것은 비협조라고 하지 않는다.

1.07 부적절한 소송. 심리학자들은 혐의를 반증할 수 있는 사실을 부주의하게 간과하였거나 고의적으로 묵살했을 경우 생긴 윤리적 항의는 제기하지 않으며, 제기하도록 장려하지 않는다.

1.08 원고와 피고에 대한 부당한 차별. 심리학자는 어떤 개인이 윤리 소송의 대상이 되었다는 것 자체로 그 사람의 고용, 출세, 학교나 다른 기관의 입학 허가, 종신

재직이나 승진에 영향을 끼치지 않는다. 그렇지만 소송 절차의 결과에 근거해 조치를 취하거나 다른 적절한 정보를 고려하는 것까지 배제되는 것은 아니다.

## 2. 역량

2.01 역량의 범위. (a) 심리학자들은 그들의 교육과 훈련, 감독을 받은 경험, 상담, 공부나 전문적 경험에 근거한 그들의 역량의 범위에 해당하는 인구와 지역 내에서만 서비스를 제공하고, 가르치고, 연구를 행한다.

(b) 심리학자들은 서비스나 연구를 효과적으로 수행하기 위해 연령, 성별, 성정체성, 인종, 민족성, 문화, 국적, 종교, 성적 지향, 장애, 언어나 사회 경제적 지위와 관련한 요인에 대한 이해가 매우 중요할 때, 그들의 서비스의 역량을 보장하기 위해 필요한 훈련이나 경험, 상담이나 개인지도를 받고, 그렇지 않으면 (기준 2.02의 상황—긴급 상황 시의 서비스 제공—을 제외하고) 그 일에 맞는 사람을 소개한다.

(c) 심리학자들은 새로운 인구 집단이나 지역, 기술에 대하여 서비스를 제공하거나 가르치거나 연구를 행하고자 계획할 때 적절한 교육, 훈련, 슈퍼비전, 자문이나 연구를 수행해야 한다.

(d) 적절한 정신건강 서비스가 불가능한 개인을 상대로, 또는 본인이 필요한 역량을 충분히 갖추지 못한 서비스를 제공하도록 요청을 받은 경우, 해당 분야와 밀접하게 관련된 사전 훈련 및 경험을 갖춘 심리학자들은 관련 연구, 훈련, 자문, 공부를 통해 요구되는 역량을 얻기 위해 합당한 노력을 했다면 서비스 요청이 거부되지 않았음을 증명하기 위해 서비스를 제공할 수 있다.

(e) 최근에 생겨났기 때문에 사전 훈련 과정을 위한 일반적 기준이 아직 마련되지 않은 분야에서도 심리학자는 그들의 역량을 보장하고, 내담자/환자, 학생, 연구 참여자, 조직 내담자 등 다른 이들을 피해로부터 보호하기 위해 합당한 절차를 밟아야 한다.

(f) 법의학적 역할을 맡았을 때 심리학자들은 그들의 역할을 좌우하는 사법적/행정적 규칙에 대해 숙지하고 있거나 숙지하도록 노력해야 한다.

2.02 긴급 상황 시의 서비스 제공. 긴급 상황 시, 심리학자가 다른 어떤 정신건강 서비스를 받지 못하는 개인에게 서비스를 제공해야 할 때 그리고 그 분야가 심리학자가 필요한 훈련을 거치지 않은 분야여도, 서비스가 거부되지 않았다는 것을 보장하기 위해 그러한 서비스를 제공할 수 있다. 또한 이는 긴급 상황이 종료되는 대로, 혹은 다른 적절한 서비스가 가능하게 되는 대로 즉시 중단된다.

2.03 역량의 유지. 심리학자는 자신의 역량을 개발하고 유지하기 위해 지속적인 노력을 한다.

2.04 과학적, 전문적 판단의 근거. 심리학자의 작업은 이 분야에서 구축된 과학적이고 전문적인 지식에 근거한다(기준 2.01 e 역량의 범위, 10.01 b 치료에 대한 동의를 참조하라).

2.05 타인에게 업무의 위임. 심리학자가 피고용인이나 지도를 받는 사람이나 연구조교나 수업 조교, 통역가, 또는 타인의 서비스를 활용하는 사람들에게 업무를 위임하려고 할 때, (1) 서비스 대상자와 복합적 관계가 있어서 착취를 하거나 객관성을 잃을 수 있는 사람에게 업무 위임을 피하기 위해 (2) 교육, 훈련 또는 경험에 바탕을 두고, 독립적으로 혹은 훈련을 받은 수준만큼 유능하게 서비스를 제공할 수 있는 자에게만 권한을 부여하기 위해 (3) 또한 그러한 자가 이러한 서비스를 유능하게 수행하는 것을 보기 위해 합당한 절차를 취해야 한다(기준 2.02 긴급 상황 시의 서비스 제공, 3.05 다면적 관계, 4.01 비밀 보장, 9.01 평가의 근거, 9.02 평가의 사용, 9.03 평가의 동의, 9.07 비자격자에 의한 평가를 참조하라).

2.06 개인적 문제와 갈등. (a) 심리학자들은 그들의 개인적 문제가 업무 관련 활동을 유능한 방식으로 수행하지 못하게 할 만한 잠재적인 가능성이 있다는 것을 알았을 때 활동 시작을 삼간다.

(b) 심리학자들은 개인적 문제가 업무 관련 책임을 적절하게 수행하는 것을 방해한다는 것을 알게 되었을 때에 전문적인 상담이나 도움을 받아야 할지, 스스로 업무 관련 활동을 제한, 중지하거나 종료해야 할지를 결정한다(기준 10.10 상담 종결을 참조하라).

## 3. 인간관계

3.01 부당한 차별. 업무 관련 활동에서 심리학자들은 연령, 성별, 성 정체성, 인종, 민족성, 문화, 국적, 종교, 성적 지향, 장애, 사회 경제적 위치 등을 포함하여 법으로 금지한 사항들에 의한 부당한 차별을 하지 않는다.

3.02 성희롱. 심리학자들은 성희롱을 하지 않는다. 성희롱은 심리학자로서의 역할이나 활동과 관련하여 일어나는 성적 유혹이나 신체 접근, 또는 성적인 언어와 비언어 등이며, (1) 그것은 달갑지 않거나 모욕을 주거나 아니면 적대적인 작업 및 교육 환경을 조성하는 등의 경우에 해당하며 심리학자가 알고 있거나 상황에 대해 들은 경우 또는 (2) 그 상황에 있는 합리적인 사람을 모욕할 정도로 충분히 심각하거나 강력한 경우이다. 성희롱은 한차례의 심각한 행동이나 여러 차례의 지속적이거나 만연한 행동들로 구성된다(기준 1.08 원고와 피고에 대한 부당한 차별을 참조하라).

3.03 그 외 괴롭힘. 심리학자들은 그들이 교류하는 사람들을 고의로 괴롭히거나 그 사람의 연령, 성별, 성 정체성, 인종, 민족성, 문화, 국적, 종교, 성적 지향, 장애, 사회 경제적 위치와 같은 요소들에 근거해 그들을 비하하지 않는다.

3.04 피해 방지. 심리학자들은 그들의 내담자/환자, 학생, 슈퍼바이저, 연구 참여자, 단체 내담자 등 그들이 함께 일하는 자들에게 피해를 주는 것을 방지하기 위해, 그리고 예측 가능하고 피하는 것이 불가능한 피해를 최소화하기 위해 합당한 절차를 취한다.

3.05 다면적 관계. (a) 심리학자가 (1) 어떤 사람에 대해 다른 역할을 수행하는 동시에 동일 인물에게 전문적인 역할을 맡을 때, 또는 (2) 자신이 전문적인 역할을 수행하는 사람과 친밀한 관계가 있거나 가족관계인 사람과 어떠한 관계를 가지고 있을 때, 또는 (3) 자신이 전문적으로 상대하고 있는 장본인이나 그 사람과 친밀한 관계가 있거나 가족관계인 사람과 미래에 다른 종류의 관계가 될 것을 약속했을 때 다면적 관계가 형성된다.

　심리학자는 그 다면적 관계가 심리학자의 객관성이나 역량 또는 심리학자로서의 역할을 감당하는데 악영향을 줄 것이라고 예상했을 때, 전문적 관계를 맺은 사람에 대해 착취를 하거나 피해를 입힐 위험이 예상될 때 다면적 관계를 형성하는 것을 삼가야 한다.

악영향을 야기하거나 착취나 피해의 위험이 없는 다면적 관계는 비윤리적이지 않다.

(b) 만약 예상치 못한 요인으로 인해 잠재적으로 해로울 수 있는 복합적 관계가 형성되었음을 심리학자가 알았을 때, 심리학자는 영향을 받는 사람에게 최선의 유익을 주고 윤리 강령을 최대한 따르도록 특별히 감안하여 합리적인 조치를 취한다.

(c) 심리학자가 법이나 기관의 정책이나 예외적인 상황에 의해 사법적이나 행정적 절차상에 하나 이상의 역할 담당을 요구받는다면, 시작부터 기대되는 역할과 비밀 보장의 범위를 명확히 하고, 그 후에도 변경사항이 생기면 그리한다(기준 3.04 피해 방지, 3.07 제3자의 서비스 요청을 참조하라).

3.06 이해의 충돌. 심리학자가 개인적, 과학적, 전문적, 법적, 재정적, 또는 다른 이해관계가 (1) 심리학자로서의 기능을 수행하는 데 있어 그들의 객관성, 역량, 또는 효율성을 손상시키거나 (2) 전문적 관계를 맺은 개인이나 단체를 피해나 착취에 노출시킬 가능성이 예상된다면 전문적 역할을 수행하는 것을 삼가야 한다.

3.07 제3자의 서비스 요청. 제3자의 요청에 의해 개인이나 독립된 개체에 서비스를 제공하기로 심리학자가 동의하였을 경우, 심리학자는 서비스를 착수할 때 모든 관계된 개인, 단체와의 관계의 종류를 명백히 한다. 이러한 설명은 심리학자의 역할(예를 들어, 심리치료사, 상담자, 검사자, 또는 전문 증인)이나 누가 내담자인지, 제공되는 서비스나 얻어진 정보의 예상되는 사용처나 비밀 보장의 한계가 있을지도 모른다는 사실 등을 포함한다(기준 3.05 다면적 관계, 4.02 비밀 보장의 한계에 대한 논의를 참조하라).

3.08 착취관계. 심리학자들은 그들이 관리적, 평가적 권한이나 다른 권한을 가지고 있는 내담자/환자, 학생, 지도를 받는 사람, 연구 참여자, 고용인 등과 같은 사람에 대해 착취하지 않는다(기준 3.05 다면적 관계, 6.04 상담료와 요금 지불 방식, 6.05 내담자/환자와의 물물교환, 7.07 학생 및 슈퍼바이저와의 성적 관계, 10.05 현재 상담을 받고 있는 내담자/환자와의 성적 친밀, 10.06 현재 상담을 받고 있는 내담자/환자의 친

척이나 중요한 타인과의 성적 친밀, 10.07 전 성적 파트너 상담, 10.08 전 내담자/환자와의 성적 친밀을 참조하라).

3.09 다른 전문가와의 협력. 명시되어 있거나 전문적으로 적절할 때, 심리학자는 자신의 내담자/환자를 더 효과적이고 적절하게 돕기 위해 다른 전문가와 협력할 수 있다(기준 4.05 공개를 참조하라).

3.10 정보에 입각한 동의. (a) 심리학자가 직접적이거나 전자 전송 매체를 사용하거나 아니면 다른 형태의 정보 교환 형태를 이용하여 연구를 수행하거나 평가, 치료, 상담 서비스를 제공할 때, 동의를 얻지 않고 그러한 활동을 수행하는 것이 법이나 정부 규제에 의해 규정되어 있을 시를 제외하곤, 그들은 개인이나 개인들에게 그들이 이해할 수 있는 언어를 사용하여 그들로부터 충분히 제공된 정보에 입각한 동의를 얻고, 그렇지 않은 경우에는 이 윤리 강령에 따른다(기준 8.02 연구에 대한 동의, 9.03 평가의 동의, 10.01 상담에의 동의를 참조하라).

(b) 정보에 입각한 동의를 받기가 법적으로 불가능한 개인에게도 심리학자들은 (1) 적절한 설명을 제공하며 (2) 그 개인의 승인을 얻도록 노력하며 (3) 그러한 사람의 선호사항과 최선의 유익을 고려하고 (4) 법적으로 대리인의 동의가 허용되거나 요구될 경우, 법적 대리인으로부터 적절한 허가를 얻는다. 법적 대리인의 동의가 법적으로 허용되거나 요구되지 않을 때, 심리학자들은 그 개인의 권리나 복지를 보호할 수 있는 합리적인 조치를 취한다.

(c) 심리학적 서비스가 법정의 명령이거나 법으로 규정되어 있을 때, 심리학자들은 그것을 진행하기 이전에 그 서비스가 법정의 명령이라든지 법으로 규정되어 있다든지 등의 사항을 포함한 예상되는 서비스의 종류에 대해 그 개인에게 설명한다.

(d) 심리학자들은 서면이나 구두 동의, 허가, 승인을 적절하게 기록한다(기준 8.02 연구에 대한 동의, 9.03 평가의 동의, 10.01 상담에의 동의를 참조하라).

3.11 단체에게 또는 단체를 통해 전달되는 심리상담. (a) 심리학자들은 단체에게 또는 단체를 통해 서비스를 전달할 때, 사전에 내담자와 또는 필요 시에는 이 서비스로부터 직접적인 영향을 받는 사람들에게 (1) 이 서비스의 종류와 목적 (2) 수혜 대상 (3) 내담자가 누구인지 (4) 심리학자가 개개인과 단체와 형성하게 될 관

계 (5) 제공되는 서비스와 습득되는 정보의 예상 사용처 (6) 누가 정보에 접근하게 되는지 (7) 비밀 보장의 한계에 대한 정보를 제공해야 한다. 그들은 가능한 한, 적절한 사람에게 그러한 서비스의 결과와 결론에 대한 정보를 제공한다.

(b) 만약 심리학자가 특정 개인이나 그룹에게 그러한 정보를 제공하는 것이 법이나 조직의 역할들에 의해 불가능해진다면, 그들은 서비스의 착수 단계에서 그 개인이나 그룹에게 알린다.

3.12 심리상담의 중단. 별도로 계약에 의해 보장되지 않으면, 심리학자는 심리학적 서비스가 심리학자의 신체질환이나 죽음, 만날 수 없는 상황, 이사, 은퇴나 내담자/환자의 이사나 재정적 한계와 같은 요인에 의해 중단된 상황에서 서비스를 가능하게 하도록 하기 위해 합리적인 노력을 한다(기준 6.02 전문적이고 과학적인 작업의 비밀 기록의 관리, 보급 및 폐기를 참조하라).

## 4. 개인 정보 보호 및 비밀 보장

4.01 비밀 보장. 심리학자는 비밀 보장의 범위나 한계가 법에 의해 규정되거나 단체의 규율이나 전문적, 과학적 관계에 의해 구축되어 있을 수 있다는 것을 인지하고, 서비스를 통해 얻어지는 정보나 모든 매체에 저장된 정보의 기밀을 보호하는 것을 주된 책임으로 하고 합리적인 예방책을 취한다(기준 2.05 타인에게 업무의 위임을 참조하라).

4.02 비밀 보장의 한계에 대한 논의. (a) 심리학자는 그들이 과학적이고 전문적인 관계를 형성하는 (실현 가능한 범위에서, 정보에 입각한 동의를 할 수 없는 개인들과 그들의 법적 대리인을 포함한) 사람들과 단체와 (1) 비밀 보장의 드러나 있는 한계에 대해 그리고 (2) 그들의 심리학적 활동을 통해 발생하는 정보의 예상되는 사용에 대해 논의한다(기준 3.10 정보에 입각한 동의를 참조하라).

(b) 실현 가능하지 않거나 금기 사항이 아니면, 비밀 보장 사항에 대한 논의는 관계의 시초에서부터 진행하며 그 후에는 새로운 상황으로 인해 필요해질 때 진행한다.

(c) 전자 전송 수단을 통해 서비스나 상품 또는 정보를 제공하는 심리학자들은

개인 정보 유출의 위험과 비밀 보장의 한계에 대해 내담자/환자에게 알린다.

4.03 녹음. 그들이 서비스를 제공하는 개인의 목소리나 이미지를 녹음/녹화하고 싶을 때, 심리학자들은 그들 모두와 그들의 법정 대리인으로부터 승인을 받는다(기준 8.03 연구상의 녹음 및 녹화에 대한 동의, 8.05 연구를 위한 사전 동의 생략, 8.07 연구상의 사기를 참조하라).

4.04 사생활 침해의 최소화. (a) 심리학자들은 서면이나 구두 형식의 보고서와 자문에는 상담의 목적과 밀접한 관련이 있는 정보만 포함시킨다.

(b) 심리학자들은 상담 시 얻어진 기밀 정보에 대해 과학적이거나 전문적으로 적절한 목적을 위해서만, 그리고 그러한 사항들과 분명하게 관계가 있는 사람과만 상의한다.

4.05 공개. (a) 심리학자들은 법에 의해 금지되지 않은 이상, 내담자/환자를 대신해서 적절한 동의하에 단체 내담자나 개인 내담자/환자나 다른 법적으로 허가된 사람의 기밀 정보를 공개할 수 있다.

(b) 심리학자들은 법에 의해 규정된 대로만 개인의 동의 없이 기밀 정보를 공개하고, 또는 (1) 필요한 전문 서비스를 제공하기 위해서 (2) 적절한 전문 상담을 얻기 위해서 (3) 내담자/환자, 심리학자 또는 다른 이들을 피해로부터 보호하기 위해서 또는 (4) 목적을 이루기 위해 필요한 최소한으로 사례 공개가 제한될 때, 내담자/환자로부터 서비스에 대한 비용을 얻기 위해서와 같은 분명한 목적을 위해 법이 허용했을 때 공개한다(기준 6.04 e 상담료와 요금 지불 방식을 참조하라).

4.06 상의. 동료와 상의할 때, (1) 심리학자는 개인이나 단체로부터 사전 동의를 얻거나 공개가 불가피할 때를 제외하고는, 내담자/환자, 연구 참여자나 그들이 신뢰 관계를 이루고 있는 다른 개인이나 단체의 신원을 알아낼 수 있을 정도로 기밀 정보를 공개하지 않는다. 그리고 (2) 그들은 상의의 목적을 달성하기 위해 필요한 범위까지의 정보만 공개한다(기준 4.01 비밀 보장을 참조하라).

4.07 강의나 다른 용도를 위한 개인 정보의 사용. 심리학자들은 (1) 개인이나 단체를 숨기기 위한 합당한 절차를 밟았을 경우나 (2) 개인이나 단체가 서면으로 동의했을 경우나 (3) 그렇게 하기 위한 법적 승인이 있을 경우를 제외하고는, 일 중에 알게 된 그들의 내담자/환자, 학생, 연구 참여자, 단체 내담자 또는 자신의 서

비스의 수혜자들에 대한 개인 신원 확인이 가능한 정보나 기밀 정보를 그들의 글이나 강의, 다른 공적 매체에 공개하지 않는다.

## 5. 광고 및 기타 공적 진술

5.01 허위 또는 현혹적 진술의 회피. (a) 공적 진술은 유·무료 광고, 제품 보증서, 보조금 지원서, 면허 지원서, 다른 자격증 수여 지원서, 팸플릿, 인쇄된 사항, 안내책자 목록, 개인 이력서나 인쇄나 전자 전송 매체 등에 쓰이기 위한 논평, 법적 절차상의 진술, 강의와 공적 프레젠테이션, 그리고 출판 자료 등을 포함한다. 심리학자는 고의로 자신의 연구나 실습, 다른 활동, 그들 자신이 소속된 기관이나 개인에 대한 허위, 또는 현혹성이 있거나 사기적인 공적 진술을 하지 않는다.

(b) 심리학자들은 (1) 그들의 훈련, 경험이나 역량 (2) 그들의 학위 (3) 그들의 자격증 (4) 그들의 기관이나 학회 가입 (5) 그들의 서비스 (6) 그들의 서비스에 대한 과학적이거나 의학적 근거 또는 그들의 서비스의 결과나 성공 정도 (7) 그들의 상담료 또는 (8) 그들의 출판이나 연구 결과에 대해 허위 또는 현혹성이 있거나 사기적인 진술을 하지 않는다.

(c) 심리학자들은 (1) 자신의 학위를 그 지역의 승인된 교육기관으로부터 얻었을 때, 또한 (2) 그 학위가 자신이 서비스를 제공하고 있는 주에 의해 심리학 면허의 근거가 되었을 때, 그들의 학위를 심리 서비스의 자격증으로 한다.

5.02 다른 이에 의한 진술. (a) 자신의 직업적 실무나 상품 또는 활동을 홍보하기 위한 공식 성명서를 만들거나 배부하기 위해 타인을 고용한 심리학자는 그러한 성명서에 대한 전문적인 책임을 갖는다.

(b) 심리학자는 신문기사가 홍보해준 대가로 신문사나 라디오, 텔레비전이나 다른 언론 매체의 직원에게 보상하지 않는다(기준 1.01 심리학자들의 직무의 오용을 참조하라).

(c) 심리학자의 활동과 관련된 유료 광고는 엄밀한 확인과 승인 절차를 거쳐야 한다.

5.03 워크숍과 비학위 교육프로그램에 대한 설명. 워크숍, 세미나, 또는 다른 비학위

교육프로그램을 설명하는 안내서, 카탈로그, 팸플릿 또는 광고에 대해 책임이 있는 심리학자들은 그러한 매체들이 반드시 프로그램의 의도, 교육적인 목표, 발표자, 관련 비용 등을 청중에게 정확히 설명하도록 해야 한다.

5.04 미디어 프레젠테이션. 심리학자들이 인쇄물이나 인터넷 또는 다른 전자 전송 매체를 통해 공적 조언이나 견해를 제공할 때, 그들은 자신의 진술이 (1) 적절한 심리학 문헌이나 실습과 일치하고 그들의 전문적 지식, 훈련이나 경험에 근거할 수 있도록, 아니면 (2) 이 윤리 강령과 일관될 수 있도록, 그리고 (3) 수혜자와 맺은 전문적 관계를 드러내지 않도록 예방조치를 한다(기준 2.04 과학적, 전문적 판단의 근거를 참조하라).

5.05 추천글. 실제 심리상담 내담자/환자의 특정한 상황은 부당한 위압에 대해 취약하기 때문에 심리학자들은 그들에게 추천서를 써달라고 간청하지 않는다.

5.06 직접적 요청. 심리학자들은 현재, 혹은 잠재적 심리상담 내담자/환자, 기타 특정 조건으로 인해 부당한 위압에 대해 취약한 사람에게 직접적으로나 아니면 대리인을 통해 그들이 청하지 않은 서비스 제공에 응할 것을 직접 요청하지 않는다. 하지만 이러한 금지 규정은 (1) 이미 관계를 맺고 있는 심리상담의 내담자/환자에게 도움을 주기 위하여 회기를 더 적절히 늘리는 것이나 (2) 재난이나 지역봉사 서비스를 제공하는 것까지 금지하는 것은 아니다.

## 6. 기록 관리와 상담료

6.01 전문적이고 과학적인 작업의 문서화와 기록 관리. 심리학자들은 (1) 그들 자신이나 다른 전문가의 차후 서비스 제공을 용이하게 하기 위해 (2) 연구 설계나 분석의 복제를 허용하기 위해 (3) 기관의 요구 조건을 충족시키기 위해 (4) 상담료의 청구와 지불의 정확성을 보장하기 위해 (5) 법을 준수하기 위해 기록을 만들고, 그 기록에 대해 통제 가능한 범위 내에서 전문적이고 과학적인 작업에 관련된 기록과 자료들을 지키고, 배포하고, 보관하고, 보류하고, 폐기할 수 있다(기준 4.01 비밀 보장을 참조하라).

6.02 전문적이고 과학적인 작업의 비밀 기록의 관리, 보급 및 폐기. (a) 심리학자들은

자신의 통제하에 있는 기록이 서면으로 되었든, 자동화 시스템에 의한 기록이든, 어떤 다른 매체에 쓴 기록이든 간에 그 기록을 만들고, 보관하고, 접근하고, 이송하고, 처분할 때 비밀을 유지해야 한다(기준 4.01 비밀 보장, 6.01 전문적이고 과학적인 작업의 문서화와 기록 관리를 참조하라).

(b) 만약 심리 서비스를 받고 있는 사람에 관한 비밀 정보가 그 서비스 수혜자가 동의하지 않은 사람의 접근이 가능한 데이터베이스나 기록 시스템에 포함되었다면, 심리학자들은 코딩을 하거나 다른 기술을 이용하여 개인 신원 공개를 막아야 한다.

(c) 심리학자들은 그 직위나 실무를 그만둘 때, 정보를 적절하게 이송하고 기록과 자료의 비밀을 보호하기 위해 미리 계획을 세워야 한다(기준 3.12 심리상담의 중단, 10.09 상담 중단을 참조하라).

6.03 상담료 미납 시 기록 공개 보류. 심리학자들은 내담자/환자의 긴급 상담에 필요해서 기록 공개를 요청받았을 때, 상담료가 미납되었다는 이유만으로 자신의 통제하에 있는 기록의 공개를 보류해서는 안 된다.

6.04 상담료와 요금 지불 방식. (a) 전문적이고 과학적인 관계에서 가능한 빨리, 심리학자와 심리상담의 수혜자는 이에 대한 보상과 비용 지불 방식을 구체적으로 합의해야 한다.

(b) 심리학자들의 서비스 비용은 법을 따른다.

(c) 심리학자들은 상담료를 잘못 말하지 않는다.

(d) 재정적 한계로 인한 서비스의 제한이 예상되면, 가능한 한 빨리 이 사항이 서비스의 수혜자와 의논되어야 한다(기준 10.09 상담 중단, 10.10 상담 종결을 참조하라).

(e) 만약 서비스의 수혜자가 합의된 상담료를 지불하지 않아, 심리학자가 미수금 처리 대행 회사나 다른 법적인 방법을 이용하려고 한다면, 심리학자들은 먼저 그 사람에게 그러한 방법을 취할 것이라는 것을 알리고 그 사람이 신속한 비용 지불을 할 수 있는 기회를 준다(기준 4.05 공개, 6.03, 상담료 미납 시 기록 공개 보류, 10.01 상담에의 동의를 참조하라).

6.05 내담자/환자와의 물물교환. 물물교환은 내담자/환자로부터 심리상담의 대가로

물건이나 서비스 또는 돈이 아닌 다른 보수를 받는 것이다. 심리학자들은 (1) 그 것이 임상적으로 사용이 금지되지 않았고, (2) 결과적인 요금 지불 방식이 착취 적이지 않으면 물물교환을 해도 된다(기준 3.05 다면적 관계, 6.04 상담료와 요금 지 불 방식을 참조하라).

6.06 상담료 지불인 및 자금 제공처에의 정확한 보고. 서비스에 대한 비용 지불인이 나 연구 자금 지원처에 보고할 때, 심리학자들은 제공되는 서비스나 시행되는 연구의 성질, 요금, 비용, 그리고 필요 시에는 제공자의 신원, 연구 결과, 분석에 대한 정확한 보고를 보장하기 위한 합리적인 절차를 취해야 한다(기준 4.01 비밀 보장, 4.04 사생활 침해의 최소화, 4.05 공개를 참조하라).

6.07 소개와 비용. 고용인—피고용인 관계가 아닌 상황에서 심리학자가 다른 전문가 에게 대가를 지불하거나 돈을 받거나 비용을 나눌 때, 그 금액은 제공된 서비스 (임상, 상담, 행정 등)를 근거로 하고, 소개 자체를 근거로 하지는 않는다(기준 3.09 다른 전문가와의 협력을 참조하라).

## 7. 교육 및 훈련

7.01 교육과 훈련 프로그램 고안. 교육과 훈련 프로그램에 대한 책임을 지고 있는 심 리학자들은 그 프로그램이 적절한 지식과 경험을 제공하고, 면허나 자격증, 혹 은 다른 목표를 위한 요구조건을 충족하도록 프로그램을 설계한다(기준 5.03 워 크숍과 비학위 교육 프로그램에 대한 설명을 참조하라).

7.02 교육과 훈련 프로그램 세부사항. 교육과 훈련 프로그램에 대한 책임이 있는 심 리학자들은 프로그램 내용(과정—또는 프로그램—에 연관된 상담, 심리치료, 경험 적인 집단(experiential group), 상담 프로젝트, 또는 공공 서비스 등), 훈련 목적과 목 표, 급여와 혜택 등에 관련하여 최신의 정확한 세부사항과 프로그램을 만족스 럽게 수료하기 위한 요구조건 등을 분명히 할 수 있도록 합당한 절차를 취한다. 이 정보는 즉각 모든 관계자에게 알려져야 한다.

7.03 교육의 정확성. (a) 심리학자들은 다루게 될 주제, 평가 과정의 근거, 해당 과정 의 성질에 관련하여 강의계획서가 정확하도록 합당한 절차를 취해야 한다. 이

기준은 교사가 교수법상 필요하거나 더 낫다고 생각했을 때, 강의 내용이나 강의 요구사항을 수정하지 못하게 만드는 것이 아니다. 학생들에게 이러한 수정사항에 대해 사전에 알려 그들이 과목 요구사항을 수행하는 것을 보장할 수 있다면 수정은 가능하다(기준 5.01 허위 또는 현혹적인 진술의 회피를 참조하라).

(b) 교육이나 훈련에 관계한 심리학자들은 심리학적 정보를 정확하게 전달한다(기준 2.03 역량의 유지를 참조하라).

7.04 학생의 개인 정보 공개. 심리학자들은 학생이나 슈퍼바이저들에게 코스—또는 프로그램—에 관련된 활동 중, (1) 프로그램 및 훈련 시설이 입학허가문과 프로그램 자료에 요구사항을 확실히 명시한 경우 (2) 학생의 개인적인 문제가 그들의 훈련이나 직업 관련 활동의 유능한 수행을 방해하거나 그것이 그 학생 본인이나 다른 이에게 위협을 준다고 합리적으로 판단될 때, 그 학생을 평가하거나 그 학생에게 도움을 주기 위해 이러한 정보가 필요한 경우를 제외하고는, 구두나 서면으로 그들의 성 경험, 학대와 방치에 대한 심리상담 경험, 부모, 동료, 배우자나 다른 중요한 사람과의 관계에 관한 개인 정보를 밝히도록 요구하지 않는다.

7.05 필수 개인 또는 집단 상담. (a) 개인이나 집단 상담이 프로그램이나 코스의 요구 조건일 때, 그 프로그램을 담당하는 심리학자들은 학부나 대학원 과정에 있는 학생들에게 프로그램 외부의 상담자로부터 그러한 상담을 받을 수 있도록 하는 선택안을 허락한다(기준 7.02 교육과 훈련 프로그램 세부사항을 참조하라).

(b) 학생의 학업 수행능력을 평가하거나 할 가능성이 있는 교수들은 직접 학생에게 심리상담을 제공하지 않는다(기준 3.05 다면적 관계를 참조하라).

7.06 학생 및 슈퍼바이저의 실적 평가. (a) 학업이나 지도 관계에서 심리학자들은 학생이나 슈퍼바이저에게 시기적절하고 때에 맞는 피드백을 제공한다. 이러한 피드백의 제공 절차에 관한 정보는 지도가 시작될 때 학생에게 제공된다.

7.07 학생 및 슈퍼바이저와의 성적 관계. 심리학자들은 자신의 학과나 단체, 훈련센터에 있는 학생이나 슈퍼바이저 또는 심리학자가 평가를 해야 할 가능성이 있는 사람과 성적 관계를 맺지 않는다(기준 3.05 다면적 관계를 참조하라).

## 8. 연구 및 출판

8.01 기관 승인. 기관의 승인이 요구될 때, 심리학자들은 그들의 연구 제안서에 관한 정확한 정보를 제공하고 연구를 수행하기 이전에 승인을 얻는다. 그들은 승인된 연구계획서에 따라 일관되게 연구를 수행한다.

8.02 연구에 대한 동의. (a) 기준 3.10 정보에 입각한 동의에서처럼 정보에 입각한 동의가 요구되면, 심리학자들은 연구 참여자에게 (1) 연구의 목적, 예상되는 기간과 절차 (2) 연구가 시작된 후에 연구 참여를 거부하거나 그만둘 수 있는 권리 (3) 거부나 중단에 따르는 예상 절차 (4) 잠재적인 위험이나 불편, 부작용 등 연구 참여 의지에 영향을 줄 만하다고 합리적으로 예측 가능한 요인들 (5) 연구 후 혜택 (6) 비밀 보장의 한계 (7) 연구 참여 시의 우대조건 (8) 연구나 연구 참여자의 권리에 대한 질문이 있을 시 연락이 가능한 연락처에 대해 알려준다. 그들은 장래의 연구 참여자들에게 질문을 하고 대답을 들을 수 있는 기회를 제공한다 (기준 8.03 연구상의 녹음 및 녹화에 대한 동의, 8.05 연구를 위한 사전 동의 생략, 8.07 연구상의 사기를 참조하라).

(b) 실험적인 치료를 사용하는 연구를 진행하는 심리학자들은 연구를 시작할 때 참여자들에게 (1) 치료의 경험적인 특성 (2) 통제집단에게 수행하거나 수행하지 않을 서비스 (3) 치료와 통제집단에 배정할 방법 (4) 개인이 연구에 참여하기를 원치 않거나 연구를 시작한 후에 그만두기를 원할 때 가능한 대체 치료 (5) 필요 시 참여자나 제3자에 의한 보상이 이루어질 것인지 등을 포함한, 연구 참여에 든 금전적 비용에 대한 보상에 관해 명확히 한다(기준 8.02 a 연구에 대한 동의를 참조하라).

8.03 연구상의 녹음 및 녹화에 대한 동의. 심리학자들은 자료 수집을 위해 연구 참여자들의 목소리나 영상을 녹음/녹화할 때, (1) 그 녹화가 공공장소에서의 자연적인 관측으로만 이루어져 있고, 그 기록이 개인 신상 확인이나 피해를 야기시킬 만한 방법으로 사용되지 않으며 또는 (2) 연구 설계 안에 속임수가 포함되어 있어서 디브리핑 할 때 기록의 사용에 대한 동의가 이루어지는 경우를 제외하고, 녹화 전에 정보에 입각한 동의를 얻는다(기준 8.07 연구상의 사기를 참조하라).

8.04 내담자/환자, 학생 및 종속된 연구 참여자. (a) 심리학자가 내담자/환자, 학생 등의 종속된 사람을 연구 참여자로 쓸 때, 심리학자들은 연구 참여의 거부나 중단에 따르는 좋지 않은 결과로부터 잠재적인 참여자를 보호할 수 있는 절차를 취한다.

(b) 연구 참여가 코스의 요구조건이거나 추가 점수를 위한 기회일 때, 잠재적인 참여자들은 다른 공평한 대체 활동을 선택할 수 있는 기회를 얻어야 한다.

8.05 연구를 위한 사전 동의 생략. 심리학자들은 (1) 연구가 합리적으로 추정한 바 곤경이나 피해를 줄 가능성이 없고 (a) 일반적인 교육 실습이나 과정, 또는 학급 관리 방법에 관한 연구일 때, 또는 (b) 응답의 공개가 참여자를 형사나 민사 책임의 위험에 처하게 하지 않고, 그들의 재정 상태나 고용 가능성, 명성 등에 피해를 주지 않으며, 비밀이 보호되는 익명의 설문조사, 자연주의적 관측, 또는 기록 연구일 때 (c) 연구가 직업이나 단체의 효율성에 관련된 요인에 관한 연구이고, 그 단체 내의 장소에서 이루어지며, 참여자의 고용 상태에 위험을 주지 않고, 비밀이 유지되는 연구와 관련이 있을 때 (2) 그렇지 않으면, 법이나 주나 단체의 규정에 의해 허가되었을 때 정보에 입각한 동의를 생략할 수 있다.

8.06 연구 참여자 유도를 위한 유인책 제공. (a) 심리학자들은 연구 참여자에게 연구 참여를 강압할 수 있는 과도하거나 부적절한 금전적 또는 다른 형태의 보상물을 제공하지 않기 위해 합당한 노력을 한다.

(b) 연구 참여에 대한 보상물로 전문적인 서비스를 제공할 때, 심리학자들은 서비스의 특성과 위험, 의무와 제한에 대해 분명히 한다(기준 6.05, 내담자/환자와의 물물교환을 참조하라).

8.07 연구상의 사기. (a) 심리학자들은 속임수를 사용하는 것이 연구가 가진 중대한 과학적, 교육적, 응용적 가치에 의해 정당화된다고 확신하며, 속임수가 없이는 효과적인 대안이 없을 때를 제외하고는 속임수가 포함된 연구를 수행하지 않는다.

(b) 심리학자들은 연구 참여자들에게 그 연구가 육체적 고통이나 극심한 정신적 고통을 일으킬 것이라고 합리적으로 예상된다는 점을 속이지 않는다.

(c) 심리학자들은 연구 참여자들에게 속임수가 연구의 필수 불가결한 요소이며

실험의 수행임을 가능한 한 빨리 설명하는데, 가급적이면 그들의 연구 참여 마지막에 하되, 자료 수집 종료보다 늦어서는 안 되며, 연구 참여자들이 그들의 자료를 빼갈 수 있도록 허락한다(기준 8.08 디브리핑을 참조하라).

8.08 디브리핑. (a) 심리학자들은 연구 참여자들이 연구의 성질, 결과, 결론에 대해 적절한 정보를 얻을 수 있는 신속한 기회를 제공하고, 심리학자들이 알고 있고 연구 참여자들이 가질 수 있는 오해를 정정할 수 있도록 합당한 절차를 취한다.

(b) 만약 과학적이거나 인도적인 가치를 위해 정보 공개를 늦추거나 보류하는 것이 정당하다면, 심리학자들은 피해의 위험을 줄일 수 있는 합리적인 방법을 취한다.

(c) 연구 과정이 연구 참여자에게 피해를 줬음을 알게 되었을 때 심리학자들은 그 피해를 최소화할 수 있는 합리적인 절차를 취한다.

8.09 연구상의 인도적인 동물 돌봄과 사용. (a) 심리학자들은 동물의 획득, 관리, 사용과 처리에 있어서 현 연방, 주 정부나 지역의 법과 규제와 전문적 기준을 따른다.

(b) 실험실 동물들의 관리에 관해 경험이 있거나 그러한 연구 방법을 훈련받은 심리학자들은 동물과 관련한 전체 절차를 지도하고, 그 동물들의 안락과 건강, 인도적인 처리를 반드시 적절하게 고려할 수 있도록 지도해야 하는 책임이 있다.

(c) 심리학자들은 자신의 감독하에 있는 동물을 사용하는 모든 개인이 연구 수단에 대한 지도와 자신이 사용하는 종의 취급법, 사육 및 유지법에 대한 지도를 받도록 보장한다(기준 2.05 타인에게 업무의 위임을 참조하라).

(d) 심리학자들은 실험 대상이 되는 동물의 불편, 감염, 질병과 고통을 최소화하도록 합당한 노력을 한다.

(e) 심리학자들은 동물에게 고통이나 스트레스, 궁핍 등을 주는 절차에 대해 대체 절차가 없고, 그 목적이 장래의 과학적, 교육적, 적용 가치에 의해 정당화되는 경우에만 사용한다.

(f) 심리학자들은 적절한 마취하에서만 수술을 시행하고, 수술 중이나 수술 후에 감염을 피하고 고통을 최소화할 수 있는 기술을 사용한다.

(g) 동물을 죽여야 하는 것이 불가피하다면, 심리학자들은 승인된 절차에 따라 고통을 최소화하기 위해 신속히 처리한다.

8.10 연구결과의 보고. (a) 심리학자들은 자료를 조작하지 않는다(기준 5.01 허위 또는 현혹적 진술 피하기를 참조하라).

(b) 만약 심리학자들이 자신의 출판된 자료에서 심각한 오류를 발견하면 정정, 철회, 오자 수정 첨부 또는 다른 적절한 출판 방법을 통해 그러한 오류를 정정하기 위한 합당한 절차를 취한다.

8.11 표절. 심리학자들은 다른 사람의 결과물이나 자료의 출처를 자주 인용한다 해도, 다른 사람의 결과물이나 자료를 자신의 것처럼 제시하지 않는다.

8.12 출판 크레딧(참여한 사람들 명단). (a) 심리학자들은 자신이 실제로 작업을 수행한 일이나 자신이 상당하게 기여한 일에 대해서만 저작권을 포함한 크레딧과 책임을 갖는다(기준 8.12 b 출판 크레딧을 참조하라).

(b) 주된 저작권(원저자)과 이외의 출판 크레딧은 연구에 참여한 개인의 상대적인 과학적, 전문적 기여도를 정확하게 반영하고, 그들의 상대적인 지위와는 관계가 없어야 한다. 학과장 등과 같이 단체에서 단순히 지위를 가졌다는 것 자체가 저작권에 대한 자격이 있음을 의미하지는 않는다. 연구나 출판을 위한 집필에 대한 작은 기여는 각주나 서두 등에서 적절하게 언급한다.

(c) 특별한 경우를 제외하고는, 학생의 박사 논문에 상당한 기반을 둔 여러 저자에 의한 논문에는 그 학생을 주요 저자로 언급한다. 지도 교수는 가능한 한 빨리 그리고 연구와 출판이 진행되는 동안 적절하게 학생과 출판 크레딧에 대해 의논한다(기준 8.12 b 출판 크레딧을 참조하라).

8.13 자료의 이중출판. 심리학자들은 기존에 출판된 적이 있는 자료를 새로운 자료인 것처럼 출판하지 않는다. 기존 자료임을 적절히 통보하는 자료의 재출판은 가능하다.

8.14 검증을 위한 연구 자료의 공유. (a) 소유권 있는 자료에 대해 법적 권리가 자료 공개를 금지하는 경우를 제외하고는, 연구 결과가 출판된 후에 다른 유능한 전문가가 그 자료를 재분석함으로써 주요 논지를 입증하려 하고, 연구 참여자의 기밀을 보호하는 내에 그러한 목적으로만 자료를 사용하려고 할 때는 자료 제공을 거부하지 않는다. 하지만 심리학자들은 자료를 필요로 하는 개인이나 집단에게 그러한 자료를 제공하는 데 드는 비용에 대해 책임을 지도록 요구할 수

있다.

(b) 자료의 재분석을 통해 주요 논지를 입증하기 위해서 다른 심리학자에게 자료를 요구한 심리학자들은 공유된 자료들을 공표한 목적을 위해서만 사용할 수 있다. 자료를 요구하는 심리학자들은 자료의 모든 다른 사용에 대한 사전 서면 동의를 얻는다.

8.15 검토자. 프레젠테이션, 출판, 보조금, 또는 연구 제안서 검토를 위해 제출된 자료를 검토하는 심리학자들은 자료를 제출한 사람의 비밀과 소유권을 존중한다.

## 9. 평가

9.01 평가의 근거. (a) 심리학자들은 그들의 의견이 들어가는 추천서나 보고서, 또는 범죄과학수사를 위한 증언을 포함한 진단서나 평가서를 쓸 때, 그들의 결론을 입증하기에 충분한 정보와 기술에 근거를 둔다(기준 2.04 과학적, 전문적 판단의 근거를 참조하라).

(b) 기준 9.01에 언급한 것을 제외하고, 심리학자들은 그들의 진술이나 결론을 뒷받침하기 위해 개인에 대한 충분한 검사가 끝난 후에만 개인의 심리적 특성에 대한 의견을 낸다. 합당한 노력에도 불구하고, 그러한 검사가 유용하지 않았을 때, 심리학자들은 그들이 시도한 노력들과 그러한 노력들의 결과를 기록하고, 제한된 정보가 그들의 의견의 신뢰도와 타당도에 미칠 수 있는 영향을 밝히고, 그들의 결론이나 추천의 범위와 특성에 대한 한계를 분명히 제시한다(기준 2.01 역량의 범위, 9.06 평가 결과 해석을 참조하라).

(c) 심리학자들이 평가 기록을 검토하거나 상담이나 슈퍼비전을 제공해야 하고, 의견을 내기 위한 개인적인 검사가 보장되지 않거나 필요하지 않을 때, 이 사실을 설명하고 그들이 내린 결론과 추천에 사용된 정보의 출처에 대해 설명한다.

9.02 평가의 사용. (a) 심리학자들은 연구에 비추어 보아 연구의 견지에서 적절한 목적을 달성하고 그 기법의 유용성을 살리며 적절하게 적용할 수 있도록 평가 기법, 면담, 검사, 도구들을 집행하고, 조정하고, 채점하고, 해석하고, 사용한다.

(b) 심리학자들은 검사 대상 인구 집단에 사용할 수 있도록 신뢰도와 타당도가 검증된 평가 도구를 사용한다. 그러한 신뢰도와 타당도가 아직 검증되지 않았을 때, 심리학자들은 검사 결과와 해석의 강점과 한계에 대해 설명한다.

(c) 심리학자들은 다른 언어의 사용이 평가 주제와 관련이 없는 한, 개인이 선호하고 능통한 언어를 적절한 평가 도구로 사용한다.

9.03 평가의 동의. (a) 심리학자들은 평가, 감정, 분석 서비스를 할 때 (1) 그 검사가 법이나 정부 규제에 의해 강제될 때 (2) 검사가 교육적, 기관적, 단체적 활동의 일상 중에 시행되므로 정보에 입각한 동의가 내포되어 있을 때(예를 들어, 참여자들이 직장에 지원할 때에 자발적으로 평가에 대해 찬성했을 때), 또는 (3) 검사의 목적 중 하나가 의사 결정 능력을 평가하는 것일 때를 제외하고, 기준 3.10에 설명되어 있는 것과 같이 정보에 입각한 동의를 얻는다. 정보에 입각한 동의는 평가의 성격과 목적, 비용, 제3자의 개입, 비밀보장의 한계와 내담자/환자가 질문을 하고 대답을 얻을 수 있는 충분한 기회에 대한 설명을 포함한다.

(b) 심리학자들은 검사에 대한 동의를 할 만한 능력이 없는 사람이나 검사가 법이나 정부 규제에 의해 강제로 실시되는 사람에게, 제안된 심리평가의 성격과 목적에 대해 평가를 받는 사람이 합리적으로 알아들을 수 있는 언어를 사용하여 설명한다.

(c) 통역서비스를 사용하는 심리학자들은 내담자/환자로부터 그 통역가의 사용을 위한 동의를 얻고, 검사 결과와 검사 보안에 대한 비밀유지가 이루어지는 것을 보장하고, 얻어진 자료의 한계에 대한 설명을 범죄과학수사를 위한 증언을 포함한 추천서, 보고서, 진단서, 평가에 첨부한다(기준 2.05 타인에게 업무의 위임, 4.01 비밀 보장, 9.01 평가의 근거, 9.06 평가 결과 해석, 9.07 비자격자에 의한 평가를 참조하라).

9.04 검사 기록의 공개. (a) 검사 기록(test data)이라는 용어는 원점수 측정치, 검사 문항과 자극에 대한 내담자/환자의 반응, 검사 중 내담자/환자의 진술과 행동에 대한 평가자의 필기나 기록 등을 말한다. 내담자/환자의 반응을 포함하는 그러한 검사 자료(test materials)들은 검사 기록(test data)의 정의에 포함된다. 내담자/환자에의 기록의 공개동의서에 따라, 심리학자들은 내담자/환자 또는 그 공개

동의서에 언급되어 있는 제3자에게 검사 기록을 제공한다. 심리학자들은 많은 경우에 비밀정보의 공개가 위험한 상황에서 법에 의해 규제되어 있음을 인지하고, 내담자/환자나 다른 이가 잠재적인 피해를 유발하거나 기록 및 검사의 오용과 와전을 야기할 가능성이 있으면 그들의 보호를 위해 검사 기록의 공개를 삼갈 수 있다(기준 9.11 검사 보안 유지를 참조하라).

(b) 내담자/환자의 공개동의서가 없을 때, 심리학자들은 법이나 법정 명령에 의해 요구될 때만 검사 기록을 공개한다.

9.05 검사 구성. 검사 및 다른 평가 기술을 개발하는 심리학자들은 검사의 디자인, 표준화, 타당화, 편향의 제거나 축소, 사용 추천 등을 할 때 적절한 심리측정 절차와 최신 과학적 전문 지식을 사용한다.

9.06 평가 결과 해석. 평가 결과를 해석해야 할 때(자동 해석 포함), 심리학자들은 평가를 받는 사람의 다양한 검사 요인, 검사를 받을 수 있는 능력, 그리고 상황적, 개인적, 언어적, 문화적 차이와 같이 심리학자의 판단에 영향을 주거나 해석의 정확도를 감소시킬 수 있는 그 외의 특성과 더불어 평가의 목적을 고려한다. 그들은 해석상의 중대한 한계를 명시한다(기준 2.01 b와 c 역량의 범위, 3.01 부당한 차별을 참조하라).

9.07 비자격자에 의한 평가. 심리학자들은 적절한 지도하에 훈련을 목적으로 수행되는 심리평가를 제외하고, 비자격자에 의한 심리평가 기술의 이용을 장려하지 않는다(기준 2.05 타인에게 업무의 위임을 참조하라).

9.08 기한이 지난 무효한 검사 결과. (a) 심리학자들은 현재의 목적을 위해 사용하기에 너무 오래된 자료나 검사 결과를 근거로 그들의 평가나 중재에 대하여 결정하거나 권고하지 않는다.

(b) 심리학자들은 현재의 목적에 사용하기에 무효하고 오래된 검사나 수단을 근거로 결정하거나 권고하지 않는다.

9.09 검사 채점과 해석 서비스. (a) 다른 전문가들에게 평가나 채점 서비스를 제공하는 심리학자들은 목적, 규준, 신뢰도, 타당도, 절차의 적용과 이에 요구되는 특별 자격에 대해 정확히 설명한다.

(b) 심리학자들은 프로그램과 절차의 타당성에 대한 증거와 다른 적절한 고려

사항을 근거로 하여 채점과 해석 서비스(자동 서비스 포함)를 선택한다(기준 2.01 b와 c 역량의 범위를 참조하라).

(c) 심리학자들은 그들이 직접 이러한 검사를 채점하고 해석하든 아니면 자동 서비스나 다른 서비스를 사용했든지 간에 적절한 적용과 해석, 그리고 평가 도구의 사용에 대해 책임을 가진다.

9.10 평가 결과 설명. 채점과 해석이 심리학자에 의해서 되었든, 아니면 고용인이나 보조인, 또는 자동 서비스나 다른 외부 서비스에 의해 되었든 상관없이 검사 관계의 성격이 결과에 대한 설명의 제공을 불가능하게 하는 것이 아니면(조직상담이나 채용심사나 보안심사 또는 범죄과학수사와 같은), 심리학자들은 개인이나 지정 대리인에게 결과에 대한 설명을 할 수 있는 합리적인 절차를 취하고, 이러한 사실은 미리 평가를 받는 사람에게 분명히 설명되어야 한다.

9.11 검사 보안 유지. 검사 자료(test materials)라는 용어는 설명서와 도구, 초안, 검사 문항과 자극을 의미하고, 기준 9.04 검사 기록의 공개에 정의되어 있는 검사 기록(data)을 포함하지 않는다. 심리학자들은 검사 자료와 다른 평가 기술이 법과 계약상의 의무와 일치하도록 완전성과 안전성을 유지하며 이 윤리 강령을 고수할 수 있는 방식으로 유지될 수 있도록 합당한 노력을 한다.

# 10. 상담

10.01 상담에의 동의. (a) 기준 3.10 정보에 입각한 동의에서 요구된 것처럼 상담에 대한 동의를 얻을 때, 심리학자들은 상담관계에 있는 내담자/환자에게 가능한 한 빨리, 상담의 성격과 예상되는 과정, 비용, 제3자의 개입, 비밀보장의 한계, 그리고 질문을 하고 대답을 들을 수 있는 충분한 기회에 대해 알려준다(기준 4.02 비밀보장의 한계에 대한 논의, 6.04 상담료와 요금 지불 방식을 참조하라).

(b) 일반적으로 알려진 기술이나 절차가 확립되지 않은 치료에 대한 동의를 얻을 때, 심리학자들은 치료법의 개발 단계적 성격과 잠재되어 있는 위험, 다른 활용 가능한 치료법, 치료에 대한 환자의 자발적 참여의 성격에 대해 알려야 한다(기준 2.01 d 역량의 범위, 3.10 정보에 입각한 동의를 참조하라).

(c) 상담자가 훈련생이고 그 상담에 대한 법적 책임이 슈퍼바이저에게 있을 때, 동의 절차의 일부분으로 내담자/환자에게 상담자가 훈련 중이라는 것과 슈퍼비전을 받고 있다는 것, 슈퍼바이저의 이름이 무엇인지 알린다.

10.02 커플이나 가족 관련 상담. (a) 심리학자가 서로 관계있는 여러 사람에게 서비스를 제공하기로 동의할 때(배우자, 중요한 사람, 부모와 자식 같은), 상담이 시작될 때에 (1) 누가 내담자/환자인지 (2) 심리학자가 각 개인과 가질 관계에 대해 설명할 절차를 취한다. 이 설명은 심리학자의 역할, 제공되는 서비스 및 습득되는 정보를 사용할 수 있는 곳 등을 포함한다(기준 4.02 비밀보장의 한계에 대한 논의를 참조하라).

(b) 심리학자가 잠재적으로 갈등을 일으킬 만한 역할들을 감당해야 할 것이 분명할 때(가족 상담자이면서 이혼 절차 시 한 쪽의 증인이 되는 것 같은), 심리학자들은 역할을 분명히 하거나 정정하거나 아니면 그 역할로부터 적절하게 물러나는 합리적인 절차를 취한다(기준 3.05 c 다면적 관계를 참조하라).

10.03 집단상담. 집단 안에 있는 여러 사람에게 서비스를 제공할 때, 심리학자는 서비스가 시작될 때에 각자의 역할과 책임, 비밀 보장의 한계에 대해 설명한다.

10.04 이미 다른 상담자에게 상담을 받은 적이 있는 내담자에의 상담 제공. 다른 곳에서 심리상담을 이미 받고 있는 사람에게 서비스를 제공하는 것을 결정할 때에 심리학자들은 조심스럽게 치료 문제와 잠재적 내담자/환자의 복지를 고려한다. 심리학자들은 혼란과 갈등의 위험을 최소화하기 위해서 이러한 문제에 대해 내담자/환자와 또는 법적으로 인정된 내담자/환자의 대변인과 필요하면 기존 서비스 제공자와 상의하며, 상담 과정상의 문제에 대해 조심성과 민감성을 가지고 진행한다.

10.05 현재 상담을 받고 있는 내담자/환자와의 성적 친밀. 심리학자들은 현재 상담을 받고 있는 내담자/환자와 성적 친밀에 연루되지 않는다.

10.06 현재 상담을 받고 있는 내담자/환자의 친척이나 중요한 타인과의 성적 친밀. 심리학자들은 현재 상담을 받고 있는 내담자/환자와 가깝다고 알고 있는 친척이나 보호자 또는 중요한 타인과 성적 친밀에 연루되지 않는다. 심리학자들은 이 기준을 피해가기 위해 하던 상담을 종료하지 않는다.

10.07 전 성적 파트너 상담. 심리학자들은 자신과 성적 친밀 관계를 가졌던 사람을 내담자/환자로 받아들이지 않는다.

10.08 전 내담자/환자와의 성적 친밀. (a) 심리학자들은 최소한 상담의 중단이나 종결로부터 2년 내에 자신의 전 내담자/환자와 성적 관계를 가지지 않는다.

(b) 심리학자들은 아주 드문 경우를 제외하고는 2년의 기간 후에도 자신의 전 내담자/환자와 성적 관계를 가지지 않는다. 상담 중단이나 종결 후 그리고 기존 내담자/환자와 성관계를 맺지 않은지 2년의 기간이 지난 후 그러한 관계를 가진 심리학자들은 (1) 상담 종결 후 지난 시간 (2) 상담의 성격, 기관과 강도 (3) 종결의 상황 (4) 내담자/환자의 개인 이력 (5) 내담자/환자의 현 정신적 상태 (6) 내담자/환자에게 미칠 수 있는 악영향 (7) 상담 도중 상담자가 내담자/환자에게 종결 후 성적/애정 관계의 가능성을 암시하거나 제안한 진술이나 행동 등 관계된 요인들을 비추어 볼 때 아무런 착취가 일어나지 않았음을 증명할 의무가 있다(기준 3.05 다면적 관계를 참조하라).

10.09 상담 중단. 고용이나 계약관계에 들어갔을 때, 심리학자들은 그 고용이나 계약관계가 끝나는 경우, 내담자나 환자의 상담을 위하여 체계적이고 적절하게 책임지는 해결책을 제공하기 위해, 다른 무엇보다 내담자/환자의 복지를 고려하여 합당한 노력을 한다(기준 3.12 심리상담의 중단을 참조하라).

10.10 상담 종결. (a) 심리학자들은 내담자/환자가 더 이상 상담이 필요하지 않거나 상담이 더 이상 내담자/환자에게 혜택을 주지 못하거나 오히려 상담의 지속이 그들에게 해를 끼친다는 것이 합리적으로 분명할 때에 상담을 종결한다.

(b) 심리학자들은 위협을 당했거나 내담자/환자, 내담자/환자와 관계있는 자에 의해 위험에 처했을 때에 상담을 종결한다.

(c) 내담자/환자나 제3의 비용 지불자의 행동에 의해 불가능해진 경우를 제외하고, 심리학자들은 종결 이전에, 종결 회기 상담을 제공하고, 필요하면 대체할 서비스 제공자를 제안한다.

## 참고문헌

American Psychological Association. (1953). *Ethical standards of psychologists.* Washington, DC: Author.

American Psychological Association. (1959). Ethical standards of psychologists. *American Psychologist, 14,* 279-282.

American Psychological Association. (1963). Ethical standards of psychologists. *American Psychologist, 18,* 56-60.

American Psychological Association. (1968). Ethical standards of psychologists. *American Psychologist, 23,* 357-361.

American Psychological Association. (1977, March). Ethical standards of psychologists. *APA Monitor,* 22-23.

American Psychological Association. (1979). *Ethical standards of psychologists.* Washington, DC: Author.

American Psychological Association. (1881). Ethical principles of psychologists. *American Psychologist, 36,* 633-638.

American Psychological Association. (1990). Ethical principles of psychologists(Amended June 2, 1989). *American Psychologist, 45,* 390-395.

American Psychological Association. (1992). Ethical principles of psychologists and code of conduct. *American Psychologist, 47,* 1597-1611.

Request copies of the APA's Ethical Principles of Psychologists and Code of Conduct from the APA Order Department, 750 First Street, NE, Washington, DC 20002-4242, or phone (202) 336-5510.

부록 C

# 캐나다의 심리학자 윤리 강령
## (제3판)

목차

서문

## 원칙 I: 개인의 존엄성 존중

- 가치 진술
- 윤리 기준
- 보편적 존중
- 일반 권리
- 비차별
- 공정한 대우/적법 절차
- 동의
- 동의의 자유
- 약자 보호
- 개인 정보 보호
- 비밀 보장
- 책임의 연장

## 원칙 II: 책임감 있는 보살핌

- 가치 진술
- 윤리 기준
- 일반적 보살핌
- 역량과 자기 인식
- 위험/혜택 검토
- 혜택의 극대화
- 피해의 최소화
- 피해의 상쇄/정정
- 동물 다루기
- 책임의 연장

## 원칙 III: 관계의 진정성

- 가치 진술
- 윤리 기준
- 정확성/정직성
- 객관성/편견의 결여
- 솔직성/개방성
- 불완전한 공개의 회피
- 이익 간 상충의 회피
- 지식에의 의존
- 책임의 연장

## 원칙 IV: 사회에 대한 책임

- 가치 진술
- 윤리 기준
- 지식의 개발
- 유익한 활동
- 사회에 대한 존중
- 사회 발전
- 책임의 연장
- CPA 간행물/CPA 홈페이지

# 캐나다의 심리학자 윤리 강령

## 도입

진입 조건과 훈련, 지식, 기준, 방법론, 관행의 개발 등에 대해 상대적으로 자율적 통제권을 갖고 있는 모든 학문 분야는 그 학문이 기능하는 사회와 계약된 범위 내에서만 통제권을 발휘한다. 이 사회적 합의는 상호간의 존중과 신뢰를 바탕으로 이루어진다. 즉, 그 학문 분야의 구성원들은 사회 안에서 관련 직무를 수행할 때 윤리적으로 행동할 것임을 약속하고 사회는 그 대가로 해당 분야의 자율성을 지지하는 것이다. 특히 그 약속은 그 분야의 구성원들이 자신들의 분야 및 구성원들의 복지보다 사회 및 사회 구성원들의 복지를 더 우선시할 것을 보장하기 위해 노력하는 것을 포함한다. 이 사회적 계약에 의해, 심리학자들은 사회 구성원들에 대해 통상적으로 서로에게 가져야하는 배려의 책임보다 더 높은 수준의 배려의 책임을 가지게 된다.

캐나다 심리학회는 기관이 이러한 심리학자들의 윤리적 행동과 태도를 보장하기 위해 도와야 하는 책임이 있음을 인정한다. 따라서 윤리적 원칙과 가치, 기준을 분명히 하기, 교육과 동료 간 모델링(peer-modelling), 상담을 통해 그러한 원칙, 가치, 기준을 장려하기, 심리학자들이 그들의 행동과 태도의 윤리를 감시할 수 있게 하는 방법을 개발하고 시행하기, 비윤리적 행동에 대한 고발에 대하여 판단하고 시정 조치하기 등의 노력을 한다.

이 강령은 과학자, 실무자, 과학자 겸 실무자, 또는 연구, 직접적인 서비스 제공, 교육, 학생, 수련생, 행정, 관리, 고용주, 직원, 감독, 자문, 동료 평가, 편집자, 전문가 증인, 사회 정책 또는 다른 모든 심리학과 관련된 역할을 감당하는 캐나다 심리학회 모든 회원을 지도하기 위해 윤리적 원칙, 가치, 기준을 명시한다.

## 강령의 구조와 유래

### 구조

윤리적 의사 결정 시 고려되어야 할 4가지 윤리 원칙이 제시된다. 각각의 원칙 뒤에는 그 원칙을 구성하고 정의를 내리는 가치에 대한 진술이 있다. 각각의 가치 진술 뒤에는 심리학자의 활동에 적용되는 특정한 원칙과 가치를 설명하는 윤리 기준의 목록이 있다. 기준의 범위는 최소한의 행동 기대치(예: 기준 I.28, II.28, III.33, IV.27)로부터 보다 이상적이지만, 실현 가능한 태도와 행동 기대치(예: 기준 I.12, II.12, III.10, IV.6)까지 걸쳐 있다. 기준의 왼쪽 여백에는 기준을 읽는 이를 돕기 위해, 그리고 특정 기준과 가치 진술의 관계를 설명하기 위해 키 워드가 쓰여 있다.

### 유래

이 4가지 원칙은 강령 개발의 초기 단계 때, CPA위원회가 보낸 가상의 윤리적 딜레마를 해결하기 위해서 캐나다 심리학자들이 가장 일관되게 사용한 윤리적 원칙들을 바탕으로 만들어졌다. 캐나다의 심리학자들이 제공한 응답에 추가하여 학제 간 국제 윤리 강령과 각 지역 및 전문가 행동 강령, 윤리 관련 문헌으로부터 가치 진술과 윤리 기준이 파생되었다.

## 원칙들이 충돌할 때

• **원칙 I: 개인의 존엄성 존중.** 누군가의 신변 안전에 급박한 위험이 있음이 명백한 경우를 제외하고는 도덕적 권리에 중점을 두어 일반적으로 이 원칙을 가장 우선시한다.

• **원칙 II: 책임감 있는 보살핌.** 이 원칙은 일반적으로 두 번째로 중요시된다. 책임감 있는 보살핌은 역량을 필요로 하며, 사람의 존엄성을 존중하는 방법으로만 수행되어야 한다.

• **원칙 III: 관계의 진정성.** 이 원칙은 일반적으로 세 번째로 중요시된다. 심리학자들은 그들이 맺는 모든 관계에서 최고의 진정성을 보여야 한다. 그러나 드문 경우에,

개방성이나 솔직함과 같은 가치가 존엄성의 존중과 책임감 있는 보살핌의 원칙에 포함된 가치보다 부차적으로 고려되어야 할 필요가 있을 수도 있다.

- **원칙 IV: 사회에 대한 책임.** 이 원칙은 다른 하나 또는 여러 원칙과 충돌을 일으킬 때 가장 낮은 중요도를 갖는다. 모든 윤리적 의사 결정을 할 때, 사회에 대한 책임을 고려하는 것은 필요하고 또 중요하지만, 이 원칙은 인간의 존엄성 존중, 책임감 있는 보살핌, 관계의 진정성 원칙에 의해 제재를 받을 수 있다. 한 사람의 복지가 사회의 이익과 갈등을 일으킬 때에 개인에 대한 존중과 책임감 있는 보살핌을 침해하지 않으면서 사회의 이익을 추구할 수 있는 방법을 찾을 수도 있다. 하지만 그것이 불가능할 때에는 사회의 보다 큰 선을 위해 개인의 존엄성과 안녕이 희생되어서는 안 되며, 반드시 개인에 대한 존중과 책임감 있는 보살핌을 가장 중요시해야 한다.

위에서처럼 원칙들의 중요도에 따른 우선순위를 부여했음에도 불구하고, 심리학자들은 해결하기 어려운 윤리적 딜레마에 직면하게 될 것이다. 이러한 상황에서 심리학자들은 대중의 감시를 통과하기에 충분한 윤리적 의사 결정 과정을 거쳐야 한다. 어떤 경우에는 문제의 해결이 심리학자 개인의 양심에 달려 있을 수 있다. 그러나 개인적 양심에 의한 결정 또한 상당히 일관된 윤리 원칙들을 기반으로 하고, 대중의 감시를 통과할 수 있는 의사 결정 과정의 결과여야 한다. 만약 심리학자가 이 강령의 윤리 원칙들을 적용하기 위해 모든 합리적인 노력을 하였고, 갈등의 해결은 심리학자 개인 양심에 의존할 수밖에 없었음을 증명할 수 있다면, 이 강령을 따른 것으로 간주될 것이다.

## 윤리적 의사 결정 과정

윤리적 의사 결정 과정은 매우 빠르게 진행되어 윤리적 사안을 쉽게 해결하도록 해줄 수 있다. 명확한 가이드라인과 기준이 존재하고, 원칙 간의 갈등이 전혀 없는 문제들에 관해서라면 특히나 그렇다. 반면에, 어떤 윤리적 문제들은 (특히 윤리적 원칙 간의 갈등이 있는 문제) 쉽게 해결되지 않으며, 정서적으로 힘들고, 시간이 걸리는 심의를 필요로 할 수 있다.

아래의 기본 절차는 윤리적 의사 결정 방식의 전형이다.

1. 의사 결정에 의해 잠재적으로 영향을 받는 개인과 집단 판별.
2. 윤리적 문제가 야기된 시스템이나 상황, 관계된 개인이나 집단에 관련 특성이나 이익, 권리 등 윤리적으로 관련된 사안과 관행의 식별.
3. 행동 방침을 정하는 과정에서 개인의 편견과 스트레스, 자기 관심이 얼마나 영향을 끼칠 수 있는지에 대한 고려.
4. 대안적인 행동 방침의 개발.
5. 관계가 있거나 영향을 받을 수 있는 개인/집단(예: 내담자, 내담자의 가족, 직원, 고용주, 학생, 연구 참여자, 동료, 학식 분야, 사회, 자신)에 각 행동 방침이 미칠 수 있는 단기적, 지속적, 장기적인 위험과 혜택의 분석.
6. 기존의 원칙, 가치, 기준을 성실하게 적용한 후 행동 방침 선택.
7. 행동의 결과에 따른 책임을 수반한 행동.
8. 행동 방침의 결과 평가.
9. 부정적 결과가 있을 시 그 결과를 정정하고, 윤리적 문제가 해결되지 않았을 때 의사 결정 과정을 반복하는 것을 포함한 행동의 결과에 대한 책임.
10. 향후 같은 딜레마의 재발생을 막기 위한 적절한 조치(예: 동료와의 의사소통과 문제 해결, 절차와 관행의 변화).

의사 결정을 내리지 못해 시간을 낭비하고 있는 심리학자들은 그 윤리적 문제에 의해 영향을 받는 자들과 의논하고, 의사 결정 과정상에서 관련 지식이나 객관성을 제공할 수 있는 동료나 자문인과 상담할 것을 권유한다. 비록 행동에 대한 의사 결정이 결국 심리학자 개인의 몫이라고 할지라도, 그러한 도움을 찾고, 참고하는 것은 곧 윤리적 의사 결정에 윤리적으로 접근한다는 것을 의미한다.

## 강령의 사용

이 강령은 일상 행동, 생각, 계획, 윤리 문제의 해결에 있어 심리학자들을 안내하는 것을 목적으로 한다. 즉, 이는 능동적, 수동적 윤리 관행 둘 다를 지지한다. 이 강령은 또한 다른 더 구체적인 강령이나 행동 강령의 개발을 위한 상위 문서로서 역할을 감당하는 것을 목표로 한다. 예를 들어, 이 강령은 어떤 사법권에서 필수적 행동(그 행동의 위반이 위법 행위로 간주되는 행동)을 정의하기 위한 윤리적 체계로 사용될 수 있다. 또는 관할 사법권에서 강령 내의 기준들을 더 심각한 성격의 것으로 간주해서 보고할 의무를 부여하고 어길 시 징계를 내릴 수 있다. 게다가, 그 원칙과 가치들은 전문 분야에 해당되는 전문가 기준을 개발하는 것을 돕는 데 사용될 수 있다. 이러한 방향으로 몇몇 작업이 CPA 내에서 이미 진행되었다(예: 심리학 연구 및 교육에서 동물의 사용에 대한 지침, 비차별 실습에 대한 지침, 회복된 기억을 다루는 심리학자를 위한 지침). 이 강령에 반영된 원칙과 가치들이 심리학자들의 행동을 지도하는 다른 문서에도 반영된다면 문서들 간의 모순과 갈등은 줄게 될 것이다.

이 강령의 3분의 1은 심리학자에 대한 고발의 시비를 가리는 것을 돕는데 사용하기 위함이다. 이 책임이 부여된 단체는 혐의 여부를 조사하고, 용납할 수 없는 행동이 발생했는지 판단하고, 어떤 시정 조치가 내려져야 하는지 결정한다. 용납할 수 없는 행동이 발생했는지 아닌지를 판단할 때, 많은 사법권이 행동 강령을 참조한다. 하지만 일부 고발된 사례들은 행동 강령에 직접적으로 언급되지 않은 행동에 관한 것이다. 이 강령은 심리학자 개인의 수준에서 또는 심리학자라는 직업 전체의 수준에서 각각의 고발들이 개선 조치를 취해야 할 만큼 충분히 우려되는 사항인지 여부를 결정하기 위한 윤리적 체계를 제공한다(예: 행동 강령에 대한 개별 심리학자, 구성원 또는 법인의 일반적인 교육 활동). 개별 심리학자에 대한 개선 조치를 판단할 때, 해당 기관이 내려야 할 판단 중 하나는, 개인이 양심적으로 윤리적 의사 결정 과정을 거쳤는지, 선의를 가지고 했는지, 또는 윤리 원칙에 대한 태만이나 고의적 무시가 있었는지의 여부다. 이 강령에 포함되어 있는 윤리적 의사 결정 과정의 표현은 그러한 판단을 위한 지침을 제공한다.

## 심리학자의 개인적 책임

그 분야와 구성원이 윤리적 의식과 민감성을 개발하고, 새롭게 유입되는 구성원을 분야의 윤리에 맞게 교육시켜야 한다. 또한 관련 업무와 구성원을 윤리적인 방식으로 관리하고, 자정능력을 가지며 내부적으로 또 외부적으로 책임이 있는 도덕적 공동체로서의 역할을 할 것을 약속한다.

그러나 윤리적 행동은 개인 심리학자의 진정성에 가장 큰 책임이 있다. 그것은 즉, 모든 상황에서 가능한 한 윤리적으로 행동할 것이라는 개개의 심리학자의 약속에 달려 있다. 따라서 심리학자들의 과학적, 전문적 협회인 캐나다 심리학회는 가입을 승인 시에, 회원들에게 아래의 내용에 대해 서약하도록 한다.

1. 심리학자로서의 현재의 모든 활동에서 협회의 강령에 충실할 것.
2. 새롭게 부상하는 활동 영역에 윤리적 원칙과 가치를 성실하게 적용할 것.
3. 정기적으로 동료와 윤리적 사안과 실천에 대해 평가하고 논의할 것.
4. 새로운 지침이나 기준의 개발 및 설명이 필요한 윤리적 문제들에 대해 협회에 알릴 것.
5. 심리학자의 부주의나 지식과 경험의 부족을 주된 이유로 비윤리적 행동이 일어날 우려가 있을 때 해당 심리학자에게 이 사실을 직접 알릴 것, 그리고 이 문제에 대한 논의가 필요한 경우에 취해야 하는 적절한 조치에 대해 합의할 것.
6. 발생 가능한 더 심각한 수준의 비윤리적 행동에 대한 우려(예: 심각한 피해를 주거나 줄 수 있는 행동, 또는 해당 관할 구역에서 위법으로 간주되는 행동)가 있을 때, 그 상황을 조사하며 피해를 중지하거나 상쇄시키는 데 가장 적합한 사람(들)이나 기관(들)에게 알릴 것.
7. 자기 자신의 비윤리적일 수 있는 행동에 대한 다른 사람의 염려를 심각하게 고려할 것과 문제점에 대해 합의에 도달하고, 필요한 경우 적절한 조치를 취하도록 노력할 것.
8. 비윤리적일 수 있는 행동에 대한 우려를 알리거나 그 우려에 대해 반응할 때, 성가셔하거나 악의를 가지지 말 것.
9. 적절한 절차에 따라 구성된 협회의 윤리와 윤리 행동 위원회와 협조할 것.

## 개인적인 행동과 강령의 관계

이 강령은 심리학자가 심리학자로서 하는 활동만을 지도하고 규제하기 위함이다. 그 이외의 상황에서 하는 활동을 지도하거나 규제할 의도는 전혀 없다. 다만 심리학자의 개인적 행동이 심리학 분야 전반에 대한 대중의 신뢰를 약화시키거나 심리학자로서의 책임을 적절하게 수행하고 있는가 하는 것에 의문에 들 만한 행동일 경우에는 강령이 적용될 수 있다.

## 주정부 규제 기관과 강령의 관계

캐나다 심리학회는 회원 자격 유지를 원하는 회원들을 위한 윤리 원칙, 가치, 기준을 명백히 해야 하는 책임을 수행함에 있어서 일부 심리학자들이 가지고 있는 복수의 멤버십(규제력을 지닌 것, 자발적인 것 둘 다)도 인정한다. 따라서 이 강령은 심리학 분야 전반에 걸쳐 가장 일반적인 윤리 원칙들을 포괄하고 통합하려고 노력하고, 그에 따라 주/지역 규제와 지침과의 사이에서 나타날 수 있는 차이를 최소화하려 했다. 심리학자들은 그들의 주/지역 규제 기관의 요구조건을 존중해야 한다. 그러한 요구조건들은 특정한 행동을 위법으로 간주할 수 있고, 그것은 규제 기관에 보고되거나 징계 사유가 된다.

## 용어의 정의

이 강령의 목적을 위해:
a. "심리학자"는 캐나다 심리학회에 가입되어 있는 동료, 회원, 학생, 외국인, 또는 이 강령을 채택하는 자발적 심리학 단체나 규제 기관의 회원을 의미한다(자신이 사는 주(州)나 지역관할 구역이 심리학자라는 용어의 합법적 사용을 제한할 수 있으며, 그 제한은 존중되어야 함을 독자는 상기하기 바란다).
b. "내담자"란 심리학자로부터 서비스를 받는 개인이나 가족 또는 집단(기관이나 단체 포함)을 의미한다.
c. 심리학자가 직업상의 일로 관계를 맺는 내담자, 연구 참여자, 학생 또는 타인은 그

들이 독립적으로 계약을 맺고 스스로 참여에 대한 동의를 결정할 수 있다면 "독립적"이다. 어떤 이가 계약을 맺거나 동의 의사를 결정할 때 다른 둘 이상의 객체와 의논한다면, 그것은 "부분 의존적"이다(예: 학부모와 학교 이사회, 노동자와 노동자 보상 위원회, 가족의 성인 구성원). 어떤 이가 서비스를 받거나 어떤 활동에 참여하는 데 있어 전혀 선택의 여지가 없다면 그것은 "완전 의존적"이다(예: 원치 않게 정신병원에 수용된 부모, 또는 연구 조사에 참여하게 된 아주 어린 아동).

d. "타인"은 심리학자가 직업 수행 과정에서 관계하는 모든 사람을 의미한다. 이 용어는 개인이나 가족, 기관 및 산업 또는 공동체 관련 문제에 대해 도움을 구하는 내담자, 연구 참여자, 피고용인, 학생, 수련생, 슈퍼바이저, 동료, 고용주, 제3자 지불인, 일반 대중의 구성원을 포함하나 거기에 국한되지만은 않는다.

e. "법적 권리 또는 시민의 권리"는 심리학자가 일하고 있는 주나 지역에 의해 인정된 법률이나 법령에 의해 보호되고 있는 권리를 의미한다.

f. "도덕적 권리"는 기존의 법률과 법령에 의해 완전히 보호받고 있지 못할 수도 있지만, 빼앗을 수 없는 근본적인 인간의 권리를 의미한다. 심리학자에게 특별히 중요한 의미가 있는 것을 예로 들면, 분배 정의, 공정/적법 절차, 발달상의 적절한 개인 정보 보호, 자기 결단력, 개인의 자유에 대한 권리 등이다. 이러한 권리들 중 일부는 기존의 법률과 법령에 포함되거나 통제되지 않고 관행으로 남겨 있을 수도 있다. 도덕적 권리는 이 정의에 언급된 것에 국한되지 않는다.

g. "부당한 차별" 또는 "부당하게 차별적인"은 어떤 이의 문화, 국적, 민족, 피부색, 종족, 종교, 성별, 결혼 상태, 성적 취향, 신체적 · 정신적 능력, 연령, 사회 경제적 지위 또는 다른 취향이나 개인의 특성, 조건 또는 상태 때문에 일어나는 편견적인 활동이나 그러한 것 때문에 편견을 고취하는 것이다.

h. "성희롱"은 다음 중 하나 또는 둘 모두를 포함한다. (i) 성관계를 하거나 용납하도록 타인을 강요하기 위한 권력이나 권위의 사용. 그러한 사용은 불응에 대한 명시적, 묵시적 위협 또는 순응에 대한 보상 약속을 포함한다. (ii) 원치 않은 성적 발언이나 일화, 제스처, 신체접촉 또는 그것을 반복하는 행동. 만약 그러한 행동이 공격적이고 달갑지 않을 때, 공격적, 적대적, 위협적인 작업, 학습, 서비스 환경을 만들 때, 수혜자에게 피해를 줄 것으로 기대될 때

i. " 심리학 분야"는 심리학의 과학적이고 응용적인 방법과 지식을 말한다. 그리고 그 분야의 전문가들이 서로 간에 사회, 일반 대중, 학생, 수련생 등의 관계 속에서 자신들의 직업을 수행하면서 사용하는 구조와 절차를 말한다.

## 검토 일정

이 강령의 타당성과 대응력 유지를 위해 CPA 이사회는 정기적으로 이 강령을 검토하고 필요에 따라 수정할 것이다. 또한 심리학자뿐 아니라 대중의 구성원, 다른 분야의 구성원 등 누구든지 강령에 대한 자신의 의견과 제안이 있으면 언제든 CPA사무실에 전달할 수 있다.

## 원칙 I: 개인의 존엄성 존중

### 가치 진술

과학자, 실무자, 과학자–실무자로서의 역할을 수행할 때, 심리학자들은 연구 참여자, 개인, 가족, 기관, 산업 또는 단체의 문제에 대한 도움을 구하는 내담자, 학생, 수련생, 직원, 비즈니스 파트너, 동료, 고용주, 제3자 지불인 그리고 일반 대중을 포함한 많은 다양한 개인 및 집단과 관계를 맺게 된다.

이러한 관계 속에서 심리학자들은 개인의 존엄성 존중이라는 원칙을 기본 원칙으로 받아들인다. 즉, 각 사람이 어떤 것을 위한 수단이나 방법으로써가 아닌 그 사람 자체로 중요하게 대우를 받아야 한다는 믿음을 가진다. 또한 모든 사람이 그들의 문화, 국적, 민족, 피부색, 종족, 종교, 성별, 결혼 상태, 성적 지향, 신체적·정신적 능력, 연령, 사회 경제적 지위 또는 다른 취향이나 개인의 특성, 조건 또는 상태에 달린 가치가 아닌 인간으로서 타고난 가치를 가질 권리가 있음을 인정한다.

심리학자들은 그들의 역할을 수행할 때에 관계를 맺게 되는 모든 개인의 존엄성을 존중할 책임이 있지만, 사회와 맺은 그들의 계약의 특성상, 그 중에서도 가장 취약한 위치에 있는 사람들에 대해 가장 큰 책임을 가질 것을 요구한다. 일반적으로, 심리학자의 활동에 직접적으로 관련을 맺거나 심리 서비스를 받는 사람들은 여기에 속한다(예: 연구 참여자, 내담자, 학생). 이들에 대한 책임은 다른 간접적으로 관계된 사람들에 대한 책임보다 늘 더 중요하게 여겨진다(예: 고용주, 제3자 지불인, 일반 대중).

도덕적 권리의 개념에 대한 준수는 개인의 존엄성 존중에 꼭 필요한 요소이다. 사생활에 대한 권리, 자기 결정성, 개인의 자유, 당연한 정의감(자연적 정의, 통상적인 정의)은 심리학자들에게 특별히 중요한데, 심리학자들은 그들의 모든 활동에서 이러한 권리들을 보호하고 장려할 책임을 가진다. 그에 따라, 심리학자들은 고지된 동의와 비밀 보장, 공정 대우, 적법 절차 등 위의 권리들과 일관되는 절차를 개발하고 따를 책임이 있다.

개인의 권리가 타인의 권리와 책임감 있는 보살핌의 맥락 안에 존재함에 따라(원칙 II를 보라), 자신이나 타인에게 아주 해로운 결과를 야기할 수 있거나 자율권이 제한되는 상황, 법원의 명령이 개인 정보 보호나 자기 결정, 개인의 자유의 권리를 허용하지 않는 경우가 생길 수 있다. 실제로, 이런 상황들은 타인들에게 경고를 하거나 보호하는 것이 의무가 될 정도로 굉장히 심각한 상황일 수도 있다(기준 I.45, II.39를 참조하라). 하지만, 심리학자들은 그러한 상황하에서도 여전히 허용되는 최대한의 범위까지 관계된 사람의 권리를 존중하고, 최악의 경우를 피하기 위한 필수적이고 합당한 노력을 해야 한다.

심리학자들은 모든 사람이 도덕적 권리를 가지고 있지만 그러한 권리가 장려되고, 보호되며, 시행되는 것은 지역사회와 문화에 따라 다르다는 것을 인지한다. 예를 들어, 개인적인 것이라고 간주되는 것의 범위는, 가족 및 지역사회 구성원이 개인의 의사 결정에 미치는 역할에 따라 다르다. 심리학자들은 그들의 직업을 수행할 때, 도덕적 권리에 대한 명백한 침범을 경계하는 동시에, 그러한 차이점을 인정하고 존중해야 한다.

또한, 심리학자들은 개인, 가족, 집단이나 단체의 취약성이 증가됨에 따라, 또는 자신의 환경이나 삶에 대한 사람의 통제 능력이 감소함에 따라, 윤리적 조언을 구하고, 관계된 사람들의 권리를 보호하기 위하여 안전장치를 구축해야 할 심리학자의 책임이 증대됨을 인지한다. 이러한 이유 때문에, 심리학자들은 의존의 정도, 시작의 자발성이 부족한 정도에 비례하여, 그들의 활동에 관계된 사람의 권리를 보호하고 장려하기 위한 안전장치를 증대해야 한다는 책임을 숙지한다. 예를 들어, 부분 의존적 사람보다 완전 의존적 사람의 권리를, 독립된 사람보다 부분 의존적 사람의 권리를 보호하고 장려하기 위한 더 많은 안전장치를 마련해야 함을 의미한다.

개인의 존엄성 인정은 또한 분배 정의에 대한 개념을 포함한다. 이는 모든 사람이 그들의 특성, 조건, 상태에 관계없이 심리학 분야에서 동등하게 혜택을 받고, 심리학자로부터 시행되는 과정, 절차 서비스상에서 동등한 질을 누릴 자격이 있다는 것을 의미한다. 비록 개별 심리학자들이 특정 인구에 대해 보다 전문적으로 활동하고, 그들의 역량의 한계와 일부 관계들에서 발생하는 문제에 대한 이해의 부족으로 서비스를 거부할 수는 있지만, 심리학자들은 개인적인 변덕 또는 부당한 차별의 기준에 의해 사람을 거절하지 말아야 한다.

심리학 분야와 사회와의 계약상의 덕목에 의해, 심리학자들은 사회의 모든 구성원이 서로에게 가지는 일반적인 배려의 의무보다 더 높은 수준으로 사회의 구성원을 보살필 의무를 가진다. 그러나 심리학자들은 심리학자로서 역할을 수행하는 데 있어 자신의 도덕적 권리(예: 개인 정보 보호, 개인의 자유)가 심각하게 침해되는 것으로부터 자신을 보호할 권리가 있다.

## 윤리 기준

개인의 존엄성 존중의 원칙을 준수하기 위해 심리학자들은:

### 보편적 존중

I.1 타인의 지식과 통찰력, 경험과 전문 분야에 대한 적절한 존경을 표해야 한다.

I.2 문화, 국적, 민족, 피부색, 인종, 종교, 성별, 성적 취향과 같은 특성에 근거하여 타인을 폄하하는 언급을 공개적(예: 공적 진술, 프레젠테이션, 연구 보고, 내담자에게)으로 하지 않는다.

I.3 모든 서면과 구두 의사소통에서 개인의 존엄성에 대한 존중의 마음을 전달할 수 있는 언어를 최대한 많이 사용하려고 노력한다.

I.4 성희롱을 포함한 모든 형태의 괴롭힘을 삼간다.

## 일반 권리

I.5 타인의 법적 권리나 시민권 또는 도덕적 권리를 모욕할 수 있는 관행에의 참여를 피하거나 거절한다.

I.6 본인이 판단했을 때, 인간의 권리 침해를 위해 지식이나 기술을 사용할 것 같은 사람을 훈련하고, 조언하고, 정보를 제공하는 것을 거절한다.

I.7 심리학적 지식이 고의적으로나 부지 중에 인간의 권리를 침해하는 데에 남용되지 않도록 하기 위해 모든 합리적인 노력을 한다.

I.8 존엄성을 보호하기 위해 연구 참여자, 내담자, 직원, 슈퍼바이저, 학생, 수련생, 타인의 권리를 존중한다.

## 비차별

I.9 어떤 형태의 부당한 차별 행위도 시행하거나 용납하거나 장려하거나 협력하지 않는다.

I.10 부당하게 차별하는 관행을 정정하기 위해 행동한다.

I.11 개인이나 그룹에 대해 공정한 분배가 이루어지는 방식으로 연구, 강의, 실습, 비즈니스 활동을 설계하도록 하여 취약한 사람이나 사회적 약자를 불공정하게 제외시키지 않는다.

## 공정한 대우/적법 절차

I.12 타인에 대한 공정한 대우의 정신을 가지고 일하고 행동한다.

I.13 고용, 평가, 판단, 편집, 동료 검토 활동을 위한 적법 절차나 당연한 정의 실현 절차를 확립하고 준수하기 위해 돕는다.

I.14 보상이 사전에 거부되지 않은 이상, 타인의 시간과 에너지, 지식의 사용에 대한 공정한 보상을 한다.

I.15 심리학자와 직원의 시간, 에너지, 지식과 제품 또는 서비스의 시장 가치를 고려하여 공정한 비용을 책정한다(기준 IV.12를 보라).

## 동의

I.16 사람에게 영향을 미치는 결정에 있어서 최대한 그들의 의사와 바람을 존중하고 통합하여 가능한 한 그들의 가장 능동적인 참여를 얻는다.

I.17 동의를 얻는 것이 단지 동의서에 서명을 받는 것이 아닌 함께 협력해서 작업하는 것에 대한 합의에 도달하는 과정의 결과임을 기억한다.

I.18 동의에 대한 의사 결정을 할 때 타인(예: 가족 구성원, 지역사회 구성원)을 참여시키려는 바람을 존중한다. 이 바람은 글로 쓰여졌거나 글로 쓰여지진 않았지만 분명하게 표현된 사전 지시에 대한 존중을 포함한다.

I.19 긴급한 상황(예: 재해나 위기)을 제외하고, 심리 서비스를 제공받는 모든 독립적, 부분, 의존적 개인으로부터 동의를 얻는다. 긴급 상황에서 심리학자들은 그 사람들로부터 승낙을 얻고 일을 진행하지만, 빠른 시일 내에 완전한 고지된 동의를 얻어야 한다(기준 I.29를 참조하라).

I.20 강요되어질 수 있는 연구 방법, 개인 사생활 침해, 최소한의 피해 이상의 피해를 받을 위험, 연구 참여자의 행동을 변화시키려는 시도 등이 포함된 모든 연구 활동을 위해서는 고지된 동의를 얻어야 한다.

I.21 법이 요구하거나 심리학자나 동의를 하는 사람, 심리학자가 일하는 기관이 원할 때, 동의의 범위를 구체적으로 설명하는 동의서나 그러한 범위가 설명되고 이해되었다는 것을 인정하는 동의서에 서명을 구한 후, 이를 구비하고 사용한다.

I.22 동의서에 서명하는 것이 문화적으로 허용되지 않거나 그런 동의서를 사용하지 않는 다른 합당한 이유가 있을 때에는 구두 동의를 수용하고 문서화한다.

I.23 동의서에 서명을 얻을 때는 이성적이고 신중한 사람이 의사 결정을 하거나 활동에 대한 동의를 할 때, 알기를 원하는 만큼의 최대한 충분한 양의 정보를 제공한다. 심리학자는 그 사람이 알아들을 수 있는 언어로 정보를 전달하고(필요하다면, 다른 언어로 번역을 제공하는 것을 포함한다) 진짜로 그 사람이 정보를 이해했는지 알기 위해 필요한 어떤 합리적인 절차도 취한다.

I.24 동의를 얻는 과정에서 적어도 다음의 내용들이 이해되었는지 확인한다. 활동의 목적과 성격, 상호 책임, 비밀 보장과 한계, 가능성 있는 혜택과 위험, 대안, 활동에 참여하지 않을 때에 예상되는 결과, 언제든 거절하거나 그만둘 수 있다는 선

택의 여지, 차별을 당하지 않을 것이라는 점, 동의가 유효한 기간, 원하는 경우 동의를 철회하는 방법(기준 III.23-30을 참조하라).

I.25 기존의 또는 진행 중인 고지된 동의에 관련이 있고 충분히 중요하고 새로운 정보가 생길 경우에 이를 적절한 시기에 알린다.

I.26 제3자에게 서비스를 제공하거나 제3자의 사용이나 요구에 의해 연구가 수행될 때, 모든 관계 당사자에게 동의를 얻기 전에 복합적 관계의 성격을 분명히 한다. 이것은 서비스나 연구의 목적, 수집된 정보에 대한 기대되는 사용처, 비밀 보장의 한계를 포함하나 거기에 국한되지는 않는다. 제3자는 학교, 법원, 정부 기관, 보험회사, 경찰, 특별 재정지원 기관을 포함할 수 있다.

## 동의의 자유

I.27 동의가 협박이나 과도한 압력 또는 보상하에 이루어지지 않도록 모든 합당한 조치를 취한다(기준 III.32를 참조하라).

I.28 동의가 협박이나 과도한 압력 또는 보상하에 이루어졌으면 어떠한 연구 활동도 진행하지 않는다(기준 III.32를 참조하라).

I.29 서비스에 대한 동의가 협박이나 극단적 필요하에 이루어졌으면, 동의의 자유를 확인하거나 재확립하기 위해 모든 합당한 조치를 취한다.

I.30 참여나 서비스를 언제든지 중단할 수 있는 사람의 권리를 존중하고, 그 사람이 그런 바람을 언어로 표현하기에 어려움이 있거나(예: 어린아이, 언어 장애가 있는 사람), 문화적 배경 때문에 그러한 바람을 구두로 표현할 것 같지 않다면, 중단의 바람에 대한 비언어적 표현에 즉각 반응한다.

## 약자 보호

I.31 연구를 진행하기 위한 결정을 하기 전에, 연구가 동의할 능력이 없는 사람들을 포함한 약자 집단에 관계된 연구이면, 인권 사안과 보호에 대하여 독립적이고 충분한 윤리적 검토를 구한다.

I.32 스스로 동의할 능력이 있는 사람들의 참여로 연구가 똑같이 잘 수행될 수 있다면, 동의할 능력이 적은 사람들을 참여시키지 않는다.

I.33 동의할 능력이 적은 사람을 위해 동의에 대한 이해와 능력을 극대화시킬 방법을 탐색하며, 의사 결정 대리인의 필요를 줄이도록 한다.

I.34 동의할 능력이 없는 사람을 대신하는 사람이나 그 사람에 대해 법적으로 책임이 있는 사람과 동의 과정을 수행하여서 동의할 능력이 없는 사람의 사전 의사를 존중할 수 있게 한다.

I.35 동의할 능력이 적은 사람을 위해 적절히 주어진 정보에 입각하여 자발적인 참여를 할 수 있도록 돕고, 서비스나 연구 활동이 그 당사자에게 직접적인 혜택이 있을 때만 이러한 승낙 없이 진행한다.

I.36 심리학자와 의존적 관계에 있는 사람(예: 학생, 직원)의 동의의 자유를 확립할 때에 특별히 주의를 기울인다. 이것은 그 당사자에게 그들의 교육이나 직업상의 목표를 달성하기 위한 대체 활동을 제안하거나 강압적으로 보일 정도로 부담스러운 종류가 아닌 다른 범위의 연구 조사나 경험의 기회 중에서 선택할 수 있도록 하는 것을 포함하지만 거기에 국한되지만은 않는다.

## 개인 정보 보호

I.37 얻어진 동의의 목적에 밀접한 정보만 추구하고 수집한다.

I.38 그렇게 할 분명한 권한이 주어지지 않은 한, 연구나 교육 서비스 활동 중에서 개인적, 발달적, 문화적으로 개인이나 집단의 사적인 공간이라고 규정된 공간을 침해하지 않도록 주의한다.

I.39 지속적이고 계획적인 서비스의 제공을 위한, 수행되고 있는 특정한 연구 조사의 목표를 위한, 또는 법에 의해 요구되거나 정당화된 필요한 개인 정보만 기록한다(기준 IV.17, IV.18을 참조하라).

I.40 연구 참여자, 직원, 슈퍼바이저, 학생, 수련생의 합리적인 개인 사생활(프라이버시)에 관한 권리를 존중한다.

I.41 사생활과 안전 보호에 주의하여 서면 기록, 이메일, 팩스 통신, 컴퓨터 파일, 비디오테이프 같은 서비스 제공 중 얻어진 모든 서면 또는 비서면 개인 정보를 수집, 저장, 처리, 전송한다. 이것은 심각한 질병이나 퇴직이나 죽음 등의 상황에서 적절한 계획을 기록하기 위한 경우도 포함한다.

I.42 그들이 관리하고 있는 기록들에 대해, 그 기록에 관련된 사람의 이익을 위해 필요하거나 또는 그 기록이 수집된 연구 조사를 위해 필요하거나 법에 의해 요구되거나 정당화되었을 때만 (예: 미래에 입을 수 있는 혐의로부터 자기를 보호하기 위해) 신원 확인이 가능하도록 하고, 그 외에는 익명으로 기록을 제공하거나 더 이상 신원 확인이 필요하지 않은 기록은 말살한다(기준 IV.17, IV.18을 참조하라).

## 비밀 보장

I.43 법에 의해 요구되거나 정당화된 경우를 제외하고, 심리학자로서의 직업 수행 중에 얻어진 동료나 동료의 내담자, 연구 참여자, 직원, 지도를 받는 사람, 학생, 수련생, 조직의 구성원들에 대한 정보를 그들의 비밀로 간주하여 전달하지 않도록 주의한다(기준 IV.17, IV.18을 참조하라).

I.44 서비스나 연구가 개인, 가족, 그룹 또는 단체와 연관된 것일 때에 비밀을 보호하기 위해 어떠한 조치를 취해야 하는지, 가족, 그룹, 단체의 구성원이 서로의 비밀 보장과 보호를 위해 어떠한 책임이 있는지를 분명히 한다.

I.45 법에 의해 요구되거나 정당화되었거나 또는 심각한 신체적 상해나 사망 상황이거나 그러한 상황이 예상될 때를 제외하고는, 타인의 비밀 정보는 당사자의 동의를 얻은 후 공유하거나 그 당사자의 신원이 확인되지 않는 방식으로 공유한다(기준 II.39, IV.17, IV.18을 참조하라).

## 책임의 연장

I.46 다른 사람이 이 강령과 일치하는 방식으로, 타인의 존엄성을 존중하고 자신의 존엄성에 대한 존중을 기대하도록 장려한다.

I.47 과학적이고 전문적인 활동에 참여하고 있는 자신의 조수, 직원, 학생, 슈퍼바이저, 수련생과 비슷한 의무를 가지는 모든 사람이 인간의 존엄성 존중에 관한 총체적인 책임을 갖게 한다.

## 원칙 II: 책임감 있는 보살핌

### 가치 진술

모든 학문 분야에 대한 기본적인 윤리적 기대는 그들의 활동이 사회 구성원에게 혜택을 주고, 적어도 어떤 피해도 주지 않는 것이다. 그러므로 심리학자들은 그들이 심리학자로서의 역할을 수행할 때에 관계하게 되는 모든 개인, 가족, 그룹, 공동체의 복지에 적극적인 관심을 보여야 한다. 이러한 관심은 그들의 활동에 직간접적으로 참여하는 모든 사람을 포함한다. 하지만, 원칙 I에서 보았듯이 심리학자들에게 우선시되는 책임은 가장 취약한 위치에 있는 사람들의 복지를 보호하는 것이다. 일반적으로, 그들의 활동에 직접적으로 참여하는 사람들(예: 연구 참여자, 내담자, 학생)이 그러한 위치에 있다. 간접적으로 참여하는 사람들(예: 고용주, 제3자 지불인, 일반 대중)에 대한 심리학자의 책임은 이들 다음으로 간주된다.

일반적으로 사람은 개인적 의사 결정 때에 자신의 복지를 고려하므로 그들의 복지 보호를 보장하기 위해서 가장 좋은 방법 중 하나는 동의서(원칙 I을 참조하라)를 얻는 것이다. 하지만, 이는 심리학자가 참여자의 윤리적 복지를 보호하려는 책임감 있는 보살핌과 결합할 때에만 효용이 있다.

책임감 있는 보살핌은 심리학자들이 잠재적인 피해와 혜택을 판별하고 그것들의 발생 가능성을 예측하기 위해 노력하게 한다. 그리고 예상되는 혜택이 피해보다 클 때만 일을 진행하고, 과정 중의 피해를 극소화하고 혜택을 극대화하는 방법을 개발하도록 한다. 또한 연구, 지도, 실습, 사업 활동 등의 직접적인 결과로 나타나는 해로운 영향을 바로잡기 애쓰도록 만든다.

이러한 절차를 수행하기 위해서 심리학자들은 역량과 자기 인식이 필요하다는 것을 안다. 또한 무능력함은 그 자체가 혜택을 주지 못하고 피해를 줄 가능성이 더 많으므로 비윤리적인 것으로 간주한다. 따라서 그들은 자신들이 수행할 수 있는 충분한 역량을 가지고 있거나 지도를 받을 수 있는 활동에만 참여하고, 자신의 업무를 가능한 한 능숙하게 수행한다. 그들은 관계자가 최대한의 이익을 얻을 수 있도록 그와 관련된 기존의 지식을 획득하고, 기여하고, 사용한다. 또한 그들 자신의 가치, 행동, 경험, 사회적 배경(예: 문화, 인종, 피부색, 종교, 성별, 성적 취향, 신체적 · 정신적 능력, 연령, 사회 경제적 지위)이 어떻게 자신의 행동, 해석, 선택, 권고에 영향을 미치는지에 대해 성찰한다. 이것은 그들이 심리학자로서의 역할을 수행함에 있어 관련된 개인, 가족, 집단, 공동체를 유익하게 하고 해를 끼치지 않을 가능성을 증대시키기 위함이다. 심리학자들은 피해와 혜택을 육체적, 정신적 둘 다의 차원에서 정의한다. 그들은 사회, 가족, 단체 관계, 개인적, 문화적 정체성, 자존감, 공포, 굴욕, 대인 신뢰, 냉소적 감정, 자기에 대한 지식과 일반적 지식; 신체적 안전, 편안함, 고통, 부상 등과 같은 요인을 고려한다. 그들은 즉각적인 효과와 장단기 효과를 고려한다.

책임감 있는 보살핌은 개인, 가족, 그룹, 단체가 자기 자신을 위해 의사를 결정할 수 있는, 그리고 자기 자신과 서로를 돌보고 배려할 수 있는 능력이 있음을 인식하고 존중한다(예: 동의를 얻는 것을 통해). 그러한 능력을 대체하거나 훼손할 수 없고, 당사자에게 최선의 이익이 무엇인지에 대한 타인의 의견이 그 당사자의 의사 결정권을 대체할 수 없다. 그러나 심리학자들은 관계된 개인, 가족, 집단, 공동체의 취약성이 증가함에 따라, 또 자기 자신의 삶을 통제할 능력이 줄어듦에 따라, 그들의 복지를 보호하기 위한 자신의 책임이 증가하는 것을 인식한다. 이런 이유로, 원칙 I처럼 심리학자들은 관계된 사람의 의존도와 자발적 개시의 결여 정도에 비례하여 안전장치를 증가시킬 책임이 있음을 고려한다. 하지만, 원칙 II에서 그 안전장치는 사람의 권리보다는 사람의 복지를 위해 사용된다.

심리학자의 연구나 교육에서 다루어지는 동물에 대한 대우와 사용 또한 책임 있는 보살핌의 요소다. 비록 동물에게는 사람과 똑같은 도덕적 권리는 없지만(예: 사생활), 그들도 인도적으로 다루어지고 불필요한 불편, 고통, 혼란에 노출되지 않을 권리가 있다.

본 분야가 사회와 맺은 계약의 덕목에 따라, 심리학자들은 사회 구성원이 서로에게 가지는 일반적인 배려의 의무보다 더 높은 수준의 의무를 가지고 사회 구성원을 돌보아야 한다. 하지만, 심리학자들은 심리학자로 일하는 동안 자신의 기본 복지를 보호할 권한이 있다(예: 신체적 안전, 가족 관계).

## 윤리 기준

책임 있는 보살핌의 원칙을 준수하기 위해 심리학자들은:

### 일반적 보살핌

II.1 내담자, 연구 참여자, 직원, 지도를 받는 이, 학생, 수련생, 동료와 그 외 타인들의 복지를 보호하고 장려한다.

II.2 내담자, 연구 참여자, 직원, 지도를 받는 이, 학생, 수련생, 동료와 그 외 타인에게 피해를 주는 것을 피한다.

II.3 그들의 행동에 따르는 결과에 대한 책임을 인정한다.

II.4 심리학자가 판단하기에 지식이나 기술을 다른 사람에게 피해를 주는 목적으로 사용할 만한 사람에게 조언하고, 훈련하고, 정보를 제공하는 것을 거절한다.

II.5 심리학자의 지식이 고의든 아니든 타인에게 피해를 주는 목적으로 남용되지 않도록 모든 합리적인 노력을 한다.

### 역량과 자기 인식

II.6 타인에게 이익을 줄 수 있을 만큼 역량을 가지고 있는 활동만 (지도 없이) 제공하거나 수행한다.

II.7 타인에게 이익을 줄 수 있게 활동을 수행할 역량이 되지 않는 사람에게 활동을 위임하지 않는다.

II.8 내담자의 문제가 자신의 역량 밖의 문제임이 명백해지면, 조언을 구하거나 자신의 동료나 다른 적당한 전문가 중 내담자에게 더 만족할 만한 서비스를 제공할 것 같은 사람을 추천하도록 즉각 절차를 밟는다.

II.9 자신의 서비스나 연구 활동이나 상담이 타인에게 도움을 주고 해를 끼치지 않기 위해서 관련 문헌을 참조하거나 동료와의 상의, 지속적인 교육 활동을 통해 광범위한 관련 지식, 연구 방법, 기술과 사람과 사회에 미치는 그들의 영향에 대해 최신 지식을 습득하도록 한다.

II.10 자신의 경험, 태도, 문화, 신념, 가치관, 사회 배경, 개인 차이, 특정 훈련, 스트레스가 타인과 관계를 맺을 때 어떠한 영향을 미치는지 평가하고, 그러한 인식에 모든 노력을 기하여 타인을 이롭게 하고 피해를 주지 않도록 한다.

II.11 자신의 신체적 또는 심리적 상태가 타인에게 도움을 주고 피해를 주지 않기 위한 자신의 능력을 저하시킨다면, 적절한 도움을 구하고 또는 적당한 기간 동안 과학적 활동이나 전문적 활동을 중단한다.

II.12 자신을 돌볼 수 있는 활동에 참여하여 잘못된 판단을 초래할 상태나 타인에게 유익을 주고 해를 끼치지 않기 위한 자신의 능력을 방해할 만한 상태(예: 극도의 피로, 중독)가 되는 것을 피하도록 한다.

## 위험/혜택 검토

II.13 그들의 활동에 참여하는 개인, 가족, 집단, 단체를 충분히 평가하여 무엇이 참여하는 사람에게 유익하고 피해를 주지 않을지를 검토할 수 있도록 한다.

II.14 개인, 집단, 단체와 문화적 차이와 취약성에 대해 충분히 세심한 주의를 기울이고, 지식을 갖추어 무엇이 참여하는 사람에게 유익하고 피해를 주지 않을지를 분별하도록 한다.

II.15 더 광범위한 규모로 사용하기 전에, 최소한도보다 더 큰 위험을 수반할 수 있는 모든 새로운 절차와 기술이 미치는 영향을 판단하기 위해서 사전 연구를 시행한다.

II.16 연구의 진행을 결정하기 전에, 알려진 결과가 없거나 고통, 불편, 피해 등을 야기시킬 수 있는 절차가 포함된 모든 연구 및 새로운 중재의 경우, 그것들의 위험요소와 잠재적 이익 간의 균형에 대하여 독립적이고 충분한 윤리적 검토를 구한다.

II.17 예상 가능한 혜택이 관련 위험요소보다 비율상 크지 않을 때는 과학적 또는 전문적 활동을 시행하지 않는다.

## 혜택의 극대화

II.18 중복되거나 목적에 어긋난 서비스의 제공을 피하기 위해 오랜 시간에 걸쳐 다른 서비스 제공자와 함께 조율한 서비스를 제공한다.

II.19 심리학자들의 활동의 지속성을 보장하고, 타인의 활동과 적절한 협력을 할 수 있도록 그들의 활동에 관한 기록을 만들고 유지한다.

II.20 다른 분야의 지식과 기술(예: 법학, 의학, 사업 행정)을 숙지하여 타인의 이익을 위해 그러한 지식과 기술을 필요한 곳에 사용하도록 권고한다.

II.21 심리 서비스를 필요로 하고 찾는 사람들을 위해 최상의 서비스를 제공하거나 얻도록 노력한다. 이것은 내담자의 요구와 특성에 비추어 보아 이에 합당한 절차, 즉 합리적으로 이론상 또는 경험상 지지된 효과가 있는 방법을 선택하는 것, 서비스를 제공받는 사람의 문화와 신념에 관련 있는 사람에게 자문을 구하거나 서비스 제공 시 그들을 참여시키는 것, 또한 필요할 땐 심리학자가 아닌 다른 전문가를 추천하는 것을 포함하지만 이에 국한되지는 않는다.

II.22 자신의 활동의 효과를 관찰, 평가하고, 그들이 발견한 결과를 기록하고, 관련된 타인과 새로운 지식에 대해 알린다.

II.23 연구 참여자의 지식이 향상되고, 참여자가 그 지식에 기여했다는 의식을 가지는 방식으로 디브리핑을 실시한다(기준 III.26, III.27을 참조하라).

II.24 교직 의무를 수행할 때, 수업을 신경 써서 준비하여 그들의 가르침이 전문적이고 현 시대에 뒤처지지 않도록 한다.

II.25 자신의 직원, 슈퍼바이저, 학생, 수련생으로 하여금 본 분야의 가치관과 윤리적 규제를 잘 이해하도록 하고, 그들에게 적절한 근로 조건, 적시의 평가, 건설적인 자문, 체험의 기회를 제공하거나 마련하여 그들의 전문적, 과학적 발전을 촉진한다.

II.26 충분히 출판될 자격이 있는 학생의 논문의 출판을 장려하고 지원한다.


## 피해의 최소화

II.27 심리상담 과정에서 권력 관계에 특별히 주의하여, 심리상담 기간 동안이나 그 후에도 권력 관계가 내담자의 개인 의사 결정에 영향을 미칠 것이 합리적으로 예상되는 기간 동안에는 그들의 내담자와 성적 친밀 관계를 형성하지 않고, 그것을 장려하지도 않는다(기준 III.31을 참조하라).

II.28 학생이나 수련생처럼 평가의 관계나 다른 직접적 권력 관계를 이루는 사람과 성적 친밀 관계를 형성하지 않고, 그것을 장려하지도 않는다(기준 III.31을 참조하라).

II.29 사람이 위험에 빠질 수 있는 방식으로 활동에 참여하지 않도록 주의한다.

II.30 정보가 타인에게 피해를 주도록 잘못 해석되거나 악용되지 않도록 정보를 기록하고 전달할 때에 신중함이 필요함을 확실히 인식한다. 이것은 오역되거나 오용될 수 있는 정보를 기록하지 않는 것, 추측을 피하는 것, 의견에는 명확하게 라벨을 붙이는 것, 그리고 정보의 수신자가 명확히 이해할 수 있는 언어로 정보를 전달하는 것을 포함하지만 이에 국한되지 않는다.

II.31 필요한 심리 서비스나 활동의 요구를 개인적으로 충족할 수 없다면, 필요한 심리 서비스나 활동을 보장하기 위해 합리적인 지원을 한다.

II.32 제3자 요금 지불인이 더 이상 요금을 지불할 수 없고, 내담자 본인도 관련 요금을 낼 여유가 없을 때, 필요하거나 내담자가 원한다면 필요한 서비스를 받을 수 있는 방법을 찾을 수 있도록 합리적인 지원을 한다.

II.33 내담자에게 동료나 다른 전문가를 추천했을 경우, 그 동료나 다른 전문가가 서비스를 시작할 때까지 적절한 연락, 지원, 책임을 다한다.

II.34 서비스를 중단하기 전에 내담자에게 합리적인 통지를 하고, 또 그 중단이 내담자에게 아무런 피해를 주지 않는다는 것을 확실히 한다.

II.35 연구 참여자의 일부에게 최소한도를 초과하는 위험을 줄 가능성이 있다면, 연구 참여자를 선별하여 가장 피해를 적게 입을 것 같은 사람들을 선택한다.

II.36 그들의 연구 활동이 연구 참여자의 인격이나 신체적, 정신적 건강에 미치는 영향을 최소화할 수 있도록 행동한다.

## 피해의 상쇄/정정

II.37 활동이 최소한도를 초과하는 위험을 수반하거나 유익하기보다는 해로운 면이 많거나 더 이상 그 활동이 필요하지 않은 것이 분명할 때, 활동을 종료한다.

II.38 현재의 지식이나 법적 전문적 지침에 근거하여 자신이나 타인에게 심각한 육체적, 심리적 피해를 끼칠 것 같은 활동을 수행하거나 제안하는 것을 위해 개인, 가족, 집단 또는 단체를 돕는 것을 거절한다.

II.39 타인의 행동이 심각한 신체적 상해나 사망을 야기할 수 있으면 그 행동을 중지하거나 행동의 결과를 상쇄하기 위해 합리적으로 가능한 모든 것을 행한다. 이것은 해당 기관(예: 경찰), 피해 예상자, 또는 중재가 가능하거나 비밀 보장의 관계에도 개입할 수 있는 가족이나 다른 보호자에게 보고하는 것을 포함한다(기준 I.45를 참조하라).

II.40 활동과 피해에 대한 객관적 정보가 있을 때, 그리고 내담자와 그들의 심리학자 또는 다른 분야의 전문가 사이의 비밀 보장 관계를 벗어나 이러한 활동에 대해 알게 되었을 때, 심리학자나 다른 분야의 회원에 의해 수행되는 심각하게 유해한 활동을 중지하거나 그 활동의 결과를 상쇄하기 위한 행동을 취한다. 이것은 심리학자가 그 사람이나 단체에 대해 판단해서 피해를 중지하거나 상쇄하기에 가장 맞는 방법에 따라, 그리고 규제 조건과 위법 행위에 대한 정의에 따라, 가장 합당한 규제 기관, 권위, 위원회에 보고하는 것을 포함한다.

II.41 피해가 심각하지 않을 때, 심리학자나 다른 분야의 회원과 비밀 보장 관계 밖에서 피해의 주원인이 민감성과 지식, 경험의 부족에 의한 것임을 알게 되었을 때, 그 심리학자나 다른 분야의 회원에 의해 수행되는 유해한 활동을 중지하거나 그 활동의 결과를 상쇄하기 위해 행동한다. 이것은 해당 심리학자나 다른 분야의 회원과 비공식적으로 얘기하고, 객관적 정보를 얻고, 가능하고 적절하다면 피해를 중지시키고 바로잡도록 보장하는 것을 포함한다. 만약 자신이 취약한 위치에 있다면(예: 직원, 수련생) 다른 심리학자나 다른 분야의 회원에 대한 존중을 가지고, 조금 덜 취약한 위치에 있는 사람을 회의에 참여시킨다.

II.42 자신이 심리학자로서 끼칠 수 있는 피해에 대한 타인의 우려를 받아들이고, 피해를 일으키는 활동을 중단하고, 바람직한 신념에 따른 우려를 표명한 사람을 처벌하거나 처벌하기 위한 수단을 찾지 않는다.

II.43 표준적인 서비스가 가능함에도 불구하고, 연구 설계의 조건을 충족시키기 위해 서비스를 제공하지 않음으로 해서 서비스를 필요로 하는 개인, 집단, 또는 단체가 심각한 불이익을 당하지 않게 한다.

II.44 연구 참여자에게 발생하는 피해를 분별할 수 있고, 결과적인 피해를 정정할 수 있는 방식으로 디브리핑을 수행한다(기준 III.26, III.27을 참조하라).

## 동물 다루기

II.45 연구가 기본적 행동의 구조와 과정에 대한 이해를 증대시키거나 연구에 사용된 특정 동물 종에 대한 이해를 증대시키거나 또는 결과적으로 인간과 다른 동물의 건강과 복지에 이로울 것이 상당히 기대되지 않는 한, 연구에 동물을 사용하지 않는다.

II.46 동물에게 고통, 스트레스, 궁핍을 주는 절차는 대안적인 절차가 없고, 그 절차의 목표가 미래의 과학적, 교육적 적용 가치에 의해 정당화되었을 때에만 사용한다.

II.47 동물의 불편, 질병, 고통을 최소화하기 위해 모든 노력을 한다. 이것은 적절한 마취하에 수술을 시행하는 것, 감염을 피하고 고통을 최소화할 수 있는 기술을 사용하는 것, 실험 동물을 연구 종료 후 폐기한다면, 인도적인 방법으로 하는 것을 포함한다.

II.48 비디오테이프나 영화 또는 다른 방법을 통해서는 교육 목표를 달성할 수 없고, 예상되는 교육적 이익에 의해 이러한 시범 설명이 타당화될 때만 동물을 사용하여 수업에서 시범을 보인다.

## 책임의 연장

II.49 이 강령과 일치하는 방식으로, 책임감 있는 보살핌을 할 수 있도록 타인을 격려한다.

II.50 과학적이고 전문적인 활동에 참여하고 있는 자신의 조수, 직원, 학생, 수련생과 비슷한 의무를 가지는 모든 사람이 책임감 있는 보살핌의 원칙에 관한 총체적인 책임을 갖게 한다.

## 원칙 III: 관계의 진정성

### 가치 진술

진정성은 과학적 지식의 발전과 심리학 분야에 대한 대중의 신뢰 유지를 위하여 매우 중요하다. 심리학자들이 직무 수행 중 형성하는 관계는 이러한 진정성에 대한 명백한 혹은 암묵적인 상호간의 기대를 구현해야 한다. 이러한 기대는 정확성과 정직성, 솔직성과 개방성, 객관성의 극대화와 편견의 극소화, 그리고 이익의 충돌을 피하는 것을 포함한다. 심리학자들은 이러한 기대에 부응할 책임과 호혜를 장려할 책임이 있다.

정확성, 정직성, 허위진술과 사기에 대한 명백한 금지와 더불어, 진정성에 대한 기대는 자기 인식과 비판적 분석을 통해 이루어진다. 비록 과학 자체는 가치 판단을 위함이 아니라 중립적이라고 주장할 수 있지만, 과학자들은 그렇지 못하다. 개인의 가치관, 사리사욕 등은 심리학자가 묻는 질문들과 그들이 어떻게 그런 질문을 하는지, 질문에 대해 어떤 가정을 내리는지, 어떤 연구 방법을 선택하는지, 어떤 정보를 더 주목하고 혹은 간과하는지, 어떻게 데이터를 해석하는지에 영향을 줄 수 있다.

심리학자들이 그들의 활동을 하면서 완벽히 가치중립적이거나 개인의 사리사욕을 배제하기를 기대하는 것은 아니다. 하지만, 그들은 자신의 배경, 개인적 필요와 가치들이 어떻게 그들의 활동에 영향을 미치는지를 이해하고, 그러한 요인의 영향에 대해 솔직하고 정직해야 하며 최대한 객관적이고 편견이 없어야 한다.

개방성과 솔직성의 가치는 개인의 존엄성 존중(원칙 I)과 책임감 있는 보살핌(원칙 II)의 맥락 내에서 존재한다. 그러므로 개방성과 솔직성의 정도를 조절해야 할 상황이 있을 것이다. 완전히 개방적이고 직설적인 공개는 타인이 원치 않을 수도 있고, 어떠한 상황에서는 그들의 존엄성과 복지에 위협을 줄 수도 있다. 또는 문화적으로 부적절하게 여겨질 수도 있다. 이러한 상황에서 심리학자들은 완전히 개방하거나 솔직해지지 않으려는 그들의 결정이 상위의 가치에 의해 정당화되고, 고지된 동의 절차를 무효화하지 않을 것임을 보장할 책임이 있다.

심리학자들이 연구 참여의 동의를 얻을 때나 연구 참여자에게 연구의 목적을 실제와 다르게 알려주고 그것을 일시적으로 믿게 할 때, 불완전하게 정보를 공개하는 것은 특별한 관심을 기울여야 한다. 이러한 행위는 연구상에 종종 일어나는데, 이것은 완전한 정보를 공개하는 것이 연구 참여자의 응답에 영향을 주어 연구 결과를 무효화시킬 수 있다는 가능성이 있을 때 일어난다. 비록 그러한 기법을 사용함으로써 유익한 연구 결과를 얻을 수 있을지 몰라도, 그것은 연구 참여자의 자기 결정 권리와 심리학에 대한 대중과 개인의 신뢰의 중요성에 반하는 것임에 틀림없다. 따라서 심리학자들은 그러한 연구 절차의 사용을 가능한 한 피할 중대한 의무가 있다. 또한 그러한 기법의 필요성과 일어날 수 있는 결과, 결과적으로 생겨날 불신 및 다른 해로운 영향을 정정할 책임을 고려해야 할 중대한 의무가 있다.

심리학 분야에 대한 대중의 신뢰가 심리학자가 사회 구성원의 최대이익을 위해 행동할 것이라는 신뢰를 포함하는 것이기에, 이익의 실재적, 잠재적 갈등이 있는 상황은 심리학자들이 우려해야 할 사항이다. 이익이 충돌하는 상황은 왜곡된 판단을 하도록 이끌 수 있고, 그것은 또한 심리학자가 사회 구성원의 최대이익을 훼손시키며 자기 개인의 정치적, 재정적, 경제적 이익을 충족시키는 방법으로 행동하게 만들 수 있다. 비록 모든 이익의 충돌과 타인에 대한 잠재적 착취를 피하는 것이 불가능할지라도, 어떤 충돌은 사회 구성원의 이익을 보호하고 그러한 이익의 충돌과 착취는 절대 일어날 수 없다고 생각하는 대중의 신뢰를 유지하는 데 매우 큰 위협일 수 있다(기준 III.31을 참조하라). 다른 이익 충돌(예: 이중 또는 복합적 관계)의 위험 정도는 문화적 요소와 특정 직업적 관계(예: 장기 심리치료 vs. 지역사회 발전 활동)에 부분적으로 좌우될 수 있다. 적절하고 가능한 때에 이중 또는 복합적 관계와 다른 이익의 충돌을 피하는 것은 심리학자들의 책임이다. 그러한 상황을 피할 수 없거나 피하는 것이 부적절할 때, 심리학자들은 그러한 이익의 충돌에 대해 밝히고, 조언을 구해야 한다. 그리고 사회 구성원의 최대이익을 보장할 안전장치를 구축할 책임이 있다.

관계의 진정성은 심리학자들이 정직성에 따라, 역량이 있음을 밝힌 전문 분야에서, 그들이 현재 그 분야에서 실무를 하든 하지 않든 그 역량을 유지할 책임이 있음을 암시한다. 그것은 또한 심리학자들이 특정 분야의 회원이나 대표로 자신을 소개하는 만큼 그 분야의 지침이나 요구사항을 적극적으로 지킬 것을 요구한다.

## 윤리 기준

관계의 진정성의 원칙을 준수하기 위해 심리학자들은:

### 정확성/정직성

III.1 고의로 부정직, 사기 또는 허위진술에 참여하거나 용납하거나 관계하지 않는다.

III.2 자기 자신이나 동료의 자격증, 자격인증서, 교육, 경험, 역량, 가입 상황을 모든 구두, 서면, 인쇄상에서 정확하게 표시하고, 오역될 수 있는 세부사항이나 정보(예: 심리학회의 자발적 회원 가입을 역량에 대한 증거로 기록하는 것)는 쓰지 않도록 주의한다.

III.3 자신이나 동료의 자격증이 타인에 의해 잘못 기술되지 않도록 주의해서 보호하고, 그러한 허위진술이 있을 때에는 정정하도록 신속하게 행동한다.

III.4 자신이 현재 활동하고 있는 분야뿐만 아니라, 심리학적 능력을 필요로 하는 일이라고 공공연하게 받아들여지는 분야에 대해서도 역량을 유지한다(기준 II.9를 참조하라).

III.5 자신과 동료의 활동, 기능, 기여와 그들의 활동의 예상되는 또는 실재의 결과(연구 결과 포함)를 모든 구두, 서면, 인쇄 매체상에서 정확하게 표현한다. 이것은 서비스나 제품의 광고, 교육 과정이나 워크숍 설명, 교육 평가 요구조건, 그리고 연구 보고서를 포함하지만 여기에 국한되지 않는다.

III.6 자신과 동료의 활동, 기능, 기여와 그들의 활동의 예상되는 또는 실재의 결과(연구 결과 포함)가 타인에 의해 와전되지 않도록 하고, 그러한 와전 시 정정하기 위해 신속하게 행동한다.

III.7 자신이 실제로 행했거나 개발한 일이나 아이디어에 대해서만 크레딧(참여자로서 이름을 언급하는 것)을 얻고, 타인(학생 포함)에 의해 행해지거나 개발된 일이나 아이디어에 대해서는 그 기여도에 비례하여 크레딧을 준다.

III.8 자신과 자기 동료들의 지식, 방법, 결과, 중재와 견해에 한계가 있음을 인정한다.

III.9 대안 가설이나 설명을 인정하면서, 자기 자신이나 동료의 결론이나 견해에 있는 반론 증거들을 숨기지 않는다.

## 객관성/편견의 결여

III.10 자신의 개인적 경험, 태도, 가치관, 사회적 배경, 개인차, 스트레스, 특정 훈련
이 그들의 활동과 생각에 어떻게 영향을 미치는지 평가하고, 이러한 인식을 가
지고 그들의 연구, 서비스, 그리고 다른 활동들이 객관적이고 공정하도록 모든
노력을 기한다.

III.11 가능한 한 완전하고 객관적으로 의사소통하도록 하며, 그리고 지식, 결론, 견
해에 대해 의사소통할 때에 사실, 의견, 이론, 가설을 분명하게 구분한다.

III.12 정보를 알리고 선택할 때 편견을 피하여 교육용 정보를 정확하게 전달할 수 있
도록 하고, 정보의 선택이나 프레젠테이션에 영향을 미친 개인적 가치나 편견
이 있다면 공개적으로 인정한다.

III.13 그들의 연구 결과에 대해 스폰서나 내담자, 기관(예: 뉴스 미디어), 또는 타인에
의한 왜곡이 있는지 확인하도록 신속하게 행동한다.


## 솔직성/개방성

III.14 고지된 동의를 얻거나 다른 유효한 서면 또는 비서면 계약을 얻기 위해 필요한
모든 정보에 대해 분명하고 솔직히 말한다(예: 요금—제3자 요금 지불인이 부여한
한계 포함, 관련 비즈니스 정책 및 관행, 상호 관심사, 상호 책임, 심리학자의 윤리적 책
임, 연구 참여를 포함한 관계의 목적과 성격, 대안, 예상 가능한 경험, 예상 가능한 갈
등, 가능한 결과, 얻어진 정보의 처리, 사용, 공유에 따르는 기대).

III.15 적절하다고 판단되거나 요구가 있는 경우, 관계자에게 평가 또는 연구 결과에
대한 적절한 정보를 제공한다. 이 정보는 이해 가능한 언어로 전달해야 한다.

III.16 적절하다고 판단되거나 요구가 있는 경우, 자신의 행동에 의해 영향을 받는 사
람에게 자신의 행동에 대한 이유를 완전하게 설명한다.

III.17 심각하고 예기치 않은 상황(예: 질병)이 개입된 경우가 아니라면, 모든 서면, 구
두 계약에 포함된 모든 약속과 계약이행의 책임을 존중한다. 만약 그러한 상황
이 생기면, 심리학자는 관계 당사자들에게 완전하고 정직한 설명을 한다.

III.18 진술을 하거나 공공 활동에 참여할 때, 자신이 일반 시민으로 활동하는 것인
지, 아니면 특정 기관이나 단체의 구성원으로서 활동하는 것인지, 아니면 심리

학 분야의 대표로서 활동하는 것인지 분명히 한다.

III.19 정직성을 지키며 개방적으로 탐구하는 방식으로, 또한 연구에 영향을 미칠 것으로 보이는 또는 영향을 미칠 수 있는 연구 목적, 후원, 사회적 배경, 개인 가치관, 재정적 이익에 대한 약속과 일관되는 방식으로 연구를 수행하고, 발표하고, 의논한다.

III.20 출판이나 최종 보고서의 준비에 앞서, 연구 분야에 전문가인 사람의 의견과 평가를 얻으려 할 때는, 자신의 연구를 정확한 형태로 그리고 비밀 보장의 한계 내에서 제출한다.

III.21 자신과 학생, 동료, 대중 사이에서 심리학적 지식이 자유롭고 공개적으로 교류되는 것을 장려하고 방해하지 않는다.

III.22 수련생의 상태를 숨기려 하지 말고, 수련생이 직접 내담자에게 서비스를 제공하고 있다면, 내담자에게 그 사실을 알려야 한다.

## 불완전한 공개의 회피

III.23 정보의 불완전한 공개를 하지 않는다. 대안적인 절차가 있거나 부정적 영향이 예측될 수 없거나 상쇄될 수 없을 때, 일시적으로 연구 참여자로 하여금 연구 프로젝트나 아니면 그 연구의 일부에 다른 목적이 있다고 믿게 하지 않는다.

III.24 정보의 완전 공개가 연구 참여자의 참여 동의에 대한 결정에 영향을 줄 수 있을 때(예: 위험, 불편, 고통의 정도에 대한 정보를 숨김) 불완전한 공개를 하거나 일시적으로 연구 참여자로 하여금 연구 프로젝트나 아니면 그 연구의 일부에 다른 목적이 있다고 믿게 하지 않는다.

III.25 불완전 공개 절차가 연구에 사용될 때, 최소한으로 필요한 불완전한 공개 절차를 사용하거나 최소한도로 연구 참여자가 연구 프로젝트나 그 연구의 일부에 다른 목적이 있다고 믿게 한다.

III.26 연구 참여자의 참여가 끝나는 대로, 그들에게 정보의 불완전한 공개가 있었다는 것이나 일시적으로 연구나 연구의 일부가 다른 목적이 있다고 믿도록 했다는 것을 밝힌다.

III.27 그러한 디브리핑을 할 때, 발생했을 수 있는 오해를 제거하고, 이러한 절차가 독단적이거나 변덕스러운 절차가 아니고 과학적으로 타당한 결론을 위해 꼭 필요했음을 분명히 한다. 그리고 유실되었을 수 있는 신뢰를 재구축하기 위해 연구 참여자에게 연구의 성격에 대한 명확한 설명을 제공한다(기준 II.23, II.44를 참조하라).

III.28 불완전한 공개 때문에 또는 연구나 연구의 일부가 다른 목적이 있다고 믿게 한 것 때문에 유실되었을 수 있는 연구 참여자와의 신뢰를 재구축하기 위해 행동한다.

III.29 디브리핑 과정에서 연구 참여자가 불완전한 공개나 일시적으로 연구나 연구의 일부가 다른 목적이 있었다는 것에 대해 불편해하면, 그 연구 참여자의 자료의 제거가 연구 설계의 타당성을 위협하거나 다른 연구 참여자의 참여에 대한 윤리 가치관을 폄하하지 않는 한, 연구 참여자에게 그/그녀의 자료를 제거할 수 있는 선택권을 준다.

III.30 연구 진행을 결정하기 전에, 불완전한 공개나 연구 참여자로 하여금 연구나 연구의 일부가 다른 목적이 있다고 믿도록 하는 연구 절차를 포함하는 연구에 대해 개인과 대중의 신뢰에 대한 위협과 그러한 신뢰를 보호하기 위한 보호 장치에 대한 독립적이고, 적절한 윤리적 검토를 한다.

## 이익 간 상충의 회피

III.31 그들의 내담자, 연구 참여자, 학생, 고용주, 또는 타인의 최대이익에 피해를 주면서까지 심리학자로서 구축된 관계를 개인적, 정치적, 경제적 이익을 위해 이용하지 않는다. 이것은 자신이 고용된 기관의 고객을 개인 고객으로 얻으려 하는 것, 신뢰나 의존성을 이용해 성적 관계를 맺으려 하는 것(예: II.27에 포함되지 않은 내담자, II.28에 포함되지 않은 내담자의 파트너 또는 친척, 학생, 수련생, 또는 연구 참여자), 신뢰나 의존성을 이용해 내담자가 서비스를 받도록 위협하는 것, 학생의 아이디어, 연구, 작업을 남용(착복)하는 것, 동의되지 않은 목적을 위해 자신의 채용기관의 자원을 사용하는 것, 소개에 대한 보너스나 뇌물을 주거나 받는 것, 개인적 이득을 이유로 동료를 차별하는 것을 포함하나 이에 국한되지 않는다.

III.32 자신이나 타인에게 미칠 수 있는 알려진 위험이 있거나 위험의 가능성이 있는 활동에 개인이나 그룹이 참여하게 하는 동기를 부여하기에 충분한 많은 보상을 제안하지 않는다(기준 I.27, I.28, II.2, II.49를 참조하라).

III.33 타인의 최대이익이 무엇인지를 객관적이고 편견 없이 결정하는 그들의 능력을 저하시킬 수 있는 이중 또는 복합적 관계(예: 내담자, 연구 참여자, 직원, 지도를 받는 이, 학생, 또는 수련생)와 상황을 피한다.

III.34 문화적 규범이나 다른 상황으로 인해 부득이하게 발생하는 이중 또는 복합적 관계는 편견을 없애고, 객관성을 보장하고, 착취의 위험을 최소화하는 방식으로 관리한다. 여기에는 이중 또는 복합적 관계의 기간 동안 지속적인 감독과 상담을 얻는 것이나 동의를 얻을 때에 제3자를 참여시키는 것(예: 내담자나 직원이 연구 참여자가 되게 할 때)이 포함될 수 있다.

III.35 만약 실재의 또는 잠재적인 이익의 충돌이 일어나면, 모든 관련 당사자에게 이러한 상황을 개인의 존엄성 존중(원칙 I)과 책임 있는 보살핌(원칙 II)에 일치하는 방식으로 해결해야 할 필요가 있음을 알리고, 그러한 방식으로 문제점을 해결하도록 모든 합리적인 절차를 밟는다.

### 지식에의 의존

III.36 자신의 과목의 규칙과 규정을 숙지하고, 그 규정을 준수하는 것이 개인의 존엄성 존중이나 책임 있는 보살핌의 원칙에 표현되어 있는 타인의 권리나 복지를 심각하게 침해하지 않는 한 준수한다(이런 갈등의 해결에 관련한 지침은 기준 IV.17와 IV.18을 참조하라).

III.37 자신의 과목의 기준을 숙지하고 그 기준들의 유지에 대한 책임을 보여준다.

III.38 동료 또는 합당한 그룹이나 위원회로부터 자문을 구하고, 어려운 상황에 직면했다면 책임 있는 결정을 할 때에 그들의 조언을 충분히 감안한다.

### 책임의 연장

III.39 이 강령과 일치하는 방식으로, 완전성을 지킬 수 있도록 타인을 격려한다.

III.49 과학적이고 전문적인 활동에 참여하고 있는 자신의 조수, 직원, 학생, 수련생과 비슷한 의무를 가지는 모든 사람이 완전성의 원칙에 관한 총체적인 책임을 갖게 한다.

## 원칙 IV: 사회에 대한 책임

### 가치 진술

심리학은 인간 사회라는 배경 안에서 한 분야로서 기능을 발휘한다. 심리학자들은 자신의 직업상에서 또 일반 시민으로서 자신이 살아가고 일하는 사회(집 주변, 도시)에 대해, 또한 그 사회에 속한 모든 인간의 복지에 대한 책임이 있다.

과학으로서 그리고 직업으로서의 심리학에 대한 두 가지 타당한 기대는 심리학 분야의 지식이 점점 증가할 것이고 그러므로 심리학이 모든 인간의 복지를 증진하는 방법으로 업무들을 수행할 것이라는 것이다.

질문과 토론의 자유(과학적, 학문적 자유 포함)는 심리학 교육, 과학, 실습의 기본 바탕이다. 사회라는 배경 안에서, 위의 기대들은 심리학자들이 윤리적 요구사항에 부응하는 활동과 방법을 사용하여 이러한 자유를 발휘할 것이라는 것을 의미한다.

위의 기대들은 또한 심리학자들이 사회 구조와 정책의 개발에 심리학적 지식을 사용할 때, 유익한 목적을 위해 사용하는 것, 그리고 심리학 자체의 구조와 정책이 그러한 유익한 목적을 지지하는 것을 보장하기 위해 할 수 있는 모든 것을 하는 것을 의미한다. 이 문서의 맥락에서 유익한 목적이 있는 사회 구조와 정책은 개인의 존엄성에 대한 존중, 책임감 있는 보살핌, 관계의 진정성, 사회에 대한 책임을 더 기꺼이 지지하고 반영하는 것으로 정의된다. 만약 심리학적 지식이나 구조가 이러한 목적에 반하여 사용된다면, 심리학자들은 이러한 오용에 주목하고 정정할 윤리적 책임이 있다. 이것이 비록 공동의 책임이지만, 심리학의 구조, 사회 개발, 또는 사용되고 있는 이론적, 연구 데이터베이스(예: 연구, 전문가 증언, 또는 정책 자문을 통해)에 직접적인 관계가 있는 심리학자들은 행동을 취해야 하는 가장 큰 책임이 있다. 다른 심리학자들은 이러한 공동의 책임을 이행하기 위해 자신의 시간과 재능을 가장 적절하고 유익하게 사용해야 한다.

그들의 직업을 수행하는데 있어, 심리학자들은 많은 사회 구조가 인간의 필요에 따라 천천히 발전되어 왔고, 그것을 개발한 사회에 의해 가치를 부여받는다는 것을 인정한다. 따라서, 심리학자들은 그러한 사회 구조에 대한 존중의 뜻을 전달하고 불필요하고 부당한 혼란을 피한다. 구조에 대한 변경이나 개선을 제안하거나 그런 방향으로 조치를 취할 때는 사회 내에서 합의를 얻거나 민주적인 방식의 과정을 통해 수행한다.

반면에, 만약 구조나 정책이 개인의 존엄성 존중, 책임감 있는 보살핌, 관계의 진정성, 사회에 대한 책임의 원칙을 심각하게 무시하거나 위배할 때, 관계된 심리학자는 이 강령의 원칙과 일치하는 방향으로 목소리를 내야 할 책임이 있고, 가능한 한 빨리 합당한 변화를 이끌어내도록 지지한다.

사회에 대한 책임을 가지고 지속적인 발전에 대한 건설적인 기여를 하기 위해서 심리학자들은 타인과 협력하여 일하는 것을 꺼려하지 않아야 하고, 자기 반성적이어야 하며, 사회 내에서의 심리학의 위치에 대한 외부의 제안과 비판에 열려 있어야 한다. 또한 심리학 지식과 구조의 유익한 사용을 늘리고 남용은 피하기 위한 심리학자들의 능력을 개발하여 사회 구조 및 정책의 영향과 변화 과정을 침착하게 관찰하고 해석해야 한다. 심리학 분야는 그 회원을 위해 보다 높은 기준을 정하고, 그러한 기준을 지키게 하기 위해 상당한 노력을 하며, 그 기준들을 유지하려고 노력하는 가운데 회원들을 지지할 수 있도록 해야 한다. 다시 한 번 강조하자면, 개인 심리학자들은 그들의 공공의 책임을 이행하기 위해 자신의 시간과 재능을 가장 적절하고 유익하게 사용하기 위한 방법을 스스로 결정해야 한다.

## 윤리 기준

사회에 대한 책임의 원칙을 준수하기 위해 심리학자들은:

### 지식의 개발

IV.1 그러한 활동이 다른 기본 윤리적 요구와 충돌하지 않는 한, 자유로운 질문과 지식과 아이디어의 습득, 전달, 표현을 통해 심리학 분야와 그 분야 자체에 대한 사회의 이해, 그리고 일반적인 사람들에게 기여한다.

IV.2 다른 기본 윤리적 요구와 충돌하지 않는 지식과 아이디어의 습득, 전달, 표현과 자유로운 질문을 방해하지 않고, 방해를 용납하지도 않는다.

IV.3 심리학 활동 중 자기 분야의 진보에 대해 정통하도록 하고, 이러한 진보를 자신의 업무 수행에도 참작하고, 이러한 진보에 대해 스스로 기여를 할 수 있도록 한다.

## 유익한 활동

IV.4 자신과 동료의 지속적인 교육과 전문적, 과학적 성장에 참여하고 기여한다.

IV.5 과학적 패러다임의 비판적 분석에 대한 이해, 변형, 사용, 예상 가능한 남용 등을 포함하여 심리학 분야에 새롭게 입문하는 사람이 자신이 선택한 분야에 필요한 역량과 윤리적 책임에 대한 온전한 이해를 얻을 수 있도록 도와 그 사람의 발전을 지원한다.

IV.6 사회 내 심리학 분야의 위치에 대한 비판적 자기 평가 과정과 심리학이 유익한 사회적 기능과 변화에 기여할 수 있도록 돕는 구조와 절차의 개발 및 이행에 참여한다.

IV.7 윤리적 우려 또는 반대를 정중하게 표명하고, 그러한 우려 또는 반대에 대한 건설적인 해결책을 지원하는 근로 환경을 제공하고 기여한다.

IV.8 자신의 윤리적 관행과 안전장치에 대한 정기적인 모니터링과 평가 보고(예: 동료 검토(peer review), 프로그램 리뷰, 케이스 관리 리뷰, 자신의 연구 보고서를 통해)를 수행한다.

IV.9 자신의 일과 관련된 책임 과정이나 절차를 개발하고, 장려하고, 참여하도록 한다.

IV.10 본 분야의 가장 높은 기준을 고취하고 유지하여 심리학의 책임을 유지한다.

IV.11 심리학적 기술, 지식, 해석을 보호하여 그것들이 오용되거나 비자격자에 의해 사용되거나 타인에 의해 쓸모없게 되지 않도록 한다(예: 평가 기술의 보안 실패).

IV.12 소액의 보수를 받거나 보수를 받지 않는 일에 자신의 시간 일부를 제공함으로써 사회의 일반적인 복지(예: 요금 지불 능력에 관계없이 서비스의 접근성 향상)나 그들 분야의 일반 복지에 기여한다.

IV.13 상황의 비공식적 해결이나 정정이 적절하지 않거나 가능하지 않을 때, 이 강령에 부합하는 방식으로 심리학적 지식과 기술의 오용을 포함한 무능력하거나 비윤리적인 행동을 적절한 관계 당국, 위원회, 규제 기관에 알려 본 분야의 사회에 대한 책임을 유지한다.

IV.14 이 강령의 윤리 원칙과 기준에 일치하여 행동하는 것을 허락하는 합의나 계약만 한다.

## 사회에 대한 존중

IV.15 주요 작업을 시작하기 전에 문화, 사회 구조, 공동체의 관습에 대한 충분한 지식을 습득한다.

IV.16 그들이 과학적이고 전문적인 활동을 할 때, 지배적인 공동체의 풍습, 사회 관습, 사회적 기대가 이 강령의 윤리 원칙을 위반하지 않는다면 존중하고 준수한다.

IV.17 자신이 일하고 있는 사회의 법과 규제(특별히 심리학자로서의 활동을 하는데 관련 있는 법)를 숙지하고 준수한다. 만약 그 법과 규제들이 여기에 쓰인 윤리 원칙과 심각하게 갈등을 일으킨다면, 심리학자들은 윤리 원칙을 지키기 위해 할 수 있는 모든 것을 한다. 만약 윤리 원칙을 지키는 것이 심각한 개인적인 결과(예: 감옥 또는 육체적 상해)를 야기한다면, 최종 조치에 대한 판단은 개인의 양심에 맡긴다.

IV.18 법이나 규제를 준수하는 것과 윤리 원칙을 따르는 것 사이의 명백한 갈등에 직면한다면, 긴급 상황이 아닌 이상 동료와 상의하고, 가장 윤리적인 행동 방식과 책임 있고, 지식 있고, 효과적이고, 존중할 수 있는 방법의 합의를 추구하여 수행한다.

## 사회 발전

IV.19 적절하고 필요할 때, 유익한 사회적 변화를 저해하는 심리학 분야의 측면을 바꾸기 위해 행동한다.

IV.20 대답을 구할 연구 질문, 개발할 서비스, 가르칠 내용, 수집할 정보, 또는 결과의 적절한 해석을 결정할 때에 사회의 필요성, 현재 이슈, 문제를 민감하게 생각한다.

VI.21 그들의 업무가 사회 문제와 관련되었다면, 관련 자료 독서, 동료와의 상담, 지속적인 교육을 통해 사회 문제에 대해 정통할 수 있도록 특별히 주의한다.

IV.22 만약 그들이 연구하거나 논의하는 중요한 사회적 이슈를 포함한 전문적 지식을 가지고 있다면, 이 강령의 4가지 원칙에 부합하는 방식으로 의견을 분명히 말한다.

IV.23 그들의 업무가 사회 정책과 구조에 관여한다면, 사회 정책을 존중하는 태도를 갖추고 자신의 자료의 한계를 논의하면서 업무를 제공한다.

IV.24 가능하고 적절하다면, 결과의 해석의 정확도를 높이고, 오해나 오용의 위험을 최소화하기 위하여 연구되고 있는 집단, 조직 또는 단체와 상담한다.

IV.25 현재 사회의 정치적 추세와 기존에 발생했거나 미래에 발생할 수 있는 심리학적 지식의 사회적 오용에 대해 자각하고, 심리학적 정보(예: 연구 결과, 이론적 지식)를 전달할 때 추가적 오용을 막기 위해 재량권을 행사한다.

IV.26 사회 정책, 태도, 관행의 개발 시, 결과가 오역 또는 오용(예: 취약한 사람들의 조종을 장려하거나 특정 인구에 대한 차별을 강화하는 식으로)되지 않도록 보장하기 위해, 취약 계층에 관련된 업무 결과 보고를 할 때에 특별한 주의를 한다.

IV.27 인간을 고문하기 위한 수단 개발, 금지된 무기 개발, 또는 환경 파괴와 같이 국제 인도주의적 법에 위배되는 연구나 다른 활동에 기여하거나 참여하지 않는다.

IV.28 만약 그들이 사회 정책과 구조에 관련한 전문지식을 가지고 있다면, 사회 정책과 구조를 구축하는 공공의 참여에 관련한 심리학적 지식을 대중에게 제공한다.

IV.29 그들이 일하고 있는 사회 구조의 정책, 관행, 법, 또는 규제가 이 강령의 원칙에 반대되거나 원칙을 심각하게 무시할 때, 이 강령의 4가지 원칙에 부합하는 방식으로 분명히 말하고, 또는 행동한다.

## 책임의 연장

IV.30 이 강령과 일치하는 방식으로, 사회에 대한 책임을 이행할 수 있도록 타인을 격려한다.

IV.31 과학적이고 전문적인 활동에 참여하고 있는 자신의 조수, 직원, 학생, 수련생과 비슷한 의무를 가지는 모든 사람이 사회에 대한 책임의 원칙에 관한 총체적인 책임을 갖게 한다.

부록 D

# APA 문서보관 지침

## 도입

아래의 지침은 1987년 7월 미국 심리학회(APA)에 의해 채택된 일반 지침에 근거한다.(APA, 1987) APA 심리학자의 윤리 원칙과 행동 강령의 특정 부분들이 본 지침의 작성에 도움을 주었다.(APA, 1992) 이 지침은 높은 기대 수준을 가지고 있으며, 구체적인 적용을 해나감에 있어 전문가적인 판단이 요구된다.

본 지침은 심리적, 신체적 건강관리와 관련된 서비스를 제공하는 이들이 사용하도록 고안되었다. 본 지침의 표현은 높은 기대 수준과 더불어 심리학 및 기록 보관 기술의 발달, 개별 심리학자의 전문적 판단을 고려하여 해석되어야 한다. 본 지침이 전문적 판단보다 우선시되지 않는다는 점은 매우 중요하다. 이 지침의 의도는 오히려 그러한 전문적 판단을 강화하는 것이다.

## 기본 원칙과 목적

심리학자는 많은 이유로 인해 기록들을 보유하는데, 그 중 가장 중요한 이유는 의뢰인들에게 유익을 주기 위함이다. 기록은 심리학자로 하여금 본인이 제공하는 서비스를 기록하고 검토할 수 있게 한다. 기록의 성격과 규모는 제공하는 서비스의 유형과 목적에 따라 다르다. 기록은 이용자가 다른 심리학자나 정신과의사에게 심리학 관련 분야의 서비스를 받으려 할 때에 상담 기록과 현상태를 알려줄 수 있다.

성실한 기록 보관은 심리학자 본인에게도 적절한 서비스 과정을 계획하고 시행할 수 있게 함으로써, 업무를 전반적으로 검토하고 더 자세하게 자신을 성찰할 수 있게 도움을 준다.

적절한 기록의 보유는 다양한 기관적, 제정적, 법적 목적에도 또한 관련이 있을 수 있다. 주와 연방 법은 많은 경우에 특정한 종류의 심리학 관련 서비스에 대해 적절한 기록을 보유하도록 요구한다. 적절한 기록은 심리학 관련 서비스의 영수증이나 제3자에 의한 지불을 위해 요구될 수 있다.

더불어 잘 서류화된 기록은 심리학자가 법적이나 윤리적 절차의 대상이 되었을 때, 심리학적 책임으로부터 그들을 보호할 수 있다. 이러한 상황에서는 기록에서 일부 드러나는 심리학자의 전문적 행위가 주된 사안이 된다.

때때로 기록 보관을 주관하는 연방, 주, 지방 법이나 기관의 규칙과 이 지침 사이에서 갈등이 있을 수 있다. 이러한 상황에서 심리학자는 적용되는 법을 준수해야 할 자신의 의무를 명심해야 한다. 법이나 기관의 규칙이 이 지침의 원칙과 갈등을 일으킬 때, 심리학자는 그들의 교육과 기술, 훈련을 이용하여 해당 문제를 규정하고, 최대 가능한 범위 내에서 법과 윤리 원칙이 요구하는 직업 수행 둘 다를 만족시키는 방법으로 문제를 해결하도록 노력한다.

심리학자는 기록 보관 정보가 심리학자나 서비스 의뢰인의 희망과 반대로 때때로 공개되도록 요구된다는 것과 그러한 기록의 번역을 위해 기록을 볼 자격이 없는 사람에게 공개될 수 있다는 것을 정당하게 고려해야 한다. 이 지침은 의뢰인이나 심리학자의 희망과 관계없이 항시 어떠한 기록도 자유롭게 공개되지 않을 것으로 가정한다.


## 1. 기록의 내용

기록은 심리학 관련 서비스의 성격, 전달, 과정 또는 결과를 서류화할 때 사용되는 모든 정보를 포함한다(컴퓨터에 저장된 정보 포함).

심리학 관련 서비스 기록은 최소한 (a) 신원 확인 자료 (b) 서비스 날짜 (c) 서비스 유형 (d) 비용 (e) 모든 평가, 중재, 상담 계획, 요약 보고 또는 검사 결과와 관련 자료 (f) 얻어진 정보의 배포를 포함한다.

관할 사법권이나 상황에 따라 요청되는 바, 심리학자들은 가장 정확하며 최신의 적절한 심리 서비스 기록을 합리적 수준으로 보유한다. 세부사항은 죽음이나 장애, 은퇴를 포함하여 다른 심리학자가 서비스를 대신 제공하게 되었을 때에 지속적인 서비스를 계획하기에 충분해야 한다. 또한, 심리학자들은 서비스 제공의 법률적, 행정적 검토를 위해 충분한 세부사항이 있는 기록을 보유해야 한다.

최소한의 요구사항 이상으로 기록을 보유하는 것은 심리학자의 전문적 판단에 달려 있다. 심리학자는 심리학 관련 서비스의 성격, 기록된 정보의 원천, 기록의 의도된 사용처, 그의 직업적 의무를 고려한다.

심리학자들은 기록의 오용으로부터 보호하기 위해 합당한 노력을 한다. 그들은 기록을 준비할 때, 의도하였거나 예상되는 기록 수혜자에 의한 기록의 쓰임새를 예측하여 참고한다. 심리학자들은 그와 같이, 자신의 인상과 잠정적인 결론을 적절하게 밝힌다.

## 2. 기록의 구성과 관리

심리학자들은 기록의 기밀을 보호할 수 있는 시스템을 유지한다. 그들은 자기 자신이 서비스를 제공하는 동안 얻게 되는 정보나 자신의 지도하에서 일하는 타인이 제공하는 서비스를 통해 얻게 되는 정보의 비밀 보장을 구축하고 유지하기 위해 합리적인 절차를 취해야 한다.

심리학자들에게는 자신의 기록과 자신의 지도하에 있는 자들의 기록의 내용에 대한 궁극적인 책임이 있다. 필요 시에 심리학자들은 기록 보관 절차의 설계와 시행을 감독하고 절차가 잘 지켜지는지 감시할 것이 요구된다.

심리학자들은 자신이 실습 중인 기관의 정책을 고려하여 그들의 의뢰인의 기록을 관리해야 한다. 심리학자가 그 의뢰인들의 기록을 관리하는 상황에 변화가 있어서, 그러한 기록을 더 이상 관리할 수 없게 됐을 때, 이를 넘겨주기 위한 적절한 절차를 찾아야 한다.

기록은 심리학자나 다른 승인된 사람이 쉽게 사용할 수 있는 방식으로 정리되어야한다. 심리학자들은 기록 항목들이 알아보기 쉽도록 노력한다. 기록은 시간순으로 완성해야 한다.

기록은 그것의 유용성, 기밀성, 지속성이 보장되는 한 어떠한 매체에 보관되어도 상관없다.

## 3. 기록의 보유

심리학자는 기록의 보유를 주관하는 관련 연방, 주, 지방 법과 규제에 대해 숙지한다. 그러한 법과 규제는 이 지침의 요구사항을 대체한다. 그러한 법이나 규제가 없을 때에는 의뢰인과의 마지막 접촉 후 최소 3년간 완전한 기록을 보유한다. 기록, 또는 개요는 그 후 처분되기 전 12년 간 더 보유된다. 의뢰인이 미성년자라면, 기록 보유 기간은 의뢰인이 성년이 되고 3년 후까지 연장된다.

유, 무효한 모든 기록은 적절하게 접근을 제한하고, 적절한 시기에 검색이 가능하도록 해서 안전하게 보유해야 한다.

## 4. 오래된 기록

심리학자들은 오래되어 효력이 없어진 기록, 특별히 그 기록의 공개가 악영향을 줄수 있는 상황에 주의를 기울인다. 심리학자들은 그러한 정보를 공개할 때, 전문적 판단과 관련한 법을 준수하여 그 기록이 오래되었고 효력이 제한적이라는 점을 분명히 밝힌다.

기록을 처리할 때는 이 기록의 비공개를 보장(또는 기밀성을 보호)할 수 있는 적절한 방식으로 한다.

## 5. 기록 보관 절차의 공개

필요 시에 심리학자들은 그들의 의뢰인에게 기록 보관 절차의 성격과 범위를 알릴

수 있다. 이 정보는 기록의 비밀 보장의 한계에 대한 진술을 포함한다. 심리학자들은
기록의 검토와 복제에 대한 합당한 요금을 청구할 수 있다. 심리학자들은 의뢰인이 이
전 서비스에 대한 지불을 이행하지 않았다는 이유를 가지고, 타당한 목적을 위해 필요
한 기록의 공개를 유보하지 않는다.

## 참고문헌

American Psychological Association. (1987). *General guidelines for providers of psychological services.* Washington, DC: Author

American Psychological Association. (1992). *Ethical principles of psychologists and code of conduct.* Washington, DC: Author

# 이혼 소송 절차 시
# 자녀 양육권 평가를 위한 APA 지침

## 도입

자녀 양육권과 기타 양육 조치에 관련된 결정은 부모의 이혼, 후견인, 자녀 방치나 학대 소송, 부모, 보호자 권리 박탈을 포함한 다양한 법적 상황에서 나타난다. 다음의 지침은 특별히 부모의 이혼 상황에서 자녀 양육권 평가를 시행하는 심리학자를 위해 개발되었다. 이 지침은 미국 심리학회의 심리학자의 윤리 원칙과 행동 강령(APA, 1992)에 근거해서 개발되었고, 매우 높은 기대 수준을 가지고 있다. 이는 지침으로, 강제적이거나 모든 사항을 완벽하게 정리한 것은 아니다. 이 지침의 목표는 자녀 양육권 평가를 수행할 때, 심리학적 전문지식의 사용을 능숙하게 하기 위함이다.

부모의 이혼은 아이와의 관계에 있어 부모의 권리와 책임의 구조 조정을 요구한다. 이혼 양육권 사례의 압도적인 비율(90%)의 경우에서처럼, 만약 부모가 구조 조정 합의에 동의할 수 있다면(Melton, Petrila, Poythress, & Slobogin, 1987), 법원이 결정해야 할 분쟁은 없다. 하지만, 부모가 그러한 합의에 도달할 수 없다면, 법원은 각각의 부모가 자녀에 대해 가질 의사 결정 권한과 실제적 접촉의 상대적 할당을 결정하도록 도와야 한다. 법원은 일반적으로 권리와 책임의 구조 조정을 결정할 때 "자녀의 최선의 유익"의 기준을 적용한다.

심리학자들은 아동의 최선의 유익을 평가하는 데 있어 유용하고 객관적이며 공정한 정보를 제공함으로써 아동과 법원에게 중요한 서비스를 제공한다. 그들은 자녀 양육권 평가의 방향과 목적에 대한 명확한 이해를 바탕으로 윤리적으로 자신의 역할을 수행하며, 모든 관계 당사자에게 평가의 성격과 범위를 명확히 한다. 미국 심리학회의 윤리위원회는 심리학자들이 양육권 분쟁에 참여하는 것에 있어 때로 심리학자의 영향력 오용에 관한 이의가 제기되고, 심리학자들에 대한 불만이 APA 윤리위원회에 접수되기도 하며(APA Ethics Committee, 1985; Hall & Hare-Mustin, 1983; Keith-Spiegel & Koocher, 1985; Mills, 1984 ), 때로 법과 범죄과학수사 문헌에서 이의가 제기된다는 것에(Grisso, 1986; Melton et al., 1987; Mnookin, 1975; Ochroch, 1982; Okpaku, 1976; Weithorn, 1987) 주목했다.

심리학자로서 충분하고 적절한 서비스를 법원에 제공하려면 자녀 양육권 평가를 위한 특정 역량과 지식이 요구된다. 부모의 이혼 상황에서 자녀 양육권 평가는 매우 까다로운 작업이 될 수 있다. 경쟁적인 부모들은 긴장과 불안에 가득차서 과정에 참여하기 때문에 위험성이 높다. 따라서 심리학자/평가자의 스트레스가 매우 클 수도 있다. 자녀 양육권 평가를 둘러싼 긴장은 아동학대, 방치나 가정폭력에 대한 혐의가 있을 때는 더욱 고조될 수 있다.

심리학자는 자녀 양육권 결정에 중대한 영향을 줄 만한 위치에 있다. 자녀 양육권 평가를 통해 얻어진 심리학적 자료와 전문지식은 추가적인 정보를 제공하고, 법원이 기존에 아동의 최선의 유익으로 보았던 것에 대한 고려할 만한 관점을 제공하여 법원이 내려야 하는 결정의 공정성을 증가시킬 수 있다.

## 이혼 소송 절차 시 자녀 양육권 평가를 위한 지침

### I. 지침의 지향점: 자녀 양육권 평가의 목적

**1. 평가의 가장 주된 목적은 아동의 최선의 심리적 이익을 평가하는 것이다.**

아동 양육권 평가의 가장 중요한 고려사항은 아동의 최선의 심리적 이익에 영향을 주는 개인적, 가족적 요인을 평가하는 것이다. 법원에 의해 보다 구체적인 질문이 제기될 수 있다.

2. 아동의 이익과 복지가 최우선이다.

아동 양육권 평가에서 아동의 이익과 복지가 최우선이다. 다른 사람들뿐만 아니라 양육권을 놓고 다투는 부모는 합법적인 것에 관심이 있겠지만, 아동의 최고의 이익이 가장 우선한다.

3. 평가의 초점은 양육 능력, 아동의 심리학적 발달적 필요, 그리고 결과적 조화이다.

아동의 최고의 이익에 영향을 주는 심리학적 요소를 고려할 때, 심리학자는 모든 관련된 아동의 심리학적, 발달적 요구와 함께 미래의 보호자의 양육 능력에 초점을 맞춘다. 이것은 (a) 지식, 자질, 기술, 능력, 또는 앞에 언급한 것들 중 결여된 것이 있는지를 포함한 어른의 양육 능력의 평가 (b) 각 아동의 심리학적 작용과 발달적 요구 그리고 필요 시에는 각 아동의 희망의 평가 그리고 (c) 각 어른과 아동 사이의 상호작용의 평가를 포함해서 이러한 아동의 필요를 만족시키는 각 부모의 기능적인 능력의 평가와 관련된다.

양육에 관련된 부모의 가치관, 아동의 미래 욕구를 충족시킬 수 있는 계획 능력, 안정되고 사랑이 있는 가정을 제공할 수 있는 능력, 그리고 아동에게 부정적 영향을 미칠 수 있는 부적절한 행동이나 잠재적인 위법행위 또한 고려된다. 정신병리학이 아동이나 부모의 능력에 영향을 미치는 한, 그것도 이러한 평가에 연관이 있을 수 있지만 주요 관점은 아니다.

## II. 일반 지침: 아동 양육권 평가를 위한 준비

4. 심리학자는 객관적, 공정한 자세를 유지하기 위해 노력하는 전문가의 역할이다.

심리학자의 역할은 전문가이다. 심리학자는 모든 관련 증거에 법을 적용해서 궁극적인 결정을 하는 판사의 역할이 아니다. 그 의뢰인에게 최상의 사례를 제시하기 위해 노력하는 변호사의 역할도 아니다. 심리학자는 균형 있고 공정한 방식으로 법원과 아동의 미래의 보호자에게 양육권 문제에 적용되는 심리학적 요소를 안내하고 권고한다. 심리학자는 그 또는 그녀가 법원이나 소송 절차 당사자와 지속적인 관계를 유지하는 것과 상관없이 공정해야 한다. 심리학자나 의뢰인이 이러한 중립적 역할을 받아들일 수 없다면, 심리학자는 그 케이스로부터 물러나야 한다. 그러한 상황에서 철수하는 것이 허용되지 않는다면, 심리학자는 공정성에 영향을 미칠 수 있는 자신의 과거의 역할이나 다른 요소들을 알려야 한다.

5. 심리학자는 전문화된 역량을 습득한다.

A. 아동 양육권 평가의 수행을 염두에 두고 있는 심리학자는 그러한 평가를 수행할 때에 특별한 역량과 지식이 요구됨을 인지한다. 아동, 어른, 가족의 심리평가를 수행하기 위한 역량은 필요하지만 그것으로 충분하지는 않다. 아동과 가족 발달, 아동과 가족 정신병리학, 그리고 이혼이 아동에 미치는 영향 등의 분야에 대한 교육, 훈련, 경험, 그리고/또는 슈퍼비전이 심리학자가 자녀 양육권 평가를 능숙하게 수행하는 것을 준비하는 것에 도움이 된다. 심리학자는 또한 자신의 주나 관할지역의 이혼과 양육권 판결을 주관하는 법을 포함한 적용 가능한 법적 기준과 절차에 익숙해지도록 노력한다.

B. 심리학자는 데이터 수집 방법과 절차를 선택하는데 있어 승인된 임상적, 과학적 기준에 일치하는 과학적, 전문적 발달에 대한 최신 지식을 사용한다. 교육 및 심리 테스트의 기준(APA, 1985)은 심리검사와 다른 평가 도구의 사용을 고수한다.

C. 자녀 양육권 평가를 수행하는 과정에서 아동학대, 방치, 가정폭력 또는 다른 문제의 혐의 등 평가자의 전문 분야 밖의 범주에서 문제가 일어날 수 있다. 만약 그렇다면, 심리학자는 이러한 복잡한 문제를 다루기 위해 추가적인 상담, 슈퍼비전, 그리고/또는 아동학대, 방치, 가족폭력에 대한 전문지식, 훈련 또는 경험을 얻어야 한다. 심리학자는 자신이 사는 주(州)의 아동학대, 방치, 가정폭력 관련법을 숙지하고 그에 따라 행동한다.

6. 심리학자는 개인의 사회적 편견을 잘 이해하고 차별을 하지 않는다.

자녀 양육권 평가에 연관된 심리학자는 연령, 성별, 인종, 민족, 국적, 종교, 성적 취향, 장애, 언어, 문화, 사회 경제적 위치에 대한 편견이 객관적 평가와 권고를 방해하는 것임을 알아차려야 한다. 따라서 그러한 편견을 인식하고 극복하거나 또는 평가로부터 철회한다.

7. 심리학자는 다면적 관계를 피한다.

심리학자는 자신이 아동 또는 아동의 직계 가족과 치료적 관계를 맺었거나 다른 연관성이 있어 심리학자의 객관성을 위협할 수 있으면 일반적으로 그 아동의 양육권 평가를 수행하지 않는다. 하지만 이것은 심리학자가 아동의 치료와 관련하여 사실에 대한 증인으로 증언하는 것을 막지는 않는다. 이에 더해, 자녀 양육권 평가의 과정 중, 심리학자는 평가에 관련된 사람을 내담자로 허용하지 않는다. 자녀 양육자 평가 후 아동이나 참여 관계자에게 치료적 접근을 할 때는 신중하게 한다. 자녀 양육권 소송 중인 내담자에 대한 증언을 부탁받은 심리학자는 그러한 역할의 한계와 내재되어 있는 편견 그리고 지속되고 있는 치료적 관계에 미칠 수 있는 영향에 대해 인식한다. 비록 법원이 심리학자에게 내담자와의 전문적 관계에서 알게 된 사실적 정보에 대해 사실 증인이 되어 증언하도록 요구하더라도, 그 심리학자는 일반적으로 법원의 명령이 있지 않는 한, 양육권과 면회 문제(윤리 기준 7.03을 참조하라)에 대해 전문적 의견을 제공하는 전문 증인의 역할을 거절해야 한다.

## III. 절차적 지침: 자녀 양육권 평가의 실시

8. 평가의 범위는 관련 질문의 성격에 근거하여 평가자에 의해 결정된다.

양육권 관련 평가의 범위는 관련자나 법원에 의해 제기된 질문이나 문제의 성격에 의해 결정되거나 또는 그것은 상황에 내재되어 있다. 비록 종합적인 자녀 양육권 평가는 일반적으로 모든 부모와 보호자와 아동과 그들 사이의 상호작용의 관찰에 대한 평가를 요구하지만, 특정한 사례의 경우 평가의 범위는 양쪽 부모의 능력을 비교하거나 추천하는 것이 아니라, 한쪽 부모의 양육 능력을 평가하는 것으로 제한될 수 있다. 마찬가지로, 범위는 아동을 평가하는 데까지 제한될 수 있다. 또는 심리학자가 다른 정신건강 전문가의 추측이나 평가 방법론을 평가하도록 요청을 받을 수 있다. 심리학자는 또한 사건에 관계된 당사자들에게 특별히 관여하지 않고 법원에 전문지식을 제공함으로써 아동 발달 분야의 전문 증인이 될 수도 있다.

9. 심리학자는 모든 성인 관계자에게 동의를 얻고, 필요하면 아동 관계자에게도 알린다.

자녀 양육권 평가를 수행할 때, 심리학자는 각 성인 관계자가 (a) 평가의 목적, 성격과 방법 (b) 누가 심리학자의 평가를 요청했는지 그리고 (c) 누가 요금을 지불하는지 알도록 한다. 심리학자는 성인 관계자에게 평가 도구와 기술의 성격에 대해 알리고, 수집된 자료의 가능한 처리에 대해 알린다. 심리학자는 필요하면, 아동들에게 그들이 이해할 수 있는 범위까지 정보를 제공한다.

10. 심리학자는 관계자에게 비밀 보장의 한계와 정보 공개에 대해 알린다.

자녀 양육권 평가를 수행하는 심리학자는 가능한 범위에서 아동을 포함한 관계자들이 비밀 보장의 한계를 알도록 보장한다. 심리학자는 관계자들이 평가에 동의할 때, 이는 앞으로 있을 소송과 법원에서 요구하는 다른 절차들에서 평가 결과를 공개하는데 동의하는 것임을 알린다. 심리학자는 모든 성인 관계자나 그들의 법적 대리인으로부터 비밀 보장에 대한 포기 각서를 얻는다.

11. 심리학자는 데이터 수집의 여러 가지 방법을 사용한다.

심리학자는 특정 자녀 양육권 평가에서 제기된 질문들에 답하기 위해 이용 가능한 가장 적절한 방법을 사용하도록 노력하고, 일반적으로 임상 면접, 관찰, 그리고/또는 심리학적 평가를 포함하지만 이에 국한되지 않는 다양한 데이터 수집 방법을 사용한다. 데이터의 신뢰성에 대한 의문이 제기될 때마다 적어도 두 개의 경로를 통해 얻은 중요한 사실과 의견을 서류화한다. 예를 들어, 심리학자는 잠재적으로 관련 있는 보고 (예: 학교, 의료 서비스 제공자, 탁아 서비스 제공자, 기관 등으로부터)를 검토할 수 있다. 심리학자들은 또한 정보가 유용할 것 같을 때, 다른 가족 구성원이나 친구, 개인을 인터뷰할 수 있다. 만약 중요한 정보가 제3자로부터 얻어지고, 그 정보가 결론에 대한 근거로 사용된다면, 심리학자는 가급적 최소한 하나 이상의 다른 소스를 합하여 결론을 도출하고 그것을 보고서에 기록한다.

12. 심리학자는 임상 및 평가 자료를 과장해서 해석하거나 부적절하게 해석하지 않는다.

심리학자는 자료가 충분하지 않을 때에 결론을 도출하지 않는다. 심리학자는 인터뷰나 검사로부터 얻은 자료와 그 자료의 신뢰성과 타당성에 대한 질문을 신중하고 보수적으로 해석하여 수렴되는 타당성을 찾는다. 심리학자는 사용한 방법이나 자료의 한계에 대해 법원에 밝히도록 노력한다.

13. 심리학자는 개인적으로 평가되지 않은 개인의 심리학적 기능에 대한 어떠한 의견도 제공하지 않는다.

하지만, 이 지침은 정보의 근거가 제한적이라는 점을 고지한 경우, 평가를 받은 개인이 말한 것을 심리학자가 보고하거나 이론적 문제나 가상의 질문을 제기하는 것을 금지하지 않는다.

14. 추천하는 경우, 그 추천은 아동의 최선의 심리학적 이익을 기반으로 한다.

비록 심리학자가 법원에 최종 양육권 결정에 대한 추천을 해야만 하는지에 대한 합의가 충분히 이루어지지는 않았지만, 심리학자들은 이 문제에 대한 양쪽의 주장을 알고, 그들의 입장을 논리적으로 설명할 수 있어야 하는 의무가 있다.

만약 심리학자가 양육권에 대한 의견을 제의하기로 선택했다면, 이러한 추천은 타당한 심리학적 근거로부터 나와야 하며, 그 특정한 사례의 아동의 최선의 이익에 부합해야만 한다. 추천은 잘 확립된 전문적, 과학적 기준에 근거하여 명확히 설명되는 가정, 자료, 해석과 추론에 기반한다. 심리학자들은 특정 사례에 자신의 의견을 제시할 때 그들 자신의 편견이나 입증되지 않는 신념에 의존하지 않도록 경계한다.

15. 심리학자는 재정적 협의(비용 지불 방식)를 명확히 한다.

재정적 협의는 자녀 양육권 평가를 시작하기 전에 명확히 합의되어야 한다. 자녀 양육권 평가에 대해 비용을 청구할 때, 심리학자는 보상을 받기 위한 목적으로 자신의 서비스를 왜곡하지 않는다.

16. 심리학자는 서면 기록을 유지한다.

자녀 양육권 평가를 수행하는 과정에서 얻어진 모든 기록은 APA 기록보관 지침 (APA, 1993)과 관련 조항 지침에 따라 적절하게 유지되고 보관된다. 모든 원자료(raw date)와 인터뷰 정보는 법적으로 허용되었을 때, 다른 심리학자나 법원에 의해 검토될 수 있다는 것을 염두하여 기록한다. 요청에 따라, 해당 보고서를 법원이 사용할 수 있다.

## 참고문헌

American Psychological Association. (1985). *Standards for educational and psychological testing.* Washington, DC: Author.

American Psychological Association. (1992). Ethical principles of psychologists and code of conduct. *American Psychologist, 47,* 1597-1611.

American Psychological Association. (1993). *Record keeping guidelines.* Washington, DC: Author.

American Psychological Association, Ethics Committee. (1985). *Annual report of the American Psychological Association Ethics Committee.* Washington, DC: Author.

Grisso, T. (1986). *Evaluating competencies: Forensic assessments and instruments.* New York: Plenum.

Hall, J. E., & Hare-Mustin, R. T. (1983). Sanctions and the diversity of ethical complaints against psychologists. *American Psychologist, 38,* 714-729.

Keith-Spiegel, P., & Koocher, G. P. (1985). *Ethics in psychology.* New York: Random House.

Melton, G. B., Petrila, J., Poythress, N. G., & Slobogin, C. (1987). *Psychological evaluations for the courts: A handbook for mental health professionals and lawyers.* New York: Guilford Press.

Mills, D. H. (1984). Ethics education and adjudication within psychology. *American Psychologist, 39,* 669-675.

Mnookin, R. H. (1975). Child-custody adjudication: Judicial functions in the face of indeterminacy. *Law and Contemporary Problem, 39,* 226-293.

Ochroch, R. (1982, August). *Ethical pitfalls in child custody evaluations. Paper presented at the 90th Annual Convention of the American Psychological Association,* Washington, DC.

Okpaku, S. (1976). Psychology: Impediment or aid in child custody cases? *Rugers Law Review, 29,* 1117-1153.

Weithorn, L. A. (1987). *Psychology and child custody determinations: Knowledge, roles, and expertise.* Lincoln: University of Nebraska Press.

## 기타 자료

### 주별 지침

Georgia Psychological Association. 1990
*Recommendations for psychologists' involvement in child custody cases.* Atlanta, GA: Author.

Metropolitan Denver Interdisciplinary Committee on Child Custody. 1989
*Guidelines for child custody evaluations.* Denver, CO: Author.

Nebraska Psychological Association. 1986
*Guidelines for child custody evaluations.* Lincoln, NE: Author.

New Jersey State Board of Psychological Examiners. 1993

　　*Specialty guidelines for psychologists in custody/visitation evaluations.* Newark, NJ: Author.

North Carolina Psychological Association. 1993

　　*Child custody Guidelines.* Unpublished manuscript.

Oklahoma Psychological Association. 1988

　　*Ethical guidelines for child custody evaluations.* Oklahoma City, OK: Author.

## 재판에 관한 지침

Committee on Ethical Guidelines for Forensic Psychologists. 1991

　　Specialty guidelines for forensic psychologists. *Law and Human Behavior, 6,* 655-665.

## 응용할 만한 문헌

Ackerman, M. J., Kane, A. W. 1993

　　*Psychological experts in divorce, personal injury and other civil actions.* New York: Wiley.

American Psychological Association, Board of Ethnic Minority Affairs. 1991

　　*Guidelines for providers of psychological services to ethnic, linguistic, and culturally diverse populations.* Washington, DC: American Psychological Association.

American Psychological Association, Committee on Women in Psychology and Committee on Lesbian and Gay Concerns. 1988

　　*Lesbian parents and their children: A resource paper for psychologists.* Washington, DC: American Psychological Association.

Beaber, R. J. 1982, Fall

　　Custody quagmire: Some psycholegal dilemmas. *Journal of Psychiatry & Law,* 309-326.

Bennett, B. E., Bryant, B. K., VandenBos, G. R., Greenwood, A. 1990

　　*Professional liability and risk management.* Washington, DC: American Psychological Association.

Bolocofsky, D. N. 1989

　　Use and abuse of mental health experts in child custody determinations. *Behavioral Sciences and the Law, 7*(2), 197-213.

Bozett, F. 1987

    *Gay and lesbian parents.* New York: Praeger.

Bray, J. H. 1993

    What's the best interest of the child?: Children's adjustment issues in divorce. *The Independent Practitioner, 13*, 42-45.

Bricklin, B. 1992

    Data-based tests in custody evaluations. *American Journal of Family Therapy, 20*, 254-265.

Cantor, D. W., Drake, E. A. 1982

    *Divorced parents and their children: A guide for mental health professionals.* New York: Springer.

Chesler, P. 1991

    *Mothers on trial: The battle for children and custody.* New York: Harcourt Brace Jovanovich.

Deed, M. L. 1991

    Court-ordered child custody evaluations: Helping or victimizing vulnerable families. *Psychotherapy, 28*, 76-84.

Falk, P. J. 1989

    Lesbian mothers: Psychosocial assumptions in family law. *American Psychologist, 44*, 941-947.

Gardner, R. A. 1989

    *Family evaluation in child custody mediation, arbitration, and litigation.* Cresskill, NJ: Creative Therapeutics.

Gardner, R. A. 1992

    *The parental alienation syndrome: A guide for mental health and legal professionals.* Cresskill, NJ: Creative Therapeutics.

Gardner, R. A. 1992

    *True and false accusations of child abuse.* Cresskill, NJ: Creative Therapeutics.

Goldstein, J., Freud, A., Solnit, A. J. 1980

    *Before the best interests of the child.* New York: Free Press.

Goldstein, J., Freud, A., Solnit, A. J., Goldstein, S. 1986

    *In the best interests of the child.* New York: Free Press.

Grisso, T. 1990

    Evolving guidelines for divorce/custody evaluations. *Family and conciliation Courts Review, 28*(1), 35-41.

Halon, R. L. 1990

The comprehensive child custody evaluation. *American Journal of Forensic Psychology, 8*(3), 19-46.

Hetherington, E. M. 1990

Coping with family transitions: Winners, losers, and survivors. *Child Development, 60,* 1-14.

Hetherington, E. M., Stanley-Hagen, M., Anderson, E. R. 1988

Marital transitions: A Child's perspective. *American Psychologist, 44,* 303-312.

Johnston, J., Kline, M., Tschann, J. 1989

Ongoing postdivorce conflict: Effects on children of joint custody and frequent access. *Journal of Orthopsychiatry, 59,* 576-592.

Koocher, G. P., Keith-Spiegel, P. C. 1990

*Children, ethics, and the law: Professional issues and cases.* Lincoln: University of Nebraska Press.

Kreindler, S. 1986

The role of mental health professions in custody and access disputes. In R. S. Parry, E. A. Broder, E. A. G. Schmitt, E. B. Saunders, & E. Hood (Eds.), *Custody disputes: Evaluation and intervention.* New York: Free Press.

Martindale, D. A., Martindale, J. L., Broderick, J. E. 1991

Providing expert testimony in child custody litigation. In P. A. Keller & S. R. Heyman (Eds.), *Innovations in clinical practice: A source book* (Vol. 10, pp. 481-497). Sarasota, FL: Professional Resource Exchange.

Patterson, C. J. in press

Children of lesbian and gay parents. *Child Development.*

Pennsylvania Psychological Association, Clinical Division Task Force on Child Custody Evaluation. 1991

*Roles for psychologists in child custody disputes.* Unpublished manuscript.

Saunders, T. R. 1991

An overview of some psycholegal issues in child physical and sexual abuse. *Psychotherapy in Private Practice, 9*(2), 61-78.

Schutz, B. M., Dixon, E. B., Lindernberger, J. C., Ruther, N. J. 1989

*Solomon's sword: A practical guide to conducting child custody evaluations.* San Francisco: Jossey-Bass.

Stahly, G. B., 1989, August 9

*Testimony on child abuse policy to APA Board.* Paper presented at the meeting of the American Psychological Association Board of Directors, New Orleans, LA.

Thoennes, N., Tjaden, P. G. 1991

The extent, nature, and validity of sexual abuse allegations in custody/visitation disputes. *Child Abuse & Neglect, 14*, 151-163.

Wallerstein, J. S., Blakeslee, S. 1989

*Second chances: Men, women, and children a decade after divorce.* New York: Ticknor & Fields.

Wallerstein, J. S., Kelly, J. B. 1980

*Surviving the breakup.* New York: Basic Books.

Weissman, H. N. 1991

Child custody evaluations: Fair and unfair professional practices. *Behavioral Sciences and the Law, 9*, 469-476.

Weithorn, L. A., Grisso, T. 1987

*Psychological evaluations in divorce custody: Problems, principles, and procedures.* In L. A. Weithorn (Ed.), *Psychology and child custody determinations* (pp. 157-158). Lincoln: University of Nebraska Press.

White, S. 1990

The contamination of children's interviews. *Child Youth and Family Services Quarterly, 13*(3), 6, 17-18.

Wyer, M. M., Gaylord, S. J., Grove, E. T.

The legal context of child custody evaluations. In L. A. Weithorn (Ed.), *Psychology and child custody determinations* (pp. 3-23). Lincoln: University of Nebraska Press.

# 아동보호 문제의
# 심리학적 평가를 위한 APA 지침

전문 실무와 기준위원회
전문 문제 담당 이사회
의원 의회에 의해 승인됨
미국 심리학회
1998년 2월

## 아동보호 문제의 심리학적 평가를 위한 APA 지침

학대 및 방치 아동 문제는 우리 사회에서 유행병처럼 번지고 있고(아동학대 및 방치에 관한 미국 자문위원회(ABCAN), 1995), 심리학자들이 다루어야 할 문제들을 야기한다. 아동학대 및 방치에 관한 미국 자문위원회(ABCAN)에 따르면, 줄잡아 추산해서 부모나 보호자의 학대와 방치로 죽어가는 유아와 어린아이들이 거의 매년 2천 명 또는 하루 5명에 이른다고 한다. 또한, 질병 통제 및 예방 센터(CDC)의 McClain의 연구에 의하면 학대와 방치가 4세 이하의 어린이 십만 명당 5.4명을 죽게 한다고 한다(McClain et al, 1993; McClain, 1995). 사망자는 전체의 일부에 지나지 않지만 수천, 수만 명의 피해자들이 평생에 걸쳐 정신적 외상으로 엄청난 고통을 받고 있고, 많은 형제자매와 가족 구성원들이 정신적 고통을 받고 있으며, 거의 죽다 살아난 아이들이 어른이 되어서도 신체적, 정신적 상처를 가지고 살아가고 있다. 이들 중 매년 18,000명이 영구적 불구가 되며(Baladerian, 1991), 다른 일부는 범죄나 가정폭력을 일삼거나 스스로 가해자가 된다(ABCAN, 1995).

아동이 다칠 위험이 있을 때, 심리학자는 개입할 수 있다. 실제로 심리학자는 아동 복지에 대한 의사 결정에 중요한 기여를 할 수 있는 위치에 있다. 심리학적 데이터와 전문지식은 법원이 다른 곳에서 얻을 수 없는 추가적인 정보와 관점을 제공할 수 있으므로 법원, 주정부 기관, 또는 다른 기관의 결정의 공정성을 증가시킬 수 있다.

심리학자들의 실무가 더 복잡해지고 심리학자와 대중 상호간의 관련이 커짐에 따라, 아동보호 문제와 관련하여 전문가, 대중, 모든 이해 당사자들을 교육시키기 위한 가이드라인 제공의 필요성이 늘어났고 미래에 더욱 지속적으로 늘어날 것이라고 예상할 수 있다. 심리학자들이 그러한 절차에서 더 다양한 역할과 책임을 맡을 수 있겠지만, 다음의 지침은 일차적으로 아동보호 문제에 대한 심리학적 평가를 수행하는 심리학자들을 위해 개발되었다. 이러한 지침은 미국 심리학회의 심리학자의 윤리 원칙과 행동 강령(APA, 1992)에 근거하며, 높은 수준의 목표를 지향한다. "지침"이라는 용어는 심리학자들을 위한 특정한 구체적인 직업 행동, 노력, 또는 행위를 제안하거나 권장하는 선언, 진술 또는 성명을 말한다(APA, 1992a). 지침이 기준과 다른 점은 기준은 강제적이고 실제로 강제 행동을 가할 가능성을 수반할 수 있다는 것이다(APA, 1993).

그러므로 본 진술은 지침으로서, 강제하기 위함이나 철저하게 준수되려는 의도를 가지지 않고, 법적 문제에 항상 적용되지 않을 수도 있다. 지침들의 높은 수준 지향에 대한 의도는 직업의 지속적인 조직적 개발을 촉진하고, 심리학자들이 높은 수준의 전문적 역할을 해낼 수 있도록 돕기 위함이다. 본 지침은 최종적인 것으로 여겨지거나 심리학자들의 판단보다 우선시된다는 뜻으로 해석되어서는 안 된다. 본 지침의 구체적인 목표는 아동보호 문제에 관한 심리학적 평가를 수행할 때 심리학 전문지식을 더 능숙하게 사용하는 것을 장려하기 위함이다.

부모는 자녀를 돌보는 데에 있어 중요한 시민 권리와 헌법적 권리를 누린다. 아이는 학대나 방치로부터 보호받아야 한다는 근본적인 권리를 가지고 있다. 아동 보호법은 이러한 권리들 사이에서의 균형을 유지하려고 노력한다. Parens patriae(parent of the nation 국가의 어버이)의 개념 아래, 모든 주(州)는 아동이 다칠 위험이 있을 경우에 개입할 권리가 있다. 주의 개입은 일반적으로 3단계에 걸쳐 발생한다. 첫 번째 단계에서는 아동 학대 및 방치의 혐의 보고가 있은 후, 조사를 시행한다. 두 번째 단계에서는 조사 단계의 결과가 아동이 위험에 처할 충분한 위협이 있다는 것을 보여주면, 주(州)가 아동을 돌보고 양육하는 책임을 맡고, 부모의 교화(재활치료)를 추천할 수 있다. 세 번째 단계는 그러한 재활 상황이 아동이 부모에게 돌아오기에 안전한 환경을 조성하는 데에 실패했거나, 아동이 돌아왔는데 또 성공적이지 못했을 때 일어날 수 있다. 이 시점에서 주(州)는 최종 처분에 대한 심리를 요청할 수 있다. 최종 처분 단계에서 친권이 비자발적으로 종료될 수 있다. 이러한 처분은 일반적으로 부모로부터 학대 그리고/또는 방치가 있었다는 것을 찾는 것뿐만 아니라, 부모의 다양한 재활 노력이 실패했음을 증명할 것을 요구한다. 심리학자들은 가장 극단적 처분—친권의 종료—이 적법 절차 보호와 다른 아동 보호 절차에서 사용된 것보다 보다 높은 수준의 증거를 모두 요구하는 최종적인 것임을 숙지한다.

관할 사법권에는 부모를 재활시키는 성실한 노력을 기울여 부모와 아동이 재결합할 수 있도록 해야 한다는 법에 명시된 요구사항이나 판례법 요구사항이 있다. 일반적으로, 이러한 요구사항은 친권의 종료 처분에 앞서 이루어져야 한다. 다른 주에서는 법에 정한 다른 요구사항이나 판례법 요구사항이 있을 수 있다. 그러므로 평가를 수행할 때, 심리학자들은 적용되는 법을 숙지해야만 한다.

위에서 언급한 모든 단계 동안, 심리학자들은 각기 다른 목적을 위해 다른 관계 당사자들을 평가하도록 요청을 받을 수 있다. 심리학자들은 법원이나 아동보호 기관의 대리인으로 활동할 수 있고, 또는 부모와 직접 관계를 유지할 수 있다. 심리학자들은 아이를 대변할 사람으로 임명되었을 경우 guardian ad litem(아이의 최선의 유익을 대변할 소송후견인)에 의해 고용될 수 있다. 아동보호 평가자로서, 심리학자들은 아래와 같은 질문을 다루도록 요청된다.

1. 아동의 심리학적 복지가 얼마나 심각하게 피해를 입었는가?
2. 아동을 돕기 위해 어떤 치료적 중재가 권장되는가?
3. 미래에 아동들에게 미칠 해를 방지하기 위해 부모(들)이 성공적으로 치료될 수 있는가? 만약 그렇다면, 어떻게 치료할 것인가? 그렇지 않다면, 왜 안 되는가?
4. 아동들을 부모에게 돌려보냈을 때, 아동에게 미칠 심리적 영향은 무엇일까?
5. 아동들을 부모와 갈라놓거나 친권이 종료되었을 때, 아동에게 미칠 심리학적 영향은 무엇일까?

평가의 과정에서 특정 사건의 구체적인 필요성에 따라, 심리학자들은 부모(들) 그리고/또는 아동을 개별적으로 혹은 함께 평가하기를 원할 수 있다. 심리학자들은 가족력에 관한 정보를 수집하고, 관련된 성격 기능을 평가하고, 아동의 발달적 요구를 평가하고, 부모–아동 관계의 성격과 질을 조사하고, 정신적 외상의 증거를 평가한다. 심리학자들은 가정 구성원과 가족 전체의 맥락에서 약물 남용 또는 약물 의존, 가정폭력, 재정 상황, 건강 상태와 같은 구체적인 위험요소를 고려하는 것이 좋다. 심리학자들은 문화, 교육, 종교, 지역사회 요인의 평가를 포함한 다른 원천의 정보를 재검토할 수 있다.

충분하고 적절한 심리학적 서비스를 법원, 국가 기관 또는 다른 관계자에게 제공하기 위해서는 아동보호 문제의 심리학적 평가를 수행함에 있어 특정 역량과 지식이 필요하다. 예를 들어, 청각장애, 정형(整形)장애 등과 같은 신체장애와 관련된 건에서 심리학자들은 그러한 분야의 전문가와 상담을 하려고 노력한다. 소수 민족적 지위, 성적 지향과 사회 경제적 지위와 그 밖의 인간의 다양성의 측면에도 특별한 관심을 가져야 한다.

아동보호 문제의 심리학적 평가를 수행하는 것은 굉장히 부담스럽고 스트레스가 많은 작업일 수 있다. 그러한 평가는 아동학대, 방치, 그리고/또는 가정폭력에 관련되어 있을 수 있기 때문에 부담이 가중될 수 있다. 심리학자들은 이러한 개인적 스트레스 요인을 경계하고, 필요하면 관계된 연구, 교육, 슈퍼비전 그리고/또는 상담을 받는다.

## 아동보호 문제의 심리학적 평가를 위한 지침

### I. 지침 방향

1. 평가의 주된 목적은 아동의 건강과 복지가 침해되었거나 그리고/또는 미래에 침해될 수 있는 문제에 대해 적절하고, 전문적으로 타당한 결과를 제공하는 것이다. 평가의 구체적인 목적은 아동보호 문제의 성격에 따라 결정된다. 수사과정에서 평가의 주된 목적은 아동의 건강과 복지가 침해되었는지 여부를 결정하는 것을 돕는 것이다. 아동에게 이미 피해의 위험이 있음이 증명되었을 때, 평가는 종종 아동을 보호하고 가족을 도울 수 있도록 하는 재활 권고에 초점을 맞춘다. 그러한 평가의 추가적 목적은 아동의 정신적, 신체적 안녕을 증진하는 중재에 대한 권장을 하는 것

과 필요 시 가족의 재결합을 촉진하는 것이다. 심리학자들은 안전하고 적절한 경우에 가족의 신속한 재결합의 가치를 존중한다.

친권 종료와 관련된 소송 절차에서 평가의 주된 목적은, 부모(들)에 의한 학대나 방치를 평가하는 것뿐 아니라 부모의 재활 노력의 결과가 아동을 양육할 만한 안전한 환경 조성에 성공했는지 여부를 평가하는 것이다.

2. 아동보호 건에서 아동의 이익과 복지가 가장 우선한다. 이런 사례에서, 아동의 요구가 들어지지 않아 아동의 정신적 또는 신체적 손상의 결과가 초래되었음을 근거하여 국가는 그 가족에 개입하게 된다. 그러므로 아동의 이익과 복지가 가장 우선시 된다. 친권의 비자발적 종료에 관련된 소송 절차에서 추가적으로 주목해야 할 사안은 부모가 성공적으로 재활했는지 또는 할 수 있는지의 여부이다.

3. 평가는 육체적 학대, 성적 학대, 방치, 그리고/또는 심각한 정서적 피해와 같은 아동보호 사안들과 관련된 아동 그리고/또는 부모(들)의 특정 심리학적, 발달적 요구를 다룬다. 아동의 건강과 복지에 영향을 미치는 심리학적 요소를 고려할 때, 심리학자들은 아동의 심리학적, 발달적 요구와 함께 부모의 역량에 초점을 맞추어야 한다. 이것은 아래의 평가를 포함할 수 있다.

(a) 학대 그리고/또는 방치 우려와 가장 관련된 특성, 기술, 능력을 포함한 부모의 양육 능력

(b) 특히 아동의 취약성과 특수 요구, 아동이 부모(들)에게 갖는 애착 강도, 부모로부터 분리되었을 때 예상할 수 있는 해로운 영향과 관련된 아동의 심리학적 기능과 발달적 요구

(c) 아동과 부모(들) 간의 관계 평가를 포함하여 아동의 요구를 충족시킬 수 있는 현재의 그리고 잠재적인 부모의 기능적 능력

(d) 치료 초점, 치료 빈도, 특별한 종류의 중재, 부모 교육과 배치와 관련된 권장을 포함하여 관찰된 문제들을 위한 의학적 중재의 성공 가능성과 필요성

## II. 일반 지침: 아동보호 평가를 위한 준비

4. 평가를 수행하는 심리학자들의 역할은 공정하고, 객관적인 입장을 유지하려고 노력하는 전문가의 역할이다. 보호 평가를 수행할 때, 심리학자들은 모든 관련 증거에 법을 적용하여 궁극적인 결정을 내리는 판사나 어떤 특정한 쪽을 옹호하는 변호사의 역할이 아니다. 법원이나 아동보호 기관이나 부모나 아동의 권리 보호를 대변하여 선임된 변호사나 누구에 의해 고용되었든지 간에, 심리학자들은 객관적이 되도록 노력해야만 한다. 심리학자들은 판단을 내릴 때에 과학적이고 전문적인 지식에 근거하고 그들의 증언과 결론의 근거가 무엇인지 분명하게 설명한다. 심리학자들이 공정하고 객관적인 입장을 수용할 수 없을 때, 그들은 그 건으로부터 철회할 것을 고려해야 한다. 철회하는 것이 허락되지 않는다면, 심리학자들은 자신의 결론에 영향을 미칠 수 있고, 또는 객관성을 감소시킬 수 있는 요인을 밝힌다.

5. 아동보호 문제의 심리학적 평가의 심각한 결과가 심리학자들에게 무거운 짐을 지울 수 있다. 심리학자의 전문적 판단이 타인의 삶에 매우 큰 영향을 미칠 수 있기 때문에 심리학자들은 그들의 결론을 오용할 수 있는 요인을 경계한다. 예를 들어, 최초 처분 심리에서 심리학자의 결론은 아동을 부모(들)로부터 격리시키는 데에 사용될 수 있다. 최종 처분 심리에서 심리학자의 결론이 친권 종료의 결정을 유발하는 요인이 될 수 있다. 이처럼 결과가 막중하고 영구적으로 이어질 수 있으므로 심리학자는 평가 절차와 결론의 객관성을 상당히 보장해야 한다.

6. 심리학자는 전문 역량을 얻는다.

A. 아동보호 문제의 평가를 수행하는 심리학자들은 그러한 평가를 수행하기 위해 특별한 역량과 지식이 필요할 수 있음을 인지한다. 아동, 성인, 가족의 심리학적 평가를 수행할 수 있는 역량이 필요하지만 그것으로 충분하지는 않다. 범죄과학 수사, 자녀와 가족 발달, 자녀와 가족 정신병리학, 아동 분리의 충격, 다양한 종류의 아동학대의 성격, 개인 간 차이(나이, 성별, 인종, 민족, 국적, 종교, 성적 지향, 장애, 언어, 사회 경제적 지위의 차이) 등의 분야에서의 교육, 훈련, 경험 그리고/또는 슈퍼비전이 심리학자들로 하여금 유능하게 아동보호 문제의 평가에 참여하는 것을 준비하도록 도와준다.

B. 심리학자들은 평가 방법과 절차를 선택하는 데 있어, 일반적으로 허용된 임상 및 과학 실무와 일치되는 방향으로 현재의 학문적, 전문적 발달 지식을 사용하도록 상당한 노력을 한다. 심리학 실험과 다른 평가 도구는 현 교육 및 심리검사를 위한 기준(APA, 1985)을 준수한다.

C. 심리학자는 또한 아동보호 문제를 주관하는 주 및 연방 법률을 포함하여 적용 가능한 법적 및 규제적 기준과 절차를 숙지하도록 노력한다. 이것은 아동학대, 방치 및 친권 종료에 관련된 법률과 규제를 포함할 수 있다.

7. 심리학자들은 개인적, 사회적 편견을 인지하고 차별이 없는 평가를 한다. 아동보호 문제의 심리학적 평가를 수행하는 심리학자들은 연령, 성별, 인종, 민족, 국적, 종교, 성적 지향, 장애, 언어, 문화, 사회 경제적 위치에 관련된 편견이 어떻게 객관적 평가와 권장을 방해할 수 있는지 인지한다. 심리학자들은 그러한 편견들을 인지하고 극복하도록 노력하고, 그렇지 않다면 평가로부터 철회한다. 평가 결과를 해석할 때에 심리학자들은 문화적, 지역적으로 다양한 자녀 양육 방법이 존재함을 인지하고, 기존 주와 연방 정부의 맥락에서 이러한 것을 고려해야 한다. 또한, 심리학자들은 가능할 때마다 평가되는 사례와 비슷한 인구 집단을 기반으로 한 검사와 규준을 사용해야 한다.

8. 심리학자들은 다면적 관계를 피한다. 아동보호 문제의 심리학적 평가를 수행할 때, 심리학자들은 역할 경계에 대한 혼란을 피해야 한다는 것을 인지한다. 심리학자들은 일반적으로 자신이 치료 중인 아동과 직계 가족이나 자신의 객관성을 감소시킬 수 있는 사람과 관련된 아동보호 문제의 심리학 평가를 수행하지 않는다. 하지만, 아동이나 부모, 가족의 심리치료와 관련하여 사실 또는 전문 증인으로 증언하는 것은 가능할 수 있다. 또한, 아동보호 문제의 심리학적 평가 과정 중에 심리학자들은 어떠한 관계 당사자도 내담자로 받아들이지 않는다. 아동보호 평가 후 관계 당사자나 아동과의 치료적 접근(therapeutic contact)을 하는 것이 장려되지 않으며, 치료적 접근을 할 때에는 주의하여 시행한다.

아동보호 건에 관계된 내담자에 관하여 증언하도록 요청을 받은 심리학자들은 그러한 역할의 한계와 내재되어 있을 수 있는 편견, 지속되고 있는 치료 관계에 미칠 수 있는 영향을 인지한다. 비록 심리학자가 전문적 관계를 맺는 동안 알게 된 정보와 관련해 사실 또는 전문 증인이 되어 증언하도록 법원의 명령이 있었더라도, 심리학자는 심리치료사와 아동보호 평가자가 되는 것 사이의 역할과 방법의 차이를 존중해야 한다.

## III. 절차 지침: 아동보호 문제의 심리학 평가의 수행

아동보호 문제에서 다양한 법적 그리고/또는 윤리적 고려사항을 보여주는 많은 상황이 있다. 한 사례에서 적절한 절차가 다른 사례에서는 적절하지 않을 수 있다. 심리학자들은 심리학자를 위한 윤리 원칙과 행동 강령 중 적용되는 섹션들, 특별히 비밀 보장을 다루는 섹션과 평가를 주관하는 적용법을 주의해야 한다. 또한, 심리학자들은 아동보호 문제에 적시성의 필요를 존중해야 한다(예: 평가 위탁에 대한 응답, 약속 일정 정하기, 보고의 완성).

9. 의뢰 질문의 성격에 근거하여 평가의 범위가 평가자에 의해 결정된다. 보호 관련 평가의 범위는 의뢰 기관, 개인 또는 법원에 의해 제기되었거나 상황에 내재되어 있는 질문이나 문제의 성격에 따라 결정된다. 아동보호 문제에서 심리학자들은 부모의 양육 능력 부족을 다루도록 자주 요청을 받는다. 결과적으로, 심리학자들은 종종 부모(들)의 재활 계획을 제안하거나 왜 이전의 재활 시도가 실패했는지 논의하도록 요청된다. 평가의 범위와 방법은 의뢰 질문과 그것들을 평가하는 적절한 방법을 고려하는 것을 기반으로 해야 한다. 때때로, 평가가 양쪽 부모를 비교하려는 시도 없이 한쪽 부모를 평가하는 데까지 제한될 수 있다. 마찬가지로, 범위가 아동을 평가하는 데까지 제한될 수 있다. 어떤 때는, 심리학자들이 다른 정신과의사의 평가의 가정(假定)과 방법론을 비평하도록 요청될 수 있다. 심리학자들은 또한 평가의 범위를 확대시킬 수 있는 위탁 질문에 예견되지 못했던 관련 문제들을 식별할 수 있다. 또한, 심리학자들은 특정 당사자나 사례에 관련 없이 법원에 전문지식을 제공함으로써 아동 발달 또는 사회 심리 같은 분야의 순수 전문 증인이 될 수 있다.

10. 아동보호 문제의 심리학 평가를 수행하는 심리학자들은 모든 성인 관계자에게 적절한 동의를 얻고, 필요하면 아동 관계자에게도 알린다. 심리학자들은 동의 문제에

대해 특별히 민감해야 할 필요가 있다. 아동보호 문제의 심리학적 평가는 종종 기관의 요청이나 법원의 명령이나 변호사와 같은 다른 개인의 요청에 의해 수행된다. 아동보호 문제의 성격, 관련된 법적 문제의 복잡성, 평가 결과의 잠재적 심각성 때문에 심리학자들은 동의 문제에 특별히 민감할 필요가 있다. 동의를 얻으려는 노력을 할 때, 관계 당사자에게 평가의 성격과 목적, 평가 결과를 누구에게 제시할 것인지, 의뢰인과 심리학자와의 관계를 분명히 해야 한다(APA 심리학자를 위한 윤리 원칙과 행동 강령, 기준 1.21과 1.216: 제3자의 서비스 요청을 참조하라). 이 정보는 정보를 제공받는 사람이 알아듣는 언어로 전달되어야 한다.

이런 종류의 평가의 참여자들은 협조하도록 강요받았다고 느낄 수 있으므로, 심리학자들은 평가를 시작하기 전에 참여자의 평가에 대한 이해를 확인하고, 평가의 목적과 의미를 포함한 평가에 대한 동의를 얻기 위해 노력해야 한다. 심리학자를 위한 윤리 원칙과 행동 강령은 적절한 동의를 필요로 하고, 많은 주의 법들이 서면 동의를 요구한다. 동의하기를 거부한다면, 진행하기 전에 개인을 그/그녀 자신의 변호사에게 돌려보내거나 법원의 지도를 얻도록 조언할 수 있다. 평가의 목적, 결과, 그리고 어디에서 누구에게 결과가 전달될지는 각 사례의 개별적 특성과 법적 요구사항과 기관의 규제에 따라 전부 결정된다. 심리학자를 위한 윤리 원칙과 행동 강령은 심리학자가 필요에 따라 아동이 이해할 수 있는 범위 내에서 아동에게 정보를 제공할 수 있도록 제안한다. 심리학자들은 아동에게 평가 절차의 성격에 대해 설명한다. 심리학자들은 아동에게 그/그녀의 안전이 가장 주요한 관심이고, 그러한 관심 때문에 정보가 타인과 공유될 수 있음을 분명히 이해시키도록 노력한다. 심리학자들은 아동에게 질문할 수 있는 시간을 주고, 아동 발달과 문화에 적절한 방식으로 답변한다.

11. 심리학자들은 참여자에게 정보 공개와 기밀 유지의 한계에 대해 알린다. 아동보호 문제의 심리학적 평가를 수행하는 심리학자들은 아동(가능한 범위까지)을 포함한 참여자들이 평가 결과에 대한 기밀 유지의 한계를 인식하도록 한다. 심리학자들은 평가 결과가 아동보호 조사 기관, 법원, 아동 권리를 대변하는 변호사 또는 부모의 변호사에 의해 열람될 수 있음을 인식한다. 평가가 법원의 명령에 의한 것이면, 비밀 보장의 한계와 정보의 공개에 관한 특별한 고려사항이 있을 수 있다.

그러한 경우에 심리학자들은 법원의 요구를 수행함과 동시에 APA 윤리 기준을 만족시키도록 노력한다. 평가의 성격과 결과가 누구에게 공개될 예정인지에 대한 분명한 설명을 한다.

12. 심리학자들은 정보수집 시 다양한 방법을 사용한다. 심리학자들은 특정 아동보호 평가에서 제기된 문제들을 다루기 위해 적용 가능한 가장 적절한 방법을 쓰도록 노력한다. 심리학자들은 일반적으로 그들의 결론에 대한 적절한 실증을 제공하기에 충분한 임상 인터뷰, 관찰 그리고/또는 심리학적 실험을 포함하지만 거기에 국한되지 않은, 다양한 데이터 수집 방법을 사용한다. 심리학자들은 관련 보고서를 검토할 수 있다(예: 아동보호 기관, 사회 서비스 제공자, 법 집행 기관, 의료 공급자, 보육 업체, 학교, 기관으로부터). 특정 아동을 양육하는 부모의 능력이나 자녀-부모 상호작용을 평가할 때, 심리학자들은 자녀와 부모를 함께 관찰하도록 노력하고, 자연스러운 상태에서 관찰하는 것의 가치를 인지한다. 예를 들어, 아동의 안전이 위험에 처했거나 법원에 의해 부모가 자녀에게 접근하는 것이 금지되었을 때와 같은 경우에는 이것이 항상 가능하지 않을 수 있다. 심리학자들은 필요하면 다른 가족 구성원이나 개인을 인터뷰하도록 시도할 수 있다(예: 아동을 돌보는 사람, 조부모, 선생님). 제3자로부터 얻은 정보가 결론을 내리는 근거로 사용되었을 때, 심리학자들은 가급적 그 외 다른 정보원으로부터 하나 이상의 정보를 수집하여 통합하여 결론을 도출한다. 그 통합은 보고서에 문서화되어야 한다.

13. 심리학자는 임상 및 평가 자료를 과장해서 해석하거나 부적절하게 해석하지 않는다. 심리학자는 자료가 충분하지 않을 때에 결론을 도출하지 않는다. 심리학자는 인터뷰나 검사로부터 얻은 데이터를 신중하고 보수적으로 분석하고, 문화적 규범에 대해 박식해야 하며, 평가의 결과를 정보를 듣는 이가 이해할 수 있는 형태로 제시해야 한다. 심리학자들은 사용된 방법이나 데이터에 있는 모든 한계에 대해 법원에 밝힌다. 또한, 심리학자들은 강요된 평가는 참여자를 자기 방어적 상황으로 이끌어 심각한 결과, 즉 좋지 않은 결론을 낼 수 있다는 것을 인지한다. 따라서, 검사 결과를 해석할 때는 상황적 결정 요인을 염두에 두어야 한다.

14. 아동보호 문제의 심리학적 평가를 수행하는 심리학자들은 개인의 심리학적 기능에 대한 의견을 제시하기 전에 그들의 진술이나 결론을 뒷받침할 수 있기에 충분한 개

인 평가를 먼저 수행한다. 이 지침은 심리학자들로 하여금 그러한 정보의 근거가 명시되어 있는 한, 개인이 무슨 진술을 했는지 보고하거나 이론적 문제나 가설적 질문을 언급하는 것까지 금지하지 않는다. 합당한 노력에도 불구하고, 개인에 대한 평가가 불가능할 때에 심리학자들은 이것을 보고하고, 그들의 결론이나 권고의 성격과 범위를 적절하게 한계 짓는다.

15. 만약 제의를 받아 권장하게 되었다면, 권장은 아동의 건강과 복지가 심각하게 침해되어 왔거나 그리고/또는 침해될 수 있는지의 여부에 근거한다. 아동보호 문제의 심리학적 평가를 수행할 때, 심리학자들은 아동의 심리치료, 부모의 심리치료, 그리고/또는 아동을 위해 안전한 환경을 조성하는 것을 도울 수 있는 부모의 재활 권장을 포함하지만 여기에 국한되지 않는 다양한 권장을 할 수 있다.

    권장했을 경우에 주요 초점은 아동의 건강과 복지에 있어야 한다. 권장은 임상 데이터와 일반적으로 받아들여지는 심리 이론과 실제에 근거한 해석과 추론과 같은 타당한 자료를 기반으로 해야 한다. 특히 아동을 학대하는 가족의 중재에 대한 연구 결과에 주목해야 한다. 심리학자들은 미래의 폭력적 행동 예측의 한계를 인식하면서, 평가되는 문제에 관련된 정보와 임상 데이터를 공개하도록 노력해야 한다. 그들은 또한 그들의 결론을 뒷받침하는 추론 과정을 설명해야 한다.

    본 직업이 아동보호 평가에서 처분 조치에 대한 권고를 하는 것이 심리학 실제의 범위 내에 있는지 여부에 대한 합의에 이르지는 못했다. 하지만, 심리학자가 처분 조치에 대한 권고를 하기로 선택했다면, 그 권고는 건전한 심리학 데이터를 근거로 해야 하며, 특정 사례의 아동의 건강과 복지를 고려해야 한다.

16. 심리학자들은 재정적 협의(비용 지불 방식)를 명확히 한다. 재정적 협의는 아동보호 평가를 시작하기 전에 명확히 밝혀지고 합의되어야 한다. 평가에 대해 요금을 청구할 때, 심리학자들은 보상을 목적으로 제공한 서비스를 정확하게 설명한다.

17. 심리학자는 적절한 기록을 유지한다. 아동보호 평가를 수행하는 과정에서 얻어진 모든 기록은 APA 기록보관 지침(APA, 1993)에 따라 적절하게 보관된다. 원자료(raw date)와 인터뷰 정보를 포함한 모든 기록은 다른 심리학자나 법원이나 의뢰인에 의해 열람될 수 있음을 알고 기록한다.

# 용어 정리

다음의 정의는 일반적인 수준으로 쓰였고, 독자가 아동보호 문제에 사용되는 몇 가지 일반 용어에 친숙해지도록 돕는 의도로만 만들어졌다. 이것은 일률적인 법적 정의로 받아들여지거나 특정한 법적 문제에 적용되지 않을 수 있다. 그들의 평가의 일부분에 이런 용어를 사용하고자 하는 독자들은 자신이 평가를 제공하는 주정부의 면허가 있는 변호사와 먼저 상의하는 것이 좋다.

**학대, 정서적(Abuse, emotional):** '심리적 학대(psychological maltreatment)'라고도 불리는 이것은 아동들에게 부모가 아이를 원치 않고 무가치한 존재이며 또는 다른 요구를 충족시키기 위한 도구로써의 가치만 있음을 전달하는 반복되는 패턴이나 행동으로 정의된다. 신체적 또는 심리적 폭력에 대한 위협을 포함할 수 있다.

**학대, 신체적(Abuse, physical):** 부모나 보호자에 의해 고의(우연한 사고가 아닌)적으로 가해지는, 일반적으로 아동에 의해 고통으로 정의되거나 또는 아동에게 금방이라도 닥칠 고통에 대한 잠재적 위험, 신체적 상해를 뜻한다.

**학대, 성적(아동) (Abuse, sexual):** 일반적으로 아동이 성인이나 타인의 성적 자극을 위해 이용될 수 있는 상황에서 아동과 성인, 아동보다 훨씬 나이가 많은 사람, 아동에 대한 권리가 있거나 통제하는 위치에 있는 사람과의 접촉으로 정의된다.

**학대, 방치(Abuse, neglect):** (방치Neglect를 보라.)

**입증 책임:** 당사자가 자신의 측근, 위치, 또는 주장을 지지하는 소송을 할 때 법정에 증거의 수준을 증명할 의무를 말한다(예: 민사 사건의 원고, 친권 종료 문제에서의 주정부).

**의심할 여지 없음(Beyond a reasonable doubt):** 자유가 위태로운 사례(예: 감금 또는 사망)에서 사용되는 가장 높은 증거 기준. 일반적으로 가장 높은 수준의 증거 또는 확실성 정도(90%-95% 확률)로 정의된다.

**아동보호 서비스(CPS):** 아동학대 문제에 대해 보고를 받고, 조사하고, 아동과 가족에게 재활 서비스를 제공하는 사회 서비스 기관(대부분의 주에 있는). 대개 이 기관은 사회복지사업이나 복지부와 같은 대형 공공 기관에 위치한다.

**분명하고 설득력 있는:** 상당한 자유가 위태로운 사례(예: 친권 상실, 수용치료)에서 사용되는 중간 수준의 증거. 일반적으로 높은 수준의 증거 또는 확실성 정도(75% 확률)로 정의된다.

**처분 심리:** 사건이 판결난 후 아동에 대한 처분을 결정하기 위해서 소년/가정 법원에 의해 열리는데, 여기에는 필요 시 아동을 가정 밖 양육 기관에 배치하기 위한 결정과 학대의 위험을 줄이고 영향을 치유하기 위해서 아동과 가족에게 필요한 서비스의 결정도 포함된다.

**증거:** 사실적 혐의나 주장을 뒷받침하기 위한 목적으로 당사자에 의해 법원에 제시되는 모든 형태의 증거를 뜻한다.

**전문 증인:** 어떠한 특정 훈련도 받지 않아 정확한 의견을 형성하거나 올바른 결론을 추론할 능력이 없는 사람에 관한 주제에 대하여 교육이나 특별한 경험에 의해 월등한 지식을 소유한 사람. 전문가로 인정된 증인은 일반 비전문가의 이해의 범주에 들지 않는 복잡하고 전문적인 주제를 배심원들이 이해하도록 도울 수 있게 된다(제시된 질문에 대한 증인의 답변을 통해). 전문가는 또한 "가상" 시나리오나 특정 소송의 당사자와 구체적으로 관련되지 않은 정보/의견에 근거해 증언을 제공할 수 있다.

**사실 증인:** 일반적으로 현장에 있거나, 개인적으로 사물을 보거나 인식한 사람으로 정의된다. 본 사람, 구경꾼 또는 목격자. 해당 상황, 사건에 대해 그것이 실제로 일어난 그대로, 또는 존재하고 있거나 존재했던 실제적 물체 또는 형태를 보고, 듣거나 또는 관찰한 것을 증언하는 사람. 사실 증인은 일반적으로 의견을 제시하거나 그들이 개인적인 지식이 있는 이슈를 제기하거나 가상 상황에 대한 답변을 하는 것이 허용되지 않는다.

**가정/소년 법원:** 이 법원은 특별히 아동학대, 방치, 아동 지원, 친자 확인, 친권 종료, 미성년 범죄, 가정폭력과 같은 미성년자와 관련된 가정 문제에 관한 사건들을 심리하기 위해 세워졌다.

**가정 유지/재결합:** 아동의 안전이 보장되는 한, 아동과 가족이 같이 살아야 한다는 사회 복지기관의 철학적 신념으로, 법률과 정책에 영향을 미친다.

**소송후견인:** 일반적으로 민사 소송 시 법적으로 불가능한 사람(미성년자와 같은)을 대변하고 의사를 결정하기 위해 법원에 의해 임명된 성인으로 정의된다. 대상자에 대한

뚜렷한 관심을 보이는 모든 성인이 Guardian ad litem이 될 수 있다.

**후견(Guardianship):** 법적으로 자신의 필요를 스스로 충족시키지 못한다고 여겨지는 사람의 필요(예: 음식, 거처, 의료보험)에 책임을 지는 사람에게 주어지는 법적 권리.

**학대(Maltreatment):** 일반적으로 폭력적, 무관심한 또는 아동의 복지를 위협하는 행위로 정의된다. 보통 아동학대(abuse)와 방치의 일반적 용어로 사용된다.

**방치(Neglect):** 일반적으로 태만한 행동, 특별히 부모나 아동의 복지에 법적으로 책임이 있는 다른 사람이 아동의 기본적 필요와 음식, 거처, 위생, 의료 또는 지도에 대해 적절한 수준의 보살핌을 제공하지 못하는 것으로 정의된다.

a. **정서적:** 일반적으로 아동의 정서적인 요구, 양육 또는 정서적 안녕에 대한 수동적 또는 수동공격적 부주의, 또한 아동에 대한 심리적 비이용성이라 말하기도 한다.

b. **육체적:** 일반적으로 부모나 다른 아동 복지에 대한 책임이 있는 사람에 의해 형성된 또는 그들이 아동을 적절하게 지도하거나 보호하지 못해 야기된 상태의 결과로서, 아동의 고통, 또는 임박한 고통의 잠재적 위험, 외모 손상을 일으키는 신체 상해, 신체 기능의 불구, 또는 다른 심각한 신체 부상으로 정의된다.

**가정 밖 보호:** 일반적으로 소년/가정 법원의 관할 아래, 자신의 가정 밖에 배치된 아동을 위해 개인이나 기관, 단체에 의해 제공되는 보육, 입양, 재택 보호를 말한다.

**국친사상:** 전통적으로 국가가 법적 불능 상태의 사람의 군주와 보호자의 역할을 하는 것을 말한다. 이것은 건강, 국민의 평안과 복지, 주와 주 사이의 채수권, 국가의 일반 경제 등과 같은 준−군주국의 관심(이익)을 보호하기 위해 이용되는 지위의 개념이다. 문자 그대로 "국가의 어버이"를 뜻한다.

**(법원에 법률적 처리를 요청하는) 신청서:** 특정 문제에 대해 재판을 요청하기 위해서 법원에 제출하는 형식적인 서면 신청서이다.

**증거 충분:** 증거의 3가지 기준 중 최하 수준, 대부분의 민사 소송에 적용, 일반적으로 "개연성 있는" 정도의 확실성으로 정의된다(예: "좀 더 그런 것 같은" 또는 51% 확률).

**보호 명령:** 아동학대 혐의가 있는 성인이나 아동을 해칠 위험이 있거나 처분을 간섭하는 다른 사람의 행동을 억제하고 통제하기 위해 판사에 의해 명령될 수 있다.

**심리(Review hearing):** 처분을 재검토하기 위해(보통 매 6개월마다) 그리고 가정 밖 배치 그리고/또는 아동을 법원이 관할하는 것을 유지할 필요를 결정하기 위해 소년/가정

법원에 의해 열린다. 모든 주는 주 법원, 기관 패널, 또는 시민 리뷰 게시판으로 하여금 가정 밖에 배치된 아동의 상황을 재평가하기 위해 정기적으로 재검토할 것을 요구한다. 연방법은 연방 재정 지원 적임 조건으로, 처분이 있은 지 적어도 18개월 이내에 심리를 열 것과 그 건의 궁극적 결론(예: 아동을 가정으로 돌려보낼 것인지, 특정 기간 동안 가정 밖 보호를 지속할지, 입양을 시킬지, 장기 입양을 지속할지 여부)을 내리기 위해 정기적으로 심리를 열 것을 요구한다.

친권 종료 심리: 아동을 위한 법적 권리와 책임이 영구적으로 또는 무기한으로 더 이상 법적으로 인정되지 않는, 그리고 국가가 아동의 보호와 복지를 위한 법적 책임을 지게 되는 형식적인 사법 소송 절차를 뜻한다.

## 참고문헌

American Psychological Association. (1985). *Standards for educational and psychological testing.* Washington, DC: Author.

American Psychological Association. (1992). Ethical principles of psychologists and code of conduct. *American Psychologist, 47,* 1597-1611.

American Psychological Association. (1993). Record keeping guidelines. *American Psychologist, 48,* 984-986.

Baladerian, N. J. (1991). *Abuse causes disabilities. Disability and the Family.* Culver City, CA: SPECTRUM Institute.

Greenberg, S., & Shuman, D. W. (1997). Irreconcilable conflict between therapeutic and forenisc roles. *Professional Psychology: Research and Practice, 28,* 50-57.

McClain, P. (1995). [Centers for Disease Control and Prevention] (Anne Marie Finn). Atlanta, GA.

McClain, P., Sacks, J., & Frohlke, R. (1993). Estimates of fatal child abuse and neglect, United States, 1979-1988. *Pediatrics, 91,* 338-343.

*Santosky v. Kramer,* 455 U.S. 745 (1982).

U.S. Advisory Board on child Abuse and Neglect. (1995). *A national shme: Fatal child abuse and neglect in the U.S.* (5th Report). Washington, DC: U.S. Government Printing Office.

American Psychological Association. (1985). *Standards for educational and psychological testing.* Washington, DC: Author.

American Psychological Association. (1992). Ethical principles of psychologists and code of conduct. *American Psychologist, 47*, 1597-1611.

American Psychological Association. (1993). Record keeping guidelines. *American Psychologist, 48*, 984-986.

Butcher, J. N., & Pope, K. S. (1993). Seven issues in conducting forensic assessments: Ethical responsibilities in light of new standards and new tests. *Ethics and behavior, 3*, 267-288.

Briere, J. (Ed.). (1991). Treating victims of child sexual abuse. *New Directions for Mental Heatlh Services series, 51.*

Ceci, S. (1995). *Jeopardy in the courtroom.* Washington, DC: American Psychological Association.

Committee on Ethical Guidelines for Forensic Psychologists. (1991). Specialty guidelines for forensic psychologists. *Law and Human Behavior, 6*, 655-665.

Conte, J. R. (1986). *A look at child sexual abuse.* Chicago: National Committee for Prevention of Child Abuse.

Coulborn-Faller, K. (1988). *Child sexual abuse: An Interdisciplinary manual for diagnosis case management and treatment.* New York: Columbia University Press.

Daro, D. H., & McCurdy, K. (1993). *Current trends in child abuse reporting and fatalities: The results of the 1993 annual fifty state survey.* Chicago: National Committee to Prevent Child Abuse.

Doris, J. (Ed.). (1991). *The suggestibility of children's recollection: Implications for eye witness testimony.* Washington, DC: American Psychological Association.

English, D. J. (1989). *Risk assessment: Issues and concerns.* Denver, CO: American Humane Society.

Faller, K. C., Everson, M. D. (Eds.). (1996). Child interviewing, Part I. *Child Maltreatment 1*, 83-175.

Faller, K. C., Everson, M. D. (Eds.). (1996). Child interviewing, Part II. *Child Maltreatment 1*, 187-212.

Friedreich, W. N. (1990). *Psychotherapy of sexually abused children and their families.* New York: Norton.

Goldstein, J., Frend A., Solnit, A. J., & Goldstein, S. (1986). *In the best interests of the child.* New York: Free Press.

Grisso, T. (1986). *Evaluating competencies: Forensic assessments and instruments*. New York: Plenum.

Hagans, K. B., & Case, J. (1988). *When your child has been molested: A parent's guide to healing and recovery*. New York: Lexington Books.

Hass, L. J. (1993). Competence and quality in the performance of forensic psychologists. *Ethics and Behavior, 3*, 251-266.

Helfar, R. E., & Kempe, R. S. (Eds.). (1987). *The battered child* (4th ed.). Chicago: University of Chicago Press.

Kalichman, S. C. (1993). *Mandated reporting of suspected child abuse: Ethics, law and policy*. Washington, DC: American Psychological Association.

Kalichman, S. C., Craig, M. E., & Follingstad, D. R. (1988). Factors influencing the reporting of father-child sexual abuse; study of licensed practicing psychologists. *Professional Psychology, 20*, 84-89.

Koocher, G. P., & Keith-Spiegel, P. C. (1990). *Children ethics, and the law: Professional issues and cases*. Lincoln: University of Nebraska Press.

Kuehnle, K. (1996). *Assessing allegations of child sexual abuse*. Sarasota, FL: Professional Resource Press.

Melton, G. B., Petrila, J., Poythress, N. G., & Slobogin, C. (1997). *Psychological evaluations for the courts: A handbook for mental health professionals and lawyers*. New York: Guilford Press.

Myers, J. E. B. (1997). *Evidence in child abuse and neglect cases* (Vols. 1-2). New York: John Wiley & Sons.

Reiser, M. (1991). Recantation of child sexual abuse cases. *Child Welfare, 70*, 611-623.

Roane, T. (1992). Male victims of child sexual abuse: A case review within a child protective team. *Child Welfare, 71*, 231-241.

Sales, B., & Simon, L. (1993). Institutional constraints on the ethics of expert testimony. *Ethics and Behavior, 3*, 231-249.

*Santosky v. Kramer*, 102 S. Ct. 1388 (1982).

Saunders, T. R. (1991). An overview of some psychological issues in child physical and sexual abuse. *Psychotherapy in Private Practice, 9*(2), 61-78.

U.S. Advisory Board on Child Abuse and Neglect. (1995). *A National Shame: Fatal Child Abuse and Neglect in the U.S.* (5th Report). Washington, DC: U.S. Government Printing Office.

Walker, C. E., Bonner, B. L., & Kaufman, K. L. (1988). *The physically and sexually abused child: Evaluation and treatment.* Elmsford, NY: Pergamon Press.

Watson, H., & Levine, M. (1989). Psychotherapy and mandated reporting of child abuse. *American Journal of Orthopsychiatry, 59,* 246-255.

Weissman, H. (1991). Forensic psychological examination of the child witness in cases of alleged sexual abuse. *American Journal of Orthopsychiary, G1,* 1, 48-58.

White, S. (1990). The contamination of children's interviews. *Child Youth and Family Service Quarterly 13*(3) 6, 17-18.

Willis, D. J., Bagwell, W., Broyhill, G. C., & Campbell, M. M. (1991). *Child abuse: Abstracts of the psychological and behavioral literature: Vol. 2, 1986-1990.* Washington, DC: American Psychological Association.

Willis, D. J., Bagwell, W., & Campbell, M. M. (1991). *Child abuse: Abstracts of the psychological and behavioral literature: Vol. 1, 1967-1985.* Washington, DC: American Psychological Association.

## 관련 학술지

*Child Abuse and Neglect: The International Journal*
*Child Welfare*
*Journal of Child Sexual Abuse*
*Journal of Family Violence*
*Journal of Interpersonal Violence*
*Child Maltreatment: Journal of the American*
*Professional Society of the Abuse of Children*

## 기타 자료

American Academy of Pediatrics
141 Northwest Point Boulevard
P.O. Box 927
Elk Grove, IL 60009-0927
(800) 433-9016

American Bar Association Center on Children and the Law
1800 M Street, NW, Suite 200

Washington, DC 20036
(202) 331-2250

American Professional Society on the Abuse of Children
407 South Dearborn, Suite 1300
Chicago, IL 60605
(312) 554-0166

Child Welfare League of America
440 First Street, NE, Suite 310
Washington, DC 20001-2085
(202) 638-2952

Clearinghouse on Child Abuse and Neglect Information
P.O. Box 1182
Washington, DC 20013
(703) 385-7565

Family Violence and Sexual Assault Institute
1310 Clinic Drive
Tyler, TX 75701
(903) 534-5100

National Association of Counsel for Children
1205 Oneida Street
Denver, CO 80220
(303) 321-3963

National Clearinghouse on Child Abuse and Neglect Information
U.S. Department of Health and Human Services
P.O. Box 1182
Washington, DC 20013
(800) FYI-3366

National Committee to Prevent Children Abuse

332 S. Michigan Avenue, Suite 1600

Chicago, IL 60604-4357

(312) 663-3520

National Resource Center on Child Sexual Abuse

Information Service

2204 Whitesburg Drive, Suite 200

Huntsville, AL 35801

(800) 543-7006

# 노인을 대상으로 하는 심리학자를 위한 APA 지침

미국 심리학회

## 목차

성적 지향, 장애 상태, 도시/농촌 거주와 같은 사회 문화적 요인이 어떻게 노후의 건강상태와 심리적 문제에 영향을 끼치는지 이해하려고 노력한다.

지침 6. 심리학자들은 노화의 생물학적 및 건강 관련 측면에 대한 최신 정보를 잘 숙지하도록 노력한다.

## 임상 주제

지침 7. 심리학자들은 노인들의 인지기능 변화에 대한 최신 지식을 숙지하도록 노력한다.

지침 8. 심리학자들은 노인들의 일상생활상의 문제를 이해하도록 노력한다.

지침 9. 심리학자들은 노인에게 서비스를 제공할 때, 노령화 인구의 정신병리학에 대한 지식을 가지고, 그 정신병리의 특성 및 유병률을 인지한다.

## 평가

지침 10. 심리학자들은 노인을 평가하는 다양한 방법에 대한 이론, 연구, 실무를 숙지하고, 정신력 측정을 위해 적합한 평가 도구에 대한 지식을 가지도록 노력한다.

지침 11. 심리학자들은 노인을 평가할 때, 젊은 사람을 평가하기 위해 만들어진 평가 도구를 사용하는 것에 대한 문제를 이해하고, 노인의 특성과 상황에 맞는 맞춤 평가를 하기 위한 기술을 개발하도록 노력한다.

지침 12. 심리학자들은 인지기능과 기능 능력에 대한 평가의 수행 및 해석과 노인의 인지 능력 변화를 인식하기 위한 기술을 개발하도록 노력한다.

## 개입, 상담 및 기타 서비스 제공

지침 13. 심리학자들은 노인에 대한 다양한 개입 방법에 대한 이론, 연구, 실무, 특히 그 방법들이 해당 연령층에 사용되기에 얼마나 효과가 있는지에 대한 최근의 연구 증거를 숙지하기 위해 노력한다.

지침 14. 심리학자들은 심리치료를 받는 노인과 그의 가족에게 해당 연령층에 맞춘 개입을 사용하는 등 심리치료적 개입과 환경 조절을 구체적으로 적용시키는 기술을 개발하고 그러한 기술을 숙지하기 위해 노력한다.

지침 15. 심리학자들은 노인들이 전형적으로 배치되거나 접하게 되는 특정한 환경에서의 서비스 제공에 관련된 문제를 이해하기 위해 노력한다.

지침 16. 심리학자들은 노인의 예방 및 건강 증진 서비스 제공에 관련된 문제를 인지하도록 노력한다.

지침 17. 심리학자들은 노인을 돕는 상담 서비스의 제공에 관련된 문제를 이해하기 위해 노력한다.

지침 18. 노인과 작업할 때, 심리학자들은 다른 분야와 소통하는 것의 중요성을 이해하고, 필요하면 다른 전문가에게 의뢰하거나 그들과 협력하여 함께 일하도록 권장된다.

지침 19. 심리학자들은 노인에게 서비스를 제공하는 데 있어 수반되는 특별한 윤리적 그리고/또는 법적 문제들을 이해하기 위해 노력한다.

## 교육

지침 20. 심리학자들은 지속적인 교육, 훈련, 지도와 상담을 통해 노인과 작업하는 것에 대한 그들의 지식, 이해, 기술을 증진시키도록 권장된다.

## 참조

# 노인을 위한 심리치료에 대한 지침

최근 몇 년 동안, 우리 인구 구성의 변화, 서비스 환경과 시장경제의 변화로 인해 노인 분야의 전문 심리치료가 증가하고 있다. 예를 들어, 1987년 옴니버스 예산 조정법(OBRA, 1987)에 포함되어 있는 연방법안은 일부 정신건강에 대한 책임 증진을 불러왔다. 노인의료보험제도에 심리상담이 포함되면서 보상의 기회를 확대시켰다. 또 다른 예로, 1986년에는 양로원에서 심리치료가 드물었던 데 반해, 1996년에는 12개 대기업들과 수많은 작은 기관에서 양로원에 심리 서비스를 제공하고 있었다. 뿐만 아니라 의사와 연구자들이 노인에 특성화된 정확한 심리평가와 효과적인 치료를 밝혀냄에 있어 인상적인 진전을 이루었고, 이 분야에 대한 심리학 문헌이 급증했다. 의심할 여지없이, 노인 인구의 증가와 서비스 수요 증가, 그리고 심리 서비스에 익숙한 청장년층의 노인화에 따라 노인 관련 임상 문제에 대한 충분한 이해를 가지고 있는 심리학자에 대한 수요가 미래에 계속 증가할 것이다(Gatz & Finkel, 1995; Koenig, George, & Schneider, 1994).

　　일반 심리학자들과 구체적으로 노인심리학자라고 규정된 자들은 이 실습 분야에 관심이 있다. 하지만, 비교적 소수의 심리학자들만이 그들의 정규교육의 일환으로 노인(노화)심리에 대한 정식 훈련을 받았다. APA의 현재 실무에 있는 심리학자 회원에 대한 최근 조사에 따르면, 대다수(69%)가 노인을 대상으로 한 임상 작업을 적어도 가끔은 수행하고 있지만, 30% 미만만이 대학원에서 노인심리에 대한 수업을 들었고, 20% 미만이 노인을 대상으로 한 인턴십 경험이나 실습 지도를 받았다(Qualls, Segal, Norman, Niederehe, & Gallagher-Thompson, 2002). 많은 심리학자가 지식이나 기술 면에서 준비가 부족하다고 느껴 노인을 대상으로 일하는 것을 꺼려하고 있을지 모른다. 위의 실무자 조사(Qualls et al., 2002)에서 높은 비율의 응답자(58%)가 노인을 대상으로 일하기 위해 추가 훈련이 필요하다고 답했고, 70%가 임상노인심리에 관한 전문교육 프로그램에 참여할 의사가 있다고 답했다. 다른 연구에서는 절반 이상의 심리치료 관련 외래근무자(externs)와 인턴들이 이 분야의 추가 교육과 훈련을 원했고, 90%가 노인에게 임상 서비스를 제공하는 것에 대한 관심을 표명했다(Hinrichsen, 2000). 이 분야에서의 실습을 위해 심리학자들의 더 많은 준비가 필요함을 보여주는 또 다른 예는, 최근 캘리포니아에서 대학원이나 평생교육원에 노화와 장기 치료 과목을 개설하여 심리학 면허를 얻기 위한 전제 조건으로 하는 법률을 제정했다는 것이다(California State Senate Bill 953, 2002). 그것뿐 아니라, 보건 자원과 서비스 국의 보건 전문인력과의 대학원 심리 교육(GPE) 프로그램을 위한 2003년 의회예산책정에서 노인심리 분야를 국민건강 부족 분야로 지정해서 그 분야의 훈련에 대한 특별재정지원을 포함시켰다("Congress Triples Funding", 2003). 이 문서는 심리학자들이 임상장면에서 노인과 일하기 위한 준비 정도를 스스로 평가하고, 필요할 때에 적절하게 노인 분야에 대한 그들의 지식, 기술, 경험을 증진시킬 교육과 훈련을 찾고 사용하는 것을 돕기 위한 의도를 가지고 있다. 이 지침의 구체적인 목적은 실무자들에게 노인과의 임상 작업에 참조할 수 있는 틀과 기본 정보와 노인과의 작업에 관련된 태도, 노화의 일반적 측면, 임상 문제, 평가, 개입, 상담, 지속적인 교육과 훈련 분야에 대한 추가적인 참조를 제공하기 위함이다. 이 지침은 APA(2002)의 "심리학자들을 위한 윤리 원칙과 행동 강령"과 다른 여러 APA 정책을 기반으로 만들어졌으며 내용에 있어 그들과 일관성을 가진다.

그러므로 본 진술은 지침으로서 강제하기 위함이나 철저하게 준수되려는 의도를 가지지 않고, 법적 문제에 항상 적용되지 않을 수도 있다. 지침들이 지향하는 바는 직업의 지속적인 조직적 개발을 촉진하고, 심리학자들이 높은 수준의 전문 실무를 해내도록 돕는 것이다. 또한 본 지침은 최종적인 것으로 여겨지거나 심리학자들의 판단보다 우선한다는 뜻으로 해석되어서는 안 된다. 특정 시에는 연방 및 주 법령이 이 지침을 대신한다. 이 지침은 노인과 임상 작업하는 심리학자들에 의해 사용되기 위한 의도를 가지고 있다. 서비스 수요의 증가로 인해, 일반 심리학자들이 노인과 임상 작업을 하게 되고, 그들의 실무 기술을 지원할 교육을 계속해서 찾게 될 것이기 때문이다.

이 지침은 심리학자들로 하여금 이 분야에서의 실습을 제한, 제외하거나 그들로부터 이 작업을 위한 특별 자격증을 요구하기 위함이 아니라, 오히려 심리학자들의 노인과의 작업을 촉진하고 돕기 위함이다. 이 지침은 또한 일부 심리학자들이 노인들과 전문화된 작업을 하게 될 것이며 이들이 스스로를 노인심리학자로 규명하고 공식적으로 인정된 임상 노인심리학의 능숙도/치료 주안점 내에서 실습하는 것을 위해 보다 다양한 범위의 훈련들을 찾게 될 것을 인정한다.

이 지침은 더 나아가 심리학자들이 노인과 작업하는 것에 관한 전문지식을 얻거나 훈련을 받을 수 있는 수많은 방법과 관련이 있음을 인정하고 존중한다. 이 문서는 따라야 할 특정 훈련을 규정하기 보단, 이 작업에 적용될 수 있다고 간주되는 지식과 임상 기술 분야를 추천하기 위해 고안되었다.

## 지침 개발 과정

1992년에 APA는 "심리학 임상 교육 과정에 관한 전 미국 학술회의: 노인에 대한 서비스의 향상"을 준비하였고, 그것은 APA로 하여금 "노인 임상심리에 전문성을 갖추려는 전문가들을 돕는 것" 뿐 아니라 "노인 및 노인의 가족들과 작업하고, 일반 및 전문가 모두의 수준에서의 역량을 평가하기 위하여 필요한 전문지식을 규정하기 위한 기준을 개발"하도록 권고했다(Knight, Teri, Wohlford, & Santos, 1995; Teri, Storandt, Gatz, Smyer, & Stricker, 1992). APA 제12분과(임상심리학회)의 제2부(임상노인심리)와 제20분과(성인 발달 및 노화)는 교육 및 학술회의의 권고에 따라 노인을 대상으로 하는 임상치료를 적절하게 준비하기 위하여 요구되는 지침을 만들 목적으로 임상노인심리의 실습을 위한 프로젝트팀을 결성하였다. 그 프로젝트팀은, 전문지식과 전문 심리학 내의 다양한 분야들에 적용되는 성인 발달과 노화 분야에의 전문적 참여 경험이 있는 멤버들을 포함시켰다. 그들은 임상심리학이라는 공식적으로 지정된 전공뿐만 아니라 임상 신경심리학, 건강심리학, 상담심리학, 재활심리학, 공동체심리학과 같은 관련 관심 분야, 그리고 노인들 및 그들의 가족을 대상으로 독립적인 심리 관련 실무를 하고 있는 면허가 있는 심리학자들을 대표한다.

그 구성과 일관되게, 프로젝트팀은 "임상"이라는 용어에 대한 포괄적 이해와 사용을 채택했다. 따라서 이 지침은 "임상 작업"이라는 용어와 그것의 여러 변형어(예: 임상장면에서 작업하는)를 면허가 있는 실무자에 의한 전문 심리학 실무를 포괄하는 일반적 용어로 사용하며, 이는 프로젝트팀에 포함된 것들을 아울러 다양한 심리학 하위 분야 및 잠재적으로는 그 밖의 사용들까지 포함한다. 이러한 사용은 연방센터의 노인의료보험(Medicare)과 저소득층의료보험(Medicaid)(기존의 Health Care Financing) 서비스에서 "(1) 심리학박사 학위를 가지고 있고 (2) 개인에게 심리학의 독립적 실무 수준에서 직접 진단, 평가, 예방, 치료 서비스를 제공하며, 자신이 일하는 주에서 심리학박사 학위에 근거하여 면허를 받거나 자격이 승인된 개인을 임상심리학자로 규정한 것"과 비슷하다.

프로젝트팀의 멤버들은 그들이 타당하다고 생각하는 그들의 개별적인 전문분야 내의 관련 문헌을 참조했다. 그들은 지침문서의 모든 부분을 공식화하고 검토하는 데 참여하였고, 특정 내용과 문헌의 인용을 포함시키는 것에 대해 제안하였다. 초기 문서는 그룹 모두의 합의를 이룰 때까지 여러 차례의 초안을 거쳤고, 참조문헌이 일반적 합의를 만족시키는 한 유지되는 것으로 제안되었다. 초안 문서는 그 후에 협회 규칙 100-1.5(분과에서 생성된 지침 검토의 관리)에 따라 APA 내에서 광범위하게 회람되었다. 초안에 대한 비평을 요청하였고, APA이사회, 위원회, 분과, 주 협회, 이사회, 사무실, 그리고 이 실무 분야에 관심을 가진 개별 심리학자들로부터 비평을 받아들였다. 이 문서에 대해 숙고하는 시기에 중역 이사회와 대표위원회는 내용, 서식, 언어적 표현에 대해 자문을 주었던 지침 자문위원과 특별한 검토를 하였다. 프로젝트팀은 신중하게 매 차례의 논평들을 숙고하고 그러한 제안들에 따라 수정하였다.

우편 비용 및 기타 프로젝트팀 운영 비용(예: 전화 회담)은 제12분과—제2부와 제20분과에 의해 제공되었다. 이 문서의 기존 초안들은 이 기관의 집행 이사회와 제12분과와 제17분과(상담심리학회)의 이사회에 의해 검토되고 공식적으로 보증되었다. 다른 어떤 그룹이나 개인으로부터 재정 지원을 받지 않았고, 이 지침을 승인하고 이행하는 것으로부터 프로젝트팀이나 그들의 후원 단체는 어떠한 재정적 혜택도 기대하지 않았다.

이 지침은 6개 부분으로 구성되었다: (a) 태도 (b) 성인의 발달, 노화, 노인들에 대한 일반 지식 (c) 임상적 사안들 (d) 평가 (e) 개입, 자문 및 기타 서비스 제공 (f) 교육.

## 태도

지침 1. 심리학자들은 그들의 역량 범위 내에서 노인을 대상으로 작업하는 것과 그것을 위해 조언을 구하거나 요청되었을 때에 적절한 소개(위탁)를 할 것이 장려된다. 노인과의 작업을 추진할 때, 전문 심리학 훈련이 노인에게 잠재적인 혜택을 줄 수 있는 일반적인 기법과 노인 문제를 평가하고 다루기 위한 특별한 기술과 지식 모두를 가르치는 것이 특별한 기술과 지식이 일부의 노인 문제를 평가하거나 필요하다고 인정하는 균형이 필요하다. 심리학자들은 노인들에게 유익을 주고 그들의 상당한 복지 증진을 이룰 수 있는 많은 기술을 가지고 있다. 그들은 종종 심각한 질병, 장애, 스트레스, 또는 위기에 관련해서 노인들을 평가하거나 돕도록 요청을 받는다. 그들은 또한 적응 문제를 극복하기 위해 심리적 도움을 구하는 노인들과 일한다. 심리학자들은 노인들로 하여금 건강한 기능과 적응을 유지하고, 새로운 삶의 주기 개발 작업을 수행하거나, 그들의 노년에 긍정적인 심리적 성장을 이루도록 도울 수 있다. 노인들의 일부 문제들은 본질적으로 다른 연령층의 것과 동일하고, 일반적으로 모든 전문 심리학자가 전형적인 훈련을 통해 얻은 똑같은 레퍼토리의 기술과 기법에 반응한다. 연령층 전체에 걸친 이러한 공통점을 감안하면, 상당히 많은 심리학자가 그들이 이미 가지고 있는 기술을 바탕으로 노인을 대상으로 작업하고 싶어 할 수 있다.

　반면에, 노화 과정과 노후 과정의 특별한 상황 때문에 노인들이 그들의 발달상의 어려움과 건강 관련 문제를 특유의 방법으로 표명할 수 있어, 심리학자들은 이러한 문제들을 정확하고 민감하게 인지하고 구분하는 것이 필요하다. 또한, 노후에는 특정 임상 문제가 독특하게 발생하고, 노인의 특정 상황에 적절하게 적용될 수 있는 추가적인 진단 기술이나 개입 방법이 요구될 수도 있다. 그리고 노인과의 임상 작업은 노후의 특정 발달 문제, 집단(세대) 관점과 선호, 신체 질병 합병증, 복용의 효과, 복합 약품 합병증, 인지적 또는 감각 장애, 의학 또는 정신 장애 병력을 포함한 요인들 간의 복잡한 상호작용을 수반할 수 있다. 이런 복잡한 상호작용이 이 분야를 매우 어렵게 만들고, 임상 의학자들에게 심리학 지식과 방법을 노련하게 적용하도록 요구한다. 노화 과정과 연관된 어려움에 대한 교육과 훈련이 노인의 임상 문제의 성격을 알아내도록 도울 수 있다. 따라서, 노인을 대상으로 작업하는 심리학자들이 이 작업을 위한 구체적인 준비를 하는 것이 도움이 된다.

　그런데 모든 실무실습 중심의 심리학자들이 그들의 임상 훈련(Teri et al., 1992)의 일환으로 노화 과정이나 노인에 관련한 수업 과정을 거쳤더라면 더 이상적이었겠지만, 대부분의 실무 심리학자들은 그렇지 못하다(Qualls et al., 2002). 평생교육과 자율학습 정신에 입각하여 이미 실무에 있는 심리학자들은 아래의 지침을 검토하고, 어떻게 이것이 자신의 지식 기반과 지속적인 교육에 대한 필요에 적용될 수 있을지 결정할 수 있다. 노인을 대상으로 일하기 위한 자신의 역량 범위를 평가함으로써 심리학자들은 그들이 가지고 있는 역량으로 일할 수 있는 범위와 유형을 알 수 있고, 자문을 구하거나 해당 문제가 자신의 전문분야를 넘어설 때 적절하게 위탁을 할 수 있다.

　또한, 그들은 자기 스스로의 교육 프로그램을 계획하기 위해 이 정보를 사용할 수 있다.

　지침 2. 심리학자들은 노화와 노인에 대한 자신의 태도와 신념이 노인을 평가하고 치료할 때에 어떻게 영향을 줄 수 있는지를 인식하고, 그를 위한 조언을 얻고, 필요 시에는 이러한 이슈들에 대한 추가 교육을 받을 것이 권장된다. APA 윤리 강령(APA, 2002a)의 원칙 E는 심리학자들로 하여금 그들의 직업 수행 시 연령 관련 편견의 영향을 제거하라고 촉구하였다. 또한, 2002년에 APA 대표위원회가 노인차별에 반대하고, APA 위원회가 APA 정책(APA, 2002b)으로 노인차별을 제거해야 한다는 결의안을 통과시켰다. 노인차별은 사람이 단순히 "늙었다"고(Butler, 1969; Nelson, 2002; Schaie, 1993) 인식되거나 규정된다는 이유로, 그 사람에 대해 편견을 가지거나 고정관념을 가지거나 차별하는 것을 말한다. 노인차별적 편견은 노인에 대한 긍정적인 특성보다는 훨씬 많은 부정적인 특성을 생각나게 하고, 차별적 관행을 조장한다(Perdue & Gurtman, 1990).

　노인에 대한 부정적 편견을 일으키게 하고, 심리학 서비스의 제공에 영향을 줄 수 있는 노인에 대한 많은 부정확한 고정관념이 있다(Abeles et al., 1998; Rodeheaver, 1990). 예를 들어, 여기에는 (1) 늙으면 필연적으로 치매가 온다. (2) 노인들은 특별히 우울증과 같은 정신 질환이 많다. (3) 노인은 직장에서 비효율적이다. (4) 대부분의 노인은 연약하고 아프다. (5) 노인은 사회적으로 고립되어 있다. (6) 노인은 섹스나 성적 친밀감에 관심이 없다. (7) 노인은 융통성이 없고, 완고하다는 것을 포함한다(Edelstein & Kalish, 1999). 이러한 관점은 자기실현적 예언이 될 수 있어서, 장애에 대한 잘못된 진단이나 "치료허무주의"(Goodstein, 1985; Perlick & Atkins, 1984; Settin, 1982)라고 불리는 개선에 대한 부적절하게 낮은 기대, 그리고 예방 조치와 치료의 결핍(Dupree & Paterson, 1985)을 야기한다. 예를 들어, 불안, 떨림, 피로, 혼란, 과민성 등의 불만을 "노령"이나 "노망"의 탓으로 돌릴 수 있다(Goodstein, 1985). 마찬가지로, 무기력증, 식욕 감소, 활동에 대한 관심 부족을 호소하는 치료 가능한 우울증을 가진 노인들의 증상을 그들의 나이 탓으로 돌릴 수 있다. 보건 서비스 제공자의 노인에 대한 차별 행동이 엄밀히 말해 그러한 노인차별주의보다는 나이에 관련된 신체건강 상태에 대한 제공자 개인의 편견에 더 많은 관련이 있음에도 불구하고(Gatz & Pearson, 1988; James & Haley, 1995), 부정확한 정보를 가진 치료사는 노인이 변화하기에는 너무 나이가 많다거나(Zarit, 1980) 심리치료로부터 유익을 얻는 것이 젊은 사람들보다 못하다고(Gatz & Pearson, 1980) 가정할 수 있다. 노인들은 그들 스스로도 노인차별주의적 태도를 가지고 있을 수 있다.

　일부 보건 전문가들은, 노인을 상대하는 것이 그들 자신의 노화나 부모님 또는 다른 가족 내의 연장자와의 불편한 관계 등을 상기시키므로 그러한 작업을 피할 수 있고, 이러한 현상은 때때로 "노화공포증"이라 불린다(Verwoerdt, 1976). 또한, 중요한 기능적 제한(functional limitation)을 나타내는 노인 환자에게 그 기능적 제한이 가부장적 개입으로 나아지는 능력과는 무관한데도 가부장적으로 대하는 치료사들도 흔하다(Sprenkel, 1999). 가부장적인 태도와 행동은 잠재적으로 치료 관계를 위태롭게 하고(Horvath & Bedi, 2002; Knight, 1996; Newton & Jacobowitz, 1999), 의존도를 강화시킬 수 있다(Baltes, 1996).

노인 관련 편견에 대한 논의에서 종종 간과되는 긍정적인 고정관념(예: "귀엽다" "아이 같다" "우리 할머니, 할아버지 같다.")(Edelstein & Kalish, 1999)도 평가와 치료 과정 및 결과에 부정적인 영향을 줄 수 있다(Kimerling, Zeiss, & Zeiss, 2000; Zarit, 1980). 동정심이나 단점을 참작하기 위한 욕구에서 생기는 그러한 편견들은 노인의 기술이나 정신건강에 대한 과장된 추정을 하게 만들고 적절한 개입을 하지 못하게 하는 결과를 초래한다(Braithwaite, 1986). 심리학자들은 이러한 인구층의 능력과 취약성에 대한 실질적인 인식을 개발하고, 노인과 노화에 대한 자신의 태도를 검토하고(어떠한 편견들은 간과할 수 있는 "사각지대"를 형성할 수 있으므로), 동료나 노인과 작업한 경험이 있는 동료나 전문가의 자문을 구하여 노인을 대상으로 일할 때 방해가 될 수 있는 편견들을 제거하도록 권장된다.

## 성인의 발달, 노화, 노인에 대한 일반 지식

지침 3. 심리학자들은 노화에 대한 이론과 연구에 대한 지식을 얻기 위해 노력한다. APA 훈련 교육과정 학술회의는 노인을 대상으로 임상 작업을 하기 위한 지식 기반의 일부로, 심리학자들이 일반 연령층과 관련한 생물학적, 심리학적, 그리고 사회적 내용과 배경에 대해 숙지하도록 권장했다(Knight et al., 1995; Santos & VandenBos, 1982). 더구나 대부분의 실무에 있는 심리학자들이 환자와 가족 구성원, 다양한 연령의 보호자를 상대하게 될 가능성이 높은 것을 고려할 때, 통합준비교육은 노인을 포함한 전 연령층에 대한 지식을 제공하는 평생발달적 관점상의 훈련을 망라한다(Abeles et al., 1998). 지난 30년 동안, 수많은 학술 간행물에 반영된 것처럼 노화 관련 심리학의 과학적 지식 기반에 상당한 발전이 있었다. APA에 의해 출간된 성인 발달과 노화심리학(Eisdorfer &

Lawton, 1973)은 심리학과 노화의 실질적인 지식, 이론, 방법의 현상태를 총망라하는 대표적인 출간물이었다. 그 뒤를 1980년대의 노화: 심리학적 문제들(Poon, 1980)이 이었고, 더 최근에는 심리학과 노화 혁명(Qualls & Abeles, 2000)이 그를 뒤따랐다. 노화에 대한 심리학 핸드북(Birren & Schaie, 1977, 1985, 1990, 1996, 2001)의 연이은 출간과 다른 출판물들(예: Lawton & Salthouse, 1998)도 노인에 대한 심리평가 및 개입에 관해 알려줄 뿐 아니라, 정상적 노화에 대하여 진보된 지식들을 개관해주었다. APA 제20분과는 자기 홈페이지에 교육과정 요목, 교과서, 영화와 비디오테이프, 참고문헌을 포함하여 노인 심리학 교육과정이나 자율학습을 위해 현재 이용 가능한 광범위한 자료 정보를 제시했다(http://aging.ufl.edu/apadiv20/apadiv20.htm을 참조하라).

평생발달적 관점상에서의 교육은 보통 연령과 노화의 개념, 생명 주기의 단계, 종단적 변화와 횡단적 차이, 동년배 집단(cohort) 차이, 성인 발달과 노화에 대한 연구 설계와 같은 주제를 포함한다(예: Bengtson & Schaie, 1999; Cavanaugh & Whitbourne, 1999). 장기간에 걸쳐 개인들을 연구한 종적 연구들은 어떻게 개인의 변화 궤도가 전개되는지 관측할 수 있게 한다. 다른 연령층의 개인들을 비교한 횡단면 연구는 연령별 집단을 특성화시킬 수 있게 도왔다. 하지만, 개인들은 자신이 살아가는 역사 속의 시간과 불가분한 관계에 있다. 사람들은 주어진 세대(또는 주어진 역사적 시기 내에서 자라난 사람의 "집단") 내에서 태어나고, 성숙하고, 늙는다. 그러므로 어떤 나이 관련 특성이 생명 주기에 걸친 변화를 반영하는지 그리고 어떤 것이 집단이나 세대의 차이를 반영하는지 규명하기 위해 종단적, 횡단적 방법을 통합하는 것이 유용하다(Schaie, 1977). 예를 들어, 오늘날의 대학생과 비교했을 때, 노인들은 설문조사나 인성검사에 Scantron 답안지를 사용하는 것에 덜 익숙할 수 있다. 삶의 단계에 따라 다르다기 보단, 서로 다른 정치적 태도가 제2차 세계대전, 한국전쟁, 베트남전쟁, 또는 걸프전쟁에 대한 다양한 연령 집단의 다른 경험을 나타낼 수 있다. 노인들의 동년배 집단을 중시하는 것은 개인들의 문화적 배경 안에서 개인을 이해하기 위한 필수적인 측면일 수 있다(Knight, 1996).

성공적인 노화(Rowe & Kahn, 1998)와 노인들의 긍정적인 정신건강(예: Erikson, Erikson, & Kivnick, 1986)에 대한 다양한 이해가 있다. 필연적으로 노화는 신체적 변화와 기능적 제한, 또 그 외의 손실의 수용을 요구한다. Baltes와 Baltes(1990; Baltes, 1997)는 그러한 적응에 관련된 행동적 전략을 "보상이 있는 선택의 최적화"라는 용어로 설명하였는데, 그것은 노인들이 가장 중요하다고 느끼는 목표나 분야를 선택하는 데 있어 우선순위를 정하고, 그러한 목표를 달성하기 위한 수단을 연마하고, 노화 관련 손실을 보완할 보상 전략을 사용하는 것이다. 평생발달적 관점의 또 다른 주요 측면은, 생물학기반 쇠퇴 모델에 따라 노화를 바라보는 것뿐 아니라 또한 심리학적 성장과 성숙의 긍정적인 측면에서 노화를 바라볼 것을 강조한다(Gutmann, 1994; Schaie, 1993). 자신의 치료적 개입에 있어 평생발달적 관점을 고려하고자 하는 임상가들은 이러한 정상적 노화 과정에 대한 이론을 적용할 수 있다(Gatz, 1998; Staudinger, Marsiske, & Baltes, 1995).

지침 4. 심리학자들은 노화 과정의 사회적/심리적 역학을 알기 위해 노력한다. 생명 주기의 보다 넓은 발달적 연속체로서, 노화는 노화하는 개인이 지속적인 행동 적응을 하도록 도전받는 역동적인 과정이다(Diehl, Coyle, & Labouvie-Vief, 1996). 노후의 많은 심리학적 이슈는 삶의 이전 단계의 문제들과 본질적으로 비슷하다. 즉, 은퇴(Sterns & Gray, 1999)나 거주지 변화, 사별, 사별 후 홀로 남겨진 상태(Kastenbaum, 1999), 부부간의 문제나 성적 어려움(Levenson, Carstensen, & Gottman, 1993), 사회적 차별, 충격적 사건(Hyer & Sohnle, 2001), 사회적 고립과 외로움, 변화된 생활 환경이나 삶의 주기상의 지속적인 과정에 비추어 자아상이나 목표의 변화(Tobin, 1999)와 같은 삶의 변화를 극복하는 것이다. 하지만 조부모로서의 문제(Robertson, 1995; Szinovacz, 1998), 건강 문제를 포함한(Schulz & Heckhausen, 1996), 전형적인 나이 관련 신체 변화에의 적응, 개인적 삶의 주기의 염원, 성취, 실패를 받아들이는 것(Butler, 1963)과 같은 문제들은 노후에 보다 구체적으로 관련된 것일 수 있다. 노인들은 또한 주기적으로 노인에 관한 사회적 고정관념(Kite & Wagner, 2002)을 포함하여 노령 인구에 대한 사회적 태도의 영향을 경험하고, 종종 구체적인 경제 및 법적 문제들에 대처하고 있다(Smyer, Schaie, & Kapp, 1996).

노령의 특별한 스트레스 중에는 다양한 종류의 중대한 손실이 있다. 중요한 사람, 물건, 동물, 역할, 재산, 독립, 건강, 재정적 안정 중 무엇을 잃었든지 그러한 손실은 특히 우울증, 불안, 또는 다른 정신 질환을 유발하는 등의 심각한 반응을 촉발시킨다. 노령 때는 종종 손실이 복합적으로 일어나고 그 영향은 누적된다. 그럼에도 불구하고 장기적인 인생의 맥락에서 손실을 직면하는 것은 종종 화해, 치유, 또는 깊이 있는 지혜를 얻는 독특한 가능성을 제공한다(Baltes & Staudinger, 2000; Sternberg & Lubart, 2001). 또한, 대다수의 노인들이 긍정적인 인생관과 의욕을 유지하고, 노후에 수반되는 견해와 경험(사회적 기대의 감소 포함)에 대한 즐거움과 높은 삶의 만족도를 표현한다(Magai, 2001; Mroczek & Kolarz, 1998). 노령의 복합적 스트레스와 질환에도 불구하고 보다 젊은 성인들에 비해 노인들의 정신 질환 비율이 치매를 제외하곤 더 낮다는 사실은 주목할 만하다. 노인들을 대상으로 일할 때에 심리학자들은 많은 노인이 가지고 있는 힘, 노인들이 현재의 젊은 사람들 또는 자신의 젊었던 시절과 공유하고 있는 유사점, 노후의 지속적인 심리적 성장을 위해 삶 전반에 걸쳐 발달시킨 기술을 사용할 기회 등을 인식하는 것이 유용하다.

노인들은 자신들의 인격적 특성의 상당 부분을 유지하는 동시에(Costa, Yang, & McCrae, 1998; McCrae & Costa, 1990), 삶의 후반기에 걸쳐 상당한 변화들을 겪는다(Ryff, Kwan, & Singer, 2001). 주요한 관심사는 어떻게 안녕감(sense of well-being)이 유지되냐는 것이다. 예를 들어, 모든 연령층이 과거에 대해 회상하지만 노인들은 특히 더 경험을 통합하고, 친밀감을 유지하고, 죽음을 준비하기 위해 심리학적으로 더 강한 방식으로 과거를 추억하게 된다(Webster, 1995). 심리학자들이 고려하는 유용한 안녕(well-being)의 범위는 자기수용, 자율성, 삶의 목적의식을 포함한다(Ryff et al., 2001). 노후의 가족, 절친한 친구, 우정, 그리고 그 외 사회적 관계와 세대 간의 이슈들은(Bengtson, 2001) 노화 과정에서 현저하게 중요하다. 어떤 영향력 있는 이론적 관점에 따르면, 노화는 일반적으로 자신에게 남은 시간과 기회가 한정되어 있다는 것에 대한 자각을 고조시켜서 자신의 목표들 간의 그리고 사회적 관계와 목표 간의 선택 능력을 증진시키고, 가장 정서적으로 만족스러운 것에 대해 더욱 집중하게 한다(Carstensen, Isaacowitz, & Charles, 1999). 이러한 이유와 그 외 이유로, 나이가 들어감에 따라 노인들의 자발적인 사회망은 줄어들고, 그들은 점차 가족 및 가까운 사람과의 상호작용에 집중하게 된다. 가족과 기타 지지 체계는 대부분의 노인들에게 있어 중요한 상황적 측면이다(Antonucci, 2001; Antocucci & Akiyama, 1995). 노인들과 일할 때 종종 그들의 가족 및 그 외 지지원을 다루거나 취약한 사회적 지지 체계를 다루는 것이 좋다. 심리학자들은 종종 사회적 지지 맥락을 구체적으로 살피고(Abeles et al., 1998), 일반적인 노인의 존엄성과 자율성을 존중하는 것과 각 노인들이 보살핌을 받아야 할 필요성에 대한 다른 이들의 관점을 인식하는 것 사이의 균형을 유지할 수 있는 개입과 해결책을 찾는다.(지침 19를 보라.) 노인을 보살피는 사람이 주로 혈연관계나 결혼관계인 가족 구성원이기는 하지만 심리학자들은 노인의 친밀감, 거주, 지원의 패턴에 따라 복합적이고 다양하며 비전형적인 관계를 만나게 될 수 있다. 이 문서는 "가족"이라는 용어를 그러한 모든 관계를 포함하는 용어로 사용하였고, 이러한 맥락상의 지속적인 변화가 미래의 세대에도 계속해서 있을 것이라는 것을 인지한다. 이러한 이슈들에 대한 인식과 교육은 심리학자들이 다양한 가족관계와 지지 형태를 보이는 노인들을 다룰 때 유용할 것이다.

지침 5. 심리학자들은 노화 과정상의 다양성, 특별히 성별, 인종, 사회 경제적 위치, 성적 지향, 장애 상태, 도시/농촌 거주와 같은 사회 문화적 요인이 어떻게 노후의 건강 상태와 심리적 문제에 영향을 끼치는지 이해하려고 노력한다. 노인 인구는 사회 문화적, 사회 경제적, 인구통계학적 등으로 매우 다양하다(미국 통계청, 2001). 일부 연구에 따르면, 노인들 간의 이질성은 다른 연령층에서 보이는 이질성을 초월한다고 한다(Crowther & Zeiss, 2003; Nelson & Dannefer, 1992). 노인들이 경험하는 심리학적 문제는 연령별 집단, 성별, 인종과 문화적 배경, 성적 지향, 농촌/변방 거주, 교육과 사회 경제적 지위의 차이, 종교, 사회적 지위와 생활 환경의 변화와 같은 요소에 따라 다를 수 있다. 노인들의 증상이나 증후군이 임상 장면에서 보여지는 방식은 종종 이러한 요소와 구체적인 임상적 환경(양로원 또는 집에 거주하는 상황) 사이의 상호작용을 반영한다. 또한, 상대적으로 젊은 노인들은 종종 신체적 건강, 기능적 능력, 생활 환경, 또는 그 외 특성에서 나이가 매우 많은 노인들과 상당히 다를 수 있다.

노인에게 심리 서비스를 제공할 때에 감안해야 하는 중요한 요소는 같은 동년배 집단이나 세대의 문제들의 영향이다. 각각의 세대는 삶 전반에 걸친 그 세대의 집단적인 사회 및 심리적 관점을 형성하는 고유의 역사적 배경을 가지고 있다. 현재의 미국 노인층에게는 1930년의 경제 불황과 제2차 세계대전이라는 삶의 초기 경험이 자립이라는 강한 윤리를 형성했다(Elder, 1999; Elder & Hareven, 1994). 그리고 이러한 개인들은 정신 건강 문제와 전문가에 대한 부정적 인식이 만연한 공동체 안에서 사회화되어 왔을 수 있다. 그 결과, 노인들은 정신건강 서비스를 받으려고 하거나 문제들에 대한 심리학적 틀을 받아들이는 것을 젊은 층보다 꺼려할 수 있다.

　　노후의 삶에 대한 현저한 인구통계학적 사실은 노령의 나이까지 살아남는 여성이 훨씬 많다는 것(노화 관련 통계에 관한 연방 관계부처 포럼, 2000)이고, 이에 따라 많은 성별 관련 사안이 여기에서 발생한다(Huyck, 1990). 특히 여성이 훨씬 더 장수하기 때문에 평균적으로 노인 환자는 남자보다는 여자가 많다. 이러한 남녀 수명의 차이는 많은 부정적 결과를 낳는다. 예를 들어, 부부가 나이들어감에 따라 대부분 여자가 병약한 남편을 간호하게 되고, 미망인로서의 삶을 경험하게 되며, 노화에 관련하여 치매나 그 외 건강 문제에 대한 위험이 증가하게 될 것을 의미한다. 게다가 현재의 여성 노인 세대는 젊은 세대에 비해 경쟁적 취업활동에 참여하지 않았을 가능성이 높으므로 남성 노인세대에 비해 노후의 경제적 원천이 적다. 점점 증가하는 추세에 있는 손자를 양육하는 조모들에게 있어 재정적 불안정은 가장 핵심적인 문제일 수 있다(Fuller-Thompson & Minkler, 2003). 노인을 평가하고 심리적 문제를 다루는 과정에서 여성의 사안들은 다루어져야 할 문제로 자주 등장한다(Banks, Ackerman, & Clark, 1986; Trotman & Brody, 2002). 남성 노인에 영향을 주는 특별한 사안들을 고려하는 것도 이와 유사하게 밀접한 관련이 있지만 이들 중 대부분은 충분히 연구되지 않았다(Bengtson, Rosenthal, & Burton, 1996).

　　노화의 경험에 있어 혼재된 문화적 요소 및 만연한 소수 민족 요인의 영향을 고려하는 것 또한 중요하다(Jackson, 1985; Miles, 1999). 오늘날의 노인 인구는 대부분 백인이지만, 2050년에는 미국 노인 인구의 3분의 1이 유색인종이 된다(노인학의 소수 민족 이슈에 관한 미국 노인학회 대책위원회, 1994; 미국 통계청, 1993). 노인들의 삶의 초반의 경험은 그들의 인종적, 민족적 정체성에 의해 좌우된다. 많은 소수 민족 노인은 차별을 경험했고, 일자리나 거주지, 보험, 그리고 그 외의 다른 서비스에 대한 접근이 금지되었다. 그 결과, 소수 민족 노인들은 백인 노인들에 비해 더 적은 경제적 원천을 가지게 되었다. 예를 들어, 65~74세 사이의 흑인 여성 중 47%가 빈곤하게 살고 있다. 이러한 요소 및 다른 요소들의 결과로, 소수 민족 노인들은 백인 노인들에 비해 많은 신체건강 문제를 가지고 있고, 그들은 필요한 보건 및 정신건강 서비스에 접근하는 것을 자주 미루거나 삼가게 된다(Abramson, Trejo, & Lai, 2002; Vasquez & Clavigo, 1995; Yeo & Hikoyeda, 1993).

　　인종적 소수 집단의 노인뿐만 아니라, 게이나 레즈비언, 양성애자, 트랜스젠더와 같이 성소수자 집단에 속한 노인들도 있다(Kimmel, 1995; Reid, 1995). 그들도 더 큰 사회로부터의 차별을 경험했으며, 여기에는 예전에 성적 다양성을 정신병리로 규정하고 성적 지향을 변화시키기 위해 심리학적, 생물학적 치료를 감행하였던 정신건강 분야도 포함된다. 레즈비언, 게이, 양성애자 의뢰인을 대상으로 한 심리치료를 위한 APA의 지침 중 지침 12(2000)는 이러한 소수 그룹에 속한 노인들이 직면하는 구체적인 어려움에 대해 논의했다.

노화는 발달적이며 오래 지속되는 장애(예: 정신지체, 자폐증, 뇌성마비, 발작장애, 뇌의 정신외상 상해)와 시각장애, 청각장애, 근골격장애와 같은 신체장애를 가진 개인을 위한 특별한 사안들을 제시한다(Janicki & Dalton, 1999). 오늘날, 기존의 증거들을 고려할 때 심각한 장애가 있는 사람이 삶에 기대하는 바 역시 보통 인구가 기대하는 바와 비슷하거나 같다(Janicki, Dalton, Henderson, & Davidson, 1999). 많은 만성 장애가 연령에 따른 변화의 위험에 영향을 줄 수 있고 만성 장애를 가진 노화 인구에 대한 심리평가, 진단, 치료에 영향을 줄 수 있다.

노화는 또한 시골/변방 문제와 이사를 포함한 다양한 환경적 및 생태학적 요인(Scheidt & Windley, 1998; Wahl, 2001)에 의해 좌우될 수 있다. 거주지는 보건 서비스에의 접근성에 영향을 주고, 제공자가 서비스를 제공할 때에 어려움을 줄 수 있다. 시골에 사는 노인들은 종종 노화 관련 자원(예: 교통, 복지관, 식량배급 프로그램)에 접근하는데 어려움을 경험할 수 있고, 그 결과 낮은 수준의 사회적 지원과 높은 수준의 고립감을 경험하게 된다(Guralnick, Kemel, Stamm, & Greving, 2003; Russell, Cutrona, de la Mora, & Wallace, 1997). 시골에 사는 노인들은 또한 시골에 살지 않는 노인들에 비해 정신건강 복지 서비스와 양로원에 있는 정신건강 전문가에 대한 낮은 접근성을 가지고 있다(Burns, Wagner, Taube, Magaziner, Permutt, & Landerman, 1993; Coburn & Bolda, 1999). 노인들의 거주지까지 가서 서비스를 제공하는 프로그램은 적기 때문에 독거하는 노인들이 심리 서비스를 얻는 것은 특히 더 어렵다.

지침 6. 심리학자들은 노화의 생물학적, 건강 관련 측면에 대한 최신 정보를 잘 숙지하도록 노력한다. 노인들과 작업하는 데 있어, 심리학자들은 종종 노화에 수반되는 일반적인 생물학적 변화에 대해 알고 있는 것이 유용하다. 물론 변화상의 개인차가 있겠지만, 늙어감에 따라 노인들은 불가피하게 예리한 감각, 신체외모와 구조 변화, 호르몬의 변화, 대부분의 신체 장기의 최상의 수행능력 감소, 면역 반응의 약화, 질병에 대한 예민성 등과 같은 변화를 경험한다. 그러한 생물학적 노화 과정들은 노인들과 그들의 가족들이 우려했던 중요한 생득적, 유전적 요소(McClearn & Vogler, 2001)를 포함할 수 있다. 노화에 따르는 그러한 신체적 변화에 적응하는 것은 일반적인 심리학적 노화과정의 핵심 과제이다(Whitbourne, 1996, 1998). 노인 내담자들이 그들의 신체적 건강에 대해 논의할 때에 가장 초점이 되는 주제는 시력, 청력, 수면, 성욕 억제, 에너지 수준 또는 피로도의 변화와 같은 중대한 경험적 요소의 변화이다. 그러한 맥락에서, 심리학자들이 심각한 질병의 증상으로부터 정상적인 변화 패턴을 구분해 낼 수 있는 것, 심리 증상이 약물에 의한 부작용이나 신체질병의 결과를 나타내는 것인지 알 수 있는 것, 그리고 노인을 존중하면서 신체적 변화를 극복하고 만성적 질병을 관리하도록 정보에 입각한 도움을 줄 수 있는 것은 매우 유용하다(Frazer, 1995).

80% 이상의 노인이 적어도 하나 이상의 만성적 건강 질환을 가지고 있고, 대부분은 각기 약물치료 혹은 관리를 요구하는 복합적 질환을 가지고 있다. 노후에 가장 일반적으로 경험하는 만성 건강 질환은 관절염, 고혈압, 청력 장애, 심장 질환, 백내장 등이다(National Academy on an Aging Society, 1999). 그 외 흔한 의료 문제에는 당뇨병, 골다공증, 혈관 질환, 뇌졸중을 포함한 유전적 질환, 호흡기 질환 등이 있다(Segal, 1996). 이러한 신체 질환 중 다수가 생리학적(예: 뇌졸중 후 우울증)으로 여겨지든지, 장애, 고통, 예후에 대한 반응이든지 간에 정신건강 질환과 관련이 있다(Frazer, Leicht, & Baker, 1996).

노인들은 이러한 질환을 위해 흔히 약물을 복용하기 때문에 약리학의 다양한 측면에 관한 지식을 갖추는 것도 도움이 된다. 예를 들어, 노화에 관련된 약물동태학(pharmacokinetic)과 약력학적(pharmacodynamic) 변화는 노인의 약물에 의한 신진대사와 민감성에 영향을 주고, 그것은 결과적으로 약물투여에 대해 고려하게 만든다. 향정신제를 포함하여 노인들이 일반적으로 사용하는 약물과 그 약물들 간의 잠재적인 상호작용에 대해 숙지하는 것도 도움이 된다(Levy & Uncapher, 2000; Smyer & Downs, 1995). 노인들에게 보여지는 수많은 문제는 노인들이 자주 복용하는 약물의 다양성에 근거할 수 있다(이는 소위 복합약물 문제라고 불린다; Schneider, 1996).

노인을 대상으로 하는 심리학자들은 영양, 식이요법, 운동과 같이 노인의 건강을 유지하고 개선하기 위한 라이프스타일과 행동적 사안에 대해 도움을 줄 때, 행동에 관한 약물 정보가 유용한 것을 알 수 있을 것이다(Bortz & Bortz, 1996). 그들은 노인들이 고통을 억제하고, 그들의 만성적 질환을 관리하고 성실하게 관련 약물을 복용하는 것을 도울 수 있다(Watkins, Shifrin, Park, & Morrell, 1999). 그들이 대면하게 되는 그 외 건강 관련 문제들은 추락의 위험과 관련 상해, 요실금 관리를 다루는 것(Burgio & Locher, 1996)과, 불치병을 위한 예방책을 포함한다(Kastenbaum, 1999). 행동의학적(behavioral medicine) 접근법은 효과적이고 인도적인 노인병리적 보건에 기여하고, 노인들의 기능적 상태와 건강 관련 삶의 질을 개선하기 위한 위대한 잠재력을 가지고 있다(Siegler, Bastian, Steffens, Bosworth, & Costa, 2002).

예를 들어, 많은 노인이 수면 시 변화를 경험하기는 하지만, 종종 그것이 노화 과정에 내재되어 있는 것인지 아니면 신체건강이나 다른 요인의 변화에서 야기된 것인지 규명하는 것은 어렵다. 노인들의 수면 불만은 때때로 노화에 따른 정상적인 변화의 부분이라 여겨져 묵살되지만, 우울증이나 다른 정신건강 문제에 대한 신호일 수도 있다(Bootzin, Epstein, Engle-Friedman, & Salvio, 1996). 수면은 종종 간단한 수면 위생(sleep hygiene) 절차나 휴식, 인지적 재구조화, 자극 통제 지도 등 행동의학에 의해 개선될 수 있다(Ancoli-Israel, Pat-Horenczyk, & Martin, 2001; 노인과 불면증 자료 안내, 2001).

## 임상 주제

지침 7. 심리학자들은 노인들의 인지기능 변화에 대한 최신 지식을 숙지하도록 노력한다. 수많은 참고 문헌이 인지기능의 노화에 대한 포괄적인 범위의 연구를 제공한다(예: Blanchard-Fields & Hess, 1996; Craik & Salthouse, 2000; Park & Schwartz, 2000). 대부분의 노인들이 노화에 따른 가벼운 정도의 인지의 변화를 겪지만, 매일의 기능을 심각하게 방해하는 정도는 아니다(Abeles et al., 1998). 일부 능력이나 효율성의 쇠퇴가 대부분의 인지 영역에 나타나더라도 대다수의 노인들은 그들의 오랜 일(취미활동)을 계속하고 타인들과 지적으로 교류하며 실질적인 삶의 문제를 적극적으로 해결하고 새로운 배움을 얻는다.

정상적인 노화에서는 다양한 인지적 능력이 서로 다른 변화의 비율과 궤도를 보인다

(Schaie, 1994). 변화들 중에 정상적인 노화 과정에서 가장 흔하게 나타나는 것은 반응시간과 정보를 처리하는 전반적인 속도가 느려지고(Salthouse, 1996; Sliwinski & Buschke, 1999), 공간지각력과 기계 작동 능력이 감소하는 것이다. 나이가 들어감에 따라 기억력이 변화하는 것 또한 일반적인데, 특별히 인출과 작업기억(다른 정신적 작업을 수행하는 동안 정보를 기억하는 것)이라고 불리는 것과 관계된 기억력이다(Bäckman, Small, & Wahlin, 2001; Smith, 1996; Zacks, Hasher, & Li, 2000). 집중력 또한 영향을 받는데 특히 집중력을 분산시키는 능력, 빠르게 초점을 바꾸는 능력, 그리고 복잡한 상황을 처리하는 능력들이 해당된다(Rogers & Fisk, 2001). 나이가 들어도 비교적 잘 유지되는 인지기능은 학습, 언어, 어휘 능력, 추론, 그리고 그 외에 주로 이미 저장된 정보나 지식에 의존하는 기술들이다. 노인들도 여전히 새롭게 배울 수 있지만, 일반적으로 젊은 사람들보다는 다소 느린 속도로 배운다. 처리능력의 변화는 기능 장애를 거의 예측할 수 있게 한다(Royall, Chiodo, & Polk, 2000).

유전적, 체질적, 건강 관련, 감각적, 정서적 변수 등 매우 다양한 요인이 평생에 걸친 인지적 성취도와 노후 지적 수행의 유지나 쇠퇴 패턴 모두에 영향을 준다. 감각결핍은 특히 시력과 청력에 나타날 때에 종종 노인들의 지적 기능 및 환경과 상호작용하는 능력을 심각하게 방해하고 제한하며, 고차원적인 인지적 변화에 더 근본적인 영향을 줄 수 있다(Baltes & Lindenberger, 1997). 노령에 일반적으로 나타나는 질병들과 만성적 신체 질환 중 다수가 그 질환 치료용 약물과 마찬가지로 특정 인지적 측면에 중대한 영향을 줄 수 있다(Waldstein, 2000). 단순한 정상적 노화 과정과는 다르게 일어나는 노인들의 지적 기능의 쇠퇴는 이러한 요인들이 누적되어 대부분 발생한다. 감각적 통합, 신체 건강과 더불어 정서적 상태, 통제감과 자기효능감(Eizenman et al., 1997), 적극적인 정보 처리전략 사용, 그리고 기존의 정신적 기술들의 지속적 연습(Schooler, Mulatu, & Oates, 1999)과 같은 심리적 요소가 노인들의 인지 수행의 수준에 영향을 줄 수 있다.

동시에, 노인 인구 중에는 좀더 심각한 인지장애가 비교적 많이 퍼져 있고, 그 결과 주목할 만한 소수의 노인들이 심각하게 손상된 기능과 삶의 질로 고통을 받고 있다. 고령의 나이와 연관되어 다양한 형태와 정도의 인지 장애의 위험이 증가한다. 인구 기반 연구에서 다수가 85세 이상의 노인 중 25~50%가 이런 증상으로 고통을 받고 있다(Bachman et al., 1992; Evans et al., 1989)고 추정하는 등, 치매 유병률은 나이가 증가함에 따라 급격하게 증가한다는 것이 발견되었다. 가장 흔한 유형의 치매는 알츠하이머병과 관다발성 치매이다. 하지만, 꽤나 일반적으로, 노령의 인지장애는 꼭 진행성이 아니라 좀더 경미한 형태로 존재하며 병인이 분명하게 규정될 수 없다. 우울증이나 걱정은 때때로 원래 인지기능이 정상이었던 취약한 노인에게 회복 가능한 인지장애를 야기시키기도 한다(Butters et al., 2000). 원상회복이 가능한 인지 장애나 정신적 혼란은 또한 의료적 상태나 약물의 부작용의 결과일 수 있다. 급성 혼란 상태(정신착란)는 종종 잠재된 신체적 증상이나 질병 진행 과정을 암시하기도 하는데 이 경우 일반적으로 응급의료조치가 필요하고 심지어는 생명을 위협할 수도 있다(Dolan et al., 2000; Miller & Lipowski, 1991).

질병을 앓는 노인들을 돕고 관리해야 할 필요성이 증가함에 따라, 인지기능 손상 장애는 간호하는 가족뿐 아니라 병을 앓는 당사자에게도 더욱 많은 시간을 들일 것을 요구한다. 이는 당사자들에게 큰 스트레스를 부과할 뿐만 아니라 사회 전체가 짊어져야 할 커다란 짐이기도 하다.

**지침 8. 심리학자들은 노인들의 일상생활상의 문제를 이해하도록 노력한다.** 노인들도 젊은 사람들과 마찬가지로 일상생활에서 다수의 문제들을 경험한다. 예를 들어, 점차적으로 많은 노인이 직장에 남아, 직업 스트레스를 경험하고 은퇴할지 계속 일할지에 대한 결정들을 고민하게 된다(Sterns & Gray, 1999). 하지만, 나이가 들어감에 따라 급성/만성적인 건강 문제가 늘어나 기존의 문제들을 악화시키거나 새로운 질병들을 유발할 수 있다. 부부 중 한 쪽이나 양쪽 모두에 나타나는 건강 문제들로 인해 친밀한 관계가 불편해질 수 있다. 장애가 있는 부모에게 각각의 자녀가 어느 정도의 간호(보살핌)를 할 것인지에 대한 기대의 차이 때문에 성인 자녀들 사이의 불화가 촉발되거나 악화될수 있다(Qualls, 1999). 의료 서비스 이용이 증가하는 것은 시간과 돈, 교통 등의 문제와 서비스 제공자 간의 의사소통의 부재로 인해 노인들에게 좌절감을 줄 수 있다.

많은 노인에게 있어서 개인이 얼마나 "일상생활 역량" 또는 독립적 기능을 위한 능력을 유지하는지, 또는 노인이 자기를 돌보기 위한 기본 요소들을 타인에게 의존해야할 만큼 장애를 가졌는지 수준을 판가름할 때에, 일상생활의 주제들이 중심을 차지한다는 것을 이해해야 한다(Baltes, 1996; Diehl, 1998; Femia, Zarit, & Johansson, 2001). 예를 들어, 어떤 노인들에게는 건강 문제 때문에 유급 입주 건강관리요원을 고용해야 하는 등 일상생활의 활동들을 완수하는 능력에 부정적 영향을 준다. 일부 노인들은 서비스가 주는 재정적인 부담, 서비스 제공 방식에 대한 기대의 차이, 서비스 제공자와 환자 사이의 인종 및 문화 차이, 가족 구성원만이 간호를 할 수 있다는 신념 때문에 유급 건강관리요원을 집에서 고용하는 데에 스트레스를 받는다. 인간-환경적응의 이론적 관점(예: Kahana, Kahana, & Riley, 1989; Smyer & Allen-Burge, 1999; Wahl, 2001)은 그러한 상황에 잘 적용할 수 있으며, 해결 가능한 측면을 설명하는 데에도 종종 유용하다. 유용한 일반적 원칙은 소위 "환경적 순응" 논지인데, 그것은 즉 인간의 행동은 개인과 환경 모두가 기능한 결과지만, 노인들의 개인적 능력이 감소함에 따라 환경적 변수가 노인의 기능 수준을 결정할 때에 상대적으로 훨씬 더 큰 역할을 수행한다는 것이다(Lawton, 1989).

알츠하이머병이나 그 외 치매들에서 발견될 수 있는 것처럼 정신적 능력의 손실 그리고 관련 정서적, 행동적 문제는 노인들과 가족 구성원 전부에게 중대한 영향을 준다(Schulz, O'Brien, Bookwala, & Fleissner, 1995). 노인들과 가족 구성원들은 인지 능력이 줄어드는 노인들이 재정을 관리하거나 운전하거나 독립적으로 생활하거나 약물을 관리하고 의료조치에 대한 결정을 내릴 수 있는지 여부에 대한 어려운 결정들에 직면한다. 치매가 있는 노인들과 그들의 가족들은 또한 치매로 인한 재정적, 법적 영향을 직면해야 한다. 간호에서 오는 스트레스를 경험하는 가족들은 우울증, 염려, 분노, 좌절(Gallagher-Thompson & DeVries, 1994), 그리고 면역체계 기능장애(Cacioppo et al., 1998; Kiecolt-Glaser, Dura, Speicher, Trask, & Glaser, 1991)를 경험할 위험이 증가한다. 또한 오래 지속되거나 심각한 정신 질환 장애를 겪고 있는 성인 자녀를 둔 노인들과 같이, 책임을 져야 할 타인이 있는 노인들은 자신의 자식을 위한 미래의 돌봄이나 관리를 계획하는데 상당한 압박을 경험한다(Greenberg, Seltzer, & Greenley, 1993; Seltzer, Greenberg, Krauss, & Hong, 1997). 자신의 손자 손녀를 길러야 할 책임이 있는 노령의 조부모들도 많은 비슷한 문제와 압력들을 느낄 수 있다(Fuller-Thomson, Minkler, & Driver, 1997; Robertson, 1995; Szinovacz, DeViney, & Atkinson, 1999). 부분적으로 그러한 긴장의 결과로, 정신적으로나 육체적으로 노쇠한 노인들의 학대나 방치의 위험이 증가한다(Curry & Stone, 1995; Elder Abuse and Neglect, 1999; Wilber & McNeilly, 2001; Wolf, 1998).

비교적 좋은 인지 및 신체 건강을 유지하는 노인들은 노령의 가족 구성원이나 친구들이 건강 악화를 경험함에 따라 변화하는 인간관계에 직면한다(Myers, 1999). 관계들이 변하고, 친구들과 가족에게 다가가는 것이 더욱 힘들고, 타인을 보살펴야 한다는 책임이 늘어난다. 흥미로운 사실은, 보살핌의 책임과 스트레스를 짊어진 개개인의 노인들 다수는 그들 스스로가 노화에 따른 신체건강 문제 및 심리적 적응과 씨름하고 있는 중일 수 있다는 것이다. 친구와 고령의 가족 구성원의 죽음도 대부분의 노인들이 경험하는 것이다(Kastenbaum, 1999). 노인들 중 최고령층(85세 이상)은 때때로 자신이 알고 있는 자기 나이 또래 사람들 중에 자기가 유일한 생존자라는 것을 발견하기도 한다. 이러한 노인들은 이러한 상실의 정서적인 영향뿐 아니라 어떻게 의미 있는 인간관계를 재구성할지의 실질적인 어려움에 직면한다.

지침 9. 심리학자들은 노인에게 서비스를 제공할 때, 노령화 인구의 정신병리학에 대한 지식을 가지고, 그 정신병리의 특성 및 유병률을 인지한다. 추정된 유병률을 보면 대략 20~22%의 노인들이 치매를 포함한 정신장애 형태의 기준에 해당한다고 한다(노화 관리, 2001; Gatz & Smyer, 2001; Jeste et al., 1999; Surgeon General, 1999). 노인들은 임상적 주의가 필요한 폭넓은 정신적인 문제들을 보여준다. 이러한 문제들은 젊은 성인들에게 영향을 주는 거의 모든 문제를 포함한다. 또한, 노인들은 발달적 문제와 사회적 변화를 포함하여 노후의 삶에 구체적으로 관련된 어려움들을 경험할 때에 심리학 서비스로부터 도움을 얻으려 한다. 젊은 성인들에게 거의 나타나지 않는 일부 문제들, 특히 퇴행성 뇌 질환과 뇌졸중에 의한 치매는 노령에는 훨씬 더 흔하게 나타난다(지침 7을 보라).

노인들은 젊었을 때 경험했던 정신 질환의 재발을 경험하거나(예: Bonwick & Morris, 1996; Hyer & Sohnle, 2001) 노령 고유의 스트레스 또는 신경병리로 인해 새로운 문제들을 발생시킬 수 있다. 다른 노인들은 만성적 정신 질환이나 인격장애의 병력이 있는데, 그것들의 출현은 인지장애, 합병증, 복합적인 약물복용, 인생 후반부의 문제들로 인하여 바뀌거나 더욱 복잡해질 수 있다(Light & Lebowitz, 1991; Meeks & Murrell, 1997; Rosowsky, Abrams, & Zweig, 1999). 의료 서비스를 찾는 노인들 중에는 우울증과 불안장애가 흔한데, 이것은 적응장애나 부주의하게 오용된 약물 처방 때문이다(Fisher & Noll, 1996; Gallo & Lebowitz, 1999; Reynolds & Charney, 2002). 노인들의 자살률이 다른 연령층보다 높으므로, 노후 우울증과 관련해서 자살은 주된 관심사이다(지침 16을 보라). 알츠하이머병과 같은 치매장애들 또한 의료 조치를 필요로 하는 노인들에게 흔하게 볼 수 있다. 정신건강 문제가 있는 대다수의 노인들이 전문화된 정신건강 시설보다 일반적 의료시설에서 도움을 구한다(Phillips & Murrell, 1994).

노인들은 대개 복합적 문제를 가지고 있다. 노인들에게는 정신 및 행동 장애 둘 다 눈에 띌 수 있다(예를 들어, Axis I 장애를 가진 사람이 공존하는 약물남용 증세를 보이거나 Axis II 인격장애 증세를 보이는 것). 마찬가지로, 진행성 치매를 경험하고 있는 노인들은 일반적으로 우울증, 불안, 편집증, 행동장애를 포함하는 심리적 증상이 공존한다. 의학적 장애가 젊었을 때보다 노령에 더 많이 나타나기 때문에 정신 및 행동 문제는 종종 정신 질환과 합병증으로 나타난다(Lebowitz & Niederehe, 1992). 신체 및 정신 질환 합병증을 경계하는 것이 노인들을 평가하는 데 있어 주요한 개념이다. 임상적 양상을 더욱 복잡하게 하는 것은, 노인들이 자주 복합약물을 처방받아 감각 또는 운동 신경 장애를 일으키는 것이다. 이러한 요소들 모두가 상호작용하기 때문에 구분하여 진단하기가 어렵다. 예를 들어, 때로 노인들의 우울 증상은 의학적 질환에 의해 생긴다(Frazer, Leicht, & Baker, 1996; Weintraub, Furlan, & Katz, 2002). 혹은, 우울증이 신체 질환 경험에 반응하여 생긴다. 우울증은 신체 질환이 재발할 위험을 증가시키고 치료에 덜 순응하거나 의료 조치의 결과를 약화시킨다. 노인의 우울증이 자살이 아닌 사망율 증가와 상관관계가 있음을 보여주는 증거들이 증가하는 추세다(Schulz, Martire, Beach, & Scherer, 2000).

일부 정신장애들은 노인들에게 독특하게 나타날 수 있다. 예를 들어, 노후 우울증이 인지장애 및 다른 치매 증상들과 함께 나타나거나 슬픔을 겉으로 표현하지 않는 형태로 나타날 수 있다(Gallo & Rabins, 1999). 그러므로 무감동(apathy)이나 철수(withdrawal) 같은 증상이 우울증 때문인지 뇌기능의 손상 때문인지 둘 다 때문인지 규정하는 것은 쉽지 않다(Lamberty & Bieliauskas, 1993). 더구나, 때때로 우울증은 노인들이 노화가 가진 발달상의 어려움과 육체적 쇠퇴, 죽음, 정신적 위기의 현실을 받아들이려고 애쓰는 것을 반영할 수 있다. 일반적으로 임상 환경에서 현저히 드러나는 노후의 정신적 장애, 그러한 장애의 발생, 그리고 신체 질환과의 관계에 대해 숙지하는 것은 이러한 증후군들을 정확하게 인식하고 적절한 치료를 쉽게 할 수 있도록 돕는다.

노인들에 대한 임상 조치를 할 때 주목되는 다른 사안들은 약물남용(Blow, Oslin, &

Barry, 2002), 복합적 슬픔(Frank, Prigerson, Shear, & Reynolds, 1997), 성적 기능저하, 정신분열증과 과대망상증을 포함한 정신장애(Palmer, Folsom, Bartels, & Jeste, 2002), 치매나 그 외 인지장애를 겪고 있는 사람들이 보이는(Cohen-Mansfield, Werner, Culpepper, Wolfson, & Bickel, 1996) 행동장애들(예: 방랑, 공격적 행동)이다. 노후 정신장애에 연관된 임상의학자들을 위한 다수의 포괄적인 참고문헌(예: Butler, Lewis, & Sunderland, 1998; Edelstein, 2001; Kennedy, 2000; Smyer & Qualls, 1999; Whitbourne, 2000; Woods, 1999; Zarit & Zarit, 1998)이 이용 가능하고, 이 분야의 문헌들은 급속하게 증가하고 있다.

## 평가

지침 10. 심리학자들은 노인을 평가하는 다양한 방법에 대한 이론, 연구, 실무를 숙지하고, 정신력 측정을 위해 적합한 평가 도구에 대한 지식을 가지도록 노력한다. 관련 방법은 임상 면접과 자기 보고식 방법의 활용, 인지적 능력 검사, 직접 행동 관찰, 정신 생리학적 기술, 그리고 정보 제보자의 자료 사용을 포함할 수 있다.

완전한 노인병리학적 평가는 가급적이면 어떻게 문제들이 서로 연관되어 있는지 판단하고, 기여하는 요소들을 감안할 수 있도록 다양한 학문 분야가 통합된 평가라면 좋다. 예를 들어, 노인을 평가할 때에 현재의 정신건강이나 심리적 양상에 약물이 미칠 수 있는 예상 가능한 영향과 개인의 가족력이나 다른 사회 활동의 성격과 범위를 알아내는 것이 항상 도움이 된다. 많은 상황, 특히 병원이나 외래환자 치료 상황에서 심리학자들은 우울증이나 다른 정서적 장애, 자살 가능성, 정신병적 증상과 같은 문제의 존재 여부에 대해 노인들을 평가하도록 자주 요청을 받는다. 이러한 과정의 일부로 임상 면접 및 행동 관찰 기법(Edelstein & Kalish, 1999; Edelstein & Semenchuk, 1996)과 더불어, 심리학자들은 다양한 형태의 표준화된 평가를 수행할 수 있다.

표준화된 방법에 근거하여 지식과 기술을 개발하려면 노인들에게 타당하고 신뢰도 높다고 여겨지는 평가를 사용해야 한다는 점을 이해해야 한다(예: Ivnik et al., 1992). 예를 들어, 노인들의 임상적 증상과 관련하여 행동이나 인격의 특징적인 패턴에 있어서의 노후 문제들을 평가할 때, 심리학자들은 흔히 증상의 척도(우울증이나 불안과 같은)와 기질/성격 척도(예: Costa & McCrae, 1988) 둘 다를 수행하고 해석한다. 마찬가지로, 임상 문제에 대해 이해하기 위해서는 그 외 지속적인 행동 패턴(예: 자기주장, 의존)과 또는 상황적 요인들(가족의 상호작용 패턴, 사회 활동 정도)을 평가해야 할 수도 있다. 그러한 평가들은 평가 방법들이 노인들에게 사용되도록 고안된 방법이나 노인들과 관련된 정신측정적 특성이 있다고 알려진 방법에 근거할수록 가장 정확하고 유용하다. 재향군인 관리국 및 그 외 리소스(예: Lawton & Teresi, 1994; Poon et al., 1986)에서 출판한 노인심리 평가 리소스 가이드(1996)는 노인 환자들에게 사용할 수 있는 평가 도구들에 대한 비판적 해설을 제공한다.

또한, 행동 평가는 노인들을 대상으로 일할 때 적용되는 곳이 많은데, 특별히 병원, 재활원, 또는 그 외 기관들에서 일하는 심리학자들이 사용할 수 있다(Fisher & Carstensen, 1990; Hersen & Van Hasselt, 1992; Lundervold & Lewin, 1992). 행동분석(과 관련 개입 기술)은 종종 방랑(Algaze, 2001)이나 폭행(Fisher, Swingen, & Harsin, 2001), 성적 탈억제, 또는 과도한 장애(예: 질병의 직접 원인이 되는 것보다 더 큰 기능 장애; Roberts, 1986)와 같은 잠재적으로 해로운 행동을 보이는 환자에게 유용하다. 이러한 기술들은 또한 노인들의 기술과 약점을 판단하고 적응행동을 강화하는 부분에 초점을 맞추는 데 중요할 수 있다.

노인들, 특히 인지장애를 가진 노인들을 평가할 때, 심리학자들은 다른 정보 제공자에 의해 제공된 데이터에 상당 부분을 의존할 수 있다. 그러한 정보를 수집하는 효율적 방법과 모아진 데이터들을 어떻게 해석할지에 대한 일반적 고려사항에 대해 알아두는 것이 유용하다(예: Teri & Wagner, 1991). 마찬가지로, 노인들을 평가하는 것은 종종 일회성 결과보다는 반복적인 평가 방법을 수행할 때 더욱 명백해진다. 그러한 종단적 평가는 노인들의 정서적 상태 또는 기능적 능력과 같은 문제들에 대해 특히 유용하고, 어느 정도까지 이러한 특성들이 안정적인지 또는 상황적 요소나 시간 등에 따라 달라지는지 시험하는 것을 도울 수 있다.

심리학자들은 진단하는 것 이상의 목적을 위해 평가를 수행할 수 있다. 그들은 노인 환자, 가족, 기타 지원 제공자, 또는 전문 요양사와 할 수 있는 적절한 개입 전략 수립을 돕기 위해, 그리고 이러한 개입의 결과를 측정하기 위해 평가를 활용할 수 있다. 예를 들어, 평가는 양로원에서의 심리학적 개입에 대한 환자의 만족도를 살피기 위해, 주간 보호 프로그램의 주된 효과적인 요소를 판단하기 위해, 또는 치매가 있는 자신의 친지를 가정에 모시고 있는 가족 간호자들을 돕기 위해 고안된 일시적 위탁 간호 프로그램의 비용대비 효과를 계산하기 위해 사용될 수 있다. 그러므로 평가는 개입이 개인, 집단 프로그램이든 시스템 수준에서 만들어졌든지 간에 개입의 치료적 및 프로그램적 효험과 효율성을 판단하는데 중요한 역할을 수행할 수 있다. 그러한 프로그램 평가는 노인들에 대한 서비스 개선을 촉진할 수 있다.

지침 11. 심리학자들은 노인을 평가할 때, 젊은 사람을 평가하기 위해 만들어진 평가 도구를 사용하는 것에 대한 문제를 이해하고, 노인의 특성과 상황에 맞는 맞춤 평가를 하기 위한 기술을 개발하도록 노력한다. 노인층에 특성화된 평가 도구를 사용할 수 없다면 심리학자들은 자신이 상황에 최적화되지 않은 도구를 사용해야 하고, 검사 능력에 노화가 미칠 수 있는 영향을 평가하기 위해 전문적 판단을 활용해야 한다는 사실을 발견하게 될 것이다. 또는 노인들의 특별한 취약점, 장애, 또는 생활 환경을 감안할 수 있도록 평가 절차를 조정해야 할 수도 있다(예: Hunt & Lindley, 1989). 예를 들어, 감각 또는 의사소통에 문제가 있는 노인들을 대상으로 할 때에는 그것이 평가 과정에 어느 정도의 장애가 될지를 고려하고, 이에 따라 평가 요소들을 수정하며, 시험 결과를 해석할 때 이러한 수정을 참작하는 것을 포함한다.

감각장애나 다른 현존하는(예: 운동신경 또는 장기 지적) 장애들이 시험 결과에 미칠 수 있는 영향을 줄이기 위해 평가 환경을 다양하게 조정하는 것이 필요할 수도 있다. 특히, 임상가들은 감각 결핍과 인지장애를 혼동하기를 원치 않을 것이다. 노인들의 청각장애는 고주파에서 더 안 좋게 나타나며, 배경 잡음이 특히 집중을 저해할 수 있다(Vernon, 1989). 그러므로 임상가들은 주변의 소음을 최소화하고, 여성 심리학자들은 그들의 음성 톤을 낮추는 것이 도움이 될 것이다. 자기관리평가 서식도 큰 글씨체로 다시 인쇄하고 광택이 심한 종이는 피하는 것이 좋다.

발달장애나 다른 기존의 신체 또는 인지장애가 있는 노인들은 심리평가뿐 아니라 개입에서도 독특한 어려움을 느낄 수 있다(Janicki, Heller, & Hogg, 1996). 흔히 장애가 없는 사람들에게 사용된 것과 똑같은 기법을 이들에게 적용하는 것은 도움이 안 된다. 이러한 특별한 환경에 대한 민감성은 그러한 개인에게 적절한 평가 절차를 선택하고 또는 방법들을 조정하고 진단적 의사 결정을 하는데 있어 특별한 주의를 요구할 수 있다 (Burt & Aylward, 1999; 치매진단 기준의 구축을 위한 작업 집단, 2000).

평가를 수행하는 데 있어 또 다른 일반적인 어려움은 정신약리학과 그 외 약물 둘 다의 잠재적 영향과 다른 약물 사용을 고려하는 것이다(Blow, 2000; Blow et al., 2002). 약물남용 평가는 특히 알코올 남용에 관련이 있기는 하지만 약물남용 전체를 포괄하는 것으로, 노인들을 대상으로 임상 작업을 할 때 매우 중요하다. 직업적 요구와 법적 문제가 젊은 성인들의 알코올 남용을 더 부각시키는 반면, 노인들의 알코올 남용은 드러나기 어렵고 이례적 증상을 통해 그것이 감지되기도 한다. 또한, 많은 노인이 복합적인 약물을 복용하고 있으므로, 심리학자들은 처방전이나 처방전 없이 살 수 있는 약물의 남용(고의든 아니든)을 평가하는 것이 유용할 것이다.

노인들을 평가할 때 다른 특별한 어려움들은 신체적 불편의 심각성을 평가하는 것, 가족력 및 다른 사회적 지지의 성격과 범위를 살피는 것, 잠재적인 노인학대와 방치를 평가하는 것, 그리고 강점과 잠재적인 보상적 기술을 확인하는 것을 포함한다.

지침 12. 심리학자들은 인지기능과 기능 능력에 대한 평가의 수행 및 해석과 노인의 인지 능력 변화를 인식하기 위한 기술을 개발하도록 노력한다. 심리학자들은 노인 환자를 평가할 때, 노인들의 인지장애, 기능장애, 또는 행동장애에 대한 판단에 도움을 얻기 위해 전문화된 절차와 시험을 보편적으로 사용할 수 있다(노인 심리평가 리소스 가이드, 1996; LaRue, 1992; Lichtenberg, 1999; Poon et al., 1986; Storandt & VandenBos, 1994). 예를 들어, 의뢰 질문은 개인의 장애가 연령 자체에서 기대되는 변화의 수준을 초과했는지, 또는 관찰되는 문제가 치매 과정, 우울증, 그리고/또는 다른 원인들에 기인했는지 여부에 대한 것일 것이다(Kaszniak & Christenson, 1994; Lamberty & Bieliauskas, 1993). 초기 치매 증상을 반영하는 인지 결핍과 정상적인 노화 과정에 관련된 인지 결핍을 구분하는 것, 그리고 미약한 치매를 우울증과 구분하는 것은 진단상 어려울 수 있다 (Butters, Salmon, & Butters, 1994; Kaszniak & Christenson, 1994; Spencer, Tompkins, & Schulz, 1997). 포괄적인 신경심리학 연구와 종단적 및 반복적 방법 평가는 종종 그 해설을 제공한다. 기억지연 장애가 알츠하이머병의 주된 특징이지만, 그 질병은 매우 다양하게 나타날 수 있고, 다른 치매성 질병들 또한 형편없는 기억력을 보일 수 있다. 공간

시각적 또는 처리 기능의 불균형한 결핍은 다른 병인을 암시할 수 있다. 기억력 불만에 대한 신속한 평가가 잠재적으로 원상회복이 가능한 인지적 손상의 요소들을 판별하는 데 유용할 수 있다. 하지만 그러한 불만들은 또한 기분 및 다른 많은 요소에 의해 영향을 받으므로 순수하게 인지기능의 감소라고 보기 어려울 수도 있음을 기억해야 한다 (Niederehe, 1998; Smith, Petersen, Ivnik, Malec, & Tangalos, 1996).

정확한 평가를 하고 이 분야에서 적절한 위탁을 할 수 있는 능력은 나이 관련 지적 능력의 변화를 포함한 정상적 및 비정상적 노화에 대한 지식에 달려 있다. 그러한 평가를 할 때, 심리학자들은 나이에 따른 두뇌의 변화, 뇌에 영향을 주는 질병, 인지적 검사, 연령대에 적절한 인지 능력 규준 데이터(Albert & Moss, 1988; Green, 2000; Ivnik et al., 1992; Nussbaum, 1997; Park, Zec, & Wilson, 1993)와 기존의 장애와 인지 능력의 개인차가 어떻게 수행능력에 영향을 주는지에 대한 지식 등에 의존한다. 도전적인 사례들에서는 간이 인지 검사가 보다 완전한 평가를 대체할 수 없다. 심리학자들은 임상 신경심리학자(종합적인 신경심리학적 평가를 위해), 신경학자, 또는 필요하면 다른 전문가에게 위탁할 수 있다.

심리학자들은 때때로 기능 능력 평가를 하고 노인의 기능적 능력에 관한 질문들에 대해 상담한다(Diehl, 1998; Willis et al., 1998). 예를 들어, 그들은 의료적 또는 법적 결정을 내리거나(Marson, Chatterjee, Ingram, & Harrell, 1996; Moye, 1999; Smyer, 1993; Smyer & Allen-Burge, 1999) 약물 조절(Park, Morrell, & Shifrin, 1999)이나 운전(Ball, 1997; Odenheimer et al., 1994)과 같은 구체적인 행동 능력을 수행할 개인의 능력을 평가하도록 요청을 받을 수 있다. 범죄과학수사와 같은 성격의 것을 포함한 다른 질문들은 계속해서 독립적으로 생활할 수 있는 능력, 높은 수준의 명령이나 명백한 의지나 법적 보호자에 대한 필요를 표명할 수 있는 노인의 능력과 관련될 수 있다(노인의 능력과 역량 평가, 1997; Marson, 2002; Smyer, Schaie, & Kapp, 1996). 이 분야의 질문들을 다룰 때, 심리학자들은 일반적으로 의뢰 질문에 관련하여 타당성이 증명된 그들의 전문분야와 역량 내에 있는 평가 절차를 사용하여, 인지 기술, 고차원적 처리 기능(계획, 정리, 복잡한 행동 수행 능력과 같은), 그리고 심리학 기능의 다른 측면들을 평가한다. 또한 이 분야에서 생태학적으로 타당한 권고를 하기 위해, 심리학자들은 노인의 기능 수행능력에 대한 직접 관찰과 다른 관련 고려사항(직접적, 실제적 환경, 이용 가능한 사회적 지지, 또는 지방의 법적 기준과 같은)을 가지고, 평가 결과와 노인들과 부차적인 정보원으로부터 얻어진 임상 면접 정보를 통합한다.

## 개입, 상담 및 기타 서비스 제공

지침 13. 심리학자들은 노인에 대한 다양한 개입 방법에 대한 이론, 연구, 실무, 특히 그 방법들이 해당 연령층에 사용되기에 얼마나 효과가 있는지에 대한 최근의 연구 증거를 숙지하기 위해 노력한다. 심리학자들은 정신치료 역사 전반에 걸쳐 노인들에게 맞는 치료법을 행하고, 심리학적 개입을 해왔다(Knight, Kelly, & Gatz, 1992). 다양한 이론적 접근법이 알려짐에 따라 정신분석, 행동 수정, 인지치료, 공동체 정신건강상담과 같은 각각의 접근법이 노인들에게 적용되었다. 뿐만 아니라, 지식에 기반한 개입을 위해 노후의 발달 과정에 관한 연구로부터 얻은 지식 기반을 사용하려는 노력이 행해졌다(예: Knight, 1996).

종종 다소 느리게 반응하더라도 노인들이 다양한 형태의 정신치료에 차도를 보이며, 젊은 성인들과 동등하게(Pinquart & Soerensen, 2001; Zarit & Knight, 1996) 심리학적 개입에 따른 효과를 얻는다는 것을 증명하는 문헌들이 증가하고 있다. 인지행동치료, 정신역동치료, 대상관계치료와 그 외 접근법들은 노인들 사이의 구체적인 문제들의 치료에 유용성을 보였다. 노인들에게 효과적인 심리학적 개입에 대해 드러난 문제점은 우울증(Areán & Cook, 2002; Niederehe & Schneider, 1998; Scogin & McElreath, 1994), 불안(Stanley, Beck, & Glassco, 1996; Mohlman et al., 2003; Wetherell, 1998, 2002), 수면 장애(Morin, Colecchi, Stone, Sood, & Brink, 1999; Morin, Kowatch, Barry, & Walton, 1993), 알코올 남용(Blow, 2000)을 포함한다. 인지훈련 기법, 행동수정 전략, 그리고 사회환경 재구조화는 인지장애가 있는 노인들의 우울증을 치료하고 기능능력을 개선시키는 데에 특별한 관련이 있을 것이다(Burgio, 1996; Camp & McKitrick, 1992; Floyd & Scogin, 1997; Neely & Bäckman, 1995; Teri, Logsdon, Uomoto, & McCurry, 1997). 회상과 삶을 되돌아보는 치료법은 우울증 치료(Areán et al., 1993)와 외상후스트레스장애(Maercker, 2002)를 포함한 다양한 분야에 적용할 수 있는 기법으로서 유용성을 보였다. 하지만, 노후의 정신장애 치료법에 대한 연구 지식 기반은 소수 민족 노인들을 위한 심리학적 개입의 효과를 구축하는 것에 대해서는 충분하지 못하다(Areán, 2003).

심리학적 개입은 또한 질병에 따른 고통(Watkins et al., 1999), 요실금의 행동적 측면(Burgio, 1998)의 조절과 같이 일차적 질환이 있는 사람들을 치료하는 데 나타나는 다양한 문제들을 관리하기 위한 부차적인 접근법으로서 행동의학 분야에도 효과적이다. 그들은 또한 노인들이 노후의 발달적 문제들에 대처하는 것(Gutmann, 1994; Tobin, 1999), 변화하는 생활환경에 적응하는 것, 대인관계를 개선하는 것, 그외 비슷한 문제들(예: 노화와 인간 성생활 리소스 가이드, 2000을 참조하라)에 대해 귀중한 도움을 제공한다.

지침 14. 심리학자들은 심리치료를 받는 노인과 그의 가족에게 해당 연령층에 맞춘 개입을 사용하는 등 심리치료적 개입과 환경 조절을 구체적으로 적용시키는 기술을 개발하고 그러한 기술을 숙지하기 위해 노력한다. 그러한 개입은 개인, 집단, 커플, 가족 기법을 포함할 수 있고, 직접적인 환자 치료와 노인의 가족들과 간호자들에게 쓰이도록 고안된 다른 치료 둘 다를 이용할 수 있다. 노인들에게만 쓰거나 노인들에게 매우 일반적으로 쓰는 개입의 예로는 회상 및 삶을 회고하는 치료법, 애도치료(grief therapy), 노후의 발달적 문제와 행동 적응에 집중한 심리치료, 의사소통 장애가 있는 자들을 위한 표현적 치료법, 노년의 인지기능 향상을 위한 방법, 그리고 노인, 가족 구성원, 그 외 간호자들을 위한 심리 교육적 프로그램을 들 수 있다(Zarit & Knight, 1996; Duffy, 1999a).

모든 노인에게 선호되는 단 한 가지의 심리적 개입은 없다. 가장 적절한 치료법과 전달 방법을 선택하는 것은 관련된 문제의 특성, 임상 목표, 현재의 상황, 개별 환자의 특성, 선호, 치료과정에서의 현 지점에 달려 있다(사례들을 보려면 Karel, Ogland-Hand, & Gatz, 2002; Knight, 1992를 참조하라). 예를 들어, 신체 및 정신적 기능이 꽤 온전한 공동 주택에 사는 노인들은 통근 형태의 심리치료(개인, 집단, 가족 등)를 잘 받을 수 있다. 반면에, 노후의 많은 장애는 급성이라기보다는 만성적이거나 재발이 잦고, 임상 목표가 일반적으로 치료에 있기보다는 증상 조절과 기능의 재활의 극대화에 있기 때문에, 인지장애가 있고, 침상에 항상 누워 있고, 우울증이 있는 연약한 노인들은 기능능력을 최대화시키도록 고안된 행동 기법이나 환경 조절 등의 수정된 심리치료 접근법에 긍정적으로 반응할 수 있다(Lichtenberg & Hartman-Stein, 1997; Wisocki, 1991).

연구 문헌들은 노인 인구를 대상으로 작업할 때, 전문화된 기술을 가지는 것이 중요하다고 말한다(Pinquart & Soerensen, 2001). 다양하고 독특한 사안들 때문에 심리학자들이 노인과 작업할 때 특수한 예민성을 가지거나 전문화된 개입의 기술을 사용할 필요가 있음을 보여준다(정신치료와 노인들 리소스 가이드, 2003). 예를 들어, 노인들이 심리학 서비스를 받는 것이 익숙하지 않고, 정신건강 문제에 대해 부정적인 태도를 가지고 있기 때문에 심리학자들은 노인 환자들에게 어떻게 심리학적 개입이 도움이 될 수 있는지 교육하는 특별한 단계를 밟아야 한다. 일부 임상 상황에서는 회상치료법과 같이 특별히 노인들에게 사용되기 위해 개발된 개입 기법을 쓰는 것이 적절할 수 있다. 회상치료법은 흔히 다른 치료법의 요소(예: Birren & Deutchman, 1991; Peake, 1998)이자 독립적인 특수 기법(Haight, 1991; Haight & Webster, 1995; Sherman, 1991)으로 노인들이 자신의 경험들을 통합하도록 뒷받침하는 치료적 개입으로 사용된다.

이런 문제들이 매우 흔하게 나타나므로, 노인들에의 심리학적 개입은 흔히 의학적 및 다른 형태의 합병증을 다루는 방식들을 또한 포함한다(예를 들어, 고통 조절, 또는 의학적 치료에 더 잘 따르게 하기; Park, Morrell, & Shriffin, 1999). 신체적 질병을 대할 때, 노인들은 장애에 적응하고, 사망 과정에 대한 인식과 자율성을 얻고, 가족 구성원들과 친구들 또는 중요한 타인들과의 관계 패턴을 바꾸기 위해 도움을 필요로 할 수 있다.

일반적인 임상 심리 절차와 기법도 노인들과 작업할 때 유용하고, 이 삶의 단계에서 지속적인 심리적 성장을 가능케 하는 데에 도움이 되지만, 노인들에게 이러한 방법을 적절하고 효과적으로 적용하려면 연령층의 특징적인 요구와 상황에 맞게 적용하고 수정하는 전문성을 필요로 한다(Jongsma & Frazer, 1998). 다양한 치료법의 변형이 지지되어 왔다. 예를 들어, 문제 해결, 새로운 학습, 행동 변화의 과정은 노인들을 대상으로 할 때 더 천천히 진행된다(Gallagher-Thompson & Thompson, 1996). 때때로 노인들이 치료를 보다 더 "이용하기 쉽게" 만들기 위해 변형이 도움이 될 수도 있다(Duffy, 1999a). 이러한 변형들은 자기 행동 및 기분 관찰 서식에 더 큰 글씨 크기를 사용하는 것부터 치료적 개입에 표현 기법을 포함시키는 것과 노인이 이동할 수 없을 때에 치료사가 가정을 방문하여 치료를 시행하는 데까지 다양한 범위에 걸쳐 있다(Buschmann, Hollinger-Smith, & Peterson-Kokkas, 1999; Duffy, 1999b; Zeiss & Steffen, 1996).

이러한 변경사항들은 의뢰인의 나이 자체보다는 노인들이 직면하는 구체적인 문제들(예: 만성 질환과 장애, 사랑하는 자들을 위한 애도, 간호), 일부 노인들이 생활하거나 시간을 보내는 특정 환경(예: 연령이 구분된 사회 프로그램, 전문 양로원), 또는 세대 차나 집단 차에 의해 유도될 수 있다(Knight, 1996). 그러므로 노인들을 중재하는 데 있어 고유의 측면 중 다수는 치료의 과정으로부터가 아니라 노인이 되는 것과 관련한 신체 질환, 슬픔, 인지적 쇠퇴, 스트레스적인 실질적 문제들에 더욱 주목하는 치료의 내용으로부터 온다(Knight & Satre, 1999). 또한, 치료의 환경적 배경이 개인 사무실이건, 가정이건, 병원이건, 장기 간호시설이건 간에, 개입을 치료 환경에 알맞게 조절하는 것도 중요하다(지침 15를 보라).

게다가 개별적인 형태의 치료를 제공하는 것뿐 아니라, 많은 경우에 심리학자들은 가족이나 다른 사회 체계에 적극적으로 참여하며 기타 상호 교류하는 사람들과 폭넓게 일하는 노인들을 다루게 된다. 심리학자들은 종종 교육적이며 정서적인 지원을 제공하고, 문제 및 가능한 해결책에 대하여 개념화하며, 돌보는 사람들 간에 협력과 의사소통을 개선함으로써 가족 구성원들 또는 다른 간호하는 이들을 돕는다(Qualls, 1995). 진행성 치매가 있는 노인들의 정서 및 행동 증상들을 다룰 때 질환이 있는 노인 개인에게 주의를 기울이는 것이 필요하지만(Kasl-Godley & Gatz, 2000), 종종 가족들도 치매에 수반되는 행동 문제들을 이해하고 극복하는 데 도움이 필요할 수 있다(Thompson & Gallagher-Thompson, 1996). 이렇게 노인들을 간호하는 가족 구성원들에게 심리학적 개입을 하는 것은 개입의 방법 훈련과정, 성과 평가가 통합된 체계적인 프로그램이 갖춰져있을 정도로 전문적이고 고유한 실무 영역이다(Coon, Gallagher-Thompson, & Thompson, 2003; Gallagher-Thompson & Steffen, 1994; Knight, Lutsky, & Macofsky-Urban, 1993; Mittelman et al., 1995; Teri et al., 1997).

지침 15. 심리학자들은 노인들이 전형적으로 배치되거나 접하게 되는 특정 환경에서의 서비스의 제공에 관련된 문제를 이해하기 위해 노력한다. 심리학자들은 종종, "통합된 의료 서비스(continuum of care)"를 따라 대부분의 서비스가 행해지는 다양한 환경에서 노인들과 일하게 된다(Gelfand, 1999; Scheidt & Windley, 1998). 이러한 서비스 제공 환경들은 노인들을 발견할 수 있는 공동체 기반 및 가정 내 간호 환경(예: 노인센터, 노인 자신의 집이나 아파트), 외래환자 환경(예: 정신건강 또는 1차 진료의원, 개인 의사 사무실,

HMO 환경, 또는 외래환자 집단 프로그램), 복합적 또는 복잡한 문제를 가진 노인들을 돕는 "주간" 프로그램(주간 병원 또는 보건센터, 주간 보호센터, 정신의학 부분 병원 프로그램), 입원환자 의료 또는 정신의학적 병원 장면, 그리고 장기 치료 환경(양로원, 가내 거주 간호, 생활 보조, 호스피스 및 그 외 공동 관리 장소; Smyer & Allen-Burge, 1999을 참조하라)을 포함한 지역사회 등을 포괄한다. 일부 기관들에는 다양한 치료 환경(care setting)이 포함된다. 예를 들어, 장기체류 노인거주지역(Continuing Care Retirement Communities)의 상담은 독립적인 아파트에 살고 있는 노인들로부터 생활보조 환경과 전문 간호 기관들(SNFs)에 이르기까지의 전반에 걸칠 수 있다. 거주 형태에 의해 서비스의 요구가 달라지기 때문에 종종 이러한 다양한 환경의 노인들은 보통, 장애나 기능 능력 정도에서 차이를 보인다. 예를 들어, 통원 치료를 하는 상황에서, 심리학자는 잘 기능할 수 있는 노인들을 보게 될 가능성이 높고, 장기 간호 기관에서 임상가들은 신체적으로 연약하고, 또는 인지장애가 있는 노인들을 만나게 된다(Lichtenberg & Hartman-Stein, 1997).

노인의료보험(Medicare)과 저소득층의료보험(Medicaid)와 같이 기관과 다양한 시설들의 운영을 주관하는 재정 및 보상 시스템을 이해하는 것은 이러한 환경들 내의 전문 기능의 중요한 측면이다(Norris, 2000; Norris, Molinari, & Rosowsky, 1998).

장기 간호 환경 내에서 서비스를 제공하는 심리학자들을 위한 실무 지침모음(Lichtenberg et al., 1998)과 그러한 전문 실무의 다양한 측면을 논의하는 유용한 서적들이 이용 가능하다(Lichtenberg, 1994; Molinari, 2000; Norris, Molinari, & Ogland-Hand, 2002; see also Psychological Services for Long Term Care Resource Guide, 2000).

지침 16. 심리학자들은 노인의 예방 및 건강 증진 서비스 제공에 관련된 문제를 인식하도록 노력한다. 심리학자들은 심리교육적 프로그램(예: Gallagher-Thompson & DeVries, 1994)의 제공을 돕고 보다 폭넓은 예방에 노력을 기울이며 그 외 공동체지향적 개입에 참여하고 보건과 정치적-법적 시스템(Gatz & Smyer, 2001; Hartman-Stein, 1998; Norris, 2000) 내에서 관련 사안을 옹호함으로써 노인들의 건강과 복지에 기여할 수 있다. 이렇게 활동하면서 심리학자들은 노인들 상당수에게 혜택을 주기 위하여 임상적 사안들과 기술에 대한 지식과 상담 기술, 전략적 개입, 예방적 공동체 또는 조직적인 프로그래밍을 통합한다. 위기에 처한 특정 집단 노인들과 이러한 작업을 할 때에는 지원 활동, 사례 발견, 위탁 및 조기 개입이 따를 수 있다. 이때 강조되는 중요한 점은, 심리학자들이 그들의 실무 분야, 또는 관련 노인 집단에게 영향을 주는 위험요소에 관계된 지역사회 자원의 강점과 한계를 이해해야 한다는 것이다. 예를 들어, 외로움을 우울증의 위험요소로 여겨 감소시키려고 노력한다면(Fees, Martin, & Poon, 1999), 노인들의 사교적인 기회들을 고려하고 그러한 기회를 증가시킬지 여부를 고려하는 것이 적절할 수 있다. 마찬가지로, 노인들의 복지를 증진하기 위해서는 노인들이 운동, 바람직한 영양 섭취, 건강한 생활 양식을 영위할 수 있도록 고안된 더 많은 건강 증진 활동들을 지지하는 것이 유용할 수 있다(Bortz & Bortz, 1996; Rowe & Kahn, 1998).

노인 인구에의 예방 노력 중 가장 주된 관심 분야는 자살예방 분야이다(노인들의 우울증과 자살 리소스 가이드, 2002; Pearson, 2002). 노인들, 그중에서도 특히 백인 남성 노인들은 자살할 위험이 가장 높은 연령 집단이다(Conwell & Duberstein, 2001). 핀란드에서 시행된 대규모 연구는 자살을 시도하거나 자살을 한 여성 노인들에게 가장 두드러진 효시는 우울증이었던 반면, 남성들에게는 재정이나 신체건강의 어려움이나 약물남용 문제가 원인이었음을 시사했다(Suominen et al., 1996). 그러한 데이터에 따르면, 자살 위험의 평가와 예방적 개입은 우울증이 있고 또는 약물남용이 있는 노인들을 중심으로 이루어져야 한다. 자살한 노인 중 70~75%가 아주 최근에 의사 진료를 받았다는 영향력 있는 관찰이 있었다(Carney, Rich, Burke, & Fowler, 1994). 이러한 논리에 근거하면, 노후 자살을 예방하기 위한 노력의 일환으로 1차 진료 의사들에게 우울증과 그 외 위험요소들을 잘 인지하고 적절한 치료법을 추천하도록 협조를 구하는 것이 중요하다(Pearson & Brown, 2000).

**지침 17. 심리학자들은 노인을 돕는 상담 서비스의 제공에 관련된 문제를 이해하기 위해 노력한다.** 노인을 대상으로 일하는 심리학자들은 흔히 노인들의 가족과 기타 돌보는 사람들뿐 아니라 다른 전문가, 자조 및 지지 집단, 단체, 기관, 그리고 지역사회 기관들에게 상담을 제공하도록 요청을 받는다. 특별히, 그들은 종종 다양한 환경에서 직접적으로 노인들과 일하는 스태프들을 훈련시키는 역할(Kramer & Smith, 2000)과 프로그램 개발, 평가, 품질보증을 이끌거나 기여하는 데 중요한 역할을 감당할 수 있다(Hartman- Stein, 1998; Knight & Kaskie, 1995). 변화하고 있는 보건 체계 내에서 심리학자들은 장애가 있는 노인들에게 서비스를 전달하며 기관 내에서 그러한 상담적, 자문적, 교육적 역할을 점차적으로 많이 감당하게 된다(예: 특별히 양로원 환경에서; Smyer, Cohn, & Brannon, 1988을 참조하라). 만약 현재의 추세가 계속된다면, 그들은 노인들을 대상으로 일하는 다른 의료 서비스 제공자를 훈련시키고 슈퍼비전을 제공하는 데에 지금보다 훨씬 더 많은 시간을 사용하게 될 것이다.

지침 18. 노인과 작업할 때, 심리학자들은 다른 분야와 소통하는 것의 중요성을 이해하고, 필요하면 다른 전문가에게 의뢰하거나 그들과 협력하여 함께 일하도록 권장된다. 노인들과 작업할 때, 심리학자들은 흔히 자신과 같은 노인을 책임지고 있거나 그 노인에게 특정 형태의 치료를 제공하는 다른 보건, 정신건강, 또는 사회 서비스 전문가들과 협력하거나 합동적으로 치료에 접근하는 것의 중요성을 인지한다. 팀의 일원으로서나 아니면 전담 위탁하는 방식으로 협력 치료를 하는 다른 분야 전문가에는 일반적으로 의사, 간호사, 다른 관련 보건 전문가, 사회봉사자, 성직자, 변호사 들이 있다. 심리학자들은 다양한 팀 구성원에 의해 제공되는 서비스들을 통합하고 조정하기 위한 효과적인 전략을 사용함으로써, 구조적으로 단순히 다양한 분야의 모임이 아니라 학제 간 기능을 하는 하나의 팀이 되게 도울 수 있다(Zeiss & Steffen, 1998).

다른 전문가들과의 효과적인 협업을 위해서는 실질적인 팀워크를 통해서든, 위탁을 통해서든, 심리학자들은 다른 분야로부터 이용 가능한 서비스들과 협력을 위한 그들의 잠재적인 기여에 대해 잘 알아두는 것이 필요하다(예: 노인을 위한 리소스 디렉토리, 2001을 참조하라). 그러한 노력에 구체적인 기여를 하기 위해서 심리학자들은 종종 심리학자의 기술들과 역할에 대해 다른 이들을 교육하고, 다른 특정 분야의 사람들이 이해할 수 있는 언어로 임상 및 교훈적 자료를 제시하는 것이 중요하다. 다른 관계자들과 의사소통하고, 협업하고, 그들을 교육하는 능력은 종종 노인들에게 효과적인 심리 서비스를 제공하는 데 있어 주요 요소가 될 수 있다.

특정 환경에서 심리 서비스를 제공하기 위해서는 그러한 환경에서 활동 중인 다른 분야의 전문가들과 어떤 형식으로 협업하는지 배우는 것이 중요하다. 이를 위해서, 연령에 관련된 거주 환경과 서비스 프로그램, 그리고 기존 및 새로운 보건 전달 시스템 등, 특정 서비스 환경에 영향을 주는 문제들을 숙지하고, 어떻게 다양한 현장들(예: 가정, 외래환자, 부분 또는 주간 케어, 입원환자, 연장 치료)이 보다 넓은 통합된 의료 서비스에 적용되는지 이해하는 것은 유용하다(지침 15를 보라). 또한, 노인들을 위한 재정지원 혜택(예: 사회보장제도), 노인의료보험(Medicare)(노화 관리 2001; 노인의료보험 핸드북; 심리학자들을 위한 안내, 2003; 노인의료보험 지역의료 검토 정책 모음, 2003; Norris, 2000; Norris, Molinari & Rosowsky, 1998)과 같이 제공자 보상 프로그램, 그리고 어떻게 재정지원과 보상 문제들이 팀으로 묶여 있는 각각의 분야에 영향을 주는지 이해하는 것이 유용하다.

때때로 심리학자들은 그들이 개인실무 환경이나 다른 직업과 밀접한 연결고리가 없는 임상 환경에서 일하기 때문에 팀으로 일하는 것이 용이하지 않을 수 있다. 그러한 환경들에서 심리학자들은 치료 가능한 문제들을 가졌는데도 충분하거나 시기적절한 의료적 보살핌을 받지 못하는 노인들을 종종 보게 된다. 그러한 경우에 심리학자의 또 다른 중요한 역할은 주도적으로 지원활동에 참여하고 다른 전문가들에게 적절한 위탁을 하는 것이다. 그런 노인들이 보다 종합적인 보살핌(그것이 사회 복지사업에 관한 것이든, 아니면 의료나 다른 형태의 보살핌에 관한 것인지)을 받는 것이 일단 보장되면, 심리학자들은 전반적 보살핌의 조직화와 관리를 개선하기 위한 조치를 취할 수 있다. 그들은 그들의 심리 서비스가 노인 개인에게 적합한 통합적인 치료 계획에 알맞도록 조정하도록 노력할 수 있고, 다른 서비스 제공자가 제공하는 각각의 전문 서비스가 어떻게 진행 중인 치료에 대한 환자의 반응에 영향을 줄 수 있는지 이해하는 것을 도울 수 있는 방향으로 일한다. 개인실무 환경에서도 그러한 서비스의 조직화가 노인들을 치료하는 데 있어 가장 주된 열쇠다.

지침 19. 심리학자들은 노인에게 서비스를 제공하는 데 있어 수반되는 특별한 윤리적, 법적 문제들을 이해하기 위해 노력한다. 심리학자들에게 있어 자신들이 대하는 노인들의 안전을 보장하는 것뿐 아니라 노인들로 하여금 그들 자신의 삶을 스스로 지휘하도록 하는 것은 중요하다. 신체적으로 노쇠하거나 인지장애가 있는 노인들에게 특히 갈등이 발생할 수 있는데, 이것은 자율성을 행사할 수 있는 그들의 능력이 손상되었다고 가정하기 때문이다. 노인들과 작업하는 심리학자들은 자선과 자율의 윤리 원칙들의 고려사항을 조화시키는 방식으로, 노인의 안전 및 복지를 지키는 것뿐 아니라 가능한 스스로 의사 결정을 할 수 있는 개인의 권리를 인정하는 방식으로, 또한 전문가로서 자신의 선호가치를 추가하는 것을 피하는 방식으로 어려운 윤리적 딜레마를 해결할 수 있게 준비하는 것이 좋다(Gilhooly, 1986; Yarhouse & DeVries, 1998).

치료법에 대한 동의에 관련해 노인과 작업할 때는 젊은 사람과 작업할 때와 비슷한 고려사항이 적용된다. 인지장애가 있는 정도(장기적인 장애인지 아니면 연령에 따른 변화인지)에 따라서, 또는 노인들이 옵션으로 제안된 치료법들에 대해 잘 모를 때, 특별히 고려해야 할 사항들이 등장한다. 예를 들어, 치료거부의사는 항상 존중되어야 하는 것이지만, 노인들이 충분한 이해를 바탕으로 치료에 대한 결정을 하는지 확인하기 위해 추가적인 노력을 해야 할 필요가 있을 수 있다. 처음에 심리치료 참여에 동의하지 않았던 노인들도 때때로 치료가 단기에 끝난다든지, 입원치료를 하지 않아도 된다든지, 스스로 치료 목표를 설정할 수 있다는 점 등에 대해 알게 되었을 때 자신의 입장을 바꿀 수 있다. 노인들이 보통 가족에 의해 치료를 받으러 오게 됨에 따라, 노인이 가족의 바람과 별개로 독립적으로 스스로의 치료 결정을 하도록 보장하는 것 또한 중요하다. 개인의 동의를 얻기 위해 노력하는 것은 노인과의 라포르를 형성하는 데 중요한 부분이다(Knight, 1996).

치매 진단은 무능력을 뜻하지 않는다. 치매가 있는 노인들도 명백하게 환자의 무능력함이 규정되는 질환의 시점에 이르기 전까지는 치료에 대해 동의를 하거나 하지 않을 능력을 가진다(Moye, 2000; Smyer & Allen-Burge, 1999). 이러한 능력이 구체적으로 언제 발효되는가는 특정 의사 결정을 내리는 시기에 달려 있다. 무능력이 명백해진 후에도, 종종 개인은 결정에 찬성을 표시할 수 있다.

노인들과 작업하는 심리학자들은 가족들, 다양한 분야와의 협력, 장기 치료 환경, 또는 그 외 지원 시스템이 관계된 상황에서 비밀 보장 문제에 자주 직면하게 될 수 있다. 비밀 보장에 관련해 갈등을 일으키는 일반적인 가치들은 온건한 정도에서부터 심각한 정도에까지 걸쳐 인지장애가 있고 자기 스스로나 결과적으로 타인에게 해를 끼칠 위험이 있는 노인들과 관계된다. 그것이 기밀 유지와 관련한 일반적인 규칙에 예외가 되고 신중을 기해야 하지만, 그런 경우에 타인에게 연락을 취하고 정보를 공유하는 것이 허용될 수 있다. 동시에 일부 사람들에게는 개인의 지속적인 자유와 자율성을 보호하기 위해 자기상해의 위험을 어느 정도 견디고 열악한 생활환경에서 살게 되는 것을 참을 가치가 있을 수 있다(Norris, Molinari, & Ogland-Hand, 2002).

일부 환경들에서(예: 양로원, 숙식시설), 노인들이 살고 있는 거주지에서 정신건강 서비스가 제공될 수 있다. 이러한 장소들에서 심리학자들이 내담자의 비밀을 보호하는 것이 특히 더 어려울 수 있다. 예를 들어, 의뢰인을 만날 만한 사적인 공간을 찾기가 어려울 수 있다. 그러므로 그러한 환경에서는 거주지의 스태프들과 어떤 정보를 공유하고, 어떤 것을 공유하지 않을 것인지에 대한 분명한 경계를 구두 및 서면 기록으로 구축하는 것이 중요하다(Lichtenberg et al., 1998).

노인들과 작업하는 심리학자들은 때때로 가족 구성원이나 노인에 대해 정보를 공유하기 원하는 다른 분야의 전문가들로부터 압력을 느낄 수 있다. 그러한 정보 공유는 노인을 돕기 위한 필요의 측면에서 종종 정당화되며, 타인과 협력하는 것은 매우 이로울 수 있다. 그럼에도 불구하고, 치료관계에 있는 노인들은 젊은 성인이 가지는 것과 동일한 수준의 온전한 비밀 보장의 권리를 가지고, 노인이 동의를 할 수 있는 능력이 있는 한 정보 공유에 대한 동의(가능하면 서면으로)를 요구받을 자격이 있다(Knight, 1996).

또 다른 윤리적 문제들은 노인들과 가족 구성원들 사이의 잠재적 이해의 충돌을 다루는 것과 관계되는데, 특별히 대리 의사 결정을 하는 상황에서 일어난다(Smyer & Allen-Burge, 1999). 인지적 무능력이 현재 치매노인의 자율성을 행사하는 능력을 방해한다고 하더라도, 노인의 바람이 과거에 어떠했는지를 확인하고 그 바람에 따라 행동하는 것은 여전히 가능하다. 치매노인의 최대 유익이 무엇인지 결정하는 사람이 누구인지도 유의해야 한다. 이는 한 명 또는 다른 가족 구성원, 전문가, 치매노인이 거주하는 거주시설, 연구 프로그램의 지도자 등이 될 수 있으며 각각의 경우에, 대리 의사 결정자가 치매노인의 최대 유익이 아닌 자신의 유익을 위해 행동할 위험이 있을 수 있다(Allen-Burge & Haley, 1997). 이러한 이해의 충돌의 가능성은 공식적 및 법적으로 지정된 보호자뿐 아니라, 가족 구성원에 의한 비공식 대리 의사결정자 둘 다에 의해 생긴다.

심리학자들은 양로원에서 일할 때 역할 갈등을 경험할 수 있다. 예를 들어, 노인의 최대 유익의 경우가 스태프나 시설 관리의 유익과 상충될 수 있다. 그러한 윤리적 딜레마는 심리학자가 시설에 의해 고용되었을지라도, 노인의 최대 유익에 최고 우선순위를 둠으로써 가장 잘 해결될 수 있다(Abeles et al., 1998).

때때로, 심리학자들은 노인이 학대나 방치의 피해자로 추정되는 상황에 직면할 수 있고, 이러한 것을 적절한 관계당국에게 보고할 법적 의무가 있다. 이러한 상황 아래 노인들을 돕는 것은 적용되는 법에 명시된 요구사항과 지역사회 자원에 대해 지식을 갖추는 것과 성인 보호 서비스의 개입처리를 위해 협력하는 것을 수반한다(노인학대와 방치, 1999; Pollack & Weiner, 1995; Wolf, 1998). 마찬가지로, 사망과 죽어가는 것이 연령과 관련이 있으므로, 노인 인구와 작업하는 심리학자들은 종종 이러한 문제들 관련 법적 관심사와 전문 윤리에 대해 숙지하는 것이 유용할 것이다(APA Working Group on Assisted Suicide and End-of-Life Decisions, 2000).

## 교육

지침 20. 심리학자들은 지속적인 교육, 훈련, 지도와 상담을 통해 노인과 작업하는 것에 대한 그들의 지식, 이해, 기술을 증진시키도록 권장된다. 심리학자들은 재전문화 프로그램, 박사 후 연구과정, 평생교육활동(워크숍, 재직 중 훈련/세미나, 원격교육), 자율학습, 감독 하의 자율학습, 또는 그러한 대안들의 결합을 포함하는 다양한 경로를 통해 노인들과 임상에서 작업하는 훈련을 받는다. 일부 대학원 과정은 그러한 훈련기회를 임상 실습과정의 일부로 제공하는 곳도 있기는 하지만 노인 대상 임상 작업에 대한 슈퍼비전과 실무 경험이 있는 대부분의 새로 훈련된 심리학자들은 임상 인턴십 또는 박사 후 연구과정에서 경험을 얻는다. 이미 실무에 있지만 집중, 공식 훈련 프로그램에 참여할 수 없는 자들은 평생교육 학점을 딸 수 있다. 실무 중인 많은 심리학자가 임상 노인심리학(Qualls et al., 2002)에 대한 평생교육의 필요를 인지했고 관심을 표명했으며, 이 분야의 지속적인 교육을 받을 수 있는 기회는 점점 늘어나고 있다. 실무 중에 있는 개인들은 또한 노인들을 대상으로 한 서비스 제공에 관련된 시간 외 과정에 등록하고, 지역 임상 서비스 기관 및 이미 이 분야의 전문가인 개별 심리학자들과 협의하여 슈퍼비전 하에 노인들과 일하는 경험이나 조언을 얻는다.

노인을 대상으로 일하는 것과 관련된 연구와 실무 문헌은 증가하고 있는 실용 임상 저널을 포함한 다양한 주요 전문 저널들을 통해 이용 가능하다. 연구와 실습 개발은 또한 다양한 전문기관을 통해 실무자들에게 보급된다. APA 안에서, 분과 제20(성인 발달과 노화)과 분과 제12-제 2부(임상 노인심리학) 모두 신문, 전자메일 네트워크, 그리고 실무에 있는 심리학자들에게 유용한 정보를 제공하는 웹 사이트를 가지고 있다. 예를 들어, "교육자를 위한 리소스" 중, 분과 제20의 웹 사이트는 서적, 영화, 비디오테이프, 노화심리학에 관한 다양한 학부 및 대학원 과정을 위한 교수요목 견본, 임상 노인심리학을 포함한 성인 발달과 노화에 대한 박사과정 안내를 포괄하는 관련 참조 자료의 광범위한 목록이 있고(APA 분과 제20 교육 위원회, 2002), 분과 제12-제2부의 웹 사이트는 박사 학위 전후에 노인과 임상 작업할 기회들의 디렉터리가 있다(Hinrichsen & Arnold, 2001). 마찬가지로, APA 메인 웹 사이트의 노화 사무실 페이지는 수많은 노화 관련 APA 출판물을 제공하고, 그 중 일부는 다운로드할 수 있다(http://www.apa.org/pi/aging 을 보라).

장기 치료 심리학자들(PLTC)은 APA 대회와 미국 노인학회(GSA)의 연간 회의와 함께 정기적으로 소집되는 독립적인 기관이다. PLTC는 장기 치료 환경에서 노인들을 돕기 위해 필요한 평가, 치료 및 상담 기술을 개발하는 데 관심이 있는 심리학자들을 위해 훈련 워크숍을 종종 제공한다. GSA는 여러 학문 분야에 걸친 멤버십을 가지고 있고, 연간 회의의 일환으로, 다양한 토픽들에(예: 정신건강 실습, 인생 말 이슈들) 관해 지속적인 관심이 있는 집단들에 의해 열린 세션에서, 노인들을 돕는 건강 전문가 사이의 정보 공유와 인적 네트워크 형성을 조장한다. 그 외에 노화에 특별히 관심 있는 그룹들이 행동치료발달위원회(AABT) 내에서, 그리고 분과 제17(상담심리학), 분과 제29(정신치료), 분과 제38(건강심리학), 그리고 분과 제 42(독립적 실습)와 같은 추가적인 실무 중심 APA 분과 내에서 다양한 기간과 다양한 강도로 운영되어 왔다.

## 참고문헌

Abeles, N., Cooley, S., Deitch, I. M., Harper, M. S., Hinrichen, G., Lopez, M. A., & Molinari, V. A. (1998). What practitioners should know about working with older adults. *Professional Psychology: Research and Practice, 29,* 413-427. [electronic version] Retrieved August 19, 2002, from http://www.apa.org/pi/aging/practitioners.pdf
Abramson, T. A., Trefo, L., & Lai, D. W. L. (2002). Culture and mental health: Providing

appropriate services for a diverse older population. Generations: *Journal of the American Society on Aging, 26*, 21-27.

Administration on Aging. (2001). *Older adults and mental health: Issues and opportunities* [electronic version]. Retrieved February 6, 2003, from the AOA Web site: http://www.aoa.gov/mh/report2001/default.htm

Aging and Human Sexuality Resource Guide. (2000). Washington, DC: American Psychological Association. Retrieved February 6, 2003, from the APA Office on Aging Web site: http://www.apa.org/pi/aging/sexuality.html

Albert, M. S., & Moss, M. B. (Eds.). (1988). *Geriatric neuropsychology*. New York: Guilford.

Algase, D. L. (2001). Wandering. In B. Edelstein (Ed.), *Clinical geropsychology*. New York: Pergamon.

Allen-Burge, R., & Haley, W. E. (1997). Individual differences and surrogate medical decisions: Differing preferences for life-sustaining treatments. *Aging & Mental Health, 1*(2), 121-131.

American Psychological Association. (2002a). Ethical principles of psychologists and code of conduct. *American Psychologist, 57*(12), 1060-1073. [electronic version]. Retrieved December 18, 2002, from http://www2.apa.org/ethics/code2002.doc

American Psychological Association. (2002b). *Resolution on ageism* [electronic version]. Retrieved February 6, 2003, from the APA office on Aging Web site: http://www.apa.org/pi/aging/ageism.html

APA Division 20 Education Committee. (2002). *Guide to graduate study in the psychology of adult development and aging (Data from 1998-1999; updates 11/2002)* [electronic version]. Washington, DC: Author. Retrieved August 19, 2002, from Division of the Adult Development and Aging Web site: http://aging.ufl.edu/apadiv20/guide01.htm

APA Presidential Task Force on the Assessment of Age-Consistent Memory Decline and Dementia. (1998). *Guidelines for the evaluation of dementia and age-related cognitive decline* [electronic version]. Washington, DC: American Psychological Association. Retrieved July 8, 2000, the APA Practice Directorate Web site: http://www.apa.org/practice/dementia.html

APA Working Group on Assisted Suicide and End-of-Life Decisions. (2000). *Report to the Board of Directors of APA from the Working Group on Assisted Suicide and End-of-Life Decisions*. Washington, DC: American Psychological Association. Retrieved February 6, 2003, from http://www.apa.org/pi/aseolf.html

Ancoli-Israel, S., Pat-Horenczyk, R., & Martin, J. (2001). Sleep disorders In B. Edelstein

(Ed.), *Clinical geropsychology* (pp. 307-326). New York: Pergamon.

Antonucci, T. C., & Akiyama, H. (1995). Covoys of social relations: Family and freindships within a life span context. In R. Blieszner & V. H. Bedford (Eds.), *Handbook of aging and the family* (pp. 355-372). Westport, CT: Greenwood Press.

Areán, P. A. (2003). Advances in psychotherapy for mental illness in late life. *American Journal of Geriatric Psychiatry, 11*, 4-6.

Areán, P. A., & Cook, B. L. (2002). Psychotherapy and combined psychotherapy/ pharmacotherapy for late life depression. *Biological Psychiatry, 52*, 293-303.

Areán. P. A., Perri, M. G., Nezu, A. M., Schein, R. L., Christopher, F., & Joseph, T. X. (1993). Comparative effectiveness of social problem-solving therapy and reminiscence therapy as treatments for depression in older adults. *Journal of Consulting and Clinical Psychology, 61*, 1003-1010.

*Assessment of competency and capacity f the older adult: A practice guideline for psychologists.* (1997). National Center for Cost Containment, U.S. Department of Veterans Affairs, Milwaukee, WI (NTIS # PB-97-147904).

Bachman, D. L., Wolf, P. A., Linn, R., Knoefel, J. E., Cobb, J., Belanger, A., et al. (1992). Prevalence of dementia and probable senile dementia of the Alzheimer type in the Framingham Study. *Neurology, 42*, 115-119.

Bäkman, L., Small, B. J., & Wahlin, Å. (2001). Aging and memory: Cognitive and biological perspectives. In J. E. Birren & K. W. Schiae (Eds.), *Handbook of the psychology of aging* (5th ed., pp. 349-377). San Diego, CA: Academic Press.

Ball, K. (1997). Attention problems in older drivers. *Alzheimer's Disease and Associated Disorders, 11*, 42-47.

Baltes, M. M. (1996). *The many faces of dependency in old age.* Cambridge, England: Cambridge University Press.

Balted, P. B. (1997). On the incomplete architecture of human ontogeny: Selection, optimization, and compensation as foundation of developmental theory. *American Psychologist, 52*, 366-380.

Balted, P. B., & & Balted, M. N. (1990). Psychological perspectives on successful aging: The model of selective optimization with compensation. In P. B. Baltes & M. M. Baltes (Eds.), *Successful aging: Perspectives from the behavioral sciences* (pp. 1-34). Cambridge, England: Cambridge Uiversity Press.

Baltes, P. B., & Lindenberger, U. (1997). Emergence of a powerful connection between sensory and cognitive functions across the adult life span: A new window to the study of cognitive aging? *Psychology and Aging, 12*, 12-21.

Baltes, P. B., & Staudinger, U. M. (2000). Wisdom: A metaheuristic (pragmatic) to orchestrate mind and virtue towards excellence. *American Psychologist, 55*, 122-136.

Banks, M. A., Ackerman, R. J., & Clark, E. O. (1986). Elderly women in family therapy. *Women & Therapy, 5*(2-3), 107-116.

Bengtson, V. L. (2001). Beyond the nuclear family: The increasing importance of multigenerational bonds (The Burgess Award Lecture). *Journal of Marriage and the Family, 63*, 1-16.

Bengtson, V. L., Rosenthal, C., & Burton, L. (1996). Paradoxes of families and agina. In R. H. Binstock & L. K. George (Eds.), *Handbook of aging and the social sciences* (4th ed., pp. 253-282). San Diego, CA: Academic Press.

Bengtson, V. L., & Schaie, K. W. (Eds.). (1999). *Handbook of theories of aging.* New York: Springer.

Birren, J. E., & Deutchman, D. E. (1991). *Guiding autobiography groups for older adults: Exploring the future of life.* Baltimore: Johns Hopkins University Press.

Birren, J. E., & Schaie, K. W. (Eds.). (1977). *Handbook of the psychology of aging.* New York: Van Nostrand Reinhold.

Birren, J. E., & Schaie, K. W. (Eds.). (1985). *Handbook of the psychology of aging* (2nd ed.). New York: Van Nostrand Reinhold.

Birren, J. E., & Schaie, K. W. (Eds.). (1990). *Handbook of the psychology of aging* (3rd ed.). San Diego, CA: Academic Press.

Birren, J. E., & Schaie, K. W. (Eds.). (1996). *Handbook of the psychology of aging* (4th ed.). San Diego, CA: Academic Press.

Birren, J. E., & Schaie, K. W. (Eds.). (2001). *Handbook of the psychology of aging* (5th ed.). San Diego, CA: Academic Press.

Blanchard-Fields, F., & Hess, T. M. (Eds.). (1996). *Perspectives on cognitive change in adulthood and aging.* New York: McGraw-Hill.

Blieszner, R., & Bedford, V. H. (Eds.). (1995). *Aging and the family: Theory and research.* Westport, CT: Praeger.

Blow, F. C. (2000). Treatment of older women alcohol problems: Meeting the challenge for a special population. *Alcoholism, Clinical and Experimental Research, 24*, 1257-1266.

Blow, F. C., Oslin, D. W., & Barry, K. L. (2002). Misuse and abuse of alcohol, illicit drugs, and psychoactive medication among older people. *Generations: Journal of the American Society on Aging, 26*, 50-54.

Bonwick, R. J., & Morris, P. L. P. (1996). Post-traumatic stress disorders in elderly war veterans. *International Journal of Geriatric Psychiatry, 11*, 1071-1076.

Bootzin, R. R., Epstein, D., Engle-Friedman, M., & Salvio, M.-A. (1996). Sleep disturbances. In L. L. Carstensen, B. A. Edelstein, & L. Dornbrand (Eds.), *The practical handbook of clinical gerontology* (pp. 398-420). Thousand Oaks, CA: Sage.

Bortz, W. M., II, & Bortz, S. S. (1996). Prevention, nutrition, and exercise in the aged. In L. L. Carstensen, B. A. Edelstein, & L. Dornbrand (Eds.), *The practical handbook of clinical gerontology* (pp. 36-53). Thousand Oaks, CA: Sage.

Braithwaite, V. A. (1986). Old age stereotypes: Reconciling contradictions. *Journal of Gerontology, 41*, 353-360.

Burgio, K. L. (1998). Behavioral vs. drug treatment for urge urinary incontinence in older women: A randomized controlled trial. *Journal of the American Medical Association, 280*, 1995-2000.

Burgio, K. L., & Locher, J. L. (1996). Urinary incontinence. In L. L. Carstensen, B. A. Edelstein, & L. Dornbrand (Eds.), *The practical handbook of clinical gerontology* (pp. 349-373). Thousand Oaks, CA: Sage.

Burgio, L. (1996). Interventions for the behavioral complications of Alzheimer's disease: Behavioral approaches. *International Psychogeriatrics, 8*(Suppl. 1), 45-52.

Burns, B. J., Wagner, H. R., Taube, J. E., Magaziner, J., Permutt, T., & Landerman, L. R. (1993). Mental health service use by the elderly in nursing homes. *American Journal of Public Health, 83*, 331-337.

Burt, D. B., & Aylward, E. H. (1999). Assessment methods for diagnosis of dementia. In M. P. Janicki & A. J. Dalton (Eds.), *Dementia, aging, and intellectual disabilities: A handbook* (pp. 141-156). Philadelphia: Brunner-Routledge.

Buschmann, M. B. T., Hollinger-Smith, L. M., & Peterson-Kokkas, S. E. (1999). Implementation of expressive physical touch in depressed older adults. *Journal of Clinical Geropsychology, 5*, 291-300.

Butler, R. N. (1963). The life review: An interpretation of reminiscence in the aged. *Psychiatry, 119*, 721-728.

Butler, R. N. (1969). Ageism: Another form of bigotry. *Gerontologist, 9*, 243-246.

Butler, R. N., Lewis, M. I., & Sunderland, T. (1998). *Aging and mental health: Positive psychosocial and biomedical approaches* (5th ed.). Philadelphia: Allyn & Bacon.

Butters, M. A., Becker, J. T., Nebes, R. D., Zumda, M. D., Mulsant, B. H., Pollock, B. G., & Reynolds, C. F., III. (2000). Changes in cognitive functioning following treatment of late-life depression. *American Journal of Psychiatry, 157,* 1912-1914.

Butters, M. A., Salmon, D. P., & Butters, N. (1994). Neuropsychological assessment of dementia. In M. Storandt & G. R. VandenBos (Eds.), *Neuropsychological assessment of dementia and depression in older adults: A clinician's guide* (pp. 33-60). Washington, DC: American Psychological Association.

Cacioppo, J. T., Poehlmann, K. M., Burleson, M. H., Kiecolt-Glaser, J. K., Malarkey, W. B., Bernston, G. G., & Glaser, R. (1998). Cellular immune response to acute stress in female caregivers of dementia patients and matched controls. *Health Psychology, 17,* 182-189.

California State Senate Bill 953, Ch. 541, Statutes of 2002. Retrieved March 3, 2003, from http://www.psychboard.ca.gov/law_regs/sb_953.pdf

Camp, C. J., & McKitrick, L. A. (1992). Memory interventions in DAT populations: Methodological and theoretical issues. In R. L. West & J. D. Sinnott (Eds.), *Everyday memory and aging: Current research and methodology* (pp. 155-172). New York: Springer-Verlag.

Carney, S. S., Rich, C. L., Burke, P. A., & Fowler, R. C. (1994). Suicide over 60: The San Diego study. *Journal of the American Geriatrics Society, 42,* 174-180.

Carstensen, L. L., Isaacowitz, D. M., & Charles, S. T. (1999). Taking time seriously: A theory of socioemotional selectivity. *American Psychologist, 54,* 165-181.

Cavanaugh, J. C., & Whitbourne, S. K. (Eds.). (1999). *Gerontology: An interdisciplinary perspective.* New York: Oxford University Press.

Coburn, A., & Bolda, E. (1999). The rural elderly and long-term care. In T. C. Ricketts (Ed.), *Rural health in the United States* (pp. 179-189). New York: Oxford University Press.

Cohen-Mansfield, J., Werner, P., Culpepper, W. J., II, Wolfson, M. A., & Bickel, E. (1996). Wandering and aggression. In L. L. Carstensen, B. A. Edelstein, & L. Dornbrand (Eds.), *The practical handbook of clinical gerontology* (pp. 374-397). Thousand Oaks, CA: Sage.

*Congress triples funding for GPE program.* (2003, February 20). Electronic notice posted on the APA Public Policy Office Web site. Retrieved February 28, 2003, from http://www.apa.org/ppo/issues/eappops03.html

Conwell, Y., & Duberstein, P. R. (2001). Suicide in elders. *Annals of the New York Academy of Sciences, 932,* 132-150.

Coon, D., Gallagher-Thompson, D., & Thompson, L. W. (Eds.). (2003). *Innovative interventions to reduce dementia caregiver distress.* New York: Springer.

Costa, P. T., Jr., & McCrae, R. R. (1988). Personality in adulthood: A six-year longitudinal study of self-reports and spouse ratings on the NEO Personality Inventory. *Journal of Personality and Social Psychology, 54,* 853-863.

Costa, P. T., Jr., Yang, J., & McCare, R. R. (1998). Aging and personality traits: Generalizations and clinical implications. In I. H. Nordhus, G. R. VandenBos, S. Berg, & P. Fromholt (Eds.), *Clinical geropsychology.* washington, DC: American Psychological Association.

Craik, F. I. M., & Salthouse, T. A. (Eds.). (2000). *The handbook of aging and cognition.* Mahwah, NJ: Erlbaum.

Crowther, M. R., & Zeiss, A. M. (2003). Aging and mental health. In J. S. Mio & G. Y. Iwamasa (Eds.), *Culturally diverse mental health: The challenge of research and resistance* (pp. 309-322). New York: Brunner-Routledge.

Curry, L. C., & Stone, J. G. (1995). Understanding elder abuse: The social problem of the 1990s. *Journal of Clinical Geropsychology, 1*(2), 147-156.

*Depression and suicide in older adults resource guide.* (2002). [electronic version] Retrieved February 6, 2003, from the APA Office on Aging Web site: http://www.apa.org/pi/aging/depression.html

Diehl, M. (1998). Everyday competence in later life: Current status and future directions. *Gerontologist, 38,* 422-433.

Diehl, M., Coyle, N., & Labouvie-Vief, G. (1996). Age and sex differences in strategies of coping and defense across the life span. *Psychology and Aging, 11,* 127-139.

Dolan, M. M., Hawkes, W. G., Zimmerman, S. I., Morrison, R. S., Gruber-Baldini, A. L., Hebel, J. R., & Magaziner, J. (2000). Delirium on hospital admission in aged hip fracture patients: Prediction of mortality and 2-year functional outcomes. *Journal of Gerontology: Medical Sciences,* 55A, M527-M534.

Duffy, M. (Ed.). (1999a). *Handbook of counseling and psychotherapy with older adults.* New York: John Wiley & Sons.

Duffy, M. (1999b). Reaching the person behind the dementia: Treating comorbid affective disorders through subvocal and nonverbal strategies. In M. Duffy (Ed.), *Handbook of counseling and psychotherapy with older adults* (pp. 577-589). New York: John Wiley & Sons.

Dupree, L. W., & Patterson, R. L. (1985). Assessing deficits and supports in the elderly. In M. Hersen & S. M. Turner (Eds.), *Diagnostic interviewing* (pp. 337-359). New York: Plenum.

Edelstein, B. A. (Ed.). (2001). *Clinical geropsychology.* New York: Pergamon.

Edelstein, B., & Kalish, K. (1999). Clinical assessment of older adults. In J. C. Cavanaugh & S. Whitbourne (Eds.), *Gerontology: An interdisciplinary perspective* (pp. 269-304). New York: Oxford University Press.

Edelstein, B. A., & Semenchuk, E. M. (1996). Interviewing older adults. In L. L. Carstensen, B. A. Edelstein, & L. Dornbrand (Eds.), *The practical handbook of clinical gerontology* (pp. 153-173). Thousand Oaks, CA: Sage.

Eisdorfer, C., & Lawton, M. P. (Eds.). (1973). *The psychology of adult development and aging.* Washington, DC: American Psychological Association.

Eizenman, D. R., Nesselroade, J. R., Featherman, D. L., & Rowe, J. W. (1997). Intraindividual variability in perceived control in an older sample: The MacArthur Successful Aging studies. *Psychology and Aging, 12,* 489-502.

*Elder abuse and neglect: In search of solution.* (1999). Washington, DC: American Psychological Association. [electronic version] Retrieved February 6, 2003, from the APA Office on Aging Web site: http://www.apa.org/pi/aging/eldabuse.html

Elder, G. H., Jr. (1999). *Children of the Great Depression: Social change in life experience* (25th anniversary ed.). Boulder, CO: Westview Press.

Elder, G. H., Jr., & Hareven, T. K. (1994). Rising above life's disadvantage: From the Great Depression to war. In G. H. Elder, Jr., J. Modell, & R. D. Parke (Eds.), *Children in time and place: Developmental and historical insights* (pp. 47-72). New York: Cambridge University Press.

Erikson, E. H., Erickson, J. M., & Kivnick, H. (1986). *Vital involvement in old age: The experience of old age in our time.* New York: Norton.

Evans, D. A., Funkenstein, H. H., Albert, M. S., Scherr, P. A., Cook, N. R., Chown, M. J., et al. (1989). Prevalence of Alzheimer's disease in a community population of older persons: Higher than previously reported. *Journal of the American Medical Association, 262,* 2551-2556.

Federal Interagency Forum on Aging-Related Statistics. (2000). *Older Americans 2000: Key indicators of well-being.* Washington, DC: U.S. Government Printing Office.

Fees, B. S., Martin, P., & Poon, L. W. (1999). A model of loneliness in older adults. *Journal of Gerontology: Psychological Sciences, 54B,* P231-P239.

Femia, E. E., Zarit, S. H., & Johansson, B. (2001). The disablement process in very late life: A study of the oldest-old in Sweden. *Journal of Gerontology: Psychological Sciences, 56B,* P12-P23.

Fisher, J. E., & Carstensen, L. L. (1990). Behavior management of the dementias. *Clinical Psychology Review, 10*, 611-629.

Fishier, J. E., & Noll, J. P. (1996). Anxiety disorders. In L. L. Carstensen, B. A. Edelstein, & L. Dornbrand (Eds.), *The practical handbook of clinical gerontology* (pp. 304-323). Thousand Oaks, CA: Sage.

Fisher, J. E., Swingen, D. N., & Harsin, C. M. (2001). Agitated and aggressive behavior. In B. Edelstein (Ed.), *Clinical geropsychology*. New York: Pergamon.

Floyd, M., & Scogin, F. (1997). Effects of memory training on the subjective memory functioning and mental health of older adults: A meta analysis. *Psychology and Aging, 12*, 150-161.

Frank, E., Prigerson, H. G., Shear, M. K., & Reynolds, C. F. (1997). Phenomenology and treatment of bereavement-related distress in the elderly. *International Clinical Psychopharmacology, 12*, S25-S29.

Frazer, D. W. (1995). The medical issues in geropsychology training and practice. In B. G. Knight, L. Teri, P. Wohlford, & J. Santos (Eds.), *Mental health servies for older adults: Implications for training and practice in geropsychology* (pp. 63-71). Washington, DC: American Psychological Association.

Frazer, D. W., Leicht, M. L., & Baker, M. D. (1996). Psychological manifestations of physical disease in the elderly. In L. L. Carstencesm B. A. Edelstein, & L. Dornbrand (Eds.), *The practical handbook of clinical gerontology* (pp. 217-235). Thousnad Oaks, CA: Sage.

Fuller-Thomson, E., Minkler, M., & Driver, D. (1997). A profile of grandparents raising grandchildren in the United States. *Gerontologist, 37*, 406-411.

Fuller-Thomson, E., & Minkler, M. (2003). Housing issues and realities facing grandparent caregivers who are renters. *Gerontologist, 43*, 92-98.

Gallagher-Thompson, D., & Devries, H. M. (1994). "Coping with frustration" classes: Development and preliminary outcomes with women who care for relatives with dementia. *Gerontologist, 34*, 548-552.

Gallagher-Thompsom, D., & Steffen, A. M. (1994). Comparative effects of cognitive-behavioral and brief dynamic therapy for depressed family caregivers. *Journal of Consulting and Clinical Psychology, 62*, 543-549.

Gallagher-Thompson, D., & Thompson, L. W. (1996). Applying cognitive-behavioral therapy to the psychological problems of late life. In S. H. Zarit & B. G. Knight (Eds.), *A guide to psychotherapy and aging: Effective clinical interventions in a life-stage context* (pp. 61-82). Washington, DC: American Psychological Association.

Gallo, J. J., & Lebowitz, B. D. (1999). The epidemiology of common late-life mental disorders in the community: Themes for the new century. *Psychiatric Services*, *50*, 1158-1166.

Gallo, J. J., & Rabins, P. V. (1999). Depression without sadness: Alternative presentations of depression in late life. *American Family Physician*, *60*, 820-826.

Gatz, M. (1998). Towards a developmentally-informed theory of mental disorder in older adults. In J. Lomranz (Ed.), *Handbook of aging and mental health* (pp. 101-120). New York: Plenum.

Gatz, M., & Finke, S. I. (1995). Education and training of mental health service providers. In M. Gatz (Ed.), *Emerging issues in mental health and aging* (pp. 282-302). Washington, DC: American Psychological Association.

Gatz, M., Fiske, A., Fox, L. S., Kaskie, B., Kasl-Godley, J. E., McCallum, T. J., & Wetherell, J. L. (1998). Empirically validated psychological treatments for older adults. *Journal of Mental Health and Aging*, *4*, 9-46.

Gatz, M., & Pearson, C. G. (1988). Ageism revised and provision of psychological services. *American Psychologist*, *43*, 184-189.

Gatz, M., & Smyer, M. A. (2001). Mental health and aging at the outset of the twenty-first century. In J. E. Birren & K. W. Schaie (Eds.), *Handbook of the psychology of aging* (5th ed., pp. 523-544). San Diego, CA: Academic Press.

Gelfand, D. E. (1999). *The aging network: Programs and services* (5th ed.). New York: Springer.

Gerontological Society of America Task Force on Minority Issues in Gerontology. (1994). *Minority elders: Five goals toward building a public policy base.* Washington, DC: Gerontological Society of America.

*Geropsychology assessment resource guide.* (1996). National Center for Cost Containment, U.S. Department of Veterans Affairs, Milwaukee, WI (NTIS # PB-96-144365).

Gilhooly, M. L. M. (1986). Legal and ethical issues in the management of the dementing elderly. In M. L. M. Gilhooly, S. H. Zarit, & J. E. Birren (Eds.), *The dementias: Policy and management* (pp. 131-160). Englewood Cliffs, NJ: Prentice-Hall.

Goodstein, R. K. (1985). Common clinical problems in the elderly: Camouflaged by ageism and atypical presentation. *Psychiatric Annals*, *15*, 299-312.

Green, J. (2000). *Neuropsychological evaluation of the older adult: A clinician's guidebook.* San Diego, CA: Academic Press.

Greenberg, J. S., Seltzer, M. M., & Greenley, J. R. (1993). Aging parents of adults with disabilities: The gratifications and frustrations of later-life caregiving. *Gerontologist, 33,* 542-550.

Guidelines for psychotherapy with lesbian, gay, & bisexual clients. (2000). *American Psychologist, 55,* 1440-1451. [electronic version] Retrieved August 19, 2002, from http://www.apa.org/pi/lgbc/guideline.html

Guralnick, S,. Kemel, K., Stamm, B. H., & Greving, A. M. (2003). Rural geriatrics and gerontology. In B. H. Stamm (Ed.), *Rural behavioral health care: An interdisciplinary guide.* Washington, DC: American Psychological Association.

Gutmann, D. (1994). *Reclaimed powers: Men and women in later life.* Evanston, IL: Northwestern University Press.

Haight, B. K. (1991). Reminiscing: The state of the art as a basis for practice. *International Journal of Aging and Human Development, 33,* 1-32.

Haight, B. K., & Webster, J. D. (Eds.). (1995). *The art and science of reminiscing: theory, research methods, and applications.* Bristol, PA: Taylor & Francis.

Hartman-Stein, P. E. (1998). Hope amidst the behavioral healthcare crisis. In P. E. Hartman-Stein (Ed.), *Innovative behavioral healthcare for older adults* (pp. 201-214). San Francisco: Jossey-Bass Publishers.

Hersen, M., & Van Hasselt, V. B. (1992). Behavioral assessment and treatment of anxiety in older adults. *Clinical Psychology Review, 12,* 619-640.

Hinrichsen, G. A. (2000). Knowledge of and interest in geropsychology among psychology trainees. *Professional Psychology: Research and Practice, 31,* 442-445.

Hinrichsen, G. A., & Arnold, M. (2001). Directory of predoctoral internships with clinic geropsychology training opportunities and postdoctoral clinical geropsychology fellowships (2nd ed.) [electronic version]. Washington, DC: American Psychological Association, Division 12, Section II. Retrieved August 19, 2002, from APA Section on Clinical Geropsychology Web site: http://bama.ua.edu/~appgero/apa12_2/training/trainmain.html

Horvath, A. O., & Bedi, R. P. (2002). The alliance. In J. C. Norcross (Ed.), *Psychotherapy relationships that work* (pp. 37-70). New York: Oxford University Press.

Hunt, T., & Lindley, C. J. (Eds.). (1990). *Testing older adults: A reference guide for geropsychological assessments.* Austin, TX: Pro-ed.

Huyck, M. H. (1990). Gender differences in aging. In J. E. Birren & K. W. Schaie (Eds.), *Handbook of the psychology of aging* (3rd ed., pp. 124-132). San Diego, CA: Academic Press.

Hyer, L. A., & Sohnle, S. J. (2001). *Trauma among older people: Issues and treatment.* Philadelphia: Bruner-Routledge.

Ivnik, R. J., Maled, J. F., Smith, G. E., Tangalos, E. G., et al. (1992). Mayo's Older American Normative Studies: WMS-R norms for ages 56-94. *The Clinical Neuropsychologist, 6,* 49-82.

Jackson, J. S. (Ed.). (1988). *The black American elderly: Research on physical and psychosocial health.* New York: Springer.

James, J. W., & Haley, W. E. (1995). Age and health bias in practicing clinical psychologists. *Psychology and Aging, 10,* 610-616.

Janicki, M. P., & Dalton, A. J. (Eds.). (1999). *Dementia, aging, and intellectual disabilities: A handbook.* Philadelphia: Brunner-Routledge.

Janicki, M. P., Dalton, A. J., Henderson, C. M., & Davidson, P. W. (1999). Mortality and morbidity among older adults with intellectual disability: Health services considerations. *Disability & Rehabilitation, 21,* 284-294.

Janicki, M. P., Heller, T., & Hogg, J. (1996). Practice guidelines for the clinical assessment and care management of Alzheimer's disease and other dementias among adults with intellectual disability. *Journal of Intellectual Disability Research, 40,* 374-382.

Jeste, D. V., Alexopoulos, G. S., Bartels, S. J., Cummings, J. L., Gallo, J. J., Gottlieb, G. L., et al. (1999). Consensus statement on the upcoming crisis in geriatric mental health: Research agenda for the next 2 decades. *Archives of General Psychiatry, 56,* 848-853.

Jongsma, A., & Frazer, D. (1998). *The older adult psychotherapy treatment planner.* New York: Wiley.

Kahana, E., Kahana, B., & Riley, K. (1989). Person-environment transactions relevant to control and helplessness in institutional settings. In P. S. Fry (Ed.), *Psychological perspectives of helplessness and control in the elderly* (pp. 121-153). Advances in Psychology.

Karel, M. J., Ogland-Hand, S., & Gatz, M. (2002). *Assessing and treating late-life depression: A casebook and resource guide.* New York: Basic Books.

Kasl-Godley, J., & Gatz, M. (2000). Psychosocial intervention for individuals with demetia: An integration of theory, therapy, and a clinical understanding of dementia. *Clinical Psychology Review, 20,* 755-782.

Kastenbaum, R. (1999). Dying and bereavement. In C. Cavanaugh & S. K. Whitbourne (Eds.), *Gerontology: An interdisciplinary perspective* (pp. 155-185). New York: Oxford University Press.

Kastenbaum, R. (2000). Counseling the dying patient. In V. Molinari (Ed.), *Professional psychology in long term care: A comprehensive guide* (pp. 201-226). New York: Hatherleigh Press.

Kaszniak, A. W., & Christenson, G. D. (1994). Differential diagnosis of dementia and depression. In M. A. Storandt, & G. R. VandenBos (Eds.), *Neuropsychological assessment of dementia and depression in older adults: A clinician's guide* (pp. 81-117). Washington, DC: American Psychological Association.

Kennedy, G. (2000). *Geriatric mental health care.* New York: Guilford.

Kiecolt-Glaser, J. K., Dura, J. R., Speicher, C. E., Trask, J, & Glaser, R. (1991). Spousal caregivers of dementia victims: Longitudinal changes in immunity and health. *Psychosomatic Medicine, 53,* 345-362.

Kimerling, R. E., Zeiss, A. M., & Zeiss, R. A. (2000). Therapist emotional responses to patients: Building a learning based language. *Cognitive and Behavioral Practice, 7,* 312-321.

Kimmel, D. (1995). Lesbians and gay men also grow old. In L. Bond, S. Cutler, & A. Grams (Eds.), *Promoting successful and productive aging* (pp. 289-303). Thousand Oaks, CA: Sage.

Kite, M. E., & Wagner, L. S. (2002). Attitudes toward older adults. In T. D. Nelson (Ed.), *Ageism: Stereotyping and prejudice against older persons* (pp. 129-161). Cambridge, MA: The MIT Press.

Knight, B. G. (1992). *Older adults in psychotherapy: Case histories.* Newbury Park, CA: Sage.

Knight, B. G. (1996). *Psychotherapy with older adults* (2nd ed.). Thousand Oask, CA: Sage.

Knight, B. G., & Kaskie, B. (1995). Models for mental health service delivery to older adults. In M. Gatz (Ed.), *Emerging issues in mental health and aging* (pp. 231-255). Washington, DC: American Psychological Association.

Knight, B. G., Kelly, M., & Gatz, M. (1992). Psychotherapy and the older adult: An historical review. In D. K. Freedheim (Ed.), *History of psychotherapy: A century of change* (pp. 528-551). Washington, DC: American Psychological Association.

Knight, B. G., Litzky, S. M., & Macofsky-Urban, F. (1993). A meta-analytic review of interventions for caregiver distress: Recommendations for future research. *Gerontologist, 33,* 240-248.

Knight, B. G., & Satre, D. D. (1999). Cognitive behavioral psychotherapy with older adults. *Clinical Psychology: Science and Practice, 6,* 188-203.

Knight, B. G., Teri, L., Wohlford, P., & Santos, J. (Eds.). (1995). *Mental health services for older adults: Implications for training and practice in geropsychology.* Washington, DC: American Psychological Association.

Koenig, H. G., George, L. K., & Schneider, R. (1994). Mental health care for older adults in the year 2000: A dangerous and avoided topic. *Gerontologist, 34,* 674-679.

Kramer, N. A., & Smith, M. C. (2000). Training nursing assistants to care fore nursing home residents with dementia. In V. Molinari (Ed.), *Professional psychology in long term care: A comprehensive guide* (pp. 227-256). New York: Hatherleigh Press.

Lamberty, G. J., & Bieliauskas, L. A. (1993). Distinguishing between depression and dementia in the elderly: A review of neuropsychological findings. *Archives of Clinical Neuropsychology, 8,* 149-170.

LaRue, A. (1992). *Aging and neropsychological assessment.* New York: Plenum.

Lawton, M. P. (1989). Environmental proactivity and affect in older people. In S. Spacapan & S. Oskamp (Eds.), *The social psychology of aging* (pp. 135-163). Newbury Park, CA: Sage.

Lawton, M. P., & Salthouse, T. A. (Eds.). (1998). *Essential papers on the psychology of aging.* New York: New York University Press.

Lawton, M. P., & Teresi, J. A. (1994). *Focus on assessment techniques.* New York: Springer.

Lebowitz, B. D., & Niederehe, G. (1992). Concepts and issues in mental health and aging. In J. E. Birren, R. B. Sloane, & G. D. Cohen (Eds.), *Handbook of mental health and aging* (2nd ed., pp. 3-26). San Diego, CA: Academic Press.

Levenson, R. W., Carstensen, L. L., & Gottman, J. M. (1993). Long-term marriage: Age, gender, and satisfaction. *Psychology and Aging, 8,* 301-313.

Levy, M. L., & Uncapher, H. (2000). Basic psychopharmacology in the nursing home. In V. Molinari (Ed.), *Professional psychology in long term care: A comprehensive guide* (pp. 279-297). New York: Hatherleigh Press.

Lichtenberg, P. A. (1994). *A guide to psychological practice in geriatric long term care.* New York: Haworth Press.

Lichtenberg, P. A. (Ed.). (1999). *Handbook of assessment in clinical gerontology.* New York: Wiley.

Lichtenberg, P. A., & Hartman-Stein, P. E. (1997). Effective geropsychology practice in nursing homes. In L. VandeCreek, S. Knapp, & T. L. Jackson (Eds.), *Innovations in clinical practice: A source book* (pp. 265-281). Sarasota, FL: Professional Resource Press.

Lichtenberg, P. A., Smith, M., Frazer, D., Molinari, V., Rosowsky, E., Crose, R., et al. (1998). Standards for psychological services in long-term care facilities. *Gerontologist,*

*38*, 122-127.

Light, E., & Lebowitz, B. D. (Eds.). (1991). *The elderly with chronic mental illness.* New York: Springer.

Lundervold, D. A., & Lewin, L. M. (1992). *Behavior analysis and therapy in nursing homes.* Springfield, IL: Charles C. Thomas.

Maercker, A. (2002). Life-review technique in the treatment of PTSD in elderly patients: Rationale and three single case studies. *Journal of Clinical Geropsychology, 8,* 239-249.

Magai, C. (2001). Emotions over the life span. In J. E. Birren & K. W. Schaie (Eds.), *Handbook of the psychology of aging* (5th ed., pp. 399-426). San Diego, CA: Academic Press.

Marson, D. (2002). Competency assessment and research in an aging society. *Generations: Journal of the American Society on Aging, 26,* 99-103.

Marson, D. C., Chatterjee, A., Ingram, K. K., & Harrell, L. E. (1996). Toward a neurologic model of competency: Cognitive predictors of capacity to consent in Alzheimer's disease using three different legal standards. *Neurology, 46,* 666-672.

McClearn, G. E., & Vogler, G. P. (2001). The genetics of behavioral aging. In J. E. Birren & K. W. Schaie (Eds.), *Handbook of the psychology of aging* (5th ed., pp. 109-131). San Diego, CA: Academic Press.

McCrae, R. R., & Costa, P. T., Jr. (1990). *Personality in adulthood.* New York: Guilford.

*Medicine handbook: A guide for psychologists.* (2003). Washington, DC: APA Practice Directorate. Retrieved from the APA Practice Directorate Web site: http://www.apa.org/practice/medtoc.html

*Medicare Local Medical Review Policies Tool Kit.* (2003, March). Retrieved from the APA Office on Aging Web site: http://www.apa.org/pi/aging/lmrp/toolkit.pdf

Meeks, S., & Murrell, S. A. (1997). Mental illness in late life: Socioeconomic conditions, psychiatric symptoms, and adjustment of long-term sufferers. *Psychology and Aging, 12,* 296-308.

Miles, T. P. (Ed.). (1999). *Full-color aging: Facts, goals and recommendations for America's diverse elders.* Washington, DC: Gerontological Society of America.

Miller, N. E., & Lipowski, Z. J. (Eds.). (1991). Delirium: Advances in research and clinical practice. *International Psychogeriatrics, 3*(2, Whole Issue), 97-414.

Mittelman, M. S., Ferris, S. H., Shulman, E., Steinberg, G., Ambinder, A., Mackell, J. A., & Cohen, J. (1995). A comprehensive support program: Effect on depression in spousecaregivers of AD patients. *Gerontologist, 35,* 792-802.

Mohlman, J., Gorenstein, E. E., Kleber, M., de Jesus, M., Gorman, J. M., & Papp L. A.

(2003). Standard and enhanced cognitive-behavior therapy for late-life generalized anxiety disorder: Two pilot investigations. *American Journal of Geriatric Psychiatry, 11*, 24-32.

Molinari, V. (Ed.). (2000). *Professional psychology in long term care: A comprehensive guide.* New York: Hatherleigh Press.

Morin, C. M., Colecchi, C., Stone, J., Sood, R., & Brink, D. (1999). Behavioral and pharmacological treatment for late-life insomnia: A randomized controlled trial. *Journal of the American Medical Association, 281*, 991-999.

Morin, C. M., Kowatch, R. A., Barry, T., & Walton, E. (1993). Cognitive-behavior therapy for late-life insomnia. *Journal of Consulting and Clinical Psychology, 61*, 137-146.

Moye, J. (1999). Assessment of competency and decision making capacity. In P. Lichtenberg (Ed.), *Handbook of assessment in clinical gerontology* (pp. 488-528). New York: Wiley.

Moye, J. (2000). Ethical issue. In V. Molinari (Ed.), *Professional psychology in long term care: A comprehensive guide* (pp. 329-348). New York: Haterleigh Press.

Mroczek, D. K., & Kolarz, C. M. (1998). The effect of age on positive and negative affect: A developmental perspective on happiness. *Journal of Personality and social Psychology, 75*, 1333-1349.

Myers, J. E. (1999). Adjusting to role loss and leisure in later life. In M. F. Duffy (Ed.), *Handbook of counseling and psychotherapy with older adults.* New York: Wiley.

National Academy on an Aging Society. (1999). *Challenges for the 21st century: Chronic and disabling conditions* [electronic version]. Retrieved from the NAAS Web site: http://www.agingsociety.org/agingsociety/publications/chronic/index.html

Neely, A. S., & Bäkman, L. (1995). Effects of multifactorial memory training in old age: Generalizability across tasks and individuals. *Journal of Gerontology: Psychological Sciences, 50B*, P134-P140.

Newton, N. A., & Jacobowitz, J. (1999). Transferential and countertransferential processes in therapy with older adults. In M. Duffy (Ed.), *Handbook of counseling and psychotherapy with older adults.* New York: Wiley.

Nelson, E. A., & Danneger, D. (1992). Aged heterogeneity: Fact or fiction? The fate of diversity in gerontological research. *Gerontologist, 32*, 17-23.

Nelson, T. D. (Ed.). (2002). *Stereotyping and prejudice against older persons.* Cambridge, MA: MIT Press.

Niederehe, G. (1998). The significance of memory complaints in later life: Methodological and theoretical considerations. In J. Lomranz (Ed.), *Handbook of aging and mental health* (pp. 417-434). New York: Plenum.

Niederehe, G., & Schneider, L. S. (1998). Treatment of depression and anxiety in the aged. In P. E. Nathan & J. M. Gorman (Eds.), *A guide to treatment that work* (pp. 270-287). New York: Oxford Press.

Norris, M. P. (2000). Public policy and the delivery of mental health care to older adults. In V. Molinari (Ed.), *Professional psychology in long term care: A comprehensive guide* (pp. 425-443). New York: Hatherleigh Press.

Norris, M. P., Molinari, V., & Ogland-Hand, S. (Eds.). (2002). *Emerging trends in psychological practice in long-term care.* Binghamptom, NY: Haworth Press.

Norris, M. P., MOlinari, V., & Rosowsky, E. (1998). Providing mental health care to older adults: Unraveling the maze of Medicare and managed care. *Psychotherapy, 35,* 490-497.

Nussbaum, P. D. (Ed.). (1996). *Handbook of neuropsychology and aging.* New York: Plenum.

Odenheimer, G., Beaudet, M., Jette, A. M., Albert, M. S., Grande, L., & Minaker, K. L. (1994). Performance based driving evaluation of the elderly driver: Safety, reliability, and validity. *Journal of Gerontology: Medical Sciences, 49,* M153-159.

*Older adults and insomnia resource guide.* (2001). Retrieved February 6, 2003, from the APA Office on Aging Web site: http://www.apa.org/pi/aging/insonmnia.html

Omnibus Budget Reconciliation Act of 1987, PL 100-203.

Plamer, B. W., Folsom, D., Bartels, S., & Jeste, D. V. (2002). Psychotic disorders in late life: Implications for treatment and future directions for clinical services. *Generations: Journal of the American Society on Aging, 26,* 39-43.

Park, D. C., Morrell, R., & Shifren, K. (Eds.). (1999). *Aging Patients and medical treatment: An information processing perspective.* Mahwah, NJ: Erlbaum.

Park, D. C., & Schwarz, N. (Eds.). (2000). *Cognitive aging: A primer.* Philadelphia: Psychology Press.

Park, R. W,. Zec, R. F., & Wilson, R. S. (1993). *Neuropsychology of Alzheimer's disease and other dementias.* New York: Oxford University Press.

Peake, T. H. (1998). *Healthy treatment: The impact of telling stories.* Westport, CT: Praeger Publishers.

Pearson, J. L. (2002). Recent research on suicide in the elderly. *Current Psychiatry Reports, 4,* 59-63.

Pearson, J. L., & Brown, G. K. (2000). Suicide prevention in late life: Directions for science and practice. *Clinical Psychology Review, 20,* 685-705.

Perdue, C. W., & Gurtman, M. B. (1990). Evidence for the automaticity of ageism. *Journal of Experimental Social Psychology, 26*, 199-216.

Perlick, D., & Atkins, A. (1984). Variations in the reported age of a patient: A source of bias in the diagnosis depression and dementia. *Journal of Consulting and Clinical Psychology, 52*, 812-820.

Phillips, M. A., & Murrell, S. A. (1994). Impact of psychological and physical health, stressful events, and social support on subsequent mental health help seeking among older adults. *Journal of Consulting and Clinical Psychology, 62*, 270-275.

Pinquart, M., & Soerensen, S. (2001). How effective are psychotherapeutic and other psychosocial interventions with older adults? A meta analysis. *Journal of Mental Health and Aging, 7*, 207-243.

Pollack, D., & Weiner, A. (1995). Clinical aspects of handling an elder abuse case: The legal and social work perspectives. *Journal of Clinical Geropsychology, 1*(4), 271-281.

Poon, L. W. (Ed.). (1980). *Aging in the 1980s: Psychological issues.* Washington, DC: American Psychological Association.

Poon, L. W., Crook, T., Davis, K. L., Eisdorfer, C., Gurland, B. J., Kaszniak, A. W., & Thompson, L. W. (Eds.). (1986). *Handbook for clinical memory assessment of older adults.* Washington, DC: American Psychological Association.

*Psychological services for ling term care resource guide.* (2000). Retrieved on February 6, 2003, from APA Office on Aging Web site: http://www.apa.org/pi/aging/longterm.html

*Psychotherapy and older adults resource guide.* (2003). Available March, 2003, from the APA Office on Aging Web site: http://www.apa.org/pi/aging

Qualls, S. H. (1995). Clinical interventions with later-life families. In R. Blieszner & V. H. Bedford (Eds.), *Handbook of aging and the family* (pp. 474-487). Westport, CT: Greenwood Press.

Qualls, S. H. (1999). Realizing power in intergenerational family hierarchies: Family reorganization when older adults decline. In M. F. Duffy (Ed.), *Handbook of counseling and psychotherapy with older adults.* New York: Wiley.

Qualls, S. H., & Abeles, N. (Eds.). (2000). *Psychology and the aging revolution: How we adapt to longer life.* Washington, DC: American Psychological Association.

Qualls, S. H., Segal, D., Norman, S., Niederehe, G., & Gallagher-Thompson, D. (2002). Psychologists in practice with older adults: Current patterns, sources of training, and need for continuing education. *Professional Psychology: Research and Practice, 33*, 435-442.

Reid, J. (1995). Development in late life: Older lesbian and gay lives. In A. D'Augelli & C.

Patterson (Eds.), *Lesbian, gay, and bisexual identities over the lifespan: Psychological perspectives* (pp. 215-240). New York: Oxford University Press.

*Resource directory for older people.* (2001). Joint effort of National Institute on Aging and Administration on Aging. [electronic version] Retrieved February 6, 2002, from http://aoa.gov/eldfam/How_To_Find/ResourceDirectory/ResourceDirectory.pdf

Reynolds, C. F., III., & Charney, D. S. (Eds.). (2002). Unment needs in the diagnosis and treatment of mood disorders in later life. *Biological Psychiatry, 52*(3, Special Issue), 145-303.

Roberts, A. H. (1986). Excess disability in the elderly: Exercise management. In L. Teri & P. M. Lewinsohn (Eds.), *Geropsychological assessment and treatment: Selected topics* (pp. 87-120). New York: Springer.

Robertson, J. F. (1995). Grandparenting in an era of rapid change. In R. Blieszner & V. H. Bedford (Eds.), *Aging and the family: Theory and research* (pp. 243-260). Westport, CT: Praeger.

Rodeheaver, D. (1990). Ageism. In I. A. Parham, L. W. Poon, & I. C. Siegler (Eds.), *ACCES: Aging curriculum content for education in the social and behavioral sciences* (pp. 7.1-7.43). New York: Springer.

Rogers, W. A., & Fisk, A. D. (2001). Understanding the role of attention in cognitive aging research. In J. E. Birren & K. W. Schaie (Eds.), *Handbook of the psychology of aging* (5th ed., pp. 267-287). San Diego, CA: Academic Press.

Rosowsky, E., Abrams, R. C., & Zweig, R. A. (Eds.). (1999). *Personality disorders in older adults: Emerging issues in diagnosis and treatment.* Mahwah, NJ: Erlbaum.

Roew, J. W., & Kahn, R. L. (1998). *Successful aging.* New York: Pantheon Books.

Royall, D. R., Chiodo, L. K., & Polk, M. J. (2000). Correlates of disability among elderly retirees with "subclinical" cognitive impairment. *Journal of Gerontology: Medical Sciences, 55A*, M541-M546.

Russell, D. W., Cutrona, C. E., de la Mora, A., & Wallace, R. B. (1997). Loneliness and nursing home admission among rural older adults. *Psychology and Aging, 12*, 574-589.

Ryff, C. D., Kwan, C. M. L., & Singer, B. J. (2001). Personality and aging: Flourishing agendas and future challenges. In J. E. Birren & K. W. Schaie (Eds.), *Handbook of the psychology of aging* (5th ed., pp. 477-499). San Diego, CA: Academic Press.

Salthouse, T. A. (1996). The processing speed theory of adult age differences in cognition. *Psychological Review, 103*, 403-428.

Santos, J. F., & VandenBos, G. R. (Eds.). (1982). *Psychology and the older adult: Challenges* for training in the 1980s. Washington, DC: American Psychological Association.

Schaie, K. W. (1977). Quasi-experimental designs in the psychology of aging. In J. E. Birren & K. W. Schaie (Eds.), *Handbook of the psychology of aging* (99. 1-19). New York: Van Nostrand Reinhold.

Schaie, K. W. (1993). Ageist language in psychological research. *American Psychologist, 48,* 49-51.

Schaie, K. W. (1994). The course of adult intellectual development. *American Psychologist, 49,* 304-313.

Scheidt, R. J., & Windley, P. G. (Eds.). (1998). *Environment and aging theory.* Westport, CT: Greenwood Press.

Schneider, J. (1996). Geriatric psychopharmacology. In L. L. Carstensen, B. A. Edelstein, & L. Dornbrand (Eds.), *The practical handbook of clinical gerontology* (pp. 481-542). Thousand Oaks, CA: Sage.

Schooler, C., Mulatu, M. S., & Oates, G. (1999). The continuing effect of substantively complex work on the intellectual functioning of older workers. *Psychology and Aging, 14,* 483-506.

Schulz, R., & Heckhausen, J. (1996). A life span model of successful aging. *American Psychologist, 51,* 702-714.

Schulz, R., Martire, L. M., Beach, S. R., & Schere, M. F. (2000). Depression and mortality in the elderly. *Current Directions in Psychological Science, 9,* 204-208.

Schulz, R., O'Brien, A. T., Bookwala, J., & Fleissner, K. (1995). Psychiatric and physical morbidity effects of dementia caregiving: Prevalence, correlates, and causes. *Gerontologist, 35,* 771-791.

Scogin, F., & McElreath, L. (1994). Efficacy of psychosocial treatment for geriatric depression: A quantitative review. *Journal of Consulting and Clinical Psychology, 62,* 69-74.

Segal, E. S. (1996). Common medical problems in geriatric patients. In L. L. Carstensen, B. A. Edelstein, & L. Dornbrand (Eds.), *The practical handbook of clinical gerontology* (pp. 451-467). Thousand Oaks, CA: Sage.

Seltzer, M. M., Greenberg, J. S., Krauss, M. W., & Hong, J. (1997). Predictors and outcomes of the end of co-resident caregiving in aging families of adults with mental retardation or mental illness. *Family Relations: Journal of Applied Family & Child Studies, 46,* 13-22.

Settin, J. M. (1982). Clinical judgement in geropsychology practice. *Psychotherapy: Theory, Research, and Practice, 19,* 397-404.

Sherman, E. (1991). *Reminiscence and the self in old age.* New York: Springer.

Siegler, I. C., Bastian, L. A., Steffens, D. C., Bosworth, H. B., & Costa, P. T., Jr. (2002). Behavioral medicine and aging. *Journal of Consulting and Clinical Psychology, 70*, 843-851.

Sliwinski, M., & Buschke, H. (1999). Cross-sectional and longitudinal relationships among age, cognition, and processing speed. *Psychology and Aging, 14*, 18-33.

Smith, A. D. (1996). Memory. In J. E. Birren & K. W. Schaie (Eds.), *Handbook of the psychology of aging* (4th ed., pp. 236-250). San Diego, CA: Academic Press.

Smith, G. E., Petersen, R. C., Ivnik, R. J., Malec, J. F., & Tangalos, E. G. (1996). Sybjective memory complaints, psychological distress, and longitudinal change in objective memory performance. *Psychology and Aging, 11*, 272-279.

Smyer, M. A. (1993). Aging and decision-making capacity. In M. A. Smyer (Ed.), *Mental health and aging* (pp. 101-114). New York: Springer.

Smyer, M. A., & Allen-Burge, R. (1999). Older adult's decision-making capacity: Institutional settings and individual choices. In J. C. Cavanaugh & S. K. Whitbourne (Eds.), *Gerontology: An interdisciplinary perspective* (pp. 391-413). New York: Oxford University Press.

Smyer, M. A., Cohn, M. D., & Brannon, D. (1988). *Mental health consultation in nursing homes.* New York: New York University Press.

Smyer, M. A., & Downs, M. G. (1995). Psychopharmacology: An essential element in educating clinical psychologists for working with older adults. In B. G. Knight, L. Teri, P. Wohlford, & J. Santos (Eds.), *Mental health services for older adults: Implications for training and practice in geropsychology* (pp. 73-83). Washington, DC: American Psychological Association.

Smyer, M. A., & Gatz, M. (1979). Aging and mental health: Business as usual? *American Psychologist, 34*, 240-246.

Smyer, M. A., Qualls, S. H. (1999). *Aging and mental health.* Malden, MA: Blackwell Publishers.

Smyer, M., Schaie, K. W., & Kapp, M. B. (Eds.). (1996). *Older adults' decision-making and the law.* New York: Springer.

Spencer, K. A., Tompkins, C. A., & Schulz, R. (1997). Assessment of depression in patients with brain pathology: The case of stroke. *Psychological Bulletin, 122*(2), 132-152.

Sprenkel, D. G. (1999). Therapeutic issues and strategies in group therapy with older men. In M. Duffy (Ed.), *Handbook of counseling and psychotherapy with older adults* (pp. 214-227). New York: John Wiley & Sons.

Stanley, M. A., Beck, J. G., & Glassco, J. D. (1996). Treatment of generalized anxiety in older adults: A preliminary comparison of cognitive-behavioral and supportive approaches. *Behavior Therapy, 27*, 565-581.

Staudinger, U. M., Marsiske, M., & Baltes, P. B. (1995). Resilience and reserve capacity in later adulthood: Potentials and limits of development across the life span. In D. Cicchetti & D. J. Cohen (Eds.), *Developmental psychopathology. Vol. 2: Risk, disorder, and adaptation* (pp. 801-847). New York: Wiley.

Sternberg, R. J., & Lubart, T. I. (2001). Wisdom and creativity. In J. E. Birren & K. W. Schaie (Eds.), *Handbook of the psychology of aging* (5th ed., pp. 500-522). San Diego, CA: Academic Press.

Sterns, H. L., & Gray, J. H. (1999). Work, leisure, and retirement. In J. C. Cavanaugh & S. K. Whitbourne (Eds.), *Gerontology: AN interdisciplinary perspective* (pp. 355-389). New York: Oxford University Press.

Storandt, M., & VandenBos, G. R. (Eds.). (1994). *Neuropsychological assessment of dementia and depression in older adults: A clinician's guide.* Washington, DC: American Psychological Association.

Suominen, K., Henriksson, M., Suokas, J., Isometsä, E., Ostamo, A., & Lönqvist, J. (1996). Mental disorders and comorbidity in attempted suicide. *Acta Psychiatrica Scandinavica, 94*, 234-240.

Surgeon General. (1999). *Mental health: A report of the Surgeon General* [electronic version]. Retrieved July 8, 2001, from http://surgeongeneral.gov/library/mentalhealth/index.html

Szinovacz, M. E. (1998). Grandparents today: A demographic profile. *The Gerontologist, 38*, 37-52.

Szinovacz, M. E., DeViney, S., & Arkinson, M. P. (1999). Effects of surrogate parenting on grandparents' well-being. *Journal of Gerontology: Social Sciences, 54B*, S376-S388.

Teri, L., Logsdon, R. G., Uomoto, J., & McCurry, S. M. (1997). Behavioral treatment of depression in dementia patients: A controlled clinical trial. *Journal of Gerontology: Psychological Sciences, 52B*, P159-P166.

Teri, L., & McCurry, S. M. (1994). Psychosocial therapies with older adults. In C. E. Coffey & J. L. Cummings (Eds.), *Textbook of geriatric neuropsychiatry* (pp. 662-682). Washington, DC: American Psychiatric Press.

Teri, L., Storandt, M., Gatz, M., Smyer, M., & Stricker, G. (1992). *Recommendations from a National Conference on Clinical Training in Psychology: Improving Psychological*

*Services for Older Adults*. Unpublished manuscript. Washington, DC: American Psychological Association.

Teri, L., & Wagner, A. (1991). Assessment of depression in patients with Alzheimer's disease: Concordance between informations. *Psychology and Aging, 6,* 280-285.

Thompson, L. W., & Gallagher-Thompson, D. (1996). Practical issues related to maintenance of mental health and positive well-being in family caregivers. In L. L. Carstensen, B. A. Edelstein, & L. Dornbrand (Eds.), *The practical handbook of clinical gerontology* (pp. 129-150). Thousand Oaks, CA: Sage.

Tobin, S. S. (1999). *Preservation of the self in the oldest years: With implications for practice.* New York: Springer.

Trotman, F. K. & Brody, C. M. (2002). *Psychotherapy and counseling with older women: Cross-cultural, family, and end-of-life issues.* New York: Springer.

U.S. Bureau of the Census. (1993). *Population projections of the United States, by age, sex, race, and Hispanic origin: 1993-2050.* Current Population Reports. Washington, DC: U.S. Government Printing Office.

U.S. Bureau of the Census. (2001). *An aging world: 2001.* Retrieved from http://www.census.gov/prod/2001pubs/p95-01-1.pdf

Vasquez, C. I., & Clavigo, A. M. (1995). The special needs of elderly minorities: A profile of 63 HIspanics. In B. G. Knight, L. Teri, P. Wohlford, & J. Santos (Eds.), *Mental health services for older adults: Implications for training and practice in geropsychology* (pp. 93-99). Washington, DC: American Psychological Association.

Vernon, M. (1989). Assessment of persons with hearing disabilities. In T. Hunt & C. J. Lindley (Eds.), *Testing older adults: A reference guide for geropsychological assessments* (pp. 150-162). Austin, TX: PRO-ED, Inc.

Verwoerdt, A. (1976). Clinical geropsychiatry. Baltimore, MD: Williams & Wilkins.

Wahl, H.-W. (2001). Environmental influences in aging and behavior. In J. E. Birren & K. W. Schaie (Eds.), *Handbook of the psychology of aging* (5th ed., pp. 215-237). San Diego, CA: Academic Press.

Waldstein, S. R. (2000). Health effects on cognitive aging. In P. C. stern & L. L. Carstensen (Eds.), *The aging mind: Opportunities in cognitive research* (report of Committee on Future Directions for Cognitive Research on Aging, National Resource Council [electronic version]) (pp. 189-217). Washington, DC: National Academy Press. Retrieved from http://www.nap.edu/books/309069408/html/

Watkins, K. W., Shifrin, K., Park, D. C., & Morrell, R. W. (1999). Age, pain, and coping with rheumatoid arthritis. *Pain, 82*, 217-228.

Webster, J. (1995). Adult age differences in reminiscence functions. In B. K. Haight & J. D. Webster (Eds.), *The art and science of reminiscing: Theory, research methods, and applications.* Bristol, PA: Taylor & Francis.

Weintraub, D., Furlan, P., & Katz, I. R. (2002). Depression and coexisting medical disorders in late life. *Generations: Journal of the American Society on Aging, 26*, 55-58.

Wetherell, J. L. (1998). Treatment of anxiety in older adults. *Psychotherapy, 35*, 444-458.

Wetherell, J. L. (2002). Behavior therapy for anxious older adults. *Behavior Therapist, 25*, 16-17.

Whitbourne, S. K. (1996). *The aging individual: Physical and psychological perspectives.* New York: Springer.

Whitbourne, S. K. (1998). Physical changes in the aging individual: Clinical implications. In I. H. Nordhus, G. R. VandenBos, S. Berg, & P. Fromholt (Eds.), *Clinical geropsychology.* Washington, DC: American Psychological Association.

Whitbourne, S. K. (Ed.). (2000). *Psychopathology in later adulthood.* New York: Wiley.

Wilber, K. H., & McNeilly, D. P. (2001). Elder abuse and victimization. In J. E. Birren & K. W. Schaie (Eds.), *Handbook of the psychology of aging* (5th ed., pp. 569-591), San Diego, CA: Academic Press.

Willis, S. L., Allen-Burge, R., Dolan, M. M., Bertrand, R. M., Yesavage, J., & Taylor, J. L. (1998). Everyday problem solving among individuals with Alzheimer's disease. *Gerontologist, 38*, 569-577.

Wisocki, P. A. (Ed.). (1991). *Handbook of clinical behavioral therapy with the elderly client.* New York: Plenum.

Wolf, R. A. (1998). Domestic elder abuse and neglect. In I. H. Nordhus, G. R. VandenBos, S. Berg, & P. Fromholt (Eds.), *Clinical geropsychology.* Washington, DC: American Psychological Association.

Woods, R. T. (Ed.). (1999). *Psychological problems of ageing: Assessment, treatment and care.* Chichester, UK and New York: Wiley.

Working Group for the Establishment of Griteria for the Diagnosis of Dementia. (2000). Test battery for the diagnosis of dementia in individuals with intellectual disability. *Journal of Intellectual Disability Research, 44*, 175-180.

Yarhouse, M. A., & DeVries, H. M. (1998). The general principles of ethical conduct: A framework for psychologists working with older adults. *Journal of Clinical Geropsychology, 4*, 141-152.

Yeo, G., & Hikoyeda, N. (1993). *Differential assessment and treatment of mental health problems: African American, Latino, Filipino, and Chinese American elders.* Stanford, CA: Stanford Geriatric Education Center Working Paper Series No. 13.

Zacks, R. Y., Hasher, L., & Li, Z. H. (2000). Human memory. In F. I. M. Craik & T. A. Salthouse (Eds.), *Handbook of aging and cognition* (2nd ed.). Mahwah, NJ: Erlbaum.

Zarit, S. H. (1980). *Aging and mental disorders: Psychological approaches to assessment and treatment.* New York: The Free Press.

Zarit, S. H., & Knight, B. G. (Eds.). (1996). *A guide to psychotherapy and aging: Effective clinic interventions in a life-stage context.* Washington, DC: American Psychological Association.

Zarit, S. H., & Zarit, J. M. (1998). *Mental disorders in older adults: Fundamentals of assessment and treatment.* New York: Guilford.

Zeiss, A. M., & Steffen, A. M. (1996). Treatment issues in elderly clients. *Cognitive & Behavioral Practice, 3,* 371-389.

Zeiss, A. M., & Steffen, A. M. (1998). Interdisciplinary health care teams in geriatrics: An international model. In B. A. Edelstein (Ed.), *Clinical geropsychology* (pp. 551-570). London: Pergamon Press.

Zigman, W., Silverman, W., & Wisniewski, H. M. (1996). Aging and Alzheimer's disease in Down syndrome: Clinical and pathological changes. *Mental Retardation & Developmental Disabilities Research Reviews, 2*(2), 73-79.

# 치매 및 노화성 인지기능 감퇴 평가를 위한 APA 지침

노화 관련 기억력 감퇴와 치매 평가를 위한 APA 특별기획팀

APA 이사회에 의해 승인됨, 1998년 2월

노화 관련 기억력 감퇴와 치매 평가를 위한 APA 특별기획팀

Thomas H. Crook, III, Ph.D., Chair

Glenn J. Larrabee, Ph.D.

Asenath LaRue, Ph.D.

Barry D. Lebowitz, Ph.D.

Martha Storandt, Ph.D.

James Youngjohn, Pd.D.

## 치매 및 노화성 인지기능 감퇴 평가를 위한 지침

심리학자들은 삶의 후반부에 흔히 일어나는 기억력 질환과 인지기능 변화의 평가에 있어서 주된 역할을 감당할 수 있다. 일부의 건강한 노인들이 매우 높은 수준의 인지작업을 수행할 수 있을 수 있어도, 대부분의 노인들은 특정 인지 능력의 감퇴를 경험하게 될 것이다. 이러한 감퇴는 보통 병적인 것이 아니라, 오히려 일반적인 발달 과정에서 생기는 생리적 기능의 일반적인 감퇴들과 병행하여 일어난다. 하지만, 일부의 노인들에게는 "정상적"이라고 간주할 수 있는 범위를 넘어 급속한 노화가 일어남으로 인해,

그들의 기억력, 지성을 빼앗고, 결국에는 그들의 배우자나 자녀들을 알아보거나, 기본적인 개인 위생을 유지하거나, 또는 알아들을 수 있을 정도의 말을 하는 능력까지도 앗아간다. 이러한 악성 형태의 인지기능 퇴보는 다양한 신경병리학적 조건과 치매성 질병에 의해 일어난다.

심리학자들은 기억력과 인지기능의 변화를 평가하고 정상적인 변화를 질병의 초기 증상과 구분하기 위하여 훈련을 받고 전문지식을 갖추고 특수 신경병리학적 실험을 활용하는 등 준비된 사람들이다. 치매의 생리적 원인을 파악하기 위해 무수한 노력을 기울여 왔지만, 알츠하이머병 등 일반적인 형태의 치매에서 부검 외에 결정적인 생물학적 표지는 얻지 못했다. 신경병리학적 평가와 인지 검사가 병리생리학적 치매를 노화성 인지 감퇴, 우울중 관련 인지 질환, 그리고 다른 관련 질병들로부터 구별하는 가장 효과적인 차이 검사 방법으로 남아 있다. 믿을 만한 생물학적 표지가 발견된 후에도, 신경병리학적 평가와 인지 검사는 여전히 치매의 발병, 질병 과정에서 나타나는 기능적 측면, 감퇴 속도, 개인의 기능적 능력, 그리고 바라건대, 치료에 대한 반응을 결정하기 위해 필요할 것이다.

다음 지침들은 치매 및 노화성 인지기능 감퇴 평가를 수행하는 심리학자들을 위해 개발되었다. 이 지침들은 미국 심리학회의 심리학자들을 위한 윤리 원칙과 행동 강령(APA, 1992)을 준수한다.

임상실습에 있어 치매 및 노화성 인지기능 감퇴 평가는 임상 신경심리학 전공의 핵심활동이다. 최근 임상 신경심리학의 전공교육과 훈련에 관한 휴스턴에서 열린 학회(Hannay et al., 1998)에서는 전공취득을 위해 필요한 통합 훈련 모델을 구체화했다. 하지만, 이 지침은 특히 치매 및 노화성 인지기능 감퇴 평가와 관련하여 모든 임상의학자들이 갖는 관심과 염려들을 구체화하는 데 초점을 맞추고 있다. 이 지침은 높은 수준의 기준을 가지고 있지만 강제성을 띠거나 모든 것을 총망라하는 것은 아니다. 또한 실무에 도움이 되기 위한 지침이지 실무를 함에 있어 표준을 나타내려는 의도를 가지고 있지는 않다. 마지막으로 이 지침들의 목표는 임상실습에서 치매 및 노화성 인지기능 감퇴를 평가하는데 필요한 능력과 전문성을 증진시키기 위함이다. 이들은 일부 실험 또는 임상 연구 프로젝트 그리고/또는 일부 범죄과학 평가와 같은 특정 상황에 적용되지 않을 수도 있다.

# 치매 및 노화성 인지감퇴 평가를 위한 지침

## I. 일반 지침: 명명법 및 진단 기준과의 친숙

1. 치매 및 노화성 인지기능 감퇴 평가를 수행하는 심리학자들은 두루 쓰이는 진단 명명법과 구체적인 진단 기준을 숙지해야 한다.

A. 알츠하이머병(AD)은 노후에 나타나는 치매의 주된 원인이다(Evans, Funkenstein, & Albert, 1989). 가장 널리 수용되는 AD 진단 기준은 국립 신경 및 의사소통 장애와 뇌졸중 연구소와 알츠하이머병 및 관련 장애 협회(NINCDS-ADRDA; McKhann et al., 1984)가 제공한 기준들이다. 이러한 기준들은 임상 실험에 의해 규명되고 신경심리학 검사에 의해 확인되는 치매를 포함한다. 치매는 의식 장애의 부재 또는 향정신성 물질의 존재 시에 노인에게 나타나는 복합적이고 점진적인 인지 결함 또는 이러한 점진적 결함 때문에 오는 다른 의학적, 신경학적, 또는 정신 질환 조건과 관련한 것으로 설명된다. 정신장애의 진단 및 통계 매뉴얼: 미국 정신질환협회의 제4판(DSM-IV, 1994) 또한 NINCDS-ADRDA 기준과 일반적으로 일치하는 알츠하이머 종류의 치매를 위한 진단 기준의 개요를 설명하였다. DSM-IV도 혈관성 치매와 에이즈, 두부 외상, 파킨슨병, 헌팅턴병, 피크병, 크로이츠펠트–야콥병 및 다른 일반적인 의학적 상태나 병인에 의한 치매를 위한 진단 기준을 제공한다. 치매의 새로운 원인과 종류가 계속해서 밝혀지고 있고(예: 루이소체 치매; McKeith et al., 1996), 치매성 질환을 위한 진단 기준도 계속해서 개선되고 있다.

B. 일부 노인들은 신경심리학 검사에 의해 전형적인 정상 노화보다는 감퇴한 기억력과 인지장애를 지닌 것으로 규명되지만, 치매 진단을 내릴 만큼 심각하지 않은 정도라고 판단된다. 이들 중 일부는 진짜 치매로 발전해가지만 일부는 그렇지 않다. 이 중간 그룹의 질병 분류에 관련한 명확한 합의는 아직 없다. 제안된 명명법은 가벼운 신경인지 질환, 가벼운 인지장애, 노후 건망증, 치매 가능성 있음, 초기 치매, 양성 노화 건망증, 노화 건망증, 잠정적 치매를 포함한다. 초기 치매, 잠정적 치매, 그리고 가벼운 인

지장애와 같은 용어는 다소 심각하게 장애를 가지고 결국 치매를 겪을 가능성이 상대적으로 큰 사람들에게 사용한다(Flicker, Ferris, & Reisberg, 1991). 양성 노화 건망증 또는 노후 건망증은 치매로 발전할 가능성이 적은 그들의 동년배들에 비례하여 가벼운 인지장애를 가진 사람들에게 사용한다.

C. 기억력 및 인지 능력 감퇴는 인간의 노화의 정상적인 결과다(예: Craik & Salthouse, 1992). 이것은 문화권 전체에 걸쳐 사실이고, 실제로 모든 포유류에게도 마찬가지다. 국립 정신건강 연구소(NIMH) 연구진은 젊었을 때와 비교해서 객관적인 기억력 감퇴는 있지만, 동년배와 비교하여 정상적인 인지기능을 가진 노인들을 설명하기 위해 노화성 기억력 장애의 질병 분류 범주를 제안하였다(Crook et al., 1986). 이 단체의 권고는 이러한 사람들을 구별하기 위한 분명한 조작적 정의와 정신력 측정 기준을 포함한다. 보다 최근 용어인 노화 관련 기억력 감퇴는 가능한 덜 비하적으로 명명하고, 이들이 병리생리학적(Smith et al., 1991)이 아닌 정상적인 발달 변화(Crook, 1993; Larrabee, 1996)라는 점과 명시적 치매로 발전할 가능성이 없다는 것(Youngjohn & Crook, 1993)을 강조하기 위해 제안되었다. DSM-IV(1994)는 이 지침의 본문에 걸쳐 사용될 노화성 인지기능 감퇴의 진단 구분을 명시하였다. 이 명명법은 초점이 기억력에만 국한되지 않는다는 장점이 있지만, 노화성 기억력 장애의 조작적 정의와 명확한 정신력 측정 기준이 없다.

## II. 일반 지침: 윤리적 고려사항

### 2. 심리학자들은 고지된 동의를 얻도록 시도한다.

A. 중증 치매를 앓고 있는 일부 환자들을 다루어야 하는 이 평가의 성질을 고려한다면, 심리학자들은 제시된 정보에 입각한 동의와 능력에 관해 특별히 고려해야 할 사항들이 있음을 인지할 수 있다. 심리학자들은 가능하다면 제공하는 서비스의 성격과 비용, 잠재되어 있는 위험 그리고 비밀 보장의 한계에 관련해 환자를 교육하려고 시도한다. 환자가 스스로 동의 의사를 전달할 능력이 없는 것이 명백하다면, 심리학자들은 적절하게 이러한 문제들을 환자의 가족 및/또는 법적 보호자와 의논하려고 시도한다.

B. 이러한 상황에서는 또한 비밀 보장의 한계에 관한 특별한 고려사항이 있을 수 있

다. 환자 또는 타인에게 있을 수 있는 잠재적인 피해가 있는 상황에서 환자의 동의 없이 가족 구성원이나 다른 전문가 및 정부 기관이 개입할 수 있다. 잠재적인 학대나 방치의 위험이 있는 경우, 심리학자들은 주 법령 및/또는 기타 적용 가능한 법률을 따라 의무적인 보고 책임이 있을 수 있다.

3. 심리학자들은 전문 역량을 습득한다.

A. 치매 및 노화성 인지기능 감퇴에 대한 평가를 수행하도록 요청을 받은 심리학자들은 그러한 평가를 위해 특별한 역량과 지식이 필요하다는 것을 인식한다. 임상 면접 및 시행, 심리 및 신경심리학적 검사를 채점하고 해석하는 역량들이 필요하지만 이것으로 충분하진 않다. 노인학, 신경심리학, 재활심리학, 신경병리학, 정신약리학, 정신병리학 분야의 교육, 훈련, 경험이나 슈퍼비전이 노화성 인지기능 감퇴 및 치매 평가를 수행할 준비를 갖출 수 있도록 심리학자를 도울 수 있다.

B. 심리학자들은 데이터 수집 방법과 절차를 선택하는 데 있어, 일반적으로 인정된 임상 및 과학적 기준에 부합한 과학적 및 전문적 발달의 최신 지식을 사용한다. 교육 및 심리 검사를 위한 기준(APA, 1985)은 심리 검사와 기타 평가 도구의 사용 시 유효하다.

4. 심리학자들은 적절한 상담을 모색 및 제공한다.

A. 치매 및 노화성 인지기능 감퇴 평가를 수행하는 심리학자들은 고지된 동의 관련 사안에 대해 조심성을 가지고, 그들의 평가 결과를 주치의 및/또는 기타 관련 의사들에게 알린다. 심리학자가 처음으로 의뢰인과 접촉한 전문가일 때, 필요 시 근본적인 의학 질환을 발견하거나 치매나 인지기능 감퇴를 회복시킬 수 있는 잠재적 요인을 밝혀내기 위한 철저한 의학적 평가를 받도록 환자를 의뢰할 수 있다. 노인들에게 건강 문제가 만연함을 감안할 때, 노인에게 서비스를 제공하는 심리학자들은 이러한 문제들에 대해 특별히 민감할 것이 요구된다. 철저한 치매 정밀검사는 여러 전문 분야의 노력이 들어간다(Small et al., in press).

B. 심리학자들은 정신상태 평가 또는 심리적 특성에 대한 선별용 간이 심리검사 도

구, 그리고 특수 용도의 임상 자료를 관리하게 되는 보건 의료 전문가들을 교육하도록 돕는다. 또한 선별용 간이 검사와 보다 종합적인 심리 또는 신경심리 평가 사이의 차이점들에 대한 교육을 제공한다.

C. 치매 및 노화성 인지기능 감퇴를 위한 평가를 수행하는 과정에서 학대, 방치 또는 가족폭력 혐의, 법적 권한 또는 후견인의 위치에 관련한 문제, 다른 의학, 신경학, 또는 정신의학적 상태에 대한 징후, 또는 다른 기타 문제들과 같이 특정 평가자의 전문분야의 범주를 벗어난 문제들이 야기될 수 있다. 만약 그렇다면, 심리학자는 이 문제들을 다루기 위해 추가적인 상담, 슈퍼비전 및/또는 전문지식, 훈련, 또는 경험 등을 모색한다.

5. 심리학자들은 개인적, 사회적 편견을 인식하고 차별 없이 실무에 임하도록 한다.

심리학자들은 연령, 성별, 인종, 국적, 종교, 성적 취향, 장애, 언어, 문화, 그리고 사회 경제적 지위에 관한 편견이 어떻게 객관적 평가와 자문을 방해하는지를 인지한다. 심리학자는 그러한 편견을 극복하려고 노력하고, 그럴 수 없다면 평가를 시행하지 않는다. 심리학자들은 사회 문화적 맥락 내에서의 달라지는 역할, 기대 및 규범적 기준을 민감하게 의식해야 한다.

## III. 절차적 지침: 치매 및 노화성 인지기능 감퇴 평가의 수행

6. 심리학자들은 평가의 일환으로 임상 면접을 실시한다.

A. 심리학자들은 기억력과 인지기능 변화에 관한 환자의 자기 보고와 주관적 인상을 얻는다. 이 정보는 비형식적인 면접이나 기억력 관련 불만에 대한 형식적 질문지를 통해 얻을 수 있다(Crook & Larrabee, 1990; Dixon, Hultsch, & Hertzog, 1988; Gilewski, Zelinski, & Schaie, 1990). 형식적 척도의 이점 중 두 가지는 기억력에 대한 불만을 수량화할 수 있으며, 기억력 상실의 인지에 따른 변화를 측정할 수 있다는 것이다.

B. 심리학자들은 자기 보고상의 기억력 문제가 종종 실질적인 기억력의 감소와 일치하지 않는다는 것을 인지한다(Bolla, Lindgren, Bonaccorsy, & Bleecker, 1991). 종종 심각

한 기능 장애를 가진 사람들은 이 문제에 대해 인지하지 못한다. 진짜 장애에 대한 인지 부족은 신경행동 증후군의 요소일 수 있고, 또는 다른 심리적 방어나 거부의 결과일 수 있다. 반대로, 심각한 기억력 결함을 보고하는 일부 사람들은 실제로 정상적 또는 오히려 평균 이상의 기억력을 가지고 있을 수 있다. 우울증 및 기타 심리적 요소들은 인지장애를 과도하게 보고하도록 만들 수 있다. 또한, 정상적 범위 내의 기능을 하는 환자들도 실제로 그들의 질환 이전의 기능에 비교하여 상당한 감퇴를 경험했을 수 있다(Rubin et al., in press).

C. 가능한 경우, 가족 및 친구와 같은 이차적인 정보원으로부터 행동에 대한 설명이나 인지기능 수행에 대한 주관적인 평가를 얻는 것은 중요하다. 이 정보는 임상 인터뷰 또는 기억력 불만 설문지를 통해 얻어질 수 있다. 환자 자신과 가족의 보고 사이의 불일치에 특별히 주의하는 것이 중요하다. 형식적 척도(Formal scale)를 사용하면, 환자 자신과 가족 보고 사이의 불일치를 수량화할 수 있다(Feher, Larrabee, Sudilovsky, & Crook, 1994; Zelinski, Gilewski, & Anthony-Bergstone, 1990).

D. 병력을 자세히 기록하는 것이 중요하다. 발병 시간과 질병 과정의 성질과 정도는 차별화된 진단을 위한 정보를 제공한다. 임상 면접은 진단에 관련 있는 약물치료의 부작용과 약물남용, 기존의 머리 부상 또는 기타 의학, 신경학적 또는 정신과 병력의 존재를 평가할 수 있는 기회를 제공한다. 치매의 가족력이 있는지를 알아내는 것 또한 중요하다.

E. 노인의 우울증은 치매와 비슷하게 보일 수 있다(Kaszniak & Christenson, 1994). 정신운동지체와 동기 박약은 치매가 아닌 사람으로 하여금 매일 행하는 기능과 형식적인 신경심리학 검사 모두에서 병리생리학적으로 인지장애 판정을 받게 한다. 우울증은 또한 치매가 아닌 사람으로 하여금 인지장애에 대해 과도하게 보고를 하게 만들 수 있다. 이에 따라, 치매 및 노화성 인지기능 감퇴를 평가할 때 우울증에 대한 신중한 평가를 수행하는 것이 중요하다. 우울증은 인터뷰를 하는 동안 가장 잘 평가되므로, 임상가는 환자의 신체 언어와 정서적 표현에 관련된 정보를 얻을 수 있다. 형식적 기분 척도(Formal mood scales) (예: Beck et al., 1961; Yesavage et al., 1983)는 우울증을 평가할 때에 중요한 역할을 맡을 수 있고 또한 시간에 따른 변화를 평가하는 것을 수량화하며 용이하게 한다는 장점이 있다. 심리학자들은 노인들로 하여금 우울증 증상을 과소 보고하

게 할 수 있는 사회 문화적 요소에도 주의를 기울인다. 심리학자들은 또한 우울증과 치매가 상호배타적이 아님을 인지해야 한다. 우울증과 치매 및/또는 노화성 인지기능 감퇴는 자주 한 사람 안에서 함께 나타날 수 있다. 우울증은 또한 파킨슨병과 같이 피질하부의 치매 상태의 특징일 수 있다(Cummings & Benson, 1983; Youngjohn, Beck, Jogerst, & Cain, 1992).

7. 심리학자들은 표준화된 심리 및 신경심리 검사가 치매 및 노화성 인지기능 감퇴를 평가하는 데 중요한 도구임을 인지한다.

A. 정신력 측정 도구를 사용하는 것은 치매 및 노화성 인지기능 감퇴를 평가하는 심리학자들의 가장 중요하고 고유한 영역일 수 있다. 따라서 심리학자들이 사용하는 검사들은 표준화되어야 하고, 신뢰할 수 있고 타당해야 하며, 노인들과 직접 연관이 있는 규준을 바탕으로 한 데이터를 가져야 한다. 판별 타당도, 수렴 타당도 또는 생태학적 타당도 모두가 검사를 선택하는데 고려되어야 한다. 이러한 평가를 위해서 유용한 검사와 접근법이 다양하게 있는데 여기에는 웩슬러 지능 및 기억력 검사, 홀스테드-레이탄 심리검사, 그리고 벤튼 검사 등이 있다. 보다 적절한 검사에 대한 좀 더 종합적인 개요서를 찾는 심리학자들은 Buros 정신측정연보, 신경심리학 평가(제3판) (Lezak, 1995), 그리고 신경심리검사개요(Spreen & Strauss, 1991)를 참조한다. 다른 많은 훌륭한 책자도 이러한 평가에 쓸 수 있는 중요한 신경심리학적 도구에 대한 목록을 제공한다. 예를 들어, La Rue(노화와 신경심리평가, 1992), Nussbaum(신경심리학과 노화 편람, 1997), 그리고 Storandt and VandenBos(노인들의 치매와 우울증의 신경심리학적 평가: 임상의학자를 위한 지침서, 1994) 들은 노인의 평가에 관련하여 유용한 심리학 및 신경심리학적 수단 및 사안을 다양하게 보여준다.

B. 간이 정신상태 검사 및 진단 도구는 진단을 위한 대부분의 경우에 충분하지 않다. 치매 및 노화성 인지기능 감퇴를 위한 종합적인 신경심리학 평가는 복합적인 인지 분야 범주의 검사와 평가를 포함하는데 이는 일반적으로 기억력, 주의력, 지각 및 운동능력, 언어능력, 공간시각능력, 문제해결능력, 그리고 실행능력을 포함한다. 하지만 심각한 치매를 발견하는 데는 종합적 신경심리검사 배터리가 필요하지 않을 수 있다는

것이 인정된다.

8. 개인의 인지 변화를 측정할 때, 심리학자들은 질환 이전을 추정하려고 시도한다.

A. 노인들의 인지기능 감퇴를 평가하는 심리학자들은 환자의 현재의 능력을 비교할 수 있도록 환자가 젊었을 때의 기준치검사 데이터를 가지는 것이 이상적이다. 유감스럽게도, 이런 정보는 거의 존재할 가능성이 낮고, 그러므로 심리학자들은 사회 경제적 지위, 교육 수준, 직업 이력, 환자와 가족의 보고를 고려해 환자의 병전의 능력을 추정하도록 시도해야 한다. 임상 판단이 이 과정의 중요한 부분이 될 수 있다. 인간의 판단에 작용하는 수많은 구조적 편견이 병전의 기능에 대한 부정확한 임상 판단으로 이어질 수 있다(Kareken, 1997). 젊은 시절의 인지 능력을 추정하기 위해 다양한 기술이 사용되어 왔다(예: Barona, Reynolds, & Chastain, 1984; Blair & Spreen, 1989). 하지만, 심리학자들은 현재의 인지기능 정도는 치매에 의해 영향받을 수 있다는 점을 인식해야 한다(Larrabee, Largen, & Levin, 1985; Storandt, Stone, & LaBarge, 1995).

B. 한번 사람이 검사를 받으면, 이 데이터는 장래의 인지기능 변화를 측정할 때의 기준치가 될 수 있다. 인지기능 변화의 규모 및 속도와 치료에 대한 반응 또한 후속 검사에 의해 결정될 수 있다. 환자, 가족, 또는 다른 보건 전문가로부터 보다 급격한 감퇴, 새로운 증상의 출현 또는 생활환경 변화에 대한 보고를 받았을 때를 제외하고는, 대부분의 경우 인지기능의 변화를 관찰하기 위해 일 년 간격의 후속 검사를 하는 것이 적절하다. 심리학자들은 사용된 검사들의 검사–재검사 신뢰도를 숙지하도록 하여, 변화의 패턴과 정도가 올바르게 해석될 수 있도록 한다. 형식적인 검사가 없는 중간 진료도 많은 경우에 유용할 수 있다.

C. 연령에 따라 수행 수준의 평균적 감퇴가 일부 검사들에서 관찰되기 때문에, 치매 및 노화성 인지기능 감퇴 평가를 위해 선택된 검사들은 적절하게 연령에 맞춰 조정된 기준을 갖추어야 한다. 최근까지는 상대적으로 노인을 위한 기준들이 부족하여 임상가들이 어려움을 겪었지만, 현재는 자주 사용되는 다수의 임상 검사에 보다 많은 수의 노인 표준화 표본들을 사용할 수 있다. 매우 나이가 많은 노인이나 다양한 언어와 인종에 대한 기준 데이터는 여전히 부족하다. 만약, 개인의 초기 능력이 인구곡선의 선상에 있

지 않으면, 개인 검사결과를 연령에 따라 맞춰진 기준에 비교하는 것은 잘못 해석될 수 있다.

### 9. 심리학자들은 정신력 측정에 나타나는 한계와 가변성의 원인과 오류에 민감해야 한다.

A. 심리학자들은 검사가 짧은 시간 차를 두고 재시행될 때, 치료 효과가 나타날 수 있다는 것을 인지한다. 그러한 효과들은 치매나 건망증 환자보다는 정상적으로 노화되는 노인들에게 관찰될 가능성이 높다. 의심의 여지가 있는 인지기능 감퇴의 경우에, 치료효과가 강하게 나타난다면 인지기능이 손상되지 않았음을 규명하는데 참고할 수 있다. 하지만 잦은 간격으로 반복되는 검사는 인지기능 변화나 중재효과를 불분명하게 할 수 있다. 동등한 난이도의 대체검사 형태를 사용하는 것은 인위적 치료효과를 줄이도록 도울 수 있지만, 많은 다른 검사에 있어 그러한 대체검사 형태를 찾기가 불가능할 수 있다.

B. 심리학자들은 사용된 검사의 상대적 민감성 부족으로 인해 사람의 매일매일 행해지는 기능적 능력의 중대한 감소가 정신력 측정 도구에 나타나지 않을 수 있다는 것을 이해한다. 정신력 측정 도구는 효과적이지만 여전히 실생활 능력을 측정하기에 불완전하다.

C. 사람들이 검사 시 저조한 능력을 보이는 이유는 감각결핍, 피로, 약물부작용, 신체 질환, 노쇠, 불편 또는 장애, 동기 결여, 재정적 불이익, 우울증, 불안, 검사지침 이해 부족, 관심부족을 포함하지만 이에 국한되지는 않는다. 심리학자들은 이러한 오류의 근원을 평가하고 그것들을 그들이 할 수 있는 범위 내에서 제한하고 통제하도록 시도한다.

### 10. 심리학자들은 건설적인 피드백과 지원 및 교육을 제공하고 치료상의 동맹을 유지하는 것이 평가 과정의 중요한 부분이 될 수 있음을 인식한다.

A. 많은 경우, 환자들은 그들이 알아들을 수 있는 언어로 평가에 대한 피드백을 들을 경우에 더 많은 도움을 받을 수 있다. 심리학자들은 임상 진단을 실행하고, 피드백을

제공할 때에 특정 환자의 필요와 능력을 고려한다.

B. 환자의 고지된 동의를 얻고, 가족에게 피드백, 교육 및 지원을 제공하는 것은 또한 평가의 중요한 측면이며, 평가의 가치와 실용성을 높일 수 있다. 장애의 정도, 예상 과정 및 예상 결과에 대한 지식은 가족들로 하여금 충분한 준비를 하도록 도울 수 있다. 가족과 함께 작업하는 것은 가족들이 환자의 문제행동을 다루는 데 있어 효과적이고 인도적인 방법을 제공한다. 알려진 유전요소와 다양한 질환에 대한 유전가능성에 관련해 가족들을 적절히 상담하는 것은 그들의 불안요소를 해결하고, 많은 경우 불필요한 두려움을 완화시킬 수 있다. 인지기능에 대해 우려하는 건강한 노인들은 검사 결과에 근거하여 안심할 수 있고(Youngjohn, Larrabee, & Crook, 1992), 그들이 어떻게 일상생활의 인지기능을 향상시킬 수 있는지에 대한 정보를 제공받을 수 있다.

C. 심리학자들은 치매 및 노화성 인지기능 감퇴를 위하여 현재 승인된 신체 및 비신체적 치료법들을 스스로 배우도록 노력한다. 이 분야는 급속하게 진화하는 영역이며, 가족과 보건의료전문가 모두 교육에 의해 혜택받을 수 있다.

D. 심리학자들은 치매 및 노화성 인지기능 감퇴를 가진 사람에게 공존하는 정서 및 행동 장애를 위한 적절한 치료법을 제공하거나 추천한다. 인지 재활 및 기억력 훈련은 치매를 가진 사람에게는 효과가 제한적이었지만, 환경 구조조정은 효과가 있을 수 있다. 반대로, 인지전략훈련, 기억력보조장치 사용, 그리고 연상기호 기법은 노화성 인지기능 감퇴 또는 초점성 두뇌 장애를 가진 사람을 포함한 비치매 환자에게 효과가 있는 것이 증명되었다(Lapp, 1996; West & Crook, 1991). 환자와 가족은 이런 환자에게 필요에 따라 적용될 수 있는 이러한 치료법에 대해 교육받을 수 있다.

## 요약

노인들의 인지기능 평가에는 전문화된 훈련과 구체적인 정신력 측정 도구가 필요하다. 그러한 평가를 수행하는 심리학자들은 현재의 진단 명명법 및 기준을 배워야 하고, 심리검사를 선택하고 사용하는 데 있어 전문화된 역량을 얻어야 하며, 이러한 검사들의 한계와 검사들이 사용되고 해석될 수 있는 환경 모두를 이해해야 한다. 치매 및 노화성 인지기능 감퇴에 나타나는 인지 문제들에 대한 평가는 임상 신경심리학 전공의 핵심 주안점이다. 그러므로 본 지침들은 독자적인 능력의 개발을 제안하려는 의도가 아니라 오히려 노인의 인지능력을 평가하기 원하는, 특히 정상과 병리 과정을 구분하기 원하는 모든 심리학자를 위해 적절한 기준과 정보를 제공하기 위한 시도다.

## 참고문헌

American Psychiatric Association. (1994). *Diagnostic and statistical manual of mental disorders* (4th ed.). Washington, DC: Author.

American Psychological Association. (1985). *Standards for educational and psychological testing.* Washington, DC: Author.

American Psychological Association. (1992). Ethical principles of psychologists and code of conduct. *American Psychologist, 47*, 1597-1611.

Barona, A., Reynolds, C. R., & Chastain, R. (1984). A demographically based index of premorbid intelligence for the WAIS-R. *Journal of Consulting and Clinical Psychology, 5*, 885-887.

Beck, A. T., Ward, C. H., Mendelson, M., Mock, J., & Erbaugh, J. K. (1961). An inventory for measuring depression. *Archives of General Psychiatry, 4*, 561-571.

Blackford, R. C., & La Rue, A. (1989). Criteria for diagnosing age-associated memory impairment: Proposed improvements from the field. *Developmental Neuropsychology, 5*, 295-306.

Blair, J. R., & Spreen, V. (1989). Predicting premorbid IQ: A revision of the National Adult Reading Test. *The Clinical Neuropsychologist, 3*, 129-136.

Bolla, K. I., Lindgren, K. N., Bonaccorsy, C., & Bleecker, M. L. (1991). Memory complaints in older adults: Fact or fiction? *Archives of Neurology, 48*, 61-64.

Buros Institute of Mental Measurements. The mental measurements yearbook. Lincoln: The University of Nebraska Press.

Craik, F. I. M., & Salthouse, T. A. (1992). *Handbook of aging and cognition.* Hillsdale, NJ: Erlbaum.

Crook, T. H. (1993). Diagnosis and treatment of memory loss in older patients who are not demented. In R. Levy, R. Howard, & A. Burns (Eds.), *Treatment and care in old age psychiatry* (pp. 95-111). London: Wrightson Biomedical Publishing.

Crook, T. H., Bartus, R. T., Ferris, S. H., Whitehouse, P., Cohen, G. D., & Gershon, S. (1986). Age-associated memory impairment: Proposed diagnostic criteria and measures of clinical change—Report of a National Institute of Mental Health workgroup. *Developmental Neuropsychology, 2*, 261-276.

Crook, T. H., & Larrabee, G. J. (1990). A self-rating scale for evaluating memory in everyday life. *Psychology and Aging, 5*, 48-57.

Cummings, J. L., & Benson, D. F. (1992). *Dementia: A clinical approach.* Stoneham, MA: Butterworth-Heineman.

Dixon, R. A., Hultsch, D. F., & Hertzog, C. (1988). The Metamemory in Adulthood(MIA) Questionnaire. *Psychopharmacology Bulletin, 24*, 67-68.

Evans, D. A., Funkenstein, H. H., & Albert, M. S. (1989). Prevalence of Alzheimer's disease in a community population of older persons. *Journal of the American Medical Association, 262*, 2551-2556.

Feher, E. P., Larrabee, G. J., Sudilovsky, A., & Crook, T. H. (1994). Memory self-report in Alzheimer's disease and in age-associated memory impairment. *Journal of Geriatric Psychiatry and Neurology, 7*, 58-65.

Ferris, S. H., & Kluger, A. (1996). Commentary on age-associated memory impairment, age-related cognitive decline and mild cognitive impairment. *Aging, Neuropsychology, and Cognition, 3*, 148-153.

Flicker, C., Ferris, S. H., & Reisberg, B. (1991). Mild cognitive impairment in the elderly: Predictors of dementia. *Neurology, 41*, 1006-1009.

Gilewski, M. J., Zelinski, E. M., & Schaie, K. W. (1990). The memory functioning questionnaire for assessment of memory complaints in adulthood and old age. *Psychology and Aging, 5*, 482-490.

Hannay, H. J., Bieliauskas, L., Crosson, B. A., Hammeke, T. A., Hamsher, K. S., & Koffler, S. (Eds.). (1998). Proceedings of the Houston Conference on Specialty Education and Training in Clinical Neuropsychology. *Archives of Clinical Neuropsycholgy, 13*, 157-249.

Kareken, D. A. (1997). Judgment pitfalls in estimating premorbid intellectual function. *Archives of Clinical Neuropsychology, 12*, 701-709.

Kaszniak, A. W., & Christenson, G. D. (1994). Differential diagnosis of dementia and depression. In M. Storandt & G. R. VandenBos (Eds.), *Neuropsychological assessment of dementia and depression in older adults: A clinician's guide* (pp. 81-118). Washington, DC: American Psychological Association.

Kral, V. A. (1962). Senescent forgetfulness: Benign and malignant. *Journal of the Canadian*

*Medical Association, 86*, 257-260.

Lapp, D. C. (1996). *Don't forget! Easy exercises for a better memory.* Reading, MA: Addison, Wesley, Longman.

Larrabee, G. J. (1996). Age-Associated Memory Impairment: Definition and psychometric characteristics. *Aging, Neuropsychology, and Cognition, 3*, 118-131.

Larrabee, G. J., Largen, J. W., & Levin, H. S. (1985). Sensitivity of age-decline resistant ("Hold") WAIS subtests to Alzheimer's disease. *Journal of Clinical and Experimental Neuropsychology, 7*, 497-504.

Larrabee, G. J., Levin, H. S., & High, W. M. (1986). Senescent forgetfulness: A quantitative study. *Developmental Neuropsychology, 2*, 373-385.

La Rue, A. (1992). *Aging and neuropsychological assessment.* New York: Plenum.

Lezak, M. (1995). *Neuropsychological assessment* (3rd ed.). New York: Plenum.

McKeith, G., Galasko, D., Kosaka, K., Perry, E. Dickson, D., Hansen, L., Salmon, D., Lowe, J. Mirra, S., Byrne, E., Lennox, G., Quinn, N., Edwardson, J., Ince, P., Bergeron, C., Burns, A., Miller, B., Lovestone, S., Collerton, D., Jansen, E., Ballard, C., de Vos, R., Wilcock, G., Jellinger, K., & Perry, R. (1996). Consensus guidelines for the clinical and pathologic diagnosis of dementia with Lewy bodies (DLB): Report of the consortium on DLB international workshop. *Neurology, 47*, 1113-1124.

McKhann, G., Drachman, D., Folstein, M., Katzman, R., Price, D., & Stadlan, E. M. (1984). Clinical diagnosis of Alzheimer's disease: Report of the NINCDS-ADRDA work group under the auspices of Department of Health and Human Services Task Force on Alzheimer's disease. Neurology, 34, 939-944.

Nussbaum, P. D. (Ed.). (1997). *Handbook of neuropsychology and aging.* New York: Plenum.

Rediess, S., & Caine, E. D. (1996). Aging, cognition, and DSM-IV. *Aging, Neuropsychology, and Cognition, 3*, 105-117.

Rubin, E. H., Storandt, M., Miller, J. P., Kincherf, D. A., Grant, E. A., Morris, J. C., & Berg, L. (in press). *A prospective study of cognitive function and onset of dementia in cognitively healthy elders.* Archives of Neurology.

Small, G. W., Rabins, P. V., Barry, P. P., Buckholtz, N. S., Dekosky, S. T., Ferris, S. H., Finkel, S. I., Gwyther, L. P., Khachaturian, Z. S., Lebowitz, B. D., McRae, T. D., Morris, J. C., Oakley, F., Schneider, L. S., Streim, J. E., Sunderland, T., Teri, L. A., Tune, L. E. (in press). Diagnosis and treatment of Alzheimer's disease and related disorders: Consensus statement of the American Association for Geriatric Psychiatry, the Alzheimer's Association, and the American Geriatrics Society. *Journal of the*

*American Medical Association.*

Smith, G., Ivnik, R. J., Peterson, R. C., Malec, J. F., Kokmen, E., & Tangalos, E. (1991). Age-Associated Memory Impairment diagnoses: Problems of reliability and concerns for terminology. *Psychology and Aging, 6,* 551-558.

Smith, G. E., Petersen, R. C., Parisi, J. E., Ivnik, R. J., Kokmem, E., Tangalos, E. G., Waring, S. (1996). Definition, course, and outcome of mild cognitive impairment. *Aging, Neuropsychology, and Cognition, 3,* 141-147.

Spreen, O., & Strauss, E. (1991). *A compendium of neuropsychological tests: Administration, norms, and commentary.* New York: Oxford.

Storandt, M., Stone, K., & LaBarge, E. (1995). Deficits in reading performance in very mild dementia of the Alzheimer type. *Neuropsychology, 9,* 174-176.

Storandt, M., & VandenBos, G. R. (Eds.). (1994). *Neuropsychological assessment of dementia and depression in older adults: A clinician's guide.* Washington, DC: American Psychological Association.

West, R. L., & Crook, T. H. (1991). Video training of imagery for mature adults. *Applied Cognitive Psychology, 6,* 307-320.

Yesavage, J., Brink, T., Rose, T., Lum, O., Huang, O, Adey, V., & Leier, V. (1983). Development and validation of a geriatric depression scale: A preliminary report. *Journal of Psychiatric Research, 17,* 37-49.

Youngjohn, J. R., Beck, J., Jogerst, J., & Cain, C. (1992). Neuropsychological impairment, depression, and Parkinson's disease. *Neuropsychology, 6,* 123-136.

Youngjohn, J. R., & Crook, T. H. (1993). Stability of everyday memory in age-associated memory impairment: A longitudinal study. *Neuropsychology, 7,* 406-416.

Youngjohn, J. R., Larrabee, G. J., & Crook, T. H. (1992). Discriminating age-associated memory impairment and Alzheimer's disease. *Psychological Assessment, 4,* 54-59.

Zelinski, E. M., Gilewski, M. J., & Anthony-Bergstone, C. R. (1990). Memory functioning questionnaire: Concurrent validity with memory performance and self-reported memory failures. *Psychology and Aging, 5,* 388-399.

# 다양한 민족, 언어, 문화권의 인구에게 심리 서비스를 제공하는 자를 위한 APA 지침

**부록 I**

## 도입

　심리학자들 사이에서 적절한 심리 서비스를 제공하기 위해 문화와 민족 요소를 이해하려는 동기가 증가하고 있다. 이렇게 다양한 민족 및 문화권의 인구에게 개선된 심리 서비스를 제공하려 하는 동기의 증가는 부분적으로 APA 내부와 사회 내부에서의 다문화 집단의 정치적, 사회적 존재감이 증가함에 기인한다. 이러한 집단들의 실질적인 등장에 의해 새로운 가치, 신념, 문화적 기대들이 교육, 정치, 경제 및 보건의료 시스템에 도입되었다. 언어와 문화 문제는 적절한 심리 서비스의 제공에 큰 영향을 준다.

　심리 서비스 제공자들은 다양성의 가치, 상호작용 양식, 조직화된 형태의 문화적 기대를 고려하기 위한 사회 문화적 체계가 필요하다. 그들은 다문화적 평가와 중재를 위한 지식과 기술이 필요하다. 그것은 아래의 능력들을 포함한다.

1. 문화적 다양성을 인지하는 것.
2. 다민족 다문화 인구집단의 사회 심리적 및 경제적 발달에 미치는 문화와 민족/인종의 역할을 이해하는 것.
3. 사회 경제적 및 정치적 요소가 다민족 다문화 인구집단의 사회 심리적, 정치적, 경제적 발달에 중대한 영향을 미친다는 점을 이해하는 것.

4. 내담자가 그들 자신의 사회 문화적 정체성을 이해하고 유지하며 해결하도록 돕는 것, 그리고 문화, 성별, 성적 지향이 행동 및 욕구와 벌이는 상호작용을 이해하는 것.

마찬가지로, 심리학자들이 다민족 다문화 인구와 관련하여 기존 연구 및 미래의 연구의 가치와 유용성을 정리하고, 접근하고, 정확히 평가할 수 있게 하도록 개념적 체계를 개발하는 것이 필요하다.

연구는 소수 민족 집단의 필요에 대한 심리 서비스의 대응에 관련한 문제들을 다루었다. 정신건강 연구 문제들의 주안점은 다음을 포함한다.

1. 민족/인종 유사성이 상담 과정에 미치는 영향

    (Acosta & Sheenan, 1976; Atkinson, 1983; Parham & Helms, 1981)

2. 소수 민족을 위한 정신건강 서비스의 운용

    (Cheung & Snowden, 1990; Everett, Proctor, & Cartmell, 1983; Rosado, 1986; Snowden & Cheung, 1990)

3. 직접 치료와 간접 치료 형태의 효과성 비교

    (Acosta, Yamamoto, & Evans, 1982; Dauphinais, Dauphinais, & Rowe, 1981; Lorion, 1974)

4. 문화적 가치의 치료 과정에서의 역할

    (Juarez, 1985; Padilla & Ruiz, 1973; Padilla, Ruiz, & Alvarez, 1975; Sue & Sue, 1987)

5. 적절한 상담과 치료 모델

    (Comas-Diaz & Griffith, 1988; McGoldrick, Pearce, & Giordino, 1982; Nishio & Blimes, 1987)

6. 특정 민족 인구와 작업하는 기술에 필요한 역량

    (Malgady, Rogler, & Constantino, 1987; Root, 1985; Zuniga, 1988)

APA의 소수 민족업무 이사회(BEMA)는 다민족 다문화와 관련한 심리 서비스의 필요에 대한 증대된 인식에 반응하여 1988년에 소수 민족 인구에게 서비스를 전달하기 위한 특별팀을 구성했다. 고려된 민족집단은 아메리칸 인디언/알래스카 원주민/아시안 아메리칸/히스패닉/라티노 등의 민족을 포함하지만 이에 국한되지는 않는다. 예를 들어, 관심 민족집단은 최근에 도착한 난민들, 이민자, 그리고 아마쉬파, 하시딕 유태인, 시골 애팔래치안 사람들과 같은 미국 내에 구축된 하위문화 집단을 포함한다. 특별팀은 다민족, 언어, 문화권 인구에게 심리 서비스를 제공하는 사람들을 위한 지침을 개발하는 것을 최우선 목표로 하여 설립되었다. 아래의 지침은 단순히 임상 또는 상담 영역뿐만 아니라 서비스 전달의 모든 분야를 설명하기 위한 의도를 가진다. 내담자는 내담자, 기관, 정부 및/또는 지방자치기관을 의미할 수 있다.

## 지침

서문: 본 지침은 본질적으로 높은 기대를 가지고, 다민족, 언어, 문화 인구를 상대하는 심리학자들에게 제안하기 위해 고안된 일반 원칙들을 나타낸다.

1. 심리학자들은 그들의 내담자들에게 목표와 기대, 계획, 그리고 필요할 때는 비밀보장의 법적 한계, 그리고 심리학자가 목표하는 방향과 같은 심리적 중재의 과정을 교육한다.

   a. 가능하다면, 심리학자들은 구두 설명과 함께 서면으로 정보를 제공한다.

   b. 가능하다면, 서면상의 정보는 내담자가 이해할 수 있는 언어로 제공한다.

2. 심리학자들은 서비스를 받고 있는 인구집단과 관련한 연구와 실습문제들을 인식하도록 한다.

   a. 심리학자들은 민족과 문화가 행동에 영향을 미칠 수 있음을 인정하고, 다양한 민족/인종 집단과 작업할 때 그러한 요소들을 염두에 둔다.

   b. 심리학자들은 이러한 인구집단의 필요를 보다 적절하고 효과적으로 다루기 위해 자신의 이해도를 향상시킬 수 있는 교육 및 훈련 경험을 모색한다. 이러한 경험은 서비스를 제공하는 특정 민족집단에 구체적으로 관계된 문화, 사회, 심리, 정치, 경제, 역사적 내용을 포함한다.

   c. 심리학자들은 그들의 역량과 전문지식의 한계를 인식한다. 해당 민족집단에 대한 지식과 훈련을 함양하지 못한 심리학자들은 필요에 따라 적절한 전문가와

상담하거나 전문가를 추천한다.

d. 심리학자들은 평가를 받는 사람의 문화적, 언어적 특성을 염두에 두고 주어진 평가 도구나 절차의 유효성을 고려하고 결과 데이터를 해석한다. 심리학자들은 검사의 준거집단과 다른 집단에 같은 도구를 사용할 때 있을 수 있는 한계를 인식한다.

3. 심리학자들은 심리적 과정을 이해하는 데 있어 민족과 문화가 중요한 매개변수가 될 수 있음을 인지한다.

a. 심리학자들은 그들의 민족/인종적 배경과 관계없이 그들 자신의 문화적 배경/경험, 태도, 가치관, 편견이 심리적 과정에 어떻게 영향을 줄 수 있는지 인식한다. 그들은 선입견이나 편견을 갖지 않도록 노력한다.

예시 설명: 심리학자들은 정기적으로 스스로에게 '나와 같은 민족이나 문화적 집단의 사람일 때와 비교해서 이 내담자나 기관을 조금이라도 다르게 보는 것이 올바른가?' 물어본다.

b. 심리학자들의 상담 실제는 내담자의 민족 및 문화적 배경에 대한 이해를 포함한다. 이것은 내담자가 주류 문화에 대하여 느끼는 친숙함과 편안함의 정도뿐만 아니라, 내담자의 문화가 주류 문화나 사회의 다양한 측면을 개선하거나 보탬이 될 수 있는 방법을 포함한다.

예시 설명: 가족들이 참여하는 주류 사회활동의 종류가 미국 사회에 동화된 정도와 질에 대한 정보를 제공할 수 있다. 미국에 살아온 기간과 문화 적응도를 구분하는 것은 중요하며, 이러한 문제들이 새로운 이민자와 난민들만의 문제라고 추정하지 말아야 한다.

c. 심리학자들은 내담자들이 그들 자신의 문화적 가치와 규범에 대한 인식을 높일 수 있도록 도우며, 내담자가 이러한 인식을 그들 자신의 삶과 사회에 적용할 수 있는 방법을 찾는 것을 돕는다.

예시 설명: 심리학자들은 부모들이 자녀들과 갈등을 겪을 때 그것이 문화 격차인지 세대 차이인지를 구분하도록 도울 수 있다. 그러한 과정에서, 심리학자들은 부모와 자녀들이 그들 자신의 독특한 문화적 가치를 존중하도록 도울 수 있다.

d. 심리학자들은 내담자의 '문제'가 인종차별에서 비롯된 것인지 아니면 다른 종

류의 편견에서 비롯된 것인지를 판단하는 것을 도와 내담자가 그러한 문제들을 개인적인 문제로 부적절하게 국한시키는 것을 방지한다.

예시 설명: 소수 민족이 차별에 대응하여 방어적인 행동을 취하게 되는 '건강한 피해망상' 개념이 이 원칙을 설명해 준다.

e. 심리학자들은 중재를 제공할 때, 서로 다른 진단 문제뿐만 아니라 내담자와 그들 공동체의 문화적 신념과 가치관을 고려해야 한다.

예시 설명: 전통적 나바호족에게는 '나방광기'라고 불리는 질병이 있다. 증상들은 발작 같은 행동을 포함한다. 나바호족은 이러한 질병이 근친상간적 생각 또는 행동의 초자연적 결과라고 믿는다. 나방광기의 전통적 가치가 차별화된 진단과 중재 모두에 고려되어야 한다.

4. 심리학자들은 내담자의 문화 내의 가족 구성원의 역할 및 공동체 구조, 위계질서, 가치관, 신념을 존중해야 한다.

a. 심리학자들은 가족과 지역사회의 지원을 파악한다.

b. 심리학자의 역할과 내담자의 기대에 대한 설명이 중재를 선행한다. 심리학자들은 심리학자와 내담자 모두 어떤 서비스와 역할이 합당한지에 대한 분명한 이해를 가지도록 한다.

예시 설명: 아메리칸 인디언들에게 있어 힘들어 하는 사람을 위해서 가족 전체가 함께 클리닉을 찾는 것은 일반적이다. 아메리칸 인디언 공동체에서 발견되는 다수의 치료시술은 가족과 공동체 전체를 중심으로 일어난다.

5. 심리학자들은 내담자의 종교적 귀속과 금기가 그들의 세계관과 사회 심리적 기능과 고통의 표현에 영향을 줄 수 있음에 따라 그것들을 포함한 종교적이나 영적 신념과 가치관을 존중한다.

a. 소수집단 공동체와의 작업의 일부는 그들의 토착신앙과 관습에 익숙해지고 그것들을 존중하는 것이다.

예시 설명: 전통적 치료자[예: 샤먼, 심령치료사(curandero), espiritistas]는 소수집단 공동체에 있어 중요한 부분을 차지한다.

b. 내담자의 문화 및 신념 시스템에 관계된 종교적/영적 지도자/의사와 상담을 하거나 그들을 중재에 포함시킴으로써 효과적인 심리적 중재를 할 수 있다.

6. 심리학자들은 내담자와 언어로 상호작용하며, 이것이 가능하지 않을 때에는 적절한 의뢰를 한다.

   a. 심리학자의 언어 능력이 내담자의 언어와 맞지 않을 때 문제가 발생할 수 있다. 그러한 경우에 심리학자들은 내담자의 언어로 능숙하게 의사소통할 수 있는 정신건강 전문가를 내담자에게 추천한다. 이것이 불가능하면, 심리학자들은 내담자의 문화적 지식과 적절한 전문적 배경을 가지고 있는 통역사를 제공한다. 통역사가 없을 때에는 내담자의 문화권 출신의 숙달된 보조가 통역사/문화 중개인으로 이용될 수 있다.

   b. 통역이 필요할 때, 심리학자들은 평가의 유효성 또는 중재의 효과에 위협이 되지 않도록 내담자와의 관계에서 이중적 역할을 맡을 가능성이 있는 통역사나 보조와 함께 일하지 않는다.

   c. 심리학자들은 평가를 받은 자의 필요에 따라 검사 데이터를 알아들을 수 있는 용어로 해석하고 설명한다.

7. 심리학자들은 문제를 평가하고 중재를 고안할 때에 부정적인 사회, 환경 및 정치적 요인의 영향을 고려한다.

   a. 사용될 중재 전략의 유형은 내담자의 필요의 수준에 맞춘다(예: 매슬로우의 욕구 위계이론).

   예시 설명: 저소득은 영양부족, 수준 이하의 주거환경, 열악한 의료혜택과 같은 스트레스 요인과 관계가 있을 수 있다. 그리고 외딴 거주지는 서비스에의 비접근성을 의미할 수 있다. 내담자는 정부기관에서의 치료를 기존의 경험 때문에 거부할 수 있다(예: 난민의 지위는 정부 관리나 기관으로부터 받은 폭력적인 취급과 관련 있을 수 있다).

   b. 만약 문화적 가치관과 인권 사이에 갈등이 있다면, 심리학자들은 관계된 모든 사람들의 복지를 증진하기 위해 문화적 환경 안에서 일한다.

8. 심리학자들은 편견, 선입견 및 차별성 관행에 주의를 기울이고 이를 제거하도록 노력한다.

   a. 심리학자들은 서비스를 제공받는 인구의 심리적 복지에 영향을 줄 수 있는 사회적 및 공동체적 수준에서의 차별성 관행을 인정한다.

예시 설명: 우울증은 백인 남성이 상위 계급을 점유하고 있는 기업체에서 지위를 상승시키려는 시도에서 경험하는 좌절과 관계가 있을 수 있다.

b. 심리학자들은 평가를 수행하고 중재를 제공할 때 사회 정치적 배경을 인식한다. 그들은 탄압, 성차별, 엘리트주의 및 인종차별 문제들을 보다 민감하게 대한다.

예시 설명: 두 민족 또는 문화 집단 사이에서 원한이나 폭력에 대한 대중들의 표현이 급증하면 이 집단들에 속해 있는 모든 이의 기본적 불안을 증대시킬 수 있다. 이 기본적 불안은 일반적인 신체증상과 상호작용할 수 있다. 기업적 수준에서 공동체 갈등은 직원들 간의 열린 대화를 통해 방지할 수 있다.

9. 다문화 인구집단과 작업하는 심리학자들은 문화적 및 사회 정치적으로 관련 있는 요소들을 기록해야 한다.

a. 국가 내에 있는 세대의 수

b. 국가 내에서 거주한 년 수

c. 영어에 능숙한 정도

d. 가족 지원 정도(또는 가족 해체)

e. 지역사회 지원

f. 교육 수준

g. 본 국가로 이주한 결과 변화된 사회적 지위(이민자 또는 난민)

h. 다른 배경의 사람들과의 친밀한 관계

i. 문화적응에 관련된 스트레스 정도

## 참고문헌

Acosta, F. X., & Sheehan, J. G. (1976). Preference towards Mexican American and Anglo American psychotherapists. *Journal of Consulting and Clinical Psychology, 44*(2), 272-279.

Acosta, F., Yamamoto, J., & Evans, L. (1982). *Effective psychotherapy for low income and minority patients.* New York: Plenum Press.

Atkinson, D. R. (1983). Ethnic similarity in counseling psychology: A review of research. *The Counseling Psychologists, 11*, 79-92.

Cheung, F. K., & Snowden, L. R. (1990). Community mental health and ethnic minority populations. *Community Mental Health Journal, 26*, 277-291.

Comas-Diaz, L., & Griffith, E. H. (1988). *Clinical guidelines in cross-cultural mental health.* John Wiley.

Dauphinais, P., Dauphinais, L., & Rowe, W. (1981). Effects of race and communication style on Indian perceptions of counselor effectiveness. *Counselor Education and Supervision, 20*, 37-46.

Everett, F., Proctor, N., & Cartmell, B. (1983). Providing psychological services to American Indian children and families. *Professional Psychology: Research and Practice, 14*(5), 588-603.

Juarez, R. (1985). Core issues in psychotherapy with the Hispanic child. *Psychotherapy, 22*(25), 441-448.

Lorion, R. P. (1974). Patient and therapist variables in the treatment of low incomepatients. *Psychological Bulletin, 81*, 344-354.

Malgady, R. G., Rogler, L. H., & Constantino, G. (1987). Ethnocultural and linguistic bias in mental health evaluation of Hispanics. *American Psychologist, 42*(3), 228-234.

McGoldrick, M., Pearce, J. K., & Giordano, J. (1982). *Ethnicity and family therapy.* New York: Guilford Press.

Nishio, K., & Bilmes, M. (1987). Psychotherapy with Southeast Asian American clients. *Professional Psychology: Research and Practice, 18*(4), 342-346.

Pradilla, A. M., & Ruiz, R. A. (1973). *Latino mental health: A review of literature* (DHEW publication No. HSM 73-9143). Washington, DC: U.S. Government Printing Office.

Padilla, A. M., Ruiz, R. A., & Alvarez, R. (1975). Community mental health for the Spanish-speaking/surnamed population. *American Psychologist, 30*, 892-905.

Parham, T. A., & Helms, J. E. (1981). The influence of Black students racial identity attitudes on preferences for counselor's race. *Journal of Counseling Psychology, 28*, 250-257.

Root, Maria P. P. (1985). Guidelines for facilitating therapy with Asian American clients. *Psychotherapy, 22*(2s), 349-356.

Rosado, J. W. (1986). Toward an interfacing of Hispanic cultural variables with school psychology service delivery systems. *Professional Psychology: Research and Practice, 17*(3), 191-199.

Snowden, L. R., & Cheung, F. K. (1990). Use of inpatient mental health services by members of ethnic minority groups. *American Psychologist, 45*, 347-355.

Sue, D., & Sue, S. (1987). Cultural factors in the clinical assessment of Asian American. *Journal of Consulting and Clinical Psychology, 55*(4), 479-487.

Zuniga, M. E. (1988). Assessment issues with Chicanas: practical implication. *Psychotherapy, 25*(2), 288-293.

Task Force on the Delivery of Services to Ethnic Minority Populations:

Charles Joseph Pine, PhD, Chair

Jose Cervantes, PhD

Freda Cheung, PhD

Christine C. Iijima Hall, PhD

Jean Holroyd, PhD

Robin LaDue, PhD

LaVome Robinson, PhD

Maria P. P. Root, PhD

# 심리학자들의 다문화 교육, 훈련, 연구, 실무, 조직적 변화에 대한 APA 지침(축약된 버전)

부록 J

미국 심리학회

이 문서는 2002년 8월 APA 대표위원회에 의해 미국 심리학협회(APA)의 정책으로 인증받았다. 이 문서는 APA 17분과(상담심리학)와 45분과의(소수 민족 주제에 관한 심리학 연구 모임) 합동 프로젝트팀이 제안한 것이다. 이 지침들은 22년간 개발의 과정을 거쳤으며 이를 도운 수많은 개인과 집단에게 감사를 표한다. 현재의 문서를 지필한 17/45분과에는 Nadya Fouad, PhD (공동의장), Patricia Arredondo, EdD (공동의장), Michael D'Andrea, EdD, Allen Ivey, EdD 등이 속해 있다. 이 지침은 17분과(D. W. Sue et al., 1982)와 다문화 상담 및 발전 위원회(Arredondo et al., 1996; D. W. Sue, Arredondo, & McDavis, 1992) 등이 다문화 상담 역량에 관하여 지필한 결과물을 토대로 한다. Rod Goodyear, PhD; Jeffrey S. Mio, PhD; Ruperto (Toti) Perez, PhD; William Parham, PhD; Derald Wing Sue, PhD가 관련 문헌들을 검토하면서 17/45 합동 분과팀의 지침 작성을 도와주었다. Gail Hackett, PhD; Jeanne Manese, PhD; Louise Douce, PhD; James Croteau, PhD; Janet Helms, PhD; Sally Horwatt, PhD; Kathleen Boggs, PhD; Gerald Stone, PhD; Kathleen Bieschke, PhD가 보충 글을 기고해주었다. Nancy Downing Hansen, PhD; Patricia Perez; Tiffany Rice; Dan Rosen이 편집을 맡아주었다. 또한 합동 프로젝트팀은 적극적인 지원과 기여를 해준 APA 17, 35, 45분과의 의장들인 Rosie Bingham, PhD; Jean Carter, PhD; Lisa Porche Burke, PhD; Gerald Stone, PhD; Joseph Trimble, PhD; Melba Vasquez, PhD; Jan Yoder, PhD에 감사드린다. 또한 많은 지원으로 우리를

도와준 Guillermo Bernal, PhD; Robert Carter, PhD; J. Manuel Casas, PhD; Don Pope-Davis, PhD; Linda Forrest, PhD; Margaret Jenson, PhD; Teresa Lafromboise, PhD; Joseph G. Ponterotto, PhD; Ena Vazquez Nuttall, EdD에 감사드린다.

이 문서의 최종본은 APA Board for the Advancement of Psychology in the Public Interest(BAPPI)와 APA Board of Professional Affairs(BPA)가 소집한 연구팀이 큰 공헌을 했다. 17/45 분과의 합동 특별작업의 Nadya Fouad, PhD, Patricia Arredondo, EdD 외에도 이 연구팀은 BAPPI의 Maria Root, PhD(연구팀 공동팀장)과 BPA의 Sandra L. Shullman, PhD(연구팀 공동팀장), Board of Educational Affairs의 Toy Caldwell-Colbert, PhD, APA Committee for the Advancement of Professional Practice의 Jessica Henderson Dniels, PhD, APA Board of Scientific Affairs를 대표하는 Janet Swim, PhD, BPA Committee on Professional Practice and Standards의 Kristin Hancock, PhD, APA Board of Directors(이사회)의 Laura Barbanel, PhD를 포함한다. 이 연구팀은 APA 스태프 멤버인 Public Interest Directorate의 Shirlene A. Archer, JD와 Public Interest Directorate의 Geoffrey M. Reed, PhD는 이 문서의 최종 승인까지 함께하면서 연구팀을 도와주었다. 프로젝트팀은 또한 APA의 스태프 멤버들인 Paul Donnelly, Alberto Figueroa, Bertha Holliday, PhD; Sarah Jordan; Joan White, Henry Tomes, PhD가 베풀어준 지원에 감사드린다.

이 문서의 만료기간은 APA 정책에 따라 2009년까지다. 이 기간 이후에 이 문서의 활용과 관련해서는 APA Public Interest Directorate에 문의하는 것을 권한다.

## 부록 개요

## 서문

## 지침의 범위

## 미국과 심리학 내의 인종적/민족적 다양성

## 정의
- 문화
- 인종
- 민족
- 다문화주의와 다양성
- 문화 중심

## 지침을 위한 역사적, 사회 정치학적 발전

## 지침에 대한 소개: 가정과 원칙

## 문화의식 및 자기와 타자에 대한 인식에의 책무
지침 1: 심리학자들은 문화적 존재로서 인종적, 민족적으로 그들과 다른 개인들을 인식하고 상호작용하는 데에 있어서 부정적으로 영향을 줄 수 있는 태도와 신념을 가질 수 있다는 점을 인식하도록 권장된다.

지침 2: 심리학자들은 민족적·인종적으로 다른 개인들에 대한 다문화적 민감성/책무성, 지식, 이해의 중요성을 인식하도록 권장된다.

## 실무
지침 5: 심리학자들은 임상에서나 다른 응용심리학 실무에서 문화적으로 적절한 기법을 적용하도록 권장된다.
- 맥락 안에서의 내담자
- 평가
- 중재

## 결론

## 참고문헌

# 서문

모든 개인은 사회적, 정치적, 역사적, 경제적 맥락 내에서 존재하며, 심리학자들은 개인들의 행동에 대한 이러한 맥락들의 영향을 이해할 것을 점점 더 요청받고 있다. "심리학자들의 다문화 교육, 훈련, 연구, 실무, 조직적 변화에 대한 APA 지침"은 계속되는 심리학 연구의 진화, 사회의 전반적 변화, 자신들의 민족적/인종적 유산과 사회적 집단 정체성, 혹은 멤버십에 근거하여 심리학 내에서 혹은 심리학에 의해 역사적으로 하찮은 존재로 취급되거나 권리를 박탈당해온 특정 개인들이나 집단들의 다양한 필요성이 증가함을 반영한다. 이러한 심리학자들의 다문화 교육, 훈련, 연구, 실무, 조직적 변화에 대한 APA 지침은 새로운 선거구, 시장, 내담자들의 필요뿐 아니라 미국 사회 내의 극적인 역사적, 사회 정치학적 변화의 중심에서 일을 하는 전문가가 갖춰야 하는 지식과 기법을 반영한다.

이 지침들의 구체적인 목표는 심리학자들에게 (a) 교육, 훈련, 연구, 실무, 조직적 변화 내에서 다문화주의와 다양성을 언급해야 할 근거와 필요성을 제공하고 (b) 기본 정보, 관련 용어, 최근의 관련된 경험적 심리학 연구와 관련된 학문 분야, 제안한 지침을 지지하고 그 중요성을 강조해주는 그 밖의 데이터를 제공하며 (c) 현재 진행 중인 교육, 훈련, 연구, 실무, 조직적 변화 방법론을 증진시키기 위한 참고문헌 (d) 직업으로서의 심리학의 범위를 넓혀줄 패러다임을 제공하기 위한 것이다.

이 지침들 내에서 훈련은 응용과 연구 기법의 발달에 교육을 좀 더 구체적으로 적용시키는 것을 의미한다면, 교육은 심리학의 모든 영역에서 학생들에 대한 심리적 교육을 지칭한다. 또한 연구라고 지칭할 때는 동물이나 수리적 상황에 대한 연구보다는 인간 참여자를 대상으로 한 연구를 뜻하며, 실무는 임상, 자문, 상담, 조직, 학교 심리학자들이 전형적으로 수행하는 아동, 청소년, 성인, 가족, 조직에 대한 개입을 지칭한다. 마지막으로 이 글은 행정가로서, 자문가로서, 또는 조직적 변화나 정책 발전을 촉진하기 위하여 조직을 관리하는 역할을 수행하는 심리학자들의 업무에 초점을 맞춘다.

본 지침들은 두 인종, 다민족, 혹은 다인종적 배경 출신의 개인, 아동, 가족들, 미국 내의 민족적, 인종적 소수자 집단을 언급한다. 그러므로 지침 안에서 다문화라고 할 때는 미국 내의 소수 민족/ 인종 집단과 주류적인 유럽—아메리칸 문화가 맺는 상호작용을 구체적으로 칭한다. 민족적, 인종적 소수자 집단은 각각의 집단 내에도 상당한 이질성이 있기는 하지만 아시안과 태평양 군도, 사하라 이남의 흑인 아프리카인, 라틴/히스패닉, 아메리카 원주민/인디언의 후손들을 포함한다. 또한 이 지침은 심리학자와 외국인 학생, 이주민, 일시적으로 일을 하러온 다민족 집단원과의 작업 및 상호작용에 대해서도 다룬다.

"지침(guidelines)"이라는 용어는 심리학자들을 위한 특정한 직업적 행위, 노력, 수행을 제안하거나 추천하는 공표(pronouncements)나 성명(statements), 선언(declaration)을 가리킨다. 지침은 규범과 달리 의무가 아니며 강제성을 띠지도 않는다. 그러므로 이러한 지침의 취지는 심리학자로서의 성장을 위한 것이다. 즉, 지침들은 직업상 체계적인 발전을 촉진하고 심리학자들이 전문 실무에서 더 높은 수준에 도달하는 것을 돕는다. 이 지침은 당위성을 가지고 지키기를 강요하기 위함이 아니며, 모든 임상적 장면에서 적용되지 않을 수도 있다. 또한 확정적인 것이 아니며 심리학자들의 판단보다 우위를 점하지도 않는다. 때로는 연방법이나 주 법률이 이 지침의 우위를 점할 수 있다.

## 지침의 범위

이 문서는 종합적이기는 하지만 강제적인 것은 아니다. 그리고 다양한 환경과 상황에서 이 지침의 맥락과 근거가 활용될 수 있도록 노력했지만, 또한 시간이 흐르면서 좀 더 실제적인 예나 참고문헌을 통해 진화할 것을 기대한다. 현재의 문서 초반부는 미국 내의 인종적/민족적 다양성에 대한 최신 인구학적 통계에 대한 개관과 교육 및 심리학 내의 인종적/민족적 소수자의 기술을 통하여 다문화적 지침의 필요성의 근거를 제공한다. 후반부에서는 지침 발전의 맥락과 지침을 만들 때 근거로 한 기본 원칙을 제공하는 미국과 심리학 전문 분야의 사회적, 정치적 발전에 대해 논의될 것이다. 그 후 각각의 지침을 제시할 것인데, 이때 처음 두 가지의 지침은 두 가지 주요 관점에서 모든 심리학자에게 적용되도록 고안된 것이다. 이는 (a) 문화적 유산과 다양한 사회적 정체성에 관련된 자기 이해 (b) 다른 문화에 대한 지식을 말한다. 이어지는 지침 3-6은 교육,

훈련, 연구, 실무, 조직적 변화에서의 다문화 적용을 언급한다.

이 지침들은 집단 내 관계와 민족적 정체성, 전문가들의 합의, 기타 민족적, 인종적 소수집단에 대한 인식과 경험에 대한 경험적 연구들을 가능한 포괄하려고 했지만 인종, 민족, 집단 내 과정, 고용과 전문적 교육 맥락 내에 다문화주의를 적용하기 위한 조직적 발전 전략 등에 관련된 모든 연구 분야를 완전히, 총체적으로 살펴보는 것은 아니다. 그보다는 가능한 한 지침에 관련된 경험적, 개념적 연구의 예를 제공하려고 시도했다.

## 미국과 심리학 안에서의 인종적/민족적 다양성

민족적으로 인종적으로 소수자인 개인, 혹은 두 인종/다민족/다인종적 유산을 가진 개인들의 인구 수는 미국에서 큰 비율로 증가하고 있다(Judy & D'Amico, 1997; U.S. 인구조사청, 2001; Wehrly, Kenney, & Kenney, 1999). 이와 같은 인구학적 추세는 이전의 1990년 인구조사 이래로 논의되어온 것이긴 하지만, 교육 기관, 고용주들, 정부 기관, 전문가 단체나 기타 인증된 단체들은 좀더 지식을 확충하고, 숙달되고, 다문화적으로 잘 대처하기 위한 체계적인 노력을 이제야 시작하는 중이다. 2000년 인구조사 데이터는 미국 다양성의 변화를 명확히 보여 준다(미국 인구조사청, 2001). 전인구의 67%가 단일인종이든 혼혈이든 간에 백인으로 알려졌다. 나머지 33% 중 대략 13%가 아프리칸 아메리칸이었으며, 1.5%가 아메리카 원주민이나 알래스카 원주민이었고, 4.5%가 아시안/태평양 군도 인종이었으며, 13%가 히스패닉이었고, 약 7%가 기타 인종이었다. 이러한 하위유형은 개인들이 하나 이상의 인종에 소속되어 있다고 선택할 수 있었기 때문에 중첩된다. 인종적/민족적 다양성은 주 별로 매우 다양하다. 2000년 인구조사 C. A. Brewer와 Suchan(2001)의 지도 시리즈를 요약하면, 다양성이 높은 주들은(60~77%가 인종적/민족적 소수집단인 자치주) 멕시코와의 접경 지역 해안에 있는 경향을 보였으며 캘리포니아, 텍사스, 애리조나, 뉴멕시코, 버지니아를 포함한다. 그러나 다양성이 중상위 정도인 주들(49~59%가 인종적/민족적 소수집단인 자치주)은 나라 전반에 걸쳐 있으며 메릴랜드, 뉴욕, 일리노이, 워싱턴주, 네바다, 콜로라도, 몬태나, 알래스카, 북 다코타, 남 다코타, 미네소타, 위스콘신, 미시간, 아칸소, 루이지애나, 앨라배마, 북 캐롤라이나, 남 캐롤라이나를 포함한다.

10년 전부터 퍼센트로 말하면 아시안/태평양 군도, 라틴/히스패닉 인종들이 상당히 증가한 것으로 보고되었으며, 나라의 일부에서 백인 유럽인 아메리칸은 더 이상 인구의 다수가 아니었다. C. A. Brewer와 Suchan (2001)은 다양성이 국내의 모든 주에서 증가했으며 몇몇 주에서는 34%나 증가했음을 밝혔다. 다양성이 가장 크게 증가한 주들은 지리학적으로 분산되어 있는데 이는 중서부(네브라스카, 아이오와, 캔사스, 콜로라도), 남부(조지아, 플로리다, 텍사스, 오클라호마), 북서부(아이다호, 오리건) 등을 포함한다. 덧붙여 최초로 2000년 인구조사는 참여자들이 한 개 이상의 인종적/민족적 소속을 체크할 수 있도록 하였다(미국 인구조사청, 2001). 비록 2.4%만이 두 개 이상의 인종적 소속에 체크하였으나 그중 42%는 18세 이하 참여자들이었으며, 이는 두 인종 사이에서 난 개인들의 출생률이 증가함을 보여주는 것이다. 분명히 미국은 점점 더 인종적으로 민족적으로 다양해지고 있으며, 이는 다문화에 보다 적합한 실무와 서비스가 시급함을 알리고 있다.

인구 내의 민족적, 인종적, 다인종적 다양성은 고등 교육에 반영된다. 이는 그들이 가르치고 양성하는 학생들의 민족적 구성의 변화를 반영하기 때문에 심리학자들에게 중요하다. 비록 대학 졸업 비율은 백인과 인종적/민족적 소수자 학생들 사이에 차이가 있긴 하지만 1988년과 1998년(취득가능한 가장 최신 자료) 사이에 유색인종의 대학 지원율이 62% 증가하였다. 2000년에 25~29세 사이의 학생들의 대학 졸업 비율(미국 인구조사청, 2001)은 백인이 29.6%, 아프리칸 아메리칸이 17.8%, 아시안/태평양군도 아메리칸 53.9%, 히스패닉 9.7%였다. 1991년의 통계와 1975년의 통계를 대비하면, 백인은 24.6% 대 22%, 아프리칸 아메리칸/흑인은 11% 대 7.9%, 히스패닉은 9.2% 대 5.7%였다. 히스패닉에 대한 자료는 1974년에 처음 수집되었고, 아시안/태평양 군도 인구의 자료는 1990년대 중반까지 수집되지 않았다. 분명 이 자료들은 인종적/민족적 소수 학생들이 백인 학생들보다 졸업 비율이 더 낮다는 것을 가리키지만 이 자료들은 또한 그들이 교육을 취득하고 있음을 보여준다.

심리학 학위 취득은 특히 이 지침에 밀접한 관련이 있는데, 그 이유는 학사 학위 취득이 심리학자가 되는 첫 관문이기 때문이다. 국가교육통계센터(National Center for Education Statistics)는 2001년에 심리학 학사 학위 취득자가 74,060명, 심리학 석사 학위 취득자가 14,465명이라는 것을 밝혔다. 이 비율 중에 대다수는 백인들이었다(학사, 석사 학위의 72%이고, 박사 학위의 5%를 차지한다). 아프리칸 아메리칸은 학사와 석사 학위의 10%, 박사 학위의 5%를 차지했다. 히스패닉은 학사 학위의 10%, 석사와 박사 학위의 5%를 차지했다. 아시안/태평양 군도 인종은 심리학 분야 학사 학위의 6%, 석사 학위의 3%, 박사 학위의 4%를 차지했다. 아메리카 원주민 인종은 심리학의 모든 학위에서 1%도 차지하지 못했다. 위에 언급한 각 소수 인종의 인구 비율에 비하여 인종적/민족적 소수 학생들은 모든 수준의 심리학 분야에서 원래 수보다 더 적게 평가되며, 특히 심리학자가 되는 가장 주된 시점인 박사 학위에서 가장 심하다.

그러므로 인종적/민족적 소수 학생들은 개인적 이유 때문이든 환경적 이유 탓이든 (예: 편견이나 외부적 제약으로 인한 장벽) 심리학자가 되기 위한 경로에서 한걸음 더 나아갈수록 어려움을 느끼게 된다. 이와 비슷하게, 심리학 전문 분야에서의 인종적인 비율은 낮은 편이다. Kite 외(2001)는 소수 민족 심리학자가 그 민족 수로 추산했을 때 너무나 적다고 보고했다. 실제로 2002년에 APA 회원 자료는 0.3%가 아메리칸 인디언, 1.7%가 아시안, 2.1%가 히스패닉, 1.7%가 아프리칸 아메리칸(APA Research Office, 2002a)이라고 보고함으로써, 조직 내에 유색인종 수가 심각하게 적다는 것을 뒷받침했다. 비율은 2002 APA 간부들(governance) 내에서 조금 더 높다. APA 간부들의 0.3%가 아메리칸 원주민, 1.7%가 아시안, 2.1%가 히스패닉, 1.7%가 아프리칸 아메리칸이었다 (APA Research Office, 2002b).

이 지침들은 미국의 인구가 인종적으로/민족적으로 다양하며, 학생, 연구 참여자, 내담자, 인력들이 점점 더 인종적/민족적으로 다양한 문화 출신인 수가 많아질 것이라는 것을 중심 전제로 하고 있다. 게다가 교육자, 심리학자 수련감독, 심리학 연구자, 서비스 제공자, 그리고 조직적 변화를 시행하는 심리학자들은 다양한 문화 출신의 개인 및 집단과 효과적으로 일하는 기술을 습득하도록 장려된다. 그리고 심리학자들의 윤리 원칙을 다양한 인구와 일할 때 유능해지고(원칙 A), 타자의 권리를 존중하고(원칙 D), 타인에게 해를 가하지 않도록 주의하고(원칙 E), 사회적 정의에 이바지할 것(원칙 F; APA, 1992)에 바탕을 두었다. 또한 이 지침들은 심리학자들이 적절한 문화 중심 교육, 훈련, 연구, 실제, 조직적 변화를 찾고 활용하는 데 도움이 될 것이다.

마지막으로 이 지침들은 연구, 전문가 합의, 민족적 소수집단과 집단 내 관계를 언급하는(Dovidio & Gaertner, 1998; Dovidio, Gaertner, & Validzic, 1998; Gaertner & Dovidio, 2000) 민족적, 인종적 소수집단의 경험(S. Sue, 1999; Swim & Stangnor, 1998; U.S. Department of Health and Human Services [USDHHS], 2001), 세계관과 정체성에 대한 다학제적 이론 모형(Arredondo & Glauner, 1992; Helms, 1990; Hofstede, 1980; Kluckhohn & Strodbeck, 1961; Markus & Kitayama, 2001; D. W. Sue & Sue, 1977), 지난 20년 간 발전해온 문화 간 다문화 지침과 역량에 대한 연구(Arredondo et al., 1996; D. W. Sue, Arredondo, & McDavis, 1992; D. W. Sue et al., 1982) 등에 관한 학문 분야에서 도움을 얻었다. 이 지침에 언급하는 주제들은 전 지구적 맥락에서 고려하는 것이 중요해지고 있긴 하지만, 지침들은 미국 내와 푸에르토 리코와 괌 등과 같은 연방, 영토 내의 맥락에 초점을 맞추었다.

## 정의

인종, 문화, 민족을 지칭하는 용어 간에는 상당한 논쟁거리와 중복이 있다(Helms & Talleyrand, 1997; Phinney, 1996). 아래는 지침 전반에서 사용한 용어들을 정의한 것이다.

## 문화

문화는 관습, 규범, 관례, 사회 기관으로 정의되며, 심리적 과정(언어, 양육행동, 미디어, 교육 체계)과 조직(미디어, 교육 시스템; A. P. Fiske, Kitayama, Markus, & Nisbett, 1998) 등을 포함한다. 이러한 정의 안에는 모든 개인은 문화적 존재이며 문화적, 민족적, 인종적 유산을 가진다는 전제가 깔려 있다. 문화는 종교적, 영성적 전통을 포함하여 학습하고 전수받은 신념, 가치, 관례를 통한 세계관의 전형으로 정의되어 왔다. 이는 또한 집단에 부과되어 온 역사적, 경제적, 생태적, 정치적 힘에 영향을 받은 삶의 방식을 아우른다. 이러한 정의는 문화는 유동적이고 역동적이며 보편적인 문화 현상과 구체적이거나 상대적인 요소도 있다는 것을 제안한다.

## 인종

인종의 생물학적 근거는 때때로 심리학에서 상당히 열띤 논쟁거리가 되어 왔다 (Fish, 1995; Helms & Talleyrand, 1997; Jensen, 1995; Levin, 1995; Phinney, 1996; Rushton, 1995; Sun, 1995; Yee, Fairchild, Weizmann, & Wyatt, 1993). Helms와 Cook(1999)은 인종에는 합의된 개념이 없으며, 사실 생물학적인 인종 종류와 표현형(유전자와 환경의 영향에 의해 형성된 생물의 형질)은 집단 간 차이보다 집단 내 차이가 더 많다고 하였다. 이 지침 내에서 인종의 정의는 생물학적으로 결정된 것보다는 사회적으로 구성된 개념을 뜻한다. 따라서 인종은 피부색이나 머리카락 타입 등 신체적인 특징에 근거하여 다른 사람들이 개인에게 내리는 유형이며 결과적으로 일반화와 고정관념이 생긴다. 그러므로 "사람들은 마치 그런 특징들에 따라 생물학적으로 정의된 인종집단에 속한 것처럼 대우받거나 연구된다."(Helms & Talleyrand, 1997, p. 1247)

## 민족

인종과 문화의 개념과 비슷하게 민족성이라는 용어는 보편적으로 합의된 정의가 없다. 이 지침에서 민족성은 집단의 관습을 수용하고 자신의 출신 문화를 실천하며 동시에 소속감을 느끼는 것으로 정의한다. 또한 M. B. Brewer(1999), Sedikides와 Brewer(2001), Hornsey와 Hogg(2000)과 일치하게, 개인은 다른 시기에 다르게 발현되는 다양한 민족적 정체성을 가지고 있을 수 있다고 인정한다.

## 다문화주의와 다양성

다문화주의와 다양성이라는 용어는 성별, 성적 지향, 장애, 사회 경제적 지위, 연령에서 생겨난 정체성의 측면을 나타내기 위해 혼용되어 왔다. 다문화주의는 인종, 민족성, 언어, 성적 지향, 기타 문화적 차원의 방대한 차원들을 분명히 인식한다. 이 모든 것은 개인의 민족적/인종적 그리고 개인적 정체성의 핵심적인 측면이며 심리학자들은 이 모든 문화적 차원들에 관련된 주제들을 잘 인식하는 것이 좋다. 게다가 각각의 문화적 차원들은 그 고유의 주제와 관심사를 가진다. "레즈비언, 게이, 양성애 내담자를 위한 심리치료 지침"(APA, 2000)에서 알렸듯이 각각의 개인은 수많은 정체성에 소속되고 정체성을 가졌다고 밝히며, 이 중 몇 정체성은 서로 상호작용한다. 내담자들을 효과적으로 돕고, 학생들을 효과적으로 훈련시키고, 변화의 조력자로서, 과학자로서, 심리학자로서 가장 유용한 작업을 하려면 개인 내적, 개인 간 이처럼 다양한 정체성에 관한 주제와 친밀해져야 한다. 그러나 앞서 언급했듯이 이 지침에서 다문화주의는 좀더 협소한 의미로 미국 내의 인종적/민족적 집단 간의 상호작용을 지칭하며, 교육, 훈련, 연구, 실무, 조직적 변화를 위한 함의로 지칭한다.

다양성이라는 개념은 고용 장면에서 광범위하게 사용되어 왔으며, 그 용어는 2000년 노동력(Johnson & Packer, 1987)과 2020년 노동력(Judy & D'Amico, 1997)에서 보고된 Hudson Institute의 연구에 의해 상당한 설득력을 얻었다. 이 용어의 적용은 직장에서, 특히 의사 결정의 역할에서 과소평가된 여성이나 유색인종을 지칭하면서 시작되었다. 이후, 이 용어는 즉 연령, 성적 지향, 신체적 장애, 사회 경제적 지위, 인종/민족, 직장에서의 역학/지위, 종교적/영적 지향, 일/가족 지향 등 개인의 사회적 정체성을 아우를 수 있도록 진화되어 왔다(Loden, 1996).

## 문화 중심

지침 전반에서 심리학자들로 하여금 직업 행동의 중심으로 "문화적 렌즈"를 활용할 수 있도록 격려하기 위하여 문화 중심이라는 용어를 사용한다. 문화 사용 실제에서 심리학자들은 모든 개인, 자기 자신까지도 역사적, 생태적, 사회 정치적, 학제적으로 서로 다른 맥락에 영향을 받는다는 것을 인식한다. "만약 문화가 환경의 일부이고 모든 행동이 문화에 의해 형성된다면 문화 중심 상담은 모든 문화적으로 학습된 패턴에 잘 대응할 수 있다."(Pedersen, 1997; p. 256) 예를 들어, 문화 중심 접근은 심리학자들에게 행동은 문화, 그들이 속한 집단, 낙인을 비롯한 문화적 고정관념에 의해 형성될 수 있음을 고려하도록 제안한다(Gaertner & Dovidio, 2000; Major, Quinton, & McCoy, 출판 중; Markus & Kitayama, 1991; Steele, 1997).

## 지침을 위한 역사적, 사회 정치학적 발전

인종적/민족적 소수집단에 집중하면서 다문화, 문화특수적 지침을 발달시키도록 역사적 맥락을 제공한 다양한 국가적 사건, APA 내의 발전, 기타 관련 전문가협회의 창안 등이 있었다. 국가적으로는 1954년에 대법원이 분리 교육의 "분리 평등 정책"을 타파하였다(Brown v. 교육위원회, 1954). Benjamin과 Crouse (2002)는 이를 두고 교육에서 위대한 사회적 평등의 무대를 마련해주었다는 의미 외에도 "대법원의 결정이 심리학 연구를 인용했다는" 의미로 심리학계의 중요한 전환점이라는 것을 밝혔다(p. 38). 10년 후인 1964년에 시민의 평등권 통과는 사회 정치학적 운동과 국가적, 주, 지역 수준에서 개인과 집단의 권리를 보호하기 위한 추가적 법률 제정 발전의 토대를 마련해주었다. 이러한 운동과 결과적인 법 제정은 성별, 연령, 장애, 국적, 종교, 성적 지향, 그리고 물론 민족과 인종에 대한 평등권과 공평한 기회에의 접근권을 규정한다. 그러나 캘리포니아, 미시건, 텍사스의 차별철폐조치를 해체시키려던 운동은 역사적으로 주변화된 개인과 집단의 권리 증진을 위협하는 사회 정치적 운동이었다는 것도 기억해야 한다.

민족적/인종적 소수집단의 의료 및 정신건강의 불평등에 관한 국가적 주제는, 심리학자들이 1990년대 중반 클린턴 대통령의 인종과 인종주의에 대한 대화와 U.S. sergeon general 연구소의 2001년 보고서(USDHHS, 2001)에서 활약함으로서 종지부를 찍었다. 국가적 논쟁은 또한 조직 구조의 의미 있는 변화를 불러왔다. 예를 들어, 국립 정신건강연구기관(National Institute of Mental Health)은 1972년 소수자를 위한 부서를 설립하였으며, 1985년에는 연구 대상 인구의 다양화를 정당화시키는 것을 포함하여 모든 영역에서 소수 민족 중심 연구를 수행하도록 기관을 재정비하였다. 이와 같이 기금을 지원받은 연구 결과들은 인종적/민족적 소수집단에 한정된 정책을 확립하는 데에 활용되었다.

교육에서 인종의 역할에 대한 심리학자들의 관점은 거의 한 세기 동안 언급되었다 (역사적 관점은 Suzuki와 Valencia, 1997에 의해 제공되었다). 실제로 인종, 문화, 집단 간 관계라는 요소들은 거의 심리학이 시작된 이래로 Clark and Clark(1940), Allport(1954), Lewin(1945) 등의 심리학자들에게 연구의 영역이 되어왔다(역사적 리뷰를 보려면 Duckitt, 1992를 참고하라).

심리학 관련 직업 내에서 임상 실제의 변수로서 문화에 관심을 가진 것은 1973년 Vail 회의에서 최초로 언급되었다(Korman, 1974). 이 회의에서 나온 권고사항 중 하나는 모든 박사과정 프로그램과 교육 워크숍에서 문화적 다양성에 대한 훈련을 포함시키라는 것이다. 다문화 및 문화특수적 요소와 맥락에 근거한 적절한 훈련에 대한 관심은 그 후 20년 동안 계속되었다. APA 인증위원회의 인증 편람(APA Accreditation & Accreditation Office, 1986)은 1986년에 효과적인 훈련의 구성 요소로 문화적 다양성을 포함시켰고, 이는 2002 지침(APA, 2002)까지 계속된다. 이러한 노력은 임상, 상담, 학교 심리학자들의 훈련에 있어서 문화적, 개인적 차이와 다양성의 중요성을 인식했다. 그에 따라 이러한 분야의 훈련위원회는 문화적 다양성을 자신들의 모델 프로그램으로 받아들였는데, 이는 상담심리학 내에서 상담심리학자위원회의 모델 프로그램(Murdock, Alcorn, Heesacker, & Stoltenberg, 1998)과 직업 심리학 학교의 국가위원회의 규범(Peterson, Peterson, & Abrams, 1999)을 포함한다.

이와 함께 문화적 다양성에 더 많은 관심을 기울이고 반영하려는 시도가 APA 조직 안에서의 구조적, 기능적 변화로 이어졌다. 민족적 소수자 관련 위원회(Board of Ethnic Minority Affairs, BEMA)가 설립되었으며, BEMA는 개인의 행동에 문화, 인종, 민족성이 미치는 영향력과 효력을 과학적으로 뒷받침하도록 격려하고, 민족적 소수자인 심리학자들이 조직 내에 더 많이 참여할 수 있도록 하는 역할을 맡았다. BEMA는 1981년 소수자 교육과 훈련에 대한 프로젝트팀을 만들었으며, 소수자 구역의 사람들과 소통하는 법에 대해서 두 번째 프로젝트팀을 1984년에 구성하였다. 1990년에는 민족적 소수자 관련 위원회가 공익을 위한 심리학 발전 위원회(Board for the Advancement of Psychology in the Public Interest)로 구성되었다. 이 부서는 APA 내의 운영 구조 안에서 BEMA를 대체하였다. 민족적 소수자 채용, 유지, 훈련 위원회(Commission on Ethnic MInority Recruitment, Retention, and Training)는 1994년에 구성되었으며 보고서를 발간하고 심리학 분야 내의 학생을 늘리기 위한 5개년 계획을 수립하였다. 이러한 APA와 각 부서들의 다각적인 노력은 정책 수립으로 결실을 맺었다. "심리적 서비스 제공자를 위한 일반적 지침"은 "심리적 서비스는 연령, 성별, 성적 지향, 문화, 민족 등 다원적인 사회 관련 요소들에 민감한 방향으로 계획되고 시행되어야 한다는 점을 이해하는 방향으로 발달해야 한다." (APA, 1987, p. 713)

1990년에 APA는 민족적, 언어적, 문화적으로 다양한 사람들을 위한 심리 서비스를 제공하는 전문가들을 위해 지침을 발간하였다(APA, 1990). 이에 따르면 1992년 윤리 규정의 개정은 인권과 존엄성을 존중하라는 원칙 D에서 "심리학자들은 연령, 성별, 인종, 민족성, 국적에 관련된 문화적, 개인적, 역할적 차이를 의식할 것"을 명시한다(APA, 1992, p. 1598). 윤리 규정은 또한 역량(규범 1.08), 사정(규범 2. 04), 그리고 연구(규범 6.07 & 6.11)에 관련되어 문화적 다양성에 대한 윤리 규범을 포함한다.

현재 "심리학자들의 다문화 교육, 훈련, 연구, 실무, 조직적 변화에 대한 APA 지침"은 미국 내의 사회 정치적 환경과 전문가 조직 내의 심리학자들의 노력으로 인하여 발전했다. 인종과 민족에 초점을 맞추었던 다양한 조직의 선구적 노력들이 있었으나 이 지침은 심리학적 교육, 훈련, 연구, 실제, 조직적 변화에 있어서 인종과 민족이 주는 함의를 최초로 언급했다. 또한 미국의 심리학자들에게 점점 더 증가하는 다양한 사람들에게 서비스를 제공할 때의 뼈대를 제공하고 이들의 서비스 제공을 도울 수 있도록 하는 계속되어온 노력의 최신판이라 할 수 있다. 결과적으로 이는 다문화와 문화특수적인 안건에 좀더 공식적으로 관심을 기울이기를 권하는 사회적, 집단적/조직적인 역사가 점진적으로 있어왔음을 반영한다.

## 지침에 대한 소개: 가정과 원칙

이 지침은 앞서 언급했듯이 인종적/민족적으로 교육, 훈련, 연구, 실제, 조직 내에서 소수자인 심리학자나 비소수자인 심리학자의 역할에 관련되어 있으며, 인종적/민족적인 유산을 가졌거나 소수자로서의 문화유산을 물려받은 학생, 연구 참여자, 내담자의 역할에 관련된다. 심리학 교육, 훈련, 연구, 실제에서 모든 상호교류는 두 개 이상의 문화 간에 발생한다. 정체성과 역동과 마찬가지로 인종과 민족성은 모든 수준에서의 심리학 실제와 개입에 영향을 미친다. 이러한 신념은 모든 문화 집단의 국가적 유산에 대한 존중과 수용, 개인들과 집단들이 살아왔던 경험을 정의하는 문화적 맥락의 인식, 또한 역사적, 경제적, 사회 정치적 사건들과 같은 외부적 힘의 역할의 인식 등으로 설명된다. 이러한 철학적인 바탕은 문화적으로 과학적으로 올바른 교육, 연구, 실제, 그리고 조직적 변화와 더 큰 사회에서의 정책 발전을 계획하고 시행하는 데에 영향을 미치며 기여한다. 이론과 실제에서 문화적인 면을 잘 숙지하여 심리학 실무에 임하려면, 문화의 주된 전달자로서 심리학자들은 문화적 지식, 민감성, 이해의 증진에 기여해야 하는 책임감을 갖추어야 한다. 즉, 심리학자들은 친 사회적 변화와 영향력, 사회적 정의를 가져오는 주요 인물로서 앞장서야 하는 입장에 처해 있고, 그러므로 개인 차원, 기관 차원, 사회 차원의 인종주의, 편견, 그리고 고정관념과 차별에 근거한 모든 형태의 압제가 주는 파괴적 영향에 맞서 다문화주의에 대한 사회적인 이해와 지지, 공감 등을 촉진해야 한다.

"심리학자들의 다문화 교육, 훈련, 연구, 실무, 조직적 변화에 대한 APA 지침"은 아래의 원칙에 입각하여 만들어졌다.

1. 심리학자들의 윤리적 수행은 인종적, 민족적 집단에 속하여 소속감을 느낌으로써 사회화되어가는 과정 중에 나타나는 신념과 실제의 차이를 알고, 그러한 신념과 실제가 어떻게 교육, 훈련, 연구, 심리학 실제에 필수적으로 영향을 미치는지 인식함으로써 향상된다[APA(1992) 윤리 규정의 원칙 D와 F, 민족적 소수자 이익 증진을 위한 국가 심리학협회 내 위원회(CNPAAEMI), 2000].

2. 민족적, 인종적 유산에 근거한 개인들의 사회화 경험 간의 접점을 이해하고 인식하면 심리학 분야에서의 교육, 훈련, 실제, 연구가 증진될 수 있다(미국 교육위원회, 2000; 미국 교육위원회 & 미국 대학교수협의회, 2000; Biddle, Bank, & Slavings, 1990)

3. 인종적, 민족적 집단소속감이 다른 차원의 정체성(예: 성, 연령, 성적 지향, 장애, 종교/영성 지향, 교육적 성취/경험, 사회 경제적 지위)과 교차하는 지점을 인식하면 모든 사람에 대한 이해와 치유가 증진된다(Berberich, 1998; Geene, 2000; Jackson-Triche et al., 2000; Wu, 2000).

4. 문화적 차이를 결핍으로 보고 특정 사회적 정체성을 무시해온 역사적인 관점을 알면 심리학자들이 그 분야 내에서 민족적 소수자들의 평가절하를 이해하고, 개인의 정체성 발달에 민족과 인종의 역할을 확신하고 가치를 두는 데에 도움이 된다(Coll, Akerman, & Cicchetti, 2000; Medved et al., 2001; Mosley-Howard & Burgan Evans, 2000; S. Sue, 1999; Witte & Morrison, 1995).

5. 심리학자들은 인종 간 평등과 사회적 정의를 도모하는 데에 고유한 능력이 있다. 이는 자신들이 타인에게 미치는 효과와 사회에서의 개인적, 직업상 역할에 미치는 영향력을 자각함으로써 발휘된다(Comas-Díaz, 2000).

6. 고용주와 직업 심리학협회들을 포함한 조직의 역할에 대한 심리학자들의 지식은 문화적 차이를 무시하지 않고 반영하는 담론, 교육과 훈련, 제도적 변화, 연구 및 정책 발전을 촉진시키는 행동적 실천의 잠재력이다. 심리학자들은 조직이 변화하는 사회에서의 지도자라기보다는 문화적 다양성을 존중하는 문지기 혹은 변화의 원동력이 될 수 있다는 점을 인식한다.

## 문화의식 및 자기와 타자에 대한 인식에의 책무

지침 1: 심리학자들은 문화적 존재로서 인종적, 민족적으로 그들과 다른 개인들을 인식하고 상호작용하는 데에 있어서 부정적으로 영향을 줄 수 있는 태도와 신념을 가질 수 있다는 점을 인식하도록 권장된다.

심리학자들은 다른 모든 사람처럼 많은 요소에 의해 조형되고 영향을 받는다. 이는 그들의 문화적 유산, 민족적, 인종적 정체성 발달을 포함하는 다양한 정체성의 차원, 성적 사회화, 사회 경제적 경험, 자기 자신과 타인들에 관한 특정한 편견과 추측을 갖게 하는 또 다른 차원의 정체성 등이 포함된다. 심리학자들은 타자들에 대한 인식에 도움을 주는 여러 개의 태도나 관점들을 가지고 대인관계에서의 상호작용에 접근한다. 이러한 세계관의 일부는 그들의 문화적 경험에 의해 조형된다. 실제로 문화 간, 다문화 관련 학문 분야들은 일관성 있게 모든 사람이 문화적 존재이고 모든 상호작용은 문화 간 상호작용이며, 그러므로 우리의 모든 삶의 경험들은 우리 스스로의 문화적 관점 안에서 지각되고 구성된다는 점을 밝혀왔다(Arredondo et al., 1996; M. B. Brewer & Brown, 1998; A. P. Fiske et al., 1998; Fouad & Brown, 2000; Markus & Kitayama, 1991; Pedersen, 2000; D. W. Sue et al., 1982, 1992; D. W. Sue, Ivey, & Pedersen, 1996).

심리학자들은 세계관을 조성하는 기본 전제에서 문화적 차이가 얼마나 있을 수 있는지 배우는 것이 좋다. 예를 들면, 미국 주류 문화의 문화적 양상은 독립적이고 성취와 성공에 역점을 두며, 자신의 개인적 목표에 있어서 확고하고(통제할 수 있고), 합리적인 의사 결정을 중시하는 개인들을 선호한다는 사실을 이해하는 것이 중요하다(A. P. Fiske et al., 1998; Markus & Kitayama, 1991; Oyserman, Coon, & Kemmelmeier, 2002). 이와 반면에 동아시아 문화적 배경을 가진 사람들은 타인들과의 상호의존성을 중시하고 타인과 조화를 이루고 사회적 규범에 순응하는 쪽을 지향하며, 개인적 목표보다는 집단의 목적을 더 중요하게 생각할 수 있다(A. P. Fiske et al., 1998). 독립적인 성향에 대한 선호는 이와 비슷한 성향 또는 다른 성향을 가진 사람들에게 가지는 태도를 각각 달리 결정할 수 있다. 이러한 특정 성향의 선호는 다른 성향을 무의식적, 자동적인 방식으로 나쁘게 평가할 수 있는 위험을 내포한다(Greenwald & Banaji, 1995).

상호작용을 지각하는 사람은 상호작용 내용뿐 아니라 개인적 특성, 외모, 연령, 성, 생득적인 인종, 장애/비장애, 그 외 다른 특성 등 상대에 대한 정보들을 통합한다(Kunda & Thagard, 1996). 이 모든 지각은 지각하는 사람의 세계관에 의해 조형되고, 타인의 행동을 이해하기 위한 어떤 일치되는 전체 틀 안에서 조직된다. 타인을 지각할 때 때로 압도될 만큼 많은 양의 정보를 조직하는 데에 드는 심리적 과정은 사람을 범주화함으로써 줄어들 수 있다(S. T. Fiske, 1998). 이러한 과정은 다양한 특성과 행동을 특정한 집단(예: 모든 체육선수는 머리보다 체력이 앞서며, 모든 여자는 쇼핑하는 것을 좋아한다)과 연결시키도록 이끌며, 심지어 그것들이 특정한, 혹은 많은, 심지어는 대부분의 개인들에게 부정확할 때조차도 유지된다.

유형에 대한 주의를 강조하는 접근을 이해하는 데 가장 널리 쓰이는 이론적 틀은 사회적 범주화 이론으로써, Allport(1954)가 처음으로 개념화한 것이다. 이러한 관점에서 사람들은 자기 주변 사람들의 범주를 지음으로써 사회 세계를 이해하는데, 이는 그 범주를 내집단과 외집단으로 분리시키는 것도 포함한다(M. B. Brewer & Brown, 1998; S. T. Fiske, 1998; Hornsey & Hogg, 2000; Tajfel & Turner, 1986; Turner, Brown, & Tajfel, 1979). 범주화는 처리 속도를 빠르게 하고 인지적 자원의 활용에서 효율성을 높이는 등 쓸모가 많은데 이는 꽤 자동적으로 일어나는 것으로 보이기 때문이다(S. T. Fiske, 1998).

이 지침과 관련되는 것은 자신과 인종적으로 민족적으로 다른 개인에 대한 태도에 관한 범주화와 그 범주화의 효과에 영향을 미치는 요소들이다. 이는 집단 간 차이를 과장하고 집단 내 유사점을 과장하는 경향과 외집단보다 내집단을 더 호의적으로 대하는 경향을 포함하며, 이 역시 의식적인 수준 밖에서 일어나는 자동처리과정이다(S. T. Fiske, 1998). 내집단은 더 가치가 높이 평가되고, 더 신뢰가 가고, 경쟁과 반대되는 협력을 이끌어낸다(M. B. Brewer & Brown, 1998; Hewstone, Rubin, & Willis, 2002). 그리고 내집단에 가장 동화된 사람들은 또한 가장 편견을 심하게 보인다(Swim & Mallett, 2002). 이는 한 집단이 다른 집단보다 훨씬 강력하거나, 미국과 같은 경우처럼 내집단 안에서 자원이 공평하게 분배되지 않을 때 문제가 된다.

그러므로 외집단의 사람들에게 자동적인 편견이나 고정관념 섞인 태도를 가지는 것은 매우 보편적이며, 대부분의 심리학자들에게 인종적/민족적 소수자 집단의 사람들은 외집단에 속한다. 범주에 연관된 고정관념이나 특성은 그 범주의 지배적인 측면이 되며, 이는 확인되지 않은 정보가 제공될 때조차 마찬가지이고(Kunda & Thagard, 1996), 특히 그 고정관념을 확신시켜줄 만한 동기가 있을 때 심하다(Kunda & Sinclair, 1999). 이는 행동의 해석에 영향을 주며, 그 행동에 관한 사람의 판단에도 영향을 준다(S. T. Fiske, 1998; Kunda & Thgard, 1996). 또한 하나의 맥락에서 규범적인 행동은 다른 맥락에서는 꼭 이해되거나 가치있게 여겨진다는 법이 없기 때문에 자동적인 편견과 태도는 오해로 이어지기도 한다. 예를 들어, 동료, 내담자, 학생, 혹은 연구 참여자들을 이름으로 칭하는 것은 몇몇 개인들에게는 괜찮을 수 있지만, 권위적인 역할의 개인들과 좀더 공식적인 인간관계에 익숙한 많은 인종적/민족적 소수자들에게는 무례의 상징으로 여겨질 수도 있다.

특정 고정관념 섞인 태도와 그 결과로서의 행동 간 관련성이 일관되게 발견되지는 않았으나 집단 범주화는 행동적 확증(Stukas, & Snyder, 2002), 내그룹 선호주의(Hewstone et al, 2002), 그리고 행동의 미묘한 형태들(Crosby, Bromley, & Saxe, 1980) 등을 포함한 집단 간 행동에 영향력을 미친다고 나타났다. 심리학자들은 자기들이 생각하는 것보다 자신의 태도가 편향되어 있거나 문화적으로 제한되어 있을 수 있으므로, 타자에 대한 자신의 태도에 대해 좀더 의식하고 민감해져야만 한다. 심지어는 의식적으로 평등주의를 견지하는 사람들조차 집단에 대한 부정적인 태도와 고정관념을 무의식적으로 지지했다는 연구를 생각하면 더 많은 주의와 노력이 필요함을 알 수 있다.

이러한 연구를 보고 많은 이는 만약 집단소속감에 강조를 덜 두면 집단 간 관계가 향상될 것이라고 주장했다. 이러한 생각을 실천하는 한 가지 방법으로 집단 간 관계 향상을 원했던 사람들은 자신들과 인종적, 민족적으로 다른 개인들과 상호작용할 때 차이를 지각하지 않는 접근(color-blind)을 택하였다. 이러한 접근에서 인종적, 민족적 차이는 최소화되며 행동의 보편적이고 "인간적인" 측면이 강조된다. 이는 미국의 통합 정책에서 각각의 문화 집단에 초점을 두지 않고 이민자들이 전체를 이룬 나라라는 뜻의 도가니(melting pot) 비유를 사용하면서 전통적으로 중점을 두었던 방식이다. 이러한 접근에 찬성하는 사람들은 차이에 관심을 기울이는 다른 접근이 내집단 사람은 선호하고 외집단 사람에게는 고정관념을 사용하는 식의 범주적 사고와 같은 것들을 촉진함으로써 불평등을 야기시킨다고 생각하였다. 이와 대조적으로 차이를 지각하지 않는(color-blind) 접근에 반대하는 사람들은 미국 내 인종적/민족적 집단 간의 권력 차이를 중시하면서, 집단 간 차이를 무시하면 현재 상황은 변하지 않게 되고, 인종적/민족적 소수 집단들이 지배적인 집단원들과 같은 관점을 유지한다는 가정을 하게 될 것이라고 주장하였다(Schofield, 1986; Sidanius & Pratto, 1999; Wolsko, Park, Judd, & Wittenbrink, 2000).

차이를 지각하지 않는 접근이 불평등을 줄이려는 시도에서 나온 것이긴 하지만 사회 심리학자들은 이 접근이 사실은 집단 간 공평한 치료를 방해한다는 것을 발견하였다. M. B. Brewer와 Brown(1998)은 문헌 리뷰에서 "집단 차이를 무시한다는 것은 때로는 자연히 집단 간 불평등이 계속 존재하도록 한다."(p. 583)라고 밝혔다. 예를 들어, Schofield (1986)은 학교에서 문화적 차이를 간과하면 민족에 따른 분리가 다시 유발된다는 것을 발견하였다. 차이를 지각하지 않는 정책은 또한 차별적인 고용 실제에서도 기여하는 것으로 보고되었다(M. B. Brewer & Brown, 1998). 이 사례에서 차이를 지각하지 않는 접근은 백인이 유색인종보다 더 큰 권력을 소유하는 현 상태를 유지하는 효과를 발휘할 수 있는 것이었다. 차이를 지각하지 않는 접근은 다문화적 접근보다 타인 지각에서 정확하지 못하다는 근거들도 있다. Wolsko 등(2000)은 그 예로 백인 학생들이 차이를 지각하지 않는 접근이나 다문화적 접근 둘 중 하나를 배웠을 때, 다문화적 접근을 배운 백인 학생들이 다른 집단을 더 긍정적으로 여겼을 뿐 아니라 다른 집단에 대한 고정관념을 더 강하게 가진 것으로 나타났다. 다문화적 접근을 배운 백인 학생들은 또한 인종/민족에 의한 차이를 더 정확하게 지각하였으며, 차이를 고려하지 않는 조건에 비하여 민족성 및 개인의 특징에 관한 범주 정보를 더 많이 활용하였다. 따라서 Wolsko 등은 이렇게 결론지었다.

차이를 지각하지 않는다는 가정하에 있을 때 사회적 범주를 가지는 것은 지양하거나 억압해야 할 부정적인 정보로 비추어진다. …… 이와 대조적으로 다문화적인 가정하에서 작동할 때 사회적 범주는 그저 문화적 다양성의 결과로 비추어진다. 그룹 간 공통점과 차이점을 인식하고 이를 인정하지 못하게 되면 서로 다른 배경을 가진 사람들 사이에서의 조화로운 상호작용이 저해된다(Wolsko et al., 2000, p. 649).

Wolsko 등(2000)이 활용한 다문화적 접근과 일치하게, 문화중심적 훈련과 개입은 문화적 차이와 각 문화관, 세계관의 차이를 낙인 경험과 함께 인정한다(Crocker, Major, & Steele, 1998). 이러한 관점은 지침 2에서 좀더 자세히 논의할 것이다. 그러나 심리학자들 스스로가 고유한 세계관을 가진 개인이며, 이러한 세계관이 타인과의 관계에서 상호작용에 영향을 미친다는 점을 인식하지 않는 한, 민족적, 인종적 배경에 대한 단순한 지식은 효과를 발휘하기에 충분치 못하다. 앞서 언급했듯이 내담자, 학생, 연구 참여자, 심리학자의 세계관은 꽤 다를 수 있고, 이는 의사소통 문제나 관계의 조기 종결을 유발할 수 있다. 심리학자들이 내담자와 학생들의 것과 똑같은 세계관을 가져야 한다고 주장하는 것이 아니라, 자신의 세계관을 인식함으로써 타인들의 문화적 참조 틀을 이해할 수 있도록 하자는 것이다(Ibrahim, 1999; Sodowsky & Kuo, 2001; Triandis & Singelis, 1998).

사회적 범주에 관한 문헌들은 모든 인간적 상호작용은 문화적 맥락하에 있으며 타인에 대한 개인의 지각에 영향을 주는 다양한 요인을 이해하는 것은 중요하다고 말한다. 이러한 전제는 심리학자들이 다문화 상황의 일부라는 것을 함의하며, 그러므로 사람의 개인적, 문화 간 인식, 지식, 기술을 계속 발달시키는 것이 요구된다. S. T. Fiske(1998)은 자동적인 편향은 동기, 정보, 적절한 분위기에 의해 통제될 수 있다고 언급한다. 위의 연구들을 볼 때 심리학자들은 자신의 세계관 즉 신념, 가치, 태도 등을 개인적이고, 전문가적 관점에서 탐색하는 것이 좋다. 그들은 스스로 잠재적으로 집단 내 유사성을 선호할 수 있음을 인식하고, 한 번 어떤 인상이 형성되면 이 인상은 때로 다음에 오는 불일치하는 정보에 저항한다는 점을 깨달아야 한다(Gilbert, 1998). 또한 심리학자들은 다문화적 상호작용을 어떻게 향상시킬지에 대한 스스로의 가정을 이해하고, 그것이 다른 접근법과 어떤 쟁점이 있을 수 있을지 생각해야 한다. 문화적, 민족적, 인종적 유산에 대한 심리학자들의 자각과 인정은 그들이 어떤 인간이나 현상을 이해함에 있어 각각의 요인들을 꼭 강조하지는 않더라도 적어도 최소화시키지도 않게 한다(Arredondo et al., 1996; Hofstede, 1980; Ibrahim, 1985; Jones, Lynch, Tenglund, & Gaertner, 2000; Locke, 1992; D. W. Sue, 1978; D. W. Sue & Sue, 1999; Triandis & Singelis, 1998).

고정관념 섞인 태도와 편향을 줄이는 데 대한 연구들은 심리학자들이 사용할 수 있는 많은 전략을 제안한다(Hewstone et al., 2002). 가장 우선되며 중요한 것은 그러한 태도와 가치들에 대한 자각이다(Devine, Plant, & Buswell, 2000; Gaertner & Dovidio, 2000). 두 번째, 세 번째 전략들은 내집단원을 자동적으로 선호하여 지각하고 외집단원을 부정적으로 지각하는 것을 바꾸기 위한 노력과 실천이다. 이러한 변화가 일어나는 방식에 대해서는 수년 간 많은 연구가 다양한 수준의 근거들을 제시해왔다(Hewstone et al., 2002). 다른 집단들과 접촉을 늘리는 것은 유용해 보이는데(Pettigrew, 1998), 특히 이러한 접촉에서 개인들은 동등한 지위를 가지고, 심리학자들이 타자의 관점을 받아들이고(Galinsky & Moskowitz, 2000), 그들에 대하여 공감할 때(Finlay & Stephan, 2000)에 더 효과적이다. 이를 위한 몇 가지 전략 중에는 개인들을 집단원이 아니라 보다 적극적으로 개개인으로 볼 수 있도록 하여 탈범주화를 일으키는 것도 포함되어 있다(M. B. Brewer & Miller, 1988). 또 다른 전략은 우리 대 그들이라는 지각을 우리로 통합시키거나 외집단원들을 내집단원으로 재범주화시키는 것이다(Gaertner & Dovidio, 2000). 두 모델 모두, 특히 편견이 적은 조건일 때와 상호간의 의사소통에 관심을 두는 경우에 효과적으로 보인다(M. B. Brewer & Brown, 1998; Hewstone et al., 2002). 또한 심리학자들은 인종적/민족적 집단들에 대한 자신들의 관용(Greenberg et al., 1992)과 신뢰(Kramer, 1999)를 적극적으로 높이려고 할 수도 있다.

그러므로 심리학자들은 자신들의 태도를 자각하고 다른 인종/민족 집단의 구성원과 접촉하는 빈도를 늘리면서 타자와의 신뢰를 쌓고 그들에 대한 관용을 넓히기 위해 노력하도록 격려된다. 자동적인 연상을 억압하려는 내밀한 시도는 오히려 역효과를 불러와서 그러한 시도가 오히려 고정관념을 더 많이 쓰게 하는 결과를 낳을 수도 있으므로(Macrae & Bodenhausen, 2000), 심리학자들은 타인들에 대한 자신의 태도를 명시적으로 자각하도록 촉구된다. 그럼에도 불구하고 억압에 대한 반복적인 시도는 자동적인 편향을 향상시킬 수 있다는 결과도 존재한다(Plant & Devine, 1998). 그러한 연구들은 자신들의 태도와 편견을 바꾸려고 하는 심리학자들의 노력이 그들과 인종적/민족적으로 다른 학생들, 연구 참여자들, 내담자들과 맺는 관계에 그들의 태도가 악영향을 미치는 것을 막는 데 도움이 된다는 것을 나타낸다.

지침 2: 심리학자들은 민족적·인종적으로 다른 개인들에 대한 다문화적 민감성/책무성, 지식, 이해의 중요성을 인식하도록 권장된다.

지침 1에서 밝혔듯이 하나의 집단에 대한 소속은 그 집단에 대한 지각을 구성하는 것뿐 아니라 다른 집단들에 대한 지각을 구성하는 데에도 영향을 준다. 그러한 지각들과 태도들 간의 관련성은 자기의 집단에는 충성을 다하고 가치를 높이 평가하면서, 다른 집단의 가치는 평가절하하는 것으로 나타난다. 소수자 정체성 발달 모형(Atkinson, Morten, & Sue, 1998)은 민족적/인종적으로 소수자인 개인들뿐 아니라 역사적 압제와 큰 변화를 경험해 본 다른 이들에게도 적용되는 예이다. 다른 집단에 대한 평가절하가 일어나는 방식 중에는 "궁극적인 귀인 오류"(Pettigrew, 1979), 즉 긍정적인 행동은 자신이 속한 집단의 내적 특성에 귀인하면서 부정적인 행동은 외집단의 내적 특성에 귀인하는 경향이 이에 속한다(Gilbert[1998]가 궁극적인 귀인 오류는 미국과 같은 개인주의적 문화에 특징적으로 나타나는 현상일 수 있다고 제안하기는 했으나). 그렇다면 미국에서 이는 한 집단 안의 소속감을 크게 강화시킴으로써 긍정적 결과를 낳을 수도 있지만, 다른 집단에 대한 편견과 고정관념을 심어주는 부정적 결과를 낳을 수도 있다. 다른 집단에 대한 편견을 줄이기 위하여 수십 년 가량 다양한 연구와 이론들이 있어 왔는데, 그중 가장 많은 수는 다른 집단에 대한 지식이 많고 접촉이 잦을수록, 문화 간 의사소통이 증가하고 편견과 고정관념은 줄어들 것이라는 기본 전제를 바탕으로 하였다(M. B. Brewer & Miller, 1988; Gaertner & Dovidio, 2000). M. B. Brewer와 Miller(1988)는 집단 간의 만남을 통하여 편견을 줄이는 것을 시도할 때, 어떤 요인이 성공적인 결과에 영향을 주는지 서술하였다. 그것은 사회적이고 제도적인 지원, 관계가 형성되기 위한 충분한 빈도와 지속 시기, 참여자 간의 동등한 지위, 협력이다. 지침 1에서 논의한 바와 같이 외집단 고정관념에 주의를 기울이면, 마치 고정관념을 줄이기 위한 명시적인 훈련이 효과를 발휘하듯이(Kawakami, Dovidio, Moll, Hermsen, & Russin, 2000) 편견이 줄어드는 것(K. J. Reynolds & Oakes, 2000)으로 보인다.

심리학자들이 자신들과 인종적으로 민족적으로 다른 사람들에 대하여 더 나은 이해를 얻고, 그들의 세계관과 관점을 인정하게 되는 것은 이러한 체계 안에서 일어난다. 심리학자들은 또한 문화적으로 평가절하된 소외된 집단의 구성원이 됨으로서 낙인찍히는 것에 대하여 이해하도록 권장된다(Crocker et al., 1998; Major et al., in press). 여기에는 명백하게 편견 및 차별을 겪는 등, 때로 매일 겪을 수 있는 경험, 문화 간의 위계에서 자신의 집단이 부정적인 평가를 받고 있다는 자각, 인종적/민족적 고정관념과 일치하게 행동해야 할 것 같은 위협(고정관념의 위협), 그리고 낙인을 찍는 언오와 그 결과에 대한 귀인의 불확실성(예: 편견인지 개인의 행동 때문인지)이 포함된다.

낙인찍힌 집단에 소속되어 있을 때의 효과를 비롯하여 내담자, 학생, 연구 참여자의 세계관을 이해하는 것은 그들의 관점과 행동 이해에 도움이 된다. 인종적, 민족적 유산, 세계관, 이러한 정체성의 결과로서의 인생 경험은 학생들이 교실에서 자신들을 드러내는 방식, 학습 양식, 그 전공으로부터 조언이나 자문을 찾거나 신뢰하려는 의지, 교실 프로젝트에서 다른 사람들과 협력할 때의 능력과 홍미 등에 영향을 미친다(Neville & Mobley, 2001). 임상적 영역에서 세계관과 인생 경험은 내담자들이 치료자들에게 어떻게 증상을 표현하는지, 그들의 아픔이 삶에서 갖는 의미, 치료와 사회적 지지망을 찾기 위한 동기와 의욕, 그리고 치료 과정에서의 인내에 영향을 줄 수 있다(Anderson, 1995; USDHHS, 2001). 유색인종은 많은 부분 정신건강 서비스에서 과소평가되는데, 이는 그들이 서비스를 찾는 정도가 적기 때문이다(Kessler et al, 1996; Zhang, Snowden, & Sue, 1998). 공중위생국(THe Surgeon General)이 문화와 정신건강에 대한 보고서(USDHHS, 2001)에서 "내담자와 치료자 사이의 문화적인 오해나 의사소통 문제는 소수자 집단이 서비스를 받고 적절한 치료를 받는 것을 저해할 수 있다." (p. 42)라고 강력하게 제안했다. 심리학자들이 이 문제를 다루는 한 가지 방법은 내담자에 대한 문화적 임상 실제에 대하여 많은 지식과 이해를 얻는 것이다.

심리학자들은 일반적인 심리학 이론의 다문화적 기반에 대한 지식과 다양한 문화가 주는 정보들, 혼혈에 관한 심리학 Mestizo psychology(Ramirex, 1998), 흑인 심리학 nigrescence psychology(W. E. Cross, 1978; Helms, 1990; Parham, 1989, 2001; Vandiver, 2001), 라틴/히스패닉 체계(Padilla, 1995; Ruiz, 1990; Santiago-Rivera, Arredondo, & Gallardo-Cooper, 2002), 미국 원주민 모형(Cameron, in press; LaFromboise & Jackson,

1996), 그리고 혼혈/다인종 모형(Root, 1992; Wehrly et al., 1999) 등 미국 내의 인종적/민족적 소수자에 대해 구체적으로 다루고 있는 문화적/인종적 관점과 이론 등을 풍부히 아는 것이 좋다. 노예제도, 아시아인 강제수용소, 아메리카 원주민 홀로코스트, 예전 남서쪽 영토에서 이루어진 라틴민족에 대한 식민화 등 지배적인 문화와 관련된 과거 경험들은 세계관에 영향을 미치는 사회 정치학적 역동에 어느 정도 기여한다. 심리학자들은 또한 이민과 망명자 지위에 관련한 심리적 주제와 성별 관련 주제에 대하여 잘 아는 것이 좋다(Cienfuegos & Monelli, 1983; Comas-Díaz & Jansen, 1995; Espin, 1997, 1999; Ullilove, 1996).

지침 1에서 밝혔듯이, 이 지침들에 깔려 있는 주된 전제 중 하나는 대인간 상호작용이 다문화적 맥락 안에서 일어난다는 것이다. 좀더 민감성과 이해를 증진시키려면 심리학자들은 시민권리법 (1964), 차별철폐정책, 고용평등기회 등 민족, 인종, 국적, 종교, 나이, 성별 때문에 주변화된 집단들을 보호하기 위한 연방법률을 잘 숙지하는 것이 좋다(Crosby & Cordova, 1996). 이와 함께 심리학자들은 차별철폐정책의 해체나 2개 언어 병용 교육 반대 정책이 인종적/ 민족적 소수자 집단의 삶에 미치는 영향을 잘 이해하는 것이 좋다(Fine, Weis, Powell, & Wong, 1997; Glasser, 1988).

지침 1에서 서술한 다양한 사회적 범주화 모형에 입각하여, 앞서 나왔던 소수자 정체성 발달 모형(Atkinson et al., 1998)과 같이 소수 인종, 민족 모형 역시 특정 소수 인종/민족 집단을 위해 발달되어 왔다(W. E. Cross, 1978; Helms, 1990; Parham, 1989, 2001; Ruiz, 1990; Vandiver et al., 2001; Worrell et al., 2001). 이러한 모형들에서 소수 인종/민족 집단의 구성원들은 처음에는 다른 집단(주류 문화)을 가치 있게 여기고, 자기 고유의 문화는 평가절하하다가, 점차 자기 고유 집단을 높이 평가하고, 지배 문화를 가치절하하는 것으로 옮겨가며, 마지막 단계에서는 두 집단들 모두의 가치를 통합하게 된다. 이러한 모형들은 문화 간 영역에서 핵심 구인이며, 심리학자들은 어떻게 개인의 민족적/인종적 정체성의 지위와 발달이 신념, 정서, 행동, 상호작용 양식에 영향을 주는지 이해하는 것이 좋다(M. B. Brewer & Brown, 1998; A. P. Fiske et al., 1998; Hays, 1995; Helms & Cook, 1999). 이러한 정보는 심리학자들이 내담자, 동료, 학생, 연구 참여자, 조직체와 더 효과적으로 의사소통하고, 그들의 대처 반응을 이해할 수 있도록 도울 것이다 (Crocker et al., 1998; Major et al., in press; Swim & Mallet, 2002). 심리학자들은 아시아인,

흑인, 백인, 멕시코인, 메스티조, 소수성, 아메리카 원주민, 혼혈 정체성 모형(Atkinson et al., 1998; W. E. Cross, 1991; Fouad & Brown, 2000; Helms, 1990; Hong & Ham, 2001; Phinney, 1991; Ramirez, 1998; Root, 1992; Ruiz, 1990; Sodowsky, Kuo-Jackson, & Loya, 1997; Wehrly et al., 1999), 뿐만 아니라 단계적 모델이 아닌 다른 정체성 발달 모형들과 다른 역사적 맥락 간 다차원적인 개인의 정체성을 주창하는 모형들에 대해서도 배우는 것이 필요하다(Oetting & Beauvais, 1990-1991; Oyserman, Gant, & Ager, 1995; Robinson & Howard-Hamilton, 2000; Root, 1999; Santiago-Rivera et al., 2002; Sellers, Smith, Shelton, Rowley, & Chavous, 1998; Thompson & Carter, 1997).

## 실무

지침 5: 심리학자들은 임상이나 다른 응용심리학 실무에 문화적으로 적절한 기법을 적용하도록 권장된다.

지침 1과 2에서 논의했던 바와 일치하게 문화적으로 적절한 심리학적 적용은 문화적 존재이자 심리학 전문가로서 자신이 가진 세계관과 타인들의 세계관에 대하여 특히 민족적/인종적 유산에 영향을 받는 측면을 감안하여 자각하고 습득한다는 것을 의미한다. 이러한 지침은 심리학 실제에서의 자각과 지식을 응용하는 것을 가리킨다. 문화 중심 방식에서 상담을 하기 위하여 완전히 새로운 심리적 기법을 개발할 필요는 없다. 그보다는 문화 중심 적용으로 개입하고 실천하는 것이 좀더 효과적인 상황이 있을 수 있다는 것을 심리학자들이 깨닫는 편이 더 도움이 된다. 심리학 실제란 여기서는 상담, 임상, 학교, 자문, 조직 심리학을 아우르는 다양한 환경에서 다양한 목적으로 심리적 기술을 활용하는 것으로 정의한다. 이 지침은 그들의 실제 장면이나 범위에 상관없이 심리학자들은 윤리 규정에 따르기를 제안한다(APA, 1992). 윤리 규정 서문에는 인간의 복지와 인간의 기본권을 중시하는 행위를 지지한다.

심리학자들은 인적 자원 전문가이자 학교 심리학자, 자문가, 단체 행정가, 임상가로서 민족과 언어, 인종이 다르거나 비슷한 사람들과 점점 더 많이 교류하게 될 것이다. 게다가 눈으로 확인 가능한 소속 집단의 차이는(Atkinson & Hackett, 1995; Carter, 1995;

W. E. Cross, 1991; Helms, 1990; Herring, 1999; Hong & Ham, 2001; Niemann, 2001; Padilla, 1995; Santiago-Rivera et al., 2002; D. W. Sue & Sue, 1999), 이와 함께 작용하고 있는 정체성 요소들과 개인의 사회화 과정과 인생 경험상의 강력한 힘들을 가릴 수 있다. 여기에는 언어, 성별, 혼혈/다인종적 유산, 영적/종교적 지향, 성적 지향, 연령, 장애, 사회 경제적 상황, 역사적인 인생 경험, 예를 들면 이민이나 망명자 지위 등이 포함된다 (Arredondo & Glauner, 1992; Davenport & Yurich, 1991; Hong & Ham, 2001; Lowe & Mascher, 2001; Prendes-Lintel, 2001). 본 지침의 앞부분에서 소수 인종, 민족자로 분류되는 개인들의 증가 추세를 추정하였다. 이러한 변화의 결과로서 도시, 농촌 그 밖의 맥락에서 심리학자들은 다수의 문화들이 섞인 인구들과 자주 만나게 될 것이다(Ellis, Arredondo, & D'Andrea, 2000; Lewis, Lewis, Daniels, & D'Andrea, 1998; Middleton, Arredondo, & D'Andrea, 2000).

그러나 2000년 인구조사가 미국 인구는 사상 최고로 점점 더 문화적으로, 언어적으로 다양해질 것이라고 보여주었음에도 불구하고 (U.S. 통계조사청, 2001), 심리학 분야의 서비스를 찾고 활용하는 개인들의 수는 전체 인구 비율에 비하여 계속해서 낮은 양상이다. 임상/상담 심리학과 관련하여 D. W. Sue와 Sue (1999)는 낮은 서비스이용도의 이유로 심리학자들의 문화적 민감성의 부족, 서비스에 대해 인종/민족적 내담자들이 갖는 불신, 치료가 "권력 있는 사람들에 의하여 다수의 인구집단을 잘못 치료하도록 압제적인 도구로 활용될 수 있다."(p.7)라는 관점 등을 강조하였다. 많은 저자(Arroyo, Westerberg, & Tonigan, 1998; Dana, 1998; Flaskerud & Liu, 1991; McGoldrick, Giordano, & Pearce, 1996; Ridley, 1995; Santiago-Rivera et al., 2002; D. W. Sue, Bingham, Porche=Burke, & Vasquez, 1999; D. W. Sue et al., 1998; D. W. Sue & Sue, 1999)는 임상가들이 시급히 다문화적 민감성과 이해를 길러야 한다고 주장하였다.

필수적으로 위에서 언급한 저자들은, 대다수의 심리학자들이 배워온 전통적인 유럽 중심의 치료 및 개입 모형은 전체 인구 중 소수 비율의 (백인, 남성, 중산층) 요구만을 충족시켜주도록 고안되었다고 말한다. 모순되게도 역사적으로 심리치료에서 전형적인 한 쌍은 백인 중산층 치료자에게 치료를 받는 백인 중산층 여성이었다. 이 저자들은 유럽 중심 모형이 다른 인구들을 대할 때 효과적이지 않을 뿐 아니라, 문제를 잘못 명명하거나 진단하고 치료함으로써 해를 끼칠 수도 있다는 것을 언급한다.

  심리학자들은 모든 내담자에게 가장 효과적인 전문가가 되기 위해서 문화적인 민감성과 이해를 발전시키도록 권장된다. 그러나 추후의 논의는 특히 개인, 가족, 집단 심리치료적 개입이 일어날 수 있는 치료적 환경에 관련된다. 이 논의는 세 가지 영역을 다룬다. 내담자의 문화적 맥락 안에서 내담자에게 초점 맞추기, 문화적으로 적절한 평가 도구 활용하기, 광범위한 개입방법 가지기(Arredondo, 1998, 1999; Arredondo et al., 1996; Arredondo & Glauner, 1992; Costantino et al., 1994; Dana, 1998; Duclos et al., 1998; Flores & Carey, 2000; Fouad & Brown, 2000; Hays, 1995; Ivey & Ivey, 1999; Kopelowicz, 1997; López, 1989; Lukasiewicz & Harvey, 1991; Parham, White, & Ajamu, 1999; Pedersen, 1999; Ponterotto & Pedersen, 1993; Prieto, McNeill, Walls, & Gomez, 2001; Rodriguez & Walls, 2000; Root, 1992; Santiago-Rivera et al., 2002; Seeley, 2000; D. W. Sue et al., 1996; S. Sue, 1998).

## 맥락 안에서의 내담자

  내담자들은 차별과 억압(예: 자문화중심주의, 인종주의, 성차별주의, 장애인차별, 동성애 혐오)과 관련된 사회화 경험, 신체적, 정신적 건강에 관한 문제, 직장에서의 문제 등을 가지고 있을 수 있다. 그러므로 심리학자들은 이와 같은 경험들이 심리적 호소 문제와 연관되어 있는지 그 방식을 잘 이해해야 한다(Byars & McCubbin, 2001; Fischer, Jome, & Atkinson, 1998; Flores & Carey, 2000; Fuertes & Gretchen, 2001; Helms & Cook, 1999; Herring, 1999; Hong & Ham, 2001; Lowe & Mascher, 2001; Middleton, Rollins, & Harley, 1999; Sanchez, 2001; D. W. Sue & Sue, 1999). 이는 내담자의 세계관과 문화적 배경이 어떻게 개인, 가족, 혹은 집단 간 주제와 상호작용하는지 보는 것도 포함될 수 있다.

  그러므로 내담자를 치료하는 과정에서 고려해야 할 개인사 내의 문화 및 사회 정치 관련 요인들에는 관련된 세대의 역사(예: 나라 안의 그 세대 수, 나라에 오게 된 방식), 시민권이나 거주자 지위(예: 거주 기간, 부모님 세대의 이주, 망명, 혹은 이민에 관한 역사), 표준 영어를 구사할 수 있는 정도(그리고 다른 언어나 사투리), 가족들의 지원이나 해체 정도, 지역사회 자치권의 가용성, 교육 수준, 이 나라에 오게 되면서 바뀐 사회적 지위(이민자나 망명자), 직업적 개인사, 문화적응 관련 스트레스 수준(Arredondo, 2002; Ruiz, 1990; Saldana, 1995; Smart & Smart, 1995) 등이 있다. 치료의 대상이 특정 집단이나 조직이라면, 또 다른 요인들이 적용될 수 있다. 심리학자들은 이러한 요인들을 인식하고 맥락적 요인이 어떻게 세계관(행동, 사고 혹은 감정)에 영향을 주는지 고려하도록 권장된다.

다양한 사람들의 역사적 경험은 다르다. 이는 내담자들 간에, 그리고 서로 다른 세대 간에 신념 체계나 가치들이 다른 것에서 나타난다. 예를 들어, 심리학자들은 반드시 노예제도가 어떻게 아프리카계 미국인들의 세계관을 조형하였는지 인식하도록 배운다 (W. E. Cross, 1991; Parham et al., 1999). 동시에 아프리카계 미국인과 다른 아프리카계 후손 간의 집단 내 차이가 있다는 사실은, 모든 아프리카 후손이 똑같은 관점을 공유한다고 가정하면 안 된다는 중요한 사실을 일깨워준다. 그러므로 사회 정치적 관점과 민족/인종적 정체성 문헌에 대한 지식은 소수 민족 후손들과 일할 때 매우 중요하고 도움이 될 것이다. 문화중심적 접근을 하는 상담자들은 문제가 제도적, 사회적 인종차별 (혹은 다른 차별)이나 타인들의 개인적인 편견에서 기인한 것인지 판단하도록 내담자들을 도움으로써 내담자들이 그 문제를 부적절하게 개인의 것으로 국한시키지 않도록 한다(Helms & Cook, 1999; Ridley, 1995; D. W. Sue et al., 1992). 낙인효과에 대해 지침 2의 논의와 일치하게 심리학자들은 내담자들이 자신들이 편견의 대상인지 아닌지 판단하는데 있어 인지적, 정서적 동기화 절차를 인식하도록 돕는다(Crocker et al., 1998). 심리학자들은 또한 환경(주변 환경, 건물, 사무실)이 어떠한지, 이것이 내담자나 피고용자들에게 어떻게 보일지 알아차리도록 권장된다. 예를 들어, 두 가지 언어를 제공하는 전화 서비스나 접수 담당자, 대기실의 잡지, 그 밖의 신호 체계들은 문화적, 언어적 민감성을 상징한다(Arredondo, 1996; Arredondo et al., 1996; Grieger & Ponterotto, 1998).

심리학자들은 또한 내담자와의 관계를 확립하고 유지시키는 데에 있어 문화가 하는 역할을 알아차리는 것이 좋다. 문화, 민족, 인종, 성별은 심리치료와 심리학자의 역할에 대한 지각 및 기대를 구성하는 데에 기여하는 요인들이다(American Psychiatric Association, 1994; Carter, 1995; Comas-Díaz & Jacobsen, 1991; Cooper-Patrick et al., 1999; Seeley, 2000).

## 평가

APA 윤리 규정의 기준 2.04와 일치하게(APA, 1992), 다문화적으로 민감한 실천가들은 표준화된 평가 도구(Constantine, 1998; Helms, 2002; Ridley, Hill, & Li, 1998), 진단 도구 (Ivey & Ivey, 1998; S. Sue, 1998), 직장에서의 고용 선별 과정에서 쓰는 도구와 인성 평가 도구 등을 도입하여 활용할 때 나타나는 평가 실제의 한계에 대해 알아차리도록 권장 된다. 정신건강 서비스에 익숙하지 않고 과업보다 관계를 중시하는 세계관을 가진 내 담자들은 만약 절차가 충분히 설명되지 않을 때 모욕감을 느낄 수 있다. 그러므로 그러 한 내담자를 만난 상담자가 상담자−내담자 간 관계를 충분히 중시하지 않는다고 느낀 다면, 내담자는 상담자의 제안을 따르지 않을 수 있다. 심리학자들은 주어진 도구나 절 차의 타당성을 충분히 알고 고려하는 것이 좋다. 여기에는 결과 자료를 적절하게 해석 하고, 평가되는 내담자의 문화적, 언어적 특징을 염두에 두는 것이 포함된다. 문화중심 적 접근을 하는 심리학자들은 또한 해당 검사의 참조 인구집단을 알고, 그 도구가 다른 인구집단에 적용될 때 가능한 한계를 아는 것이 좋다. 표준화된 평가 도구와 방법을 사 용할 때 역시 매우 중요한 판단을 시행해야 한다(Sandoval, Frisby, Geisinger, Scheuneman, & Ramos-Grenier, 1998). 다문화적으로 예민한 심리학자들은 검사 편향, 검사의 형평성, 문화적 정치성 등에 관련한 그 수단의 타당성에 대한 효과에 주의하는 것이 좋다(APA, 1990, 1992; Arredondo, 1999; Arredondo et al., 1996; Dana, 1998; Grieger & Ponterotto, 1995; López, 1989; Paniagua, 1994, 1998; Ponterotto, Casas, Suzuki, & Alexander, 1995; Samuda, 1998).

## 중재

다문화 간 차원(Cross-culturally)에 민감한 심리학자들은 내담자들의 민족, 언어, 인 종, 문화적 배경을 치료에 통합시키려고 애씀으로써 내담자들의 고유한 세계관과 문화 적 배경에 적합한 기법과 실제를 발전시킬 것이 장려된다(American Psychiatric Association, 1994; Falicov, 1998; Flores & Carey, 2000; Fukuyama & Ferguson, 2000; Helms & Cook, 1999; Hong & Ham, 2001; Langman, 1998; Middleton et al., 1999; Santiago-Rivera et al., 2002). 그들은 민족, 언어, 문화적으로 다양한 인구에게 심리적 서비스를 제공하는 사람들에 대한 지침(APA, 1990)과 소수 민족 공동체에 대한 연구 지침(CNPAAEMI, 2000) 에 대해 잘 알아두는 것이 좋다. 또한 북미와 북유럽적 맥락 안팎에서 사용되어온, 비유럽 문화권의 조력기법이 실무에 적절하게 도입될 수 있도록 학습하는 것이 좋다 (Alexander & Sussman, 1995; Fukuyama & Sevig, 1999; Ridley, 1995; Santiago-Rivera et al., 2002; Sciarra, 1999; 소수 민족 주제에 대한 심리학 연구 모임Society for the Psychological Study of Ethnic Minority Issues, 미국 심리학회 45분과 & Microtraining Associates, Inc., 2000; D. W. Sue et al., 1998; D. W. Sue & Sue, 1999). 이는 전문 조력자를 초대하여 평가와 개입 계획에 대해 조언을 얻는 것도 포함한다. 심리학자들은 문화적으로 다양하고, 고유의 문화가 잘 드러나는 활동에 많이 참여하는 것이 좋다. 그들은 또한 필요시 내담자와의 작업에 대해 조언을 얻을 수 있는 공동체 지도자, 사회 변혁의 주도자, 영향력 있는 개인(목사, 가게 주인, 비전통적 치료자, 자연적 조력자(natural helper)) 등을 찾고, 이들을 다문화적 접근의 일환으로 활용하는 것이 좋다(Arredondo et al, 1996; Grieger & Ponterotto, 1998; Lewis et al., 1998).

다문화적으로 예민하고 유능한 심리학자는 인간 중심, 인지 행동, 심리역동 치료 등 전통적인 심리치료의 실제 개입이 그들의 문화적 적절성에 부합하는지 검토하는 것이 좋다(Bernal & Scharoo-del-Rio, 2001). 즉, 그러한 개입이 다문화적 인식과 다양한 문화에 특성화된 전략을 포함하도록 촉구해야 한다. 이는 내담자가 선호하는 언어를 존중하고 치료, 평가, 또는 다른 절차에서 사용할 언어에 대하여 동의서를 제공할 때 문서를 정확히 번역하는 것도 포함된다. 심리학자들은 또한 내담자의 경계를 존중하기 위해서 내담자의 가족 구성원이나 공동체의 유력 인사, 정신건강 실제에서 숙련되지 않은 사람에게 통역을 맡기지 않는 것이 좋다.

## 결론

심리학은 서구적인 시각, 유럽 중심, 생물학적 관점과 추측에 의해 전통적으로 정의되고 기반을 삼아왔다. 심리학적인 교육, 연구, 임상, 조직적 변화에 있어서 이러한 전통적인 전제는 인종적, 문화적 사회화의 효과나 영향을 때로 간과해왔다. 또한 때로는 이와 관련된 편향의 효과가 점점 더 복잡해지는 내담자들의 요구나 공공의 이익에 악영향을 미친다는 것을 고려하지 못했다. 따라서 이 지침들은 심리학자들이 다문화 교육,

훈련, 연구, 임상, 조직적 변화에 있어 지식과 기술을 늘리는 것을 돕고자 고안되었다.

독자들은 이 지침들이 2009년에 만기될 예정이라는 것을 유념하라. 이 문서는 살아 있는 문서로 고안되었다. 점점 더 다양해지는 인구에 관련하여 법령과 실제는 계속 확장될 것이며, 다양한 지침의 근거가 되어준 경험적 연구들 역시 그러할 것이다. 인종적, 민족적 정체성의 심리적 구인들을 심리학 이론, 연구, 치료에 통합시키기 위한 시도는 이제 막 시작되었다. 심리학자들은 인간의 행동과 지각에 미치는 역사적, 경제적, 사회 정치학적 힘의 다양한 영향력을 연구하기 시작했다. 심리학은 심리적 개념 안의 인종과 민족에 대하여 더 심도 있는 이해와 자각을 증진시키고, 인종과 민족의 심리적 측면을 심리학이 응용되는 여러 영역에 통합시킴으로써 적극적으로 대응하기를 계속할 것이다. 기본 지식이 증진되고 심리학 실제가 더 효과를 발휘함에 따라 지침들도 이후 계속 진화할 것이 예상되는 바다.

## 참고문헌

Alexander, C. M., & Sussman, L. (1995). Creative approaches to multicultural counseling. In J. G. Ponterotto, J. M. Casa, L. A. Suzuki, & C. M. Alexander (Eds.), *Handbook ok multicultural counseling* (pp. 375-384). Thousand Oaks, CA: Sage.

Allport, G. W. (1954). *The nature of prejudice*. Cambridge, MA: Addison-Wesley.

American Council on Education. (2000). *18th annual status report on minorities in higher education*. Washington, DC: Author.

American Council on Education & American Association of University Professors. (2000). *Does diversity make a difference? Three research studies on diversity in college classrooms*. Washington, DC: Authors.

American Psychiatric Association. (1994). *Diagnostic and statistical manual of menatl disorders* (4th ed.). Washington, DC: Author.

American Psychological Association. (19870. General guidelines for providers of psychological services. *American Psychologist, 42,* 712-723.

American Psychological Association. (1990). *Guidelines for providers of psychological services to ethnic, linguistic, and culturally diverse populations*. Washington, DC: Author.

American Psychological Association. (1992). Ethical principles and code of conduct. *American Psychologist, 48,* 1597-1611.

American Psychological Association. (2000). Guidelines for psychotherapy with lesbian, gay and bisexual clients. *American Psychologist, 55*, 1440-1451.

American Psychological Association. (2001). *Criteria for practice guideline development and evaluation.* Washington, DC: Author.

American Psychological Association. (2002). *Guidelines and principles for accreditation.* Washington, DC: Author.

American Psychological Association Committee on Accreditation & Accreditation Office. (1986). *Accreditation handbook.* Washington, DC: American Psychological Association.

American Psychological Association Research Office. (2002a). *Demographic characteristics of APA members by race/ethnicity, analyses of APA directory survey: 2000.* Washington, DC: American Psychological Association.

American Psychological Association Research Office. (2002b). *Race/ethnicity of APA members and APA governance members: Analyses of APA governance survey.* Washington, DC: American Psychological Association.

Anderson, N. B. (1995). Behavioral and sociological perspectives on ethnicity and health: Introduction to the special issue. *Health Psychology, 14*, 58-591.

Arredondo, P. (1996). *Successful diversity management initiatives: A blueprint for planning and implementation.* Thousand Oaks, CA: Sage.

Arredondo, P. (1998). Integrating multicultural counseling competencies and universal helping conditions in culture-specific contexts. *Counseling Psychologist, 26*, 592-601.

Arredondo, P. (1999). Multicultural counseling competencies as tools to address oppression and racism. *Journal of Counseling and Development, 77*, 102-108.

Arredondo, P. (2000, November/December). Suggested "best practices" for increasing diversity in APA divisions. *APA/Division Dialogue*, pp. 1-3.

Arredondo, P. (2002). Counseling individuals from specialized, marginalized and underserved groups. In P. Pedersen, J. G. Draguns, W. J. Lonner, & J. E. Trimble (Eds.), *Counseling across cultures* (5th ed., pp. 241-250). Thousand Oaks, CA: Sage.

Arredondo, P., & D'Andrea, M. (2000, July). Assessing multicultural competence: A professional issue of relevance. *Counseling Today, 43*(1), 30-35.

Arredondo, P., & Glauner, T. (1992). *Personal dimensions of identity model.* Boston: Empowerment Workshops.

Arroyo, J. A., Westerberg, V. S., & Tonigan, J. S. (1998). Comparison of treatment utilization and outcome for Hispanics and non-Hispanic Whites. *Journal of Studies on Alcohol, 59*, 286-291.

Atkinson, D. R., & Hackett, G. (1995). *Counseling diverse populations* (2nd ed.). Boston: McGraw-Hill.

Atkinson, D. R., Morten, G., & Sue, D. W. (1998). *Counseling American minorities* (5th ed.). New York: McGraw-Hill.

Benjamin, L. T., Jr., & Crouse, E. M. (2002). The American Psychological Association's response to Brown v. Board of Education: The case of Kenneth B. Clark. *American Psychologist, 57*, 38-50.

Berberich, D. A. (1998). Posttraumatic stress disorder: Gender and cross-cultural clinical issuese. *Psychotherapy in Private Practice, 17*, 29-41.

Bernal, G., & Scharro-del-Rio, M. R. (2001). Are empirically supported treatments valid for ethnic minorities? Toward an alternative approach for treatment research. *Cultural Diversity and Ethnic Minority Psychology, 7*, 328-342.

Biddle, B. J., Bank, B. J., & Slavings, R. L. (1990). Modality of thought, campus experiences, and the development of values. *Journal of Educational Psychology, 82*, 671-682.

Brewer, C. A., & Suchan, T. A. (2001). *Mapping Census 2000: The geography of U.S. diversity.* Washington, DC: U.S. Government Printing Office.

Brewer, M. B. (1999). The psychology of prejudice: Ingroup love or outgroup hate? *Journal of Social Issues, 55*, 429-444.

Brewer, M. B., & Brown, R. J. (1998). Intergroup relations. In D. T. Gilbert & S. T. Fiske (Eds.), *The handbook of social psychology* (4th ed., Vol. 2, pp. 554-594). New York: McGraw-Hill.

Brewer, M. B., & Miller, N. (1988). Contact and cooperation: When do they work? In P. A. Katz & D. A. Taylor (Eds.), *Eliminating racism: Profiles in controversy* (pp. 315-326). New York: Plenum Press.

Brown, S. P., Parham, T. A., & Yonker, R. (1996). Influence of a cross-cultural training on racial identity attitudes of White women and men. *Journal of Counseling and Development, 74*, 510-516.

Brown v. Board of Education 347 U.S. 483 (1954)

Byars, A. M., & McCubbin, L. D. (2001). Trends in career development research with racial/ethnic minorities: Prospects and challenges. In J. G. Ponterotto, J. M. Casas, L. A. Suzuki, & C. M. Alexander (Eds.), *Handbook of multicultural counseling* (2nd ed., pp. 633-654). Thousand Oaks, CA: Sage.

Cameron, S. (in press). American Indian mental health: An examination of resiliency in the face of overwhelming odds. In F. D. Harper & J. McFadden (Eds.), *Culture and* counseling: New approaches. Boston: Allyn/Bacon.

Carter, R. T. (1995). *The influence of race and racial identity in psychotherapy*. New York: Wiley.

Cienfuegos, A. J., & Monelli, C. (1983). The testimony of political repression as a therapeutic instrument. *American Journal of Orthopsychiatry, 53*, 43-51.

Civil Rights Act 42 U.S.C. §2000D et seq. (1964).

Clark, K. B., & Clark, M. K. (1940). Skin color as a factor in racial identification of Negro preschool children. *Journal of Social Psychology, 11*, 159-169.

Coll, C. G., Akerman, A., & Cicchetti, D. (2000). Cultural influences on developental processes and outcomes: Implicaions for the study of development and psychopathology. *Development and Psychopathology, 12*, 333-356.

Comas-Díaz, L. (2000). An ethnopolitical approach to working with Peolple of Color. *American Psychologist, 55*, 1319-1325.

Comas-Díaz, L., & Jacobsen, F. M. (1991). Ethnocultural transference and countertransference in the therapeutic dyad. *American Journal of Orthopsychiatry, 61*, 392-402.

Comas-Díaz, L., & Jansen, M. A. (1995). Global conflict and violence against women. *Peace and Conflict: Journal of Peace Psychology, 1*, 315-331.

Constantine, M. G. (1998). Developing competence in multicultural assessment: Implications for counseling psychology training and practice. *Counseling Psychologist, 6*, 922-929.

Cooper-Patrick, L., Gallo, J. J., Gonzales, J. J., Vu, H. T., Powe, N. R., Nelson, C., & Ford, D. E. (1999). Race, gender, and partnership in the patient-physician relationship. *JAMA, 282*, 583-589.

Council of National Psychological Associations for the Advancement of Ethnic Minority Interests. (2000). *Guidelines for research in ethnic minority communities*. Washington, DC: American Psychological Association.

Crocker, J., Major, B., & Steele, C. (1998). Social stigma. In D. T. Gilbert & S. T. Fiske (Eds.), *The handbook of social psychology* (4th ed., Vol. 2, pp. 504-553). New York: MaGraw-Hill.

Crosby, F. J., Bromley, S., & Saxe, L. (1980). Recent unobtrusive studies of Black and White discrimination and prejudice: A literature review. *Psychological Bulletin, 87*, 546-563.

Crosby, F. J., & Cordova, D. I. (1996). Words worth of wisdom: Toward and understanding of affirmative action. *Journal of Social Issues, 52*, 33-49.

Cross, W. E., Jr. (1987). The Thomas and Cross models of psychological nigrescence: A review. *Journal of Black Psychologist, 5,* 15-31.

Cross, W. E. Jr. (1991). *Shades of Black: Diversity in African American identity.* Philadelphia: Temple University Press.

Dana, R. H. (1998). *Understanding cultural identity in intervention and assessment.* Thousand Oaks, CA: Sage.

D'Andrea, M., Daniels, J., & Heck, R. (1991). Evaluating the impact of multicultural counseling training. *Journal of Counseling and Development, 70,* 143-150.

Davenport, D. S., & Yurich, J. M. (1991). Multicultural gender issues. *Journal of Counseling and Development, 70,* 64-71.

Devine, P. G., Plant, E. A〉, & Buswell, B. N. (2000). Breaking the prejudice habit: Progress and obstacles. In S. Oskamp (Ed.), *Reducing prejudice and discrimination* (pp. 185-208). Mahwah, NJ: Erlbaum.

Dovidio, J. F., & Gaertner, S. L. (1998). On the nature of contemporary prejudice: The causes, consequences, and challenges of aversive racism. In J. L. Eberhardt & S. T. Fiske (Eds.), *Confronting racism: The problem and the response* (pp.3-32). Thousand Oaks, CA: Sage.

Dovidio, J. F., Gaertner, S. L., & Validzic, A. (1998). Intergroup bias: Status, differentiation, and a common in-group identity. *Journal of Personality and Social Psychology, 75,* 109-120.

Duckitt, J. H. (1992). Psychology and prejudice: A historical analysis and integrative framework. *American Psychologist, 47,* 1182-1193.

Duclos, C. W., Beals, J., Novins, D. K., Martin, C., Jewett, C. S., & Manson, S. M. (1998). Prevalence of common psychiatric disorders among American Indian adolescent detainees. *Journal of the American Academy of Child and Adolescent Psychiatry, 37,* 866-873.

Ellis, C., Arredondo, P., & D'Andrea, M. (2000, November). How cultural diversity affects predominantly White towns. *Counseling Today, 43*(5), 25.

Espin, O. M. (1997) Latina realities: Essay on healing, migration, and sexuality. Boulder, CO: Westview.

Espin, O. M. (1999). *Women crossing boundaries: A psychology of immigration and transformation of sexuality.* New York: Routledge.

Falicov, C. J. (1998). *Latino families in therapy: A guide to multicultural practice.* New York: Guilford Press.

Fine, M., Weis, L., Powell, L. C., & Wong, L. M. (Eds.). (1997). *Off white: Readings on race, power, and society.* Florence, KY: Taylor & Fancis/Routledge.

Finlay, K. A., & Stephan, W. G. (2000). Improving intergroup relations: The effects of empathy on racial attitudes. *Journal of Applied Social Psychology, 30,* 1720-1737.

Fischer, A. R., Jome, L. M., & Atkinson, D. R. (1998). Reconceptualizing multicultural counseling: Universal healing conditions in a culturally specific context. *Counseling Psychologist, 26,* 525-588.

Fish, J. M. (1995). Why psychologists should learn some anthropology. *American Psychologist, 50,* 44-45.

Fiske, A. P., Kitayama, S., Markus, H. R., & Nisbett, R. E. (1998). The cultural martix of social psychology. In D. T. Gilbert & S. T. Fiske (Eds.), *The handbook of social psychology* (4th ed., Vol. 2, pp. 915-981). New York: McGraw-Hill.

Fiske, S. T. (1998). Stereotyping, prejudice, and discrimination. In D. T. Gilbert & S. T. Fiske (Eds.), *The handbook of social psychology* (4th ed., Vol. 2, pp. 357-411). New York: McGraw-Hill.

Flaskerud, J. H., & Liu, P. Y. (1991). Effects of an Asian client-therapist language, ethnicity, and gender match on utilization and outcome of therapy. *Community Mental Health Journal, 27,* 31-41.

Flores, M. T., & Carey, G. (Eds.). (2000). *Family therapy with Hispanics.* Needham Heights, MA: Allyn & Bacon.

Fouad, N. A., & Brown, M. (2000). Race, ethnicity, culture, class and human development. In S. D. Brown & R. W. Lent (Eds.), *Handbook of counseling psychology* (3rd ed., pp. 379-410). New York: Wiley.

Fuertes, J. N., Bartolomeo, M., Nichols, C. M. (2001). Future research directions in the study of counselor multicultural competency. *Journal of Multicultural Counseling and Development, 29,* 3-12.

Fuertes, J. N., & Gretchen, D. (2001). Emerging theories of multicultural counseling. In J. G. Ponterotto, J. M. Casas, L. A. Suzuki, & C. M. Alexander (Eds.), *Handbook of multicultural counseling* (2nd ed., pp. 509-541). Thousand Oaks, CA: Sage.

Fukuyama, M. A., & Ferguson, A. D. (2000). Lesbian, gay and bisexual People of Color: Understanding cultural complexity and managing multiple oppressions. In R. M. Perez, K. A. DeBord, & K. J. Bieschke (Eds.), *Handbook of counseling and psychotherapy with lesbian, gay, and bisexual clients* (pp. 81-106). Washington, DC: American Psychological Association.

Fukuyama, M. A., & Sevig, T. D. (1999). *Integrating spirituality into mulicultural counseling.*

Thousand Oaks, CA: Sage.

Fullilove, M. T. (1996). Psychiatric implications of displacement: Contributions from the psychology of place. *American Journal of Psychiatry, 153*, 1516-1523.

Gaertner, S. L., & Dovidio, J. F. (2000). *Reducing intergroup bias: The common ingruop identity model.* Philadelphia: Brunner/Mazel.

Galinsky, A. D., & Moskowitz, G. B. (2000). Perspective-taking: Decreasing stereotype expression, stereotype accessibility, and in-group favoritism. *Journal of Personality and Social Psychology, 78*, 708-724.

Gulbert, D. T. (1998). Ordinary personalogy. In D. T. Gilbert & S. T. Fiske (Eds.), *The handbook of social psychology* (4th ed., Vol. 2, pp. 89-105). New York: McGraw-Hill.

Glasser, I. (1998). Affirmative action and the legacy of racial injustice. In P. A. Katz & D. A. Taylor (Eds.), *Eliminating racism: Profiles in controversy* (pp. 341-357). New York: Plenum Press.

Grandy, K. E. (1981). Sex bias in research design. *Psychology of Women Quarterly, 5*, 628-636.

Greenberg, J., Solomon, S., Pyszczynski, T., Rosenblatt, A., Burling, J., & Lyon, D. (1992). Why do people need self-esteem? Converging evidence that self-esteem serves an anxiety-buffering function. *Journal of Personality & Social Psychology, 63*, 913-922.

Greene, B. (2000). African American lesbian and bisexual women. *Journal of Social Issues, 56*, 239-249.

Greenleaf, R. K. (1998). *The power of servant-leadership: Essays.* San Francisco: Berrett-Koehler.

Greenwald, A. G., & Banaji, M. R. (1995). Implicit social cognition: Attitudes, self-esteem, and stereotypes. *Psychological Review, 102*, 4-27.

Grieger, I., & Ponterotto, J. G. (1995). A framework for assessment in multicultural counseling. In J. G. Ponterotto, J. M. Casas, L. A. Suzuki, & C. M. Alexander (Eds.), *Handbook of multicultural counseling* (pp. 357-374). Thousand Oaks, CA: Sage.

Grieger, I., & Ponterotto, J. G. (1998). Challenging intolerance. In C. L. Lee & G. R. Walz (Eds.), *Social action: A mandate for counselors* (pp. 17-50). Alexandria, VA: American Counseling Association & Greenboro, NC: ERIC Counseling & Student Services Clearinghouse.

Hays, P. A. (1995). Multicultural applications of cognitive-behavior therapy. *Professional Psychology: Research and Practice, 26*, 309-315.

Helms, J. E. (1990). *Black and White racial identity: Theory, research, and practice.*

Westport, CT: Greenwood.

Helms, J. E. (1992). Why is there no study of cultural equivalence in standardized cognitive ability testing? *American Psychologist, 47*, 1083-1101.

Helms, J. E. (2002). A remedy for the Black-White test-score disparity. *American Psychologist, 57*, 303-304.

Helms, J. E., & Cook, D. A. (1999). *Using race and culture in counseling and psychotherapy: Theory and process.* Boston: Allyn & Bacon.

Helms, J. E., & Talleyrand, R. M. (1997). Race is not ethnicity. *American Psychologist, 52*, 1246-1247.

Herring, R. D. (1999). *Counseling with Native American Indians and Alaska Natives: Strategies for helping professionals.* Thousand Oaks, CA: Sage.

Hewstone, M., Rubin, M., & Willis, H. (2002). Intergroup bias. *Annual Review of Psychology, 53*, 575-604.

Hofstede, G. (1980). *Culture's consequences.* London: Sage.

Hong, G. K., & Ham, M. D. C. (2001). *Psychotherapy and counseling with Asian American clients.* Thousand Oaks, CA: Sage.

Hornesy, M. J., & Hogg, M. A. (2000). Assimilation and diversity: An integrative model of subgroup relations. *Personality and Social Psychology Review, 4*, 143-156.

Ibrahim, F. A. (1985). Effective across cultural counseling and psychotherapy: A framework. *Counseling Psychologist, 13*, 625-638.

Ibrahim, F. A. (1999). Transcultural counseling: Existential worldview theory and cultural identity. In J. McFadden (Ed.), *Transcultural counseling* (2nd ed., pp. 23-58). Alexandria, VA: American Counseling Association.

Ivey, A., & Ivey, M. (1998). Reframing DSM-IV: Positive strategies from developmental counseling and therapy. *Journal of Counseling and Development, 76*, 334-350.

Ivey, A., & Ivey, M. (1999). *Intentional interviewing and counseling: Facilitating multicultural development.* Pacific Grove, CA: Brooks/Cole.

Jackson-Triche, M. E., Sullivan, J. G., Wells, K. B., Rogers, W., Camp, P., & Mazel, R. (2000). Depression and health-related quality of life in ethnic minorities seeking care in general medical settings. *Journal of Affective Disorders, 58*, 89-97.

Jensen, A. R. (1995). Psychological research on race differences. *American Psychologist, 50*, 41-42.

Johnson, W. B., & Packer, A. H. (1987). *Workforce 2000.* Indianapolis, IN: Hudson Institute.

Jones, J. M., Lynch, P. D., Tenglund, A. A., & Gaertner, S. L. (2000). Toward a diversity hypothesis multidimensional effects of intergroup contact. *Applied & preventive Psychology, 9,* 53-62.

Judy, R. W., & D'amico, C. (1997). *Workforce 2020.* Indianapolis, IN: Hudson Institute.

Kawakami, K., Dovidio, J. F., Moll, J., Hermsen, S., & Russin, A. (2000). Just say no (to stereotyping): Effects of training in the negation of stereotypic associations on stereotype activation. *Journal of Personality and Social Psychology, 78,* 871-888.

Kessler, R. C., Berglund, P. A., Zhao, S., Leaf, P. I., Kouzis, A. C., & Bruce, M. L. (1996). The 12-month prevalence and correlates of serious mental illness. In R. W. Manderscheid & M. A. Sonnenschein (Eds.), *Mental health, United States* (Pub. No. [SMA] 96-3098, pp. 59-70). Rockville, MD: Center for Mental Health Services.

Kite, M. E., Russo, N. F., Brehm, S. S., Fouad, N. A., Hall, C. C., Hyde, J. S., & Keita, G. P. (2001). Women psychologists in academe: Mixed progress, unwarranted complacency. *American Psychologist, 56,* 1080-1098.

Kluckhohn, F. R., & Strodbeck, F. L. (1961). *Variations in value orientations.* Evanston, IL: Row, Patterson.

Kopelowicz, A. (1997). Social skills training: The moderating influence of culture in the treatment of Latinos with schizophrenia. *Journal of Psychopathology and Behavioral Assessment, 19,* 101-108.

Korman, M. (1974). National conference on levels and patterns of professional training in psychology. *American Psychologist, 29,* 441-449.

Kramer, R. M. (1999). Trust and distrust in organizations: Emerging perspectives, enduring questions. *Annual Review of Psychology, 50,* 569-598.

Kunda, Z., & Sinclair, L. (1999). Motivated reasoning with stereotypes: Activation, application, and inhibition. *Psychological Inquiry, 10,* 12-22.

Kunda, Z., & Thagard, P. (1996). Forming impressions from stereotypes, traits, and behaviors: A parallel-constraint-satisfaction theory. *Psychological Review, 103,* 284-308.

Lafromboise, T. D., & Jackson, M. (1996). MCT theory and Native-American populations. In D. W. Sue, A. E. Ivey, & P. B. Pedersen (Eds.), *A theory of multicultural counseling and therapy* (pp. 192-203). Pacific Grove, CA: Brooks/Cole.

Langman, P. F. (1998). *Jewish issues in multiculturalism: A handbook for educators and clinicians.* Northvale, NJ: Jason Aronson.

Lee, W. M. L. (1999). *An introduction to multicultural counseling.* philadelphia: Accelerated Development.

Levin, M. (1995). Does race matter? *American Psychologist, 50*, 45-46.

Lewin, K. (1945). The Research Center for Group Dynamics at Massachusetts Institute of Technology. *Sociometry, 8*, 126-136.

Lewis, J. A., Lewis, M. D., Daniels, J. A., & D'Andrea, M. J. (1998). *Community counseling: Empowerment strategies for a diverse society.* San Francisco: Brooks/Cole.

Locke, D. C. (1992). *Increasing multicultural understanding.* Newbury Park, CA: Sage.

Loden, M. (1996). *Implementing diversity.* Chicago: Irwin.

López, S. R. (1989). Patient variable biases in clinical judgment: Conceptual overview and methodological consideration. *Psychological Bulletin, 106*, 184-203.

Lowe, S. M., & Mascher, J. (2001). The role of sexual orientation in multicultural counseling: Integrating bodies of knowledge. In J. G. Ponterotto, J. M. Casas, L. A. Suzuki, & C. M. Alexander (Eds.), *Handbook of multicultural counseling* (2nd ed., pp. 755-778). Thousand Oaks, CA: Sage.

Lukasiewicz, M., & Harvey, E. (Producers). (1991, September 26). *True Colors on 20/20: Primetime Live.* New York: ABC.

Macrae, C. N., & Bodenhausen, G. V. (2000). Social cognition: Thinking categorically about others. Annual Review of Psychology, 51, 93-120.

Major, B., Quinton, W. J., & McCoy, S. K. (in press). Antecedents and consequences of attributions to discrimination: Theoretical and empirical advances. In M. P. Zanna (Ed.), *Advances in experimental social psychology* (Vol. 34). New York: Academic Press.

Markus, H. R., & Kitayama, S. (1991). Culture and the self: Implications for cognition, emotion, and motivation. *Psychological Review, 98*, 224-253.

Markus, H. R., & Kitayama, S. (2001). The cultural construction of self and emotion: Implications for social behavior. In W. G. Perrod (Ed.), *Emotions in social psychology: Essential reading* (pp. 119-137). Philadelphia: Brunner-Routledge.

McGoldrick, M., Giordano, J., & Pearce, J. K. (Eds.). (1996). *Ethnicity and family therapy* (2nd ed.). New York: Guilford Press.

Medved, C. E., Morrison, K., Dearing, J. E., Larson, R. S., Cline, G., & Brummans, B. H. (2001). Tensions in community health improvement initiatives: Communication and collaboration in a managed care environment. *Journal of Applied Communication Research, 29*, 137-151.

Middleston, R. A., Arredondo, P., & D'Andrea, M. (2000, December). The impact of Spanish-speaking newcomers in Alabama towns. *Counseling Today, 43*(6), 24.

Middleton, R. A., Rollins, C. W., & Harley, D. A. (1999). The historical and political context of the civil rights of persons with disabilities: A multicultural perspective for counselors. *Journal of Multicultural Counseling and Development, 27*, 105-120.

Mio, J. S., & Awakuni, G. I. (2000). *Resistance to multiculturalism: Issues and interventions.* Philadelphia: Brunner/Mazel.

Mosley-Howard, G. S., & Burgan Evans, C. (2000). Relationships and contemporary experiences of the African American family: An ethnographic case study. *Journal of Black Studies, 30*, 428-452.

Murdock, N. L., Alcorn, J., Heesacker, M., & Stoltenberg, C. (1998). Model training program in counseling psychology. *Counseling Psychologist, 26*, 658-672.

Nanus, B. (1992). *Visionary leadership: Creating a compelling sense of direction for your organization.* San Francisco: Jossey-Bass.

National Center for Education Statistics. (2001). *The condition of education.* Washington, DC: U.S. Department of Education.

Neville, H. A., & Mobley, M. (2001). Social identities in contexts: An ecological model of multicultural counseling psychology processes. *Counseling Psychologist, 29*, 471-486.

Niemann, Y. F. (2001). Stereotypes about Chicanas and Chicanos: Implications for counseling. *Counseling Psychologist, 29*, 55-90.

Oetting, G. R., & Beauvais, F. (1990-1991). Orthogonal cultural identification theory: The cultural identification of minority adolescents. *International Journal of the Addictions, 25*, 655-685.

Oyserman, D., Coon, H. M., & Kemmelmeier, M. (2002). Rethinking individualism and collectivism: Evaluation of theoretical assumptions and meta-analyses. *Psychological Bulletin, 128*, 3-72.

Oyserman, D., Gant, L., & Ager, J. (1995). A socially contextualized model of African American identity: Possible selves and school persistence. *Journal of Personality and Social Psychology, 69*, 1216-1232.

Pahilla, A. M. (Ed.). (1995). *Hispanic psychology: Critical issues in theory and research.* Thousand Oaks, CA: Sage.

Paniagua, F. (1994). *Assessing and treating culturally different clients.* Newbury Park, CA: Sage.

Paniagua, F. (1998). *Assessing and treating culturally diverse clients* (2nd ed.). Thousand Oaks, CA: Sage.

Parham, T. A. (1989). *Cycles of psychological nigrescence.* Counseling Psychologist, 17, 187-226.

Parham, T. A. (2001). Psychological nigrescence revisited: A foreword. *Journal of Multicultural Counseling and Development, 29*, 162-164.

Parham, T. A., White, J. L., & Ajamu, A. (1999). *The psychology of Blacks: An African centered perspective* (3rd ed.). Upper Saddle River, NJ: Prentice Hall.

Pedersen, P. (1997). Culture-centered counseling interventions: Striving for accuracy. Thousand Oaks, CA: Sage.

Pedersen, P. (1999). *Multiculturalism as a fourth force.* Philadelphia: Brunner/Mazel.

Pedersen, P. (2000). *Hidden messages in culture-centered counseling: A triad training model.* Thousand Oaks, CA: Sage.

Peterson, R. L., Peterson, D. R., & Abrams, J. C. (Eds.). (1999). *Standards for education in professional psychology.* Washington, DC: American Psychological Association & National Council of Schools of Professional Psychology.

Pettigrew, T. F. (1979). The ultimate attribution error: Extending Allport's cognitive analysis of prejudice. *Personality and Social Psychology Bulletin, 5*, 461-476.

Pettigrew, T. F. (1998). Applying social psychology to international social issues. *Journal of Social Issues, 54*, 663-675.

Phinney, J. S. (1991). Ethnic identity and self-esteem: A review and integration. *Hispanic Journal of Behavioral sciences, 13*, 193-208.

Phinney, J. S. (1996). When we talk about American ethnic groups, what do we mean? *American Psychologist, 51*, 918-927.

Plant, E. A., & Devine, P. G. (1998). Internal and external motivation to respond without prejudice. *Journal of Personality and Social Psychology, 75*, 811-832.

Ponterotto, J. G., Casas, J. M., Suzuki, L. A., & Alexander, C. M. (Eds.). (1995). *Handbook of multicultural counseling.* Thousand Oaks, CA: Sage.

Ponterotto, J. G., & Pedersen, P. B. (1993). *Preventing prejudice: A guide for counselors and educations.* Newbury Park, CA: Sage.

Prendes-Lintel, M. (2001). A working model in counseling recent refugees. In J. G. Pontreotto, J. M. Casas, L. A. Suzuki, & C. M. Alecander (Eds.), *Handbook of multicultural counseling* (2nd ed., pp. 729-752). Thousand Oask, CA: Sage.

Prieto, L. R., McNeill, B. W., Walls, R. G., & Gomez, S. P. (2001). Chicanas/os and mental health services: An overview of utilization, counselor preference and assessment issues. *Counseling Psychologist, 29*, 18-54.

Ramirez, M. (1998). *Multicultural/multiracial psychology: Mestizo perspectives in personality and mental health.* Northvale, NJ: Jason Aronson.

Reynolds, A. L. (1995). Challenges and strategies for teaching multicultural counseling courses. In J. G. Ponterotto, J. M. Casas, L. A. Suzuki, & C. M. Alexander (Eds.), *Handbook of multicultural counseling* (pp. 312-330). Thousand Oaks, CA: Sage.

Reynolds, K. J., & Oakes, P. J. (2000). Variability in impression formation: Investigating the role of motivation, capacity, and the categorization process. *Personality and Social Psychology Bulletin, 26,* 355-373.

Ridley, C. R. (1995). *Overcoming unintentional racism in counseling and therapy: A practitioner's guide to intentional intervention.* Thousand Oaks, CA: Sage.

Ridley, C. R., Hill, C., & Li, L. (1998). Revisiting and refining the multicultural assessment procedure. *Counseling Psychologist, 6,* 939-947.

Robinson, T. L., & Howard-Hamilton, M. (2000). *The convergence of race, ethnicity, and gender.* Upper Saddle River, NJ: Prentice Hall.

Rodriguez, R., & Walls, N. (2000). Culturally educated questioning: Toward a skill-based approach in multicultural counselor training. *Applied and Preventive Psychology, 2,* 89-99.

Root, M. P. P. (Ed.). (1992). *Racially mixed people in America.* Newbury Park, CA: Sage.

Root, M. P. P. (1999). The biracial baby boom: Understanding ecological constructions of racial identity in the 21st century. In R. H. Sheets & E. R. Hollins (Eds.), *Racial and ethnic identity in school practices: Aspects of human development* (pp. 67-89). Mahwah, NJ: Erlbaum.

Ruiz, A. S. (1990). Ethnic identity: Crisis and resolution. *Journal of Multicultural Counseling and Development, 18,* 29-40.

Rules of State Board of Examiners of Psychologists, Ga. Comp. R. & Regs. r. 510-8-01 (2001).

Rushton, J. P. (1995). Construct validity, censorship, and the genetics of race. *American Psychologist, 50,* 40-41.

Saldana, D. (1995). Acculturative stress: Minority status and distress. In A. M. Padilla (Ed.), *Hispanic psychology* (pp. 43-56). Thousand Oaks, CA: Sage.

Samuda, R. J. (1998). *Psychological testing of American minorities.* Thousand Oaks, CA: Sage.

Sanchez, A. R. (2001). Multicultural family counseling: Toward cultural sensibility. In J. G. Ponterotto, J. M. Casas, L. A. Suzuki, & C. M. Alexander (Eds.), *Handbook of multicultural counseling* (2nd ed., pp. 672-700). Thousand Oaks, CA: Sage.

Sandoval, J., Frisby, C. L., Geisinger, K. F., Scheuneman, J. D., & Grenier, J. R. (Eds.).

(1998). *Test interpretation and diversity: Achieving equity in assessment.* Washington, DC: American Psychological Association.

Santiago-Rivera, A., Arredondo, P., & Gallardo-Cooper, M. (2002). *Counseling Latinos and la familia: A practitioner's guide.* Thousand Oaks, CA: Sage.

Schofield, J. W. (1986). Causes and consequences of the colorblind perspective. In J. F. Dovidio & S. L. Gaertner (Eds.), *Prejudice, discrimination, and racism* (pp. 231-253). San Diego, CA: Academic Press.

Sciarra, D. T. (1999). *Multiculturalism in counseling.* Itasca, IL: Peacock.

Sedikides, C., & Brewer, M. B. (2001). *Individual self, relational self, collective self.* Philadelphia: Brunner-Routledge.

Seeley, K. M. (2000). *Cultural psychotherapy.* Northvale, NJ: Jason Aronson.

Sellers, R. M., Smith, M. A., Shelton, J. N., Rowley, S. A., & Chavous, T. M. (1998). Multidimensional model of racial identity: A reconceptualization of African American racial identity. *Personality and Social Psychology Review, 2,* 18-39.

Sidanius, J., & Pratto, F. (1999). *Social dominance: An intergroup theory of social hierarchy and oppression.* New York: Cambridge University Press.

Smart, J., & Smart, D. W. (1995). Acculturative stress of Hispanics: Loss and challenge. *Journal of Counseling and Development, 73,* 390-396.

Society for the Psychological Study of Ethnic Minority Issues, Division 45 of the American Psychological Association & Microtraining Associates, Inc. (Sponsors/Producers). (2000). *Culturally-competent counseling and therapy: Live demonstrations of innovative approaches* [Motion picture]. (Available from Microtraining Associates, Inc., P.O. Box 9641, North Amherst, MA 01059-9641)

Sodowsky, G. R., & Kuo, P. Y. (2001). Determining cultural validity of personality assessment: Some guidelines. In D. B. Pope-Davis & H. L. K. Coleman (Eds.), *The intersection of race, class, and gender: Implications for multicultural counseling* (pp. 213-240). Thousand Oaks, CA: Sage.

Sodowsky, G. R., Kuo-Jackson, P. Y., & Loya, G. (1997). Outcome of training in the philosophy of assessment: Multicultural counseling competencies. In D. B. Pop-Davis & H. L. K. Coleman (Eds.), *Multicultural counseling competencies: Assessment education and training, and supervision* (pp.3-42). Thousand Oaks, CA: Sage.

Steels, C. M. (1997). A threat in the air: How stereotypes shape intellectual identity and performance. *American Psychologist, 52,* 613-629.

Stukas, A. A., Jr., & Snyder, M. (2002). Targets' awareness of expectations and behavioral confirmation in ongoing interactions. *Journal of Experimental Social Psychology, 38*, 31-40.

Sue, D. W. (1978). Eliminating cultural oppression in counseling: Toward a general theory. *Journal of Counseling Psychology, 25*, 419-428.

Sue, D. W. (2001). Multidimensional facets of cultural competence. *Counseling Psychologist, 29*, 790-821.

Sue, D. W., Arredondo, P., & McDavis, R. J. (1992). Multicultural counseling competencies and standards: A call to the profession. *Journal of Counseling and Development, 70*, 477-483.

Sue, D. W., Bernier, J., Durran, M., Feinberg, L., Pedersen, P., Smith, E., & Vasquez-Nuttall, E. (1982). Position paper: Cross-cultural counseling competencies. *Counseling Psychologist, 10*, 45-52.

Sue, D. W., Bingham, R. P., Porche-Burke, L., & Vasquez, M. (1999). The diversification of psychology: A multicultural revolution. *American Psychologist, 54*, 1061-1069.

Sue, D. W., Carter, R. T., Casas, J. M., Fouad, N. A., Ivey, A. E., & Jensen, M. (1998). *Multicultural counseling competensies: Individual and organization development.* Thousand Oaks, CA: Sage.

Sue, D. W., Ivey, A. E., & Pedersen, P. B. (1996). *A theory of multicultural counseling and therapy.* Pacific Grove, CA: Brooks/Cole.

Sue, D. W., & Sue, D. (1997). Ethnic minorities: Failures and responsibilities of the social sciences. *Journal of Non-White Concerns in Personnel and Guidance, 5*, 99-106.

Sue, D. W., & Sue, D. (1999). *Counseling the culturally different: Theory and practice* (3rd ed.). New York: Wiley.

Sue, S. (1998). In search of cultural competence in psychotherapy and counseling. *American Psychologist, 53*, 440-448.

Sue, S. (1999). Science, ethnicity, and bias: Where have we gone wrong? *American Psychologist, 54*, 1070-1077.

Sun, K. (1995). The definition of race. *American Psychologist, 50*, 43-44.

Suzuki, L. A., & Valencia, R. R. (1997). Race-ethnicity and measured intelligence: Educational implications. *American Psychologist, 52*, 1103-1114.

Swim, J., & Mallett, R. (2002). *Pride and prejudice: A multi-group model of identity and its association with intergroup and intragroup attitudes.* Manuscript submitted for publication.

Swim, J., & Stangor, C. (1998). *Prejudice: The target's perspective.* San Diego, CA:

Academic Press.

Tajifel, H., & Turner, J. C. (1986). The social identity theory of intergroup behavior. In S. Worchel & W. G. Austin (Eds.), *Psychology of intergroup relations* (pp. 7-24). Chicago: Nelson-Hall.

Thompson, C. E,. & Carter, R. T. (1997). *Racial identity theory: Applications to individual, group, and organizational interventions.* Mahwah, NJ: Erlbaum.

Triandis, H. V., & Singelis, T. M. (1998). Training to recognize individual differences in collectivism and individualism within culture. *International Journal of Intercultural Relations, 22*, 35-47.

Turner, J. C., Brown, R. J., & Tajifel, H. (1979). Social comparison and group interest in ingroup favouritism. *European Journal of Social Psychology, 9*, 187-204.

U.S. Census Bureau. (2001). U.S. Census 2000, Summary Files 1 and 2. Retrieved May 13, 2003, from http://www.census.gov/main/www/cen2000.html

U.S. Department of Health and Human Services. (2001). *Mental health: Culture, race and ethnicity-A supplement to Mental Health: A Report of the Surgeon General.* Rockville, MD: U.S. Department of Health and Human Services, Public Health Office, Office of the Surgeon General.

Vandiver, B. J., Fhagen-Smith, P. E., Cokley, K. O., Cross, W. E., Jr, & Worrell, F. C. (2001). Cross' nigrescence model: From theory to scale to theory. *Journal of Multicultural Counseling and Development, 29*, 174-200.

Wehrly, B., Kenney, K. R., & Kenney, M. E. (1999). *Counseling multiracial families.* Thousand Oaks, CA: Sage.

Witte, K., & Morrison, K. (1995). Intercultural and cross-cultural health communication: Understanding people and motivating healthy behaviors. In R. L. Wiseman (Ed.), *Intercultural communication theory* (pp. 216-246). Thousand Oaks, CA: Sage.

Wolsko, C., Park, B., Judd, C. M., & Wittenbrink, B. (2000). Framing interethnic ideology: Effects of multicultural and color-blind perspectives on judgements of groups and individuals. *Journal of Personality and Social Psychology, 78*, 635-654.

Worrell, F. C., Cross, W. E., Jr., & Vandiver, B. J. (2001). Nigrescence theory: Current status and challenges for the future. *Journal of Counseling and Development, 29*, 201-213.

Wu, A. W. (2000). Quality-of-life assessment in clinical research: Application in diverse populations. *Medical Care, 38*, II 130- II 135.

Yee, A. H., Fairchild, H. H., Weizmann, F., & Wyatt, G. E. (1993). Addressing psychology's problem with race. *American Psychologist, 48*, 1132-1140.

Zhang, A. Y., Snowden, L. R., & Sue, S. (1998). Differences between Asian and White-Americans' help-seeking utilization patterns for the Los Angeles area. *Journal of Community Psychology, 26*, 317-326.

# 레즈비언, 게이, 바이섹슈얼 심리치료를 위한 APA 윤리 지침

## 서론

### 동성애와 양성애에 대한 태도
- 지침 1. 심리학자들은 동성애와 양성애가 정신병리의 지표가 아님을 이해한다.
- 지침 2. 심리학자들은 레즈비언, 게이, 양성애 문제에 관한 자신들의 태도 및 지식이 심리 진단과 치료, 자문, 적절한 의뢰에 영향을 미칠 수 있음을 인지하는 것이 권장된다.
- 지침 3. 심리학자들은 사회적인 낙인(예: 편견, 차별, 폭력)이 레즈비언, 게이, 바이섹슈얼 내담자들의 정신 건강과 심리적 안녕감에 어떻게 위협을 줄 수 있는지 이해하려고 노력한다.
- 지침 4. 심리학자들은 동성애나 양성애를 보는 부정확하거나 편향된 시각이 어떻게 내담자에게서 받는 인상이나 치료적 과정에 영향을 줄 수 있는지 이해하려고 노력한다.

### 관계와 가족
- 지침 5. 심리학자들은 레즈비언, 게이, 바이섹슈얼 들의 관계에 대해 알고, 그 중요성을 존중하려고 노력한다.

- 지침 6. 심리학자들은 레즈비언, 게이, 바이섹슈얼의 부모들이 직면하는 특수한 환경과 어려움을 이해하려고 노력한다.
- 지침 7. 심리학자들은 레즈비언, 게이, 바이섹슈얼의 가족 범위에는 법적, 생물학적 측면에서 관계없는 사람들도 포함될 수 있음을 인지한다.
- 지침 8. 심리학자들은 어떻게 개인의 동성애나 양성애적 지향이 그들의 원가족 및 원가족과 맺는 관계에 영향을 줄 수 있는지 이해하려고 노력한다.

## 다양성 이슈

- 지침 9. 심리학자들은 소수 인종이나 소수 민족에 속한 레즈비언, 게이, 바이섹슈얼 들이 복잡한 문화적 관습이나 가치, 신념에 관련하여 경험하는 특정한 삶의 문제나 어려움을 인지하도록 권장된다.
- 지침 10. 심리학자들은 바이섹슈얼들이 경험하는 특정한 어려움들을 인지하도록 권장된다.
- 지침 11. 심리학자들은 레즈비언, 게이, 바이섹슈얼 청소년이 경험하는 특수한 문제들이나 위기를 이해하도록 노력한다.
- 지침 12. 심리학자들은 레즈비언, 게이, 바이섹슈얼 인구 안의 세대 차를 고려하며, 레즈비언, 게이, 바이섹슈얼의 중장년들이 겪을 수 있는 특수한 어려움들을 고려한다.
- 지침 13. 심리학자들은 신체적, 감각적, 또는 인지적/정서적 장애를 가진 레즈비언, 게이, 바이섹슈얼 들이 경험하는 특수한 어려움을 인지하도록 권장된다.

## 교육

- 지침 14. 심리학자들은 레즈비언, 게이, 바이섹슈얼 주제에 관한 전문적 교육이나 수련 제공을 지원한다.
- 지침 15. 심리학자들은 계속되는 교육, 수련, 슈퍼비전, 자문을 통해 동성애와 양성애에 대한 지식과 이해도를 높이도록 권장된다.
- 지침 16. 심리학자들은 레즈비언, 게이, 바이섹슈얼이 그들을 위한 정신건강, 교육, 지역사회 기관들과 친숙해지도록 가능한 노력을 기울인다.

감사의 글

엔드노트

참고문헌


# 서론

1975년에 미국 심리학협회(APA)는 1973년 미국 심리치료협회가 정신병리 목록에서 동성애를 삭제하기로 한 결정(미국 심리치료협회, 1974)에 대하여 엄정한 논의를 거친 후 "동성애 자체는 판단력이나 심리적 안정, 신뢰도, 혹은 보편적인 사회적, 직업적 능력의 결함을 의미하지 않는다."(Conger, 1975, p.633)는 결의안을 선언했다. 그로부터 25년이 지난 오늘날까지도, 이 결의안의 함의는 실무에서 완전히 이행되지 않고 있다 (Garnets, Hancock, Cochran, Goodchilds, & Peplau, 1991; Dworkin, 1992; Firestein, 1996; Fox, 1996; Greene, 1994a; Iaseuza, 1989; Markowitz, 1991, 1995; Nystrom, 1997). 이를 언급한 저자들 중 많은 수가 해당 분야의 정신건강 전문가들에게 더 나은 교육과 연수를 제공할 필요가 있다고 주장한다. 이 문서는 레즈비언, 게이, 바이섹슈얼 내담자의 치료를 위하여 적절한 교육 및 수련을 원하고 활용하려는 심리학자들을 돕기 위한 목적을 띤다.

이러한 지침들의 구체적인 목표는 실무가들에게 (1) 레즈비언, 게이, 바이섹슈얼 내담자 치료에서 참고할 틀과 (2) 심리 진단 및 개입, 정체성, 관계, 그리고 심리학자들의 교육 및 수련 분야에 관련한 기본 정보 및 추가적 참고문헌을 제공하는 것이다. 이 지침들은 미국 심리학협회의 심리학자들을 위한 윤리 규정과 행동 수칙(APA, 1992), 기타 APA 정책, 그리고 기타 정신건강기관의 정책들에 근거한다.

"지침(guidelines)"이라는 용어는 심리학자들을 위한 특정한 직업적 행위, 노력, 수행을 제안하거나 추천하는 공표(pronouncements)나 진술(statements), 선언(declaration)을 가리킨다. 지침은 규범과 달리 의무적이거나 강제성을 띠지 않는다. 그러므로 이러한 지침의 취지는 실무자들의 성장과 발전을 위한 것이다. 지침들은 직업상 체계적인 발전을 촉진하고 심리학자들이 전문 분야를 수행함에 있어 더 높은 수준에 도달하는 것을 돕는다. 이 지침은 당위성을 가지거나 여지없이 지켜져야 한다는 의도가 없으며, 모든 임상적 장면에서 적용되지 않을 수도 있다. 이는 확정적인 것이 아니며 심리학자들의 판단보다 우위를 점하지 않는다.

이 지침들은 네 개의 섹션으로 구성되었다. (1) 동성애 및 양성애에 대한 태도 (2) 관계와 가족 (3) 다양성 이슈 (4) 교육

## 동성애와 양성애에 대한 태도

지침 1. 심리학자들은 동성애와 양성애가 정신병리의 지표가 아님을 이해한다.

100여 년 동안 동성애와 양성애는 정신병리로 간주되었다. Hooker(1957)의 연구는 이러한 가정에 최초로 의문을 제기하였다. 비임상 표본으로 채택된 동성애자와 양성애자의 투사적 검사에 대한 결과에서 정상 표본과의 어떤 차이도 발견하지 못했다. 추후 연구들은 양성애와 동성애 집단 간에 인지 능력 측정치(Turtle & Pillard, 1991), 심리적 안녕감 및 자존감(Coyle, 1993; Herek, 1990; Savin-Williams, 1990)에서 차이를 발견하지 못했다. Fox(1996)는 양성애 남성과 여성의 비임상적 연구에서 어떤 정신병리의 증거도 찾아내지 못했다. 나아가, 전반적인 심리 기능과 관련된 넓은 범위의 변인들에서 이성애자, 동성애자, 양성애자 인구 사이의 중요한 차이점을 거의 찾지 못한 관련 문헌들이 나타났다(Pillard, 1988; Rothblum, 1994; Gonsiorek, 1991). 연구들이 동성애 참여자와 양성애 참여자 간의 심리적 기능 차이를 발견했을 때(DiPlacido, 1998; Ross, 1990; Rotheram-Borus, Hunter, & Rosario, 1994; Savin-Williams, 1994), 이러한 차이들은 성적 지향에 근거한 사회적 낙인에 관련된 스트레스 때문인 것으로 여겨졌다. 이러한 스트레스는 자살 시도, 물질 남용, 정서적 고통의 증가를 유발한다.

동성애와 양성애를 정신병리로 분류한 문헌들은 방법론상으로 잘못되었다는 점이 밝혀지고 있다. Gonsiorek(1991)은 이 문헌들을 검토하고 불명확한 용어 정의, 정확하지 않은 참여자 분류, 정확하지 않은 집단 비교, 부적절한 표집절차, 복잡한 사회적 요

인 간과, 의심스러운 결과 측정 등의 심각한 방법론적 결함을 발견했다. 이처럼 결함이 있는 연구들의 결과가 동성애를 정신병리나 고착된 심리성적 발달로 다루는 이론을 지지해왔다. 이 연구들이 동성애를 정신병리라고 결론짓고 있지만 그들은 타당한 경험적 근거가 없으며, 레즈비언, 게이, 양성애자에 대한 잘못된 표상을 유발하는 믿음의 근거로 활용되었다.

미국의 모든 주요 정신건강협회들은 동성애가 정신병리가 아니라는 점을 확언하고 있다. 1975년에 미국 심리학협회(APA)는 모든 심리학자가 "동성애적 성적 지향에 관련한 오랜 낙인을 제거하는 데에 앞장설 것"(Conger, 1975, p.633)을 촉구하였다. 잇따라 APA와 다른 주요 정신건강협회는 이러한 기본 원칙에 입각한 수많은 결의안과 정책 진술안을 채택하였으며 이는 그들의 윤리 규범에도 반영되어 있다(cf. 미국 부부, 가족 치료협회, 1991; 미국 상담협회, 1996; 캐나다 심리학협회, 1995: National Association of Social Workers, 1996). 또 이 원칙은 수많은 APA의 법정 조언자 의견서(amicus curiae briefs)로 공지되었다(Berslff & Ogden, 1987).

그러므로 심리학자들은 동성애나 양성애적 성적 지향이 정신병리가 아니라는 점을 단언하고 있다(APA, 1988). "그들의 직업 관련 활동에서 심리학자들은 성적 지향이 깔린 불공평한 편견에 빠지지 말아야 한다."(APA, 1992) 또한 심리학자들은 정서적 고통을 유발하는 사회적 낙인 효과를 내담자들이 극복할 수 있도록 조력해야 함을 주장한다.

지침 2. 심리학자들은 레즈비언, 게이, 양성애 문제에 관한 자신들의 태도 및 지식이 심리 진단과 치료, 자문, 적절한 의뢰에 영향을 미칠 수 있음을 인지하는 것이 권장된다.

윤리 규정은 심리학자들이 "자신의 신념 체계, 가치관, 욕구, 한계를 알고 이것들이 직업에 주는 영향을 자각하도록 애쓸 것"(APA, 1992, p. 1599)을 요청한다. 이 원칙은 심리학자들을 위한 수련 프로그램이나 교재에 반영되어 있다. 윤리 규정은 또한 심리학자들로 하여금 자신의 능력과 지식의 한계를 평가하도록 촉구한다. 자신의 신념, 가치, 욕구, 한계를 명확하게 자각하지 못하면 심리치료에서 내담자의 성장을 방해할 수도 있다(Corey, Schneider-Corey, & Callanan, 1993).

레즈비언, 게이, 바이섹슈얼 내담자의 진단과 치료는 상담자의 겉으로 드러나거나 내재된 부정적 태도에 의해 좋지 않은 영향을 받을 수 있다. 예를 들어, 동성애와 양성 애가 의식적으로 정신 질환의 증거로 간주될 경우에 내담자의 동성애나 양성애적 성적 지향은 그들이 성적 지향을 호소 문제로 언급하지 않음에도 불구하고 내담자의 심리적 어려움의 주요 원인으로 보이는 경향이 생긴다(Garnets, Hancock, Cochran, Goodchilds, & Peplau, 1991; Liddle, 1996; Nystrom, 1997). 심리학자가 자신의 부정적 태도를 자각하지 못하면 심리치료의 효과는 이성애중심주의적 편견 때문에 줄어들 수 있다. Herek (1995)는 이성애중심주의를 "어떤 비이성애적 형태의 행동, 정체성, 관계, 공동체도 부 정하고 깎아내리고 낙인을 찍는 이데올로기 시스템"(p. 321)이라고 정의하였다. 이성애 중심주의는 심리학 내에서 언어, 이론, 심리치료적 개입에 걸쳐 팽배해 있다 (Anderson, 1996; Brown, 1989). 정체성, 행동, 감정에 대한 이성애적 기준이 레즈비언, 게이, 바이 섹슈얼 내담자에게 적용될 경우 그들의 사고, 감정, 행동은 비정상적이고, 이상하고, 바람직하지 않은 것으로 잘못 해석된다. 심리학자들은 이성애자임을 나타내는 표지가 겉으로 드러나는 경우(예: 기혼, 왜냐하면 레즈비언이나 게이, 바이섹슈얼 들도 이성애 결혼 을 했을 수 있으므로)라도 내담자가 당연히 이성애자일 것이라고 추측하지 않도록 노력 해야 한다.

심리치료에서 널리 퍼진 또다른 이성애중심주의는 "성적 지향 무시sexual-orientation-blind" 관점의 치료적 접근이다. "인종 무시" 모델처럼 그러한 접근은 성적 지향을 병리적으로 보는 입장을 피하려는 전략으로 그 집단—여기서는 레즈비언, 게 이, 바이섹슈얼 집단—의 문화적으로 고유한 경험을 부정한다. 그러나 심리학자가 레 즈비언, 게이, 바이섹슈얼인 사람들의 삶에서 문화적으로 특유한 경험을 부정할 때 역 시, 이성애중심주의적 편향이 내담자에게 도움이 안 되는 방식으로 작업을 지배하기가 쉽다(Garnets et al., 1991; Winegarten, Cassie, Markowski, Kozlowski, & Yoder, 1994). 심리 학자가 레즈비언, 게이, 바이섹슈얼인 사람들의 고유한 주제를 알지 못할 경우, 그들은 그 개인과 친밀한 관계에 가해지는 사회적 낙인의 영향을 잘 이해하지 못할 수 있다.

많은 심리학자가 레즈비언, 게이, 바이섹슈얼 내담자에 관련한 최근 정보를 충분히 받지 못해왔기 때문에(Buhrke, 1989; Pilkington & Cantor, 1996) 심리학자들은 필요할 때 이 집단에 대한 치료의 유능성을 보장받기 위해 연수나 경험, 자문, 슈퍼비전을 받을 것을 강력히 권장한다. 이들과의 작업에 있어 중요한 이슈는 사람의 성 정체성, "커밍아웃" 과정, 연령, 성별, 민족, 인종, 장애, 종교 등의 변인이 커밍아웃 과정에 영향을 주는 방식, 동성 관계에서의 역동, 원가족과의 관계, 영성과 종교 집단 멤버와 다루는 갈등, 진로 문제, 직장에서의 차별, 성공적으로 기능하기 위한 대처 전략 등을 잘 이해하는 것을 포함한다.

윤리적 규정에 따르면 심리학자들은 "…… 성적 지향 …… 때문에 발생한 문화적, 개인적, 역할적 차이를 자각하고, 그러한 요인에 따른 편견이 작업에 주는 영향을 제거하도록 노력한다……"(APA, 1992, pp. 1599-1600). 그러므로 심리학자들은 자기 탐색과 자기 교육의 적절한 수단(예 : 자문, 연구, 계속적 제도 교육)을 활용하여 동성애와 양성애에 대한 선입견을 밝혀내고 제거하도록 권장된다.

지침 3. 심리학자들은 사회적인 낙인(예: 편견, 차별, 폭력)이 레즈비언, 게이, 바이섹슈얼 내담자들의 정신건강과 심리적 안녕감에 어떻게 위협을 줄 수 있는지 이해하려고 노력한다.

많은 레즈비언, 게이, 바이섹슈얼인 사람들은 사회적 낙인과 폭력, 차별을 겪는다(Herek, 1991). 이성애중심주의 사회에서 살아가기란 "옷장 속에 숨어 있을 때"에만 받아들여질 수 있는 레즈비언, 게이, 바이섹슈얼을 심각한 수준의 스트레스에 빠뜨릴 수 있다(DiPlacido, 1998). 성 소수자들의 지위는 "만성적인 일상의 장애물(예: 반동성애적 농담을 듣는 것, 언제나 경계해야 하는 것)에서부터 더 심각한 부정적인 생애 사건, 특히 동성애자 관련 사건(예: 직장이나 가정을 잃는 일, 자녀 양육권 박탈, 반동성애적 폭력과 성적 지향 관련 차별)"(DiPlacido, 1998, p. 140)들과 관련된 스트레스에 빠질 위험을 증가시킨다. Greene (1994b)는 이성애중심주의, 성차별주의, 인종주의가 축적된 영향이 인종적/민족적 소수자인 레즈비언, 게이, 바이섹슈얼 들을 특히 더 사회적 스트레스 요인에 노출되는 위험에 처하게 할 수 있다고 주장했다.

연구는 게이 남성이 사회에서의 차별과 부정적 경험의 직접적인 결과로 인한 정신건강 문제(Meyer, 1995)와 정서적 고통(Ross, 1990)에 취약하다는 것을 보여준다. DiPlacido(1998)는 레즈비언과 바이섹슈얼 여성들에 대한 사회 심리적 스트레스 요인에 대한 연구는 현실적으로 존재하지 않는다고 보고했다. 그녀는 "어떤 레즈비언과 바이섹슈얼 여성은 다중적인 소수자로서의 지위에 의해 부적응적이고 건강하지 못한 방식으로 스트레스 요인에 대처하고 있을 수 있다."고 지적했다(p. 141). 특히 파트너를 상실한 뒤에 법적인 권리 부재, 응급실에서의 보호자 권리 부재, 그리고 배우자로서의 권리 부재와 같이 좀더 나이든 레즈비언, 게이, 바이섹슈얼에 영향을 미치는 사회적 스트레스 요인은 무력감, 우울, 애도 과정에서의 혼란 등과 상관이 있었다(Berger & Kelly, 1996; Slater, 1995). 사회적 취약성과 고립을 두드러지게 나타내는 청년층을 대상으로 스트레스 요인을 조사하였다. 레즈비언, 게이, 바이섹슈얼 청년에게 영향을 미치는 언어적, 신체적 폭력과 같은 사회적 스트레스 요인은 학업 문제, 가출, 매춘, 물질 남용, 자살과 상관이 있었다(Savin-Williams, 1994, 1998). 반동성애 언어적, 신체적 괴롭힘은 자살 시도 경험이 있는 게이, 바이섹슈얼 10대 남성에게서 자살 시도 경험이 없는 집단보다 더 유의하게 높은 빈도로 나타났다(Rotheram-Borus, Hunter, & Rosario, 1994). 이러한 스트레스 요인들은 더 위험한 성적 행동과 상관 관계가 있기도 했다(Rotheram, Borus, Rosario, Van-Rossem, Reid, & Gillis, 1995).

농촌 지역에 사는 레즈비언, 게이, 바이섹슈얼 인구는 노출 위험에 관련되어 더 높은 스트레스를 경험했는데, 이는 자기들의 성적 지향을 숨기면서 사는 것이 더 어렵기 때문이다. 직업이나 가정을 잃을 수 있다는 두려움은 작은 공동체에서 기회가 더 제한되어 있기 때문에 더 심각할 수 있다. 더 좁은 시야와 더 적은 수의 레즈비언, 게이, 바이섹슈얼 지원 단체는 사회적 고립감을 더 강화시킬 수 있다. 게다가 레즈비언, 게이, 바이섹슈얼인 사람들은 농촌 공동체가 제공하는 법적 보호가 더 빈약하기 때문에 폭력이나 괴롭힘에 더 취약하다고 느낄 수 있다(D'Augelli & Garnets, 1995).

많은 레즈비언, 게이, 바이섹슈얼 내담자가 사회적이고 신체적인 위험을 실제로 경험했거나 인지하고 있는 바, 안전하다는 느낌을 발전시키는 것이 가장 중요하다. 사회적 낙인, 편견, 차별(예 : 동성애자 반대를 주창하는 선거 후보, 레즈비언, 게이, 바이섹슈얼 대상 살인자)들은 스트레스의 원인이 되어 이 내담자들의 직장과 사적인 영역에서의 안전에 대한 걱정을 만들어낼 수 있다(Rothblum & Bond, 1996; Fassinger, 1995; Prince, 1995). 신체적인 안전과 사회적, 정서적 지원은 레즈비언, 게이, 바이섹슈얼 인구의 스트레스 감소에 가장 핵심적인 것으로 밝혀졌다(Hershberger & D'Augelli, 1995; Levy, 1992).

외부적인 스트레스 요인뿐만 아니라 Gonsiorek (1993)은 레즈비언, 게이, 바이섹슈얼 들이 사회적으로 부정적인 태도를 내면화하는 과정을 서술했다. 이러한 내면화는 자신감 부재에서부터 명백한 자기 혐오(Gonsiorek, 1993), 우울(Meyer, 1995; Shidlo, 1994) 또는 알콜중독이나 다른 물질 남용(Glaus, 1988) 등에 이르는 자아상과 관련된 문제를 불러올 수 있다. Meyer와 Dean (1998)은 호모포비아의 내면화 정도 측정에서 높은 점수를 보인 게이 남성이 내면화 정도가 낮은 집단보다 더 유의하게 성적으로 무능력하고, 관계에서 더 불안정하며, 반동성애의 희생양이 된 것을 자기 탓으로 더 돌렸다.

레즈비언, 게이, 바이섹슈얼 들과 작업하는 심리학자들은 괴롭힘, 차별, 폭력의 결과로 나타난 내담자의 수난사를 평가하도록 권장된다. 이는 내담자의 관점이 이러한 학대에 어느 정도까지 영향을 받았는지, 그리고 외상 후 문제를 언급할 필요가 있는지 심리학자들이 이해할 수 있게 해준다. 나아가, 동성애와 양성애에 대하여 내면화된 부정적 태도가 주는 심리적 영향이 언제나 명백하거나 의식적인 것이 아니다(Shidlo, 1994). 그러므로 치료를 계획하고 수행할 때 심리학자들은 부정적 태도가 수치심, 불안, 낮은 자존감 등에 영향을 주는 미묘한 수준까지도 민감하게 고려하고, 이러한 스트레스 요인들이 내담자의 개인사와 사회 심리적 맥락 모두에서 미치는 다양한 진단적 함의를 고려해야 한다.

지침 4. 심리학자들은 동성애나 양성애를 보는 부정확하거나 편향된 시각이 어떻게 내담자에게서 받는 인상이나 치료적 과정에 영향을 줄 수 있는지 이해하려고 노력한다.

동성애와 양성애에 대한 편견과 거짓된 정보들은 이 사회에 여전히 만연하다(APA, 1998; Haldeman, 1994). 동성애와 양성애에 대한 낙인 때문에 많은 레즈비언, 게이, 바이섹슈얼은 갈등을 느끼거나 자신의 성적 지향의 측면 혹은 결과에 대하여 심각한 의문들을 가지고 있을 것이다(지침 3을 참고하라). 괴롭힘이나 편견, 폭력에 대한 취약성뿐만 아니라 가족, 친구, 직업, 종교 공동체 등을 한꺼번에 잃을 수 있다는 두려움은 스스로의 정체성을 레즈비언, 게이, 바이섹슈얼로 지을 때의 두려움에 기여한다. 이러한 요인들은 레즈비언, 게이, 바이섹슈얼 들이 자신의 성적 지향에 느끼는 불편감을 형성하는 주요 원인으로 간주되어 왔다(Davison, 1991; Haldeman, 1994). 자신의 성적 지향 때문에 갈등하거나 의문을 지닌 많은 내담자가 그 문제를 해결하기 위하여 심리치료를 찾는다. 하지만 편견에 사로잡혀 있거나 성적 지향에 대해 잘못 알고 있는 심리학자는 그 내담자의 고통을 더 악화시킬 수 있다(지침 2를 참고하라). 또한 이들에 대한 이해가 부족한 경우는 갈등이나 편견에 대처하는 데에 효과적인 유일한 전략이 레즈비언, 게이, 바이섹슈얼 내담자의 성적 지향을 바꾸는 것이라는 주장에 찬성을 하기도 한다.

APA의 정책, "성적 지향에 대한 적절한 치료적 반응"(1998)은 자신의 성적 지향이 가지는 함의에 대해 걱정하는 내담자와 작업하는 심리학자들에게 참조 틀을 제공한다. 이 정책은 레즈비언, 게이, 바이섹슈얼 내담자들과 작업하는 모든 심리학자에게 적용되는 윤리 규정 섹션을 강조한다. 이 섹션은 차별적인 치료 금지(예: 동성애나 양성애를 병리적으로 보는 치료 접근), 과학적, 임상적 데이터의 잘못된 해석 금지(예: 성적 지향은 바뀔 수 있다는 입증되지 않은 주장), 고지된 동의의 필수적인 요구(APA, 1992) 등으로 구성되어 있다. 윤리 규정을 바탕으로 하여 "성적 지향에 대한 적절한 치료적 반응"은 심리학자들이 심리치료, 그 심리치료의 이론적 바탕, 예상되는 결과, 대안적인 치료적 접근을 논의하도록 요청한다. 성적 지향에 대한 불편감을 초래할 사회적 스트레스 요인에 대하여 내담자에게 정확한 정보를 제공함으로써 심리학자들은 편견의 효과를 누그러뜨리고 내담자를 더 이상의 피해로부터 예방해줄 수 있다. 심리학자들이 지식 부족이나 개인적 신념의 모순 때문에 이러한 정보나 다른 관련 정보를 제공할 수 없다면 꼭 필요한 정보를 습득하든지, 아니면 이에 적합한 곳에 내담자를 의뢰해야 한다(윤리 규정의 섹션 1.08을 참고하라). 또한 내담자가 성적 지향에 대한 불편감을 호소하였을 때 심리학자들은 그런 불편감을 일으키는 심리적, 사회적 맥락을 평가하는 것이 중요하다. 그러한 평가는 내담자에게 성적 지향을 바꾸라고 내외적으로 가해지는 압박, 사회적 지원이나 긍정적인 레즈비언, 게이, 바이섹슈얼 역할 모델의 부재, 내담자가 동성애나 양성애를 부정적인 고정관념이나 경험과 연관시키는 정도 등을 포함한다. 이러한 심리적, 사회적 맥락과 기타 성적 지향 불편감의 다른 차원들은 심리학자가 이러한 주제를 탐색하는 데에 중요하다. 왜냐하면 이 주제와 관련된 의미는 매우 다양하고 복잡하기 때문이다. 치료적 지향에 상관없이 심리학자들의 역할은 내담자에게 자기 신념을 강요하는 것이 아니라 내담자의 경험과 동기를 완전히 살펴보는 것이다. 심리학자들은 또한 성적 지향에 대한 정확한 정보의 출처로써 기능할 의무도 있다(예: 성적 지향의 발달이나 정신건강과 성적 지향 사이의 관계 등에 대한 질문들에 관한 경험적 데이터를 내담자에게 제공해줄 수 있을 것이다).

## 관계와 가족

지침 5. 심리학자들은 레즈비언, 게이, 바이섹슈얼 들의 관계에 대해 알고, 그 중요성을 존중하려고 노력한다.

레즈비언, 게이, 바이섹슈얼 커플은 다른 이성애 커플과 비슷하기도 하고 다르기도 하다(Peplau, Veniegas, & Campbell, 1996). 그들은 비슷한 이유 때문에 관계를 형성하고 (Klinger, 1996) 관계에 대한 비슷한 만족감을 표현한다(Kudrek, 1995). 차이점은 성적 행위, 사회화된 성 역할, 관계에 대한 낙인의 다른 패턴 등 몇 개의 요인에서 유래한다 (Garnets & Kimmel, 1993). 관계 이슈를 가진 레즈비언, 게이, 바이섹슈얼 들은 다른 많은 커플과 비슷한 문제 때문에 심리치료를 찾거나 아니면 동성 관계에서만 존재하는 문제 때문에 올 수도 있다(Cabaj & Klinger, 1996; Matteson, 1996; Murphy, 1994). 의사소통의 어려움, 성적 문제, 이중 역할 문제, 헌신할지의 결정 등 공통적인 관계 문제는 동성 관계에 대한 사회적인 혹은 개인의 내면화된 부정적 태도에 영향을 받을 수 있다. 레즈비언, 게이, 바이섹슈얼 커플에게서만 드러나는 호소 문제는 가족이나 직장 동료, 의료인, 보모에게 자기들 커플의 성적 지향을 숨기는 문제, 성적 지향을 숨기는 과정에서 파트너와의 차이, 동성 커플 사이에서의 사회화된 성 역할의 효과, HIV 관련 문제 등이 포함된다(Cabaj & Klinger, 1996; Slater, 1995). 예전의 이성애 배우자나 원가족으로부터의 압력 등 외적인 문제도 일어날 수 있다. 자녀 양육 역시 레즈비언, 게이, 바이섹슈얼 들에게만 나타나는 고유한 문제가 있을 수 있다(예: 이전의 이성애 배우자나 조부모에게 양육권을 박탈당할 위험, 부모 중 한 명의 법적 권리 부재 등). 신체적 건강상의 변화는 특히 고령의 레즈비언, 게이, 바이섹슈얼 커플에게서 고유한 문제를 나타낼 수 있다(예: 양로원이나 다른 입원 환경에서 배우자와 떨어지거나 접촉이 단절될 가능성).

심리학자들은 레즈비언, 게이, 바이섹슈얼 관계에 대한 사회적 편견과 차별의 부정적 효과를 고려할 것이 권장된다. 심리학자들은 사회적으로 인정받은 형태나 지원이 없는 관계에서 레즈비언, 게이, 바이섹슈얼 들이 자기들만의 관계 모델을 만들거나 지원 체계를 만들 수 있다는 것을 이해하는 것이 중요하다. 그러므로 심리학자들은 레즈비언, 게이, 바이섹슈얼 관계의 다양한 속성에 대해 잘 알고, 이들 관계의 의미를 가치롭게 인정하고 존중하려고 노력해야 한다.

지침 6. 심리학자들은 레즈비언, 게이, 바이섹슈얼 부모들이 직면하는 특수한 환경과 어려움을 이해하려고 노력한다.

연구들은 레즈비언, 게이, 바이섹슈얼 부모의 양육 능력이 이성애 부모의 양육 능력에 비해 중요한 차이가 없음을 밝혀왔다(Allen & Burrell, 1996; Bigner & Bozett, 1990; Bozett, 1989; Cramer, 1986; Falk, 1989; Gibbs, 1988; Kweskin & Cook, 1982; Patterson, 1996a). 그러나 레즈비언, 게이, 바이섹슈얼 부모들은 동성애와 양성애에 관련된 낙인 때문에 이성애 부모들이 겪지 않는 어려움에 봉착한다. 편견은 법, 교육, 사회복지 시스템의 제도적인 차별을 불러왔다. 매우 많은 경우에서 레즈비언, 게이, 바이섹슈얼 부모들은 성적 지향 때문에 자녀의 양육권을 잃고 자녀들을 방문하는 데 제약을 받고, 자기들의 배우자와 사는 것을 금지당하고, 또는 아이를 입양하는 것을 금지당한다(Editors of the Harvard Law Review, 1990; Falk, 1989; Patterson, 1996).

레즈비언, 게이, 바이섹슈얼 부모들의 자녀가 직면하는 가장 주요한 어려움은 사회 전반에서 그들의 부모에 가진 편견 때문이다. 법과 사회복지 시스템은 부모의 레즈비언, 게이, 바이섹슈얼적 지향이 아이에게 미칠 수 있는 영향에 대하여 세 가지 우려를 표했다. 이러한 우려들은 레즈비언, 게이, 바이섹슈얼 부모가 아이의 성 정체성, 성 역할 순응, 성적 지향에 미칠 수 있는 영향이다. 레즈비언 어머니에 관련한 연구 규모는 현재 게이 아버지의 것보다 훨씬 더 많다. Patterson (1996b)은 그녀의 문헌 전체 리뷰에서 레즈비언 엄마의 자녀가 성 정체성 장애를 가졌다는 증거가 없다고 결론내렸다. 그녀는 또한 레즈비언 엄마의 자녀들의 성 역할 행동이 정상 범위에 속한다고 밝혔다. 또한 레즈비언, 게이, 바이섹슈얼 부모의 자녀들은 이성애 부모가 기르는 또래들과 비교하여 정서 발달이나 동성애자가 될 가능성에서 차이가 없는 것으로 나타났다(Bailey,

Bobrow, Wolfe, & Mikach, 1995; Golombok & Tasker, 1994).

심리학자들은 자녀 양육권이나 입양, 혹은 수양부모 지위에 관련하여 평가할 때 차별적인 실무가 아니라 과학적이고 전문적으로 이끌어낸 정보에 의지해야 한다. 심리학자들은 부모, 자녀, 지역 단체나 기관(예 : 교육, 법, 사회복지 시스템)과 일할 때 정확한 정보를 제공하고 잘못된 정보를 바로잡아야 한다.

지침 7. 심리학자들은 레즈비언, 게이, 바이섹슈얼의 가족 범위에는 법적, 생물학적 측면에서 관계없는 사람들도 포함할 수 있음을 인지한다.

민족적, 문화적 다양성을 가진 내담자를 위해 효과적인 심리치료를 하려면, 일반적인 의미의 가족 범위보다 확장되거나 다양한 구성원이 섞여 있는 가족을 포함한 여러 형태의 가족을 이해하는 것이 핵심이다(Ho, 1987; Thomas & Dansby, 1985). 많은 레즈비언, 게이, 바이섹슈얼에게 가장 중요한 배우자와 가까운 친구들은 대안 가족 구조를 구성한다. 법, 제도적 인정을 받지 못하고 사회에서, 직장에서, 가족 내에서 차별을 당하는 상황에서 이러한 대안 가족 구조는 각 개인의 원가족보다 더 중요할 수 있다(Kurdek, 1988; Weston, 1992). 레즈비언, 게이, 바이섹슈얼 성인과 청소년들에게 갖는 대안 가족 구조의 중요성이 언제나 잘 이해받는 것은 아니다. 심지어 이러한 관계는 몇몇 심리학자들에 의해 가치절하되거나 부정당해왔다(Garnets, Hancock, Cochran, Goodchilds, & Peplau, 1991; Laird & Green, 1996).

사회적 지원은 이성애 커플이 관계상의 어려움을 다루는 능력에 도움을 주는 중요한 자원이다(Sarason, Pierce, & Sarason, 1990). 동성 관계에서 사람들은 중장년이나 노년이 되었을 때 원가족으로부터, 이성애 관계의 사람들만큼 많은 지원을 끌어내지 못한다(Kurdek, 1991; Laird & Green, 1996). 지지해주는 친구들 네트워크와의 친밀한 관계 역시 레즈비언, 게이, 바이섹슈얼 청소년들에게 매우 중요한 것으로 여겨진다. 강한 우정 네트워크는 성 정체성을 탐색하고 발달시키는데 중추역할로 보여져왔다(D'Augelli, 1991).

모든 관계에서의 만족과 지속성에 있어서 사회적 지지가 중요하므로, 심리학자들은 레즈비언, 게이, 바이섹슈얼의 대안적인 가족 관계의 중요성을 잘 고려하도록 권장된다. 심리학자들은 또한 그들의 원가족이나 고용자 등 타인들이 그들의 대안 가족을 인정해주지 않을 때 겪을 스트레스에도 주의를 기울여야 한다. 그러므로 평가 시에 심리학자들은 내담자들에게 누구를 가족 구성원으로 여기는지 물어보도록 권장된다.

지침 8. 심리학자들은 어떻게 개인의 동성애나 양성애적 지향이 그들의 원가족 및 원가족과 맺는 관계에 영향을 줄 수 있는지 이해하려고 노력한다.

원가족은 가족, 민족, 문화적 규범이나 종교적 신념 또는 부정적인 고정관념 때문에 레즈비언, 게이, 바이섹슈얼 자녀나 가족 구성원을 받아들일 준비가 안 되어 있을 수 있다(Chan, 1995; Greene, 1994a; Matteson, 1996). 가족 구성원의 동성애나 양성애가 밝혀지면, 동성애자나 양성애자 구성원이 추방되거나 동성애나 양성애자 구성원이 부모나 자매를 거부하거나 부모가 죄책감을 느끼고 스스로 잘못이라고 생각하거나 부모 간의 갈등이 발생할 수 있다(Griffin, Wirth, & Wirth, 1996; Savin-Williams & Dube, 1998; Strommen, 1993). 반응이 긍정적이라고 할지라도 레즈비언, 게이, 바이섹슈얼 가족 구성원을 새롭게 이해하고 수용하기 위해서는 적응기가 필요하다(Laird, 1996). 가족 구성원 중 누군가가 자신의 동성애나 양성애를 밝힐 때 남은 가족 구성원들도 마찬가지로 그들의 "커밍아웃" 과정에 직면하는 것이다(Bass & Kaufman, 1996; Savin-Williams & Dube, 1998).

가족들은 이성애를 당연히 전제했을 때에 가졌을 희망과 지각, 기대 등을 상실하는 데에 적응해야 할 지도 모른다(Savin-Williams, 1996). 가족들은 또한 동성애와 양성애에 대한 부정적인 사회적 태도가 가족 안에 널리 퍼져 있는 방식에 대처하고, 사회적인 낙인과 관련된 어려움을 다루는 데에 있어서 성적 지향에 대한 새로운 이해를 발달시키기 위해서 조력을 구할 수도 있다. 심리학자들 역시 가족의 반응과 레즈비언, 게이, 바이섹슈얼 가족 구성원에게 적응할 때에 보이는 문화적인 다양성에 민감해야 한다. 가족 구성원들에게 정보, 조력, 지지를 제공해주는 각 지역이나 국립 단체에서 도움을 받을 수 있다(예: '레즈비언과 게이의 부모, 가족, 친구들' '모든 레즈비언과 게이의 자녀들').

# 다양성 이슈

지침 9. 심리학자들은 소수 인종이나 소수 민족에 속한 레즈비언, 게이, 바이섹슈얼 들이 복잡한 문화적 관습이나 가치, 신념에 관련하여 경험하는 특정한 삶의 문제나 어려움을 인지하도록 권장된다.

소수 인종/민족에 속한 레즈비언, 게이, 바이섹슈얼 들은 주류 문화와 소수자 문화 양쪽 모두의 동성애와 양성애 관련 규범, 가치, 신념들을 극복해야 한다(Chan, 1992, 1995; Greene, 1994a; Manalansan, 1996; Rust, 1996). 이러한 규범, 가치, 신념 들의 문화적 차이는 심리적인 스트레스의 주요 원인이 될 수 있다. 소수 인종/민족에 속한 레즈비언, 게이, 바이섹슈얼 들이 자신의 정체성을 정착시키고 완전히 받아들여질 수 있는 하나의 집단이나 공동체는 존재하지 않을 수 있다. 이 문제는 자신의 성 정체성과 성적 지향을 탐색하고 있는 소수 인종/민족의 청소년일 경우 더 심각한 어려움이 될 수 있다.

인종, 민족적으로 다양한 레즈비언, 게이, 바이섹슈얼 인구에게 심리치료를 제공할 때 그 내담자들의 민족 및 인종적 배경만 심리학자가 단순하게 인식하는 것은 충분치 않다. 복합적인 소수자의 지위는 이 내담자들이 경험하는 어려움을 더 복잡하게 만들고 악화시킬 수 있다. 내담자들은 자기들의 문화가 동성애와 양성애를 보는 시각에 영향을 받을 것이다(Gock, 1992; Greene, 1994c). 레즈비언, 게이, 바이섹슈얼 공동체 내부의 인종주의의 영향 역시 고려해 보아야 할 중요한 요인이다(Gock, 1992; Greene, 1994b; Morales, 1996; Rust, 1996). 성 역할에 대한 문화적 가치, 종교나 출산에 대한 신념, 개인과 가족의 문화적응의 정도, 차별과 억압의 개인사 및 문화사 등과 같은 요인에 관련된 다양한 역동에 민감한 것도 역시 중요하다. 이 모든 요인들은 정체성 통합과 심리적, 사회적 기능에 매우 중요한 영향을 미칠 수 있다(Chan, 1995; Greene, 1994b; Rust, 1996).

지침 10. 심리학자들은 바이섹슈얼들이 경험하는 특정한 어려움들을 인지하도록 권장된다.

바이섹슈얼 성인과 청소년은 동성 간 성적으로 끌린다는 이유로 겪는 사회적 편견

외에도 다양한 스트레스 요인을 겪을 수 있다. 그러한 스트레스 요소 중 하나는 성적 지향을 이성애자나 동성애자 카테고리로 나누는 양극화가 양성애를 타당화하지 않는 다는 것이다(Elliason, 1997; Fox, 1996; Markowitz, 1995; Matteson, 1996; Ochs, 1996; Paul, 1996; Shuster, 1987). 이 관점은 사회적 태도나 제도뿐 아니라 심리학 이론에도 영향을 미쳤다. 결과적으로 양성애는 변화 진행 중의 상태인 것으로 잘못 표상될 수 있다. 심리적 부적응이나 심리적 병리에 대한 증거가 전혀 발견되지 않았음에도 불구하고 이성애자나 동성애자 정체성 어느 한쪽에 배타적으로 소속되지 않은 바이섹슈얼 개인들은 발달상 고착되었거나 심리적으로 결함이 있는 사람으로 여겨지기도 한다 (Fox, 1996).

이성애와 동성애 공동체 모두에서 양성애를 향한 부정적인 개인이나 사회의 태도는 양성애자 개인들에게 악영향을 끼친다(Fox, 1996; Ochs, 1996). 그러한 태도는 다른 양성애자 개인들을 지지하는 활발한 공동체에 대한 정보가 부족하거나 접근할 수 없기 때문에 생기는 것일 수 있다(Hutchins, 1996). Hutchins (1996)와 Matteson (1996)에 따르면 공동체 자원에 대한 정보는 긍정적인 양성애 정체성의 발전과 유지를 촉진할 수 있다.

양성애 내담자들의 심리치료는 그들의 경험 및 관계의 다양성에 대한 존중을 수반한다(Fox, 1996; Klein, Sepekoff, & Wolf, 1985; Matteson, 1996). 심리학자들은 자신의 치료적 접근에서 이분법적인 모델보다는 성적 지향에 대한 좀더 복잡한 이해를 채택하도록 권장된다(Matteson, 1996).

지침 11. 심리학자들은 레즈비언, 게이, 바이섹슈얼 청소년이 경험하는 특수한 문제들이나 위기를 이해하도록 노력한다.

심리학자들에게 있어서 레즈비언, 게이, 바이섹슈얼 청소년들이 부딪히는 고유한 어려움과 위험을 이해하는 것이 중요하다(D'Augelli, 1998). 레즈비언, 게이, 바이섹슈얼 청소년은 자신의 성적 지향이 드러났을 때 부모로부터 거리감을 경험할 수 있다 (Cramer & Roach, 1988). 레즈비언, 게이, 바이섹슈얼 청소년이 부모로부터 거부당할 때 그들은 노숙자가 되거나(Kruks, 1991), 매춘으로 빠지거나(Coleman, 1989), HIV 감염 위험률이 증가하거나(Gold & Skinner, 1992), 스트레스(Hershberger & D'Augelli, 1995; Savin Silliams, 1994)에 노출될 위험이 높아진다. 어린 나이에 자신을 레즈비언, 게이, 바이섹슈얼로 밝힌 청소년은 그들의 가족 내에서 발생하는 것까지 포함하여(Harry, 1989), 폭력의 희생자가 되거나(Hunter, 1990), 물질을 남용하거나(Garofalo, Wolf, Kessel, Palfrey, & DuRant, 1998), 자살을 시도할(Remafedi, French, Story, Resnick, & Blum, 1998) 위험이 높아진다.

그러한 어려움은 또한 청소년의 발달 과업을 복잡하게 만들 수 있다(Gonsiorek, 1991). 레즈비언, 게이, 바이섹슈얼 정체성에 관한 사회적 낙인은 또한 진로 발달 및 선택의 문제를 복잡하게 만들 수 있다(Prince, 1995). 지각된 부모와 또래의 수용은 레즈비언, 게이, 바이섹슈얼 청소년의 적응에 중요한 영향을 미친다(Savin Willams, 1989). 이러한 젊은이들의 사회 심리적 환경을 향상시키는 데에 또래와 교사가 도움을 줄 수는 있지만(Anderson, 1994; Caywood, 1993; Lipkin, 1992; Woog, 1995), 만약 그들이 충분한 정보와 경험을 가지고 있지 못하다면 도움이 안 될 지도 모른다. 또한 청소년들을 위한 도움을 주는 잠재적 자원이 이성애중심주의자라면, 그들은 오히려 갈등과 고통을 더하는 결과를 초래할 수도 있다(Martin & Hetrick, 1988; Telljohann & Price, 1993).

레즈비언, 게이, 바이섹슈얼 청소년들을 위한 적절한 치료 전략은 이 분야의 전문 서적에 서술되어 있다(Browning, 1987; Coleman & Remafedi, 1989; Gonsiorek, 1988; Ryan & Futterman, 1998). 심리학자들은 청소년들이 성적 지향 주제를 잘 탐색할 수 있는 안전한 치료적 환경을 형성하도록 힘써야 한다. 심리학자들은 소수자들과의 작업에서 만나게 되는 심리학적, 민족적, 법적 이슈가 레즈비언, 게이, 바이섹슈얼 청소년들과 작업할 땐 더 복잡해질 수 있다는 점을 자각해야 한다.

지침 12. 심리학자들은 레즈비언, 게이, 바이섹슈얼 인구 안의 세대 차를 고려하며, 레즈비언, 게이, 바이섹슈얼의 중장년들이 겪을 수 있는 특수한 어려움들을 고려한다.

심리학자들은 (1) 다른 세대의 레즈비언, 게이, 바이섹슈얼 들이 확연히 다른 발달적 경험을 할 수 있으며 (2) 더 나이 많은 레즈비언, 게이, 바이섹슈얼 들이 자기들을 뚜렷한 특정 세대로 만들어준 특징들을 또래와 공유하며 성인으로 성장했었다(Kimmel, 1995)는 점을 인식하도록 권장된다. 세대 차이에 영향을 준 요인의 예는 동성애에 대한 사회적 태도의 변화, 에이즈의 유행, 여성 권리와 시민 권리 운동 등이 있다. 이러한 동

연령대의 효과는 심리적, 사회적 기능뿐 아니라 동성애 정체성의 발달에 지대한 영향을 미쳤다(McDougal, 1993; Fassinger, 1997; Frost, 1997).

심리학자들은 건강, 퇴직, 재정, 사회적 지원 등에서의 전형적인 변화뿐만 아니라 고령의 레즈비언, 게이, 바이섹슈얼 들이 경험하는 특별한 변화와 생애 과제를 의식하도록 권장된다(Slater, 1995; Berger, 1994). 많은 면에서 이러한 주제들은 이성애 고령층이 겪는 것과 같다(Kimmel, 1990; Kirkpatrick, 1989; Reid, 1995; Slater, 1995). 그러나 내담자들의 복합적인 소수자의 지위는 문제를 더 악화시키며, 성별은 다른 주제들을 만들어낼 수 있다(지침 9; Quam & Whitford, 1992; Turk-Charles, Rose, & Gatz, 1996을 참고하라). 더구나 레즈비언, 게이, 바이섹슈얼 노년층의 생애 주기 과제의 끝은 사회 심리적 스트레스 요소와 이성애중심주의 때문에 종종 한층 더 복잡하며 위기 상황으로 치달을 수 있다(Adelman, 1990; Berger & Kelly, 1996). 노년층의 레즈비언, 게이, 바이섹슈얼 커플은 특히, 노년층의 이성애자 커플들이 받을 수 있는 법적인 권리나 보호를 받을 수 없기 때문에 생기는 잠재적인 이슈를 가진다(지침 5를 참조하라). 심리학자들은 (1) 주 법률과 규정이 내담자들의 권리에 미치는 영향력을 인식하고 (2) 건강상의 위기, 재정 위기, 죽음과 관련하여 법적인 자문을 구하는 것을 지원하기로 권장된다.

노년층은 다양한 집단이며, 나이가 들면서 생기는 전형적인 변화들은 부정적일 뿐 아니라 긍정적일 수도 있고, 꼭 질병이나 내담자의 성적 지향에 관련되는 것도 아니다. 레즈비언, 게이, 바이섹슈얼 노년층이 나이가 들어가며 겪는 긍정적인 변화에 대한 서술이 여럿 있으며(Friend, 1990; Lee, 1987), 이는 이러한 내담자들을 치료하는 심리학자들에게 도움이 될 수 있다. 낙인찍힌 소수자로서의 문제를 먼저 다루고 나면, 노년층의 레즈비언, 게이, 바이섹슈얼의 노화와 노년에 겪는 변화를 다루는 데도 도움이 된다(Kimmel, 1995; Fassinger, 1997).

지침 13. 심리학자들은 신체적, 감각적, 또는 인지적/정서적 장애를 가진 레즈비언, 게이, 바이섹슈얼 들이 경험하는 특수한 어려움을 인지하도록 권장된다.

신체적, 감각적 장애를 가진 레즈비언, 게이, 바이섹슈얼 개인들은 장애와 성적 지향 둘 다에 얽힌 사회적 낙인 때문에 광범위한 어려움을 겪을 수 있다(Saad, 1997). 먼저 주의해야 할 부분은 그 개인의 자아 개념이 사회적 낙인에 얼마나 영향을 받고 있느냐인데, 이는 후에 개인적 유능감, 성적 관심, 자신감에도 영향을 끼칠 수 있다(Shapiro, 1993). 예를 들어, 장애인들은 "용모에 따른 차별"(즉, 사회적 가치를 신체적 용모에 두고 나이나 능력, 외모 등의 요소 때문에 사회적으로 구성된 기준에 부합하지 않는 개인을 주류에서 몰아내는 것)의 영향에 특히 취약할 수 있다. 다른 분야의 관심은 신체적 장애가 어떻게 그 개인의 배우자, 가족, 양육자, 건강관리 전문가와 맺는 관계에 영향을 미치는가에 있다. 배우자와의 관계에서는 신체 이동, 성생활, 의학적, 법적 의사 결정 등 인생 관리에 관련한 주제들이 있을 수 있다. 개인의 성적 지향에 대한 부정적 반응 때문에 가족이 지원을 받지 못할 수 있다(Rolland, 1994; McDaniel, 1995). 레즈비언, 게이, 바이섹슈얼인 개인이 그들의 도우미나 건강관리 전문가들에게 "커밍아웃" 하고 싶은 욕구와 연관된 스트레스도 있을 수 있다(O'Toole & Bregante, 1992).

장애가 있는 레즈비언, 게이, 바이섹슈얼 들은 비장애인 레즈비언, 게이, 바이섹슈얼 들에게는 가능한 정보나 지원, 서비스에 접근하지 못할 수 있다(O'Toole & Bregante, 1992). 레즈비언, 게이, 바이섹슈얼 사람들의 관계에 대한 사회적 인식의 부족은 동거인의 의료보험 보장이나 가족의료수과법, 병원 면회, 배우자에 의한 의료적 의사 결정, 생존자 이슈 등과 같이 계속 진행 중인 의료 문제에 영향을 미친다(Laird, 1993).

Saad (1997)은 심리학자들이 내담자의 성적인 개인사나 현재의 성 기능에 대하여 질문하고 이 영역에서 정보를 제공하여 문제 해결을 도와주기를 추천한다. 연구들은 많은 게이 남성과 레즈비언 여성 장애인이 강제로 성관계를 경험해봤다고 보고한다(Swartz, 1995; Thompson, 1994). 심리학자들에게 있어서 그 사람이 어느 정도까지 성적으로, 혹은 신체적으로 희생되고 있는지 평가하는 것이 중요하다. 마지막으로 편견과 차별에 시달리고, 레즈비언, 게이, 바이섹슈얼 공동체 내외부에서 사회적 지원을 받지 못하는 경우, 신체적, 감각적 혹은 인지적/정서적 장애가 현존할 때에 사회적 장벽과 부정적 태도가 인생에서의 선택을 제한한다는 점을 인식하는 것 역시 심리학자들에게 중요하다(Shapiro, 1993).

## 교육

지침 14. 심리학자들은 레즈비언, 게이, 바이섹슈얼 주제에 관한 전문적 교육이나 수련 제공을 지원한다.

레즈비언, 게이, 바이섹슈얼 내담자들의 심리치료에 있어서 정책과 실천 사이에는 차이가 존재한다(Dworkin, 1992; Fox, 1996; Garnets, Hancock, Cochran, Goodchilds, & Peplau, 1991; Greene, 1994a; Iasenza, 1989: Markowitz, 1991, 1995; Nystrom, 1997). 최근 대학원 교육과 수련 기간 동안 다양성 훈련을 추가시켰음에도 불구하고 연구들은 심리학 전공 대학원생들이 레즈비언, 게이, 바이섹슈얼 주제에 관련하여 부적절한 교육과 훈련을 받고 있으며(Buhrke, 1989; Glenn & Russell, 1986; Pilkington & Cantor, 1996) 대학원생과 초심 치료자들은 레즈비언, 게이, 바이섹슈얼 내담자들과 효과적으로 일할 준비가 덜 되어 있다고 느낀다(Allison, Crawford, Echemendia, Robinson, & Knepp, 1994; Buhrke, 1989; Graham, Rawlings, Halpern, & Hermes, 1984)고 보고한다. 정책과 실천 사이의 간극은 모든 수련 프로그램에서 이러한 인구 관련 정보를 포함시킴으로써 해결할 수 있다.

교수, 슈퍼바이저, 자문위원 들은 레즈비언, 게이, 바이섹슈얼 주제에 대한 최신 정보들을 전문가 실습 수련 전반에 걸쳐 통합시키도록 권장된다. 대학에서 커리큘럼에 레즈비언, 게이, 바이섹슈얼 내용을 포함시킬 때 도움을 줄 수 있는 여러 자료도 있다(예: APA, 1995; Buhrke & Douce, 1991; Cabaj & Stein, 1996; Croteau & Bieschke, 1996; Greene & Croom, 발간 중; Hancock, 1995; Pope, 1995; Savin-Williams & Cohen, 1996). 레즈비언, 게이, 바이섹슈얼 심리학에 전문지식을 가진 심리학자들은 과목 강의를 맡거나 임상 슈퍼비전을 학생에게 제공해줄 뿐 아니라 전일제나 시간제로 대학에 훈련과 자문을 제공하는 방식으로 도움을 줄 수 있다. 교수들과 슈퍼바이저들은 레즈비언, 게이, 바이섹슈얼에 관한 작업에 대하여 계속적인 교육 과정을 찾아 받을 것이 권장된다.

지침 15. 심리학자들은 계속되는 교육, 수련, 슈퍼비전, 자문을 통해 동성애와 양성애에 대한 지식과 이해도를 높이도록 권장된다.

윤리 규정은 심리학자들이 "과학이나 직업상 최신 정보에 대한 인식을 적절한 수준으로 유지하고 그들이 활용하는 기술에 대한 유능성을 유지하기 위하여 계속적으로 노력을 기울여야 한다."(APA, 1992, p. 1600)라고 촉구한다. 아쉽게도 심리학자들이 레즈비언, 게이, 바이섹슈얼에 관하여 받는 교육, 수련, 실습 경험, 자문, 슈퍼비전은 때로 부적절하고, 시대에 뒤떨어져 있거나 이용이 불가능하다(Buhrke, 1989; Glenn & Russell, 1986; Graham, Rawlings, Halpern, & Hermes, 1984; Pilkington & Cantor, 1996). 연구들은 심리치료자들이 레즈비언, 게이, 바이섹슈얼 내담자와 작업할 때에 가지는 편견과 둔감성을 드러내왔다(Garnets, Hancock, Cochran, Goodchilds, & Peplau, 1991; Liddle, 1996; Nystrom, 1997; Winegarten, Cassie, Markowski, Kozlowski, & Yoder, 1994).

레즈비언, 게이, 바이섹슈얼 내담자에게 심리치료를 제공하기 위한 준비는 (a) 인간의 성 (b) 레즈비언, 게이, 바이섹슈얼 정체성 발달 (c) 레즈비언, 게이, 바이섹슈얼 개인, 커플, 가족에 찍히는 낙인의 효과 (d) 정체성에 영향을 미치는 민족적·문화적 요인 (e) 레즈비언, 게이, 바이섹슈얼 개인들이 고유하게 겪는 진로 발달과 직장에서의 문제 등의 분야에 관하여 추가적인 교육, 훈련, 경험, 자문, 슈퍼비전을 받는 것을 포함한다.

## 감사의 글

이 지침은 레즈비언, 게이, 바이섹슈얼 내담자를 위한 심리치료 지침 구성을 위한 합동 태스크포스팀(JTF)과 레즈비언, 게이, 바이섹슈얼 관련 위원회의 44분과에 의해 개발되었다. 그들은 2000년 2월 26일에 대표위원회에 의해 선출되었다. JTF 공동의장은 Kristin Hancock, PhD(John F. Kennedy Univiersity, Orinda, California)와 Armand Cerbone, PhD(개업 상담가, 시카고, 일리노이)였다. JTF의 구성원은 Christine Browning, PhD(University of California, Irvine), Douglas Haldeman, PhD(개업 상담가, 샌프란시스코, 캘리포니아), Terry Gock, PhD(Asian Pacific 가족센터, Rosemead, California), Steven

James, PhD(Goddard College, Plainfield, Vermont), Scott Pytluk, PhD(사설 개업, Chicago, Illinois), Ariel Shidlo, PhD(Columbia University, New York)이 있다. JTF는 지침의 필요성을 느끼고 신중하게 개발을 시작한 공로로 Alan Malyon, PhD의 통찰력에 감사하고 싶다. 또한 JTF는 Catherine Acuff, PhD(감독위원회)가 보여준 비전, 지원, 노련한 지도에 감사하며, Ron Rozensky, PhD (BPA), Lisa Grossman, PhD/JD (COPPS), Dan Abrahamson, PhD (BPA)들의 철저하고 사려 깊은 검토와 편집자 평에 감사한다. Kate Hays, PhD, Harriette Kaley, PhD, Bianca Murphy, PhD (BAPPI)가 몇몇 지침의 초안에 대하여 중요한 피드백을 제공하면서 도와주신 데에 감사하며, Ruth Paige, PhD (감독위원회), Jean Carter, PhD (CAPP), 그리고 다른 많은 APA 동료가 이 프로젝트에 대해 준 자문과 조력에 감사한다. Board for the Advancement of Psychology in the Public Interest, the Board of Professioanl Affairs, 레즈비언, 게이, 바이섹슈얼 관련 위원회, 특히 44 분과가 보여준 친절한 지원에 감사드린다. Clinton Anderson (CLGBC Staff Officer)가 해준 모든 고된 작업과 인내와 그가 이 프로젝트 내내 JTF에게 해준 상의에 감사드린다. CLGBC의 Bias 태스크포스팀의 저서(1991년 9월, American Psychologis에 의해 발행)가 이 지침을 개발하기 위한 기본 틀을 구성하였다.

## 참고문헌

Adelman, M. (1990). Stigma, day lifestyle, and adjustment to aging: A study of later life gay men and lesbians. *Journal of Homosexuality, 20*(3-4), 7-32.

Allen, M.,& Burrel, N. (1996). Comparing the impact of homosexual and heterosexual parents on children: Meta-analysis of existing research. *Journal of Homosexuality, 32*(2), 19-35

Allison, K., Crawford, I., Echemendia, R., Robinson, L., & Knepp, D. (1994). Human diversity and professional competence: Training in clinical and counseling psychology revisited. *American Psychologist, 49*, 792-796.

American Association for Marriage and Family Therapy. (1991). AAMFT *code of ethics.* Washington, DC: AAMFT.

American Counseling Association. (1996). ACA code of ethics and standards of practice. In

B. Herlihy & G. Corey (Eds.), ACA *ethical standards casebook* (5th ed., pp. 26-59). Alexandria, VA: American Counseling Association.

American psychiatric Association. (1974). Position statement on homosexuality and civil rights. *American Journal of Psychiatry, 131,* 497.

American Psychological Association. (1998). Appropriate therapeutic responses to sexual orientation in the proceedings of the American Psychological Association, Incorporated, for the legislative year 1997. *American Psychologist, 53*(8), 882-939.

American Psychological Association. (1995). *Lesbian and gay parenting*: A resource for psychologists. Washington, DC: Author.

American Psychological Association. (1992). *Ethical principles and code of conduct, American Psychologist, 48*(12), 1597-1611.

American Psychological Association. (1990). *Graduate training in psychology and associated fields.* Washington, DC: Author.

Anderson, J. (1994). School climate for gay and lesbian students and staff members. *Phi Delta Kappan, 76*(2), 151-154

Anderson, S. (1996). Addressing heterosexist bias in the treatment of lesbian couples with chemical dependency. In J. Laird & R. Green (Eds.), *Lesbians and gays in couples and families* (pp. 316-340). San Francisco: Jossey-Bass.

Bailey, J., Bobrow, D., Wolfe, M., & Mikach, S. (1995). Sexual orientation of adult sons of gay fathers. Special Issue: Sexual orientation and human development. *Developmental Psychology, 31*(1), 124-129.

Bass, E., & Kaufman, K. (1996). *Free your mind*: The book for gay, lesbian, and bisexual youth and their allies. New York: Harper Collins.

Berger, R. (1984). Gay and gray: *The older homosexual man.* Boston: Alyson press.

Berger, R., & Kelly, J. (1996). Gay men and lesbians grown older. In R. Cabaj & T. stein (Eds.), *Textbook of homosexuality and mental health* (pp. 305-316). Washington, DC: American Psychiatric press.

Bersoff, D., & Ogden, D. (1991). APA Amicus curiae briefs: Furthering lesbian and gay male civil rights. American Psychologist, 46, 950-956.

Bigner, J., & Bozett, F. (1990). Parenting by gay fathers. In F. Bozett & M. Sussman (Eds.), *Homosexuality and family relations* (pp. 155-176). New York: Harrington park press.

Bozett, F. (1989). Gay fathers: A review of the literature. In F. Bozett (Ed.), Homosexuality and the family (pp. 137-162). New York: Harrington Park Press.

Brown, L. (1989). Lesbians, gay men, and their families: Common clinical issues. *Journal of*

*Gay and Lesbian Psychotherapy, 1*(1), 65-77

Browning, C. (1987). Therapeutic issues and intervention strategies with young adult lesbian clients: A developmental approach. *Journal of Homosexuality, 14*(1/2), 45-52.

Buhrke, R. (1989). Female student perspectives on training in lesbian and gay issues. *Counseling Psychologist, 17*, 629-636.

Cabaj, R.,& Klinger, R. (1996). Psychotherapeutic interventions with lesbian and gay couples. In R. Cabaj & T. Stein (Eds.), *Textbook of homosexuality and mental health* (pp. 485-502). Washington, DC: American Psychiatric press.

Canadian Psychological Association. (1995). Canadian code of ethics for psychologists. [Online]. Available : http://www.cycor.ca/Psych/ethics/html

Caywood, C. (1993). Reaching out to gay teens. *School Library Journal, 39*(4), 50.

Chan, C. (1995). Issues of sexual identity in an ethnic minority: The case of Chinese American lesbians, gay men, and bisexual people. In A. DiAugelli & C. Patterson (Eds.), *Lesbian, gay, and bisexual identities over the life span* (pp. 87-101). New York: Oxford University Press.

Chan, C. (1992). Asian-American lesbians and gay men. In S. Dworkin & F. Gutieres (Eds.), *Counseling gay men and lesbians: Journal to the end of the rainbow* (pp. 115-124). Alexandria, VA: American Association for Counseling and Development.

Coleman, E. (1989). The development of male prostitution activity among gay and bisexual adolescents. In G. Herdt (Ed.), *Gay and lesbian youth* (pp. 131-149). New York: Haworth Press.

Coleman, E., & Remafedi, G. (1989). Gay, lesbian, and bisexual adolescents: *A critical challenge to counselors.* Journal of Homosexuality, 18(3/4), 70-81.

Conger, J. (1975). Proceedings of the American Psychological Association for the year 1974: Minutes of the annual meeting of the council of representatives. American Psychologist, 30, 620-651.

Corey, G., Schneider-Corey, M., & Callanan, P. (1993). *Issues and ethics in the helping professions* (4th ed.) Belmont, CA: Brooks/Cole.

Coyle, A. (1993). A study of psychological well-being among gay men using the GHQ-30. *British Journal of Clinical Psychology, 32*(2), 218-220.

Cramer, D. (1986). Gay parents and their children: A review of research and practical implications. *Journal of Counseling and Development, 64*, 504-507.

Cramer, D., & Roach, A. (1988). Coming out to mom and dad: A study of gay males and their relationship with their parents. Journal of Homosexuality, 15, 79-91.

Croteau, J., & Bieschke, K. (1996). Beyond pioneering: An introduction to the special issue on the vocational issues of lesbian women and gay men. *Journal of Vocational Behavior, 48*, 119-124.

D'Augelli, A. (1998). Developmental implications of victimization of lesbian, gay, and bisexual youth. In G, Herek (Ed.), (pp. 187-210). Thousand Oaks, CA: Sage. *Psychological perspectives on lesbian and gay issues: Vol. 4. Stigma and sexual orientation*

D'Augelli, A. (1991). Gay men in college: Identity processes and adaptations. *Journal of College student Development, 32*(2), 140-146.

D'Augelli, A., & Garners, L. (1995). Lesbian, gay, and bisexual communities. In A, D'Augelli & C. Patterson (Eds.), *Lesbian, gay, and Bisexual identities over the lifespan: Psychological perspectives* (pp. 293-320). New York: Oxford University Press.

Davison, G. (1991). Constructionism and morality in therapy for homosexuality. In J. Gonsiorek & J. Weinrich (Eds.), *Homosexuality: Research implications for public policy* (pp. 137-148). Thousand Oaks, CA: Sage Publications.

DiPlacido, J. (1998). Minority stress among lesbians, gay men and bisexuals: A consequence of heterosexism, homophobia, and stigmatization. In G. Herek (Ed.), *Psychological perspectives on lesbian and gay issues: Vol. 4. stigma and sexual orientation: Understanding prejudice against lesbians, gay men, and bisexuals* (pp. 138-159). Thousand Oaks, CA: Sage Publication.

Dworkin, S. (1992). Some ethical considerations when counseling gay, lesbian, and bisexual clients. In S. Dworkin & F. Gutierrez (Eds.), *Counseling gay men and lesbians: Journey to the end of the rainbow* (pp. 325-334). Alexandria, VA: American Association for Counseling and Development.

Editors of the Harvard Law Review. (1990). *Sexual orientation and the law*. Cambridge, MA: Harvard University Press.

Eliason, M. (1997). The prevalence and nature of biphobia in heterosexual undergraduate students. *Archives of Sexual Behavior, 26*(3), 317-325.

Esterberg, K. (1996). Gay cultures, gay communities: The social organization of lesbians, gay men, and bisexuals. In R. Savin-Williams & K. Cohen (Eds.), *The lives of lesbians, gay, and bisexual: Children to adults* (pp. 337-392). New York: Oxford University Press.

Falk, P. (1989). Lesbian mothers: Psychosocial assumptions in family law. *American Psychologist 44*, 941-947.

Fassinger, R. (1997). Issues in group work with older lesbians, *Group, 21*(2), 191-210.

Fassinger, R. (1995). From invisibility to integration: Lesbian identity in the work-place. *Career Development Quarterly, 14*, 148-167.

Firestein, B. (1996). Bisexuality as a paradigm shift: Transforming our disciplines. In B. Firestein (Ed.), *Bisexuality: The psychology and politics of an invisible minority* (pp. 263-291). Newbury Park, CA: Sage Publications.

Fox, R. (1996). Bisexuality in perspective: A review of theory and research. In B. Firestein (Ed.), Bisexuality: *The psychology and politics of an invisible minority* (pp. 3-50). Newbury Park, CA: Sage Publications.

Friend, R. (1990). Older lesbian and gay people: A theory of successful aging. *Journal of Homosexuality, 20*, 99-118.

Frost, J. (1997). Group psychotherapy with the gay male: Treatment of choice. *Group, 21*(3), 267-285.

Garnets, L., Hancock, K., Cochran, S., Goodchilds, J., & Peplau, L. (1991). Issues in psychotherapy with lesbians and gay men: A survey of psychologists. *American Psychologist, 46*(9), 964-972.

Garnets, L., & Kimmel, D. (1993). Lesbian and gay male dimension in the psychological study of human diversity. In L. Garnets & D. Kimmel (Eds.), *Psychological perspectives on lesbian and gay male experiences* (pp. 1-51). New York: Columbia University Press.

Garofalo, R., Wolf, R., Kessel, S., Palfrey, S., & DuRant, (1998). The association between health risk behaviors and sexual orientation among a school-based sample of adolescents. *Pediatrice, 101*(5), 895-902.

Gibbs, E. (1988). Psychosocial development of children raised by lesbian mothers: *A review of research, Women and Therapy, 8*, 65-75.

Glaus, O. (1988). Alcoholism, chemical dependency, and the lesbian client. *Women and Therapy, 8*, 131-144.

Glenn, A., & Russell, R. (1986). Heterosexual bias among counselor trainees. *Counselor Education and Supervision, 25*(3), 222-229.

Gock, T. (1992). The challenges of being gay, Asian, and Proud. In B. Berzon (Ed.), *Positively gay.* Millbrae, CA: Celestial Arts.

Gold, R., & Skinner, M. (1992). Situational factors and thought processes associated with unprotected intercourse in young gay men. *AIDS, 6*(9), 1021-1030.

Golombok, S., & Tasker, F. (1996). Do parents influence the sexual orientation of their children? Findings from a longitudinal study of lesbian families. *Developmental Psychology, 32*(1), 3-11

Golombok, S., & Tasker, F. (1994). Children in lesbian and gay families: Theories and evidence. *Annual Review of sex Research, 5,* 73-100.

Gonsiorek, J. (1993). Mental health issues of gay and lesbian adolescents. In L. Garnets & D. Kimmel (Eds.), *Psychological perspectives on lesbian and gay male experiences* (pp. 469-485). New York: Columbia University Press.

Gonsiorek, J. (1991). The empirical basis for the demise of the illness model of homosexuality. In J. Gonsiorek & J. Weinrich (Eds.), Homosexuality: *Research implications for public policy* (pp. 115-136). Newbury park, CA: Sage.

Gonsiorek, J. (1988). Mental health issues of gay and lesbian adolescents. *Journal of Adolescent Health Care, 9*(2), 114-121.

Gonsiorek, J., & Rudolph, J. (1991). Homosexual identity: Coming out and other developmental events. In J. Gonsiorek & J. Weinrich (Eds.), *Homosexuality: Research implications for public policy* (pp. 161-176). Newbury Park, CA: Sage.

Graham, D., Rawlings, E., Halpern, H., & Hermes, J. (1984). Therapists' needs for training in counseling lesbians and gay men. *Professional Psychology: Research and Practice, 15*(4), 482-496.

Greene, B. (1994a). Lesbian and gay sexual orientations: Implications *for clinical training, practice, and research. In B. Greene & G. Herek (Eds.), Psychological perspectives on lesbian and gay issues: Vol. 1. Lesbian and gay psychology: Theory, research, and clinical applications* (pp. 1-24). Thousand Oaks, CA: Sage.

Greene, B. (1994b). Ethnic minority lesbians and gay men: Mental health and treatment issues. *Journal of Consulting and Clinical Psychology, 62*(2), 243-251.

Greene, B. (1994c). Lesbian women of color: Triple jeopardy. In L. Comas-Diaz & B. Greene (Eds.), *Women of color: Integrating ethnic and gender identities in psychotherapy* (pp. 389-427). New York: Guilford.

Green, B., & Croom, G. (Eds.). (in press). Psychological perspectives on lesbian and gay issues: Vol. 5. Education, *research and practice in lesbian, gay, bisexual, and transgendered psychology: A resource manual.* thousand Oaks, CA: Sage.

Griffin, C., Wirth, M., & Wirth, A. (1996). *Beyond acceptance: Parents of lesbians and gays talk about their experience.* New York: St. Martin's Press.

Haldeman, D. (1994). The practice and ethics of sexual orientation conversion therapy. *Journal of Consulting and Clinical Psychology, 62*(2), 221-227.

Harry, J. (1989). Parental physical abuse and sexual orientation in males. *Archives of Sexual Behavior, 18*(3), 251-261

Herek, G. (1995). Psychological heterosexism in the United states. In A. D'Augelli & C. patterson (Eds.), *Lesbian, gay, and bisexual identities over the lifespan: Psychological perspectives*. New York: Oxford University press.

Herek, G. (1991). Stigma, Prejudice and violence against lesbians and gay men. In J. Gonsiorek & J. Weinrich (Eds.), *Homosexuality: Research implications for public policy* (pp. 60-80). Newbury Park, CA: Sage.

Herek, G. (1990). Gay people and government security clearance: *A social perspective*. *American Psychologist, 45*, 1035-1042.

Hershberger, S., & D'Augelli, A. (1995). The impact of victimization on the mental health and suicidality of lesbian, gay and bisexual youths. *Developmental Psychology, 31*, 65-74.

Ho, M. (1987). *Family therapy with ethnic minorities*. Newbury Park, CA: Sage.

Hooker, E. (1957). The adjustment of the male over homosexual. *Journal of projective Techniques, 21*, 18-31.

Hunter, J. (1990). Violence against lesbian and gay male youths. *Journal of Interpersonal Violence, 5*, 295-300.

Hutchins, L. (1996). Bisexuality: Politics and community. In B, Firestein (Ed.), *Bisexuality: The psychology and politics of an invisible minority* (pp. 240-259). Thousand Oaks, CA: Sage.

Iasenza, S. (1989). Some Challenges of integrating sexual orientations into counselor training and research. [Special Issue: Gay, lesbian, and bisexual issues in counseling]. *Journal of Counseling and Development, 68*(1), 73-76.

Kimmel, D. (1995). Lesbians and gay men also grow old. In L. Bond, S. Cutler, & A. Grams (Eds.), *Promoting successful and productive aging* (pp. 289-303). Thousand Oaks, CA: Sage.

Klein, F., Sepekoff, B., & Wolf, T. (1985). Sexual orientation: A multi-variable dynamic precess. *Journal of homosexuality, 11*(1/2), 35-49.

Klinger, R. (1996). Lesbian couples. In R, Cabaj & T. Stein (Eds.), *Textbook of homosexuality and mental health* (pp. 339-352). Washington, DC: American Psychiatric press.

Kruks, G. (1991). Gay and lesbian homeless/street youth: Special issues and concerns. *Journal of Adolescent Health, 12*, 515-518.

Kurdek, L. (1995). Lesbian and gay couples. In A. D'Augelli & C. Patterson (Eds.), *Lesbian, gay, and bisexual lives over the lifespan* (pp. 243-261). New York: Oxford University Press.

Kurdek, L. (1991). Correlates of relationship satisfaction in cohabiting gay and lesbian couples: Integration of contextual, investment, and problem-solving models. *Journal of personality and Social Psychology, 61*, 910-922.

Kurdek, L. (1988). Perceived social support in gays and lesbians in cohabiting relationships. *Journal of Personality and Social Psychology, 54*, 504-509.

Kweskin, S., & Cook, A. (1982). Heterosexual and homosexual mothers self-described sex-role behavior and ideal sex-role behavior in children. *Sex Roles, 8*, 967-975.

Laird, J. (1996). Invisible ties: Lesbians and their families of origin. In J. Laird & R. Green (Eds.), *Lesbians and gays in couples and families: A handbook for therapists* (pp. 89-122). San Francisco: Jossey-Bass.

Laird, J. (1993). Lesbian and gay families. In F. Walsh (Ed.), *Normal family practices.* (2nd ed.). New York: W. W. Norton.

Laird, J., & Green, R. J. (1996). Lesbians and gays in couples and families: Central issues. In J. Laird & R. J. Green (Eds.), Lesbians and gays in couples and families (pp. 1-12). San Francisco: Jossey-Bass.

Lee. J. (1987). What can homosexual aging studies contribute to theories of aging? *Journal of Homosexuality, 13*(4), 43-71.

Levy, E. (1992). Strengthening the coping resources of lesbian families. *Families in Society, 72*, 23-31.

Liddle, B. (1997). Gay and lesbian client's selection of therapists and utilization of therapy. *Psychotherapy, 34*(1), 11-18.

Liddle, B. (1997). Gay and lesbian client's selection of therapists and utilization of therapy. *Psychotherapy, 34*(1), 11-18.

Liddle, B. (1996). Therapist sexual orientation, gender, and counseling practices as they relate to ratings of helpfulness by gay and lesbian clients. *Journal of counseling Psychology, 43*(4), 394-410.

Lipkin, A. (1992). Project 10: Gay and lesbian students find acceptance in their school community. *Teaching tolerance, 1*(2), 25-27.

Manalansan, M. (1996). Double minorities: Latino, Black, and Asian men who have sex with men. In R. Savin-Williams & K. Cohen (Eds.), *The lives of lesbians, gays, and bisexuals: Children to adults* (pp. 393-415). Fort Worth TX: Harcourt Brace.

Markowitz, L. (1995, July). Bisexuality: Challenging our either/ or thinking. *In the Family Therapy Networker*, 26-29, & 31-35.

Markowitz, L. (1991, January/February). Homosexuality: Are we still in the dark? *The*

*Family Therapy Networker*, 26-29, & 31-35.

Martin, A., & Hetrick, E. (1988). The stigmatization of the gay and lesbian adolescent. *Journal of homosexuality, 15*(1/2), 163-183.

Matteson, D. (1996). Counseling and psychotherapy with bisexual and exploring clients. In B. Firestein (Ed.), *Bisexuality: The psychology and politics of an invisible minority* (pp. 185-213). Newbury Park, CA: Sage.

McDaniel, J. (1995). *The lesbian couples' guide: Finding the right woman and creating a life together*. New York: Harper Collins.

McDougal, G. (1993). Therapeutic issues with gay and lesbian elders. *Clinical Gerontologist, 14*, 45-57.

Morales, E. (1996). Gender roles among Latino gay and bisexual men: Implications for family and couple relationship. In J. Laird & R. Green (Eds.), *Lesbians and gays in couples and family: A handbook for therapists* (pp. 272-297). San Francisco: Jossey Bass.

Murphy, B. (1994). Difference and diversity: Gay and lesbian. *Journal of Gay and Lesbian Social Service, 1*(2), 5-31.

Meyer, I. (1995). Minority stress and mental health in gay men. *Journal of Health and Social Behavior, 7*, 9-25.

Meyer, I., & Dean, I. (1998). Internalized homophobia, intimacy, and sexual behavior among gay and bisexual men. In G. Herek (Ed.), *Psychological perspective on lesbian and gay issues*: Vol. 4. *Stigma and sexual orientation: Understanding prejudice against lesbians, gay men, and bisexual* (pp. 160-186). Thousamd Oaks, CA: Sage.

Morin, S. (1977). Heterosexual bias in psychological research on lesbianism and male homosexuality. *American Psychologist, 32*, 629-637.

National Association of Social workers. (1996). *Code of ethics of the National Association of Social Workers*. [On-line] Available: http://www.ss.msu.edu/~sw/nasweth.html (4/19/97)

Nystrom, N. (1997, February). *Mental health experience of gay men and lesbians*. Paper presented att the American Association for the Advancement of Science, Houston, TX.

Ochs, R. (1996). Biphobia: It goes more than two ways. In B. Firestein (Ed.), *Bisexuality: The psychology and politics of an invisible minority* (pp. 185-213). Thousand Oaks, CA: Sage.

O'Toole, C. J., & bregante, J. (1992). Lesbians with disabilities. *Sexuality and Disability, 10*(3), 163-172.

Paul, J. (1996). Bisexuality: Exploring/exploding the boundaries. In R. Savin-williams & K.

Cohen (Eds.), *The lives of lesbians, gays, and bisexuals: Children to adults* (pp. 436-461). Fort Worth, TX: Harcourt Brace.

Patterson, C. (1996a). Lesbian and gay parenthood. In M. Bornstein (Ed.), *Handbook of parenting* (pp. 255-274). Hillsdale, NJ: Lawrence Erlbaum Associates.

Patterson, C. (1996b). Lesbian and gay parents and their children. In R. Savin-williams & K. Cohen (Eds.), *The lives of lesbians, gays, and bisexuals: Children to adults* (pp. 274-304). Fort Worth, TX: Harcourt Brace.

Peplau, L., Veniegas, R., & Campbell, S. (1996). Gay and lesbian relationships. In R. Savin-williams & K. Cohen (Eds.), The lives of lesbians, gays, and bisexuals: *Children to adults* (pp. 250-273). Fort Worth, TX: Harcourt Brace.

Phillips, J., & Fischer, A. (1998). Graduate students; training experiences with lesbian, gay, and bisexual issues. *The Counseling Psychologist, 26*(5), 712-734.

Pilkington, N., & Cantor, J. (1996). Perceptions of heterosexual bias in professional psychology programs: A survey of graduate students. *Professional Psychology Research and Practice, 27*(6), 604-612.

Pillard, R. (1988). Sexual orientation and mental disorder. *Psychiatric Annals, 18*(1), 51-56.

Pope, K., Tabachnik, B. & Keith-Speigel, P. (1987). Ethics of practice: The beliefs and behaviors of psychologists as therapists. *American Psychologist, 42*(11), 993-1006.

Pope, M. (1995). Career interventions for gay and lesbian clients: A synopsis of practice, knowledge and research needs. *Career Development Quarterly, 44*, 191-203.

Prince, J. (1995). Influences on the career development of gay men. *Career development Quarterly, 44*, 168-177.

Quam, J., & Whitford, G. (1992). Adaptation and age-related expectations of older gay and lesbian adults. *The Gerontologist, 32*(3), 367-374.

Reid, J. (1995). Development in late life: Older lesbian and gay lives. In A. D'Augelli & C. Patterson (Eds.), Lesbian, gay, and bisexual identities over the lifespan: Psychological perspectives (pp. 215-240). New York: Oxford University.

Remafedi, G., French, S., Story, M., Resnik, M., Michael, D., & Blum, R. (1998). The relationship between suicide risk and sexual orientation: Results of a population-based study. *American Journal of Public Health, 88*(1), 57-60.

Rolland, J. (1994). In sickness and in health: The impact of illness on couples' relationships. *Journal of Marital and Family Therapy, 20*(4), 327-347.

Ross, M. (1990). The relationship between life events and mental health in homosexual men. *Journal of Clinical Psychology, 46*, 402-411.

Rothblum, E., & Bond, L. (Eds.), (1996). *Preventing heterosexism and homophobia*. Thousand Oaks, CA: Sage.

Rothblum, E. (1994). "I only read about myself on bathroom walls": The need for research on the mental health of lesbians and gay men. *Journal of Consulting and Clinical Psychology, 62*(2), 213-220.

Rotheram-Borus, M., Hunter, J., & Rosario, M. (1994). Suicidal behavior and gay related stress among gay and bisexual male adolescents. *Journal of Adolescent Research, 9*, 498-508.

Rotheram-Borus, M., Rosario, M., Van-Rossem, R., Reid, H., & Grillis, R. (1995). Prevalence, course, and predictors of multiple problem behaviors among gay and bisexual male adolescents. *Developmental Psychology, 31*, 75-85.

Rust, P. (1996). Managing multiple identities: Diversity among bisexual women and men. In B. Firestein (Ed.), *Bisexuality: The psychology and plitics of an invisible minoritu* (pp. 53-83). Thousand Oaks, CA: Sage.

Ryan, C., & Futterman, D. (1998). Counseling gay and lesbian youth. New York: Columbia University Press.

Saad, C. (1997). Disability and the lesbian, gay man, or bisexual individual. In M. Sipski & C. Alexander (Eds.), *Sexual function in people with disability and chronic illness: A health professionals guide*. Gaithersburg, MD: Aspen Publications.

Sarason, I., Pierce, G., & Sarason, B. (1990). Social support and interactional processes: A triadic hypothesis. *Journal of Social and Personal Relationships, 7*, 495-506.

Savin-Williams, R. (1998). *"...and then I became gay": Young men's stories*. New York: Routledge.

Savin-Williams, R. (1996). Self-labeling and disclosure among lesbian, gay, and bisexual youths. In J. Laird & R. Green (Eds.), *Lesbians and gays in couples and families: A handbook for therapists* (pp. 153-182). San Francisco: Jossey-Bass.

Savin-Williams, R. (1994). Verbal and physical abuse as stressors in the lives of lesbian, gay male, and bisexual youths: Associations with school problems, runing away, substance abuse, prostitution, and suicide. *Journal of Consulting and Clinical Psychology, 62*, 261-269.

Savin-Williams, R. (1990). *Gay and lesbian youth: Expressions of idenitity*. New York: Hemisphere.

Savin-Williams, R. (1989). Parental influences on the self-esteem of gay and lesbian youths: A reflected appraisals model. In G. Herdt (Ed.), *Gay and lesbian youth* (pp. 93-109).

New York: Haworth Press.

Savin-Williams, R., & Dube, E. (1998). Parental reactions to their child's disclosure of gay/lesbian identity. *Family Relation, 47*, 1-7.

Shapiro, J. P. (1993). No pity. New York: Times Books.

Shidlo, A. (1994). Internalized homophobia: Conceptual and empirical issues in measurement. In B. Greene & G. Herek (Eds.), *Psychological perspectives on lesbian and gay issues: Vol. 1. Lesbian and gay psychology: Theory, research, and clinical applications* (pp. 176-205). Thousand Oaks, CA: Sage.

Shuster, R. (1987). Sexuality as a continuum: The bisexual identity. In Boston Lesbian Psychologies Collective (Eds.), *Lesbian psychologies: Explorations and challenges* (pp. 56-71). Urbana: University of Illinois Press.

Slater, S. (1995). *The lesbian family life cycle.* New York: Free Press.

Strommen, E. (1993). "You're a what": Family member reactions to the disclosure of homosexuality. In L. Garnets & D. Kimmel (Eds.), *Psychological perspectives on lesbian and gay male experiences* (pp. 248-266). New York: Columbia University Press.

Swartz, D. B. (1995). Cultural implications of audiological deficits on the homosexual male. *Sexuality and Disability, 13*(2), 159-181.

Task Force on Sex Bias and Sex Role Stereotyping in Psychotherapeutic Practices. (1978). Guidelines for therapy with women. *American Psychologist, 33*(12), 1122-1123.

Telljohann, S., & Price, J. (1993). A qualitative examination of adolescent homosexuals' life experience: Ramifications for secondary school personnel. *Journal of homosexuality, 26*(1), 41-56.

Thomas, M., & Dansby, P. (1985). Black clients: Family structures, therapeutic issues, and strengths. *Psychotherapy, 22*(2), 398-407.

Thompson, D. (1994). The sexual experiences of men with learning disabilities having sex with men: Issues for HIV prevention. *Sexuality and Disabilities, 12*(3), 221-242.

Turk-Charles, S., Rose, T., & Gatz, M. (1996). The significance of gender in the treatment of older adults. In L. Carstensen, B. Adelstein, & L. Dornbrand (Eds.), *The handbook of clinical gerontology* (pp. 107-128). Thousand Oaks, CA: Sage.

Tuttle, G., & Pillard, R. (1991). Sexual orientation and cognitive abilities. *Archives of Sexual Behavior, 20*(3), 307-318.

Weston, K. (1992). *Families we choose.* New York: Columbia University Press.

Winegarten, B., Cassie, N., Markowski, K., Kozlowski, J., & Yoder, J. (1994, August). Aversive heterosexism: Exploring unconscious bias toward lesbian psychotherapy clients. Paper presented at the annual meeting of the American Psychological Association, Los Angeles, CA.

Woog, D. (1995). School's out: *The impact of gay and lesbian issues on America's schools*. Boston: Alyson Publications.

# APA 수검자의 권리와 책임: 지침과 기대

## 서문

이 진술문은 수검자들이 검사 과정에 대하여 합리적으로 가질 수 있는 기대와 검사를 개발하고 관리하고 사용하는 사람들이 수검자에 대해 가질 수 있는 기대를 열거하고 명료화하기 위하여 작성되었다.

이 진술문에서 검사란 학교, 산업현장, 임상 실제, 상담 장면, 인적자원 서비스나 다른 단체와 같은 기구 등에서 사람에 대해 추론해내기 위하여 사용하는 평가 절차나 장치들을 포함하여, 검사 전문가들에 의해 개발되고 쓰이는 심리적, 교육적 도구로 넓게 정의된다.

이 진술문의 목적은 수검자뿐 아니라 검사에 관련된 다수의 사람에게 정보를 알리고 교육을 도와 그 척도가 가장 타당하고 적절하게 쓰이게 하기 위함이다. 이 문서는 검사 과정에서 발전을 도모하기 위한 노력으로 만들어졌으며, 법적인 위력이 있는 것은 아니다. 이 문서가 지향하는 바는 검사 전문가와 수검자 사이에 양질의 긍정적인 상호작용을 촉진하는 것이다.

이 문서에서 열거하는 권리와 책임은 미합중국 권리 장전에 기록된 것처럼 법에 근거했다거나 양도할 수 없는 권리와 책임인 것은 아니다. 그보다는, 이들은 검사 작업에 관련된 여러 사람(검사 절차, 검사 사용자, 수검자)이 서로에 대해 합리적으로 가질 수 있는 기대들에 대해 검사 전문가가 가장 현명하게 판단하는 법을 나타낸다.

검사 전문가에는 평가 상품이나 서비스 개발자, 그것을 홍보하고 판매하는 사람, 그것을 선택하는 사람, 검사 관리자와 채점자, 검사 결과를 해석하는 사람, 정보를 사용하는 훈련된 사람이 포함된다. 이들 활동에 참여하는 사람들 각자는 아래와 같은 다른 문서들에 서술되었듯 중요한 책임을 지닌다(American Association for Counseling and Development, 1988; American Speech-Language-Hearing Association, 1994; Joint Committee on Testing Practices, 1988; National Association of School Psychologists, 1992; National Council on Measurement in Education, 1995).

어떤 상황들에서는 검사 개발자와 검사 사용자는 같은 사람이거나 같은 집단, 기구가 아닐 수 있다. 이때에 검사 관련 전문가들은 자기 자신뿐 아니라 수검자를 위하여 검사 과정의 각 측면에 누가 책임이 있는지 명확히 해야 한다. 예를 들어, 개인이 대학입학 허가 시험을 보기로 선택했을 때, 수검자 말고도 적어도 세 개의 주체가 개입된다. 검사 개발자와 출판인, 수검자의 검사 실시를 관리하는 사람, 그리고 마침내 결과 정보를 사용할 상급 교육 기관이 그에 해당한다. 각각의 사례에서 수검자는 자신의 권리와 책임에 대한 설명을 요구할 수 있다. 수검자가 어린 아동이거나(예: 학교에서 표준화 검사를 받는 학생) 기관에서 일부, 혹은 전부의 시간을 보거나 심신이 무력한 사람이라면 부모나 보호자가 그 개인보다 더, 혹은 개인과 함께 권리와 책임감 일부를 부여받는다.

아마도 수검자들이 갖는 가장 근본적인 권리는 다른 적절한 전문가협회나 교육 및 심리검사 기준에 서술된 바와 같은 (미국 교육연구협회, 미국 심리학회 & 교육에서의 측정에 대한 국가위원회, 1999), 높은 전문가 수준에 부합하는 검사를 받는 것이다. 이 진술문은 그러한 기준에 부가되거나 기준을 보완하는 방식으로 사용되어야 한다. 주 및 연방법은 물론 여기에 기술된 모든 권리와 책임의 상위에 존재한다.

## 참고문헌

American Association for Counseling and Development (now American Counseling Association) & Association for Measurement and Evaluation in Counseling and

Development (now Association for Assessment in Counseling). (1989). *Responsibilities of users of standardized test: RUST statement revised.* Alexandria, VA: Author.

American Educational Research Association, American Psychological Association, & National Council on Measurement in Education. (1999). *Standards for educational and psychological testing.* Washington, DC: American Educational Research Association.

American speech-Language-Hearing Association. (1994). Protection of rights of people receiving audiology or speech-language pathology services. *ASHA, 36*, 60-63.

Joint Committee on Testing Practices. (1988). *Code of fair testing practices in education.* Washington, DC: American Psychological Association.

National Association of School Psychologists. (1992). *Standards for the provision of school psychological services.* Springs, MD: Author.

National Council on Measurement in Education. (1995). *Code of professional responsibilities in educational measurement.* Washington, DC: Author.

## 수검자의 권리와 책임: 지침과 기대

수검자의 권리와 책임
검사 실제에 대한 연합학회의 특별조사위원회
1998년 8월

## 수검자로서 당신은 이러한 권리를 가진다.

1. 수검자로서 당신의 권리와 책임을 고지받을 권리가 있다.
2. 당신의 연령, 장애, 민족, 성별, 출신 국가, 종교, 성적 지향, 또는 다른 개인적 특성에 상관없이 예의와 존중을 갖춰 공평하게 대우받을 권리가 있다.
3. 전문적인 수준에 부합하고 적절한 도구로 검사를 받으며, 그 검사 결과가 어떻게 쓰일지 고지받을 권리가 있다.
4. 검사에 앞서 검사의 목적, 실시할 검사의 종류, 결과가 본인에게 보고될지 기타 타인들에게 보고될지 여부, 결과를 활용할 계획 등에 대하여 간략하게 구두나 문서

로 설명을 들을 권리가 있다. 만약 당신이 장애가 있다면 당신은 검사의 조정 장치에 대한 정보를 요구하고 들을 수 있다. 만약 당신이 검사상 언어를 이해하는 것이 어렵다면, 검사에 앞서 당신이 선택할 수 있는 다른 조정 장치가 있는지 알 권리가 있다.

5. 검사에 앞서 검사가 언제 시행될지, 당신이 검사 결과를 알 수 있는지, 그렇다면 언제쯤 알 수 있는지, 그리고 당신이 지불해야 할 검사비가 있는지 알 권리가 있다.

6. 전문가 윤리 규정을 따르는 적절하게 훈련된 개인의 관리하에 검사를 시행하고 결과를 해석받을 권리가 있다.

7. 검사가 선택사항인지, 그리고 검사를 받을 경우와 받지 않을 경우, 검사를 완전히 끝마칠 경우, 혹은 점수를 취소할 경우의 결과가 어떠할지에 대하여 들을 권리가 있다. 당신은 그 결과에 대해 알기 위하여 질문을 할 수도 있다.

8. 검사 후에 납득 가능한 시간 안에 검사 결과에 대하여 보통의 이해할 수 있는 용어로 해석을 받을 권리가 있다.

9. 법으로 허락된 범위 내에서 당신의 검사 결과를 비밀로 보장받을 권리가 있다.

10. 검사 과정이나 당신의 결과에 대한 우려를 표명하고, 그 우려를 다루는 절차에 대한 정보를 제공받을 권리가 있다.

## 수검자로서 당신은 이러한 책임이 있다.

1. 수검자로서 당신의 권리와 책임에 대하여 읽거나 들을 책임이 있다.
2. 검사 과정 중에 타인들을 예의와 존중을 갖춰 대우할 책임이 있다.
3. 검사에 앞서 당신이 왜 검사를 받아야 하는지, 어떻게 검사가 시행되는지, 무엇에 대해 질문을 받을 것인지, 결과가 어떻게 쓰일 것인지 불확실하다면 물어볼 책임이 있다.
4. 검사에 앞서 기술된 정보를 읽거나 듣고, 모든 검사 안내문을 주의깊게 들을 책임이 있다. 검사자에게 검사상의 조정을 요청하고 싶거나 검사 수행을 방해할 만한 신체적 제약이나 질병이 있다면 검사에 앞서 검사자에게 그 사실을 알릴 책임이 있다. 만약 당신이 검사상의 언어를 이해하는 것이 어렵다면, 그 사실을 검사자에

게 알리는 것은 당신의 책임이다.

5. 검사가 언제 어디에서 시행되는지 알고, 필요한 경우 검사비를 지불하고, 필요한 물품이 있다면 그것을 소지하여 제시간에 출석하고, 검사받을 준비를 갖출 책임이 있다.

6. 당신에게 주어진 검사 안내문을 준수하고, 검사 동안 자신을 정직하게 드러낼 책임이 있다.

7. 검사를 받지 않을 경우의 결과를 친숙하게 알고 수용하며, 그다음에 검사를 받을지 안 받을지 결정할 책임이 있다.

8. 만약 검사 상황이 당신의 결과에 영향을 미쳤다면, 검사의 책임 기관이 특정하게 정한 적절한 사람에게 그 점을 알릴 책임이 있다.

9. 당신의 검사 결과의 비밀보장성이 우려된다면, 그것을 물어볼 책임이 있다.

10. 검사 과정과 결과에 대하여 우려되는 점이 있다면 적절한 때에 정중한 태도로 그것을 표명할 책임이 있다.

## 수검자의 권리: 검사 전문가를 위한 지침

수검자는 아래에 서술한 권리를 가진다. 수검자들에게 이러한 권리를 확신시켜주고 보호할 책임은 검사 과정에 참여하는 검사 전문가들의 몫이다.

1. 수검자들은 수검자로서 고지받아야 할 권리와 책임이 있으므로, 이러한 권리와 책임들에 대하여 고지할 책임은 검사를 관장하는 전문가(혹은 그 검사를 준비한 조직)에게 있다.

2. 수검자들은 연령, 장애 여부, 민족, 성별, 출신 국가, 인종, 종교, 성적 지향, 또는 다른 개인적 특성에 상관없이 예의와 존중을 갖춰 공평하게 대우받을 권리가 있으므로 검사 전문가들은:

   a. 검사 준비 과정에서 수검자들을 보조해줄 수 있는 모든 가용한 자료에 대하여 수검자들에게 알려주어야 한다. 이러한 자료들은 검사 신청서와 검사 소개물에 명료하게 진술되어야 한다.

b. 수검자들이 검사 서비스에 합리적인 접근권을 제공받았는지 확인해야 한다.

3. 수검자들은 전문적인 수준에 부합하고 적절한 도구로 검사를 받으며, 그 검사 결과가 어떻게 쓰일지 고지받을 권리가 있으므로 검사 전문가들은:

a. 전문 기준에 부합하며 신뢰할 만하고, 관련성이 높고 의도된 목적에 유용하며, 다양한 사회적 집단의 수검자에게 적절한 도구를 활용하기 위한 조치를 취해야 한다.

b. 수검자들에게 만약 그들이 미국 장애법이나 다른 관련 법률이 규정하는 장애를 가지고 있다면, 그들의 검사 점수의 타당도를 높일 수 있도록 검사 시행에서 합리적인 조정을 요구할 수 있는 권리가 있다고 조언해야 한다.

4. 수검자는 검사에 앞서 검사의 목적, 검사의 특성, 결과가 수검자에게 보고될지 여부, 결과의 활용 계획(검사 목적으로 인한 갈등이 없다면) 등에 대하여 고지받을 권리가 있으므로 검사 전문가들은:

a. 수검자에게 검사 목적(예: 진단, 배치, 선택 등)과 사용될 검사의 종류와 형식 (예: 개인/집단, 다지선다형/자유응답형/수행, 시간제한/시간제한 없음 등) 등에 대하여 그러한 정보가 검사의 목적에 악영향을 미치지 않는 한, 수검자들이 간략한 설명을 들을 수 있는 기회를 주거나 제공해야 한다.

b. 검사에 앞서 수검자에게 검사 결과의 활용 계획을 말해줘야 한다. 요청이 있을 경우, 수검자는 검사 점수가 주로 얼마 동안 파일로 보관되고 활용 가능한지 정보를 받아야 한다.

c. 요청했을 경우, 검사 점수의 정확성을 보장하도록 제도화된 예방 조치에 대한 정보를 수검자에게 알려주어야 한다. 그러한 정보는 검사의 질을 관리하기 위해 채택할 모든 절차와 검사 수행상의 부정을 방지하기 위한 조치들을 포함할 것이다.

d. 수검자에게 검사에 앞서 검사 장소에 가져와야 할 준비물(예: 연필, 종이)과 검사상 허가하거나 불허하는 물품들(예: 계산기) 등을 알려줘야 한다.

e. 수검자의 요청이 있을 경우, 수검자에게 검사가 의도하는 목적에 적절한지에 대한 정보 및 내부 정보의 공개 범위(예를 들어, 수검자는 이런 말을 들을 수 있다. "본 검사 점수는 사람들이 이러한 종류의 직무에서 얼마나 성공적일지 예측할 수 있

다.” 혹은 “본 검사의 점수는 다른 정보들과 함께 그 학생이 본 프로그램으로부터 혜택을 받을 수 있을지 결정하도록 도와준다.”)를 제공해야 한다.

f. 수검자의 요청이 있을 경우, 본 검사나 다른 버전의 검사를 다시 받을 수 있는지, 만약 그렇다면 얼마나 자주, 얼마나 빨리, 어떤 조건의 경우 다시 받을 수 있는지 재검사에 대한 정보를 제공해야 한다.

g. 수검자의 요청이 있을 경우, 검사가 어떠한 방식으로 어떤 세부사항에 따라 채점될 것인지 정보를 제공해야 한다. 다지선다형 검사에서 이 정보는 검사에 대한 제안과 함께, 어떻게 답을 정정할 것인지에 대한 정보를 포함한다. 전문가적 소견에 따라 채점되는 검사에서는(예: 에세이 과제나 투사 기법) 정보가 내부 기밀이거나 검사 수행에 부적절하게 영향을 미칠 경우를 제외하고 채점 절차에 대한 일반적 설명을 제공해야 한다.

h. 수검자에게 그들이 지불하는 검사료를 통해 무엇을 제공받을 수 있는지, 일반적으로 검사에 대한 피드백과 해석은 어떻게 행해지는지를 설명해야 한다. 또한 수검자는 검사결과지나 검사관련 자료의 복사본을 얻을 수 있는지, 검사점수에 대한 확인이 가능한지, 검사결과의 취소가 가능한지 여부에 관한 정보를 제공받거나 요청할 권리가 있다.

i. 수검자에게 검사에 앞서 문서화된 안내문이든, 구두로든 간에 수검자가 궁금해 할 법한 기본적인 검사 관리 절차에 대해 알려주어야 한다.

j. 수검자에게 검사에 앞서 검사 과정 중에 질문을 하는 것이 허용되는지 여부를 알려주어야 한다.

k. 수검자에게 컴퓨터, 계산기, 또는 다른 기계 등 검사에서 활용할 장치에 대한 정보를 제공하며, 연습 없이 장치를 사용하는 것이 검사 목적의 일부분이거나 연습이 결과의 타당도를 감소시키지 않는 한, 그들에게 그 장치를 써서 연습할 기회를 제공해야 한다. 또한 필요한 경우 그러한 기계 사용에 대한 조정 (accommodation)을 할 수도 있다.

l. 수검자들이 장애가 있다면 그들은 미국 장애법이나 다른 관련 법률에 상응하도록 조정이나 수정을 요구하고 받을 권리가 있다는 것을 알려주어야 한다.

m. 만약 수검자들이 어떤 테스트의 종류, 형식, 형태 등을 고를 권한이 있다면, 수

검자들이 결정 시 이용할 수 있는 정보들을 제공해야 한다.

5. 수검자들은 검사가 언제 시행될지, 검사 결과를 알 수 있는지, 그렇다면 언제 알 수 있을지, 또한 수검자들이 지불해야 할 비용이 있는지에 대하여 고지받을 권리가 있기 때문에 검사 전문가들은:

a. 만약 애초에 정한 검사 일정이 변경되었을 때, 수검자에게 적절한 시기에 그 대안 일정을 고지해야 하며, 변경된 것에 대한 적절한 설명을 제공해야 하며, 새로운 일정에 대하여 수검자에게 알려야 한다. 변화가 있다면 원래 일정에 대한 납득 가능한 대안을 제공해야 한다.

b. 검사에 앞서 수검자에게 검사 과정에서 예상되는 모든 비용을 알려줘야 하며, 만약 요소들이 분리될 수 있다면, 각각의 과정에 해당하는 비용을 알려줘야 한다.

6. 수검자들은 적절하게 훈련된 개인에 의해 검사를 시행하고 해석받을 권리가 있으므로 검사 전문가들은:

a. 의도한 목적에 따라 어떻게 적절한 검사를 선택할지 알아야 한다.

b. 특별한 검사 조건이나 결과의 해석이 필요할 정도의 공인된 장애나 다른 독특한 특성이 있는 수검자를 검사할 경우에 그러한 검사와 해석에 대한 기법과 지식을 갖추어야 한다.

c. 요청이 있을 시 자신들의 자격에 대하여 납득 가능한 정보를 제공해야 한다.

d. 드문 검사 조건이라면, 그 조건이 지나치게 검사 수행에 방해가 되지 않도록 주의해야 한다. 검사 조건은 검사가 표준화된 조건과 보통 비슷해야 한다.

e. 검사가 시간 제한이 없을 경우 수검자에게 검사를 완수할 수 있도록 적절한 양의 시간을 주어야 한다.

f. 정직한 수검자가 피해를 보지 않도록 부정 행위(예: 커닝)를 방지할 합리적인 조치를 취해야 한다.

7. 검사가 선택적일 때 수검자들은 왜 그들이 특정한 검사에 대해 요청받았는지, 그 검사에 대한 요청을 거절했을 때 어떤 결과가 초래될지 알 권리가 있으므로 검사 전문가들은:

a. 법이나 정부 규정에 따라 사전 동의 없이 검사를 시행해야 하는 경우나 검사에

응하는 것 자체가 이미 동의했음을 의미하는 경우(예: 입사를 지원했을 때 개인적 심리검사가 필수인 경우)를 제외하고는, 수검자의 사전 동의가 있은 후에만 검사 관련 활동을 시작해야 한다.

b. 그들이 왜 자발적인 검사 수행을 고려해야 할지 설명해야 한다.

c. 만약 수검자가 자발적인 검사를 받거나 완수하기를 거부한다면, 그러한 결정이 야기하는 결과가 무엇일지, 구두나 서면상으로 설명해야 한다.

d. 처음에 수검자가 동의한 검사 서비스를 검사자가 변경해야겠다고 결정하면 (예: 검사 전문가는 부가적인 검사나 다른 검사를 시행하는 것이 더 현명하다고 확신해야 한다) 즉시 수검자에게 알리고 왜 바꾸는지 설명해야 한다.

8. 수검자는 검사 후에 납득 가능한 시간 안에 검사 결과에 대하여 보통의 이해할 수 있는 용어로 해석을 받을 권리가 있으므로 검사 전문가들은:

a. 검사의 목적이나 수행에 관련 있거나 현재의 법률에 일치하는 경우 몇 가지 사항을 고려하여(예: 장애 여부, 언어 유창성) 해석해야 한다.

b. 수검자에게 요청에 따라 검사 매뉴얼, 검사 보고서, 규준, 비교 집단에 대한 기술, 혹은 수검자에 대한 부가적 정보 등 검사 결과를 해석할 때 참고하는 출처에 대한 정보를 제공해야 한다.

c. 수검자의 요청에 따라 그들이 검사 수행을 어떻게 향상시킬 수 있을지, 검사를 다시 받는 것이 선택적인지 필수적인지 등에 대한 정보를 제공해야 한다.

d. 수검자의 요청에 따라 그들의 결과에 대해 이차적 해석을 받을 수 있는 선택안에 대해 알려주어야 한다. 수검자는 이러한 이차적 소견을 제공할 적절하게 훈련된 전문가를 선택할 수 있다.

e. 개인의 검사 점수가 합격/불합격 형태로 보고되거나 이에 관련된다면, 합격 점수 결정에 쓰이는 기준을 수검자에게 제공해야 한다.

f. 수검자의 요청에 따라 그들의 점수가 얼마나 바뀔 수 있는지, 얼마나 그들이 검사를 다시 받을 필요가 있는지 알려주어야 한다. 그러한 정보는 측정 오차에 따른 검사 수행상의 분산(예: 측정의 적절한 표준 오차), 개입이 있을 때나 없을 시 시간에 따른 수행의 변화(예: 추가 훈련이나 치료) 등을 포함한다.

g. 수검자의 상태를 악화시키거나 낙인을 찍을 수 있는 부정적인 명명이나 코멘트

를 하지 않고 적절하고 민감한 방식으로 검사 결과에 대해 수검자와 소통해야한다.

h. 점수 처리 과정이나 점수 보고상에서 오류가 발생했다면 최대한 빨리 수정된 검사 점수를 수검자에게 제공해야 한다. 검사자와 결과 처리 및 보고 담당자가 다를 경우에, 소요 시간은 검사 책임자보다는 결과 처리 및 보고 담당자에 의해 좌우된다.

i. 점수 해석 과정(developing scores)에서 오류가 있을 때 최대한 빨리 오류를 수정해야 한다.

9. 수검자들은 법이 허용하는 범위 내에서 검사 결과를 비밀로 보장받을 권리가 있으므로 검사 전문가들은:

a. 오직 정당한 권한이 있는 사람들만 검사 결과에 접근할 수 있도록 검사 결과 기록은 (문서상이든 전자 파일 형식이든) 보호하고 유지해야 한다.

b. 수검자의 요청에 따라 그들의 검사 결과에 접근할 수 있는 타당한 권한이 있는 사람이 누구인지(개인적으로 신원이 확인될 때) , 또한 어떤 형식으로 접근 가능한지 제공해야 한다. 검사 전문가는 왜 그러한 사람들이 검사 결과에 접근할 수 있으며, 그 결과를 어떻게 사용하는지 설명해야 한다.

c. 그들은 (개인적으로 신원이 확인될 때) 그러한 사람들이나 기관이 가진 검사 결과에 대한 접근권을 수검자가 제한할 수 있다고 조언하며, 이러한 목적을 위하여 검사 전에 밝혀야 한다. 수검자나 그들의 보호자가 검사 결과를 타인에게 공개하도록 동의했거나 검사 전문가들이 법에 의해 검사 결과를 공개할 권한이 있을 때의 경우는 제외된다.

d. 검사 조정에 대한 요청이나 그 요청을 지지하는 문서는 비밀로 보장해야 한다.

10. 수검자들은 검사 과정에 대한 우려를 표명하고, 그러한 우려를 다룰 절차에 대한 정보를 받을 권리가 있으므로 검사 전문가들은:

a. 수검자가 검사가 적절하게 시행되지 않았거나 올바르게 채점되지 않았다고 믿거나 기타 우려되는 사항이 있을 때, 어떻게 결과에 대하여 의문을 제기하는지 수검자에게 알려주어야 한다.

b. 만약 수검자들이 전체, 혹은 부분적으로 검사 결과의 오류에 바탕을 두고 결정

이 내려졌다고 믿을 경우, 그 결정에 반대하는 방법을 알려주어야 한다.

c. 검사 결과가 검토 중이며, 취소되거나 타당화되지 않거나 정상적인 목적으로 공개되지 않을 수 있을 때 수검자에게 알려야 한다. 그러한 사건에서 검토는 적절한 시기에 수행되어야 한다. 그 검토는 근거가 되는 모든 사용 가능한 정보를 써야 하며, 수검자 역시 그러한 검토를 보조하기 위해 필요한 정보가 무엇인지 제공받아야 한다.

d. 수검자의 검사 결과가 취소되었거나 정상적으로 활용되지 않을 때 왜 그런 조치가 취해졌는지 수검자에게 알려야 한다. 수검자들은 그러한 결정을 내리기까지의 근거나 절차의 유형에 대하여 정보를 요청하고 제공받을 권리가 있다.

## 수검자의 책임: 검사 전문가들을 위한 지침

검사 전문가들은 수검자가 위에서 언급한 권리 외에도 특정 의무를 가지고 있다는 것을 숙지할 수 있도록 조치를 취해야 한다.

1. 검사 전문가는 수검자에게 그들이 수검자로서 가지는 권리와 책임에 대하여 듣거나 읽고 이해가 안되는 부분에 대하여 질문해야 한다고 알릴 필요가 있다.

2. 검사 전문가는 수검자들이 아래와 같은 사항들을 확실히 숙지하도록 조치를 취해야 한다.

   a. 수검자는 검사 과정 전반에 걸친 자신들의 행동에 책임을 져야 한다.

   b. 검사 과정에 관련된 타인의 권리를 침해해서는 안 된다.

   c. 어떤 방식으로든 검사와 그 해석에 있어서의 진실성을 떨어뜨려서는 안 된다.

3. 검사 전문가들은 수검자들이 검사에 앞서 검사가 왜 시행되며, 어떻게 시행될 것이며, 그들이 어떤 질문에 답하게 될 것이며, 결과로 무엇을 할지 불확실할 때에 질문을 할 책임이 있다는 점을 유념시켜야 한다. 검사 전문가들은:

   a. 수검자들에게 검사 과정의 한 부분으로서, 검사 출판자가 제공하는 자료들을 검토하고, 그들이 더 잘 이해해야 할 것 같은 영역에 대하여 검사 전에 질문할 책임이 있다고 조언해야 한다.

b. 수검자들에게 검사 결과가 어떻게 사용되며, 그 결과로 무엇을 할지 만족스럽게 알지 못할 때에 추가적 정보를 요청하는 것이 수검자의 책임이라는 점을 알려야 한다.

4. 검사 전문가들은 검사에 앞서 그들이 받는 설명 자료를 읽고 검사 안내문을 주의 깊게 읽는 것이 수검자의 책임이라는 점을 알려야 한다. 검사 전문가들은 수검자들이 검사에 있어 조정을 원한다거나 검사 수행에 저해가 되는 신체적 제약이나 질병이 있을 때 검사 전에 미리 검사자에게 알릴 책임이 있다는 것을 알려야 한다. 수검자들이 검사상의 언어를 이해하는 데 어려움이 있다면 검사자에게 알릴 책임이 있다는 것을 알려주어야 한다. 검사 전문가들은:

a. 수검자들이 특별한 검사 방식을 필요로 한다면, 검사 시행 날짜 전에 적절한 조정을 요청하고 그에 필요한 서류들을 제출할 것을 알려야 한다. 검사 전문가들은 요청한 검사 조정을 받기 위해 필요한 문서들을 수검자에게 알려주어야 한다.

b. 수검자들이 요청한 조정을 받지 못했을 때, 왜 그 요청이 거부되었는지에 대한 정보를 요구할 수 있다는 점을 알려주어야 한다.

5. 검사 전문가들은 수검자들에게 검사가 언제 어디서 시행되며, 검사비를 지불해야 하는지 알려주어야 한다. 고지를 받았을 때, 필요한 준비물을 지참하여 제시간에 출석하고 검사비를 지불하고 검사받을 준비를 하는 것은 수검자의 책임이다. 검사 전문가들은:

a. 수검자들은 검사에 필요한 적절한 자료들에 친숙해져야 하며, 필요할 때 그에 관한 정보를 요청할 책임이 있다고 알려야 한다.

b. 검사 상황상 검사 장소에 지참해야 할 물품이 있다면(예: 신분증, 연필, 계산기 등) 그 점을 알려주어야 한다.

6. 검사 전문가들은 검사에 앞서 수검자들이 이러한 책임이 있다는 점을 조언해야 한다.

a. 주어진 지시문을 잘 듣고 읽는다.

b. 검사 전문가들이 안내하는 사항을 따른다.

c. 지시된 데까지 검사를 마친다.

d. 자기 점수가 자기의 최선의 노력을 반영하길 바란다면, 최대 능력을 발휘하여 수행한다.

e. 정직하게 행동한다(예: 커닝하지 말고 커닝하는 사람을 돕지 않는다).

7. 수검자가 검사를 받지 않기로 선택한 경우, 검사 전문가는 그 결과에 대해 알려야 한다. 한번 거부 의사가 받아들여지면, 이에 대한 결과는 수검자의 책임이며, 검사 전문가는 그 점을 수검자에게 알려야 한다. 만약 수검자가 이러한 결과에 대하여 질문이 있다면 검사자에게 물어볼 책임이 있으며, 이 점을 수검자에게 알려야 한다.

8. 검사 결과를 이해할 수 없거나 검사 상황이 결과에 영향을 미쳤다고 믿는다면, 검사의 책임 기관이 특정하게 정한 적절한 사람에게 그 점을 알릴 책임이 있다. 검사 전문가들은:

a. 수검자가 요청 시 검사 목적에 관련되는 경우, 검사 점수나 결과에 의문을 제기하거나 취소를 요청하는 적절한 절차를 수검자에게 알려야 한다.

b. 수검자가 요청 시 만약 검사 조건이 결과에 영향을 미쳤고 그것이 검사 목적에 관련이 있다면, 점수나 검사 결과를 재검토하거나 재검사를 받거나 취소하는 절차에 대해 알려야 한다.

c. 검사의 목적에 관련이 있을 경우, 검사 결과에 영향을 미칠 수 있다고 알려진 검사 조건에 대한 문서를 제공하여야 한다.

9. 검사 전문가들은 수검자에게 검사 결과의 비밀 보장 측면이 우려될 때 그에 대하여 질문할 책임이 있다는 점을 알려야 한다.

10. 검사 전문가는 수검자에게 검사 과정에 대하여 우려가 있을 때 적절한 시기에 정중한 방식으로 그 우려를 표명할 책임이 있다는 것을 조언해야 한다.


수검자 권리와 책임에 관한 JCTP 담당팀의 멤버는


- Kurt F. Geisinger, PhD (공동의장); William Schafer, EdD (공동의장); Gwyneth Boodoo, PhD; Ruth Ekstrom, EdD; Tom Fitzgibbon, PhD; John Fremer, PhD; Joanne Lenke, PhD; Sharon Goldsmith, PhD; Kevin Moreland, PhD; Julie Noble,

PhD; James Sampson Jr., PhD; Douglas Smith, PhD; Nicholas Vacc, EdD; Janet Wall, EdD.

연락 담당자: Heather Fox, PhD, Lara Frumkin, PhD.

# 전화상담, 원격회의, 인터넷으로 제공되는 서비스에 대한 APA의 지침

**부록 M**

## 미국 심리학회의 윤리위원회에 의한 진술문

미국 심리학회는 1995년 같은 주제를 다룬 진술에 입각하여 아래와 같은 진술을 1997년 11월 5일에 발간했다.

윤리위원회는 "심리학자들의 윤리 원칙과 행위 규정"과의 관련성을 언급하고 강제할 수 있을 뿐이지, 관련 주제에 대해 직접적으로 다루고, 심리학자들에게 안내할 수 있을 만한 APA 지침은 없다.

윤리 규정은 전화상담이나 원격회의, 혹은 그 밖의 기계상으로 제공되는 서비스에 관한 특정한 규정이 없으며, 이러한 서비스를 반대하는 규정도 없다. 그렇기 때문에 그러한 일에 관련된 비판들은 경우에 따라 달리 다루어진다.

전화, 원격회의, 인터넷 등의 미디어를 이용한 서비스 전달은 급속히 발달하는 영역이다. 이는 APA 특별연구팀의 주제가 될 것이며, 미래에 윤리 규정의 개정에서 고려될 것이다. 좀더 확실한 판단이 가능하기 전까지 윤리위원회는 심리학자들이 규범 1.04c인 역량의 범위, 즉 "필수 훈련에 대한 보편적으로 인식되는 기준이 아직 존재하지 않는 신흥 영역이라도 심리학자들은 자신들의 직무의 역량을 강화하고, 환자, 내담자, 학생, 연구 참여자, 기타 인물들이 해를 입지 않게 보호하도록 조치를 취해야 한다."는 원칙을 따르도록 권고하고 있다. 다른 관련 규범에는 평가(규범 2.01-2.10), 치료(4.01-4.09,

특히 4.01의 관계의 구조화와 4.02의 치료에 대한 고지된 동의), 비밀 보장(5.01-5.11) 등이 포함된다. 전반적인 규범 내에서 이 주제와 특별히 관련 있는 것으로는 1.03 전문적이고 과학적인 관계, 1.02(a, b, c) 역량의 범위, 1.06 과학적, 전문가적 판단의 근거, 1.07a 심리적 서비스의 속성 및 결과, 1.14 해 끼치지 않기, 1.25 비용 및 재정적 합의 등이 있다. 홍보에 대한 규범 중 특히 3.01-3.03도 관련이 있다.

그러한 서비스를 생각하는 심리학자들은 서비스의 특성, 서비스 전달 수단, 비밀 보장 제공 등에 대하여 검토해야만 한다. 또한 향후 심리학자들은 관련된 윤리 규범과 다른 의무사항, 예를 들면 자격위원회 규칙 등도 고려해야 한다.

부록 N

# 법정 심리학자를 위한
# 전문성 지침

## 법정 심리학자를 위한 미국 법정 심리학자위원회의 윤리 지침

법정 심리학자를 위한 전문성 지침은 심리학자들의 윤리 원칙(APA, 1990)을 참고하여 만들어졌으며 이와 서로 상응한다. 하지만, 법정 심리학자들이 법정을 도와 일하거나 소송 절차에서 당사자들을 돕거나 교정 및 법정 정신건강 기관 또는 입법 기관에서 활동할 때에 그들 스스로의 전문적 수행을 모니터링할 수 있도록 더 구체적인 지침을 제공한다. 법정 심리학자를 위한 윤리 지침은 미국 심리학−변호사 협회와 미국 심리학회의 41분과의 합동 성명을 나타내며, 미국 법정 심리학 아카데미에 의해 보증된다. 지침은 미국 심리학회의 공식성명을 대표하는 것은 아니다.

본 지침은 주로 사법 단체를 대상으로 심리학적 전문성을 필요로 하는 활동에 대해 전문가로서 참여하는 경우, 심리학의 모든 하위분야(예: 임상, 발달, 사회, 실험)의 심리학자들이 바람직한 전문적 활동을 수행할 수 있도록 촉진시키는데 초점이 맞추어져 있다. 예를 들어, 임상 법정 검사자, 교정 및 법정 정신건강 시스템을 위해 일하는 심리학자, 심리법학 관련 주제에서 과학적 자료와의 관련성에 대하여 직접 증언하는 연구자, 소송 행위 자문가, 법정 조언자에 대한 소견서 준비에 참여하는 심리학자, 또는 재판, 입법, 행정 기관에서 판결 시 조언을 하거나 증거를 제시하는 법정에서의 전문가 등이 있을 수 있다. 법조계에서 활동이 많지 않거나 스스로를 법정 전문가라고 칭하지 않는 사람들 역시 이 지침을 통해 도움을 얻을 수 있으며, 법정 전문가인 동료와 상의할 때 특히 유용할 수 있다.

비록 본 지침은 바람직한 직업 실제의 모형을 바탕으로 하며, 서비스의 홍보나 내담자 설득 시에도 활용 가능할 정도로 고안되어 있지만, 부적절한 홍보 및 내담자에 대한 설득을 방지하는 것에 보다 주안점을 두고 있으며 이러한 목적에 맞게 활용되고 해석되어야 한다.

## I. 목적과 전망

### A. 목적

1. 윤리적인 전문가 활동에 대한 보편적 기준은 미국 심리학회 심리학자들의 윤리 법칙에 나와 있지만, 이러한 윤리 법칙은 현재 법정 심리학자들의 바람직한 전문 가적 수행이 요구하는 필요성을 충분히 구체적으로 만족시키지 못한다. 따라서 본 지침은 심리학자들의 윤리 법칙에 위배되지 않으면서도, 법정 심리학자들의 직업적 환경 및 특성을 반영할 수 있도록 그러한 법칙을 확장한다.

2. 지침의 범위는 미국 국내이며, 주 및 연방 법을 준수하도록 고안되었다. 법정 심리 학자들이 보기에 법률 요건이 본 지침과 갈등을 빚는 것처럼 보이는 상황에서 그 갈등을 해결하려는 시도는 본 지침[IV(G)]과 심리학자들의 윤리 법칙에서 밝힌 절 차에 따라야 한다.

### B. 범위

1. 지침은 법정 심리학자들이 심리학의 어떤 하위영역에서든지(예: 임상, 발달, 사회, 실험) 법정 심리학자로서 참여할 때에 바람직한 직업 수행의 속성을 구체화한다.

    a. "심리학자"란, 미국 심리학회나 각 주 규정이나 자격위원회에서 그의 직업상 활동을 심리학 분야의 전문가로서의 활동이라고 정의하는 사람을 의미한다.

    b. "법정 심리학"이란 심리학 분야의 전문가로서 합당한 지식 및 통찰력을 가지고 법정, 법적 소송의 당사자들, 교정 및 법정 정신건강 관련 기관, 판결에 영향을 줄 수 있는 행정 기관, 사법 기관, 입법 기관을 대상으로 명백하게 심리학과 관

련된 주제에 대해 수행하는 모든 형태의 전문적 활동을 의미한다.

   c. "법정 심리학자"란 앞서 언급한 법정 심리학 분야에서 활동하는 심리학자들을 의미한다.

2. 본 지침은 심리학자가 서비스를 요청받을 당시에 제공하는 서비스가 위에서 언급한 것과 같은 법정 심리학과 연관될 수 있음을 명확히 공지 받은 것이 아니라면, 해당 심리학자들에게는 적용되지 않는다. 그러나 심리학적 자료를 법정 맥락에서 활용하기 위해 준비하는 심리학자라면 본 지침이 도움이 될 수 있다.

3. 법정 심리학자가 아닌 다른 분야의 심리학자들은 역시, 때때로 제한된 법정 심리적 서비스를 제공할 필요가 있을 경우에 본 지침이 도움이 될 수 있다.

## C. 관련 규범

1. 법정 심리학자들은 그들의 직업 활동이 심리학자들의 윤리 법칙 및 자신들의 직업 활동과 관련 있는 특정 하위영역이나 분야에 적용될 수 있는 미국 심리학회의 다양한 진술문과 일치하도록 수행해야 한다.

2. 본 지침이 법정 심리학자들에게 우선적으로 고려해야 할 기준이라 할지라도, 기타 다른 관련된 "전문가 조직"의 수행에 대한 규범과 윤리 지침들 역시 유용한 지침을 제공하므로 충분히 참고되어야 한다.

## II. 책임

A. 법정 심리학자는 자신들의 직업상 가장 높은 기준에 부합하는 방식으로 서비스를 제공할 의무가 있다. 그들은 자신의 행위와 그들의 직접적인 지도 및 관리하에 있는 개인들의 행위에 대한 책임이 있다.

B. 법정 심리학자들은 서비스와 그 서비스의 결과물들이 솔직하고 명확하고 책임감 있는 태도로 사용되도록 합당한 노력을 기울여야 한다.

## III. 역량

A. 법정 심리학자들은 자신들이 전문적인 지식, 기법, 실무 경험, 교육 경험을 가진 분야에서만 서비스를 제공한다.

B. 법정 심리학자들은 그들이 증언할 특정 사건에 관련하여 자신들의 능력의 범위, 전문가로서의 자격을 뒷받침해줄 사실적인 근거(지식, 기법, 경험, 훈련, 교육), 또한 현재의 구체적인 사건에 전문가 자격으로서 갖춘 사실적인 근거들이 갖는 관련성을 법정에 제시할 의무가 있다.

C. 법정 심리학자들은 근본적이고 합당한 수준의 지식과 전문가로서 참여하는 법적 절차에 대한 법적, 전문적 규범을 이해할 책임이 있다.

D. 법정 심리학자들은 그들이 참여하는 법적 절차에서 각 측이 가지는 시민으로서의 권리를 이해하고, 그러한 권리들을 경시하거나 위협하는 태도로 전문 수행을 하지 않도록 힘쓸 의무가 있다.

E. 법정 심리학자들은 스스로의 개인적 가치, 도덕적 신념, 법적 절차에서의 측근들과 맺은 직업적, 개인적 관계가 유능한 업무 수행에 방해가 될 수 있다는 점을 인식한다. 그러한 상황이라면 법정 심리학자들은 직업상 의무와 일치하는 방식으로 자신의 참여를 줄이거나 조력을 제한할 의무가 있다.

## IV. 관계

A. 서비스를 요청하는 측근의 법적 변호인으로서 최초 조언을 할 때, 법정 심리학자는 법정 심리학자와의 계약 체결 여부에 영향을 줄 만한 요인들을 알려야 한다. 이러한 요인에는 다음과 같은 사항들이 포함된다.

1. 예상되는 전문 서비스에 대한 비용 청구 체계
2. 이해관계상 갈등을 야기할 수 있는 과거 현재의 개인적, 직업적 활동, 의무, 관계
3. 전문성을 가지고 있는 분야와 능력의 한계
4. 그들이 채택할 도구와 절차에 관하여 알려진 과학적 근거와 한계 및 그러한 도구와 절차를 채택할 수 있는 자격

B. 법정 심리학자들은 법정이나 행정조직에 전문가로서 증언을 한다거나 제3자가 의지할 수 있는 확약 증언이나 변호를 하도록 요청받았을 때 소송 절차 각 측에게 전문 서비스를 "성공 시에 받게 되는 사례비"의 비용 체계로 제공하지 말아야 한다.

C. 법정 심리학자들은 각 서비스별 지불 체계로 서비스를 제공할 때, 공익이나 내담자의 복지가 자금 부족 때문에 저해될 소지가 있는 경우에는 무료나 할인된 가격으로 서비스를 제공해야 한다.

D. 법정 심리학자들은 소송 절차 당사자들과의 이중관계에서 이해관계 간 갈등이 일어날 수 있음을 인식하고, 그 효과를 최소화하고자 해야 한다.

  1. 법정 심리학자들은 서비스의 제공 시에 예상되는 관계와 일치하지 않는 개인적 및 직업적 관계가 있는 소송 절차의 당사자들에게 전문 서비스를 제공하지 않는다.

  2. 소송 절차의 당사자에게 평가 및 심리치료를 둘 다 제공하는 것이 필요할 때에 (소규모 법정 병원 장면이나 작은 공동체의 경우와 같이) 법정 심리학자는 당사자의 권리, 비밀 보장, 또한 심리치료와 평가 과정상에 이러한 조건이 미칠 수 있는 불이익을 최소화하기 위한 조치를 취해야 한다.

E. 법정 심리학자들은 미래의 내담자들에게 자신들의 법적 권리, 앞으로의 법정 서비스, 평가의 목적, 채택할 절차의 특성, 서비스 결과물의 사용 의도, 법정 심리학자를 고용한 당사자에 관련하여 정보를 제공해야 한다.

  1. 법정이 명령하지 않는 한, 법정 심리학자들은 그러한 평가와 절차를 시작하기 앞서 내담자나 당사 측, 또는 그들의 법적 변호인들의 고지된 동의를 얻어야 한다. 만약 내담자가 목적, 수단, 법적 평가의 사용 의도 등에 대하여 완전히 통지받고 나서 더 진행하기를 원치 않는다면 평가를 미루어야 하며, 심리학자는 내담자가 참여 여부에 관하여 법적 조언을 받을 목적으로 변호사를 만날 수 있도록 조치를 취해야 한다.

  2. 법정 서비스를 제공받는 당사자가 서비스에 대한 고지된 동의를 직접 할 능력이 없거나 평가가 법정의 명령에 따른 것이라면, 법정 심리학자는 절차 진행에 앞서 내담자의 법적 대변인에게 앞으로의 법정 서비스의 특성에 대해 알려야 한다. 만약 내담자의 법적 대변인이 평가에 반대한다면 법정 심리학자는 명령

을 발행한 법정에 알리고 지시받은 대로 대처하면 된다.

3. 법정 심리학자가 대상자에게 임상적 평가 및 그 결과물의 사용 목적에 대해 조언하고 난 후, 당사자나 당사자의 법적 변호인이 명시적으로 그 결과물에 대한 권리를 포기하지 않더라도 다른 목적으로 사용하지 말아야 한다.

F. 법정 심리학자가 소송 절차상에서의 수행을 바탕으로 경제적으로 보상받는 연구 혹은 학술적 활동을 한다면, 혹은 무료로 심리학적 서비스를 제공한다면, 심리학자는 그러한 연구와 학술적 산물이 추후 어떻게 쓰일 수 있을지 명확하게 밝히고, 결과적인 연구와 그 산물에서 심리학자가 수행한 역할을 공개하며, 법이나 전문가 규준에서 요구되는 동의를 얻어야 한다.

G. 법정 심리학자의 전문가 규범과 법적 규범의 요건, 특정 법정, 혹은 법정이나 법적 권위자의 각료의 지시 사이에 갈등이 발생한다면 법정 심리학자는 법적 관료자가 그 갈등의 원천을 알아차리도록 하고, 그것을 풀 수 있는 합당한 조치를 취할 의무가 있다. 그러한 조치에는 동료 법정 전문가의 조언 얻기, 개별적인 자문의 조언 얻기, 관련 법적 대변인과 직접적으로 상의하기 등이 있다.

## V. 비밀 보장과 특권

A. 법정 심리학자들은 그들의 서비스나 결과물에 수반되는 비밀 보장 권리나 특권에 영향을 주거나 제한할 수 있는 법적 규범에 대해 숙지하고, 이러한 권리나 특권을 존중할 수 있는 방식으로 직업적 활동을 수행해야 한다.

1. 법정 심리학자들은 내담자의 권리를 보장할 수 있는 자료의 보장과 전문적 의사소통의 체계를 확립하고 유지해야 한다.

2. 법정 심리학자들은 업무 중에 획득한 기록 및 정보에 대한 적극적인 통제권을 계속 유지해야 한다. 그들은 법으로 정해진 요청, 법정 명령, 혹은 내담자의 동의에 의해 정보를 제한적으로만 제공하도록 해야 한다.

B. 법정 심리학자들은 내담자에게 그들이 이해 가능한 진술문을 통해 서비스와 그 결과물에 대한 비밀 보장의 한계(지침 IV. E를 참고하라) 등을 설명해주어야 한다.

C. 내담자나 당사자 측이 비밀 보장을 받을 권리가 제한되는 상황에서 법정 심리학

자는 평가의 법적 목적과 직접적인 관련성이 없는 모든 정보에 관하여 비밀 보장을 유지하기 위해 최선의 노력을 다해야 한다.

D. 현존하는 연방 및 주 법률, 심리학자들의 윤리 법칙, 교육 및 심리 검사 규범, 기타 다른 제도적 규칙과 규정에서 밝히듯이 법정 심리학자들은 내담자나 그들에 대한 권한이 있는 법적 대변인들에게, 자신들의 기록에 대한 정보와 그 정보의 의미 있는 설명에 접근할 수 있는 권리를 제공해야 한다.

## VI. 수단과 절차

A. 법정 심리학자들은 법정에서 전문가로서의 자질을 갖추었다는 특정 자격을 부여받으므로, 자신들의 전문성을 표명하는 분야에서 끊임없이 최신 지식을 쌓고 과학적, 전문적, 법적인 발전을 이어갈 의무가 있다. 또한 공인된 임상 및 과학적 규범에서 말하듯이 그들은 그 지식을 평가, 심리치료, 자문, 학문적/경험적 연구에 필요한 자료 수집 수단이나 절차에 사용할 의무가 있다.

B. 법정 심리학자들은 법정 명령이나 근거의 규칙에 입각하여 그들의 업무상 수행의 근거나 서비스의 기반이 되는 모든 자료를 문서화하거나 사용 가능하게 준비해야 할 의무가 있다. 그러한 문서화나 기록에 적용되는 규범은 서류의 세부사항이나 질이 합리적인 법적 검토의 대상이 되리라는 점을 예측한다. 이러한 규범은 일반적인 임상 실제에 대한 규범보다 더 높다. 법정 심리학자가 소송 절차의 당사자에 대한 검사를 수행했거나 심리치료에 참여했을 때에 그들의 전문적 서비스가 판결 토론에서 쓰일 것이라는 사전 지식이 있었다면, 그들은 그러한 조건하에서 최고의 서류를 제공해야 할 특별한 책임감을 지니게 된다.

1. 개인에 대한 증거 및 증언에 활용될 수 있는 자료의 문서화는 그 데이터가 얻어진 곳의 사법권에서 명시하는 증거 개시(discovery), 공개, 비밀 보장, 보장하는 권리의 대상이 된다. 법정 심리학자들은 그러한 규칙을 잘 알고, 거기에 맞추어 자신들의 수행을 조절할 의무를 가진다.

2. 개인에 대한 증거 및 증언의 기반이 되는 자료의 문서화에 관한 법정 심리학자의 의무와 책임은 그들의 자료와 증거들이 법적인 판결에 채택될 수 있다는 점

을 안 순간이나 그 점을 짐작할 만한 합리적인 근거를 가진 순간부터 적용된다.

C. 법정 심리학 서비스를 제공함에 있어 법정 심리학자들은, 소송 절차상의 당사자들이 경제적 보상이나 다른 기타 이득 등을 통해 발휘하는 힘과 같은 부적절한 권력에 그들의 수단, 절차, 결과물이 영향을 받지 않도록 특별한 주의를 기울여야 한다. 평가, 심리치료, 자문, 학문적/경험적 연구를 수행하는 전문가인 법정 심리학자는 모든 합리적인 관점을 취하여 주제에 대해 검토하고, 경쟁 가설을 제각각 다르게 시험해 볼 수 있도록 적극적으로 정보를 수집함으로써 전문가적인 진실성을 유지할 수 있다.

D. 법정 심리학자들은, 법적으로 나홀로 소송을 하는 사람(pro se)을 제외하고는, 소송 절차 당사자들이 변호사에 의해 변호를 받기 전에는 전문 법정 서비스를 피고 측이든 어느 측에게든 제공해서는 안 된다. 법정 서비스가 법정의 명령을 준수하고, 내담자가 변호사에게 변호를 받지 않을 때에 법정 심리학자는 서비스 제공에 앞서 법정에 다음과 같은 사실을 알리고자 합당한 노력을 취해야 한다.

1. 법정 심리학자는 공판 전의 피고인이 법정 명령을 받거나 변호사와 만나기 전에 피고인의 정신건강의 보호와 향상을 위하여 긴급 서비스가 필요하다고 판단되고, 정신건강 서비스를 제공하지 못하면 피고나 타인에게 즉시 위해가 가해질 소지가 있다고 믿을 근거가 있다면 긴급 정신건강 서비스를 제공할 수 있다. 그러한 서비스를 제공할 때에도 법정 심리학자는 응급 상황이 요구하는 바에 따라 피고 측의 변호사에게 알려야 한다.

2. 그러한 응급 정신건강 서비스를 제공하는 법정 심리학자는 불가피한 이유가 있지 않은 한, 추가적인 법정 서비스를 피고인에게 제공하지 않으려고 시도해야 한다.

E. 법정 심리학자가 제3자로부터 자료를 얻거나 이전의 기록 및 다른 자료를 얻는 것은 법적인 관련 측근의 사전 승인을 받거나 그러한 법정 평가를 수행하라는 법정의 명령이 있을 때만 가능하다.

F. 법정 심리학자는 전문증거배제 법칙(사실인정의 기초가 되는 사실을 체험자 자신이 직접 공판정에서 진술하는 대신에 다른 형태—타인의 증언이나 진술서 등—로 간접적으로 법원에 보고하는 증거의 사용을 제한하는 것)이나 기타 전문가 증언을 주관하는 규

칙들이 특별한 윤리적 책무를 부과하고 있다는 점을 인식해야 한다. 만약 전문증거 혹은 기타 이유로 채택될 수 없는 증거들이 심리학자의 견해, 근거, 혹은 직업적 행위의 근거가 된다면, 심리학자들은 그러한 근거에만 의존하여 어떤 판단을 내리는 것을 피해야 한다. 상황적 조건이 허락한다면, 소송 절차 당사자나 법정을 위한 전문적 서비스의 일부로서, 개별적이고 독립적으로 자료를 더 모을 수도 있다.

1. 법정 심리학자들이 사용하는 자료들의 많은 형식이 전문증거배제의 대상이기는 하지만, 법정 심리학자들은 자신들의 직업적 행위의 근거를 이루는 중요한 자료들을 확증하려고 시도해야 한다. 전문증거배제 자료가 확증되지 않은 채로 활용된다면 법정 심리학자들은 그 자료들이 확증을 거치지 않았음을 미리 알리고 왜 그 자료들에 의존할 수 없었는지 이유를 밝혀야 할 책임이 있다.

2. 어떤 종류의 증거이든 법정 심리학자들은 조사하고 평가한 정보 중에 그들의 전문 서비스의 법적 목적에 부합하지 않고 그들의 행위, 증거나 증언에서 중요한 근거가 되지 않는 정보는, 법적으로 공개가 필요하지 않는 한, 제공하지 않으려고 해야 한다.

3. 법정 심리학자가 타인들이 수집한 자료나 정보에 의존할 경우, 그 정보들의 근원은 어떤 전문적 행위에서든지 밝혀져야 한다. 또한 법정 심리학자는 그러한 자료들에 의존했을 경우, 직업 규범에 맞는 방식으로 수집된 정보라는 것을 보장해야 할 특별한 책임을 가진다.

G. 피고 측에 의해 명기되지 않았다면, 피고의 증언 당시의 정신 상태 감정을 제외하고는, 어떤 (법적) 평가 중에 얻어진 피고 측의 진술도, 그런 진술에 기반한 전문가 측의 증언도, 또는 다른 진술 과정상의 산물도 모든 형사 소송에서 피고에 반하여 근거로 채택될 수 없다. 법정 심리학자들은 그들의 문서화된 결과물이나 구두 증언이 이러한 연방 절차 규칙(12. 2(c)), 또는 대등한 주 법률을 준수하도록 확실히 보장해야 한다.

1. 법정 심리학자들은 때로 어떤 증거나 서류, 또는 문서화된 산물의 요소들이 "진술에 따른 결과"가 되거나 그것을 이끌어낼지를 알지 못하므로, 피고 측의 정신 건강 상태에 대한 증언을 하기에 앞서 보고서를 준비하거나 증언을 제공할 때 극도의 주의를 기울여야 한다. 주 또는 연방 법이 규정하는 보고의 원칙에 맞게

법정 심리학자들은 기소된 범죄의 시기에 관련된 피고 측의 진술문을 피해야 한다.

2. 피고가 공판 단계로 진행되고 사전 공판 단계에서 책임 능력의 유무를 판단하는 정신건강 감정이 해결되면, 법정 심리학자는 피고가 절차에 대한 연방 규칙 12.2(c)이나 이와 대등한 주 법이 의미하는 바 정신건강상의 증거와 증언을 "제출하였다"(introduce)는 것을 제안하면서, 그들의 전문적 증거를 직접적으로 지지할 수 있는 피고의 진술문을 전문가 보고나 증언에 포함할 수 있게 된다.

H. 법정 심리학자는 진술문, 견해, 결론을 낼 수 있을 정도로 충분히 해당 개인에게 검사를 수행할 기회가 없었다면 그 개인의 심리적 특성에 대하여 문서상으로나 구두상으로 증거를 제시하는 것을 피해야 한다. 법정 심리학자들은 그러한 검사 수행에 모든 합당한 노력을 다해야 한다. 그러한 노력이 불가능하거나 실현될 수 없을 때, 그들은 그 한계가 그들의 전문적 수행, 증거, 증언의 신뢰도 및 타당도에 미칠 수 있는 영향을 밝혀야 한다.

## VII. 공적이고 직업적인 의사소통

A. 법정 심리학자들은 독특한 특성, 역할, 능력을 가진 다양한 수용자들의 이해를 촉진하고 기만을 피할 수 있는 방식으로 그들의 서비스의 산물, 공적 진술이나 전문가 증언을 전달해야 한다.

1. 법정 심리학자들은 그들의 직업적 산물, 증거, 증언의 남용이나 오해를 바로잡도록 합당한 조치를 취해야 한다.

2. 법정 심리학자들은 검사 결과, 자료 해석, 결론에 대한 사실적 근거를 공개할 때에 전문적, 법적 규범에 맞는 방식으로 내담자들에게 전문 직무에 대한 정보를 제공해야 한다. 검사 결과와 결론 추론의 근거는 내담자가 이해할 수 있는 언어로 전부 설명되어야 한다.

a. 검사 결과와 자료를 해석할 자질이 없는 제3자에게 내담자에 대한 정보를 공개할 때에 법정 심리학자는 교육 및 심리 검사에 대한 규범의 수칙 16을 준수해야 한다. 심리학자가 아닌 사람에게 결과를 공개해야 할 때는 검사의 보안

을 유지해야 하고, 정보는 그 자료에 대한 합당하고 전문적 이익이 있는 개인에게만 제한되도록 보장해야 한다. 법적 명령에 따라 다른 자질을 갖춘 정신건강 전문가가 정보를 요청할 경우에 "합당하고 전문적 이익이 있는 개인"으로 정의된다.

      b. 기록과 원자료를 제공할 때, 법정 심리학자들은 정보를 받는 측에게 원점수는 자질을 갖춘 전문가에 의해 해석되어야만 신뢰도 있고 타당도 있는 정보를 제공할 수 있다는 점을 확실히 알려야만 한다.

B. 법정 심리학자들은 그들의 "법정 전문가"나 "직업을 대표하는 전문가"로서의 공적 역할이 공적 진술에서 공평성과 정확성의 책임을 부여한다는 점을 깨달아야 한다. 전문 업무의 결과물이나 다른 전문가의 자질 혹은 소송 절차에서의 당사자 측에 대하여 평가하거나 판단을 내릴 때, 법정 심리학자는 정보, 이론, 규범, 다른 전문가나 다른 측의 견해에 대한 공평하고 정확한 평가에 대한 전문적 의견 차이를 나타내는 것이다.

C. 보통 법정 심리학자들은 자신들이 참여했던 소송 절차에 관하여 대중들에게(법정 밖에서) 세부적으로 진술하는 것을 피해야 한다. 그렇게 해야만 하는 합당한 이유가 있다면, 그러한 대중 앞의 진술은 소송 절차에서 각 진영의 입장을 변호하려고 하지 말고, 그들의 역할이나 증거를 정확히 보여주도록 이루어져야 한다. 법정 심리학자들은 그 관련 정보가 공개된 기록의 일부이거나 정보에 대한 특권을 가진 측으로부터 정보 사용을 미리 허락받았을 때에만, 특정 소송 절차에 관하여 대중들과 언론에게 언급할 수 있다.

D. 증언을 할 때에 법정 심리학자들은 그들의 발견, 결론, 증거, 기타 전문적 결과물을 소송의 모든 진영에게 공평한 방식으로 표현할 의무가 있다. 그렇지만 그 수칙이 결론이나 직업적 산물을 근거로 두는 자료와 추론 과정을 명확하게 제시하지 말라는 뜻은 아니다. 다만, 적극적이든 소극적이든 한쪽에 치우친 왜곡이나 그릇된 설명을 하지 말라는 것이다. 법정 심리학자들은 청탁에 의해서든 누락에 의해서든 자신들의 근거를 와전시키거나 자신들의 지위에 맞지 않게 근거를 뒤엎으려 해서는 안 된다.

E. 법정 심리학자들은 자신들의 역량과 정보공개의 규칙에 따라 그들의 전문적 서비

스 과정에서 얻은 정보의 모든 원천을 적극적으로 공개해야 한다. 그들은 특정한 문서나 구두 증언을 형성할 때 어떤 원천으로부터 어떤 정보를 사용했는지 공개해야 한다.

F. 법정 심리학자들은 법정에서의 전문가로서 자신들의 역할이, 증거를 이해하거나 논쟁에 관련된 사실을 판단하기 위한 사실 심문을 돕는 것이라는 점을 인식해야 한다. 또한 전문가 증거를 제공할 때 그들은 자신의 전문적인 관찰과 추론, 결론은 법적인 사실, 견해, 결론으로부터 분리되어야 한다는 점을 인식해야 한다. 법정 심리학자들은 그들의 전문 증언과 법적 논점, 그리고 특정 사례의 사실 정황 간의 관계를 설명할 수 있어야 한다.

# 내담자 기록 및 검사 정보에 관한 소환장이나 강제 증언에 대처하는 개업 상담자들을 위한 APA의 지침

부록 O

법적 이슈에 대한 미국 심리학회 위원회

## 초록

심리학자들은 법적인 맥락에서 내담자의 기록, 검사 자료, 기타 정보들의 공개에 관련하여 수많은 윤리적, 직업적, 법적 의무를 가진다. 그리고 법적 제도에 의한 요구는 때때로 내담자의 기록을 비밀로 보장하고, 검사 자료의 진정성과 보안을 유지하며, 평가 기법과 자료의 오남용을 피하기 위한 심리학자들의 윤리적 의무와 상충하기도 한다.

이러한 내담자 기록이나 검사 자료, 매뉴얼, 프로토콜, 기타 검사 정보를 요구하는 소환장이나 강제 법정 소환을 받고 심리학자들이 갖는 수많은 질문에 응답하기 위해 미국 심리학회의 법적 이슈 위원회는 이 문서를 준비했다. 따라서, 이 글은 개업 상담가가 내담자의 기록이나 검사 자료를 요구하는 소환장이나 강제 증언 등에 당면했을 때에 발생할 수 있는 법적 주제를 밝히고, 그러한 소환장이나 요구를 받았을 때에 고려할 수 있는 전략들을 제안하고자 한다. 이 문서는 개업가들의 주의사항이나 수행에 대한 규범을 구체적으로 확립하려는 의도를 가지지는 않는다. 그보다는 일반적인 질문을 다룬다. 즉, 개업상담가들이 내담자의 기록, 검사 정보, 검사 매뉴얼, 검사 프로토콜, 기타 검사 정보를 요구하는 소환장이나 법정 증언 요청을 받았을 때 어떤 전략을 쓸 수 있을까?

법의 기본 원칙에 따라 모든 시민은 법정의 판결에 필요한 정보를 제공할 의무를 가진다. 법적 체계의 관점에서는 사실을 판단하는 사람들이(즉, 판사나 배심원) 참고할 수 있는 정보의 관련성이 높을수록 판결이 더 공평해진다. 따라서 법령, 민사 또는 형사 재판의 규칙, 증거의 규칙은 그러한 정보의 전달에 대한 절차를 확립하였다. 이러한 자료를 얻기 위해서 소환장(증언하기 위해 출두하라는 법적인 명령)이나 문서지참증인소환장(법정에 출두하면서 특정 문서를 지참하라는 법적 명령)이 발행될 수 있다. 또는 법정은 증언을 하거나 문서를 만들라는 명령을 발행할 수도 있다. 증언이나 문서를 요청하는 소환장은 판사가 서명하지 않았더라도 기한 내에 답변하는 것을 요구하지만, 이는 또한 수정되거나 파기될 수도 있다(즉, 법적 효력을 잃거나 무효처리 될 수도 있다). 그러나 일단 증언이나 문서를 요구하는 법정 명령이 발행되고, 적정 기한 내에 법정에 불참하거나 명령을 수정하려는 모든 시도가 이루어지지 않을 경우, 이러한 명령에 따르지 않은 심리학자는 법정 모독죄로 감금될 수도 있다.

　법적 체계의 요구는 때로 내담자 기록에 대한 비밀 보장을 유지하려는 심리학자들의 책임과 충돌할 수 있다. 이러한 책임은 바람직한 임상 실제, 윤리 규범, 전문가 자격 법, 법규, 기타 적용 가능한 법들에 기반을 둔다. 전문가와의 관계를 통해 생성된 내담자 자료는 많은 경우, 증거배제특권, 즉 법적인 검토로부터 정보를 보호하는 특권으로 보호받을 수 있다. 대부분의 주 및 연방 사법권은 내담자가 심리학자에게 전달했던 기밀 자료를 법적 장면에서 타인과 나누지 않도록 보호할 수 있는 심리학자-내담자 관계상의 내담자 특권을 보장한다. 대부분의 사법권에서 그 특권은 심리학자가 아니라 내담자에게 속한다. 내담자가 명시적으로 그 특권을 포기했거나 그 특권에 대한 분명한 법적 예외가 존재하거나 법정이 심리학자에게 내담자의 정보를 제출하라고 명령하지 않는 한, 심리학자는 비밀 보장을 유지하고 심리학자-내담자 특권을 확고히 할 책임이 있다. 치료 기록, 과정 기록, 내담자의 정보 양식, 상담료 납부 기록, 기타 정보들은 내담자에 의해서나 법정 명령에 따라 대개 적절하게 법정에 공개되기도 한다. 심리검사 자료는 부적절하게 노출되면 검사의 진정성을 심각하게 손상시키고 측정 도구로서의 타당도를 위협받을 수 있으므로 좀더 복잡한 상황에 놓여 있다고 할 수 있다.

　심리학자들은 법적 맥락에서 내담자 기록, 검사 자료, 그 밖의 정보에 대한 공개에 관련하여 수많은 윤리적, 전문적, 법적 의무를 가지고 있다. 그러한 의무 중 다수는 모든 시민은 소환되었을 때 법정에서 진실하고 완전한 증언을 해야 한다는 의무 등에 따른 정보를 노출하는 쪽에 더 비중을 둔다. 그러나 이와 반대로 정보의 비밀 유지에 더 비중을 두는 의무나 원칙도 있다. 이는 (a) 심리검사를 받는 내담자나 기타 개인에 대한 의무(예: 검사 문항에 대한 내담자의 반응 등 특권으로 보호되거나 기밀로 유지되는 의사소통) (b) 대중에 대한 의무(예: 검사의 진정성이나 타당도를 해칠 수 있는 검사 문항, 질문, 프로토콜, 기타 검사 정보를 대중에게 누설하지 않는 것) (c) 검사 출판인에 대한 의무(예: 검사 정보를 노출하지 않기로 한 심리학자와 검사 출판인 간 계약상 의무, 저작권법이 규정하는 의무) (d) 제3자에 대한 의무(예: 고용인) 등이 있다. 그러한 의무들은 때로 서로 마찰을 일으킬 수 있다. 이러한 의무에 대해 더 알아보기 위해서 미국 심리학회의(APA)의 "심리학자들의 윤리 원칙과 행위 규정"(APA, 1992/2002)을 참고하라. 추후, 이 윤리 규정은 APA 윤리 규정이라고 칭할 것이다.

구체적인 장면(예: 교육적, 제도적, 고용)에서 심리학자들의 법적, 윤리적 의무가 내담자 기록이나 검사 정보의 개방에 관련하여 특히 더 문제를 드러낼 수도 있다. 하지만 이 문서는 이러한 특별한 맥락에서 개방 관련 주제에 대하여 다루려고 주장하거나 법적, 윤리적 의무를 타협함에 있어서 심리학자들의 딜레마를 해결하려고 시도하는 것은 아니다.

## 소환장 다루는 전략

### 정보 요청이 법적 효력을 가지는지 확인하라

심리학자가 민감한 검사 자료와 내담자 기록을 공개하도록 법적으로 타당하게 요청받은 것인지를 확인하는 것이 가장 우선되어야 한다. 만약 요청이 어떤 이유로든 법적으로 강제성을 띠지 않는다면 심리학자는 그에 따르거나 응답할 법적 의무가 없다. 심지어는 법적 강제력이 있다고 주장하는 요청에 대해서도 법적 강제력이 없을 수 있다. 예를 들어, 소환장을 발행하는 법정은 심리학자와 그들의 기록을 관장하는 사법권이 없을 수 있다(예: 하나의 주에서 발행한 소환장은 다른 주에서 거주하고 일하는 심리학자에게 법적 권한을 가지지 않는다). 또는 소환장이 심리학자에게 적절하게 전달되지 않았을 수도 있다(예: 몇몇 주들은 소환장을 면대면으로 발급해야 하거나 보증된 우편으로 전달해야 한다는 의무가 있고, 그러한 기록을 요청하는 소환장은 특별 법정 명령을 수반해야 한다). 심리학자들은 소환장의 법적 유효성에 대한 판단을 내릴 때에 법률 전문가와 상의하는 것이 바람직하다. 만약 심리학자가 그 요청이 법적으로 유효하다고 판단하면, 그 요청에 응할지, 거부할지 법정에 대한 공식적인 답변을 전부, 혹은 일부 전달해야 한다. 유효한 소환장에 대하여 답변할 심리학자의 의무는 법정 명령에 따를 의무와 동일하게 취급되는 것은 아니다(소환장을 무효화시키기 위한 요청 제기나 보호 요청 제기 섹션을 참고하라). 대부분의 경우, 다음 절차는 내담자를 만나는 것이다. 그러나 심리학자는 내담자들에게 그들의 선택안을 더 충분하게 이해시키기 위해서 내담자를 만나기 전에 정보에 대한 요청을 거부하거나 제한적으로 받아들이도록 하는 근거들을 고려하기를 원할 수도 있다(내담자 기록이나 검사 정보 제공을 거부하거나 제한할 근거 섹션을 참고하라).

### 내담자를 만나라

요청을 받은 기록과 관련된 내담자는 때로 그 기록의 기밀 보장을 유지하는 데에 있어서 법적으로 보호된 권리를 가지고 있다. 그러므로 만약 심리학자가 소환장을 받거나 내담자 기록이나 검사 자료를 알려 달라는 사전 통지를 받았을 때에 이러한 요청의 함의를 내담자와 논의해야 한다(또는 그들의 법적인 보호자와 논의해야 한다). 적절한 시기에 심리학자는 내담자의 변호사와 상의할 수도 있다. 이러한 논의에서 내담자에게 어떤 정보가 요구되었고, 그 요구의 목적이 무엇이며, 정보를 제공받을 사람들의 명단, 그들이 추후에 더 공개할 수 있는 가능한 범위 등을 알려야 한다. 그러한 논의 후에 법적으로 권한이 있는 내담자나 내담자의 법적 보호자가 그러한 데이터 제공에 대해 동의서를 쓸 것인지 선택할 수 있다. 문서화된 동의서는 내담자에 관련된 기밀 검사 정보나 다른 기록의 공개에 대하여 추후의 갈등이나 법적 분쟁을 방지할 수 있다. 그러나 내담자의 동의서가 제3자(검사 출판인과 같은)의 비밀 보장 관련 소송 가능성을 해결하거나 검사 자료와 프로토콜의 기밀을 유지해야 하는 심리학자의 의무까지 해결해주는 것은 아니다. 더 자세히 알고 싶다면 윤리 규범 섹션 5 (APA, 1992/2002)와 교육 및 심리 검사에 대한 규범(1985)을 참고하라.

## 요청한 측과 협상하라

　내담자가 요청한 자료의 공개에 동의하지 않는다면 심리학자는 (때로 자문가를 통하여) 요청한 측과 법적인 회담을 가지고 논의를 통해 정보 공개 방지를 시도할 수 있다. 그러한 논의에서 심리학자의 입장은 개방에 반하는 법적 논거를 통해 지지받을 수 있다(내담자 기록이나 검사 정보 제공을 거부하거나 제한할 근거에 대한 섹션 내에 활용 가능한 논지들을 제시해 놓았다). 그러한 협상은 기밀 정보를 누출하지 않고서도 요청 측의 목적을 달성할 방법이 있는지 탐색할 수 있다. 예를 들면, 기밀 문서가 아닌 자료를 공개한다거나 공개할 수 있는 정보들에 대해 심리학자의 진술문을 제출함으로써 이들이 요청받은 자료를 대체할 수 있는지 찾아보는 것이다. 협상은 또한 법정에 서거나 녹취록을 통해 강제로 증언해야 하는 상황을 피할 수 있는 전략도 된다. 요컨대 협상은 비공개 검사나 내담자 정보의 대량 공개로부터 심리학자의 최상의 이익을 보장해주지는 않지만, 법정에서의 주제에 관련성도 없을 것 같은 정보들의 공개를 막기 위한 가능한 수단이 될 수 있는 것이다. 그러한 선택권은 심리학자 및 내담자의 변호사에게 자문을 구함으로써 알아볼 수 있다.

## 법정으로부터 도움 받기

　만약 그러한 논의에도 불구하고 요청한 측이 기밀 정보나 검사 자료를 공개하기를 요구한다면 심리학자들에게 있어 가장 안전한 경로는 그러한 공개가 필수사항인지 법정으로부터 판결을 받는 것이다. 가장 단도직입적이며 가장 돈이 덜 드는 매우 단순한 방법은 심리학자가 편지를 써서 복사본 두 장을 양측의 변호사에게 보내고, 한 통은 법정에 보내는 것인데, 이러한 편지에는 심리학자로서 법을 준수하고 싶지만 법정의 강제력이 있거나 내담자의 동의가 없는 한, 기밀 기록이나 검사 자료를 공개하거나 증언하면 안 된다는 윤리적인 의무를 가진다고 쓴다. 또한 편지를 쓸 때에 심리학자 (혹은 그들의 변호사)는 검사 자체의 진정성이나 지속적인 타당도를 보존하는 데에 있어서 내담자와 제3자(검사 출판인이나 기타), 그리고 대중의 이익을 보호해야 할 의무가 있다는 것을 고려해 달라고 요청하는 것이 좋다. 이러한 편지는 검사 누출의 잠재적 악영향에 대해 법정이 예민하게 고려하도록 도울 수 있다. 이 편지는 또한, 법정이 어찌 됐든 자료 제시를 요청할 때에 자료 공개의 부작용을 최소화할 수 있는 아래와 같은 방법에 대해 제안할 수 있다.

1. 본 심리학자가 법정이나 정보 요청 측에서 지정한, 적절한 자격을 갖춘 심리학자에게만 검사 자료를 제공하게 만들도록 법정에 요청하라.
2. 광범위한 누출을 방지하기 위하여 내담자 기록이나 검사 자료의 사용을 제한할 것을 법정에 제안하라. 예를 들어, 법정은 그러한 정보를 봉인한 채로 전달하며, 기소의 목적으로만 사용하며, 기소가 종결된 후, 다시 봉인한 채로 모든 정보의 사본들을 심리학자에게 반환할 것을 명령할 수 있다. 그들은 또한 정보 요청 측이 그 정보를 다른 제3자 측에 제공하는 것을 금지시킬 수도 있다.
3. 제출되어야 하는 정보의 종류를 제한하도록 법정에 제안하라. 예를 들어, 내담자 기록에는 비밀 보장으로 보호받을 개별적 이해관계를 가진 배우자와 같은 제3자에 대한 기밀 정보를 포함할 수 있으며, 그러한 자료는 법정에서의 주제에 거의 관련성이 없다. 법정은 그러한 정보를 배제하도록 정보 제출을 제한해야 한다.
4. 비공개 절차(즉, 청중이나 배심원 없이)에서 내담자 기록이나 검사 자료가 법정의 주제에 관련성이 있는지, 혹은 이 정보들이 치료자-내담자 특권이나 다른 특권으로 전부, 혹은 일부 공개되지 않고 보호받을 수 있는지 판결해 달라고 제안하라.

## 소환장을 무효화하기 위한 발의를 제기하라, 혹은 보호 명령을 요청하라

지역적 절차나 다른 고려사항 때문에 비공식적인 편지를 법정에 보내는 것으로 도움을 받을 수 없다면, 기밀 기록 제출 요청으로 생겨난 의무를 감할 수 있는 발의를 제기하는 것이 필요하다. 많은 사법권에서 가능한 발의는 소환장을 전체 혹은 일부를 무효화시키거나 보호 명령을 발의하는 것을 포함한다. 그러한 발의를 제기하려면 심리학자나 내담자를 대변하는 자문가의 도움이 필요할 것이다.

보통 내담자나 제3자의 권리를 보호하는 것이 주목적인 심리학자보다는, 실제 요청받은 정보의 당사자인 내담자(자신의 이익을 스스로 대변하는 주체)가 무효화나 보호 명령을 발의했을 때 법정이 더 잘 받아들이는 경향이 있다. 심리학자는 처음에 내담자의 변호사가 소환장 무효화를 시도하는지 보호 명령을 시도하는지 판단하고, 그렇다면 이와 관련하여 내담자의 변호사에게 도움을 제공하려고 할 수 있다. 내담자가 정보 공개를 거절한다면 그의 변호사는 소환장에 대한 반대의 입장에서 적극적인 역할을 맡고자 할 것이다.

무효화에 대한 발의는 소환장을 파기하거나 무효 선언시키고자 법원에 공식 신청하는 것이다. 그 소환장이나 증언 요청이 전부 혹은 일부 파기되어야 함을 지지하는 근거들이 존재한다. 예를 들면, 요청된 정보는 심리학자-내담자 특권에 의해 보장되므로 열람되지 않을 수 있고, 또는 법정에서 논의되는 주제와 관련이 없을 수도 있다(내담자 기록이나 검사 정보 제공을 거부하거나 제한할 근거 섹션을 참고하라). 이러한 전략은 단독으로 활용되거나 혹은 보호 요청 발의와 함께 사용될 수 있다.

보호 요청에 대한 발의는 법정으로부터 정보 공개의 부작용을 막기 위한 명령이나 칙령을 구하는 것이다. 보호 명령은 내담자 및 검사 출판인, 대중과 같은 제3자의 합법적인 이익에 부합하도록 만들어질 수 있다. 이 전략의 가장 최우선이자 중요한 초점은 정보 공개와 내담자 및 검사에 관한 민감한 정보의 사용을 막거나 제한하는 데에 있다. 보호 명령과 발의는 추후 섹션에 열거한 요소들을 포함할 수 있다.

## 심리학자의 증언

심리학자가 진술 녹취 동안 기밀 정보 공개를 요청받는다면 그들은 특권에 의해 그 정보가 보장받을 때에 한하여 질문에 대한 답을 거부할 수 있다. 만약 그 특권을 지지하는 합리적인 근거가 있다면 심리학자는 법정으로부터 명령받지 않는 한, 검사 자료나 내담자 기록을 제공하기를 거부할 수 있다. 합리적인 근거 없이 질문에 대답하기를 거부하는 심리학자는 대답을 얻는 과정에서 요청한 측에서 드는 비용을 지불해야 하는 등 벌금형을 받을 수 있다. 그러므로 심리학자들은 기밀 정보에 관련된 질문이 예상되는 증언 시 법률 자문가의 조언을 받을 것을 추천한다. 변호사는 기밀 정보를 요구하는 질문이 나왔을 때 공개적으로(on the record) 심리학자에게 자문을 할 수 있으며, 그러한 공개적인 조언은 잘못된 정보 공개나 잘못된 정보 공개 거부로 인하여 좋지 않은 법적 결과가 발생하는 것으로부터 심리학자를 보호하도록 도와줄 것이다.

이와 유사하게 기밀 정보에 대한 요청이 법정 증언에서 처음으로 나왔을 때 심리학자는 특권을 주장하면서 법정에 의해 명령받지 않는 한 공개를 거부할 수 있다. 이러한 분야에 관련된 법들은 아직 충분히 정비되지 않은 상태다. 그러므로 심리학자가 기밀자료가 증언을 통하여 누출될 것 같다고 예상되면, 증언 전에 변호사와 상의해 보는 것이 좋다.

## 내담자 기록이나 검사 정보 제공을 거부하거나 제한할 근거

다음에 소개하는 이론들은 기밀 정보, 기록, 검사 자료의 제출 요청을 거절함에 있어서 특정한 사례나 재판의 경우에 적용될 수도 있고 그렇지 않을 수도 있다([그림 1]을 참고하라).

1. 법정이 심리학자와 내담자의 기록, 또는 검사 자료에 대한 관할권을 소유하고 있지 않거나, 또는 심리학자가 기록 및 검사 자료 증언에 대한 법적으로 정당한 요청을 받지 않았다(예: 적절하지 않은 서비스).

2. 심리학자는 요청받은 기록이나 검사 자료를 보관하고 관리할 권리가 없다. 하나의 예로, 그러한 자료들은 심리학자가 아니라 심리학자를 고용한 주체에게 귀속된다.

3. 심리학자-내담자 특권은 기록이나 검사 자료가 공개되지 않을 권리를 보장한다. 많은 주에서 인정한 그러한 법의 근거는, 효과적인 치료에 필요한 자기개방은 내담자가 치료의 모든 기록, 치료적 자기개방의 내용, 검사 자료 등이 비밀 보장될 것이라고 기대해야만 가능하기 때문이다. 자료 공개는 내담자의 사적 권리를 심각하게 침해할 수 있다. 또한 심리학자는 내담자의 비밀 보장에 대한 합리적인 기대를 보호할 윤리적 책임을 가진다. 윤리 규정, 윤리 규범, 섹션 5(APA, 1992/2002)

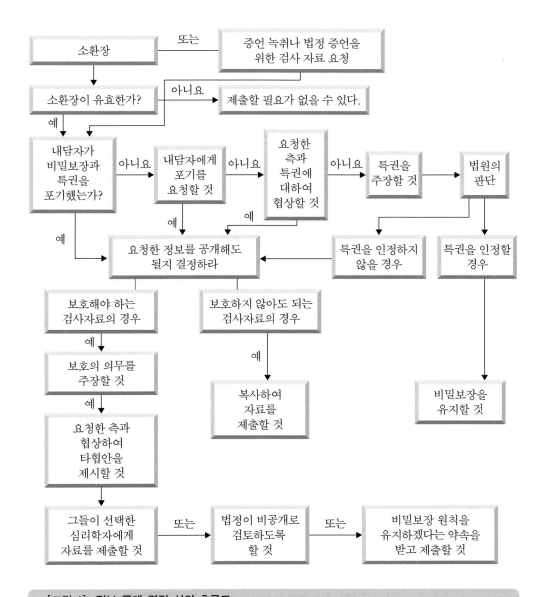

[그림 1]  **정보 공개 결정 시의 흐름도**

를 참고하라.

4. 요청받은 정보가 재판의 주제와 관련 있지 않거나 요청받은 정보의 범위가 너무
   광범위하여, 내담자의 배우자 등 제3자에 관련된 내용 같은 재판의 주제에 부합하
   지 않는 정보까지 요구한다.

5. 매뉴얼, 프로토콜 등과 같은 검사 정보를 대중에게 노출하는 것은 추후 검사 집단의 반응에 영향을 미치기 때문에 공익에 해를 가할 수 있다. 이러한 효과는 소중한 평가 도구의 상실을 야기하여 대중과 심리학 업계 모두에게 악영향을 가져온다.

6. 검사 출판인은 검사 정보의 보호에 대한 이해관계를 가지고 있으며, 심리학자는 계약상의 의무나 다른 법적 의무(예: 저작권법)로 정보를 공개하지 않을 책임을 가질 수 있다. 그러한 계약에 준한 권리는 검사 자료가 대중에게 누출될 우려와 함께 검사 도구나 프로토콜이 누출되는 것을 방지하는 보호 명령을 정당화할 수 있다(부록을 참고하라).

7. 심리학자들은 검사 정보와 자료의 진정성과 보안을 유지하고 평가 기법이나 자료를 남용하지 말아야 할 윤리적 책임이 있다. 심리학자들은 또한 타인들이 그러한 정보를 남용하지 못하도록 합리적인 조치를 취할 윤리적 책임도 있다. 특히 검사의 원자료와 결과를 내담자가 아닌, 그러한 정보 사용에 대한 전문적 자격이 없는 타인들에게 배포하지 말아야 할 책임이 있다. APA 윤리 규정, 윤리 규범, 섹션 2(APA, 1992/2002)를 참고하라. 이러한 금지 규정은 주 심리학위원회나 기타 비슷한 책임의 위원회가 APA 윤리 규정이나 기타 비슷한 규정을 채택한 많은 관할권 내에서 법적인 효력을 가진다.

8. 윤리 규정, 전문가 규범, 주, 연방, 지방법, 혹은 규제 단체가 제공하는 심리학자의 윤리적 법적 의무를 참고하라.

## 부록

검사 출판인들은 검사의 보안성이나 진정성을 보호하고, 사용에서의 역량을 보장하기 위한 규정들을 계속하여 검사 구입이나 임대 (이후 구입으로 통칭) 계약에 포함시킨다. 아래에서는 이러한 계약에서 자주 언급되는 사용 제약의 유형들을 서술한다.

## 구매자의 능력

출판인들은 때로 구입이나 임대 조건으로 검사 구매자나 자격 소지자(추후 구매자로 통칭)가 검사를 사용할 수 있도록 적절히 훈련되거나 역량을 갖추었는지에 대하여 문서를 요구한다. 어떤 출판인들은 그 구매자가 증명하는 기법이나 지식의 수준에 따라 특정 검사 유형만 판매한다. 기법과 지식은 구매자가 판매 주문을 할 때에 출판인에게 제출해야 하는 지원 양식상에서 평가된다. 이러한 지원서에서 구매자들은 그 검사에 대한 자신들의 수준과 훈련 경험을 밝히고 출판인들에게 자신들이 이 검사 사용에 관한 전문가 규범, 검사 시행, 보안 유지(교육 및 심리검사에 관한 규범, 1985) 등의 규정에 친숙하며, 이를 준수할 것이라는 점을 표명한다. 출판인 계약, 규정, 마케팅 관련 문서에서는 출판인들이 이러한 정보에 근거하여 검사 판매나 검사 도구에 대한 자격 부여를 거부할 재량권이 있으며, 구매자가 보편적으로 용인되는 검사의 수행이나 구매 계약 조건을 어겼을 경우, 검사를 사용할 권리를 박탈할 수 있다는 점을 명시한다.

## 저작권 설명

실질적으로 모든 검사 출판인의 구매 계약은 검사, 프로토콜, 매뉴얼 등의 권리와 그들에 대한 권리는 출판인에게 있다는 점을 명확히 밝힌다. 그러한 자료들은 출판인에게 있어 거래상의 비밀이며, 출판인에게 전매특허가 있다. 저작권 진술은 재생산, 배포, 데이터베이스 저장, 기타 출판인의 사전 서면 동의가 없는 특정한 형태의 사용을 강력하게 금지한다.

## 검사 보안

실제로 모든 출판인 계약은 검사 보안에 관한 엄중한 규정을 가진다. 이에 언급한 규정 말고도 다음과 같은 예가 있다.

1. 구매자는 검사와 관련하여 모든 정보와 노하우, 기술 등에 대한 확신을 가지고, 검

사를 다루는 다른 직원들에게도 이에 관한 적절한 교육을 시켜야 한다.

2. 구매자는 검사 자료를 권한이 있는 사람만 접근할 수 있는 잠금 파일이나 저장고에 보관함으로써 보안유지에 힘써야 한다.

3. 구매자나 그들의 직원이 출판인의 사전 서면 동의 없이 제3자의 이익을 위하여 검사 자료를 누출, 제공, 사용하거나 그 전체나 일부를 어떤 형태로든 접근 가능하게 만들면 안 된다.

4. 구매자와 그들의 직원은 검사 자료와 점수를 그것을 적절하게 해석하고 사용할 수 있는 자격을 갖춘 사람에게만 개방해야 한다.

5. 구매자는 계약에 의해 주어진 그들의 권리나 특권을 타인에게 양도, 재허가 및 이전시켜서는 안 된다.

6. 구매자는 검사 자료의 물리적, 전자적 특성을 수정 및 변경하거나 '역설계'를 시도해서는 안 된다.

7. 어떤 출판인들은 대학 서점에서의 판매나 대학원생 연구 목적으로 제공된 검사 자료의 보안을 위한 계약서까지 만들어내며, 이러한 출판인들은 보안 절차가 부적절하다고 여겨질 경우 판매를 중지하고, 판매 및 사용의 권한을 주지 않거나 박탈할 수 있는 재량을 가진다.

## 소환장이나 강제 공개를 요청받은 상황에서 출판인의 허가 구하기

위에서 언급했듯이 많은 계약서는 심리학자와 다른 검사 구매자들이 어느 제3자에게 검사 자료를 제공하든지 검사 출판인에게 허가를 받아야 한다고 밝히고 있다. 그러므로 심리학자들은 그러한 허가를 구할 계약적 의무가 있다.

비록 검사 구매나 임대 규정이 소환장이나 기타 법정 절차에서 요구되는 검사 자료를 제공함에 앞서 출판인에게 허가를 받을 것을 명시적으로 의무로 하지 않지만, 검사 출판인과 상의하고, 검사 정보의 공개에 있어서의 출판인의 입장을 서술하는 편지를 요청하는 것은 좋은 전략이다. 그러한 편지는 심리학자가, 검사 정보를 요구하는 법정이나 변호사에게 검사 자료를 보호해야 할 필요성에 대해 조언할 때에도 도움이 될 수 있다. 그러한 편지는 때로는 검사 정보 보호에 대한 과정을 구체적으로 제안할 수도 있는데, 이는 다음과 같은 것이 해당된다. (a) 심리학자는 자격을 갖춘 심리학자 외에 타인에게 검사 자료를 양도해서는 안 된다(예: 검사 자료는 검사 정보를 요구하는 측에서 지정한 심리학자에게는 양도될 수 있다). (b) 만약 그럼에도 불구하고 법정이 심리학자에게 심리학자 아닌 다른 사람에게 검사 자료를 제공할 것을 요구하면, 출판인은 때로 심리학자에게 요청하기를 자료의 복사와 배포를 막는 보호 명령을 요구하고, 법적 절차가 마무리 되면 해당 자료를 반환하며, 검사 자료가 해당 재판의 공적 일부가 되는 것을 금지하도록 요구하라고 할 수 있다.

## 주(註)

1. 변호사의 자문이나 변호에 드는 비용은 중요할 수 있다. 변호사와의 자문이 내담자의 이익과 특권을 보호하는 데에 필요하다면, 심리학자는 그러한 법적 수임료를 누가 부담할 것인지 내담자와 분명히 정해야 한다.
2. 비밀 보장을 유지할 심리학자의 의무는 심리학자-내담자 특권에 대해 법에서 인정하는 예외 상황에서는 적용되지 않을 수 있다. 아동학대 관련, 범죄행위의 비자발성 여부 평가, 법정이 명령한 평가, 내담자가 법적인 고소나 변호의 근거로서 자신들의 정서적 상태를 제시한 경우, 내담자가 자신이나 타인에게 위해를 가할 긴박한 가능성이 있는 경우가 예외 상황에 포함되지만, 그 밖의 다른 경우들이 있을 수도 있다. 예외 상황은 사법권과 특정 상황적 정황에 달려 있다. 그러므로 심리학자들이 취할 수 있는 가장 신중한 행동은 변호사와 상의하는 것이다.

## 참고문헌

American Psychological Association. (1992). Ethical principles of psychologists and code of conduct. *American Psychologist, 47*, 1597-1611.

*Standards for educational and psychological testing.* (1985). Washington, DC: American Psychological Aassociation.

# 저자 소개

　　Kenneth S. Pope 박사는 1980년대 중반부터 개업 심리치료자로서 활동하고 있다. 하버드대학교와 예일대학교에서 임상심리학으로 석·박사 학위를 취득하였으며, 100편이 넘는 논문과 전문서적의 저술에 참여하였다. 1970년대 UCLA 대학에서 치료자에게 성적으로 착취당한 내담자를 돕는 프로그램을 공동 설립했으며, 1980년대 지역사회 정신건강센터와 병원에서 사회적 약자들을 돕는 임상 프로그램의 감독을 역임하였다. 대표적인 저서로 *Ethics in Psychotherapy and Counseling* (2nd ed.)(Melba Vasquez와 공저), *Sexual involvement with Therapists* (APA, 1994) 등이 있다.

　　Melba J. T. Vasquez 박사는 Texas, Austin에서 개업 심리치료자로 활동하고 있다. 1981년과 1992년 미국 심리학회 윤리규정 저술에 참여하였으며, 개업 심리치료를 시작하기 전 13년 동안 콜로라도주립대학교와 텍사스대학교(오스틴캠퍼스)의 상담센터에서 수련감독으로 활동하였다. 대표적 저서로 Kenneth S. Pope 박사와 함께 *Ethics in Psychotherapy and Counseling* (2nd ed.)를 저술하였다. 미국 심리학회 James M. Jones 공로상을 비롯하여 심리학 관련 분야에서 여러 상을 수상하였다.

## 역자 소개

**황준철**
서울대학교 교육학과 교육상담 박사 수료
NCC(National Certified Counselor, 미국국가공인전문상담사)
전) 서울대학교 대학생활문화원 전문상담사
　　휴먼다이나믹 컨설턴트
　　Hackettstown Community Hospital 인턴
현) 제일기획 신문화팀(상담과 심리학을 활용한 새로운 조직문화 및 인재관리
　　영역 개발 담당)

**김창대**
서울대학교 사범대학 교육학과 학사, 석사
Teachers College, Columbia University 상담학 석사, 박사
전) 한국상담학회, 집단상담학회 회장
현) 서울대학교 사범대학 교육학과 교수
　　서울대학교 대학생활문화원 원장
　　한국상담학회 부회장

**조은향**
이화여자대학교 심리학과 상담심리 석사
한국상담심리학회 상담심리사(2급)
전) 이화여자대학교 학생상담센터 인턴상담원
현) LG CNS 심리상담사

**서정은**
서울대학교 교육학과 교육상담 석사
한국상담학회 전문상담사(2급)
전) 서울대학교 관악사 상담 조교
현) 서울대학교 대학생활문화원 전임상담원

# 심리상담센터의 운영과 성공전략
How to survive and thrive as a therapist

2013년 4월 19일 1판 1쇄 인쇄
2013년 4월 26일 1판 1쇄 발행

지은이 • Kenneth S. Pope · Melba J. T. Vasquez
옮긴이 • 황준철 · 김창대 · 조은향 · 서정은
펴낸이 • 김진환
펴낸곳 • (주) 학지사
　　　　　121-837 서울시 마포구 서교동 352-29 마인드월드빌딩 5층
대표전화 • 02-330-5114　　팩스 • 02-324-2345
등록번호 • 제313-2006-000265호

홈페이지 • http://www.hakjisa.co.kr
커뮤니티 • http://cafe.naver.com/hakjisa

ISBN 978-89-997-0123-8　93180

정가 20,000원

역자와의 협약으로 인지는 생략합니다.
파본은 구입처에서 교환해 드립니다.

이 책을 무단으로 전재하거나 복제할 경우 저작권법에 따라 처벌을 받게 됩니다.

인터넷 학술논문 원문 서비스 뉴논문 www.newnonmun.com

이 도서의 국립중앙도서관 출판시도서목록(CIP)은 서지정보유통지원
시스템 홈페이지(http://seoji.nl.go.kr)와 국가자료공동목록시스템
(http://www.nl.go.kr/kolisnet)에서 이용하실 수 있습니다.
(CIP 제어번호: CIP2013003833)